비고츠키 선집 15
심리학 위기의 역사적 의미
방법론적 연구

• 표지 그림

이 그림은 순수한 영적 삶을 좇아 자신을 따르게 하기 위해 어린 소년을 설득하고 있는 떠돌이 수도사를 보여 준다. 이 소년은 물질적 쾌락을 생각하기 때문에 혼란스러운가, 아니면 하느님의 부름을 듣고 있는 가? 이 책에서, 비고츠키는 우리에게 의식을 자연과학 현상으로 연구한다는 것이 무엇을 의미하는지 보여 준다. 한편으로, 마음이 몸과 같은 의미로 존재하는지에 대한 존재론적 질문이 있다. 다른 한편으로, 관찰될 수 없는 것을 연구하는 방법에 대한 지식론적 질문이 있다. 비고츠키 삶의 위기의 순간에 쓰인 이 책은 출판된 적이 없고 거의 확실히 미완성 상태이다. 이 책에서 미완인 부분은 먼저 출간된 비고츠키 선집의 아동학 연구와 후속으로 이어질 손상학 연구에 대한 저서들이 담겨 있다.

보그다노프-벨스키 또한 청소년기의 위기에 그림을 완성했다. 이 그림은 자신의 종교 교육을 지원했던 수도사들에게 감사하는 마음으로 그렸지만, 이 그림에 반영된 어린 보그다노프-벨스키의 재능은 그의 삶을 물질적 쾌락(부와 명예)으로 이끌었다.

비고츠키 선집 15

심리학 위기의 역사적 의미
방법론적 연구

초판 1쇄 인쇄 2024년 12월 24일
초판 1쇄 발행 2024년 12월 31일

지은이 L. S. 비고츠키
옮긴이 비고츠키 연구회
펴낸이 김승희
펴낸곳 도서출판 살림터

기획 정광일
편집 조현주·송승호·이희연
북디자인 꼬리별

인쇄·제본 (주)신화프린팅
종이 (주)명동지류

주소 서울시 양천구 목동동로 293, 2215-1호
전화 02-3141-6553
팩스 02-3141-6555
출판등록 2008년 3월 18일 제313-1990-12호
이메일 gwang80@hanmail.net
블로그 http://blog.naver.com/dkffk1020
한국교육연구네트워크 www.kednetwork.or.kr

ISBN 979-11-5930-308-1 93370

비고츠키 선집 15

심리학 위기의 역사적 의미

방법론적 연구

살림터

'역사적 의미'의 역사적 의미
'심리학 위기의 의의'의 논리적 의의

자살은 9~24세 청소년의 주요 사망 원인이다. 이상하게도 그것은 부유한 현대 사회에서 유행하는 듯 보인다(Hidaka, 2012). 자살은 심지어 그들의 선생님들에게로 퍼져 나가기 시작하고 있다. 불행히도 우리에게는 그저 증상만 치료하는 것 이상을 할 수 있는 심리학이 없다. 우리의 심리학은 어린이들에게 우울증의 뿌리가 사회적 불평등에 있다는 것을 보여 줄 힘조차 없다. 우리의 심리학은 교사들에게 과학이 부유하고 영향력 있는 부모들이 가진 생활지도권의 경험적 지식을 능가할 수 있음을 보여 줄 수 없다.

이 책이 지닌 역사적, 현재적 의미가 여기에 있다. 하지만 더 많은 의미가 있다. 러시아어에는 한국어처럼 의미meaning를 뜻하는 서로 다른 낱말이 있다. 스미슬смысл은 당면한 당시의 문맥 속에서의 구체적 뜻sense을 의미한다. '날씨'라는 말처럼 그것은 일상적 용도로 사용되는 경향이 있다. 즈나체니예значение는 장기적인 논리적 맥락에서 추상적 의의significance를 뜻한다. '기후'라는 말처럼 그것은 과학적 용도로 사용되는 경향이 있다. 비고츠키는 이 책의 제목에서 스미슬을 사용하고 있지만, 역사적 '뜻sense'과 논리적 '의의significance'를 대립시키지는 않는다.

기후와 날씨처럼 비고츠키는 심리 과학의 논리적, 역사적 관점을 같은 현상에 대한 두 개의 보완적 관점으로 받아들인다. 결과적으로 거기에는 서로 다른 세부 수준, 서로 다른 정도의 일반화, 서로 다른 추상화 정도가 존재한다. 그럼에도 이와 같은 역사적 텍스트의 논리적 의의와 현대적 연관성을 파악하려면, 역사적 맥락을 살펴보는 것이 종종 도움이 된다. 이를 위해 역자들은 많은 설명 글상자와 텍스트 속의 괄호 주석(한국어 번역자를 나타내기 위해 '-K'로 표시), 그리고 텍스트에 어울리는 제목과 그림을 제시했다.

무엇보다 이 서문에서 우리는 역사적 맥락을 제공하고자 한다.

시작

1925년 7월 28일 화요일, 정확히 오후 3시 20분, 비고츠키는 런던에 있는 영국 국립 미술관에서 고야의 이 사실주의 초상화와 엘 그레코의 원시-표현주의 그림 앞에 앉아 있었다.

비고츠키는 피곤하고 아프고 깊은 우울감에 빠져 있었다. 그를 런

프란시스코 고야, 안드레스 델 페랄의 초상, 1798(왼쪽). 엘 그레코, 정원의 고뇌, 1590.

던으로 데려온 학회(이는 소비에트를 벗어난 그의 유일한 여행이었다)는 이제 끝났다. 그는 준비한 논문을 제출할 수 없었다(van der Veer and Zavershneva, 2011). 그는 갓 결혼한 부인과 태어난 딸이 보고 싶었지만, 몇 주 동안 그들을 보러 돌아가지 못했다. 그는 자신의 노트만 지닌 채 혼자 있었고, 다음과 같은 글을 썼다.

> "나는 고야의 초상화와 그레코의 분홍-검정 예수 앞에 앉아 있다. 나의 영혼은 다 타 버린 열정의 빛으로 가득하다. 내 마음속에는 아무것도 없다. 아니면 감상뿐. 나는 초상화와 육체의 극복에서 이론의 확증을 구하고 있다"(1925/2018: 64).

소비에트에서는 비고츠키의 논문 「행동 심리학의 문제로서의 의식」(1925/1997)이 막 출간된 참이었다. 비고츠키는 예술과 마찬가지로 과학도 사실주의와 표현주의로 찢겨 있다고 주장했다. 어떤 심리학자들은 심리 과학을 객관적인 인간 반사에 대한 객관적 관찰에 제한하길 원했고, 어떤 심리학자들은 심리 과학을 주관적인 인간 반응에 대한 주관적인 내관 연구에 제한하길 원했다. 이것이 서로 완전히 다른 두 과학으로 이어질 것임은 쉽게 알 수 있다. 그러나 무엇보다도 종합을 원했던 사람들이 많았다.

독일에는 프로이트를 중심으로 한 정신분석학, 스턴을 중심으로 한 인격주의, 그리고 베르트하이머를 중심으로 한 새로운 게슈탈트 이론 등, 객관적 인간 조건에 대한 주관적 연구를 갈망하는 사람들이 많았다. 소련에는 첼파노프와 같은 경험심리학자, 베흐테레프와 같은 반사학자, 그리고 비고츠키를 모스크바로 초빙하고 런던의 학회에 보낸 코르닐로프를 중심으로 한 새로운 마르크스주의 심리학자 등, 주관적 인간 조건에 대한 객관적 관찰을 추구했던 사람들이 있었다. 비고츠키는 첼파노프가 절충주의를 원리로 승격시켰다고 주장했다. 베흐테레프는 '마음을 배제한' 심리학을 건설하려 했지만, 생물학이 사회학을 집어삼키고 생리학이 심리학을 집어삼키는 것을 허용하는 데 성공했을 뿐이다. 마르크스주의 심리학은 여전히 인용문을 이용하여 잘 알려진 반사학 실험에 주석을 붙이고 있었다.

이 모든 것은 헤겔이 '과학 이전의 과학'이라 불렀던 것, 즉 일반적인 통합적 과학을 추구하는 특정한 경험 과학이었다. 반 데 비어와 발시너 (1991: 143)에 따르면, 이러한 임시적 일반 심리학은 심리학의 하위 분야가 될 것이었다.

비고츠키에 따르면 그렇지 않다. 그 관계는 실제로 반대이다. 모든 경험심리학은 일반 심리학의 하위 분야일 것이다. 일반 심리학 또한 하위 분야일 테지만, 일반적인 과학 방법론의 하위 분야일 뿐이다.

일반 심리학이 논리적으로 하위 분야에 선행한다는 사실과, 선행하는 경험적 하위 분야들이 일반 심리학이 되기 위해 투쟁한다는 표면상의 모순은, 같은 현상에 대한 서로 다른 두 관점을 취하기 때문에 만들어진 신기루이다. 논리적으로 말하면 실제로 경험심리학은 일반 심리학의 한 줄기이지만, 역사적으로 말하면 그것은 줄기가 아니라 뿌리이다. 그것은 먼저 출현하여, 데이터와 개념을 놓고 투쟁하고 나서야, 튼튼한 일반 줄기로 합쳐진다.

비고츠키는 소련으로 돌아온 후 병세가 심히 악화해 자하리노 병원에 입원한다. 그곳에서 몇 개월의 시한부 통보를 받은 것으로 보인다 (Yaroshevsky, 1989: 171). 그는 그곳에서 평생 연구의 결어를 맺기 위해 독서하고 노트를 정리한다. 그는 자신이 서문을 썼던 책들, 즉 프로이트의 『정신분석학』, 손다이크의 『행동주의』, 코프카의 『게슈탈트 이론』을 주요 자료로 이용했다. 하지만 야로셰프스키(1989: 176)에 따르면 그에게 가장 큰 영향을 미친 책 중의 하나는 독일의 정신과 의사 루트비히 빈스방거Ludwig Binswanger가 최근에 출판한 책이었다고 한다.

당시 빈스방거는 오늘날 독일 표현주의 화가 중 가장 유명한 루트비히 에른스트 키르히너를 치료하고 있었다(우리는 그의 그림을 이 책의 내용을 설명하는 데 사용했다). 키르히너는 제대한 군인으로 우울증을 앓았다. 그 당시에는 우울증이 지금만큼 흔하지 않았지만 그때도 빈스방거는 우울증은 유전적인 것도 외상적인 것도 아니며, 엄밀히 말하면 질병도 아니라고 믿었다.

빈스방거는 우울증은 현대인들이 빠르게 발전해 가는 도시의 사회적 상황에 즉각적으로 적응하지 못하는 부적응 현상이라고 보았다. 인간은 숲과 농장이라는 자연 속에서 서서히 진화해 왔다. 빈스방거는 환자의 변화가 아니라 환자가 처한 환경의 변화를 처방했고 키르히너는 독일에서 스위스로 이주했다. 나치가 독일을 점령한 후 키르히너의 예술 작품을 파괴하자 그의 우울증은 점점 심각해져서 모르핀과 다른 약물에 중독되어 결국은 자살했다.

빈스방거의 책은 임상 연구가 아니었다. 신칸트주의 관념론자인 그는 칸트가 제안한 것과 유사한 칸트적 사상 비판이 위기에 필요하다고 믿었다. 한편으로 빈스방거의 방법은 비고츠키의 상황과 완벽하게 들어맞았다. 병실에 누워 있던 비고츠키도 실험할 수 없는 형편이었기 때문이다. 반면 이는 비고츠키가 위기를 이끄는 힘이라고 본 것-과학에 내재된 아이디어가 아니라 교수학습, 인적 자원의 개발, 빈스방거 자신의 정신의학 및 예술같이 임시적 일반 심리학을 요구하는 실천-과는 정면으로 배치되었다.

지그재그

빈스방거의 책은 임상 연구가 아니었지만 어떤 의미에서 비고츠키의 연구는 임상 연구다. 제4장 마지막 부분에서 비고츠키는 스피노자의 말을 인용하여 심리학을 치명적인 질병과 사투를 벌이는 환자로 묘사한다. 위기는 진단을 위한 증상이자 예후의 근원이며 나아가 치료를 위한 자원이라고 비고츠키는 받아들인다. 빈스방거의 생각과는 반대로 비고츠키는 비판이 단순히 안락의자와 병원 침대에서 행해지는 논리적 작업이 아니라 과학사에서 살과 피를 가진 사람들이 행하는 살아 있는 투쟁이라고 믿었다.

A. 코줄린은 비고츠키가 첼파노프에게 잔인한 태도를 취한 것을 비판한다(1990: 97). 첼파노프는 심리학 연구소를 설립하고 코르닐로프에 의해 교체되기 전까지 연구소장을 맡았으며 비고츠키를 모스크바로 데려왔다. 코줄린의 요지는 비고츠키가 자신의 옛 상관에 대한 불만과 새 상관에 대한 충성심을 숨기지 않았다는 것이다. 그런데 코르닐로프의 '마르크스주의 심리학'에 대한 비고츠키의 비판은 어렵지 않게 찾을 수 있다. 물론 끝에서 두 번째 장은 코르닐로프의 길은 유럽에서도 견줄 만한 것이 없다는 갑작스러운 주장으로 끝나는 것이 사실이다. 코줄린은, 과학기관의 관리자로서 첼파노프가 지닌 관용과 다원성을 비고츠키가 방법론적 절충주의로 오해하고 있다고 말한다.

그렇지 않다. 첼파노프에 대한 비고츠키의 가혹한 비판은 다원주의를 겨냥한 것이 전혀 아니다. 예컨대 제7장(7-32)에서 비고츠키는 프로이트와 그의 '죽음충동'에 타당한 비판을 하려는 시도로, 첼파노프나 코르닐로프의 입장보다 훨씬 더 큰 다원주의를 요구하기 때문이다. 대신 비고츠키의 비판은 첼파노프가 위기를 전혀 인식하지 못했다는 점을 정확하게 겨냥하고 있다. 첼파노프에 따르면 위기는 러시아의 혁명적·정치적 조건으로 인한 순전히 국지적 위기다. 서구에서는 '광물학, 식물학, 물리학'만큼이나 심리학의 상황이 안정적이라는 것이다. 비고츠키의 제목에서 알 수 있듯이 위기의 심각성과 편재성을 인식하는 것이 전제 조건이자 필수 조건이며 취해야 할 첫걸음이다.

첼파노프는 이 첫걸음조차 내딛지 않았지만 빈스방거는 이 걸음을 내디뎠다. 빈스방거는 정신분석 훈련과 제대 군인들과의 임상실험 덕분에 '일반' 심리학이 되기 위한 다양한 심리학 분야 간의 투쟁을 예리하게 인식했다. 야로셰프스키(1989: 170)에 따르면 프로이트가 성충동(리비도)에 나란히 '죽음충동'의 설명 원리를 추가한 것은 설명할 수 없는 제1차 세계대전의 학살 때문이었다. 이러한 상황에서 독일 정신의학은 과연 키르히너의 우울증 같은 정신병리를 정상 심리의 특별한 사례로 간주하면서 일반 심리학이 '정상적인' 성인 심리에 기초해야 하는지 진지하게 고민하기 시작했다. 아마도 정신과 의사들은 그 반대라고 의심했을 것이다. 어쩌면 우리는 '정상적인' 심리를 단순히 우울증에 대한 다양한 적응 형태 중 하나로 이해해야 할지도 모른다는 것이다.

코줄린은 비고츠키의 책이 특이하다고 썼다. "긍정적 연구 프로그램이 공식화되기 전에 메타 이론적 비판을 제공하는 것은 귀납적 과학으로서의 심리학의 전형이 아니기 때문이다"(1990: 85). 사실 이 책은 매우 이례적인데 이는 그 모순이 날카롭게 인식되고 있기 때문이다. 논리적으로 과학은 연구 방법을 결정하기 전에 무엇을 연구할지 결정해야 하지만 역사적 상황은 정반대인 경우가 많다. 예를 들어 정신분석은 우울증과 같은 평범한 신경증 연구 프로그램에서 시작하여 이후에야 무의식 같은 기본 개념, 성충동이나 죽음충동 같은 설명 원리를 공식화한다.

비고츠키는 그래서 일반 과학이 반드시 귀납적인 과학일 필요는 없다고 썼다. 과학은 분석을 통해서 연구 대상에 대한 구체적인 개념을 추출한다. 일반적인 설명 원리를 확립하기 위한 사실 분석은 종종-파블로프의 실험처럼 '역방향의 역방향', 즉 개에서 유인원, 사람으로 만큼이나- 마르크스의 작업처럼 '역방향', 즉 '사람에서 동물로' 진행된다. 어린이처럼 과학도 단계적으로 발달하며, 어린이 발달에서처럼 명명하고 기술하는 단계는 보통 추상적이고 일반적인 개념 형성 단계보다 먼저 나타난다.

갈라진 틈

제1장은 이 분석의 예이다. 분석은 귀납법처럼 사실로부터 출발하지만 귀납법과 다르게 하나의 전체를 연구 대상으로 삼는다. 이 경우 연구 대상은 비고츠키가 말했듯이 고도로 추상적인 성질을 지닌다. 이는 모든 특정 분야를 포괄하는 전체로서의 심리학이다. 제2장에서는 분석 결과를 설명한다. '정상적인' 성인 심리학, 정신분석 및 반사학은 전체로서의 심리학이 아니라 일반 심리학이 되기 위해 투쟁하는 경험적인 특수 과학일 뿐이다. 각각의 심리학은 논리적 필요성에 따라 연구 대상의 기본 개념을 확립해야 하지만 이러한 기본 개념들은 매우 다른 사실에 토대한 것이라 서로 상응하지 않는다. 일부 분야에서 우연한 역사적 필요성으로 일반적인 설명 원리를 제안할지도 모르지만 전체로서의 심리학에 적용할 수 있는 것은 하나도 없다.

적어도 아직은 그렇다. 제3장에서는 특정한 설명 원리를 일반적인 설명 원리로 만들려는 이러한 투쟁을 추동하는 것이 무엇인지 분석하고 설명한다. 먼저, 비고츠키는 그 요인을 사회, 문화와 같은 외적 요인과 알려진 과학의 법칙과 조건, 현장의 실천에서 생겨난 요구 같은 내적 요인으로 분석한다. 그런 다음 비고츠키는 메타 설명(설명에 대한 설명), 즉 과학적 설명 자체가 발전하는 방식에 대한 설명을 제시한다. 제3장을 요약한 미주에서 우리는 이것을 영어 연상 기호인 F.A.C.T.S.로 요약한다. 사실Facts 집단이 발견되고 설명된다. 그다음 인접한 영역Areas까지

이 설명에 맞추어진다. 이어서 이 설명은 전체 학문을 규율Control하게 된다. 이제 그것은 전체 학문을 초월Transcends하여 형이상학이 되어 동어반복으로 바뀐다. 그리고 그것은 폭발하여 미신과 종교 사이 어딘가의 비과학적인 사회적Social 사실로 남게 된다. 즉, 점성술의 '천문학', 연금술의 '화학', 철학관의 '철학'이 된다.

제4장에서는 심리학의 네 가지 특정 분야, 즉 정신분석학(리비도), 반사학(반사), 형태 이론(게슈탈트), 스턴의 인격주의 심리학(인격)에서 이 과정이 전개되는 네 가지 불완전한 예를 제시한다. 이름만 봐도 우리는 마지막 두 연구에서 연구 대상이 설명 원리를 포함하는 식으로 부풀려졌다는 것을 짐작할 수 있다. 즉, 게슈탈트의 모든 속성을 게슈탈트의 원리로 설명하고, 인격의 모든 특성을 인격의 원리로 설명하는 식이다. 그러나 이런 유의 동어반복은 설명을 명명으로 축소시킨다. 또한 이런 유의 동어반복은 과학도 단순한 명명으로 축소시킨다. 스피노자처럼 비고츠키도 이 치명적인 퇴행성 질환에 대해 필사적으로 치료법을 찾고자 했다.

제5장과 제6장에서 비고츠키는 빈스방거와 논리적 접근 방식을 소환한다. 비고츠키는 과학 발전에서 양적인 데이터의 단순 수집 단계와 개념 형성이라는 질적인 단계를 구별한다. 하지만 비고츠키는 다시 역사적 접근 방식으로 돌아가 빈스방거의 절대적인 구분을 거부한다. 일반 과학이 전적으로 개념 비평에만 관심이 있는 것도 아니고, 경험 과학이 모두 비개념적인 것도 아니다. 항법이 단순히 지도를 읽는 것이 아니라 영토에 대한 과학이듯이 역사 역시 단순히 문서를 연구하는 것이 아니라 개념에 관한 이야기라는 것이다. 우리가 과학의 발전에서 논리와 역사가 어떻게 연결되고 구별되는지 일단 이해하면, 과학의 역사에서 우연처럼 보이는 것(예: 누가 누구와 연구했는지, 우리가 설명 상자에서 강조한 내용) 뒤에 있는 논리를 파악하게 되며, 아인슈타인이나 다윈

같은 천재적인 개인들의 방법론적 공헌뿐 아니라 첼파노프나 코르닐로 프 같은 행정가들의 과학 정책도 이해할 수 있게 된다. 우연적인 역사 적 세부 사항을 추상화하면 제3장과 제4장에서 기술하는 거대한 순환 은 꼬리를 쫓는 역사적 개라기보다는 논리적인 나선형 계단에 더 가까 운 것처럼 보인다.

비고츠키는 자신이 여담이라고 부르는 세 개 장의 여행을 시작하며 갈지자 행보를 하는 것처럼 보인다. 제7장에서는 제3장과 FACTS 도식 으로 돌아가, 무의식 개념이 정신분석학, 반사학, 심지어 마르크스주의 심리학의 설명 원리를 확장함으로써 설명되는 것을 보이고, 매우 다른 종류의 세 가지 과학적 포섭-베흐테레프에 의한 무의식의 공격적 합 병, 루리야와 프리드먼 같은 마르크스주의 심리학자들의 비공격적 수 용 평화 협정, 그리고 프롤로프가 무의식을 파블로프 생리학으로 (대체 로 쓸데없이) 동화한 것을 예시로 든다.

이와 대조적으로 제8장은 제14장으로 도약한다. 여기서는 객관적인 관점에서 주관적 현상을 연구하는 지식론적 문제와 연구 대상이 물질 인지 마음인지에 대한 존재론적 문제의 핵심적 구별이 이루어진다. 비 고츠키는 자연과학은 직접적인 관찰을 사용하지만 인문과학은 주관적 인 판단을 요구한다는 것은 전혀 사실이 아니라고 말한다. 모든 과학, 심지어 예술에서도 간접적인 수단이 필요하다. 모든 사실적 관찰은 개 념을 검증하고 이를 개선할 힘을 지니고 있다. 제9장의 주제인 과학 용 어가 단적인 예다. 동일한 자료를 다른 개념과 다른 방식으로 연관시키 면 매우 다른 사실이 산출된다.

예를 들어, 〈표 1〉에서 비고츠키가 지은 각 장 제목이 영어, 프랑스 어, 한국어 번역본에서 어떻게 다른지 살펴보자. 러시아어 선집(1982) 의 인쇄본, 자베르쉬네바와 오시포프가 비고츠키 아카이브에서 발견한 수고본(Завершнева и Осипов 2012)에는 장 제목이 없다. 비고츠키는 각 장에 단순히 번호를 붙임으로써 역사적 순서보다는 논리적 순서로 장들을 배치했다. 하지만 이 논리적 순서에도 갈라진 틈이 있는데, 두 개의 장이 누락되었고, 그 장이 실제로 쓰였는지도 명확하지 않다는 점이다.

장	영문판 제목 (비고츠키 인터넷 아카이브)	프랑스어판 제목 (Vygotski, 2010)	우리 책의 제목	제시 사례
1	위기의 본질	일반 심리학을 향하여	특수 심리학은 일반 심리학이 될 수 있는가?	'정상' 성인: 유심론적 심리학. '신경증': 정신분석학 동물 행동: 미국행동주의와 러시아 반사 요법
2	접근 방식	일반 심리학의 대상 기본 개념과 설명 원리	상이한 사실과 상이한 설명	정신분석 반사학 게슈탈트 이론 인격(주의)
3	과학의 발전	설명적 개념 전파 과정	설명적 확장	발달의 외재적·문화적 원인과 내재적·과학적 요인 실천 F.A.C.T.S.
4	심리학의 최근 동향	네 가지 설명적 개념의 숙명	네 가지 설명 사례의 운명	리비도 반사 게슈탈트 인격
5	일반화에서 설명으로	일반 과학과 특수(경험) 과학	일반 과학과 특수 과학	정량적 일반화, 정성적 추상화 개념 및 사실 일반 과학 및 경험적 과학 지도와 영토, 흔적과 역사
6	과학 발전의 객관적 경향	비평 또는 과학적 분석?	비판인가 탐구인가?	대수와 연산 과학의 역사에서 개인의 역할
7	무의식. 서로 다른 이론의 융합	심리학 체계를 융합하려는 시도	초학문적 침탈, 학문 간 조절, 학문 내 동화 (비고츠키의 첫 번째 여담: 감염)	무의식 무의식의 강제적 병합: 반사 심리학 (베흐테레프) 무의식의 평화적 수용: 마르크스주의와 심리학 (루리야와 프리드먼) 무의식의 동화: 파블로프 심리학(프롤로프)
8	생물발생적 가설 자연과학에서 차용	심리학의 방법 심리학의 언어	방법론, 방법, 기법(비고츠키의 두 번째 여담: 염증)	아동심리학 생물발생적 가설: 개체발생, 계통발생 놀이
9	과학적 언어에 관하여	심리학 언어	위기의 어휘 (비고츠키의 세 번째 여담: 회복)	자연과학 용어 철학적 용어 은유적 용어

10	심리학의 위기와 그 의미에 대한 해석	위기에 대한 해석	진단에서의 위기	형태학 분류학 해부학 진화 자연 및 인문 과학(콩트)
11	경험심리학을 만들겠다는 아이디어의 파산	두 가지 심리학만 존재한다.	두 개의 심리학	자연과학적 인과 심리학 관념론적 기술 심리학 정신생물학 정신-신학
12(러시아어 인쇄본) 13(러시아어 수고본)	위기의 추동력	실천, 위기 극복의 원동력	원인과 치료(법)	실천 (교육, 임상, 산업) 심리공학 (뮌스터베르크)
13(러시아어 인쇄본) 14(러시아어 수고본)	두 심리학	유물론적 심리학의 과제	유물론적 심리학에서 존재론과 지식론	분석 귀납법 현상학(후설) 유물론(포이어바흐)
14(러시아어 인쇄본) 16(러시아어 수고본)	결론	우리 과학의 이름은 무엇인가?	'우리에게 없는 이름'	'심리학'이라는 이름 과거, 현재, 그리고 미래

〈표 1〉 영문판, 프랑스어판, 한국어판 장 제목과 비교를 위한 몇 가지 사례.

러시아어판에는 제목 없이 장 번호만 있고 수고본에는 두 개의 장(12, 15)이 누락되었다. 영어와 프랑스어판은 누락을 무시하고 장 번호를 순서대로 다시 매겼다. 어느 쪽도 비고츠키의 여담이나 의학적 비유를 언급하지 않으며, 매우 다른 두 장에 본질적으로 동일한 제목을 사용한다(프랑스어판 11장, 러시아어판 13/14장).

우리는 각 장의 주요 사례를 언급하고 비고츠키가 집필 당시 생각했던 전체적인 구조를 인식할 수 있는 제목을 붙임으로써 논리-역사적 스펙트럼의 다른 쪽 끝인 역사적 경향을 강조하면서, 한편으로는 심리학과 다른 과학과의 연관성을, 다른 한편으로는 실천과의 연관성을 강조하려 했다. 따라서 '방법론/방법/기법', '존재론/지식론'과 같은 중요한 구분을 장 제목에 포함시킴과 동시에 스피노자의 의학적 은유, 즉 과학에서의 외래적 영향의 침입, 과학의 염증 반응, 그리고 회복의 시작을 전경화前景化하기 위해 노력했다.

제10장에서 비고츠키의 진단은 역설적이다. 제4장 말미에서 비고츠키는 위기를 치명적인 질병에 비유했지만, 지금은 위기가 심리학의 활력과 강인함을 증명하는 것처럼 보인다. 그런데 이 역설은 심리학을 생

물학과 비교하면 쉽게 해소할 수 있다. 생물학의 과업은 종합하는 것이었다. 즉 생물학은 베살리우스, 린네, 라마르크, 뷔퐁이 이미 축적해 놓은 해부학, 기술, 분류, 구조의 데이터를 다윈의 위대한 설명 속에서 통합하여 강력하고 활력이 넘치는 일반 생물학을 만들어야 했다. 심리학에서 당면한 과제는 통합이 아니라 분할이다. 비고츠키가 말했듯이, 그것은 출산과 같은 피비린내 나는 작업이다. 하지만 모든 출산이 그렇듯이, 그것은 또한 활력, 힘, 신체의 한계를 극복해 내는 증명이기도 하다.

제11장에서 비고츠키의 예측은, 새로운 과학의 탄생에는 관찰에 기반한 유물론적이고 설명적인 '정신생물학'과 내관에 기반한 관념론적이고 기술적인 '정신목적론'이라는 쌍둥이가 관여한다는 것이다. 비고츠키에 따르면, 유물론적인 것만이 살아남고 번영할 수 있다. 설상가상으로 이 쌍둥이는 삼쌍둥이처럼 복잡하게 결합한 것처럼 보인다. 경험적 심리학이 관념론으로부터 결별하려고 할 때마다 명백히 주관적인 연구 대상과 그것을 연구하는 명백히 객관적인 수단 사이의 모순을 새로운 형태로 유지하게 되는 것이다. 비고츠키는 생존하게 될 유물론적 심리학의 개념을 제12장에서 정리하겠다고 약속했지만 제12장은 누락되었다.

대신 제13장에서 비고츠키는 이 방법론적 모순을 극단적으로 보여 주기 위해 뮌스터베르크의 심리공학에 관한 작업, 즉 훈련, 직업 선택, 고용의 응용심리학을 이용한다. 뮌스터베르크는-비록 그가 극단적인 관념론자로서 심리적 요인이 행동을 유발할 수 없다고 굳게 믿는다 하더라도- 응용심리학에서는 심리적 요인이 행동을 유발하는 척하는 것이 편리하다는 것을 인정한다. 비고츠키는 일상의 모든 실천 형태에서 위기의 원동력은 스스로를 강하게 드러낸다는 것을 보여 준다. 무언가가 유심론적 심리학에서 전혀 불가능하다고 해도 이것이 실제로 일어나는 것을 방해하지는 못한다. 이는 심리학 자체의 중심에서 일어나고 있다.

제14장은 길다. 아마도 비고츠키는 제14장을 두 개의 장으로 나누려 했던 것 같다. 이는 제12장과 제15장이 없는 이유를 설명해 준다. 제14장의 첫 부분은 명백히 지식론적인 문제-우리는 마음을 어떻게 알 수 있는가?-로 시작한다. 이는 정신 현상을 아는 경로는 오직 두 개-귀납적 관찰과 분석적 내관-가 있다는 제11장의 주장에 대한 '부정적' 증거를 제공하면서 제11장을 이어 나가는 듯 보인다. 비고츠키는 '세 번째' 경로가 있다고 약속하는 심리학들도 결국 유물론적 경로(게슈탈트 이론)나 관념론적 경로(인격주의)로 판명이 남을 보여 준다. 분석 역시 유물론적 경로(자연과학적 분석)와 관념론적 경로(현상학)로 나뉠 수 있다. (후자가 아닌) 전자가 우리가 필요한 기본 개념과 설명 원리를 제공할 것이다.

두 번째 부분은, 반대로, 존재론적 문제-마음은 물질과 독립적으로 존재하는가-와 관련이 있다. 여기서 비고츠키는 후설과 포이어바흐를 대비시킨다. 후설에 따르면 마음은 사유와 존재 사이의 구분을 하지 않는다. 사유는 단지 일종의 생각을 생성하는 것을 의미한다. 반대로 포이어바흐는 사유에서도 물질적 현실에 대한 사유(생각 자체)와 사유에 대한 사유(자의식, 우리가 사유 중에 하는 일에 대한 의식적인 사유)가 구분되어야 한다고 주장한다.

포이어바흐의 구분을 지식론적으로 읽음으로써 '사유의 사유'와 내관적으로 마음을 탐구하는 심리학을 지지하는 것으로 볼 수도 있다. 하지만 비고츠키는 포이어바흐를 존재론적으로 읽음으로써 '사유 자체'와 '사유의 사유'의 구분이 저차적 심리기능과 고등한 심리기능 사이의 객관적 구분을 확립하는 길을 제공한다고 본다. 심리학은-자연과학적 분석과 자연과학적 귀납을 통해- 사유 자체와 사유의 사유가 일치하는 경우(진개념)와 일치하지 않는 경우(단순 현상)를 모두 연구할 수 있다.

여기서 우리는 개념에 대한 누락된 장에 포함되었을 내용의 실마리를 얻을 수 있다.

비고츠키는 사전 분양 선전이라든가 개업하기 전에 간판부터 다는 광고의 효과를 믿지 않는다. 따라서 우리가 찾던 것을 찾았다고 자신 있게 선언하고 그것의 명칭을 제시하는 것은 비로소 제16장에서다. 명명하는 것도 과학의 역사적 발달의 일부이다. 비고츠키는 일반 심리학이 되고자 투쟁하는 일부 과학들이 단순히 형용사(예컨대 문화-역사적 심리학)를 옛 과학 앞에 붙이는 한편 어떤 과학들은 완전히 새롭게(예컨대 '사회문화이론') 시작하는 것을 선호하는 모습을 지적한다. 그러나 비고츠키 자신은 수백 년의 역사의 먼지가 쌓인 이름을 선택한다. 비고츠키가 자신의 노트(2018: 121)에서 '우리에게 없는 이름'이라고 칭했던 것은 이미 우리가 오래전부터 가지고 있었던 것임이 판명된다. 이는 '심리학'이다.

끝

주요 사망 원인이 열사병인 시기가 도래했다고 가정해 보자. 이제 우리에게는 증상만을 치료할 뿐인 생리학밖에 없다고 상상해 보자. 악취를 풍기며 흉하게 땀 흘리는 것을 막기 위해 사람들에게 탈취제와 열을 식히는 약물을 제공하는 것이다. 제약회사와 탈취제 회사는 기뻐하고, 일부 의사와 약사는 만족하며, 심지어 부유한 일부 노인은 이 상황에 충분히 행복하다. 그렇지만 많은 의료 종사자들은 그렇지 않다. 그들은 환자를 치료하는 것이 아니라 환경을 바꾸는 것이 해결책이라고 의심하기 시작한다.

비고츠키가 궁정의 금세공인 델 페랄의 사실주의적 초상화에서 찾고 있었던 것은 무엇일까? 이 그림을 완성할 무렵 완전히 귀가 먹게 된 고야는 여생을 어둡고 그로테스크한 작품을 그리면서 보냈다. 고야의 객관적이고 사실주의적인 연구 덕분에 오늘날 의사들은 델 페랄이 뇌졸중을 앓았음을 발견한다(그의 오른편 얼굴이 늘어져 있다). 그럼에도 델 페랄의 모습은 긍지와 자신감이 넘치며 자신의 신체적 약점은 전문지식과 능력 그리고 고야와의 우정으로 극복될 수 있다는 확신을 보인다.

비고츠키는 엘 그레코의 표현주의적 분홍-검정 「정원에서의 고뇌」에서 고등심리기능을 통한 신체의 극복이라는 자기 이론의 확증을 찾았을까? 엘 그레코는 당시 모든 그리스도교도와 마찬가지로 그리스도가 육체와 타 버린 정념을 극복하고 기꺼이 십자가에서 죽었다고 믿었다. 하지만 엘 그레코는 이러한 극복 이전에 그리스도가 정원에서 체포되기 전에 느꼈던 고뇌를 우리가 느끼기를 바란다. 예수는 고통의 잔을 거두어 줄 것을 신에게 세 번 요청한다. 어떤 이들은 예수의 간청을 공포와 같은 저차적 심리적 기능으로 설명한다. 결국 그는 분홍의 살로 이루어졌다는 것이다. 다른 이들은 그의 고뇌를 어두운 부정의와 음흉한 배반의 의미로 설명한다. 회색 옷을 입은 이들이 오른쪽에서 그를 체포하기 위해 다가오고 있고 예수의 친구들은 왼쪽의 그림자 속에서 잠을 자고 있다. 오늘날 런던 내셔널 갤러리에서는 당시 비고츠키가 보았던 어둡게 칠해진 바니시를 제거했기 때문에 우리는 그가 검은 망토라고 생각했던 것이 사실은 하늘색임을 안다.

비고츠키가 확증하려 했던 이론은 일반 심리학이 일원론적이되 유물론적이어야 한다는 것이다. 일원론은 새롭지 않다. 종교와 관념론적 심리학 역시 어느 정도는 하나의 세계를 믿어야 했다. 물질적 세계는 영원한 세계의 일시적 그림자에 지나지 않으며 인간의 정신은 신의 정신을 순간적으로 얄팍하게 흉내 낸 것에 지나지 않는다고 생각되었다. 그런데 유물론적 신경과학은 새로운 것으로, 비고츠키와 그의 동료들이 당면했던 물질과 정신의 차이는 이제-기후와 날씨나 논리와 역사처럼- 척도의 문제인 것처럼 보이게 된다.

정신과 물질의 과학이 서로 뒤섞여 나타나지 않는다면 문제는 존재론적, 즉 연구 대상에 관한 것이 아니라 지식론적이고 방법론적인 것이 된다. 즉, 문제는 일반화 정도와 추상화의 양이 얼마나 다른가에 달려 있다. 사실 신경학적 척도에서 물질적 과정은 개인적 차원에서의 정신 과정을 실현하며 이는 다시 언어, 사회, 문화, 경제적 척도에서의 물질적 과정의 사례가 된다. 아마도 이러한 유물론은 우울증과 자살, 심지어는 기후변화의 기저에 놓인 원인을 설명하고 해결할 수 있을 것이다. 최소한 그것은 우리가 증상을 기술하고 해석하는 것 이상은 할 수 있게 해 줄 것이다.

아마도 비고츠키는 이 책이 방법론적 유언장이 되기를 바랐을 것이다. 그렇지만 역사적 사실로 보자면 그는 이후 8년간 생존했다. 몹시 바빴던 이 8년은 그가 이 책을 완성하지 못했던 이유를 설명해 준다. 우리가 볼 때 이 책의 저술은 그에게 치료의 의미가 있었다. 즉 비고츠키에게 이 책의 역사적이고 심지어 개인적인 의미는 그것이 정신적 우울과 신체적 질환을 극복하여 회복하는 데-원인이든 즉각적 결과든-모종의 역할을 했다는 것이다.

그럼에도 이 책의 역사적 의미를 논리적 의미와 대립시키지는 말자. 이 책이 우리에게 주는 논리적·심리적 의미는, 비고츠키의 이론적 연구가 사후 세계에서도 여전히 어떤 역할을 한다는 것이다. 우리는 이 책을 통해 비고츠키의 가장 대담한 메타 이론 연구가 그의 사후에도 지속될 것임을 자신하며 독자에게 이 책을 건넨다. 이는 육체를 극복하는 것이기도 하다.

| 참고 문헌 |

Binswanger, L. (1922). *Einführung in die Probleme der allgemeinen Psychologie.* ("An introduction to problems of general psychology"). Berlin: Springer.

Hidaka, B. (2012). Depression as a disease of modernity: explanations for increasing prevalence. *Journal of Affective Disorders,* 140(3), 205-214. doi:10. 1016/j.jad.2011.12.036.

Kozulin, A. (1990). *Vygotsky's psychology: A biography of ideas.* Cambridge, MA: Harvard.

Van der Veer, R., and Valsiner, J. (1991). *Understanding Vygotsky.* Oxford and Cambridge, MA: Blackwell.

Van der Veer, R., and Zavershneva, E. (2011). To Moscow with love: Partial reconstruction of Vygotsky's trip to London. *Integrative Psychological and Behavioral Sciences,* 45(4), 458-474.

Vygotski, L. S. (2010). *La signification historique de la crise en psychologie.* ("The historical significance of the crisis in psychology"). Paris: La Dispute.

Vygotsky, L. S. (1997). *Collected works,* vol. 3. London and New York: Plenum.

Vygotsky, L. S. (2018). *Vygotsky's notebooks: A selection.* Singapore: Springer., Yaroshevsky, M. (1989). *Lev Vygotsky.* Moscow: Progress.

Zavershneva, E. I., and Osipov, M. (2012). Primary changes to the version of "The Historical Meaning of the Crisis in Psychology" published in the collected works of L. S. Vygotsky. *Journal of Russian and East European Psychology,* 50 (4), 64-84. doi: 10.2753/RPO1061-0405500403

Выготский, Л.С. (1984). *Собрание сочинений, Том 1.* Москва: Педагогика.

Завершнева Е.Ю., Осипов М.Е. (2012). Сравнительный анализ рукописи "(Исторический) Смыслпсихологического кризиса" и ее версии, опубликованной в т.1собрания сочинений Л.С.Выготского (1982). Дубна, 3 (41-72).

차례

*제12장과 제15장은 원본에서 누락되어 있다.

"건축자가 버린 돌이 집 모퉁이의 머릿돌이 되었나니."

-시 118: 23

제1장
특수 심리학은 일반 심리학이 될 수 있는가?

E. L. 키르히너(Ernst Ludwig Kirchner), 붉은 엘리자베스 운하, 1913.

키르히너는 니체의 "인간은 목적지가 아니라 다리다"라는 말에 영감을 받아 스스로를 '다리(Die Brücke)'라고 부른 표현주의 분파의 창시자다. 성미카엘 성당과 다리 주춧돌의 빨간색은 단색인 반면, 엘리자베스 강변 가로수의 붉은색은 검은색과 갈색이 뒤섞여 있다는 점에 주목하자. 비고츠키에게 일반 과학은 순수한 개념과 원리를 연구하는 과학이지만, 특수 과학은 데이터를 직접 다루어야 하는 과학이다. 하지만 비고츠키는 『시편』 118편의 한 구절을 인용하여 "건축자가 버린 돌이 머릿돌이 되었다"라는 말로 이 책을 시작한다. 엘리자베스 다리 아치의 머릿돌은 가운데 있는 무거운 돌이다. 이 돌의 무게는 아치를 약화시키지 않고 오히려 더 단단하고 강하게 만들어 양쪽에 단단히 고정시킨다. 마찬가지로 비고츠키는 정신 질환 치료, 직업 탐색, 교수 활동 같은 심리학 관련 실천이 심리학을 한편으로는 일반 개념에, 다른 한편으로는 설명 원리에 확고히 고정시킬 수 있도록 해 주는 머릿돌이라고 말한다. 비고츠키는 묻는다. 특수 과학이 다리 아치의 머릿돌이 될 수 있을까? 된다면 어떤 특수 과학일까?

1-1] 최근, 일반 심리학의 문제를 가장 중요한 문제로 내세우는 목소리가 점점 더 많아지고 있다. 가장 주목할 만한 것은 이러한 의견이, 일반화가 직업적 습관이 된 철학자나 심지어는 이론심리학자에게서 나온 게 아니라는 것이다. 이는 응용심리학의 특정 영역을 개발하는 심리학 실천자들, 우리 과학의 가장 정확하고 구체적인 부분을 대표하는 정신과 의사와 심리공학자에게서 나왔다. 각 심리학 분야는 연구의 발전, 사실 자료의 축적, 지식의 체계화, 기본 입장 및 법칙의 공식화에서 특정 전환점에 도달했음이 분명하다. 단순 경로를 따라 직진하는 것, 같은 일을 단순하게 계속하는 것, 자료를 점진적으로 축적하는 것은 더 이상 결실을 맺지 못하거나 심지어 불가능하기까지 하다. 앞으로 나아가려면 경로를 만들어 가야 한다.

1-2] 그러한 방법론적 위기로부터, 지침을 요하는 개별 학문의 의식적 필요로부터, (특정 지식 단계에서) 이질적 데이터를 비판적으로 통합하고, 분산된 법칙을 체계화하고, 결과를 이해하고 검증하고, 방법과 기본 개념을 명확히 하고, 근본 원리를 확립할 필요성으로부터- 한마디로 말해, 지식의 시작과 끝을 합쳐서 모을 필요성으로부터, 이 모두로부터 일반 과학이 탄생한다.

1-3] 따라서 일반 심리학의 개념은 여러 개별적인 특수 분야의 기

본과 중심이 되는 이론 심리학의 개념과 전혀 일치하지 않는다. 이(이론 심리학의 개념-K)는-본질적으로 정상적 성인의 심리학은- 동물심리학, 정신병리학, (아동학-K)과 함께 하나의 특수 분야로 간주되어야 한다. 그것이, 특정 분야의 구조와 체계를 어느 정도 형성하고, 그 기본 개념을 제공하며, 각 분야가 스스로의 구조에 부합하도록 하게 하는, 그 어떤 일반화 요소의 역할을 했고 지금까지도 부분적으로 계속하고 있다는 사실은, 논리적 필연성이 아니라 과학 발달의 역사로 설명된다. 사실이 그랬고 부분적으로는 지금도 그렇지만, 꼭 그래야 하는 것도 아니고 앞으로도 그렇지 않을 것이다. 왜냐하면 그것은 과학의 본성 자체에서 비롯된 것이 아니라, 외부의 외적 상황에 기인하기 때문이다. 그것이 변하기만 하면 정상적 성인의 심리학은 주도적 역할을 상실할 것이다. 우리 눈앞에서 이것이 어느 정도 실현되기 시작했다. 무의식 개념을 장려하는 심리학 시스템에서, 관련 과학의 출발점이 되는 기본 개념을 제공하는 선도 분야의 역할을 담당하는 것은 정신병리학이다. 그러한 사례로는 S. 프로이트, A. 아들러, E. 크레치머의 시스템이 있다.

자베르쉬네바와 오시포프는 『아동학』이 비고츠키의 수고본에서 누군가에 의해 볼펜으로 삭제되었다고 지적한다(2012: 67). 볼펜은 비고츠키가 사망한 지 한참 후에야 널리 사용되기 시작했다.

S. 프로이트는 일반 의학 교육을 받은 후에 개인 진료를 시작하고, '말하기 치료'를 통해 신경증 치료를 전문으로 했다. 그는 오이디푸스 콤플렉스에서 '죽음충동'에 이르기까지 광범위한 정신병리학적 개념을 제안한 사람으로 알려져 있다. 하지만 프로이트의 초기 동료와 제자 모임의 일원이었던 안과의사 A. 아들러가 먼저 죽음충동에 관한 아이디어를 개발했음에도, 프로이트가 그를 인용하지 않고 아이디어를 가로채자, 두 사람 사이는 틀어졌다. 아들러는 가족과 애착에 기초한 훨씬 더 사회 지향적인 심리학을 개발했고, 이는 오늘날에도 여전히 정신과 치료의 상당 부분을 차지한다. 프로이트와 아들러는 오스트리아

계 유대인이었지만, E. 크레치머(1888~1964)는 긴장 상태와 식물인간 상태 그리고 심각한 편집증 상태에 있는 사람들을 연구한 독일의 나치였다. 크레치머의 아이디어는 히틀러의 인종주의 심리학에 주요 기반이 되었으며, 오늘날에도 여전히 한국 젊은이들에게 인기 있는 마이어-브릭스 성격 검사MBTI의 토대를 이루고 있다.

세 명 모두 (일반 생물학보다 신체 질환이 서양 의학 교육의 중심이었던 것만큼) 정상 이론 심리학보다 정신 질환에서 가져온 개념을 서양 심리학의 중심에 두었다. 비고츠키는 이것이 정상 심리학을 대체하는 효과가 있다고 지적한다. 정상 심리학을 일반 심리학으로 간주하고 정신 질환을 특수한 형태로 간주하는 대신, 프로이트, 아들러, 크레치머는 신경증을 연구 대상으로 삼고 정상 심리학을 특수한 분야로 간주한다. 비고츠키는 이를 일반 심리학을 형성하는 두 번째 단계로 보지만 본질적으로 정상 심리학을 원형으로 삼는 것과 크게 다르지 않다고 본다. 비고츠키에게 일반 심리학은 건강하거나 건강하지 않은 특수한 유형이 아니라, 모든 유형에 공통적인 추상적 원리에만 기반해야 한다. 이는 일반 물리, 일반 화학, 일반 생물학이 물리, 화학, 생물학의 특정 분야의 일반화로 구성될 수 없는 것과 마찬가지다.

왼쪽부터 지그문트 프로이트(1856~1939), 알프레드 아들러(1870~1937), 에른스트 크레치머(1888~1964).

1-4] 후자(크레치머-K)의 경우, 정신병리학의 이러한 규정적인(선도적인-K) 역할은 더 이상 프로이트와 아들러처럼 이 분야에서의 기본 개

넘의 개발이라는 측면에서의 사실적 우선권과 연관되지 않는다. 이는 심리학이 연구하는 현상의 본질과 본성이 극단적이고 병리적인 모습에서 가장 순수한 형태로 드러난다는, 원칙적으로 방법론적 견해와 연관된다. 따라서 병리학으로부터 정상으로, 병리학으로부터 정상인을 설명하고 이해하는 방향으로 바꿀 필요가 있으며, 지금까지 해 온 것처럼 그 반대로 해서는 안 된다. 심리학의 열쇠는 병리학에 있다. 병리학이 다른 분야보다 먼저 정신의 근원을 발견하고 연구했기 때문일 뿐만 아니라 대상의 내적 본성과-그에 의해 형성되는- 이 대상에 대한 과학적 지식의 본성이 그러하기 때문이다. 전통적인 심리학은 연구 대상으로서의 모든 정신병자를, 어느 정도-정도별로- 정상인으로 보고 정상인을 기준으로 정의했다면, 새로운 체계에서는 모든 정상인이 어느 정도 미친 사람이며, 심리적으로 바로 여러 가지 병리학적 유형의 변이형으로 이해되어야 한다. 간단히 말해서 한 체계에서는 정상적인 사람이 전형으로 간주되고 병리학적 인격을 기본 유형의 변종 또는 변이형으로 간주한다. 반대로 다른 체계에서는 병리학적 현상이 전형으로 간주되고 정상적인 현상이 병리적 현상의 한 종류로 간주된다. 미래의 일반 심리학이 이 논쟁을 어떻게 결정할지 누가 예측할 수 있을까?

1-5] 동일한 이중적-반은 사실적, 반은 원칙적인- 동기로, 세 번째 체계(전통 심리학 이후, 그리고 정신병리학적 심리학 이후-K)에서의 주요 역할은 동물심리학에 부여된다. 그러한 예로 미국 행동 심리학의 주요 경로와 러시아 반사학의 주요 경로가 있는데 이들은 조건반사의 개념에서 출발하여 전체 체계를 발전시키면서 이를 중심으로 모든 자료를 분류하고 있다. 행동의 기본 개념 개발에서 사실적 우선권을 가지는 것 외에도 동물심리학은 원칙적으로 다른 학문과 연관되어야 하는 일반적인 분야로서 많은 저자들의 옹호를 받는다. 그것이 행동 과학의 논리적 출발이며, 심리에 대한 발생적 숙고와 설명의 출발점이며, 순전히 생물

학적 과학이라는 사실은 그것이 과학의 근본 개념을 형성하고 인접 학문에 그 개념들을 제공할 것을 강제한다.

1-6] 예컨대 И. П. 파블로프의 관점이 그렇다. 그의 의견에 따르면, 심리학자들이 하는 일은 동물심리학에 영향을 미칠 수는 없지만, 동물심리학자들이 하는 일은 심리학자들의 작업을 매우 본질적으로 규정한다. 거기서 그들(심리학자-K)은 상부구조를 세우지만, 여기(동물심리학-K)에는 토대가 놓여 있다(1950). 실제로 지금 우리가 행동 연구와 묘사를 위한 모든 기본 범주를 취하는 원천, 우리의 결과를 비교해 보는 사례, 우리의 방법을 바로잡는 견본은 동물심리학이다.

M. B. 네스테로프(Михаил Васильевич Нестеров), И. П. 파블로프의 초상화, 1930.

비고츠키가 말하듯 И. П. 파블로프(1849~1936)는 개의 타액 분비와 소화를 연구하여 조건반사를 발견하고 실험한 동물심리학자로, 덜 알려진 B. M. 베흐테레프와 함께 러시아의 '객관 심리학'의 공동 창시자가 되었다. 파블로프는 일반 심리학의 개념뿐 아니라 심리학 전체를 거부한 생리학자였기 때문에 이는 역설적이다. 파블로프의 '객관 심리학'은 다윈의 개념을 인간 심리학과 연결하여, 일반 생물학에 기반한 심리학을 약속하는 것처럼 보였기 때문에 처음에는 비고츠키의 관심을 끌었다. 이 책(『심리학 위기의 역사적 의미』)을 통해 비로소, 비고츠키는 사실적 자료를 토대로 형성된 (정상 심리학, 병리 심리학, 동물심리학 같은) 분야를 일반화하는 것은 (다윈의 생물학, 뉴턴의 물리학, 마르크스의 사회학 같은) 일반 과학의 기초를 놓을 수 있는 '개념'이 아니라 경험적인 지식 '복합체'를 제공할 뿐임을 깨달았다. 특정 자료모음(예컨대 분류학)이나 기술의 특정한 적용(예컨대 의학)이 아니라, 이러한 개념이야말로 일반 과학의 진정한 연구 대상이다.

러시아어 선집은 인용된 부분의 출처가 1950년에 출판된 파블로프의 저서 Lectures on Conditional Reflexes라고 표시한다. 하지만 비고츠키는 아마도 1928년의 초판본을 참고했을 것이다.

1-7] 상황은 다시 전통적 심리학(내관적 심리학-K)과 반대 순서를 취했다. 거기서 출발점은 인간이었다. 우리는 동물의 심리에 대한 관념을 수립하기 위해 인간으로부터 시작했다. 우리는 스스로에서 유추하여 그(동물-K)의 정신 현상을 해석했다. 결코 이를 통해 사태가 항상 조잡한 의인화로 환원된 것은 아니지만 종종 심각한 방법론적 토대가 그러한 연구 경로를 지시했다. 주관적 심리학은 그렇게 하지 않을 수 없었다. 그것은 인간 심리학에서 동물심리학에 대한 열쇠를, 더 높은 형태에서 낮은 형태를 이해하는 열쇠를 보았다. 연구자가 항상 자연이 갔던 길을 가야 하는 것은 아니다. 종종 반대 방향이 더 유익하다.

1-8] 마르크스가 "인체 해부학은 유인원 해부학의 열쇠이다"(마르크스, K., 1857/2005: 42)라고 말했을 때 그는 이러한 '역逆' 방법의 방법론적 원리를 지적한 것이다. "하등 동물의 더 고등한 형태에 대한 비유는 이 고등 형태 자체가 이미 알려진 경우만 이해할 수 있다. 즉, 부르주아 경제는 고전 경제 등을 이해하는 실마리를 우리에게 제공한다. 그러나 이는 모든 역사적 차이를 지우고 모든 사회 형태에서 부르주아적 형태를 보는 경제학자들이 이해하는 그러한 의미와는 전혀 다르다. 조공이나 십일조 등은 지대地代가 무엇인지 알면 이해할 수 있지만 이들을 같은 것으로 대하면 안 된다"(같은 책).

С. В. 이바노프(Сергей Васнльевнч Иванов), 성 조지의 날에 지주를 떠나는 농노, 1908.

16세기까지 성 조지의 날은 농노가 현 지주를 떠나 다른 지주에게 갈 수 있는 유일한 날이었다. 그림에서 농노는 면역지대를 지불하고 있다.

비고츠키는 동물심리학의 매우 기본적인 개념이나 방법만 인간 심리학에 활용될 수 있으며, 인간의 정신 형태는 매우 다르다는 점을 염두에 두어야 한다고 주장한다. 실제로 인간의 정신 형태는 기원이 사회적이고 문화적이기에 조건반사 개념보다 '면역지대'와 같은 개념에 더 가깝다.

영문판 선집은 본문의 용어인 아브로크обpoк를 '면역지대quitrent, 免役地代'로 번역한다. 면역지대는 농노가 (현)지주의 땅을 떠나 다른 주인 밑에서 일하고자 지불하는 돈이다. 러시아에서 농노제가 폐지된 것은 얼마 되지 않았기 때문에 러시아 독자는 이를 완벽하게 이해할 것이다. 하지만 이것이 K. 마르크스가 실제로 염두에 둔 것은 아니다.

마르크스가 의미하는 것은 더 일반적인 것으로, 전前자본주의 시대의 하위 계급이 상위 계급에 지불해야 했던 모든 종류의 세금이나 기여금을 의미한다. 마르크스의 요점은 이것이 아직 지대가 아니라는 것을 염두에 둘 때만 우리가 아브로크를 지대의 초기 형태로 이해할 수 있다는 것이다. 예컨대 조선의 왕들은 중국 황제에 조공을 바쳤지만 이것이 영토를 대여한 대가는 아니었다.

본문의 인용 출처는 다음과 같다.

Marx, K. (1857/2010). *Grundrisse: Introduction*. In vol. 28 *Collected Works of Marx and Engels*. Lawrence and Wishart: Electronic Book.

1-9] 지대地代에 기초하여 조공을 이해하는 것, 부르주아적 형태에 기초하여 중세적 형태를 이해하는 것은 인간의 발달한 생각과 말에 기초하여 동물의 생각과 말의 시작을 이해하고 규정하는 것과 동일한 방법론적 장치이다. 발달 과정의 어떤 단계와 과정 자체를 완전히 이해하는 것은 과정의 끝, 결과, 방향, 즉 주어진 형태가 어디에서 무엇으로 발전했는지를 알아야만 가능하다. 이 경우 물론 우리는 주요 범주와 개념이 고등한 것으로부터 저차적인 것으로, 방법론적으로 이동하는 것을 논의하는 것일 뿐 절대 실제 관찰 및 일반화의 이동에 대해 논의하

는 것은 아니다. 예를 들어, 계급과 계급투쟁이라는 사회적 범주의 개념은 자본주의 체제를 분석할 때 가장 순수한 형태로 드러난다. 그러나 이 동일한 개념은 모든 전前자본주의 사회-비록 거기서 우리는 언제나 다른 계급, 다른 투쟁 형태, 이 범주의 독특한 발달 단계를 만나게 되지만-의 형성에 대한 열쇠이다. 각 시대의 역사적 고유성과 자본주의적 형태를 구분해 주는 이 모든 특성은 사라져 버리지 않을 뿐만 아니라, 오히려 우리가 다른, 더 고등한 형태의 분석에서 획득한 범주와 개념으로 이에 접근할 때만 처음으로 연구할 수 있게 된다.

1-10] 마르크스는 설명한다. "부르주아 사회는 가장 발전되고 다면적인 역사적 생산 조직이다. 따라서 그 관계, 그 구조의 이해를 표현하는 범주는 모든 이전 사회 형태-이전 사회의 파편과 구성 요소는 부르주아 사회 형성에 사용되었다-의 생산 관계와 구조로의 통찰을 동시에 제공한다. 이런 파편 중 일부는 여전히 부르주아 사회에 동화되지 않은 채 그 안에서 지척거리는 반면 이전의 사회 형태에서는 암시의 형태만을 가졌던 요소들은 완전한 의미를 발달시키고 획득하게 되었다"(마르크스, K., 1857/2005; p. 42). 경로의 끝을 알면 전체 경로와 다양한 단계의 의미를 더 쉽게 이해할 수 있게 된다.

1-11] 그것은 일련의 과학 전체에서 충분히 정당화되는 가능한 방법론적 경로 중 하나이다. 그것은 심리학에 적용될 수 있을까? 그러나 파블로프는 바로 방법론적 관점에서 인간에서 동물로 나아가는 경로를 거부한다. 현상들 간의 사실적 차이가 아니라, 심리적 범주와 개념의 인지적 무용성과 적용 불가능성이, 그가 '역행'의 역행, 즉 자연이 따랐던 길을 되풀이하는, 정방향의 연구 경로를 옹호하는 이유이다. 그의 말에 따르면, "본질적으로 비공간적인 심리적 개념으로는 동물 행동의 메커니즘, 이러한 관계의 메커니즘에 침투하는 것이 불가능하다"(1950, p. 207).

1-12] 그러므로 요점은 사실이 아니라 개념, 즉 이러한 사실을 생각하는 방식이다. 그는 말한다. "우리의 사실은 공간과 시간의 형태로 인식된다. 우리에게 이것은 완전히 자연과학적인 사실이다. 심리적 사실은 시간의 형태로만 인식된다"(같은 책, p. 104). 논의가 현상이 아니라 오직 개념의 차이에 관해 이루어지며, 파블로프는 자신의 연구 분야에서 독립성을 얻기 원할 뿐만 아니라 그 영향력과 지침을 심리학 지식의 모든 영역으로 확장하기를 원한다는 것은, 논쟁이 심리적 개념의 해방에 관한 것뿐만 아니라 새로운 공간 개념을 통한 심리학의 발전에 관한 것이라는 그의 직접적인 표현에서 명백히 드러난다.

P. 보렐 델 카소(Pere Borrell del Caso), 비판의 탈주, 1874.

보렐은 낭만주의, 인상주의, 표현주의적 비판에 대한 반응으로 이 그림을 그렸다. 이 모두는 물질적 경험과 공간 지각으로부터 예술을 해방시키려 했다. 파블로프는 주관적 심리학(예컨대 전통 심리학, 정신분석학, 현상학)이 공간 지각으로부터 심리적 개념을 해방시키려 했다고 주장한다. 주관적 심리학에서 심리적 경험은 시간적으로 구획될 수 있지만(시작, 경과, 끝이 있음), 어떤 공간적 차원도 갖지 않는다(폭, 너비, 높이, 무게가 없음). 하지만 파블로프와 객관적 심리학에서 심리적 경험은 공간적 차원(침, 땀, 그리고 무엇보다 행동과 같은)도 갖는다.

1-13] 이 견해에서 과학은 조만간 획득할 객관적 데이터를 '외적 발현의 유사성 또는 동일성에 따라' 인간 정신에 적용하여 의식의 본질과 체계를 설명할 것이다(같은 책, p. 23). 그 경로는 단순한 것에서 복잡한 것으로, 동물에서 인간으로 이어질 것이다. 그는 "단순한 것, 기본적인 것은 복잡한 것 없이 이해할 수 있지만, 복잡한 것은 기본적인 것 없이 이해할 수 없다"라고 말한다. 이와 같은 데이터는 "심리적 지식의 기본 토대"를 형성할 것이다(같은 책, p. 105). 그리고 동물 행동 연구에 관한 20년간의 경험을 풀어낸 책의 서문에서 파블로프는 "여기 이 경로에서 가장 중요한 방식으로 인간 본성의 체계와 법칙을 아는 데 성공할 것"이라며 마음 깊이, 이론의 여지 없이, 단정적으로 확신했음을 회고한다(같은 책, p. 17).

1-14] 여기에 동물 연구와 인간 심리학 간의 새로운 논쟁이 놓여 있다. 이 명제는 본질적으로 정신병리학과 정상인의 심리학 간의 논쟁과 아주 유사하다. 어떤 학문 분야가 기본 개념 원칙과 방법을 장악하고, 조직하고, 해결하여 다른 모든 영역의 데이터를 비교하고 체계화할 것인가? 이전에는 전통 심리학이 동물을 인류의 다소 먼 선구자로 간주했다면, 이제는 반사학이 마치 플라톤이 그랬던 것처럼 인간을 "깃털

없는 두 발 동물"로 간주하는 경향이 있다. 이전에는 동물 심리가 인간 연구에서 얻은 개념과 용어로 정의되었다면, 이제는 동물 행동이 '인간 행동에 대한 이해의 열쇠'를 제공하며, 우리가 '인간다운' 행동이라고 부르는 것은 직립 보행을 함에 따라, 말을 하고 발달된 큰 엄지손가락 의 손을 가지게 된 동물의 파생물로 이해될 뿐이었다.

작자 미상, 플라톤의 아카데미아에 털 뽑힌 닭을 던져 넣는 디오게네스, 19세기.

플라톤 학파는 소거법으로 과학의 대상들을 정의하려 했다. 그 목 표는 집단 내 모든 대상에게 공통적이지만, 그 집단에 속하지 않은 대 상에게는 없는 특징을 찾아내는 것이었다. 이 법칙에 따르면 이족보행 으로는 사람을 정의할 수 없다. 새 또한 이족보행을 하기 때문이다. 그 러나 깃털 없는 이족보행으로는 사람을 정의할 수 있다. 새도 이족보행 을 하지만 깃털이 있기 때문이다. 이 정의를 들은 견유학파의 디오게 네스는 닭을 사서 깃털을 뽑고 "옜다! 사람!"이라 말하며 플라톤의 아 카데미아에 던져 넣었다.

1-15] 또다시 우리는 다음같이 질문할 수 있다. 미래의 일반 심리학 말고, 심리학 논쟁에서 동물과 인간 사이의 이러한 논쟁을 누가 해결할 것인가? 이것의 해결에 더도 덜도 아닌, 이 과학의 모든 미래 운명이 달려 있다.

• 특수 심리학은 일반 심리학이 될 수 있는가?

의식 연구에서 핵심 질문 중 하나는 어디서 시작할 것인가다. 우리 인간은 지금 여기의 당면한 환경적 문제에 대한 빠른 반응을 진화시켜 왔지만, 비고츠키가 여기서 제시하는 것과 같은 복잡한 과학적 문제-의식에 대한 과학적 연구의 위기의 역사적 의미에 대한 방법론적 연구-에는 어떤 명확한 출발점이 존재하지 않는다. 하나를 선택하려면 저자 측의 의지적 행동이 필요하다.

아마도 저자들은 동물과 그다지 다르지 않을 것이다! 비고츠키는 자신의 당면한 역사적 환경이었던 지금의 여기를 선택한다. 그 당시에 비고츠키는 손상학(병리학에 대한 발달론적 연구), 아동학(어린이에 대한 발달론적 연구), 심리측정학(사회의 인적 자원에 대한 발달론적 연구) 등 응용심리학의 특수 분야에서 가르치고 있었다.

사실, 기법, 심지어 방법까지 우리의 사회적 문화적 환경에 직접적으로 의존하는, 이러한 실용적 응용 분야들은 건축가들이 버린 돌이다. '구체로의 상승'이라는 방법을 통해, 비고츠키는 교육과 같은 실용적인 응용 분야들을 일반 심리학에서 상승하고 일반 심리학으로 돌아오는 아치의 머릿돌로 사용할 것을 제안한다. 하지만 이러한 일반 심리학을 어떻게 발달시킬 것인가? 단순히 특수 심리학을 일반화할 수 있을까? 그렇다면, 어느 것을?

A. 이 도입부에서 비고츠키는 이러한 응용 분야야말로 일반 심리학을 가장 절실하게 필요로 한다고 주장한다. 이는 모순어법일 수는 있지만 모순은 아니다. 바로 응용심리학적 실천 속에서, 러시아인들이 기법методика이라고 부른 것을 통해 만들어진 구체적 데이터가 방법으로 일반화된다. 하지만 오직 다음 단계에서만 즉, 일반 과학의 수준에서만 방법은 마침내 방법론으로 체계화된다. 이처럼 비고츠키는 그의 미래의 일반 심리학을 (어린이, 환자, 노동자 등이 아닌) 평균적인 인간을 대상으로 한 관념론적 심리학에 토대한 이론 심리학과 구분한다. 그에 따르면 이론 심리학은 일반 심리학이 아직 없는 틈에 일반 심리학의 지위에 올라서기는 했으나 단지 특수 분야의 하나일 뿐이다. 비고츠키는 이론 심리학이 곧 현재의 지위를 잃을 것이라고 말한다(1-1~1-3).

B. 강등은 이미 시작되었다. 정신분석학(프로이트와 아들러)과 신경학(크레치머) 연구에서 일반 심리학이 담당해야 할 역할을 정신병리학이 담당하고 있다. 비고츠키는 이것이 정상성과 병리학 사이의 관계를 뒤집는다고 말한다. 즉, 이상 심리학을

설명하기 위해 정상 심리학을 사용하는 대신 일탈을 사용하여 정상을 발견하는 것이다. 마찬가지로, 동물심리학 연구(손다이크와 파블로프)에서 동물심리학(행동학 또는 동물 행동 연구)이 인간 행동의 일반적인 기초로 제안된다(1-4-1-7).

C. 정신병리를 정상적인 심리적 기능의 일탈로 이해하는 직접적 경로가 비고츠키에게는 완전히 틀린 것도 아니고 완전히 만족스러운 것도 아니며, 정신 질환으로 드러나는 정상 심리를 이해하는 '역방향 경로'도 그러하다. 마찬가지로, 인간 심리의 기초로서 동물심리학을 이해하는 직접적 경로와 마르크스의 말대로 "인간을 기초로 유인원의 심리를 이해하는" '역방향' 경로가 완전히 틀린 것도 아니고 완전히 충분한 것도 아니다. 특정 기능(예: 말, 생각)이 자본주의에서는 완전히 발달했지만, 자본주의 이전의 경제 형태에서는 초보적으로만 발달한 것처럼 특정 현상(예: 임금 노동, 자본)은 인간에게 더 완전하게 발달하고 동물에게는 훨씬 덜 발달한다. 개념은 그 기원을 거꾸로 추적할 수 있지만, 이렇게 할 때 사실, 관찰, 실천이 똑같기를 기대해서는 안 된다(1-8-1-10). 동물에게서 언어의 기초를 찾을 수는 있지만 어휘, 문법 규칙, 문학을 기대하기는 어렵다.

D. 비고츠키는 파블로프가 '역행의 역행'을 주장했다고 말한다. 비고츠키가 지적했듯이 이는 자연적인 생물학적 진화 과정으로 인간 마음의 동물적 토대를 이해하는 직접적 경로에 해당한다. 파블로프는 심리학적 개념이 시간적일 뿐 아니라 공간적이라고 주장한다. 파블로프가 말하고자 하는 것은 인간은 출발점과 종착점을 선택할 수 있는 반면에 동물은 단순히 환경에 반응한다는 것이다. 파블로프에게 그 경로는 공간에 기반한 단순한 환경적 개념이 어떻게 시간에 기반한 복잡한 이야기를 낳을 수 있는지 이해하는 것이다. 비고츠키는 이것이 본질적 구분인지 의심하며 파블로프의 관점이 우리를 플라톤으로 되돌려 보낸다고 농담을 한다. 플라톤은 단순히 유사한 다른 동물과 구별되는 모든 것을 제시함으로써 동물을 정의했다. 인간은 깃털이 뽑힌 닭처럼 깃털 없는 두 발 동물이다. 비고츠키에게서 어떤 특수 과학도-정신병리학이든 동물심리학이든- 역사적 의의를 지니는 위기를 불러일으키지 않고서는 일반 심리학의 자리를 차지할 수 없다. 일반 생물학조차도 오랫동안 그 역할을 수행할 수는 없었다(1-11-1-15).

제2장
상이한 사실과 상이한 설명

E. L. 키르히너(Ernst Ludwig Kirchner), 고양이와 자화상, 1920.

이 그림은 제1차 세계대전이 끝나고 몇 년 후에 그린 것이다. 그 당시 비고츠키는 중병을 앓고 있었고 이 책을 쓰기 전이었다. 알코올 중독, 약물 중독, 우울증에 시달리던 키르히너는 완성되었으나 팔리지 않은 풍경화 앞에서 죽어가는 붓꽃을 휘두른다. 그 뒤에는 비쩍 마른 고양이 바비가 허기진 상태에서 먹이를 찾고 있다. 앞 장에서 비고츠키는 인간의 정신 질환이나 동물 행동과 연계된 연구가 일반 심리학에 가장 타당한 근거를 제공할 수 있는지 고려했다. 이 장에서 비고츠키는 둘 중 어느 것도 그러한 역할을 할 수 없음을 보여 준다. 일반 심리학은 연구 대상인 모든 현상에 내재적인 통합적 일반 개념과 그 현상에 외재적인 설명 원리를 모두 필요로 한다. 어떤 구체적인 일반 개념이 화가의 우울증과 고양이의 굶주림을 연결시킬 수 있을까? 어떤 공유된 설명 원리가 그렇게 다른 사실들을 설명할 수 있을까?

2

2-1] 위에서 이미 논의한 세 가지 유형의 심리 체계 분석에서 일반 심리학이 얼마나 필요한지, 이 개념의 경계와 대략적 내용이 부분적으로나마 윤곽이 잡혔음을 알 수 있다. 우리의 연구 경로는 늘 이와 같을 것이다. 우리는 사실의 분석으로부터－이 사실이 이런저런 심리학적 체계와 유형으로, 다양한 이론의 경향과 운명으로, 이런저런 인지적 방법으로, 과학적 범주와 도식 등으로, 비록 높은 수준의 일반성과 추상성을 띤 사실일지라도－ 시작할 것이다. 동시에 우리는 그것들을 추상적－논리적, 순전히 철학적 측면에서 고찰하지 않고, 과학사의 특정한 사실로, 구체적이고 살아 있는 역사적 사실의 경향성으로, 실제 조건상의, 인지－이론적 본질상의 대립으로, 즉 이 사실들이 향하는 실제에 대한 인식과의 부합성이라는 관점에서 고찰할 것이다. 추상적 추론의 경로가 아니라 과학적 실재를 분석하는 경로를 통해, 우리는 동일한 과학의 두 측면으로 개인심리학과 사회심리학의 본질과 그들의 역사적 운명에 대한 명확한 관념으로 나아가고자 한다. 우리는－정치인이 사회적 문제의 분석으로부터 그렇게 하듯－ 과학의 구체적 형태에 대한 역사적 고찰과 이 형태에 대한 이론적 분석을 이용하여 작동 법칙, 과학적 연구 조직의 법칙, 즉 방법론적 연구를 도출하며, 이로써 일반적이고 검증되었으며 방향을 제시하는 원칙으로 나아가고자 했다. 우

2

리가 보기에 이것이 이 장에서 명확히 하려는 개념인 일반 심리학의 핵심이다.

2-2] 첫째, 우리가 이러한 분석에서 배우는 것은 일반 심리학과 정상인의 이론 심리학 간의 구분이다. 우리는 후자가 반드시 일반 심리학은 아니며, 일련의 전체 체계에서 그 자체가 다른 영역에 의해 정의된 특수한 분야 중 하나가 됨을 보았다. 병리 심리학과 동물 행동에 관한 학설은 모두 일반 심리학의 역할을 수행할 수 있고 수행한다. A. I. 브베덴스키는 일반 심리학을 "이 부분이 모든 심리학의 기본을 이루기 때문에, 기본 심리학이라 부르는 것이 훨씬 더 정확할 것"이라고 생각했다 (1917, p. 5). H. 회프딩은 심리학이 "다양한 장치와 방법론을 다룰 수 있으며" "하나가 아니라 많은 심리학이 존재한다"고 생각하며 통일의 필요성을 보지 않지만, 그럼에도 주관적 심리학에서 "다른 풍부한 지식의 원천이 모여드는 중심과 같은 토대"를 보는 경향이 있다(1908, p. 30). 이 경우-완전히 다른 기본과 중심을 가진 체계가 어떻게 생겨나고 그런 체계 속에서 (이전에-K) 교수들이 사물의 본성 자체에 따라 토대로 간주했던 것들이 어떻게 주변으로 물러났는지 보지 않기 위해서는 적지 않은 중세학파적 교조주의와 순진한 자신감이 필요할지라도- 일반 심리학보다 기본 심리학이나 중심적 심리학에 대해 말하는 것이 실제로 더 적절할 것이다. 주관적 심리학은 일련의 전체 체계에서 기본이자 중심이었으며, 우리는 이 의미를 명확히 해야 한다. 그것은 이제 그 중요성을 잃어 가고 있으며, 우리는 다시 이 의미를 명확히 해야 한다. 이 경우 용어상으로는, H. 뮌스터베르크가 했던 것처럼(1922), 응용심리학과 구분하여 이론 심리학에 대해 논하는 것이 가장 정확할 것이다. 정상적 인간 성인과 관련하여, 그것은 아동, 동물 및 병리 심리학과 함께 특수 분야가 될 것이다.

*H. 뮌스터베르크(Hugo Münsterberg, 1863~1916)는 W. 분트의 제자, W. 제임스의 동료이자 경쟁자였다. 그의 스승 분트는 독일 심리학을 응용 기술이 아니라 실험적인 순수 과학으로 창시했다. 아무도 다른 사람의 마음을 경험할 수 없기 때문에, 이 실험적인 순수 과학의 주요 데이터는 내관内觀일 것이다. 뮌스터베르크는 동의하지 않았다. 그는 응용심리학(특히 범죄심리학, 임상 심리 치료 및 심리 기술)에 더 흥미가 있었다.

H. 뮌스터베르크

A.И.브베덴스키

*А. И. 브베덴스키(Александр Иванович Введенский, 1856~1925)는 물리학자이자 수학자, 철학자이다. 그의 심리학은 주로 내관, 특히 도덕적, 종교적 경험에 관한 것이었다. 그는 과학적 심리학은 식물학처럼 기술적(記述的)일 뿐이라고 믿었다. M. M. 바흐친이 그의 제자이다.

*H. 회프딩(Harald Høffding, 1843~1931) 또한 철학자이자 심리학자, 신학자이다. 초기에는 키르케고르의 영향을 받았고, 후기에는 논리 실증주의자, 특히 콩트의 영향을 받았다. 브베덴스키처럼 그 역시 비고츠키가 여기서 제시하는 일반 심리학에 대한 아이디어를 거부하고 대신 '기본 심리학'이라는 아이디어를 제안한다. 또한 브베덴스키처럼 그도 심리학의 토대가 주관적인 경험이며, 객관적인 기술은 주변적인 것이라고 생각한다.

H. 회프딩

비고츠키는 이런 관점이 도그마적이고 스콜라학파적이라고 고발한다. 첫째, 그들은 연구 대상의 본질상 자연과학과 사회과학이 다르다고(그에 따라 인간은 결코 자연과학의 대상이 될 수 없다고) 독단적으로 가정한다. 둘째, 그들은 영혼이 심리학의 중심이며 인간 행동은 주변적이라고 독단적으로 가정한다. 뮌스터베르크도 행동 연구를 심리학의 실천적 응용으로 격하한다. 셋째, 그들은 아우구스티누스, 아퀴나스, 둔스 스코투스와 같은 중세 스콜라학파의 학자들이 그랬던 것처럼 이것이 결코 변하지 않을 것이라고 가정한다. 비고츠키가 지적하듯 이론심리학과 응용심리학의 상대적 중요성과 마찬가지로, 주관적 심리학과 객관적 심리학의 상대적 중요성도 바로 우리 눈앞에서 변화하고 있다. 뮌스터베르크의 경력은 이를 잘 보여 준다. 이론심리학자로 경력을 시작한 뮌스터베르크는 이후 대부분의 연구를 응용심리학에 할애한다.

2-3] L. 빈스방거는 이론 심리학은 일반 심리학도, 그 일부도 아니며 그 자체가 일반 심리학의 대상 또는 주제라고 언급한다. 후자(일반 심리학-K)는 이론 심리학이 원론적으로 어떻게 가능한지, 그 개념의 구조와 적합성은 무엇인지에 관하여 묻는다. 이론 심리학은 일반 심리학과 동일시될 수 없다. 바로 심리학 이론 창조의 문제가 일반 심리학의 기본 문제이기 때문이다(1922, p. 5).

빈스방거는 스위스 정신과 의사로 E. 블로일러, K. 융, S. 프로이트와 함께한 모임의 초창기 회원이다. 그의 심리학은 이론적이었을 뿐 아니라 매우 철학적이었으며, (선험적 개념을 주장한) 칸트는 물론 후설, 하이데거의 아이디어를 포괄했다. 예를 들어, 그의 심리학의 핵심 개념은 현존재現存在이며, 이는 하이데거가 말했듯이 '피투성被投性, thrown-into-ness'을 띤다. 하지만 빈스방거는 다른 현존재가 가능하다고 생각했다. 즉, 동물은 세계에 현존하고, 인간과 동물은 세계에 공존할 가능성을 지니지만, 인간은 자기 안에 세상이 존재할 잠재력 또한 가진다. 그의 발상은 후에 자크 라캉과 미셸 푸코에게 큰 영향을 미쳤다.

L. 빈스방거(1881~1966), 그의 환자인 E. L. 키르히너(Ernst Ludwig Kirchner)의 작품.

2-4] 둘째, 우리가 분석으로부터 확실하게 배울 수 있는 것은 바로 다음의 사실이다. 이론 심리학이, 그리고 이후에는 다른 분야가 일반 과학으로 대두되었다. 이는 한편으로 일반 심리학의 부재에 의해, 그리고 다른 한편으로는 그(일반 심리학-K)에 대한 욕구, 과학적 연구를 가능하게 하기 위해 그 기능을 일시적으로 구현해야 할 필요성에 의해 이루어졌다. 심리학은 일반 분야를 잉태하고 있지만 아직 출산하지 않았다.

2-5] 우리 분석으로 도출할 수 있는 세 번째는-과학과 방법론의 역사가 보여 주듯이- 모든 일반 과학, 모든 일반 학문의 발달에 있는 두 국면의 분리이다. 발달의 첫 번째 국면에서 일반 학문은 순수하게 양적 특성에서 특수 학문과 구분된다. 빈스방거가 말하듯, 그러한 구분은 대부분의 과학의 특징이다. 이처럼 우리는 일반과 특수 식물학·동물학·생물학·생리학·병리학·심리학 등을 구분한다. 일반 학문은 해당

과학의 모든 대상에 내재하는 일반적인 것을 연구 대상으로 삼는다. 특수 학문은 동일 유형의 대상으로부터 개별 집단 혹은 심지어 개별 사례에 고유한 것을 연구 대상으로 삼는다. 이러한 의미에서 오늘날 차별적 학문이라고 불리는 특수 학문이 명명되었으며, 같은 의미에서 이 분야는 개인심리학이라고 칭해졌다. 식물학이나 동물학은 대부분 모든 식물과 동물에 공통된 것을 연구하며 심리학은 모든 인간에 고유한 것을 연구한다. 이를 위해 실제 다양한 현상 자료로부터 그 모두 혹은 대부분에 내재한, 이런저런 일반적 면모의 개념이 추출되어 실제 다양한 구체적 면모로부터 추상화된 형태로 일반 학문의 연구 대상이 된다. 따라서 그러한 학문의 특징과 과업은 해당 영역의 특정한 현상에 최대한 공통이 되는 사실을 과학적으로 수립하는 것이었다(Л. 빈스방거, 1922, p. 3).

2-6] 모든 심리학 분야에 공통적인, 모든 심리학의 대상이 되는 추상적 개념—이는 개별 현상의 카오스로부터 추출되어야 하며, 심리학이 현상에서 인식할 만한 가치를 인정하는 것이다—을 탐색하고 적용하려 시도하는 이 단계를 우리는 우리 분석에서 분명하게 본다. 우리는 이러한 탐색과, 심리학의 대상에 대한 모색 중인 개념(심리학이 연구하는 것이 무엇인가라는 질문에 대한 모색 중인 대답)이 오늘날 심리학 발달의 역사적 계기에서 우리 과학에 어떤 중요성을 지닐 수 있는지 판단할 수 있다.

2-7] 모든 구체적인 현상들은 그 자체의 개별 징후를 본다면 완전히 무궁무진하고 무한하다. 우리는 항상 현상 속에서 그것을 과학적 사실로 만드는 것이 무엇인지 찾아내야 한다. 바로 이것이 천문학자의 일식 관찰을 단순 구경꾼이 하는 동일한 현상의 관찰과 구분하는 것이다. 전자는 현상에서 그것을 천문학적 사실로 만드는 것을 추출한다. 후자는 자기 주의의 장에 들어오는 우연한 특성을 관찰한다.

2-8] 심리학이 연구하는 모든 현상에서 가장 일반적인 것은 무엇이

고, 가장 다양한 현상-개의 침 분비에서 비극의 향유에 이르기까지-을 심리적 사실로 만드는 것은 무엇이며, 광인의 섬망과 가장 엄격한 수학 계산에 공통되는 것은 무엇인가? 전통 심리학의 대답은 다음과 같다. 공통적인 것은 이 모든 것이 심리적 현상이고, 비공간적이며 체험하는 주체 자신의 지각으로만 접근할 수 있다는 것이다. 반사학파는 다음과 같이 답한다. 공통적인 것은 이러한 모든 현상이 유기체의 행동, 상관관계적 활동, 반사, 반응 작용이라는 것이다. 정신분석가들은 다음과 같이 말한다. 이 모든 사실이 공통적으로 가지고 있는 것, 그것들을 하나로 묶는 가장 중요한 것은 그 토대에 놓여 있는 무의식이다. 세 가지 답변은 각각 일반 심리학이 1) 심리와 그 특성에 관한 과학, 또는 2) 행동에 관한 과학, 또는 3) 무의식에 관한 과학이라는 것을 의미한다.

2-9] 이로부터 그러한 일반적인 개념이 모든 과학의 미래 운명에 대해 지니는 의미가 분명해진다. 이 세 체계의 개념으로 표현되는 모든 사실은 세 가지 완전히 다른 형태를 띤다. 더 정확히 말하면 이는 한 가지 사실의 세 가지 다른 측면일 것이다. 더욱 정확히 말하면 이는 세 가지 다른 사실일 것이다. 과학이 진보하고 사실이 축적됨에 따라 우리는 세 가지 다른 일반화, 세 가지 다른 법칙, 세 가지 다른 범주화, 세 가지 다른 체계, 즉 세 가지 다른 과학을 얻는다. 이 과학들이 성공적으로 발전하면 할수록 그들의 사실을 통합하는 공통된 것으로부터 멀어질 것이며 서로와 멀어지고 달라질 것이다. 그들은 나타나자마자 곧 상이한 사실을 취합하도록 떠밀리며 사실의 선택 자체는 이미 이후 과학의 운명을 규정한다. 내관 심리학과 행동 심리학은, 사태가 그대로 이어지면, 두 개의 과학으로 갈라질 것이라는 생각을 처음 말한 이는 K. 코프카였다. 두 과학의 길은 너무도 서로 동떨어져서 "이들이 실제로 같은 목적지로 이어지는지 누구도 확실히 말할 수 없다"(K. 코프카, 1926, p. 179).

*K. 코프카(Kurt Koffka, 1886~1941)는 C. 스텀프와 O. 퀼페의 제자이자 M. 베르트하이머, W. 쾰러의 동료였다. 따라서 그는 통합적 구조(심상, 기관, 체계, 유기체)라는 개념을 중심으로 과학을 통합하려는 형태심리학의 중심에 서 있었다. 그는 모스크바에서 비고츠키를 만났으며 후에 루리야의 우즈베키스탄 연구에 동행했으나 비고츠키가 예견했듯, 그는 동일한 자료로 전혀 다른 결론에 도달했다.

K. 코프카

그는 초기에 색 지각에 대한 연구에 몰두했으나(그 자신이 색맹이었던 까닭에 이 주제는 그의 관심을 끌었다), 후반부에는 체험을 통한 학습과 정신 발달의 관계에 관심을 기울이게 되었다. 이 역시도 그의 개인사와 연관이 있는 것으로 보인다. 그는 심리학 실험 도중에 만난 두 여인(한 명은 동료였고 다른 한 명은 실험자였다)과 사랑에 빠져 이 둘과 결혼했으며, 두 사람과 모두 이혼한 뒤 다시 두 사람 모두와 재혼한다.

2-10] 본질적으로 파블로프와 베흐테레프는 같은 입장을 견지한다. 그들은 두 과학, 즉 심리학과 반사학의 평행적 존재-동일한 것을 다른 각도에서 연구하는 두 과학이 있다는 생각을 수용한다. 파블로프는 이와 관련하여 다음과 같이 말한다. "나는 심리학이 인간의 내면세계에 대한 지식임을 부정하지 않는다"(1950, p. 125). 베흐테레프에게 반사학은 주관적 심리학과 배치되지 않고 결코 후자를 배제하지 않으며, 다만 연구의 고유한 영역을 구분 짓는다. 즉, 새로운 평행한 과학을 만드는 것이다. 그 또한 두 분야 간의 밀접한 의존관계에 대해 논의하며, 심지어 미래에는 주관적 반사학이 불가피하게 생겨날 것이라고 말한다(1923). 그러나 사실, 파블로프와 베흐테레프는 심리학을 부정하고 객관적인 방

법으로 인간에 대한 전체 지식 분야를 포괄하기를 전적으로 희망함을, 즉 말로는 두 과학을 인정함에도 오직 단일한 과학의 가능성만을 본다는 것을 우리는 말해야 한다. 이처럼 일반적인 개념은 과학의 내용을 미리 결정한다.

2-11] 이미 정신분석, 행동주의, 주관적 심리학은 상이한 개념뿐 아니라 상이한 사실로 작동한다. 오이디푸스 콤플렉스와 같이 정신분석학자들에게는 의심의 여지 없고, 진정하며 모두가 공유하는 사실이 다른 심리학자들에는 단순히 존재하지 않는다. 그들에게 이는 가장 황당한 환상이다. 대체로 정신분석학에 우호적인 W. 스턴에게도 프로이트 학파에서 일상적이고 병원에서의 체온 측정만큼이나 의심의 여지 없는 정신분석적 해석, 그리고 그들이 존재를 주장하는 사실들은 수상술手相術과 점성술을 떠올리게 한다. 파블로프에게는 개가 종소리를 듣고 음식을 기억한다는 주장 역시도 환상일 뿐이다. 마찬가지로 내관주의자에게는 행동주의자들이 주장하는 '생각 작용 중 근육운동'이라는 사실은 존재하지 않는다.

2-12] 그러나 근본적 개념, 말하자면, 과학의 기초에 놓인 일차적 추상은 내용을 규정할 뿐만 아니라 개별 분야의 통합적 특성을 미리 결정하며, 이를 통해 사실을 설명하는 방식, 즉 과학의 주요 설명 원칙을 미리 결정한다.

2-13] 우리는, 일반 과학이 되어 이웃 지식 분야에 미치는 영향을 넓히려는 개별 분야의 경향과 마찬가지로, 일반 과학은 이질적 지식 영역을 통합할 필요성에서 생겨난다는 것을 본다. 비슷한 분야들이 비교적 서로 멀리 떨어진 영역에서 충분히 많은 자료를 축적할 때, 모든 이질적 자료를 하나로 통합하고, 개별 영역 간의 관계 그리고 각 영역과 전체 과학 지식 간의 관계를 설정하고 규정할 필요가 생겨난다. 병리학, 동물심리학, 사회심리학의 자료를 어떻게 연결할 것인가? 우리는 통합

의 토대가 무엇보다 일차적 추상화에 있다는 것을 보았다. 그러나 이질적 자료의 통합은 총합적으로, '그리고'의 연맹을 통해 이루어지지 않으며, 게슈탈트 심리학자들이 말하듯이, 단순히 부분을 결합하거나 추가하여 각 부분이 균형과 독립성을 유지하면서 새로운 전체의 구성 요소로 들어가는 방식으로 이루어지는 것이 아니다. 통일은 종속과 지배를 통해, 단일한 공통 과학을 위한 개별 분야의 주권 포기를 통해 이루어진다. 새로운 전체 내에서, 개별 분야의 공존이 생성되는 것이 아니라, 태양계와 같이 주요 중심과 보조 중심을 갖는, 그들 간의 위계적 체계가 형성된다. 따라서 이 통합은 각 개별 영역의 역할, 의미, 가치를 결정한다. 즉 내용뿐 아니라 설명 방법, 즉 과학 발달에서 결국 설명 원리가 될 가장 중요한 일반화를 결정한다.

2-14]　심리, 무의식, 행동을 일차적 개념으로 받아들인다는 것은 세 가지 상이한 사실의 범주를 수집하는 것을 의미할 뿐 아니라 이 사실들을 설명하는 세 가지 다른 방법을 제공함을 의미한다.

2-15]　우리는 지식을 일반화하고 통합하려는 경향이 지식을 설명하려는 경향으로 이행하고 성장하는 것을 본다. 일반화하는 개념의 통일성은 그 설명 원리의 통일성으로 성장한다. 왜냐하면 설명한다는 것은 하나의 사실 또는 사실 그룹과 다른 그룹 사이의 연결을 확립하고, 다른 일련의 현상을 언급하는 것을 의미하기 때문이다. 과학에서 설명한다는 것은 인과적으로 설명하는 것을 의미한다. 통합이 하나의 분야 안에서 일어나는 한, 그러한 설명은 같은 영역 내에 있는 현상들을 인과적으로 연결함으로써 성립된다. 그러나 우리가 각 분야의 일반화로, 서로 다른 사실 영역의 통합으로, 이차적 일반화로 전환하는 순간, 여기서 우리는 더 고등한 수준의 설명을 즉, 주어진 모든 지식 영역과 그 밖에 놓인 사실들 간의 연결을 찾아야 한다. 이처럼 설명 원리에 대한 탐색은 우리를 주어진 과학의 경계 너머로 데려가고, 주어진 현상 영역

의 지위를 더 넓은 범위의 현상 내에서 부여하도록 강제한다.

2-16] 주도권을 향한 개별 학문 분야의 경쟁에서 우리는, 일반 과학의 추출의 토대에 놓인 이 두 번째 경향, 즉 설명 원칙의 통합성을 향한 경향과 주어진 과학의 경계를 초월하려는 경향-이는 주어진 존재의 범주의 지위를 일반 존재의 범주에서 찾고 주어진 과학의 입지를 일반지식 체계 내에서 찾으려는 탐색 내에서 나타났다-을 이미 읽었다. 모든 일반화하는 개념은 이미 설명 원칙을 향하는 경향을 내포하고 있으며 학문 분야의 투쟁은 일반화하는 개념을 향한 투쟁이기 때문에 이두 번째 경향은 반드시 여기서 나타나야 한다. 실제, 반사학은 행동 개념뿐 아니라 조건반사의 법칙, 즉 동물의 외적 경험으로 행동을 설명하는 원칙을 제시한다. 그리고 이 두 가지 아이디어 중 어느 것이 이 분야에서 더 본질적이라고 말하기는 어렵다. 원칙을 버리면 당신은 행동을, 즉 의식으로 설명되는 외적 운동과 행동의 체계-이미 주관적 심리학 내에서 오랫동안 존재했던 분야-를 얻는다. 개념을 버리고 원칙을 고수하면 당신은 감각적이고 연합적인 심리학을 얻는다. 이 둘에 대해서는 아래에서 논의할 것이다. 여기서는 개념의 일반화와 설명 법칙은 서로 통합됨으로써만, 오직 이 둘이 함께함으로써만 일반 과학을 정의한다는 것을 확립하는 것이 중요하다. 이런 식으로, 정신병리학은 무의식이라는 일반화하는 개념을 제시할 뿐 아니라 이 개념을 설명적으로-성적인 원칙으로 판독한다. 심리학 분야를 일반화하고, 이를 무의식 개념을 토대로 통합하는 것- 정신분석학에서 이것은 심리학으로 연구되는 세계 전체를 섹슈얼리티로 설명하는 것을 의미한다.

2-17] 그러나 여기서 이미 두 가지 경향, 즉 통합과 일반화로의 경향이 얽혀서 나타나고 종종 서로를 구별하기 어렵다. 또한 두 번째 경향은 명확하게 표현되지 않을 수 있고 때로는 완전히 없을 수도 있다. 이 경향성과 첫 번째 경향성의 일치는 또다시, 어떤 논리적 필연성이

아니라 역사적 필연성에 의해 설명된다. 이러한 경향은 지배력의 확보를 향한 개별 분야의 투쟁에서 전형적으로 나타나며 우리는 우리의 분석에서 그것을 발견했다. 그러나 그것은 나타나지 않을 수도 있으며, 가장 중요하게는, 첫 번째 경향과 분리된 순수하고 혼합되지 않은, 상이한 사실들의 형태로 나타날 수 있다는 것이다. 우리는 이 두 경우, 우리는 가장 순수한 형태로 각각의 경향을 보게 된다.

추상예술과 연계하여 일차적 추상화가 의미하는 바를 살펴보자. 이 작품에서 일차적 추상화는 사실 거의 보이지 않는 종탑 위의 푸른 비상종이다. 종이 실제로 푸른색도 아님을 유의하자. 푸른색은 이 판화의 다른 부분으로부터 일반화된 것이다. 그렇다면 이 파란 비상벨을 설명하도록 해 주는 설명 원칙은 무엇일까?

둥그렇고 흰 '파란' 비상벨에 대비하여 불꽃의 붉은 삼각형 형태가 두드러져 나타난다. 아마도 이 붉은 불꽃이 비상벨을 설명하는 설명 원칙일 수 있다. 종 자체의 입장에서 본다면 종소리의 설명 원칙은 종을 치는 사람이 될 수도 있다.

비호프스키는 (친구인 비고츠키와 함께) 코스모시즘, 즉 보편주의 경향성의 일원이었다. 보편주의자들은 모든 것을 화재나 종지기와 같은 하나의 주요 원칙으로 설명하려 하지 않는다. 모든 원인은 다시 스스로의 원인을 가지기 때문이다. 따라서 그들은 모든 현상을 보편적 법칙의 고유한 조합으로 설명한다.

비고츠키는 말한다. "이 작품의 우주적 의미는 한눈에 명백하다. 그것은 단순히 마을의 종탑과 비상벨이 아니다. 우리는 창공의 분쇄, 세계의 붕괴를 본다. 그리고 종지기가 줄을 당기는 엄청난 노력 뒤에는 초인적 힘이 있다는 것이 모두에게 분명해진다. 종지기의 형상에 몸을 부여하는 매우 일반적이고 추상적인 기하학적 모양 속에서, 우리는 현실이 소멸되지 않음을 발견한다. 그 본질, 꼭 필요한 것-그의 발의 영웅적 지지, 그의 손의 감상적 펼침-만이 추출된다. 이것은 순수한 움직임이다. 이 남자에게서 나머지 모든 것은 중요하지 않다. 그리고 다시 한번, 빈약하고 편협한 것-연단과 종-은 강력하고 웅장한 것으로

A. 비호프스키, 파란 비상벨, 1922.

전환된다. 혁명의 강렬한 비애는 이 작품 속에 그대로 체현되어 있다. 여기서 그것은 보편적인 차원으로 보존되고 표현된다. 그것은 고전을 가장한 '영광의 시대'가 아니라, 진정으로 존재하고 세계의 항성 공간 속에 울려 퍼졌던 혁명의 비상벨 속에서 표현된 것이다."

심리학에서는 종이 아닌 종지기가 일차적 추상화이다. 이는 전통적 심리학에서는 의식이고, 반사학에서는 행동이며 정신분석학에서는 무의식이다. 그러나 이 중 무엇도 인간 심리의 전체가 될 수 없으므로 다른 것들을 한데 통합하여 일반 심리학을 형성할 수 없다.

이들 각각은 설명 원칙(생각, 반사, 억압된 성)을 가지고 있다. 한동안은 일반 심리학으로의 통합 경향성이 이 설명 원칙과 협력하여 전체 심리학이 하나의 색깔을 갖는 것으로 보인다. 그러나 생각, 반사, 억압된 성이 일차적 추상화인 의식, 행동, 무의식과 뚜렷이 구별되지 않는다면 이는 동어반복의 늪에 빠지게 된다-설명 원칙 자체가 설명 대상인 일차적 추상화의 일부인 것이다.

전체는 부분을 통해 설명될 수 없다. 세상 모든 것이 푸른색이라면 푸른색은 심지어 기술될 수도 없다. 불꽃이 종을 설명할 수 있는 것은 그것이 파란색이 아니기 때문이다. 그러나 불을 설명하는 것은 무엇일까? 판화에서 종탑의 불은 오른편 가장자리에 행진하고 있는 군중으로 설명된다. 불은 우연적 화재가 아니라 봉화이다.

Joao Pedro Frois. (2020). Lev S. Vygotsky on the visual arts followed by a translation of the essay: The graphic art of Alexandr Bykhovsky. *Culture & Psychology*, 26(3), 454-468.

2-18] 따라서 전통적 심리학에서 정신의 개념은 연합주의, 현실주의적 개념, 능력 이론 등과 같은 많은 설명과-물론 모든 설명은 아닐지라도- 결합될 수 있다. 그래서 일반화와 통합 간의 연결은 가깝지만 단일한 것은 아니다. 하나의 개념은 일련의 여러 설명과 조화를 이루며 그 반대도 마찬가지다. 나아가 무의식의 심리학 체계에서 이 기본 개념이 반드시 성적인 것으로 대표되는 것은 아니다. A. 아들러와 C. 융의 설명의 토대에는 다른 원리가 있다. 이렇게 분야 간 투쟁에서, 통일을 향한, 지식의 첫 번째 경향은 논리적 필연성으로 표현되는 반면, 두 번째 경향은, 논리적으로 필연적인 것이 아니라, 단지 역사적으로 조건화되어, 다양한 정도로 표현된다. 그러므로 두 번째 경향을 순수한 형태

로―동일한 분야 속 원칙과 학파의 투쟁에서― 관찰하는 것이 가장 쉽고 편리하다.

E. L. 키르히너, 세 농부, 1936~1937.

알프스에서 젖소와 염소를 키우는 세 명의 낙농가처럼, 전통 심리학, 정신병리학, 반사학이 공존할 수 없는 이유는 무엇인가? 많은 심리학은 논리적 필연인가, 아니면 역사적 우연인가? 심리학 설명 원칙의 일반화는 논리적 필연인가, 아니면 누가 무엇을 누구에게 언제 어떻게 말하느냐에 달려 있는가?

유목민과 달리, 전통 심리학, 정신병리학, 반사학은 같은 땅을 경작하고 한 시장에서 판매해야 한다. 세 분야 모두 의식적 정신 상태를 다루어야 하며, 세 가지 모두 어떤 정신 상태는 의식적이지 않다는 것을 인정해야 하며, 세 가지 모두 행동 데이터를 모종의 방식으로 사용하려고 노력해야 한다. 결과적으로 단일한 원칙은 논리적으로 필요하다.

하지만 이 세 과학은, 그들이 중심으로 선택한 사실에서, 그들이 주변으로 간주한 사실에서, 따라서 그들이 사실에 부여하는 위계에서 다르다. 전통 심리학은 의식적 정신 상태에 특권을 부여하고, 정신병리학은 무의식에 특권을 부여하며, 반사학은 관찰 가능한 유기체적 행동을 탁월한 위치에 둔다. 각 분야 내에는 이러한 사실들에 제공되는 각각의 설명 원리가 존재한다. 따라서 일반화 경향은 논리적 필연이 아니라 역사적 조건에 따라 출현하며, 때로는 심지어 개인 성격에 의존하기도 한다.

반사학은 조건 반응을 통해 행동을 설명했지만, 무의식적 반응(본능)을 통해서도 설명했다. 파블로프는 전자를 강조했지만, 베흐테레프는 후자를 좀 더 강조했다. 전통 심리학은 심리적 상태를 다양한 방식으로 설명했다. 리보는 그것을 이미지 간의 연합으로 간주했고, 브렌타노와 분트는 지각, 느낌, 판단과 같은 '행위'를 주장한 반면, 중세의 스콜라 학자와 19세기 골상학자는 정신 '능력'에 대해 말했다. 유사하게 정신분석학은 무의식을 다양한 방식으로 설명했다. 프로이트는 그것이 전적으로 성적 억압의 결과라고 생각한 반면, 아들러는 그것이 가족 내에서의 개별화에 강한 영향을 받는다고 생각했고(그래서 그는 출생 순서가 매우 중요하다고 생각했다), 융은 '집단 무의식'—나치가 인종주의 심리학의 일부로 수용했고, 오늘날 MBTI에서 여전히 사용되고 있다—을 신봉했다.

1910년에 프로이트는 융을 자신의 '양아들, 황태자, 후계자'로 부르며, 그가 국제정신분석학회(IPS)의 종신 의장을 맡아야 한다고 제안했다. 그렇지만 2년 후 프로이트는 스위스에 있는 동료 L. 빈스방거를 방문하면서 인근의 취리히에 있는 융은 방문하지 않았으며, 이는 그 둘 사이의 관계를 파탄으로 이끌었다. 프로이트와 융의 심리학이 무의식을 매우 다르게 설명하는 것은, 부분적으로는 어떤 논리적 필연이 아니라 이러한 역사적 우연 때문이다.

이 그림을 완성한 직후 자살한 키르히너는 독일 표현주의의 창시자이자, 폴 클레의 동료였으며 L. 빈스방거의 환자(2-3 글상자 참조)였다. 그의 그림은 퇴폐예술로 분류되어 독일에서 불태워졌고 베를린 예술원은 그를 제명했으나 키르히너는 스위스에서 작품활동을 이어 갔다.

나치의 오스트리아 병합 이후, 그는 독일이 스위스 침공을 준비하고 있다고 잘못 믿었다. 그의 죽음은 논리적 필연(노령과 같은)이 아니라, 역사적 우연이었을 뿐이다.

● 상이한 사실과 상이한 설명

비고츠키의 노트에서 예카테리나 자베르쉬네바와 르네 반 데 비어는 비고츠키의 가장 잘 알려진 아이디어, 즉 근접발달영역이 정신 발달을 측정하는 두 가지 독립적 방법, 즉 실제 성취 수준의 측정과 실현되지 않은 잠재력의 측정에 의존한다고 언급한다. 이러한 측면에서 그들은 비고츠키의 마지막 말을 이해한다. 비고츠키는 모세처럼 '약속의 땅'을 보았지만 결코 그곳에 발을 들여놓지는 못할 것임을 알고, "친애하는 피조물들이여, 나를 용서해 주기를! 나머지는 침묵뿐이로다"(2018: 497)로 마지막 말을 끝맺었다는 것이다. A. 코줄린이 언급한 바와 같이(2005: 119) 이 장에서 비고츠키가 본 것은 그 약속된 땅에서 친애하는 피조물들의 방황이 남긴 제멋대로 찍힌 발자취이다.

여기서 비고츠키는 연구 대상인 현상을 이루는 구체적 개념과 이를 설명하는 데 사용되는 원리를 구별한다. 전통 심리학은 비공간적 개념인 정신 현상을 연구 대상으로 삼으며, 가장 오래되고 차별화된 심리학으로서 연합, 정신 능력, 의도적 행위 등 다양한 설명 원리를 발전시켜왔다. 이와 달리 정신분석은 무의식을 연구 대상으로 삼으며 리비도(성욕)의 원리와 그것의 억제 원리를 이용하여 이 개념을 설명한다. 행동주의와 반사학은 두 이름에서 알 수 있듯이 행동 개념을 연구 대상으로 삼고 조건반사 또는 무조건반사를 통해 이를 설명한다.

비고츠키는 역사적으로 구체적인 현상이 먼저 포착된 다음 일반화되고 추상화되어 하나의 개념이 된다고 말한다. 그러나 구체적인 개념을 설명하기 위해서는 그 자체의 외부에 있는 어떤 설명 원리와 관련을 맺어야 한다. 즉 행동주의의 경우 설명 원리는 전혀 다른 분야에서 찾아야 한다. 과학이 발전함에 따라 때때로 구체적인 개념의 팽창이 외적인 설명 원리에 대한 탐색을 추월하는 일이 발생하여, 과학은 일반 방법론이 되는 대신 동어반복이 되곤 한다. 일종의 정신 현상 원리에 의해 정신 현상을 설명하고 행동 원리에 의해 행동 현상을, 무의식의 원리에 의해 무의식을 설명하는 것이다. 이 장에서 비고츠키는, 비판적 관점이 없다면 비고츠키 자신의 친애하는 피조물들조차도 활동의 원리로 활동 현상을 설명하고, 근접발달영역을 (아이, 어른 할 것 없이) 누구나 다음에 배울 준비가 되어 있는 것으로 정의하는 것으로 전락할 수 있음을 시사한다.

A. 비고츠키는 일반 심리학을 심리학의 방법론적 연구라고 말하는데, 여기에는 이전 장에서 다룬 세 가지 흐름, 즉 전통 유심론적 심리학, 정신분석학, 행동주의 또는

반사학에 대한 방법론적 연구가 포함된다. 이는 다른 과학과 마찬가지로 사실 분석(심리학 흐름의 역사적 흥망성쇠), 사실로부터 개념적 본질의 추출(마음, 무의식, 행동), 설명 원리의 명제 및 검증(생각, 리비도, 반사)을 통해 이루어진다. 일반 심리학은 스스로를 대상으로 삼는 과학이며, 그가 마지막 장에서 마무리한 분석은 대표적 사례일 뿐이다(2-1).

i. 이 분석의 첫 번째 성과는 이 일반 심리학을 정상인에 대한 이론적 심리학과 구분하는 것이었다. 앞 장에서 언급했듯 비고츠키는 이 정상 심리학을 이론이 실천과 관련되는 전형적 방식(즉, '순수과학 대 응용과학' 같은)으로 교사, 의사, 심리공학자의 필요와 관련된다고 생각하지 않는다. 그는 이 심리학을 아동심리학, 동물심리학, 정신병리학 등과 함께 심리학의 한 분야로 간주하며, 정상 심리 이론은 여러 심리학을 포괄하는 일반적인 심리학 이론을 구축하려고 시도하지 않지만 일반 심리학이 해야 할 일은 바로 그러한 일이라고 생각한다(2-2~2-3).

ii 이 분석의 두 번째 성과는 이 현상을 설명하는 것이었다. 정상적인 성인 심리학에 관한 이론이 어떻게 심리학의 일반적인 기초로 다루어지게 되었을까? 자연은 진공 상태를 싫어하며, 자연에는 역사의 과학과 과학의 역사가 모두 포함되어 있다. 따라서 일반 심리학의 부재는 정상적인 성인 심리학에 관한 이론이 모든 심리학의 일반 토대인 척하는 이유와 방식뿐 아니라 다양한 다른 경쟁자들(정신분석, 반사학)이 그것을 대체하려 애쓰는 이유와 방식을 설명해 준다(2-4).

iii. 이 분석의 세 번째 성과는 역사적 사실로 돌아가 역사적 발전의 두 가지 다른 단계를 식별하는 것이다(2-5). 첫째, 일반 과학이 특수 과학보다 양적으로만 더 일반적인 단계가 있다. 이 단계에서 일반 과학은 모든 특수 과학에 공통된 것을 취하지만 이러한 사실들을 똑같은 수준의 추상화로 유지한다. 이 단계에서는 일반 식물학, 일반 동물학은 있지만 일반 생물학은 없다. 세포라는 구체적인 공통 개념이 아직 존재하지 않기 때문이다. 이 단계에서는 일반 심리학 없이 개인차(예: 다양한 정신적 적성) 연구가 가능하다. 비고츠키는 두 번째 단계가 무엇인지 명확하게 말하지는 않았지만, 이는 연구 대상에 대한 구체적 공통 개념이 공식화되는 단계로 보인다(2-5~2-7).

B. 침을 흘리는 개와 햄릿을 관람하는 관객의 반응 그리고 수학자의 계산을 (정신병리학적인 온갖 이상 현상은 제외하더라도) 하나로 연결할 수 있는 구체적 공통 개념은 무엇인가? 전통 심리학에서 이들은 모두 순전히 주관적인 현상으로 오직 당사자의 내관을 통해서만 접근할 수 있는 것이었다. 정신분석에서 이들은 모두 무의식적 정신의 이상 생성물이다. 행동주의에서 이들은 모두 유기체적 반사이다(2-8). 이는 동일한 사실을 바라보는 세 가지 다른 방식이 아니다. 이들은 세 가지 완전히 다른 사실이며 역사적인 논리에 따르면 세 개의 다른 과학으로 이어지는 것을 의미한다(2-9). 물론 파블로프와 베흐테레프는 이미 심리학이라는 명칭조차 거부

한다(2-10). 전통 심리학은 그들의 연구 대상인 근육운동을 인정하지 않으며, 정신분석학자는 전통 심리학과 행동주의가 모두 너무 사변적이라고 간주하는 오이디푸스 콤플렉스와 같은 개념에 이르렀다(2-11). 이처럼 완전히 상이한 사실들은 불가피하게 완전히 상이한 설명 원칙을 낳게 될 것이다(2-12).

C. 비고츠키에게 (그리고 헤겔과 할리데이에게) 과학적 설명은 한 사실의 집단을 다른 사실의 집단에 연관시키는 것이다. 그러나 연합주의자처럼 단순히 '그리고'를 이용하여 이들을 병치하거나 게슈탈트 심리학자처럼 두 집단 사이의 관계를 부분과 전체로 칭하는 것으로는 부족하다. 인과적 설명은 일반 과학으로 주어지는 일반 법칙에, 한 현상을 하위요소로 종속시키는 것을 요구한다(물론 이 법칙은 입법자가 없는 법칙이다. 진화가 창조자 없는 창조이듯). 문제는 비공간적인 정신, 무의식 그리고 행동 개념이 세 개의 매우 상이한 일반 과학을 제공한다는 것이다(2-13~2-14).

D. 따라서 현상을 통합하여 일반 개념을 구성하는 것은 설명을 통합하여 일반 원칙을 구성하는 것으로 이끈다. 그러나 이는 우리를 동어반복으로 이끌거나 아니면 일반 개념 밖으로 이끈다(2-15). 전통 심리학은 정신 현상을 단순히 정신적인 현상으로 설명할 수 없고 정신분석학자는 무의식 현상을 무의식적인 현상으로 설명할 수 없다. 행동주의자들은 행동을 반사 원칙-외적 자극과 유기체 반응 사이의 연결로 설명한다(2-16~2-17). 동어반복의 사례에서 현상 통합을 통한 일반 개념의 구성은 개념 통합을 통한 설명 원칙의 구성과 충분히 구별되지 않는다. 이 때문에 전통 심리학과 정신분석이 하나의 현상을 위해 여러 설명 원칙을, 하나의 설명을 위해 여러 현상을 제시하는 것이다. 행동주의의 사례에서, 우리는 현상을 통합하여 구체적인 공통 개념을 구성하는 것이 과학에서 논리적 필연이지만 설명을 통합하여 일반 원칙을 구성하는 것은 오직 역사적 필연임을 볼 수 있다(2-18).

제3장
설명적 확장

E. L. 키르히너(Ernst Ludwig Kirchner), 봄의 소, 1933.

이 그림은 소인가? 황소처럼 몸집을 부풀리려는 황소개구리가 아니라는 것을 어떻게 아는가? 어쩌면 저 농부들은 장군의 지위까지 올라가 은퇴한 후 사회적 명예를 안고 고향으로 돌아온 이들은 아닐까? 이 장에서 비고츠키는 설명 자체가 어떻게 부풀려지는지, 즉 처음에는 사실의 영역으로부터 인접한 사실의 영역으로, 그리고 나서 전체로서의 학문 분야의 통제에 이르고, 그다음에는 사실상 전체로서의 그 학문 분야를 초월하는 지점에 이르고, 마침내 더 이상은 과학적 설명이 아니라 단순한 사회적 사실로서 그 자신의 분야로 되돌아가게 되는지 설명하기 위해 이러한 모든 냉소적인 은유를 이용한다. 예를 들어 이러한 방식으로 영혼은 사람들이 어떻게 느끼고 생각하는지 설명하고, 그다음에는 사람들이 어떻게 생각하고 행동해야 하는지 설명하고, 그다음에는 전체로서의 정신생활에 대한 연구를 통제하고, 마침내 전 우주를 설명했던 형이상학을 구성하는 데 이용되었다. 비고츠키가 이 책의 결론에서 설명하는 것처럼, 영혼의 개념은 여전히 민간 신앙에서 사회적 사실로 존재하지만 그것은 신성한 소의 개념보다 우리의 정신생활을 더 잘 설명할 수 없다.

3-1] 어떤 분야에서 그 특별한 영역의 경계를 넘어서는 모든 모종의 중대한 발견은 모든 심리적 현상의 설명 원칙으로 변하며, 심리학을 고유의 경계 너머 더 넓은 지식의 영역으로 이끄는 경향을 띤다고 우리는 말할 수 있다. 이 경향은 최근 수십 년간 두드러진 규칙성과 지속성을 보이며 매우 다양한 영역에서 천편일률적으로 나타나, 이러저러한 개념이나 발견, 아이디어의 발전 경로에 대해 예견을 가능하게 한다. 동시에, 매우 다양한 아이디어의 발전에서 나타나는 이 규칙적 반복성은, 과학역사가와 방법론학자들은 거의 표현하지 못한 분명함으로, 과학의 기저에 놓인 객관적 필연성, 즉 과학의 사실이 똑같이 과학적 관점에서 접근된다면 우리가 관찰할 수 있는 필연성에 대해 논한다. 이는 역사적 토대 위에 과학적 방법론이 가능함을 논증한다.

3-2] 아이디어의 변화와 발달상의 규칙성, 개념의 출현과 사멸, 심지어 범주화 등의 변화-이 모두는 해당 과학이 1) 시대의 일반 사회-문화적 저층과 맺는 연결, 2) 과학 지식의 일반 조건 및 법칙과 맺는 연결, 3) 연구되는 현상이 주어진 연구 단계에서 과학 지식에 부과하는 객관적 요구, 즉 결국 해당 과학이 연구하는 객관적 현실의 요구와 맺는 연결을 근거로 과학적으로 설명될 수 있을 것이다. 결국 과학 지식은 연구되는 사실의 특성에 적응하고 순응해야 하며, 그 요구에 부응

하여 수립되어야 한다. 따라서 과학 지식의 변화에서 우리는 언제나 이 과학이 연구하는 객관적 사실의 참여를 드러낼 수 있다. 우리는 우리 연구에서 이 세 관점 모두를 견지하려 한다. 그러한 설명적 아이디어의 일반적 운명과 발달노선은 도식적으로 표현될 수 있을 것이다. 처음에는 어느 정도 주요한 지식의 어떤 사실적 발견-관련된 모든 영역의 일반적 관념을 재편하거나 심지어 처음 발견되고 공식화되었던 해당되는 특정 현상 범주의 경계를 넘어서는-이 나타난다.

3-3] 그다음 이런 아이디어의 영향이 인접 분야로 확산하는 단계에 도달한다. 말하자면, 아이디어가 원래 포괄했던 것보다 더 광범위한 자료로 외적으로 확장되는 것이다. 이와 함께 해당 아이디어 자체(혹은 그 적용)가 변하고, 그에 대한 더 추상적인 공식이 나타난다. 즉, 그것을 발생시킨 자료와의 연결은 다소 약해지고, 오직 새로운 아이디어에만 확실성의 동력을 지속적으로 공급하게 된다. 그 아이디어의 정복 행군이 과학적으로 입증된, 믿을 만한 발견을 통해 나아가기 때문이다. 이는 아주 중요하다.

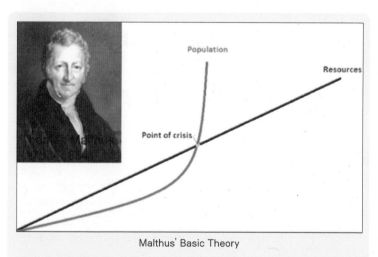

Malthus' Basic Theory

"나는 우연히 맬서스의 『인구론』을 읽었다. 나는 동식물의 습성에 대하여 오랫동안 관찰을 계속하여, 어디서나 일어나고 있는 **생존경쟁**을 이해할 준비가 되어 있었기 때문에 이러한 환경에서는 **유리한 변이가 보존되고 불리한 변이는 소멸해 버린다**는 생각이 당장 머리에 떠올랐다"(1838년 9월 28일, 다윈의 『자서전』).

18세기 말에 맬서스는, 인구는 기하급수적으로 증가하고 식량 생산은 산술급수적으로 증대되므로 빈곤은 경쟁, 기아, 산아제한 등을 통해 자연적으로 제거되어야 한다고 말한다. 다윈은 맬서스의 원칙을 완전히 새로운 재료, 즉 식물과 동물의 양분공급원을 향한 경쟁으로 확장했다. 이 원칙은 마르크스가 비판한 자유주의의 정치경제이론에서 인간에게로 다시 확장된다.

스펜서, 골턴, 피어슨은 더욱 나아간다. 그들은 사회진화론을 창시했고 이는 미국의 신자유주의에서 (그리고 나치의 우생학에서) 열정적으로 채택되었다. 신자유주의는 다윈의 명성과 과학적 발견을 근거로 그들의 이론을 공격적으로 전파하고 있다. 하지만 동시에 맬서스의 원래 통찰은 사실과의 연결을 모두 상실한다. 예컨대 20세기 말에 우리나라의 식량 생산은 기하급수적으로 증대되었으나 21세기의 시작과 함께 인구는 급격히 감소하기 시작했다.

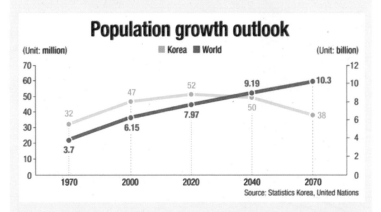

비고츠키는 '아이디어идея'라는 용어를 사용한다. 이는 외래어인 idea를 러시아어로 소리 나는 대로 적은 것이다. 다윈의 아이디어는, 『종의 기원』의 부제에 의하면 자연선택이라는 아이디어다. 다윈은 자연선택과 인간의 선택(예컨대 비둘기 교배)을 대비시킨다. 인간은 자신이 원하는 비둘기를 선택하여 교배한다. 인간이 없다면 비둘기는 자기들끼리 짝짓기를 한다. 그러나 오직 생존하는 자손만이 짝짓기를 할 수 있다. 이런 식으로 다윈의 아이디어는 특정한 설계자 없이도 특정 환경에 적응하도록 설계된 것으로 보이는 종이 어떻게 나타나는지를 설명한다. 이는 또한 야생에서 비둘기 13, 14번이 나타나지 않는 이유도 설명한다. 스펜서는 다윈에게 그의 아이디어를 '적자생존의 원칙'이라고 부를 것을 제안하고 다윈은 결국 동의했다. 그러나 적자생존의 원칙은 실제로 같은 아이디어가 아니다. 여기에는 인간 선택과의 대비가 포함되어 있지 않기 때문이다.

이는 사실 스펜서의 아이디어였다. 인간 선택과의 대비 없이, 스펜서, 골턴, 피어슨은 다윈의 아이디어를 자유롭게 인간 사회에 적용할 수 있었다. 경제, 패션, 심지어 교육에도 적자생존의 원칙이 적용된다. 오늘날 D. 데넷과 R. 도킨스는 '다윈의 위험한 아이디어'를 거의 모든 것에 적용했다. 예컨대 데넷은 이 원칙을 이용하여 어떤 종교가 다른 종교보다 나은 이유를 설명했으며, 도킨스는 신체가 '이기적 유전자'에 의해 스스로를 재생산하는 데 이용된다고 주장한다.

S. J. 굴드는 다윈의 아이디어를 더 제한적이고 정확하게 이해해야 한다고 주장한다. 변이는 단순히 맹목적인 적응이 아니라 또한 지적인 '굴절적응'(변이의 창조적 이용, 소음을 의사소통을 위해 이용하는 것 역시 굴절적응의 사례이다)이기도 하다.

뷜러와 비고츠키가 지적하듯이 이러한 지적인 굴절적응(경제, 교육, 종교, 언어)은 라마르크주의적 진화의 한 형태로 더 잘 이해될 수 있다. 각각이 습득된 기능의 유전을 포함하고 있기 때문이다(또한 우리는 시험에 낙제한 학생을 죽이지 않기 때문이다). 비고츠키는 다윈의 아이디어에 대한 스펜서의 아이디어를 단순히 과잉 일반화라고 부를 것이다. 적자생존의 원칙이 이 아이디어를 실현하는 현실의 영역과의 접촉을 상실하는 지점 중 하나는 바로 교육이다. 대신 아이디어는 스스로 현실이 되어 우리가 관념론이라고 부르는 이데올로기가 된다.

3-4] 세 번째 발달 단계에서, 이 아이디어는 그것이 처음 생겨난 해당 분야 전체를 이미 어느 정도 정복하고, 부분적으로는 이를 통해 변화되고 부분적으로는 스스로 그 분야의 구조와 범위를 변화시키며, 그것을 낳은 사실로부터 분리되어 다소 추상적으로 공식화된 원리의 형태로 존재하면서, 지배를 향한 분야들 사이의 투쟁 영역에, 즉 통합을 향한 경향으로의 행동 궤도에 도달한다. 이것은 대개 설명 원칙으로서의 그 아이디어가 전 분야를 지배하게 되었기 때문에, 즉 그 분야의 토

대에 놓인 개념에 스스로 적응하고, 부분적으로는 이 개념을 자신에게 맞추어 이제 그와 함께 나아가기 때문에 일어난다. 우리는, 두 경향(일반화와 통합의-K)이 서로 돕는, 그러한 혼합적인 아이디어 존재 단계를 우리의 분석 속에서도 발견했다. 통합을 향한 경향에 힘입어 확장을 계속한 아이디어는 인접 분야로 쉽게 이전되며, 스스로 변화를 멈추지 않고 더더욱 새로운 재료를 통해 확장되지만, 그것이 침투한 영역 또한 변화시킨다. 이 단계에서 그 아이디어의 운명은, 지배를 위해 투쟁하는, 그것을 대표하는 분야의 운명과 전적으로 연결되어 있다.

3-5] 네 번째 단계에서 아이디어는 다시 한번 기본 개념에서 떨어져 나오는데, 이는-각 학파가 옹호하는 프로젝트의 형태로든, 전체 심리학 지식 영역의 형태로든 아니면, 전체 분야의 형태로든- 지배한다는 사실 자체가 아이디어의 추후 발전을 떠밀기 때문이다. 아이디어가 기본 개념의 경계를 초월하는 한, 아이디어는 설명 원칙으로 남는다. 결국 설명한다는 것은, 우리가 보았듯, 외부 원인을 탐색하면서 자신의 경계를 넘어서는 것이다. 아이디어가 기본 개념과 완전히 일치하는 순간에 그것은 무엇도 설명하기를 멈춘다. 논리적으로, 기본 개념은 오직 스스로를 부정하기 시작하면서 이후의 발전이 가능해진다. 결국 그것의 의미는 심리학적 지식의 영역을 정의하는 것이며, 기본 개념은 본질상 스스로의 경계를 넘어설 수 없다. 따라서 개념과 설명의 구분은 다시 한번 다루어져야 한다. 더욱이 이 같은 통합은 앞서 살펴본 바와 같이 자신의 경계를 넘어선, 더 넓은 지식 영역과의 연결 확립을 논리적으로 함축한다. 이것이 개념과 구분되는 아이디어가 성취하는 것이다. 이제 그것은 심리학을 심리학 외부에 있는 광대한 영역 즉, 생물학, 물리-화학, 역학과 연결하는 반면 기본 개념은 아이디어를 이 영역으로부터 추출해 낸다. 일시적으로 협력하는 이러한 동맹의 기능은 또다시 바뀐다. 아이디어는 이제 다양한 철학 체계에 공개적으로 포함되어 변화하고 변

화되면서 가장 먼 존재 영역으로, 전 세계로 확산되며 보편적 원리, 심지어는 전체 세계관으로 공식화된다.

3-6] 소로 부풀어 오른 개구리처럼 세계관으로 부풀어 오른 이 발견, 이 서민 귀족은 가장 위험한 다섯 번째 발전 단계에 빠진다. 그것은 비눗방울처럼 쉽게 터진다. 어쨌든 그것은 이제 사방에서 직면하게 되는 투쟁과 부정의 단계에 들어선다. 이전 단계에서 더 일찍 이 아이디어에 대한 투쟁이 벌어졌던 것은 사실이다. 그러나 그것은 아이디어의 작용에 대한 정상적인 반작용, 아이디어의 공격적인 경향에 대한 개별 영역의 저항이었다. 아이디어를 낳았던 최초 발견의 힘은 어미가 새끼를 보호하듯이 생존을 위한 진정한 투쟁으로부터 이 아이디어를 보호했다. 이제야, 그것을 낳은 사실과 완전히 분리되어 논리적 한계까지 발전하고 최종 결론에 도달하여 최대한 일반화된 아이디어는 마침내 그것이 실제로 무엇인지 드러내고 진정한 얼굴을 보여 준다. 이상하게 보일지 모르지만 철학적 형태로 환원된, 말하자면 많은 층위에 의해 가려지고 그것을 발생시킨 직접적인 뿌리와 사회적 원인과 매우 거리가 멀어진 바로 이 아이디어는 실제로 오직 이제야 자신이 원하는 것을, 그것이 무엇인지를, 어떤 사회적 경향으로부터 그것이 나타났는지를, 어떤 계급 이익에 봉사하는지를 드러낸다. 세계관으로 발전하거나 그것과의 연결을 획득한 후에야 특정한 아이디어는 과학적 사실로부터 다시 사회적 삶의 사실, 즉 그것을 낳은 품속으로 되돌아가게 된다. 오직 다시 사회적 삶의 일부가 됨으로써 그것은, 물론 언제나 그 속에 있었으나 인지적 사실이라는 마스크 속에 숨겨져 있었으며 이로써 이 아이디어가 현현한, 스스로의 사회적 본성을 드러낸다.

『이솝 우화The Fables of Aesop and Others Translated into Human Nature』 (1857) 중 '개구리와 황소'의 삽화. C. 베넷Charles Bennett의 작품이다. 베넷은 황소가 영국(은은한 색상, 평범한 복장, 구운 소고기 식단)을, 개구리

는 프랑스(화려한 색상, 세련된
패턴, 달팽이나 개구리 같은 특
이한 것을 포함한 식단)를 나타
낸다고 본다. 키릴로프의 『이
솝 우화』 러시아어 번역본에
서 황소는 차르와 궁정을 중
심으로 한 교육을 받고 프랑
스어를 사용하는 귀족을, 개
구리는 시골의 부유하지만
소박하고 러시아어를 사용하
는 부유층을 나타낸다.

그런데 두 사례 모두 팽창
은 폭발로 이어진다. 비고츠키가 보기에 아이러니는 폭발이 노출을 이
끌어 낸다는 것이다. 왜냐하면 과학적 아이디어의 철학적 뿌리는 아이
디어가 실제 사실과의 접촉을 잃자마자 노출되어 버리고, 철학의 사회
적 뿌리는 아이디어가 그 기원의 제한된 문화적 영역으로 되돌아가야
만 할 때 노출되기 때문이다.

예를 들어 사회진화론social-Darwinism의 철학적 뿌리는 사회를 사상
계급과 노동 계급으로 나누는 일종의 데카르트적 이원론에 있는 반면,
신자유주의의 사회적 뿌리는 마르크스가 비판했던 전통적 자유주의
의 뿌리와 완전히 같다.

3-7] 그리고 아이디어에 대한 투쟁의 바로 이 단계에서 그 운명은
대략 다음과 같이 결정된다. 새로운 아이디어는 새로운 귀족 계층에서
처럼, 프티 부르주아적 즉 실재적 기원을 지적받는다. 그것은 그것이 유
래한 영역으로 제한된다. 그것은 스스로의 발전을 거슬러 올라가도록
강요받는다. 그것은 특정한 발견으로 인정되지만 세계관으로는 거부된
다. 이제 그것을 특정한 발견이자 그와 연결된 사실로 이해하는 새로운

방식이 대두된다. 다시 말해, 다른 사회적 경향과 세력을 대표하는 다른 세계관은 아이디어의 원래 영역까지 재탈취하고 그에 대하여 자신의 관점을 개발한다. 이제 아이디어는 사멸하거나 또는 다른 많은 세계관 중 한 세계관 속에 어느 정도 밀접하게 포함되어, 그들과 운명을 공유하고 그들의 기능을 수행하면서 존재를 지속하지만 과학을 혁신하는 아이디어로서는 더 이상 존재하지 않는다. 이것은 은퇴하고 자신의 부서에서 장군의 지위를 얻은 아이디어다.

3-8] 왜 아이디어는 그 자체로 존재하기를 멈추는가? 세계관 영역에서 엥겔스가 발견한 법칙, 즉 관념론과 유물론-이는 사회적 삶의 양극, 투쟁하는 두 기본 계급에 상응한다-이라는 양극을 중심으로 아이디어가 모인다는 법칙이 작용하기 때문이다. 철학적 사실로서의 아이디어는 과학적 사실보다 사회적 본성을 훨씬 더 쉽게 나타낸다. 여기서 그 역할, 즉 과학적 사실 속에서 숨겨지고 가장된 이데올로기적 주체의 역할이 끝나고 아이디어의 일반적인, 공개적 계급투쟁에 일원으로 참여하기 시작한다. 그러나 바로 여기서 거대한 총합 속 작은 일원으로서, 대양에 빗방울이 떨어진 듯 그것은 그 자체로 존재하기를 멈춘다.

● 설명적 확장

『생각과 말』(5-11-4)에서 비고츠키는 논리적 방법(예컨대 헤겔의『논리학』에서 제시된 방법)과 역사적 방법(예컨대 마르크스의『자본론』에서 제시된 방법) 간에 진정한 대립은 있을 수 없음을 관찰한다. 논리적 방법은 난잡한 사고와 우연한 사건을 역사로부터 제거하고, 자연 속에 있는 추상적 패턴 체계를 형식 논리나 변증법적 논리로 펼치는 연구일 뿐이다. 역사적 방법은 자연에 내재된 패턴(예컨대 원인과 결과)이 인간의 실천에서 실현되는 더 난잡하고 더 우연적인 방식에 지나지 않는다.

이 장에서 비고츠키는 이러한 관찰이 과학적 설명이라는 인간의 실천에서 특히 가장 사실적으로 나타난다는 것을 보여 준다. 설명이 부정될 때까지 확장되어 재조정되는 방식에 대한 헤겔의 설명과, 심리적 설명들이 과학적 사실들에 의해 논파당할 때까지 확장되어 사회적, 문화적, 역사적 설명으로 재통합되는 방식에 대한 실제 이야기 사이에 진정한 대립은 있을 수 없다.

반 데 비어와 발시너(1991: 144)는 심리학의 위기에 대한 비고츠키의 설명이 '외부주의와 내부주의의 혼합'이라고 말한다. 즉 위기의 어떤 원인은 과학 외적(예컨대 '당시의 사회적, 문화적 분위기')이고 어떤 원인은 과학 내적(예컨대 '과학 자체의 고유한 법칙')이다. 그러나 이는 비고츠키가 3-2에서 제공한 세 번째 요인, 즉 이 책의 시작에서 제시된 요소, 다시 말해 실험실에서는 물론 실천에서 드러난 물질적 사실들이 과학에 대해 제기하는 요구를 무시한다. 이 요인은 먼저 외적 사실과 내적 사실의 분리를 거부해야 한다.

A. 비고츠키는 사실적 발견들이, 개념으로서, 개별에서 특수로, 특수에서 보편으로 확장된다고 말한다. 이것은 심리학의 광범위한 영역에서 발생했기 때문에(개의 타액 분비에서 인간의 성욕, 영성에 이르기까지), 비고츠키는 그것이 역사적 필연, 즉 논리가 아이디어의 역사에서 자신을 어떻게 풀어내는지 보여 주는 사례라고 가정한다. 그것은 역사적 필연이기 때문에, 우리는 그것을 과학적으로 설명할 수 있으며, 비고츠키는 세 개의 설명 요소를 제안한다.

   i. 당시의 사회와 문화(사회적이고 문화적인 제도로서 과학에 전적으로는 아니지만 대체로 외적인 요소).

   ii. 과학적 지식의 조건과 법칙(전적으로는 아니지만 대체로 과학에 고유한 요소).

   iii. 연구 분야 자체의 필요와 요구(과학의 영역과 객관적 현실의 영역을 연결하고, 교사, 의사, 산업계 등의 실천가들에게 가장 즉각적 관심을 끄는 사실과 개념들).

비고츠키는 메타-설명을 제안한다. 그는 이러한 세 요소를 이용하여 과학적 설명 자체의 발달을 다섯 단계로 설명할 것이다(3-1~3-2).

B. 비고츠키는 이제 심리학에서 모든 설명적 아이디어가 지나는 다섯 단계를 보여
   주는데, 이를 우리는 영어로 기억하기 쉽게 FACTS라고 한다.

   i. F: 어떤 사실Facts의 집단은 과학적 발견을 낳는다. 그것은 사실을 설명하고,
      사실에 대해 우리가 생각하는 방식을 바꾸며, 다른 사실에 대한 다른 관찰로
      일반화된다. 여기서 주요 요인은 과학적 지식에 대한 요구와 필요(위의 A-iii 참
      조)이다(3-3).

   ii. A: 인접한Adjacent 사실의 집단이 그 발견에 포함된다. 이것은 그 발견이 덜 사
      실적이면서 더 추상적인 방식으로 해석되어야 한다는 뜻이다. 그러나 그것이
      논리적 설득력을 유지하는 것은 본래 사실 집단과의 근본적 연결 때문이다.
      여기서 과학적 지식의 조건과 법칙(위의 A-ii 참조)이 일반적으로 작용하기 시작
      한다(3-4).

   iii. C: 발견은 전체 학문 분야에 대한 통제Control를 달성하기 위해 확장된다. 이것
      이 바로 비고츠키가 이전 장인 제2장에서 언급했던 단계이다. 제2장에서 그는
      전체 학문 분야를 통합할 수 있는 개념을 확립하는 경향에 대해 논했다. 그는
      다음 장인 제4장에서 이를 명확히 예시하는 심리학의 네 가지 사례를 제공할
      것이다. 한 분야의 사례가 다양하다는 것이 시사하듯이, 이는 개념과 설명이
      모두 학문적 우위를 위해 투쟁하는 단계이다. 처음의 사실적 발견에서는 명확
      하게 구분되었던 개념과 설명 원리가 단일 학문 분야에 국한됨에 따라 혼란스
      러워지고, 동어반복적인 설명이 된다(영혼을 영적 현상으로, 리비도를 성적 현상으
      로, 행위를 활동으로 설명하는 것). 여기서도, 과학적 지식의 조건과 법칙(위의 A-ii
      참조)이 주요 요인이긴 하지만, 일반적인 사회 문화적 조건(A-i)도 작용하게 됨
      을 볼 수 있다(3-5).

   iv. T: 발견은 전체 학문 분야를 초월Transcend하는 것으로 확장된다. 동어반복에
      서 벗어나기 위해서 발견은 다른 분야에서 설명 원리를 찾아야만 한다. 이는
      필연적으로 이미 확립된 통합 개념과 불일치한다는 것을 의미한다. 왜냐하면
      통합 개념은 그것을 생성한 학문 분야와의 모순 없이는 더 이상 부풀려질 수
      없기 때문이다. 영혼을 영성으로 설명하는 것을 피하기 위해서 철학적 혹은 형
      이상학적으로 설명되어야 한다. 리비도를 성욕으로 설명하는 것을 피하기 위
      해서 리비도는 인류학적으로 설명되어야 한다. 행위를 통해 행위를 설명하는
      것을 피하기 위해서 반사는 신경학이나 생물학에서 설명을 구해야 한다. 이 단
      계에서 우리는 사회적, 문화적 요인(위의 A-i)이 과학적 지식의 조건(A-ii)을 대
      체하고, 발달의 주요 요인이 되는 것을 볼 수 있다(3-6).

   v. S: 이제 발견은 단순한 과학적 설명이 아닌 전체 세계관, 즉 사회적Social 사실
      로 부풀려진다(A-i). 이전에는 '어머니가 신생아를 보호하듯' 발견은 사실의 집
      단으로 보호되었다. 이제 그 발견은 사방에서 공격받는 낯선 땅에 서게 된다.

비고츠키는 이를 황소개구리가 황소만큼 몸을 부풀리려다가 터져 버린 것에 비유한다(3-7).

C. 불가피한 폭발 이후, 발견은 이제 철학적 기반을 드러내고, 무엇보다도 사회적, 문화적 기원을 드러내고 사회적 사실이 됨으로써 '그 뿌리로 귀환'한다. 과학적 설명으로써 발견은 종종 완전히 사라지는데 다른 설명들이 최초의 사실의 집단을 차지하기 때문이다. 이는 마치 천문학이 점성술을 대체하고 과학과 예술이 종교를 대체하여 자연과 인간 과학 분야의 설명 원리가 된 것과 같다. 비고츠키는 이것을 발견이 투쟁에서 물러나 장군의 지위를 받은 것이라고 씁쓸하게 묘사한다 (3-8).

D. 비고츠키는 단순히 사회적 사실로 드러난 아이디어가 과학적 설명의 역할을 잃는 이유는 그 자체로 설명될 수 있다고 말한다(3-9). 엥겔스는 모든 과학적 설명이 관념론(예: 관념이 물질적 경험을 구성한다. 신은 자신의 형상대로 인간을 창조한다)이나 유물론(예: 물질적 경험이 관념을 만든다. 따라서 인간은 자신의 형상대로 신을 창조한다)으로 향하는 경향이 있다고 주장한다. 이 역시 (물론 유물론적 관점에 따르면) 설명될 수 있다. 모든 사회적이거나 문화적인 계기에서 한 계급은 관념이 더 풍부할 수 있지만, 다른 계급은 우리 삶의 실제 물질을 생산하는 경험이 더 풍부하다.

제4장
네 가지 설명 사례의 운명

E. L. 키르히너(Ernst Ludwig Kirchner), 파나마 댄서들, 1910~1911?.

그림에서 무용수 중 한 명은 분홍색 튀튀를 입고 다른 한 명은 지팡이를 휘두르며 짝을 이룬다. 앞 장에서 비고츠키는 우리에게 메타 설명—과학적 설명이 왜 그리고 어떻게 그것을 낳은 사실의 범위를 넘어 확장되고 결국 폭발하여 종교, 민간 개념, 형이상학과 같은 사회적 사실과 위와 같은 예술작품만 남기게 되는지에 대한 설명—을 제시했다. 이 장에서 비고츠키는 플레하노프의 예술 이론을 은유나 비유가 아닌 게슈탈트, 즉 부분과 전체의 관계로 간주한다. 사회적 사실로서 심리학적 관념은 예술작품과 마찬가지로 관념주의적이거나 유물론적이 되는 경향이 있다. 비고츠키는 네 가지 당대의 사례(정신분석학, 반사학, 인격주의, 게슈탈트 이론)를 제시하고 결국 이들이 어떻게 무용수들의 머리처럼, '우중의 네 개의 빗방울처럼' 나타나는지 보여 준다. 이 중 무엇이 관념론의 드레스를 입을 것인가? 무엇이 유물론의 지팡이를 들 것인가?

4

4-1] 설명 원칙으로의 변환 경향성을 가진 모든 과학의 발견은 그러한 경로를 따른다. 그러한 아이디어의 출현은 궁극적으로 연구 중인 현상의 본성, 즉 특정 지식 단계에서 현상이 드러난 방식의 본성에 근거한, 객관적인 과학적 필요성의 존재로 설명된다. 다시 말해 과학의 본성은 궁극적으로 이 과학이 연구하는 심리적 현실의 본성을 뜻한다. 그러나 과학의 역사는 특정한 과학 발전 단계에서 아이디어의 필요성이 나타난 이유와, 이것이 100년 전에는 불가능했던 이유를 설명할 수 있을 뿐 그 이상은 할 수 없다. 어떤 아이디어의 발견이 세계관으로 발전하는지, 또 어떤 것은 아닌지, 어떤 아이디어가 부각되는지, 그것이 어떤 경로를 밟아 가는지, 그것에 어떤 운명이 닥치게 되는지 하는 이 모든 것들은 과학의 역사 외부에 놓여, 이 역사 자체를 규정하는 요인들에 달려 있다.

기원전 3세기, 태양, 지구, 달의 상대적 크기를 계산하려는 아리스타르코스의 시도, 출처 10세기 그리스 복사본(달과 지구의 상대적 크기는 거의 맞지만, 지구와 태양의 상대적 크기는 완전히 다름에 주목하자. 각도가 계산된 방식에 대한 과학사적 설명은 가능하지만, 과학의 역사는 왜 이 오류가 천 년이 넘도록 수정되지 않았는지는 설명할 수 없다).

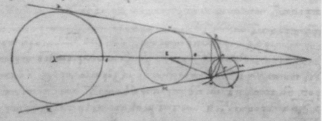

　고대 그리스의 천문학자, 사모스의 아리스타르코스는 지구가 일 년에 한 번 태양 주위를 공전하고 하루에 한 번 자전한다고 썼다. 태양이 뜨고 지는 것은 물론 사계절이 오고 가는 것까지 설명할 수 있었던 이 아이디어가, 16세기 코페르니쿠스의 작업이 나오기까지 거의 이천 년 동안 서양의 사고에서 사라진 이유는 도대체 무엇인가?

　비고츠키는 코페르니쿠스보다 불과 100년 전에도 이 아이디어가 불가능했던 이유를 과학의 역사가 설명할 수 있다고 말한다. 과학의 역사는 우주의 중심에 지구가 있다는 프톨레마이오스의 천동설이 코페르니쿠스 이전 세기는 물론 다음 세기까지 인간의 목적에 대체로 부합했음을 보여 줄 수 있다. 그러나 비고츠키는 또한 왜 아리스타르코스의 관점은 세계관으로 발달하지 못한 반면, 프톨레마이오스의 관점은 그럴 수 있었는지 과학의 역사가 말할 수는 없다고도 지적한다. 그 이유는 과학의 역사 외부―심리학적으로는 인간의 자기중심주의에, 사회학적으로는 중세 가톨릭교회의 인간중심적 세계관―에 있다.

　마찬가지로 심리학 과학의 역사는, 신체가 스스로에 대해 가지는 관념으로서 마음에 대한 스피노자의 관점이 인간 해부학에 대한 베살리우스, 데카르트, 렘브란트의 작업의 토대 위에서 가능했지만 그전에는 불가능했던 이유를 설명할 수 있다. 그러나 과학의 역사는 왜 데카르트의 이원론은 생각과 느낌에 대한 현대적 세계관으로 발달했지만 스피노자의 일원론은 그러지 못했는지를 말해 줄 수 없다. 그 이유는 과학의 역사 외부-심리학적으로는 개인주의적 자아 관념으로의 귀착, 사회학적으로는 지식인들의 자만심-에 놓여 있다.

4-2] 이것은 예술에 대한 Г. В. 플레하노프의 학설과 비견될 수 있다. 자연은 인간에게 미적 욕구를 부여했고, 이는 인간에게 미학적 개념, 취향, 체험이 가능하도록 한다. 그러나 특정한 역사적 시대 속의 특정한 사회 속에 놓인 한 인간은 정확히 어떤 유의 취향, 개념, 체험을 지니게 될까? 이는 인간 본성에서 추론될 수 없다. 이에 대한 답은 유물론적이고 역사적인 이해에 의해서만 주어질 뿐이다(Г. В. Плеханов, 1922). 본질적으로 (예술의 역사와 과학의 역사에 대한-K) 이 고찰은 심지어 비교도 아니다. 이는 은유적인 것이 아니라, 플레하노프가 예술에 대한 질문에 부분적으로 적용했던 동일한 일반 법칙에 문자 그대로 귀속된다. 사실 과학적 지식은 다양한 다른 활동들과 함께 사회 속 인간의 활동 형태 중 하나이다. 따라서 이데올로기가 아닌 자연에 대한 지식의 한 측면으로 본 과학적 지식은 노동의 한 유형이며, 다른 노동과 마찬가지로 무엇보다-인간이 자연의 힘으로써 자연과 대면하는- 인간과 자연 간의 과정, 작용을 받는 자연의 속성에 의해 그리고 작용을 하는 힘의 속성 즉, 이 경우에는 심리적 현상의 속성과 인간의 인지적 조건의 속성에 의해 조건화되는 과정이다(Г. В. Плеханов, 1922а). 바로 그것들이 자연적이므로, 즉 불변하기 때문에 이런 속성들은 과학 역사의 발전, 운동, 변화를 설명할 수 없다. 이는 일반적으로 알려진 진리 중 하나다. 그럼에도 불구하고 과학 발전의 어느 단계에서든 우리는 특정한 지식의 단계-물론 이는 현상의 본질이 아닌 인간의 역사에 의해 규명

된다—에서, 연구 중인 현상의 본성 자체에 의해 제시된 요구를 추출, 분화, 추상화할 수 있다. 특정 지식 단계에서 심리적 현상의 자연적 속성은 순전히 역사적 범주이기 때문에, 그리고 속성은 지식의 과정에서 변하며, 특정한 속성의 총합은 순전히 역사적 양이기 때문에 우리는 이들을 과학의 역사적 발달의 원인 혹은 그 원인 중 하나로 간주할 수 있다.

『예술심리학』에서 비고츠키는 플레하노프를 인용하여 미적 반응은 다양한 기술記述의 층위—경제적, 사회적, 정치적인 구조적 층위는 물론 언어적, 대인관계적, 심리학적인 심리적 층위—를 필요로 한다고 주장한다. 이들 각각의 층위는 상당히 두꺼워서 도구가 과업에 직접 작용하듯, 한 층위가 다른 층위에 직접 작용하는 일은 없다.

여기서 비고츠키의 주장은 반대인 것처럼, 즉 예술과 과학은 심리적 요인이 아닌 경제적, 사회적, 정치적 요인에 의해서 단순히 야기된다고 주장하는 것처럼 보인다. 그런데 사실 비고츠키는 플레하노프의 주장을 확장하고 있다. 플레하노프는 직접 원인이 있다는 주장에 반대하고 역사적 기술 내의 복잡한 결정론의 입장에 선다. 비고츠키는 역사적, 역동적 요인의 전체 총합(즉, 인류가 경제, 사회, 심리적 활동의 경로에서 형성해 온 '소프트웨어')과 자연의 속성이나 인간 심리의 불변하는 속성과 같이 역사적으로 더욱 안정적인 요인들(예컨대 신경계라는 '하드웨어')을 비교하면서 플레하노프의 주장을 확장한다.

*Г. В. 플레하노프(Гео́ргий Валенти́но-вич Плеха́нов, 1856~1918)는 적절한 사례를 보여 준다. 그는 (13세기 러시아를 통치했던 킵차크 칸국의 몽골인 후예인) 타르타르족 하층 귀족 출신이다. 50명의 농노와 함께한 유년기와 폭넓은 독서는 그가 문화적으로 보수적인 길을 갈지, 정치적으로 혁명적인 길을 갈지 택할 수 있도록 했다. 그는 개인이 역

사에서 중요한 역할을 한다고 강하게 믿었지만 암살과 같은 테러는 반대했다. 테러와 억압 모두 농민 대중과의 사회적, 정치적 접촉을 상실하게 한다고 보았기 때문이다. 1880년 체포될 위기에 처한 플레하노프는 제네바로 망명을 했고, 거기서 엥겔스를 만난다. 레닌 등과 함께 그는 러시아인 스위스 망명자 모임을 결성했으며, 이는 훗날 러시아 마르크스주의 운동의 전신이 된다. 제1차 세계대전 중 독일에 저항했으며 (레닌의) 볼셰비키를 독일 스파이라고 비난했다. 그는 볼셰비키 집권 직후 결핵으로 사망한다. 그는 사회주의 운동의 방향에 대한 견해차로 갈라서게 된 레닌과 소비에트 정부에 대해 심한 증오를 품었으나, 예술과 철학에 대한 그의 저서는 볼셰비키의 필독서였다. 결국, 한 인간의 예술과 과학에 대한 관점과 그의 정치적 견해 사이의 관계는 실제적이고, 역사적이며, 최종 분석에서는 심지어 결정적일 수도 있지만 이는 결코 단순하지도, 일방적이거나 직접적이지도 않다.

Плеханов Г. В. (1922). *Искусство: Сборник статей*. Москва.

Plekhanov, G. V. (1922). Fundamental Questions of Marxism. *Philosophical Works*, vol. 3. Progress: Moscow.

4-3] 이제 막 기술한 심리학의 일반적인 아이디어 발달 도식의 예로 최근 수십 년 동안 영향을 끼친 네 가지 아이디어의 운명을 고찰할 것이다. 여기서 우리는 아이디어 그 자체가 아니라 이러한 아이디어가 출현할 수 있게 만든 사실, 즉 과학의 역사에 근원을 둔 사실에만 관심을 기울일 것이다. 우리는 과학의 역사가 거치고 있는 상황에서 어떤 아이디어나 이 아이디어의 역사가 증상이나 지침으로 중요해진 이유는 연구하지 않을 것이다. 이제 우리의 관심은 역사적 문제가 아니라 방법론적 문제이다. 즉 현재 심리학적 사실이 어느 정도 밝혀지고 알려져 있는지, 이미 알려진 지식을 기반으로 그 지식이 지속될 수 있기 위해 과학 구조의 어떤 변화가 필요한지에 관심을 기울일 것이다. 네 가지 아

이디어의 운명은 특정한 순간의 과학적 필요를, 이 필요의 내용과 규모를 증언해야 한다. 과학의 역사는 심리학적 사실에 대한 지식의 정도를 규정한다는 점에서 우리에게 중요하다.

4-4] 네 가지 아이디어는 정신분석학, 반사학, 게슈탈트(형태주의-K) 심리학, 인격주의의 아이디어다.

4-5] 정신분석학의 아이디어는 신경증 영역의 특별한 발견에서 탄생했다. 일련의 정신 현상이 잠재의식적으로 결정될 수 있다는 사실과 그때까지는 성애의 영역에 속하지 않았던 일련의 활동과 형태 속에 성욕이 잠재되어 있다는 사실이 확실하게 확립되었다. 문제에 대한 이해에 기반한 치료 효과의 성공으로 확인된, 즉 그 실천의 진실의 승인을 받은, 이 특별한 발견은 점차 일련의 인접 영역-일상생활의 정신병리학과 아동심리학-으로 옮겨졌고, 신경증 연구의 모든 영역을 장악했다. 분야 간 투쟁에서 이 아이디어는 심리학의 가장 먼 부문을 정복했다. 이 아이디어를 손에 쥐고 예술심리학, 민족심리학이 발전될 수 있음이 드러났다. 그러나 이와 함께 정신분석학은 심리학의 범위를 넘어섰다. 성애는 다른 형이상학적 관념들 사이에서 형이상학적 원리로, 정신분석학은 세계관으로, 심리학은 메타심리학으로 바뀌었다. 정신분석학에는 자신의 지식 이론과 자신의 형이상학, 자신의 사회학과 자신의 수학이 있다. 공산주의와 토템, 교회와 도스토옙스키의 작품, 신비주의와 광고, 신화와 레오나르도 다빈치의 발명, 이 모두는 위장되고 은폐된 성性이자 섹스일 뿐 그 이상이 아니다.

> 정신분석은 환자의 억압된 성적 트라우마에 의식적 주의를 환기함으로써 신경증을 치료하는 방법을 창안했다. 이는 루리야, 슈피엘라인, 트로츠키를 비롯한 많은 러시아인에게 감명을 주었고 여전히 오늘날 심리학에서 넓은 영향력을 미치고 있다.

루카 시뇨렐리의 자화상.
오르비에토 대성당 프레스코화
(1499~1500)인 「적그리스도
의 가르침」 속 교살과 강간 장
면 옆에 삽입됨.

프로이트의 방법은 내관적이고 사변적이었다. 그는 종종 자기분석
과 고백으로 시작해서 확대해석과 억지 일반화로 끝맺곤 했다. 예컨대
그는 자신의 오이디푸스 콤플렉스로 시작해서 인간의 타락과 현대의
적그리스도 문명의 번성을 예시로 해석한다. 프로이트는 그러고는, 비
고츠키가 말하듯, 이 일반화를 다빈치에 대한 논문에 욱여넣는다. 그
는 새와 가슴, 성기에 대한 혼동이 다빈치의 동성애 성향에서 비롯되
었다고 주장하며, 이러한 모티프를 다빈치가 그린 여성의 그림 전반에
서 추적한다(프로이트는 새와 가슴에 대한 이러한 혼동은 다빈치의 책에 대
한 자신의 오역에서 비롯되었음을 후에 깨닫는다). 프로이트는 더욱 사변적
인 아마추어 인류학 저서인 『토템과 터부Totem and Taboo』(1913)에서 이
일반화를 오스트리아 결혼 풍습에 외삽한다.

더욱 강제된 내관과 확대된 추측에서 프로이트는 자기 자신의 기억
공백과 말실수를 『일상생활의 정신병리학Psychopathology of Everyday Life』
(1901)으로 간주한다. 우리가 '프로이트의 말실수(Freudian Slip, 14-59
참조)'라고 부르는 것을, 프로이트 자신은 '시뇨렐리 언어적 실착Signorelli

Parapraxis'이라고 칭했다. 이는 그가 오르비에토로 시뇨렐리의 프레스코화를 보러 가던 도중 그의 이름을 기억하지 못했던 경험에 토대를 둔다. 프로이트는 화가가 보티첼리나 볼트라피오였으리라고 생각한다. 그는 이러한 오류로 이끈 연합적 연결고리를 재구성하려고 시도한다. 그의 첫 번째 가정은 'bo' 음절이 성과 죽음에 관련되어 있다는 것이다. 그는 이전에 보스니아를 여행하면서 그를 '선생님(Sir, 즉 Signor)'이라고 칭했던 보스니아인 동행자로부터 성性은 보스니아인들에게 너무 중요해서 그것 없이는 삶이 모든 매력을 상실한다는 말을 들었다. 그가 최근에 치료를 실패한 한 환자는 이 그림이 있는 장소와 가까운 마을인 트라피오에서 자살했다.

4-6] 조건반사라는 아이디어도 같은 길을 거쳤다. 모두 알다시피 그것은 개의 심리적 타액 분비에 관한 연구에서 처음 나타났다. 그러나 지금은 다른 많은 현상의 범주까지 확대되어, 바로 이것이 동물심리학을 정복했다. 베흐테레프의 체계 내에서 심리학의 모든 영역에서 적용되고 시도되며 모두를 자신에게 종속시키는 것은 이것뿐이다. 수면, 생각, 작업, 창의성 등 모든 것이 반사로 밝혀진다. 마침내 예술의 집단심리학, 심리 기술 및 아동학, 정신병리학, 심지어 주관심리학까지 모든 심리학 분야를 정복한 것은 바로 이것이다. 그리고 이제 반사학은 오직 보편적 원칙, 세계의 법칙, 제1 역학법칙하고만 어깨를 나란히 하고 있다. 정신분석이 생물학을 통해 메타심리학으로 발전한 것처럼 반사학도 생물학을 통해 에너지의 세계관으로 성장했다. 반사학 교육과정의 목차는 세계의 법칙의 보편적 목록이다. 그리고 다시 한번 정신분석과 마찬가지로 세상 모든 것이 반사적이라는 것이 밝혀졌다. 안나 카레니나 증후군, 도벽, 계급투쟁과 조경, 언어와 꿈도 반사적이다(B. M. 베흐테레프, 1921/1923).

4-7] 게슈탈트 심리학 역시 원래 형태를 지각하는 과정에 대한 구

체적인 심리학적 연구로 등장했다. 여기서 그것은 실천의 세례를 받았고, 진실의 실험을 통과했다. 그러나 그것은 정신분석학과 반사학과 동시에 탄생했기 때문에 놀라울 정도로 충실하게 그들의 길을 따랐다. 그것은 동물심리학을 포괄했고, 유인원의 생각도 게슈탈트 과정인 것으로 확인했다. 그것은 예술심리학과 민족심리학을 포괄했고, 원시적인 세계 관념과 예술의 창조 역시 게슈탈트임을 확인했다. 그것은 아동심리학과 정신병리학을 포괄했고, 어린이 발달과 심리적 장애 모두 게슈탈트의 프레임 하에서 접근했다. 마지막으로, 세계관으로 변환된 게슈탈트 심리학은 물리학, 화학, 생리학, 생물학에서도 게슈탈트를 발견했고, 논리적 공식으로 시들어버린 게슈탈트는 세계의 토대에 놓였음이 확인되었다. 신은 세상을 창조하면서 '게슈탈트가 있으라'고 말했고, 모든 것이 게슈탈트가 되었다(M. 베르트하이머, 1925; W. 쾰러, 1917/1920; K. 코프카, 1925).

베르트하이머, 쾰러, 코프카 등 게슈탈트 학파의 학자들에 대해서는 2-9 참조.

4-8] 마지막으로 인격주의는 원래 개인차 심리학 연구에서 비롯되었다. 심리 측정 학설, (직업-K) 적합성 학설 등에서 매우 중요한 인격 원칙은 초기에는 심리학으로 완전히 거처를 옮기고, 후에 그 경계를 넘어섰다. 비판적 인격주의의 형태로 그것은 인격의 개념에 사람뿐만 아니라 동식물도 포함시켰다. 정신분석, 반사학의 역사에서 우리에게 잘 알려졌듯, 한 걸음 더 나아가면 세상의 모든 것은 인격임이 드러났다. 인격과 대상의 대립, 대상의 영역에서 인격의 재탈취로부터 시작한 철학은 만물이 인격임을 인정함으로써 끝났다. 사물은 전혀 없었다. 사물은 인격의 일부일 뿐이다. 그것이 사람의 다리이든 테이블 다리이든 모

두 같다. 한 부분은 다른 부분으로 구성되어 있고 이렇게 무한히 이어지기 때문에 그것은-사람의 다리이든 테이블 다리이든- 다시 스스로의 부분에 대해서는 인격임이, 그리고 전체에 대해서만 부분임을 드러낸다. 태양계와 개미, 마차 운전사와 힌덴부르크, 테이블과 표범은 똑같이 인격이다(W. 스턴, 1924).

> 인격주의는 모든 체體와 정신을 포함하는 내재적이고 무한한 인격이 있다고 가정하는 관념주의 심리학이다. 심리 상담에 광범위한 영향을 미치고 있다.

4-9] 이 운명들은, 우중兩中의 네 개의 빗방울과 유사하게 아이디어들을 같은 경로로 이끌었다. 개념의 범위가 커지고 무한대로 향하여, 잘 알려진 논리법칙에 따라 그 내용 역시 빠르게 0으로 떨어진다. 이 네 가지 아이디어는 각각의 자리에서는 매우 비옥하고, 의미와 뜻으로 충만하며, 가치 있고 결실이 풍부하다. 그러나 세계 법칙의 지위로 올라가면 그것들은 서로 동일한 가치를 가지며, 둥글고 속이 빈 0처럼 서로 절대적으로 동일하다. 베흐테레프에 따르면 스턴의 인격은 반사 작용의 복합체이며 베르트하이머에 따르면 게슈탈트이고 프로이트에 따르면 성애이다.

4-10] 그리고 발달의 다섯 번째 단계에서 이러한 아이디어는 하나의 공식으로 환원될 수 있는 완전히 동일한 비판에 직면한다. 비판자들은 정신분석학에 대해, 히스테리성 신경증을 설명하는 데 잠재의식적 성 원리가 필수 불가결하지만, 그것은 세계의 구조나 역사의 과정에 대해서는 아무것도 설명하지 못한다고 말한다. 그들은 반사학에 대해 말한다. 논리적 오류를 범해서는 안 된다. 반사는 심리학의 별도 장章일 뿐이지, 심리학 전체가 아니며, 당연히 세계 전체도 아니다(B. A. 바그너,

1923; Л. С. 비고츠키, 1925a). 그들은 게슈탈트 심리학에 대해 말한다. 당신은 자신의 분야에서 매우 가치 있는 원리를 찾았지만, 생각이 통일성과 전체성의 계기, 즉 게슈탈트 공식 이외에 아무것도 포함하지 못한다면, 그래서 이 공식이 온갖 유기체적 과정은 물론 물리적 과정의 본질까지 표현한다면, 그때는 당연히 놀랄 만큼 완전하고 단순한 세계의 그림이 출현할 것이다. 전기, 중력, 인간의 생각은 공통분모로 환원된다. 생각과 관계를 하나의 구조 단지에 집어넣어서는 안 된다. 먼저 우리에게 그 자리가 구조적 기능과 하나의 단지에 있음을 보여 주게 하자. 새로운 요인은 방대하지만 여전히 제한된 영역을 지배한다. 그러나 그것은 보편 원리로서의 비판을 견디지 못한다. 설명을 시도하는 대담한 이론가들의 생각에 '전부 아니면 전무'를 추구하는 법칙을 부여하게 하자. 신중한 연구자라면 현명한 균형추로서 사실의 지속성을 고려해야 한다. 실로 모든 것을 설명하려고 하는 것은 아무것도 설명하지 않는 것이다.

"꽃병에 꽃을 꽂을 수도 있지만, 그러면 꽃병이 만들어 내는 모든 얼굴을 놓치게 될 것이다."
(상하이 환상 박물관)

구조적 기능은 전경과 배경을 지닌 기능들이다. 예컨대 모든 지각 영역에는 전경과 배경이 있는데, 루빈의 꽃병 같은 지각 구조를 이해하는 것의 일부는 무엇이 전경이 되고, 무엇이 배경이 될 것인지에 대해 (때로는 무의식적으로) 선택하는 것이다. 비고츠키가 말했듯이 이것은 지각장 내에서는 매우 가치 있는 원칙이다. 이 원칙은 관련 분야에도 다소 은유적으로 적용될 수 있다. 일례로, 사람이 많은 방에서 대화를 이해하는 능력은 어떤 소리가 전경이고 어떤 소리가 배경인지 결정하는 것을 포함한다. 자발적 주의와 자발적 기억은 모두 전경과 배경을 선택하는 것과 관련이 있다. 언어적 표현에서 우리가 '은/는'을 사용하는 절은 전경이 되고 나머지 절은 배경이 된다.

하지만 이를 일반적으로 적용할 수 있을까? 전혀 그렇지 않다. 언어를 예로 들자면, 이런 식으로 이해할 수 없는 많은 기능이 있다. 공손함의 표시는 구조적 관계뿐만 아니라 사회적이고 상호적 관계와 같은 사람들 간의 관계도 반영한다. 어린이에게 생각은 시각적일 수 있으며, 이 경우 우리는 종종 이를 지각 구조로 설명할 수 있다. 하지만 사고는 개념적일 수도 있으며, 이는 게슈탈트 이론에서 설명하는 구조적 기능과 같은 범주에 속하지 않는다.

자베르쉬네바와 오시포프는 비고츠키의 자필 원고에는 '게슈탈트 심리학'이 아니라 '게슈탈트 이론'이라고 적혀 있다고 지적한다. p. 67.

자베르쉬네바, E. Y. and M. E. 오시포프. (2012). Primary Changes to the Version of "The Historical Meaning of the Crisis in Psychology"(『심리학 위기의 역사적 의미』 판본의 주요 변경 사항). Collected Works of L. S. Vygotsky Journal of Russian and East European Psychology(L. S. 비고츠키 선집 러시아 및 동유럽 심리학 저널로 출판), 50(4), 64-84.

4-11]   심리학의 모든 새로운 아이디어가 세계 법칙으로 변환되는 이러한 경향이, 심리학은 실제로 세계 법칙에 의존해야 함을, 이 모든 아이디어가-개별 아이디어의 자리를 배정하고 그 의미를 지적할- 마스터 아이디어의 도래를 기다리고 있음을 보여 주는 것이 아닐까? 매우

다양한 아이디어가 놀라울 정도로 일관성 있게 따르는 경로의 규칙성은, 물론 이 경로가 설명 원칙에 대한 객관적인 필요성에 의해 미리 결정되었음을 증명한다. 그러한 원칙이 필요함에도 존재하지 않기 때문에 각각의 특정 원칙이 그 자리를 차지한다.

4-12] 심리학은 공통의 설명 원칙을 찾는 것이 자신의 삶과 죽음을 가르는 문제임을 깨달았다. 심리학은 모든 아이디어를 -이들이 부적절하다 할지라도- 포괄한다.

4-13] 스피노자는 지성교정론에서 그러한 인식 상태를 설명한다. "치료를 받지 않으면 죽음을 피할 수 없음을 아는 치명적 질병을 앓는 병자는 그것(치료-K)을 -이 치료가 얼마나 불확실한지와는 무관하게- 구하도록 되어 있다. 거기에 그의 모든 희망이 달려 있기 때문이다."

본문은 S. 셜리Samuel Shirley가 번역한 스피노자의 『지성교정론Treatise on the Emendation of the Intellect』(1677/1959, p. 234)을 참고했다.

● 네 가지 설명 사례의 운명

처음 읽을 때 제4장은 지나치게 결정적이고 반복적이며 심지어 불필요한 부분이 덧붙여진 듯하다. 비고츠키는 FACTS 스키마(제3장 요약 참조)를 네 번, 처음에는 정신분석학으로, 그다음에는 반사학으로, 다시 게슈탈트 이론으로, 네 번째는 스턴의 인격주의로 풀어 간다. 각 경우에 사실적 발견(F), 인접 영역의 전용(A), 전체 학문의 통제(C), 원인을 찾기 위한 자기 분야의 초월(T), 마지막으로 과학적 사실이 아닌 사회적 사실(S)로서 원래 영역으로의 복귀가 있다. 그러나 다시 읽어 보면, 여기에는 앞서 제시된 스키마가 완벽히 반복되었다기에는 미흡하지만, 또한 단순 반복 이상이 포함되어 있음을 알 수 있다.

단순 반복 이상인 이유는 비고츠키가 'FACTS' 도식을 전개할 뿐만 아니라 한편으로는 헤겔의 변증법적 논리를, 다른 한편으로는 마르크스의 역사적 유물론을 실현하고 있기 때문이다. 전자는 '과학적 지식의 일반적인 조건과 법칙'(3장 미주 A-ii 참조)을 설명할 수 있으며 주로 과학의 내부에 있는(『논리학』 제4부 제37항) 반면에, 후자는 사회 문화적 맥락(A-i참조)과 그것이 과학에 요구하는 바를 설명하며 주로 과학의 외부에 있는 것이다(A-iiii 참조). 플레하노프에 따르면 과학과 예술은 모두 노동의 한 형태일 뿐이다. 따라서 그들은 마르크스가 『자본론』 1권 3편 7장 1절에서 제시한 일반법칙을 따르는데, 마르크스는 다른 형태의 노동과 마찬가지로 인체의 특성과 주변 자연환경의 요구가 과학(또는 예술)의 필요성을 설명할 수 있다고 설명한다. 그러나 인체와 자연은 변하지 않기 때문에 이들은 이러한 필요의 충족이 발전하는 방식을 설명할 수 없다(『마르크스와 엥겔스 전집』 35권, pp. 187-196).

따라서 완벽한 반복이라고 하기에는 미흡하다. 아이디어가 사라지면 무언가는 지양止揚된다. 엥겔스가 말했듯 존재의 부재는 특정한 부재이다(아주 특정한 친구를 그리워할 때처럼). 비고츠키의 말처럼 각 경우의 결과는 네 개의 둥글고 텅 빈 '0'으로 네 개의 빗방울처럼 서로 유사하지만, 원래 사실의 집단 안에 남아 있는 사회적 사실은 네 가지 경우 모두 다르다. 그러기 때문에 어떤 경우에는 결과적인 사회적 사실의 잔여물이 관념론적 사실인 반면에 다른 경우에는 유물론적 사실이다. 게다가 이 모든 경우에서 FACTS 주기는 아직 완료되지 않았으며 비고츠키가 말하듯, 각 빗방울이 가지고 있던 부분적인 설명 능력은 여전히 유효하므로 일반 심리학을 위한 투쟁은 계속될 수밖에 없다.

A. 과학의 역사는 세대마다 점진적으로 충족되는 지식 전체를 향한 피할 수 없는 요

구를 담은 이야기인가? 아니면 단순히 수학에서 마르코프 연쇄처럼 각각의 발견이 직전 발견에만 의존하고 그 이전 발견은 대부분 무시하는 지식의 확률적 변화에 대한 이야기인가?

   i. 둘 다이긴 하지만 어느 쪽도 아니다. 과학 지식에 대한 논리적 요구는 제2장에서 언급했던, 개념을 통일하려는 경향과 설명을 통일하려는 경향을 설명한다. 그러나 과학 지식 고유의 역사는 3장에서 언급되었던 구체적인 발견, 경로, 궤적 및 전체 FACTS의 운명을 제공한다(4-1).

   ii. 비고츠키는 과학을 예술에 비교한다. 플레하노프에 따르면 인간 본성은 우리에게 예술에 대한 요구를 제공하지만, 인간 본성은 거의 변하지 않기 때문에 인간 본성으로 예술사의 모든 우여곡절을 설명할 수 없다. 비고츠키는 이것은 단순 비교 그 이상이라고 말한다. 즉, 예술과 과학 모두 인간 노동의 한 형태이며, (위에서 인용했던 『자본론』 1권에 따르면) 인간의 노동은 (자연의 일부로) 인간의 변하지 않는 속성과, 생산 관계의 매우 변화무쌍한 역사적 발전 모두에 의존한다는 것이다(4-2).

   iii. 비고츠키는 네 가지 설명적 아이디어의 사실과 운명을 검증할 것을 제안한다. 그러나 그는 이 장에서 연구하는 것은 아이디어 자체, 아이디어와 자연과의 관계, 아이디어가 우리의 과학적 요구를 충족시키는 능력이 아니라고 우리에게 경고한다. 그는 현재의 역사적 계기에 매우 특정한 어떤 것에 주의를 기울이는 중이다. 즉, 이러한 아이디어가 심리학을 변화시킨 방식과 거꾸로 심리학이 이런 아이디어를 변화시킨 방식이다(4-3).

B. 비고츠키가 살펴보기로 제안한 네 아이디어는 정신분석학, 반사학, 게슈탈트 이론, 스턴의 인격주의다(4-4).

   i. 정신분석은 성인 정신병리학에서 일련의 사실들에 대한 소소한 발견에서 시작한다. 어떤 '신경증'은 무의식적 요인에 기인한 것으로 보이며, 이러한 요인들을 더 의식적으로 표현하게 함으로써, 특히 성애와 관련되어 있을 때, 치료될 수 있다. 그리고 나서 이 소소한 발견은 인접 영역(비고츠키는 아동심리학과 일상생활을 인용한다)으로 퍼져 나가, 마침내 정신의학 분야 전체를 장악하게 되었다. 따라서 정신분석은 이것을 초월하여, 인류학(프로이트의 『토템과 터부』), 사회학(아들러), 정치학(트로츠키, 라데크의 열정), 예술사(다빈치에 대한 프로이트의 고도로 사변적인 연구), 그리고 더 일반적으로는 예술의 형이상학이 되었다(4-5).

   ii. 반사학은 개의 타액 분비 분야에서 파블로프의 훨씬 더 소소한 발견으로 시작된다. 파블로프의 영향으로 그 발견은 동물심리학 일반으로 확장되었고, 베흐테레프 아래에서 보편성을 획득했다. 잠, 생각, 작업, 그리고 물론 예술적 창조성까지 모두 반사로 재정의되었다. 심지어 이것조차 초월하여, 베흐테레프는 이제 생물학, 역학 그리고 물리학도 반사라고 주장한다(4-6). 반사학은 사회적-행동주의 형태로 오늘날까지도 일부 훈련 형태에 영향을 미치고 있다.

iii. 게슈탈트 이론은 지각 분야의 소박한 발견에서 시작한다(즉, 전경과 배경은 루빈의 꽃병에서처럼 지각 형태[게슈탈트]에 의존한다). 침팬지에 대한 쾰러의 연구와 함께, 그것은 동물심리학으로 퍼져 나갔고, 거기서부터 그것은 아동심리학과 정신병리학도 학문적으로 장악하려고 했다(4-7). 원래 물리학자로 훈련받은 쾰러는 물리학, 화학, 생물학에서 쉽게 게슈탈트를 발견했다(그의 『게슈탈트 심리학Gestalt Psychology』과 훨씬 더 방대한 『사실의 세계에서 가치의 자리The Place of Value in a World of Fact』를 참조할 것). 오늘날 게슈탈트 이론은 주로 프리츠 펄스와 관련된 심리치료의 한 형태로 남아 있다(S. 시나이, 『초보자를 위한 게슈탈트Gestalt for Beginners』, 1997 참조).

iv. 인격주의는 학업 능력과 직업 적성의 개인차를 범주화하는 방식으로 시작한다. 스턴의 영향 아래에서(1924) 그것은 아동심리학과 심리공학의 인접 분야로 퍼져 나갔고 (정신분석, 반사학, 게슈탈트 이론에 대항하여) 학문적 장악을 위한 경쟁을 벌였다. 스턴은 동물은 물론 식물 그리고 심지어 무기 물질까지도 인격을 갖는다고 할 수 있음을 발견했다(1919). 비고츠키는 사물의 힘으로부터 인격을 해방하는 것에서 시작했던 접근이, 모든 것을 인격으로 받아들임으로써 사람의 다리와 탁자의 다리를 구별하지 못하는 데까지 이어졌다고 말한다(4-8). 물론 우리 시대의 인격 심리학은, 완전히 비과학적인 테스트임에도 불구하고, 우리나라 젊은이들의 사회생활에 큰 영향을 미치는 실제인 마이어-브릭스 목록 MBTI으로 대표된다.

C. 비고츠키는 각 아이디어의 질적 내용이 그 양적 범위와 반비례한다고 지적한다. 후자가 무한으로 확장함에 따라 전자는 0에 수렴한다. 이런 의미에서 인격이 단순히 반사체계일 뿐이라는 베흐테레프의 주장은 옳다. 하지만 그것이 게슈탈트라는 베르트하이머도, 그것을 성으로 환원한 프로이트도 옳다. 이 네 경우 모두 속이 비고 공허하다(4-9). 따라서 비고츠키는 심리학이 각각의 욕망을 가라앉혀야 한다고 말한다. 우리는 정신분석, 반사학, 게슈탈트, 인격주의 모두에게 그들이 심리학의 한 장일 뿐이지 아직 쓰이지 않은 일반 심리학 전체를 차지하지 않는다는 것을 말해 주어야 한다. 설명이 동어반복을 피하기 위해서는 주어진 영역 밖에서 모색되어야 하므로 모든 것에 대한 설명은 무엇에 대한 설명도 아니다(4-10).

D. 비고츠키는 우리가 관찰한 경향성이 일반적이면서도 구체적이라고 결론짓는다. 이는 각각의 설명적 아이디어의 사실과 운명을 완전히, 정확하게 서술한다는 점에서 일반적이다. 그러나 1장에서 정상 심리학, 이상 심리학, 동물심리학에 대해 주장한 바와 같이, 그것은 일반 심리학만이 가져올 수 있는 일반 설명 원칙에 대한 구체적인 역사적 계기와 과학적 필요를 반영하는 것이기도 하다. 비고츠키는 이 필요를 모든 인간의 노동에 수반하는 과학과 예술에 대한 불변의 필요에 비교하지 않고, 시한부 선고를 받은 환자가 치료법에 대한 지식을 절박하게 찾는 것에

비교하며 스피노자를 인용한다(4-11~12). 이 절박한 호소는 책의 나머지 부분을 차지하며 여기에는 세 가지 주제 이탈-간학문적, 초학문적 투쟁에 대한 장(제7장), 방법론과 기법에 대한 장(제8장), 과학적 용어에 대한 장(제9장)-이 포함된다.

참고 문헌

Hegel, G. W. F. (1835/1975). *Hegel's Logic*. Oxford: Oxford University Press.

Köhler, W. (1947). *Gestalt Psychology*. New York: Liveright.

Köhler, W. (1966). *The Place of Value in a World of Facts*. New York: Liveright.

Marx, K. and Engels, F. (1862/2005). *Capital*, vol 1. In *Collected Works*, Vol. 35. Electric Book: Lawrence and Wishart.

Sinay, S. (1997). *Gestalt for Beginners*. New York: Readers and Writers.

Stern, W. (1919). *Die menschliche Persönlichkeit*. Leipzig: Verlag von Johann Ambrosius Barth.

Stern, W. (1924). *Psychology of Early Childhood*. New York: Henry Holt.

제5장
일반 과학과 특수 과학

E. L. 키르히너(Ernst Ludwig Kirchner), 가을의 세르티크 계곡, 1926.

언덕 위에 서 있는 농부들에게 '사실'은 명료성과 구체성을 잃고 점점 더 색상의 패턴처럼 보이기 시작하여 정상에서는 풍경이라기보다는 지도처럼 보이게 된다. 이 장에서 비고츠키는 일반 과학도 이와 마찬가지로 특수 과학과 같은 논리를 이용하여 사실에 대한 전망을 보여 주되, 때로는 이를 넘어서서 개념으로 보여 준다는 점을 지적한다. 그럼에도 생물학과 같은 일반 과학은 사실에 대한 연구이며, 인문지리학 같은 특수 과학은 개념에 대한 연구이기도 하다. 키르히너가 높은 곳에서 바라보았다고 해도 그의 그림은 지도가 아닌 여전히 계곡에 대한 묘사이다.

5-1]   우리는 특정한 발견이 일반 원칙으로 발전하는 과정에서-주
도권을 위한 투쟁에서 이미 지적한 바 있는- 설명을 향한 경향을 순수
한 형태로 추적했다. 그러나 이와 함께 우리는 이미 위에서 은연중 언급
한 일반 과학 발전의 두 번째 국면으로 이미 진입했다. 일반화 경향으
로 정의되는 첫 번째 국면에서 일반 과학은 본질적으로 양적 특징에 의
해 특수 과학과 다르며, 두 번째 국면(설명 경향의 지배)에서 일반 과학
은 이미 내부 구조에서 특수 분야와 질적으로 다르다. 앞으로 살펴보겠
지만 모든 과학이 발전 과정에서 두 국면을 모두 거치는 것은 아니다.
대부분의 과학은 첫 번째 국면에 일반 분야를 놓는 데 그친다. 그 이유
는 우리가 두 번째 국면의 질적 특성을 정확하게 공식화하는 순간 분
명해진다.

> 첫 번째 국면에서, 과학은 현상을 설명하기 위해 경쟁하고 그 분야
> 를 장악한다. 하지만 주어진 어떤 역사적 순간에는(장기적으로도 물론),
> 단 하나의 경쟁자만 승리할 수 있다. 대부분의 과학이 첫 번째 국면(일
> 반화)만 알고, 두 번째 국면(설명)은 알지 못하는 것은 이 때문이다. 한
> 의학은 첫 번째 국면만 알고 두 번째 국면은 모르는 과학의 한 예이다.
> 그러나 비고츠키가 기술하고 있는 대부분의 과학(전통 심리학, 반사학,
> 프로이트주의, 게슈탈트 심리학)도 마찬가지다. 이 모든 과학은, 한의학과

마찬가지로, 일반화와 심지어 어느 정도는 치료법으로도 살아남았지만, 예컨대 일반 의학, 일반 해부학, 일반 신경학이 질병을 설명하고 예견하며, 성공적인 치료법을 개발하고 새로운 기술과 방법을 발전시킨 것처럼 설명 원칙이 되지는 못했다.

런던 웰컴 컬렉션, 19세기 한국의 침술 묘사.

5-2] 우리는 설명 원칙이 우리를 주어진 과학의 경계 너머로 데려가며, 모든 통합된 지식 영역을 수많은 다른 범주 중 고유한 범주 혹은 존재의 단계로 해석해야 한다는 것을, 즉 최신의 가장 일반화된, 본질적으로 철학적인 원칙을 다룬다는 것을 보았다. 이런 의미에서 일반 과학은 특수 분야의 철학이다.

J. 라이트(Joseph Wright of Derby), 태양 자리에 램프를 놓은 천체 모형에 관하여 강의하는 철학자, 1766,

　18세기 영어는 '과학자'라는 단어가 없었다. 대신 '철학자'가 이론가(즉, 순수 수학 같은 이론과학의 연구자)일 뿐 아니라 대중화인(즉, 일반 과학 교사)이기도 했다. 그림 속 철학자는 램프로 만든 태양계 모형인 '오러리orrery'를 강의하고 있다. 그의 청중의 얼굴들이 달의 위상인 망, 배부른 상·하현, 상·하현, 그믐, 삭을 보여 줌에 주목하자.

5-3]　이런 의미에서 L. 빈스방거는 일반 과학이, 예컨대 일반 생물학처럼 전체 존재 영역의 토대와 문제를 발전시킨다고 말한다(1922, p. 3). 흥미롭게도 일반 생물학의 시작을 알리는 첫 번째 책은 '동물학 철학'(Ж.-Б. 라마르크)이었다. 빈스방거는 계속 말한다. 일반적인 연구가 더 깊어질수록, 그것이 포괄하는 영역이 넓어질수록 이 연구의 대상은 더 추상적으로 되고, 직접적으로 지각되는 현실에서 멀어진다. 따라서 살아 있는 식물, 동물, 사람 대신에 생명의 표현 그리고 결국 생명 자체가 과학의 대상이 된다. 이는 물리학에서 체體와 그 변화 대신 힘과 물

질이 연구 대상이 되는 것과 마찬가지다. 모든 과학에는 자신을 전체로
서 인식하고, 스스로의 방법을 이해하며, 주의를 사실과 현상으로부터
자신이 사용하는 개념으로 옮겨야 하는 순간이 언젠가는 찾아온다. 그
러나 그 순간부터 일반 과학의 폭이나 범위가 더 넓어진다는 것이 아니
라 질적으로 다르게 구성된다는 점에서 특수 과학과 다르다. 그것은 더
이상 특수 과학과 동일한 대상을 연구하지 않고 대신 이 과학의 개념
을 조사한다. 그것은 비판적-칸트가 이 표현을 사용한 의미에서- 연
구로 바뀐다. 비판적 연구는 더이상 생물학 연구이거나 물리학 연구가
전혀 아니다. 그것은 생물학과 물리학의 개념을 향한다. 결과적으로 일
반 심리학은 빈스방거에 의해 심리학의 기본 개념에 대한 비판적 성찰,
요약하면 '심리학 비판'으로 정의된다. 그것은 일반 방법론의 한 갈래
즉, 여러 과학의 대상, 인식 방법, 문제의 형식적, 물질적인 실제 본성에
따라 논리적 형식과 규범을 각각의 과학에 다양하게 적용하는 것을 연
구 과업으로 삼는 논리학의 일부다(1922, pp. 3-5).

E. 허크(Edward Hurk), 쇤브룬 동물원 최초의 기린, 1828.

『비고츠키의 노트』(p. 109)에서 그는 우리가 생물학 일반 과정을 가르칠 때 생명의 정의로 시작하지 않는다고 말했다. 그것은 실제로 생물학 연구로부터 도출되는 것이다. 예컨대 바이러스가 살아 있는가, 무생물인가 하는 질문은 우리가 신진대사(바이러스에 없는 것)나 번식(바이러스에 존재하지만 박테리아가 하듯 독립적으로 수행할 수 없는 것)과 같은 개념을 갖기 전까지는 답할 수 없다. 물론 이것은 생물학 자체가 발전한다는 것을 의미한다. 분류법 같은 중심에 있던 일부 개념들은 주변부가 되고, 진화와 같이 다른 개념들은 중심이 된다.

*J. 라마르크(Jean-Baptiste de Lamarck, 1744~1829)는 왕립식물원 분류학자이면서 또한 초기 형태의 진화론을 발전시켰다. 그는 생물을 무생물과 구분하는 두 가지 경향, 즉 신체 구조의 복잡화 경향성과, 일부 신체 구조의 선택적 사용을 통한 적응 경향성이 있음을 주장했다. 라마르크는 종이 변했다고 올바르게 믿었지만, 또한 획득 형질이 유전될 수 있다고 그릇되게 믿기도 했다.

예를 들어, 소경두더지쥐는 땅속에 살며 시각을 사용하지 않는다. 그 결과 그 후손이 눈이 멀게 되었다고 라마르크는 생각했다. 기린은

점점 더 높은 나뭇잎에 닿기 위해 목을 사용하다가, 그 결과 늘어난 목을 자손이 물려받는다고 그는 믿었다. 오늘날에도 여전히 라마르크의 분류 체계(예: 거미와 곤충을 구별할 때)가 사용되지만, 생존 가치로 복잡성을 설명할 수 없었고, 또 후천적 특성이 단일 세대에 유전될 수 있다는 증거가 없었기 때문에 그의 진화론은 주변부가 되었다.

5-4] 형식 논리학적 전제에 근거한 이 추론은 절반만 옳다. 일반 과학은 주어진 지식 분야의 궁극적 토대, 일반 원칙, 문제에 관한 학설이며, 따라서 그 대상, 연구 방법, 기준, 과업이 특수 분야와 다른 것은 사실이다. 그러나 그것이 마치 논리학의 일부일 뿐이고, 단지 논리학 분야라고 보는 것, 일반 생물학을 더 이상 생물학의 분야가 아니라 논리학 분야로 보는 것, 일반 심리학이 심리학이길 중지하고 논리학이 된다고 보는 것은 그릇된 것이다. 즉, 그것이 칸트적 의미에서 비판일 뿐이며, 그것은 개념만을 연구한다고 보는 것은 그릇된 것이다. 이것은 무엇보다도 역사적으로, 그리고 문제의 본질에서도, 즉 과학적 지식의 내적 본성에서 잘못된 것이다.

E. 도르슬링(Emil Doerstling, 1859~1940), 탁자에 둘러앉은 칸트와 친구들, 18세기 후반.

칸트의 3대 비판서(『순수이성 비판』, 『판단력 비판』, 『실천이성 비판』)는 순수하게 개념적인 저작들이다. 칸트는 진실, 아름다움, 도덕적 선을 비판하는 것이 아니라 각 개념의 한계와 정의를 (이 개념으로 더 이상 나아갈 수 없는 경계를 보임으로써) 보여 준다. 비고츠키에게 이러한 경계는 논리가 아니라 과학적 아이디어의 역사에 달려 있기 때문에 순수한 논리적 정의는 불가능하다.

그림에서 칸트는 테이블 머리에서 모임을 주관하고 있다. 다른 친구들은 칸트의 정의에 동의하지 않는다. 그가 인간의 의식과 별개로 신, 시간, 공간, 물질적 대상의 존재를 증명하는 과학적 증거가 없다고 주장했기 때문이다.

5-5] 이것은 역사적으로 사실이 아니다. 즉 어떤 과학의 사실적 상태와도 일치하지 않는다. 빈스방거가 묘사한 형태의 일반 과학은 존재하지 않는다. 실제로 존재하는 형태의 일반 생물학조차, 라마르크의 연구와 다윈의 연구에 토대한 생물학, 오늘날까지 생명체에 대한 실제 지식의 규범이 되어 온 생물학조차도 물론 논리학의 일부가 아니라–더 고등한 형태이기는 하지만– 자연과학의 일부다. 물론 생물학은 살아 있는 구체적인 대상–식물이나 동물–을 다루는 것이 아니라 유기체, 종의 진화, 자연 선택, 생명과 같은 추상적인 것을 다룬다. 그럼에도 불구하고 이러한 추상의 도움으로 종국에는 하나의 동일한 실재, 즉 동물학과 식물학의 대상과 동일한 대상을 연구한다. 생물학이 개념을 연구하고 그 개념에 반영된 실재를 연구하지 않는다고 말하는 것은 잘못이다. 이는 마치 기계의 설계도를 연구하는 엔지니어에게 기계가 아닌 도면을 연구하고 있다고 말하거나, 해부 도해서를 연구하는 해부학자에게 인체 골격이 아닌 그림을 연구하고 있다고 말하는 것과 같다. 결국 개념은 현실에 대한 도면, 스냅샷, 도식일 뿐이며, 개념을 연구하는 것은 실

재 모델을 연구하는 것이다. 도시 계획이나 지리 지도를 공부할 때 우리가 공부하는 것은 외국이나 외국 도시이다.

5-6] 물리학 및 화학과 같은 발전된 과학과 관련하여, 비판적 극과 경험적 극 사이에 광범위한 연구 분야가 형성되었고, 이 분야가 이론 혹은 일반 물리학, 화학 등으로 불린다는 사실을 빈스방거 자신도 인정할 수밖에 없었다. 또한 그는-원칙적으로 물리학과 동등해지기를 바라는- 자연과학적 이론 심리학이 대두되고 있음도 지적한다. 이론 물리학이-예를 들어 '자연 현상 사이의 인과 의존성에 대한 학설'과 같이- 스스로의 연구 대상을 아무리 추상적으로 공식화한다 하더라도, 그것은 실제 사실을 연구한다. 일반 물리학은 물리적 현상의 개념 자체, 물리적 인과관계를 연구하지, 실제 현상을 물리적 인과관계로 설명할 수 있는 개별 법칙과 이론을 연구하지 않는다. 오히려 물리적 설명 자체가 일반 물리학의 연구 대상이 된다(L. 빈스방거, 1922, pp. 4-5).

5-7] 보다시피 빈스방거 자신은 일반 과학에 관한 자신의 개념이- 일련의 과학들에서 구체화되는- 실제 개념과 바로 한 지점에서 다르다는 것을 인정한다. 이들은 개념의 추상화가 크거나 작은 정도에 따라 나뉘지 않는다. 전체 과학의 대상으로서의 인과적 상호의존성보다 실제적, 경험적인 것에서 더 멀리 떨어져 있을 수 있는 것이 무엇일까? 이들을 나누는 것은 궁극적인 방향성이다. 일반 물리학은 결국 그것이 추상적 개념을 사용하여 설명하고자 하는 실제 사실을 지향한다. 이 (빈스방거의-K) 아이디어에서 일반 과학은 실제 사실이 아닌 개념 자체를 지향하며, 실제 사실과는 전혀 상관이 없다.

5-8] 실상-주어진 경우에서와같이- 이론과 역사 사이에 논쟁이 일어나는 곳, 아이디어와 사실 사이에 괴리가 있는 곳에서, 논쟁은 언제나 역사나 사실에 유리하게 해결된다. 사실로부터 비롯된 주장은 때때로 원칙적 연구 영역에서는 부적절하다. 여기서 아이디어와 사실이 일

치하지 않는다는 비난에 대해, 완전히 정당하고 유의미하게 다음과 같이 답할 수 있다. 사실에 매우 유감스러운 일이다. 이 경우 과학이 단지 아직 일반 과학으로 성장하지 않은 발달 국면에 있다면, 과학에 매우 유감스러운 일이다. 이런 의미에서 일반 과학이 아직 존재하지 않는다 해도, 이로부터 그것이 존재하지 않을 것이며, 존재해서는 안 되며, 그것은 시작할 수도 없고 시작되어서도 안 된다는 결론이 나오는 것은 아니다. 따라서 문제를 본질적으로, 그 논리적 토대 위에서 고찰할 필요가 있다. 그때에야 추상적 아이디어에서 벗어난 일반 과학의 역사적 일탈의 의미도 이해할 수 있을 것이다.

P. J. 루테르부르(Philip James de Loutherbourg), 알프스의 눈사태, 1803.

눈사태는 다리를 휩쓸고 세 인물과 개를 휩쓸어 버리기 직전이다. 인간의 본성에 관한 '사실'조차 이론을 압도하고 일반화하는 추상을 쓸어 버릴 수 있다. 인간 본성에 관한 사실은 전통 심리학의 일반화하는 추상은 물론 파블로프(그리고 그의 개)의 일반화하는 추상조차 쓸어 버리고 있다.

"사실에 매우 유감이다"라거나 "과학에 매우 유감이다"라는 표현은 무엇을 의미하는가? 겉으로 보기에, 비고츠키는 우리가 개념의 과학과 역사적 사실의 과학 중에서 선택을 해야 한다면 후자가 아니라 전자를 수립해야 한다는 것을 의미하는 것처럼 보인다.

빈스방거는 진정한 일반 과학이 역사적으로 개념 연구와 관련이 없다는 것을 인정한다. 그것은 일반 개념을 통한 사실 연구와 관련이 있다. 그러나 심리학의 경우, 우리는 일반적으로 통일된 개념 없이 심리적 사실을 연구한다. 이 상황에서, 비고츠키는 사실과, 단순히 사실의 눈사태가 된 경험주의적 과학에 매우 유감스러운 일이라고 말한다. 우리는 (눈사태에서 물러서야 할지라도), 통일된 추상을 찾고 발견해야 한다.

5-9] 두 개의 테제를 확립하는 것이 본질적으로 중요하다.

5-10] 1. 모든 과학적 개념은, 그것이 아무리 경험적 사실로부터 고도로 추상화되어 있다 하더라도 언제나 구체적-실제적 현실-현실의 과학적 인식으로부터 과학적 개념이 생겨난다-의 앙금과 침전물을 그 개념의 가장 묽은 용액에서조차 포함하고 있다. 즉 모든, 심지어 극도로 추상적이고 최종적인 개념에도 그 안에 추상적이고 추출된 형태로 포함된 어떤 현실의 면모가 상응된다. 순수한 가공의, 자연과학적이 아니라 수학적인 개념도-비록 그것이 경험적, 실재적 지식이 아닌 순수하게 선험적, 연역적인 논리적, 사변적 조작 경로를 통해 나타났다 하더라도- 궁극적으로 대상과 실제 과정 사이 관계의 반향, 반영을 포함한다. 수數와 같은 추상적 개념조차, 모든 양量이 부재한다는 아이디어인 영零과 같은 명백한 가상조차 엥겔스가 보여 주었듯 온전히 질적, 즉 궁극적으로 실제적이다. 이는 속성의 실제 관계와 매우 멀고 희석된 형태로나마 상응한다. 현실은 수학의 가상적 추상화에도 존재한다. 16은 단지 16개의 총합이 아니라, 4의 제곱이며 2의 네제곱이다. (…) 짝수만

이 2로 나누어진다. (…) 3으로 나누는 경우 합산의 법칙이 있다. 7에 대해서는 특별한 법칙이 있다(K.마르크스, Φ.엥겔스. Соч., т. 20, p. 573). "0은 그에 곱해지는 다른 모든 수를 무효화한다. 만일 0이 어떤 수의 제수나 피제수가 된다면 전자의 경우 이 수는 무한히 커지며 후자의 경우 무한히 작아진다"(같은 책, p. 576). 우리는 엥겔스가 헤겔의 표현을 빌려 0에 대해 말한 것을 모든 수학 개념에 대해 말할 수 있을 것이다. "무언가로부터 도출된 무無는 어떤 규정된 무無이다"(같은 책, p. 577). 즉, 궁극적으로 진정한 무無인 것이다. 그러나 개념의 이러한 질, 특성, 규정성 자체가 현실과 전혀 관계가 없을 수 있는가?

이 문단의 인용문은 마르크스와 엥겔스 영문판 전집을 번역했다.

쇼펜하우어는 양은 인간의 정신이 실재에 부과한 것이기 때문에 근본적인 실재에는 양이 없고 질만 있을 뿐이라고 믿었다. 즉, 그는 불교와 힌두교에서 상정하는 '궁극적 실재'는 본질적으로 개별 존재에 각각 놓여 있는 하나일 뿐이라고 보았으며, 이러한 개별존재의 고유성을, 쇼펜하우어는 '의지' 또는 '힘'이라고 불렀다(그리고 그는 그것이 본질적으로 악이라고 생각했다).

하지만 엥겔스는 질과 양은 항상 연결되어 있다고 말한다. 예를 들어 우리가 생각할 수 있는 모든 질적 속성을 수數에서 분리하려고 해도 수 자체가 다른 개별적인 것과 마찬가지로 서로 다른 질적 속성들의 결합이라는 것을 알게 된다. 예를 들어, 수는 짝수이거나 홀수이고, 소수이거나 소수가 아닌 수이다.

따라서 각 수에는 그 자체의 개별적이며, 특정한 산술법이 있다. 3의 배수를 취하고 각 자릿수를 더하면 항상 3의 배수가 된다(예: 405의 각 자릿수를 더하면 4+0+5=9, 9는 3의 배수, 3의 제곱이고, 405=3×135이다. 16,499,205,854,376 =:69는 6+9=15로, 3으로 나눌 수 있는데, 이는 5,499,735,284,792×3=16,499,205,854,376이기 때문이다).

7에 대한 특별한 규칙은 다음과 같다.

a) 숫자를 세 자릿수마다 나눈 후 뺄셈과 덧셈을 번갈아 가며 하면 7의 배수가 된다.

(1,369,851 => 851-369+1=483=7×69)

b) 마지막 자릿수의 5배를 나머지 숫자에 더하면 7의 배수가 된다.

(21 => 2+1+1+1+1+1=7, 또는 48 => 48+(3×5)=63=7×9)

c) 나머지 수에서 마지막 자릿수 숫자의 2배를 빼면 7의 배수가 된다.

(483 => 48-(3×2)=42=7×6)

이 외에도 다른 규칙이 많이 있다. 개별 특성individual은 무한히 많은 특정 특성particular으로 이루어져 있다는 것이 요지이다.

D. 리베라(Diego Rivera), 수학자, 1918.

5-11] F. 엥겔스는 우리가 수학에서 마치 인간 영혼의 순수하게 자유로운 창조물과 창작물―여기에는 객관적 세계와 상응하는 것이 전혀 없다―을 다루는 것과 같다는 의견이 잘못이라고 분명히 언급한다. 그와 정반대야말로 진실이다. 우리는 자연에서 이러한 모든 가상의 양量에 대한 원형을 만난다. 분자는 상응하는 질량에 대해, 수학적 미분(즉, 무한소-K)이 변수에 대해 가지는 것과 정확히 동일한 속성을 갖는다.

"자연은 수학이 추상적인 미분을 다루는 것과 동일한 방식과 법칙에 따라 이러한, 미분, 즉 분자를 다룬다"(같은 책, p. 583). 수학에서 우리는 이러한 모든 유추를 잊어버리므로 수학적 추상화가 불가사의한 것으로 바뀌게 되는 것이다. 우리는 언제나 "수학적 관계가 차용하는 실제 관계"를 찾을 수 있으며 "심지어 이 관계의 작용이 나타나는 수학적 방식에 대한 자연적 유추와 만나게 된다"(같은 책, p. 586). 수학적 무한과, 다른 개념의 원형은 실제 세계에 있다. "수학적 무한은―비록 무의식적으로라도― 현실에서 차용한 것이므로 그 자체, 즉 수학적 추상화가 아닌 현실로만 설명이 가능하다"(같은 책).

모든 양에 대한 인간의 경험은 늘 유한한데, 인간은 어떻게 무한한 양을 상상하고 이해할 수 있을까? 데카르트는 이 개념이 분명 신으로부터, 신에게서만 온 것이 틀림없다고 답했고, 스피노자도 (비록 그의 신개념은 초인적인 존재가 아니라 무한한 우주와 그 관념일 뿐이기는 했지만) 이에 동의했다. 물론, 우주에 관한 과학적 관념은 무한하지 않다. 우주에는 명확한 시작이 있으며, 비록 계속 확장되고 있기는 하지만 명확한 경계가 있다. 그렇다면 결국 데카르트가 옳았다는 뜻일까?

엥겔스는 건축기사가 다리를 건설할 때 지구의 질량이 무한히 크다고 생각하면 결과가 바르게 나오는데, 이는 지구의 크기와 질량이 무한하지 않지만 다리에 걸리는 지구의 인력이 지구에 대한 다리의 인력보다 훨씬 더 크기 때문이라고 말한다. 그와 반대로 천문학자가 지구에서 먼 은하까지의 거리를 계산할 때 지구의 크기와 궤도가 무한히 작다고 여기면 이 역시 정확한 결과를 산출한다. 엥겔스는 우리가 '무한소'를 비현실적인 순수한 사고의 산물로 취급해야 하는 것은 '순수한' 수학에서만 일뿐이라고 말한다. 그 선례들은 관찰 가능한 과학적 실제, 무엇보다도 감각적인 인간 활동의 큰 부분을 차지한다.

비고츠키는 또 다른 사례를 화학에서 든다. 어떤 원소의 분자가 대응 질량(즉, 몰)과 맺는 관계는 무한소가 변수와 맺는 관계와 같다. 탄소를 예로 들자면, 탄소 한 분자는 단일 원자이며 원자 번호는 6이고 원자량은 12이다(탄소 원자핵에는 6개의 양성자와 6개의 중성자가 있고, 전자의 질량은 매우 작기 때문이다). 탄소 원자가 아보가드로의 수(6×10^{23})만큼 모이면 12g(그램)이 된다. 그래서 원자량은 무한히 작은 값이고 몰 중량은 종속 변수이다. 이런 식으로 우리는 '무한대'나 '무한소'가 평범한 인간의 아이디어, 즉 데카르트나 스피노자 같은 평범한 인간이 과학적 실제에서 만들어 낸 무한한 외삽일 수 있다는 것을 본다.

블레이크는 여기에 "세계여, 여기까지가 네 경계이고, 이것이 네게 주어진 합당한 둘레이다"라고 새겼다(『실낙원』 제7권, 229~230행).

W. 블레이크(William Blake), 옛적부터 항상 계신 이-우주를 창조하는 신, 판화, 1794.

5-12] 이것이 만약 수학적 추상화, 즉 최대로 가능한 (추상화-K) 와의 관계에서 사실이라면, 실제 자연과학의 추상화에 적용되었을 때 그것은 얼마나 더 분명할 것인가? 물론 그것들은 이미 그 자체, 즉 추상화가 아니라, 그것들이 취해진 현실로부터만 설명되어야 한다.

5-13] 2. 일반 과학의 문제에 대한 원리적 분석을 제공하기 위해 확립되어야 하는 두 번째 테제는 첫 번째와 반대이다. 첫 번째가 최고의 과학적 추상화 속에 현실의 요소가 존재한다고 주장했다면, 반대 정리로서 두 번째는 모든 직접적이고, 가장 경험적이고, 가장 날 것의, 개별적인 자연과학적 사실 속에 이미 일차적 추상이 놓여 있다고 말한다. 특정한 지식 체계 속에서 인식된 현실적 사실, 즉 자연적 사실의 무궁무진한 특징의 총합으로부터 특정 면모를 추상화한 것이 과학적 사실이라는 점에서, 현실적 사실과 과학적 사실은 서로 다르다. 과학의 재료는 날 것이 아니라, 특정한 특징에 따라 분리되어, 논리적으로 가공된 자연적 재료이다. 물체, 운동, 물질, 이 모두가 추상이다. 요컨대 사실을 낱말로 명명한다는 것 자체는 사실에 개념을 부여한 것이며, 사실에서 한 측면을 빼내는 것이고, 사실을 이전 경험에서 인식된 현상 범주에 넣음으로써 사실을 이해하는 행위이다. (언어학자들이 오랫동안 지적해 왔고, A. A. 포테브냐가 훌륭하게 보여 준 것처럼, 모든 낱말은 이미 이론이다.)

5-14] 방법론의 필요성을 주장하며 뮌스터베르크는 괴테의 말을 상기시킨다. 사실로 기술된 모든 것은 이미 이론이다(1922). 우리가 소라고 부르는 것을 마주치고 "이것은 소이다"라고 말하면서 우리는 지각 행위에 생각 행위, 즉 해당 지각을 더 일반적인 개념 아래 두는 것과 결합한다. 어린이는 최초의 대상을 명명하면서 진정한 발견을 한다. 나는 이것이 소라는 것을 보지 않는다. 이것은 볼 수 없다. 나는 커다랗고 검고 쟁기질을 하는 등의 무언가를 보고 이것이 소라는 것을 이해한다.

이 행위는 범주화 행위, 단일 현상을 유사 현상의 범주와의 연결, 경험의 체계화 등이다. 이처럼 언어 자체에 사실에 대한 과학적 인식의 토대와 가능성이 놓여 있다. 낱말은 과학의 배아이며, 이러한 의미에서 과학의 시작에 낱말이 있었다고 말할 수 있다.

사진, 작자 미상.

그림은 이름과 같이 일종의 이론이다. 과학과 같이 그것은 개별을 특수와 연결해야 하며 나아가 특수를 보편과 연결해야 한다. 소는, 어린이와 같이 '소'라는 개념을 가지고 있지 않다(사실 영어에도 우리말과 달리 암소와 수소를 동시에 포함하는 '소'의 개념이 없다).

5-15] 기화 잠열과 같은 경험적 사실을 보거나 지각하는 이는 누구인가? 단일한 비매개적 과정으로 이것을 직접 지각할 수는 없지만 우리는 필연적으로 이 사실을 추론할 수 있다. 그러나 추론한다는 것은 개념을 조작하는 것이다.

물이 기화할 때 감열感熱, sensible heat에는 변화가 없고 잠열潛熱, latent heat에 변화가 있다. 이는 분자의 운동에너지가 아닌 위치에너지로 전환되는 열이다. 그래프의 평평한 부분은 상 변화가 일어나기 전 감열에는 변화가 없으나 잠열에 변화가 생기는 부분을 나타낸다.

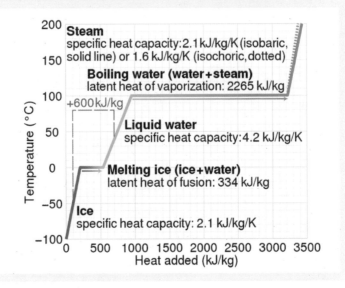

5-16] 모든 과학적 사실에 추상성과 생각의 관여가 존재함을 보여주는 훌륭한 예를 엥겔스에게서 찾을 수 있다. 개미는 우리와는 다른 눈을 가지고 있고, 그 눈은 우리가 볼 수 없는 화학 광선을 볼 수 있다. 이것은 사실이다. 그것은 어떻게 확립되었는가? 우리는 "개미가 우리에게 보이지 않는 것을 본다"는 것을 어떻게 알 수 있는가? 물론 이것은 우리 눈의 지각에 기초하지만, 여기에는 다른 감각뿐 아니라 생각 활동도 결합된다. 이렇게 과학적 사실의 확립은 이미 생각, 즉 개념의 문제이다. "어쨌든 우리는 개미가 화학 광선을 어떤 형태로 지각하는지 결코 알 수 없을 것이다. 이 때문에 괴로워하는 사람은 무엇으로도 도울 수 없다"[1] (2005, p. 520).

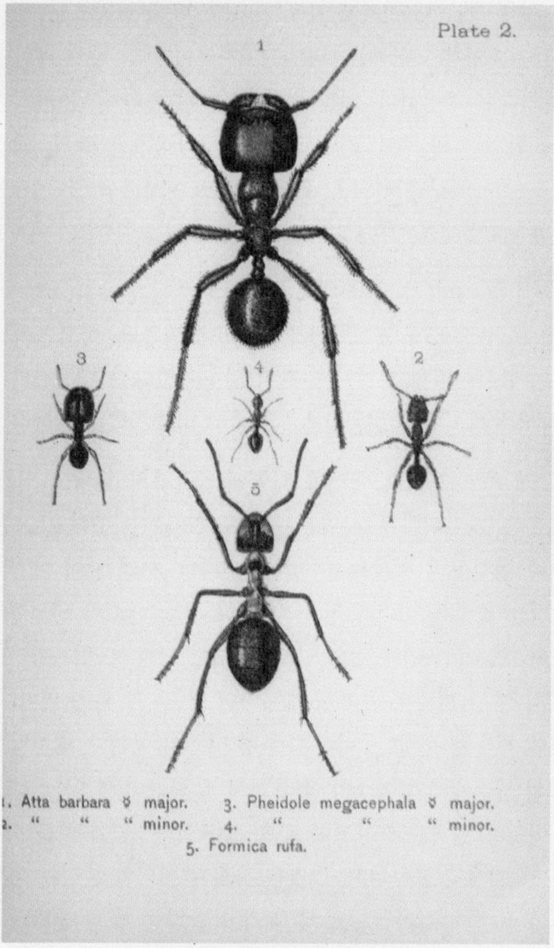
Plate 2.
1
3
4
2
5
1. Atta barbara ☿ major.
2. " " " minor.
3. Pheidole megacephala ☿ major.
4. " " " minor.
5. Formica rufa.

존 러벅 경의 개미에 관한 1882년 책에 나오는 도해.

엥겔스가 제공한 사례는 존 러벅 경의 『개미, 꿀벌, 그리고 말벌Ants, Bees and Wasps』에 대한 서평에서 인용되었다. 존 러벅 경은 개미의 시력이 적색과 적외선 스펙트럼에서는 인간의 시력과 거의 같지만, 인간의 눈에는 보이지 않는 자외선을 볼 수 있음을 실험적으로 증명했다. 러벅은 "이 자외선은 개미에게 뚜렷하게 분리된 색상(우리는 이에 대해 어떤 관념도 형성할 수 없다)으로 보여야 하지만, 빨간색이 노란색과, 녹색이 보라색과 다른 것과는 다르다"라고 말한다(p. 226). 러벅은 또한, 한편으로 개미는 지능이 인간과 매우 가깝고, 다른 한편으로 '현대의 야만인'(예컨대, 흑인과 노동 계급 사람들)은 지능이 백인 중산 계급 사람들과 매우 멀다고 주장한다. 이것은 아마도 엥겔스가 그를 참기 힘들어하는 이유를 설명해 준다. 준남작이자 은행가이며, (멘토인) 찰스 다윈의 가까운 이웃이었던 러벅은 후일 개미 노예제의 기원에 관한 책을 다윈과 공동으로 저술했다(그는 노예제가 노예와 노예주 모두에게 좋지 않다고 생각했다).

자베르쉬네바와 오시포프(2012: 67-68)에 따르면, 비고츠키는 자외선이 개미에게 어떻게 보일지 인간이 알 수 없다는 엥겔스의 의견에 동의하지 않는다. 손으로 쓴 원본 원고에서 비고츠키는 말한다.

"엥겔스조차도 분명히 이것이 과학에 중요하지 않다고 믿는다. 이 사실 때문에 괴로워하는 사람은 누구도 도울 수 없다고 그는 말한다. 그러나 엥겔스의 생각을 더 밀어붙인다면, 우리는 이 마지막 언급이 틀렸다는 결론을 내리지 않을 수 없다. 우리는 화학 광선이 개미에게 어떻게 보일지 우리가 절대 알 수 없다고 말할 수 있는가? 다시 말해, 지식의 본성 자체에 의해 우리는 이것을 알 수 없을 것이다? 이것은 해결 불가능한 문제다? 이것은 분명 사실이 아니다. 경험적으로 볼 때, 현재의 관점에서는 이렇게 '절대'라고 말하는 것이 어느 정도 옳다. 우리는 이것이 언제 가능해질지 추측조차 할 수 없기 때문이다. 하지만 이 모든 것에도 불구하고, 그것은 사물과 지식의 본성이 아닌 과학적 실천의 문제다. 결과적으로 '절대'라고 말하는 것은 잘못된 것이다. 결국 그것은 우리의 지식에 선험적으로 한계를 두는 것, 즉 엥겔스가 이 예에서 반대하고 있는 바로 그 일을 하도록 요구하는 일이 될 것이다. 결국 그가 여기서 말하고 싶은 것은 '인간 눈의 특별한 구조가 인간 지식에 절대적 한계를 부여하지 않는다'라는 것이지만, 그는 또한 눈에 대해 말한 것을 생각에 대해서도 똑같이 말해야 한다고 말한다. 결국 '생각을 통해 발견할 수 있는 것'은 그 한계에 대한 정의나 이성의 비판이 아니라 생각이 '이미 발견했고 여전히 매일 발견하고 있는 것'에서 나온다는 것을 우리는 본다. 결국 '우리에게 보이지 않는 이 광선들에 대한 지식에서 우리는 개미를 크게 넘어섰다'. 즉 직접적 시각, 지각보다 더 강력한 지식 수단이 있다는 것을 개미는 알지 못한다. 그러므로 다음과 같이 말했어야 한다. 우리는 그것이 개미에게 어떻게 보일지 결코 지각할 수 없지만, 그것이 인류에게 필요하다고 가정한다면, 의심할 여지 없이 조만간 그것에 대해 알게 될 것이다. 다른 한편으로 많은 저자들은 지각의 문제도 과학 기술의 문제이며, 우리는 화학 광선에 대해 알게 될 뿐만이 아니라, 개미가 그것을 보는 것과 같은 방식으로 보게 될 것이라고 믿는다. 제5장의 피어슨의 의견 참조"(p. 40, 179).

비고츠키는 피어슨의 '과학의 문법Grammar of Science'을 언급하고 있는 것으로 보인다. 거기서 피어슨은 미래에 어떤 종류의 '추출'이 실현될 수 있을지 배제해서는 안 된다고 말한다. 예를 들어 생물학적 눈의 한계가 전자 현미경의 사용을 배제하지 않는 것처럼, 현재 생각의 한계는 개미의 지각을 시뮬레이션하는 어떤 가상의 컴퓨팅 장치나 인공 '지능'의 사용을 배제하지 않을 것이다.

이러한 이견은 소비에트 편집자들에 의해 책에서 잘려 나갔다. 마르크스주의의 창시자 중 한 사람에 대한 이러한 대담한 비판을 그들이 불편해한 이유는 쉽게 알 수 있다. 그러나 왜 비고츠키가 이 점을 그토록 중요하게 생각했는지 이해하기는 그렇게 쉽지 않다(그는 이것을 다음 문단과 각주에서도 다시 언급한다). 이 연구(그리고 이전의 '행동 심리학의 문제로서 의식')에서 비고츠키의 주요 관심은 의식의 심리학이 가능한 과학이라는 주장을 하는 것이었다. 그러나 현재의 과학 모델은 그것을 배제하는 것으로 보인다. 전통 심리학은 생각이 내관을 통해, 생각하는 사람에게만 실제로 접근 가능하다고 주장한 반면, 행동주의는 훨씬 더 나아가 의식 자체가 증명할 수 없는 가설이라고 제안했다. 비고츠키에게 이 모든 것은 의식과 행동 사이에 명백히 존재하는 실제적, 구체적, 역사적 연결을 즉, 문화와 말을 무시하는 것이다. 이 모든 것은 단지 일반 심리학이 아직 확립되지 않았고, 전통 심리학과 반사학은 아직 오지 않은 일반 심리학을 찾고 있는 곁가지 학문일 뿐이라는 것을 암시한다.

Lubbock, J. (1882). *Ants, Bees, and Wasps; a Record of Observations on the Social Hymenoptera*(개미, 꿀벌 그리고 말벌; 사회적 벌목[目]에 대한 관찰 기록). London: Kegan Paul, Trench, and Co.

Marx, K. and Engels, F. (2005). *Complete Works*, vol. 25. Lawrence and Wishart.

Pearson, K. (1892). *The grammar of science*(과학의 문법). London: Walter Scott.

Zavershneva, E. Y. and Osipov, M. E. (2012). Primary Changes to the Version of "The Historical Meaning of the Crisis in Psychology" Published in the Collected Works of L. S. Vygotsky(L. S. 비고츠키 선집으로 출판된 『심리학 위기의 역사적 의미』 판본의 주요 변경 사항). *Journal of Russian and East European Psychology*, vol. 50, no. 4, July-August 2012, pp. 64-84.

본문의 각주 [1]은 비고츠키 본인의 각주이다.

1. 이 심리학적 예는 심리학에서 과학적 사실과 직접 경험의 사실이 일치하지 않음을 보여 줌에 주목하자. 우리는 개미가 어떻게 보는지, 심지어 그것들은 우리에게는 보이지 않는 것들을 어떻게 보는지에 대해-개미에게 이러한 것들이 어떻게 나타나는지 알지 못하면서도- 연구할 수 있음이 밝혀졌기 때문이다. 즉 내적 경험에 근거하지 않고, 즉 경험에 근거하지 않고 심리적 사실을 확립할 수 있음이 밝혀졌다. 엥겔스는 후자(주관적 경험에 의한 사실의 확립-K)가 명백히 과학적 사실에 대해 중요하지 않다고 여긴다. "이로 인해 괴로워하는 사람은 어떤 식으로도 도와줄 수 없다"라고 그는 말한다.

5-17] 이것은 실제 사실과 과학적 사실의 불일치에 대한 가장 좋은 예이다. 여기서는 이러한 불일치가 명확한 형태로 제시되었지만, 이는 모든 사실에 어느 정도 존재한다. 우리는 화학광선을 본 적이 없고 개미의 감각을 지각한 적도 없다. 즉, 직접적 경험의 실제 사실로서 개

미의 화학광선 시각 지각은 우리에게는 존재하지 않지만 인류의 집단적 경험에는 과학적 사실로 존재한다. 그렇다면 우리는 지구가 태양 주위를 돈다는 사실에 대해 무엇을 말할 수 있을까? 결국, 여기서 실제적 사실이 과학적 사실이 되기 위해서는-비록 태양을 중심으로 한 지구의 공전이, 지구를 중심으로 한 태양의 공전에 대한 관찰로 확립되었지만- 인간의 생각 속에서 그 자체와 정반대로 전환되어야 한다.

F. 파라(Felix Parra), 파도바대학에서 수사에게 천동설을 설명하는 갈릴레오, 1873.

비고츠키는 『자본론』 3권의 유명한 문구를 인용하고 있다. "… 대상의 외양과 본질이 일치한다면 모든 과학은 잉여적일 것이다"(삼위일체의 공식).

5-18] 이제 우리는 문제 해결을 위해 필요한 모든 것을 갖추고 곧장 목표를 향해 나아갈 수 있다. 모든 과학의 토대에 사실이 놓여 있고 또 반대로 각각의 과학적 사실의 토대에 개념이 놓여 있다면, 이로부터

일반 과학과 경험 과학의 차이는 연구 대상의 의미에서 순전히 양적이며, 원칙적인 것이 아니라는, 즉 정도의 차이이지 현상의 본질상의 차이가 아니라는 것이 필연적으로 도출된다. 일반 과학은 실제 대상이 아닌 추상을 다룬다. 그것은 식물, 동물이 아닌 생명을 연구한다. 그 대상은 과학적 개념이다. 그러나 생명은 현실의 일부이며 이 개념은 현실에 그 원형을 갖는다. 부분 과학은 현실의 실제 사실을 대상으로 삼는다. 그것은 생명 일반이 아닌 식물과 동물의 실제 범주와 집단을 연구한다. 그러나 식물이나 동물, 심지어 자작나무와 호랑이, 나아가 이 자작나무와 이 호랑이조차도 이미 개념이다. 과학적 사실은 가장 시초적인 것일지라도 이미 개념이다. 사실과 개념은 오직 정도와 비율의 차이에서만, 서로 다른 분야의 대상이 된다. 따라서 일반 물리학은, 가장 추상적인 물리 개념을 다룬다는 이유로 물리학의 분야가 되기를 멈추고 논리학의 일부가 되지 않는다. 그 속에서조차 현실의 어떤 조각이 궁극적으로 인식된다.

5-19] 그러나 일반 학문과 특수 학문의 대상의 본성은 사실 동일하며, 그것들은 개념과 사실 사이 관계의 비율에서만 차이가 있지만, 다만 하나는 논리학에 다른 하나는 물리학과 연관 짓는 것을 가능하게 하는 원칙적 차이는 목적 지향, 즉 두 연구의 관점, 이를테면 동일한 요소가 두 경우에 수행하는 다른 역할에 놓여 있을 수 있는 것은 아닐까? 다음과 같이 말할 수는 없을까? 개념과 사실 모두 이런 저런 과학의 대상 형성에 참여하지만, 한 경우 -경험 과학의 경우- 우리는 사실을 인식하기 위해 개념을 사용하고, 다른 한 경우-일반 과학에서- 우리는 개념 자체를 인식하기 위해 사실을 이용한다. 첫 번째 경우 개념은 인식의 대상, 목표, 과제가 아니며, 그것은 인식의 도구, 수단, 보조 방식인 반면, 인식의 목적, 대상은 사실이다. 즉 인식의 결과로 개념의 수가 아니라, 우리에게 알려진 사실의 수가 증가한다. 그와 달리 개념은 온갖 노동 도구와 마찬가지로 사용으로 인해 마모되고 지워지고 재조

정이 필요하며 종종 교체된다. 두 번째 경우 우리는 반대로 바로 개념 그 자체를 연구하며, 그것과 사실과의 일치는 그 적합성을 확인하는 수단, 방법, 방식일 뿐이다. 그 결과 우리는 새로운 사실을 알아내는 것이 아니라, 새로운 개념이나 개념에 대한 새로운 지식을 습득하게 된다. 결국 현미경 아래의 물방울을 두 번 관찰할 수 있으며, 물방울과 현미경이 두 번 모두 같은 것일지라도 이것은 완전히 다른 두 과정이 될 것이다. 처음에 우리는 현미경의 도움으로 물방울의 성분을 연구하고, 두 번째로 우리는 물방울을 봄으로써 현미경 자체의 적합성을 검증하는 것이다. 정말 그렇지 않은가?

J. 소로야(Joaquín Sorolla), 현미경을 보는 시마로 박사, 1897.

J. 소로야는 세심한 사실주의 화가로, 일하는 어부의 그림을 전문적으로 그렸다. 그리고 루이스 시마로 박사는 보다시피 예술가였다. 그는 뇌 조직을 전문적으로 그렸고, 비고츠키가 아동학 저술에서 언급한 산티아고 라몬 이 카할의 최초의 매우 상세한 뇌 조직 그림을 가능하게 만든, 새로운 물방울 염색 방법을 고안했다. 시마로는 자신이 존경하는 소로야를 자신의 연구실에 초대했고, 이것은 '물방울 속에서 낚시를 하는' 그를 그린 몇몇 그림 중 하나이다.

지금까지 과학에서의 개념 발달에 대한 비고츠키의 관점은 어린이의 개념 발달에 대한 그의 관점을 따른다. 그것은 직접적으로 지각된 고립적 사실들, 구체적 복합체로의 경험적 일반화, 특성의 선택적 추상화와 재통합, 그리고 스스로의 동기를 통한 그 범위의 한계 설정이다. 비고츠키가 어린이의 개념 발달과 과학의 개념 발달을 유사한 경로로 설명하는 것은 그리 놀라운 일이 아니다. 결국 어린이들이 학교에서 발달시키는 것은 일반 과학이다. 하지만 물론 매우 중요한 차이가 있다. 어린이에게는 관찰하고 모방할 수 있는 발달된 형태의 일반 과학이 주어진다. 현미경을 보는 시마로는 그렇지 않다. 여느 어부들처럼 그는 생산자일 뿐 아니라 탐험가여야 한다.

5-20] 그러나 문제의 전체 어려움은 바로 그렇지 않다는 사실에 있다. 사실 우리는 사실을 알기 위한 도구로 특수 과학에서 개념을 사용하지만, 도구의 사용은 동시에 증명, 연구와 그것의 숙달, 부적합한 것의 거부, 수정, 새로운 것의 생성이기도 하다. 경험적 자료를 과학적으로 처리하는 첫 번째 단계에서 개념의 사용은 이미 사실에 의한 개념 비판, 개념 비교, 개념 수정이다. 위에서 언급한 두 가지 과학적 사실, 즉 태양 주위를 도는 지구의 공전과 개미의 시각-이는 확실히 일반 과학에 속하지 않는다-을 예로 들어 보자. 이 사실들의 확립을 위해 우리의 지각에 대한, 또한 이 지각과 연결된 개념에 대한 얼마나 많은 비판적 작업이 필요할 것이며, 가시성-비가시성, 겉보기 운동과 같은 개념에 대한 직접적인 연구가 얼마나 많이 필요할 것이며, 얼마나 많은 새로운 개념의 생성이 필요할 것이며, 얼마나 많은 개념 간의 새로운 연결이 필요할 것이며, 시각, 빛, 운동의 개념 자체에 대한 얼마나 많은 수정이 필요할 것인가. 결국, 주어진 사실을 인식하는 데 필요한 개념을 선택하는 것 자체가 사실의 분석뿐 아니라 개념에 대한 분석도 요구하지 않는가? 만약 개념이 도구처럼 경험의 특정한 사실을 위해 예정된 것이라

면 모든 과학은 불필요할 것이며, 1,000~2,000개의 공식 기록기관이나 통계 전문가가 카드, 그래프, 기준표에 전 우주를 평평하게 넣을 수 있을 것이다. 과학적 지식은 적당한 필요한 개념을 선택하는 행위라는 점에서, 즉 사실을 분석하고 개념을 분석한다는 점에서 사실을 등록하는 것과는 다르다.

5-21] 모든 단어는 이론이다. 대상을 명명하는 것은 그것에 개념을 적용하는 것이다. 우리가 말의 도움을 받아 대상을 이해하고자 하는 것은 사실이다. 하지만 결국 각각의 명명, 단어의 각 적용, 이 과학의 배아는 낱말의 비판, 그 형상의 삭제, 의미의 확장이다. 언어학자들은 단어가 사용처에 따라 어떻게 변하는지 아주 명확하게 보여 주었다. 그렇지 않다면 언어는 결코 되살아나거나 소멸하지 않았을 것이며, 태어나지도, 늙지도 않았을 것이다.

5-22] 결국 과학에서의 모든 발견, 경험 과학에서의 모든 일보 전진은 언제나 동시에 개념의 비판 행위이다. И. П. 파블로프는 조건반사라는 사실을 발견했다. 그러나 동시에 그는 새로운 개념을 창조해 내지 않았는가? 훈련된, 학습된 운동이 과연 이전에 반사라고 불렸는가? 물론, 그렇지 않다. 과학이 개념의 경계를 확장하지 않고 단지 사실을 발견하기만 했다면 그것은 그 어떤 새로운 것도 발견한 것이 아니다. 그것은 동일한 개념의 새로운 사례들을 발견하면서 같은 자리를 쳇바퀴 돌 뿐이다. 모든 새로운 사실의 부스러기는 이미 개념의 확장이다. 두 사실 사이에 새롭게 밝혀진 모든 관계는 이제 두 상응하는 개념의 비판과 그들 사이의 새로운 관계 확립을 요구한다. 조건반사는 옛 개념의 도움을 통해 발견한 새로운 사실이었다. 우리는 심리적 타액 분비는 반사로부터 직접 일어난다는 것을, 더 정확히는 그것이 다른 조건 아래에서 작동하는 동일한 반사라는 것을 알게 되었다. 그러나 그럼에도 이는 옛 사실의 도움으로 발견한 새로운 개념이다. '음식을 보고 타액을 분비한

다'는 잘 알려진 사실의 도움으로 우리는 조건반사라는 완전히 새로운 개념을 얻었으며 그에 대한 우리의 생각은 획기적으로 변했다. 이전에 반사는 비심리적, 무의식적, 불변의 사실과 동의어였으나 오늘날 심리학자들은 모든 심리를 반사로 환원하며 반사는 가장 유연한 기제 등등으로 드러난다. 파블로프가 반사의 개념이 아닌 타액 분비라는 사실만을 연구했다면 이것이 어떻게 가능했을까? 본질적으로 이는 동일한 것으로 다만 두 가지 형태로 표현된 것일 뿐이다. 모든 과학적 발견에서 사실의 이해는 동일한 정도로 개념의 이해이기 때문이다. 사실에 대한 과학적 연구는, 그것이 개념의 축적이라는 의미에서, 개념의 이익을 위한 개념과 사실의 거래라는 점에서 단순한 사실의 등록과 다르다.

5-23] 마지막으로 일반 과학이 연구하는 모든 개념은 결국 특수 과학에서 만들어진다. 결국 자연과학의 시초는 논리학에서 유래하지 않으며, 논리학이 자연과학에, 이미 만들어진 개념을 제공하는 것도 아니다. 그렇다면 점점 더 추상적으로 되는 개념을 창조하는 작업이 완전히 무의식적인 방식으로 일어난다고 가정하는 것이 정말로 가능할까? 개념에 대한 비판 없이 어떻게 이론, 법칙, 상충하는 가설이 존재할 수 있을까? 개념에 대한 작업없이 어떻게 이론을 만들거나 가설, 즉 사실의 경계를 넘어서는 것을 제시할 수 있을까?

5-24] 그러나 그렇다면 특수 과학에서 개념 연구는 어쨌건 사실 연구와 같은 정도로 일어나되, 일반 과학은 개념만을 연구한다고 할 수 있을까? 이 또한 잘못일 것이다. 우리는 일반 과학이 다루는 추상적 개념들이 그 자체 속에 현실의 고갱이를 포함하고 있음을 보았다. 우리는 스스로에게 물어야 한다. 과학은 이 고갱이로 대체 무엇을 하는가? 그것에서 주의를 돌리고, 그것에 관해 잊어버리고, 순수 수학처럼 추상화라는 난공불락의 요새에 숨어, 마치 그것이 전혀 존재하지 않았다는 듯이, 연구 과정이나 그 결과 모두에서 이 고갱이에 마음을 쓰지 않

는 것인가? 이것이 그렇지 않다는 것을 보기 위해서는, 일반 과학의 연구 방식과 그 최종 결과를 고려하기만 하면 된다. 과연 개념 연구는 새로운 귀납, 새로운 분석, 새로운 관계의 확립-한마디로 이 개념들의 실제 내용에 대한 작업-이 아니라, 순수한 연역, 즉 개념 간의 논리적 관계의 발견을 통해 이루어지는가? 결국 우리는 수학에서처럼 특별한 전제로부터 생각을 발달시키는 것이 아니라 귀납한다. 즉 우리는 거대한 사실의 무리를 일반화하고, 그것을 비교하고, 분석하고, 새로운 추상화를 창조한다. 일반 생물학과 일반 물리학은 그렇게 작동한다. 어떤 일반 과학도 다르게 작동할 수는 없다. 논리 공식 'A는 B다'는 그 안에서, 규정된 것, 즉 질량, 운동, 신체, 유기체와 같이 실제로 존재하는 A와 B로 대체되기 때문이다. 그리고 일반 과학의 연구 결과로 우리는 논리학처럼 개념들 사이의 새로운 형태의 상호관계들을 획득하는 것이 아니라, 새로운 사실들을 획득한다. 즉 우리는 진화에 대해, 유전에 대해, 관성에 대해 알게 된다. 우리는 어떻게 알게 되는가? 우리는 어떤 경로로 진화의 개념에 도달하는가? 우리는 비교 해부학과 생리학, 식물학과 동물학, 발생학과 식물(φото-)공학 및 동물공학 등의 자료와 같은 사실들을 비교한다. 즉 우리는 특수 과학이 개별 사실들을 가지고 하는 방식으로 행동한다. 그리고 개별 과학에 의해 개발된 사실들에 대한 새로운 연구에 기반하여 새로운 사실들을 확립한다. 즉 연구 과정과 그 결과에서 우리는 언제나 사실을 다룬다.

> 동물공학을 나타내는 러시아어는 зоотехники로 동물의 과학적 사육을 의미한다. 이는 다윈의 주요 관심사이기도 했다. 본문에서 식물공학으로 번역한 фототехника는 원래 러시아어로 사진 관련 기술을 의미하지만, 이는 문맥상 어울리지 않는다. φото-(photo-)는 광합성photosynthesis과 연관을 맺고 있다. 비고츠키가 염두에 두고 있었던 것은 식물육종이나 재배와 같은 농업기술학이었던 것으로 보인다. 혹은, 효과적인 식물 재배를 위한 빛 통제 기술을 의미했을 수도 있다.

고대 이집트의 축산과 재배, 세네드젬 무덤 벽화, 기원전 1200년경.

5-25] 이처럼 목적, 경향, 개념과 사실의 개발에서 일반 과학과 특수 과학의 차이는 오직 양적이며, 동일한 현상의 정도의 차이일 뿐이지 서로 다른 과학의 본성적 차이이거나 절대적, 원칙적 차이가 아니라는 것이 다시 한번 드러난다.

5-26] 마침내 일반 과학의 긍정적인 정의로 넘어가 보자. 연구의 대상, 방법에서 일반 과학과 특수 과학의 차이가 절대적이지 않고 상대적이며 양적이고 원칙적이지 않다면 과학의 이론적 경계구분에 대한 모든 근거를 잃는 것처럼 보일 수 있다. 일반 과학과 특수 과학의 차이가 전혀 없는 것으로 보일 수 있다. 그러나 이것은 물론 그렇지 않다. 여기서 양은 질로 바뀌고 질적으로 다른 과학을 일으키지만 해당 과학 계열에서 그것을 떼어 내고, 논리로 변환하지는 않는다. 모든 과학적 개념이 사실에 근거하고 있다고 해서 모든 과학적 개념에서 사실이 같은 방식으로 표현되는 것은 아니다. 수학적 무한 개념에서 현실은 조건반사의 개념에서와 완전히 다른 방식으로 표현된다. 일반 과학이 다루는 고

등한 개념에서 현실은 경험 과학의 개념에서와 다른 방식으로 표현된다. 여러 과학에서 현실을 표현하는 이러한 방법, 특성, 형태는 매번 각 분야의 구조를 결정한다.

R. 하산(Ruqaiya Hasan, 오른쪽)은 자신을 '사회언어학자'라고 칭했고 M. 할리데이(Michael Halliday, 왼쪽)는 '일반 언어학자'임을 고집했다. 그럼에도 불구하고 두 언어학자는 음운론, 음성학, 어휘문법학, 의미론, 심지어 화용론에 이르기까지 언어학의 모든 특수한 과학을 하나의 개념 체계로 일반화한다는 점에서 같은 생각을 했다.

그 중심 개념 중 하나는 언어의 필연적인 사회적 특성이었다. 다른 언어학자와의 논쟁을 피하는 경향이 있었던 할리데이에게 이는 '사회언어학'이라는 표현이 중복적이며, 이는 일반 과학이 아닌 특수 과학임을 의미했다. 관념의 투쟁을 환영했던 하산이 볼 때 이론상 다른 언어학이 존재할 수 없다는 사실은 실제로 다른 언어학이 존재하는 것을 막는 데 별로 도움이 되지 않았다.

비고츠키는 할리데이와 마찬가지로 자신의 심리학을 '마르크스주의적', '문화적', '사회적'이라고 부르는 것을 거부했다. 이론적으로 이러한 모든 명칭은 특수 과학을 의미하지만, 비고츠키는 일반 과학을 염두에 두고 있었기 때문이다. 실제로는 설명 원리가 매우 다르고 연구 대상도 다른 특수한 심리학 분야가 너무 많았다. '마르크스주의' 심리학(블론스키, 코르닐로프)은 반사학적이었다. '문화적' 심리학(슈프랑거, 뷜러)은 관념론적이었으며, '사회적' 심리학은 속류 유물론(잘킨트)이었다. 비고츠키는 할리데이와 하산과 마찬가지로 특수 과학들의 복합체가 아닌 일반 과학을 염두에 두고 있었다.

5-27] 그러나 현실을 표현하는 방식의 이러한 차이, 즉 (일반 과학과 경험과학의-K) 개념의 구조(차이-K)도 절대적인 것으로 받아들여서는 안 된다. 경험 과학과 일반 과학 사이에는 여러 과도기적 단계가 있다. 빈스방거는 말한다. 그 이름에 합당한 과학은 "단순한 개념 축적에 머무를 수 없다. 오히려 그것은 모든 개념을 규칙으로, 규칙을 법칙으로, 법칙을 이론으로 체계적으로 변환시키려고 한다"(1922, p. 4). 과학적 지식의 전체 경로에서 과학 자체 내에서 잠시도 멈추지 않고 개념, 방법론, 이론이 개발된다. 즉, 사실에서 개념으로, 한 극에서 다른 극으로 전환이 일어난다. 이것은 일반 과학과 특수 과학 사이 논리적 간격을 허물고, 통과할 수 없는 경계를 흐리게 하지만 일반 과학의 사실적 독립성과 필요성이 만들어진다. 특수 분야가 그 내부에서 규칙을 통해 사실을 법칙으로, 이론을 통해 법칙을 가설로 만드는 작업을 하는 것과 마찬가지로, 일반 과학은 동일한 방법, 동일한 목표로 다른 일련의 특수 과학 각각에 대해 동일한 작업을 한다.

5-28] 이것은 방법론에 대한 스피노자의 논의와 매우 유사하다. 만약 우리가 산업 분야와 비교한다면, 물론 방법론은 생산수단의 생산이다. 그러나 산업에서 생산수단의 생산은 일종의 특별하고 독창적인 생산 형태가 아니라 일반적인 생산과정의 일부이며 그 자체가 다른 모든 생산과 동일한 생산방법과 도구에 의존한다.

5-29] 스피노자는 주장한다. "무엇보다 여기에는 연구 영역이 무한

정 존재하지 않음을 지적할 필요가 있다. 다시 말해, 진리 연구를 위한 최고의 방법을 찾기 위해 진리 연구 방법을 연구할 다른 방법이 필요한 것이 아니며, 두 번째 방법을 연구하기 위해 어떤 세 번째 방법이 필요한 것이 아니다 등등 무한히. 그런 방법으로는 결코 진리 인식에 그리고 사실상 그 어떤 지식에도 전혀 도달하지 못할 것이기 때문이다. 이 상황은 물질적 도구에서도 유사하며, 거기서도 비슷한 추론이 가능할 것이다. 실제로 철을 단조하려면 망치가 필요하고, 망치를 가지려면 망치를 만들어야 한다. 이를 위해서는 다시 망치와 다른 도구들이 필요하다. 이 도구들을 가지려면 다시 한번 더 다른 도구들이 필요하다 등등 무한히. 이에 기반하여 누군가는 사람들이 철을 단조할 능력을 결코 가질 수 없다는 것을 증명하려고 헛되이 노력할 수도 있을 것이다. 그러나 사람들은 처음에 그들이 타고난 도구들의 도움으로, 힘겹고 불완전하게나마, 매우 간단한 무언가를 만들고, 이것을 완수한 후에는 더 적은 노동과 더 큰 완성도로 다음의 더 어려운 일을 완수했듯이, 가장 단순한 조작에서 도구 제작으로, 도구 제작에서 더 복잡한 도구의 제작과 새로운 솜씨를 향해-인류가 지금 소유한 정교한 기제의 숙달에 이르기까지- 점진적으로 올라갔다. 마찬가지로 지성은 자신이 타고난 힘으로 자신을 위한 지적 도구를 창조하고, 그것의 도움으로 다른 지적 조작을 위한 힘을 획득하며, 이 조작을 통해 새로운 도구나 후속 연구를 추진할 힘을 획득하고, 이렇게 지혜의 정점에 이를 때까지 점차 앞으로 나아간다"(Spinoza, 2002).

본문의 스피노자 인용은 S. 셜리Samuel Shirley가 라틴어를 번역한 *Collected Works of Spinoza*(2002) 텍스트를 직접 번역했다.

5-30] 본질적으로, 빈스방거로 대표되는 방법론의 조류는 도구

의 생산과 창작의 생산이 과학의 두 개별적 과정이 아니라 서로 손을 맞잡고 나아가는 동일한 과정의 두 측면이라는 것을 인정하지 않을 수 없다. H. 리케르트의 뒤를 따라, 그는 모든 과학을 재료의 재처리Bearbeitung-M. Hall로 규정하며, 따라서 그가 볼 때 각각의 과학에 대해서는 재료와 그것의 재처리라는 두 문제가 나타난다. 그러나 이 둘을 엄밀히 나누어서는 안 된다. 경험과학의 대상 개념에는 상당 부분 재처리가 포함되어 있기 때문이다. 또한 그는 날것의 재료와 실제 대상wirklichen Gegenstand-MH, 그리고 과학적 대상wissenschaftlichen Gegenstand-MH을 구분한다. 이 과학적 대상은 실재 대상에 대한 개념을 통해 과학에서 만들어진다(빈스방거, 1922, pp. 7-8). 세 번째 문제, 즉 재료와 재처리 사이의 관계, 다시 말해 과학의 대상과 방법론의 관계 문제를 제기한다면, 여기서 논쟁은 오직 다음에 대해서만 일어날 것이다. 무엇이 무엇을 규정하는가? 방법론이 대상을 규정하는가 아니면 그 반대인가? C. 슈툼프와 같은 이들은 방법론에서의 모든 차이는 대상들 간 차이에 기인한다고 가정한다. 리케르트와 같은 이들은 물리학과 심리학과 같은 서로 다른 대상도 동일한 방법론을 필요로 한다는 주장을 견지한다(같은 책, pp. 21-22). 그러나 보다시피 여기에는 일반 과학과 특수 과학의 경계 설정을 위한 기반이 없다.

*H. 리케르트(Heinrich Rickert, 1863~1936)는 W. 빈델반트의 제자이자 E. 카시러, P. 나토르프, 그리고 하이데거의 스승이었다. 그는 바덴 학파(독일 서남부 지역에서 칸트의 3대 비판-실천이성 비판, 순수이성 비판, 판단력 비판-을 섭렵하고자 했던 신칸트주의)로 마르부르크학파(순수이성 비판만 중요하게 여기던 신칸트주의)와 구별된다. 따라서 리케르트는 칸트가 단순한 자연과학자가 아니라 도

덕철학자임을 강조한다. 즉, 그가 볼 때 (도덕적, 심미적 판단을 포괄하는) 판단은 우리가 순수한 이성뿐 아니라 개념을 형성하는 수단이다.

어느 쪽이든, 칸트는 신칸트주의자들에게 과학을 분류하는 데 중대한 문제인 데카르트적 이원론을 남겼다. 우리는 물리학, 화학, 생물학 같은 자연과학과 예술, 역사, 언어학 같은 인문과학을 어떻게 구분하는가? W. 빈델반트 이전 과학철학자(예를 들어, 콩트)는 이를 단순히 지식의 대상에 따라 구분했다. 자연적 물체로 주어진 대상이라면 자연과학이고, 인간 정신에 의해 형성된 것이라면 인문과학이다. 빈델반트는 심리학에는 두 가지가 다 있다고 지적했다. 빈델반트와 리케르트는 자연과학과 역사과학 사이 방법론적 구분을 제안한다. 자연과학은 일반 법칙을 연구하기 위해 개별 사례를 찾는다. 역사과학은 개별 사례를 연구하기 위해 일반 법칙을 찾는다. 하지만 빈델반트는 방법(보편 대 개별)에서 본질적인 차이를 보았고, 리케르트는 기본적인 방법은 같지만, 판단의 논리 차이(연역 대 귀납)가 상이한 결과(사실 대 가치)를 생성한다고 보았다.

*C. 슈툼프(Carl Stumpf, 1848~1936)는 W. 쾰러와 K. 코프카, M. 베르트하이머, K. 레빈의 스승으로서, H. 로체와 F. 브렌타노의 제자였다. 슈툼프는 로체로부터 정신과 몸은 각자 다른 실체이며, 서로 소통한다는 데카르트적 이원론을 배웠다. 인문과학은 자연과학과 분리되어 그런 식으로 상호작용한다는 것이다. 비고츠키가 여기서 말하듯 슈툼프는 콩트의, 대상에 따른 과학 구분을 브렌타노에게서 배웠다. 하지만 슈툼프는 자신이 다른 모든 과학의 기초로 간주한 수학에 특별한 지위를 부여했다. 슈툼프는 다른 과학과 달리 수학의 진리는 경험적 데이터가 아니라 선험적 원리에 토대한다고 믿었다. 하지만 비고츠키는 앞에서 우리가 봤듯 '순수한' 수학은 환상이며, 모든 수학적 개념은 양에 관한 우리의 경험에 근거하며, 실제 경험의 '고갱이'를 포함한다고 주장한다.

5-31] 이 모든 것은 단지 일반 과학의 개념에 절대적인 정의를 부여하는 것이 불가능하며 그것은 특수 과학과 관련하여서만 정의될 수 있다는 것을 나타낸다. 이 후자(특수 과학-K)는 그것(일반 과학-K)과 대상, 방법, 목표, 결과에서 차이가 없다. 그것(일반 과학-K)은 하나의 관점에서 인접한 현실 영역을 연구하는 일련의 특수 과학에 대해, 이들 특수 과학이 각자의 분야 내에서 스스로의 재료에 대해 수행하는 것과 동일한 작업을 동일한 방식, 동일한 목적으로 수행한다. 우리는 어떤 과학도 단순히 자료의 누적에 국한되지 않으며, 과학은 자료를 다양한 형태와 다양한 단계로 재처리하고, 자료를 그룹화하고 일반화하여 현실을 이해하는 데 도움이 되는 이론과 가설을 만들며 각각의 개별 사실로 밝은 빛 아래 드러난다는 것을 보았다. 일반 과학은 특수 과학의 일을 계속 수행한다. 특수 과학의 자료가 가능한 최고 수준의 일반화에 도달하면, 진전된 일반화는 오직 주어진 과학의 경계를 넘어서, 그리고 여러 인접 과학의 자료와 비교를 통해서 가능함이 드러난다. 이것이 일반 과학이 하는 일이다. 일반 과학과 특수 과학의 유일한 차이점은 그것이 여러 과학과 관련하여 일한다는 것이다. 만약 그것이 하나의 과학과 관련하여 동일한 작업을 수행했다면, 그것은 결코 독립적인 학문으로 부각되지 않고 동일한 과학 속의 한 부분으로 남을 것이다. 따라서 일반 과학은 여러 특수 과학으로부터 재료를 획득하고-개별 분야 내에서 불가능한- 진전된 재처리와 일반화를 생성하는 과학으로 정의할 수 있다.

5-32] 따라서 일반 과학은, 특수 과학의 이론이 자신의 일련의 특수 법칙과 관련되는 것과 같은 방식으로, 즉 연구된 현상의 일반화 정도에 따라 이 특수 과학과 관련된다. 일반 과학은 특수 과학이 끝난 지점에서 특수 과학의 작업을 지속할 필요성에서 생겨난다. 일반 과학은, 특수 과학이 그것이 연구하는 실제 사실과 관련되는 것과 같은 방식으로, 특수 과학의 이론, 법칙, 가설, 방법과 관련된다. 생물학은 다른 과

학에서 재료를 받아, 각각의 특수 과학이 자신의 재료를 다루는 것과 같은 방식으로 그것을 다룬다. 전체적 차이는 생물학이 배아학, 동물학, 해부학 등이 끝난 곳에서 시작되며, 그것은, (특수-K) 과학이 자기 내부의 다양한 재료를 하나로 모으는 것처럼, 다양한 과학의 재료를 하나로 모은다는 점에 있다.

5-33] 이 관점은 일반 과학의 논리 구조와 일반 과학의 사실적, 역사적 역할을 모두 잘 설명한다. 일반 과학이 논리학의 일부라는 반대의 견해를 받아들이면 첫째, 일반 과학이, 자신의 방법론, 기본 개념, 이론을 세밀하게 창조하고 발전시킨, 고도로 발달된 과학에 의해 만들어지는 이유를 전혀 설명할 수 없게 된다. 새롭게 떠오르는 신생 학문이 다른 과학의 개념과 방법론을 차용할 필요가 더 많을 것이다. 둘째, 왜 인접한 학문 분야의 집단만이-식물학, 동물학, 인류학만이- 일반 과학을 만들며 각각의 과학이 개별로 생물학을 만들지 않는가? 대수학의 논리가 있듯이 동물학의 논리 따로, 식물학의 논리 따로 세울 수 없는 것인가? 실제로 그러한 개별 학문은 존재할 수 있고 실제로 존재하지만, 그렇다고 해서 식물학의 방법론이 생물학이 되지 않듯이 이들이 일반 과학이 되는 것은 아니다.

할리데이는 '학제 간 과학'(예: 응용언어학, 경영학, 법학)이 취업 시장과 관련된 이유로 학생들에게 인기 있지만 개념 연구에서는 다소 제한적인 결과만 얻는 경우가 많다고 지적한다. 반면에 개념 형성에서 놀라운 성과를 거두는 일반 과학은 바로 이런 이유 때문에 초학제적인 경향이 있다. 초학제적 일반 과학은 인접한 일반 과학을 자신의 형태로 재구성하는 경향이 있다(예: 17세기의 수학과 역학, 18세기의 자연철학, 19세기의 자연사, 20세기의 물리학). 현재 많은 일반 과학은 컴퓨터화를 통해 '정보'라는 주제를 중심으로 재편되고 있는 것으로 보인다. 할리데이는 이러한 초학제적 재편은 '의미'를 중심으로 이루어질 필요가 있으며, 이를 통해 과학이 마침내 인문과학과 자연과학이라는 데카르트적 이분법을 극복할 수 있으리라고 믿는다.

5-34] L. 빈스방거는 (그의-K) 전체 경향이 그러하듯, 과학적 지식에 대한 관념론적 경향으로부터, 즉 지식론적 특성을 가진 관념론적 전제, 과학체계의 형식적-논리적 구성으로부터 나아간다. 빈스방거에게 개념과 실제 대상은 건널 수 없는 심연으로 나뉘어 있다. 지식은 그만의 법칙과 본성, 그리고 그것(지식)이 인식된 현실에 덧씌우는 그만의 선험성을 갖고 있다. 따라서 빈스방거가 볼 때 이러한 선험성, 법칙, 지식은 그것을 통해 알려지게 된 것과는 별개로, 독립적으로 연구될 수 있다. 칸트에게 순수한 이성의 비판이 가능했듯, 그에게서는 생물학, 심리학, 물리학의 과학적 이성의 비판이 가능하다. 칸트에게 이성이 자연의 법칙을 지배했듯이 빈스방거는 지식의 방법론이 현실을 규정한다는 것을 기꺼이 수용한다. 그에게서 과학들 사이의 관계는 과학의 역사적 발달이나 심지어 과학적 경험의 요구, 즉 궁극적으로 과학을 통해 알려지는 현실 자체의 요구가 아닌, 지식의 형식-논리적 구조에 의해 규정된다.

이 그림에서 사자는 진실, 저울과 칼을 든 여인은 정의, 누드는 아름다움이다. 이 세 가지 모두 승리하지만 그 방식은 매우 다르다. 관념주의의 지식론적 전제와 형식적 논리로 출발한 칸트, 콩트, 빈스방거에게 이들은 서로 다른 세 가지 승리를 의미한다. 그림 하단의 종이는 거짓 신념을, 돈 주머니는 불의를, 가면은 거짓 아름다움을 상징한다.

관념론자들에게 생물학과 동물학, 인류학을 연결하는 '학(-logy)'은 논리(logic, 추론 그 자체)를 의미한다. 유물론적 지식론의 전제와 변증법 논리에서 출발한 비고츠키에게 이것은 로고스(비록 낱말 의미라는 형태로 주어지긴 했으나, 실재 그 자체의 데이터를 연구하는 것)의 문제다.

지식론gnosiology은 '지식에 대한 과학'을 가리키는 용어다. 비고츠키

H. 폰 아헨(Hans von Aachen), 이단에 대한 진리, 정의, 아름다움의 승리, 1598.

는 보통 '인식론epistemology'이라는 표현을 사용할 만한 곳에 '지식론'이라는 용어를 사용한다. 그러나 모든 지식에 대한 연구인 지식론은 사실 일반 과학이며, 특정 지식을 어떻게 아는지에 대한 연구인 인식론은 하나의 특수하고 부분적인 분과에 불과하다. 따라서 지식론은 우리가 학습하는 방법, 덜 확실한 지식을 더 확실한 지식으로 대체하는 방법, 심지어 부분적인 이미지를 매우 일반적인 추상적 개념으로 대체하여 학습하는 방법까지 포함한다. 지식론에서 이단에 대한 승리는 단 하나뿐으로, 그것은 관념이나 논리만의 승리가 아니라 사실의 승리이며 궁극적으로는 역사의 승리이기도 하다.

5-35] 다른 철학적 기반에서는 그러한 관념이 상정될 수 없다. 즉, 이러한 지식론적, 형식-논리적 전제를 포기하면 일반 과학의 이와 같은 개념화는 즉시 무너진다. 그러한 이론이 불가능한 것으로 판명되면, 객관적 실재론자의 입장, 즉 지식론에서는 유물론적 관점에, 논리학과 과학적 지식론에서는 변증법적 관점에 서기만 하면 된다. 새로운 관점과 함께, 이제 현실이 우리의 경험, 과학의 주제와 방법론을 결정하며, 그 (개념-K) 안에 표현된 현실과 상관없이 과학의 개념을 연구하는 것은 절대 불가능함을 즉시 인정해야 한다. F. 엥겔스는 변증법적 논리에서 과학 방법론은 현실의 방법론을 반영한다고 거듭 지적했다. 그는 말한다. "과학의 분류-이에 따라 각각은 개별 운동 형태를 혹은 서로 연결되어 상호 오가는 운동 형태를 분석한다-는 동시에 운동 내에 존재하는 질서, 이 운동 형태 자체에 따른 분류와 배치이다. 여기에 그 중요성이 있다"(2005, p. 528). 이보다 더 명확하게 말할 수 있는가? 우리는 과학을 분류함으로써 현실 자체의 위계를 확립한다. "소위 객관적 변증법이 자연 전체를 통치하며, 소위 주관적 변증법, 변증법적 사고는 자연의 모든 곳에서 지배적인 운동을 대립을 통해 반영한 것에 불과하다"(같은 책, p. 526). 여기서 주관적 변증법 연구, 즉 이런저런 과학에서의 변증법적 사고에 자연의 객관적 변증법을 고려해야 한다는 요구 사항이 명확하게 제시된다. 물론, 우리가 이러한 생각의 주관적 조건화에 눈을 감는다는 의미가 아니다. 수학에서 존재와 사고 사이의 일치를 확립한 장본인인 엥겔스는 말한다. "모든 수치 법칙은 채택된 시스템에 의존하고 결정된다. 2진법과 3진법에서 2에 2를 곱하면 4가 아니라 100 또는 11이 된다"(2005, p. 538). 이를 확장하면, 지식에 의해 만들어진 주관적 가정은 자연법칙이 표현되는 방식과 개별 개념 간 상관관계에 항상 영향을 미치기에 우리는 이를 고려하되, 언제나 객관적 변증법의 반영으로 고려해야 한다고 말할 수 있다.

A. 에벨레(Adolf Eberle, 1843~1914), 자연 연구(제작 연도 미상).

사냥용 석궁, 뜨개질바늘, 맥주잔, 파이프, 그리고 코끼리 그림이 포함된 동물학 책을 주목하자. 과학의 위계는 (계산, 기계학, 목축, 식물 재배 그리고 후기에서나 나타나는 가깝고 먼 사물에 대한 문해와 같은) 인간 관심사의 역사적 기원과 순서 그 이상을 반영한다.

과학의 위계는 자연 자체의 위계나 조직도 반영한다. 모든 물리적 (질적)인 것은 동시에 양적이며 수학적이지만 그 반대는 아니다. 마찬가지로 모든 화학적인 것은 동시에 물리학적이지만 그 반대는 아니다. 모든 생물학적인 것은 화학적인 동시에 물리학적이지만, 물론 그 반대는 아니다.

비고츠키는 사회학, 심리학, 기호학을 자연에서와 같은 방식으로 위계화할 수 있는 토대를 마련하고 있다. 번스타인은 이러한 과학 분류를 수평적이 아닌 수직적 분류라고 부른다. 비고츠키가 말했듯이, 과학을 상호 배타적인 범주로 수평적으로 분류하는 것은 순전히 논리적이고 관념론적이다. 이러한 방식은 재료들이 실제로 조직되어 있는 수준에 따른 과학의 위계적 연결성을 반영하지 못한다.

5-36] 이처럼 일반 심리학의 토대로서 지식론적 비판과 형식 논리학은 변증법과 대조되어야 하며, 변증법은 "모든 운동의 가장 일반적인 법칙에 관한 과학으로 간주된다. 이것은 그 법칙이 자연과 인간 역사의 운동에 대해서만큼이나 생각의 운동에 대해서도 유효해야 한다는 것을 의미한다"(같은 책, p. 582). 이것은 심리학의 변증법диалектика пси-хологии이-이제 우리는 빈스방거의 '심리학 비판критика психол-огии'이라는 정의에 반해서 일반 심리학을 이처럼 간단히 명명할 수 있다-(이 운동의 패턴과 지식의 형태에서) 가장 일반적인 형태의 운동에 관한 과학이라는 것을 의미한다. 즉 자연과학의 변증법이 동시에 자연의 변증법인 것처럼, 심리학의 변증법은 동시에 심리학의 대상으로서의 인간의 변증법이다.

5-37] 판단에 대한 헤겔의 순전히 논리적 분류조차도 엥겔스는 생각뿐 아니라 자연의 법칙에 의해 정당화되는 것으로 간주한다. 그는 여기서 변증법적 논리의 차별적 면모를 본다. "… 헤겔에게서 사유의 판단 형식의 발달인 것이 여기서는 경험에 토대한, 일반적 운동의 본성에 대한 우리의 이론적 지식의 발달로 나타난다. 그러나 이는 단지 생각의 법칙과 자연의 법칙이-이들이 적절한 방식으로 알려지기만 한다면- 필연적으로 서로 부합한다는 것을 보여 주는 것이다"(같은 책, pp. 539~540). 이 말속에 변증법의 일환으로서의 일반 심리학으로 가는 열쇠가 있다. 과학에서 생각과 존재의 이러한 일치는 동시에 (연구-K) 대상이자 최고의 기준, 심지어 방법론이다. 즉 일반 심리학의 일반 원칙이다.

• 일반 과학과 특수 과학

초등학교 과학 시간에 어린이들이 배우는 것은 사실인가 개념인가, 아니면 둘 모두인가? 처음의 열 문단에서(아래의 A절) 비고츠키는 빈스방거가 순수한 논리와 순수한 이론적 개념의 일반 과학-이는 실제 존재하지도 존재할 수도 없다-을 서술한다고 지적한다. 이후의 열 문단에서(아래의 B절) 비고츠키는 이론적 개념과 경험적 사실을 구분하는 것이 불가능하다는 것을 보이는 듯하다. 그렇다면 일반 과학과 특수 과학은 오직 양적으로만 다르게 된다. 일반 과학은 개념을 연구하기 위해 사실을 이용하는 반면 특수 과학은 사실을 연구하기 위해 개념을 이용한다.

그러나 비고츠키는 세 번째 절에서-비고츠키는 여기서 '마지막으로'라는 표현으로 세 개의 서로 다른 문단들을 시작하지만 이 중 무엇도 마지막이 아니다- 이를 거부한다. 사실을 통한 개념의 검증과, 개념을 통한 사실의 검증은 일반 과학과 특수 과학에서 모두 이루어진다. 그는 마지막 절에 이르러서야 사실에 대한 개념의 의존, 개념에 대한 사실의 의존을 이용하여 모순을 해결한다. 일반 과학과 특수 과학 사이의 절대적이고 논리적인 빈스방거의 구분 대신 비고츠키는 상대적이고 역사적인 구분을 제시한다. 상대적으로 말해서 일반 과학의 패턴이 특수 과학의 패턴과 맺는 관계는, 특수 과학의 패턴이 경험적 사실들 자체와 맺는 관계와 같다. 역사적으로 말해서 일반 과학은 특수 과학에서 발견되는 사실의 '패턴에 대한 패턴'으로부터 생겨난다. 따라서 이는 메타 패턴이라고 할 수 있다. 그러나 이 메타 패턴은 칸트가 생각했듯 인간의 인식 속에서 발견되지 않는다. 그것은 자연 자체의 구조에 내재한다.

A. 비고츠키는 일반 과학 발달의 두 국면-양적, 질적-을 상기시킨다. 그는 질적 차이가 양적 차이로부터 나타난다고 보며, 이는 양적 차이가 질적 차이로부터 나타난다고 본 헤겔(『논리학』제7장, 존재 원칙 참조)과 반대된다.

 i. 양적 단계. 일반 과학은 단순히 더 많은 사실(모든 특수 과학에 일반적인 사실, 예컨대 일반 생물학에서는 식물과 동물에 공통이 되는 생명, 일반 물리와 화학에서는 모든 원소와 화합물에 공통이 되는 물질)을 연구한다. 이 단계에서 주요 목표는 더 많은 사실을 기술하는 것이며 설명은 패권을 향한 투쟁의 일부일 뿐이다(5-1).

 ii. 질적 단계. 일반 과학은 특수 과학과 독립적인 개념(생물학에서 식물과 동물의 진화, 물리학에서 $E=mc^2$, 화학에서 원자번호)을 발달시킨다. 일부 과학에서만 나타나는 이 단계에서, 설명은 주요 목표가 되고 확장은 과학의 본래 사실 영역을 넘어선다. 외부에서 원인을 찾지 않는 설명은 동어반복이 되기 때문이다(5-1~5-2).

이제 비고츠키는 빈스방거의 『일반 심리학 문제 입문Einführung in die Probleme der allgemeinen Psychologie』(1922, Berlin: Springer), pp. 3~5를 인용한다. 빈스방거는 칸트의 『순수이성 비판』 형식을 따라서 일반 과학이 더 넓은 영역을 포함하면 할수록 더욱 추상적으로 되어 결국 더 이상 사실에 대한 연구가 아니라 (칸트의『순수이성 비판』과 같은) 순수하게 추상적인 개념에 대한 내재적 비판이 된다고 적는다(5-3). 빈스방거는 원칙적으로 일반 과학은 사실과 무관하다고 생각하지만 실제에서 일반 과학이 사실과 모순되는 경우 이에 맞추어 조절되어야 함을 인정한다(5-7). 비고츠키는 이것이 절반의 진실이라고 말한다(5-4). 이는 일반 과학이 사실상 일반 방법론의 한 분파인 한에서 진실이다(그것은 다른 일반 과학과 같은 일반 방법론, 예컨대 분석, 귀납 등을 가지고 있다). 그러나 이는 과학의 역사와 전혀 상응하지 않는다는 점에서 사실이 아니다. 지리학자는 지도가 아닌 지형에 관심을 가지며, 화학과 물리학이 연구 대상을 추상적으로 공식화(예컨대 '인과적 의존성')할지도 모르지만, 이들은 여전히 사실을 연구한다. 더욱이 과학이 사실과 상충되면 (예컨대 종이 불변한다는 식물학자들의 주장, 원소가 변화한다는 연금술사들의 주장) 이는 단지 일반 과학이 아직 존재하지 않는다는 것을 의미할 뿐이며 존재하지 않을 것이라는 의미는 아니다(5-8).

B. 비고츠키는 개념과 논리의 일반 과학이라는 빈스방거의 관념론적, 칸트적(그리고 불변의!) 관념을 거부한다(5-9).

   i. 첫째, 비고츠키는 모든 개념이 사실과의 연결을 유지한다는 것을 지적한다(5-10). 예를 들어, '0'이라는 관념은 양을 파괴하는 관찰가능한 과정에서 실현된다(그리고 여전히 이는 초등학교 교사가 그것을 어린이들에게, 과일을 사용하여, 보여주는 방법이다). 화학에서 분자와 몰mole의 관계는 원소의 실제 속성에 의해 실현된다. 미적분의 무한소조차도 이러한 방식으로 시각화하고 상상할 수 있다(5-11).

   ii. 둘째, 비고츠키는 우리가 사실을 시각화할 뿐 아니라, 언어로 표현하며, 이는 개념을 상상하는 것을 수반한다는 것을 지적한다(5-13). 어떤 동물이 '소'임을 인식하는 것(5-14), 증기기관(5-15), 자외선을 보는 개미의 능력(5-16) 그리고 태양 주위의 지구의 공전은 모두 사실의 사례들이며, 언어로 표현된 사실은 실제로 '종種', '열', '화학 광선', '중력'과 같은 추상적 개념인 낱말 의미를 낳는다.

비고츠키는 일반 과학과 특수 과학 모두에 사실과 개념이 존재하며, 그 차이는 비율의 문제일 뿐이라고 말한다. 그는 합리적으로 들리는 제안을 한다. 일반 과학은 사실을 이용하여 개념을 연구하는 반면, 특수 과학은 개념을 이용하여 사실을 연구한다(5-19).

C. 그러나 일반 과학과 특수 과학 사이에 평화적인 경계를 설정하는 이 합리적인 제안은 즉시 거부된다(5-20). 비고츠키는 파블로프의 '조건반사' 같은 설명적 개념

은 오래된 개념(침 분비)을 통해 새로운 사실(실험 결과)을 발견하는 것과, 오래된 사실(반사와 음식의 연관성)을 통해 새로운 개념(조건반사)을 만드는 것을 모두 포함한다고 지적한다.

i. 우선, 특수 과학에서는 사실이 개념을 비판하고 전복할 수 있으며 실제로 그렇게 하고 있다. 예를 들어, 천문학적 관측은 결국 태양계의 프톨레마이오스 모델을 전복시키고 코페르니쿠스 모델로 대체했다. 개미에 대한 러벅의 관찰은 개미의 시각이 인간의 시각과 유사하다는 생각을 뒤집고, 개미가 자외선(러벅은 이를 '화학 광선'이라 불렀다)을 본다는 사실을 밝혀냈다.

ii. 둘째, 일반 과학에서 개념은 일부 사실을 선택하고 다른 사실을 버리며, 개념 자체는 선택되고 진화해야 한다. 그렇지 않으면 과학은 사실의 기록으로 축소될 것이고, 단어의 의미는 결코 변하지 않을 것이다(예: 일상적 개념이 비판을 받고 과학적 개념으로 대체되지 않을 것이다).

일반 과학의 개념은 논리가 아니라 특수 과학에서 나온다(5-23). 특수 과학은 단순히 사실에 근거하여 우연히 생겨나지 않는다. 개념은 특수 과학이 사용하는 언어에서 의도적으로 찾아내는 것이다(5-24). 또한 일반 과학이 순전히 논리적이고 연역적인 반면, 특수 과학은 순전히 경험적이고 귀납적인 것도 아니다(5-24). 이러한 모든 구분은 상대적이며 절대적인 것은 없다(5-25). 그러나 이러한 양적 구분은 일부 과학에서는 질적 구분이 되는데, 여기에서도 과학 사이의 차이는 논리가 아니라 사실에 뿌리를 두고 있다(5-26). 경험적 과학에서 일반 과학으로의 전환은 연속적이다(5-27~5-28). 빈스방거가 논리적 근거에 따라 제시한 관념론적 구분을 거부한 비고츠키는 (연구 대상의 차이로 방법의 차이를 설명하는) 스텀프와 (대상이 무엇이든 똑같은 일반적 방법이 사용된다고 주장하는) 리케르트를 모두 거부한다(5-30). 비고츠키는 특수한 과학에서 일반 과학으로의 상승을 스피노자가 설명한 경로, 즉 지식의 도구와 대상이 서로를 개선하고 형성하면서 공진화하는 경로로 설명한다(5-29).

D. 일반 과학은 대상이나 방법으로 특수 과학과 경계 지을 수 없으며, 일반 과학은 특수 과학에서 발견된 패턴의 일반화를 지속하면서 과학 영역 내에서 특수 과학의 영역이 도달한 곳을 넘어서게 되는 것이라고 비고츠키는 결론짓는다(5-31). 이것은 한 번에 두 가지 문제를 해결한다.

i. 이것은 가장 고도로 발전된 과학인 생물학이나 물리학에서야 (생화학과 물리 화학 같은 중간 매개적 분야를 형성하면서) 서로를 차용하고 이를 토대로 새롭게 쌓아 갈 수 있는 이유를 설명하는 역사적 문제를 해결한다. 심리학과 같은 덜 발달된 분야에서는 인접해 있는 특수 과학(예: 신경학 및 사회과학)들끼리도 서로 연결되지 않은 것처럼 보인다. 번스타인은 이것을 '수직적' 담론과 '수평적' 담론의 차이라고 한다. 그러나 이것은 콩트, 딜타이는 물론, 빈스방거까지도 괴롭힌 과학의 이원론이다. 그리고 이는 우리가 자연과학을 '과학'으로, 사회과학을

'사회과목'으로 가르치고 있다는 사실에서도 여실히 드러난다.

ii. 이는 또한 특수 과학들이 서로 어떻게 관련되어 있는지에 대한 논리적 문제도 해결한다. 특수 과학들은 일반 과학을 통해 관련된다. 이들은 역사적으로 서로 관련되어 있는 것이지, 빈스방거가 주장한 것처럼 논리적 범주가 아니다(5-33).

일반 과학은 특수 과학이 동어반복 없이 패턴을 설명할 수 있게 한다. 특수 과학은 일반 과학이 공허한 개념과 추상적인 논리 속으로 사라지지 않고 성장하고 발전할 수 있게 한다. 이러한 이유로 우리는 '표면상 자연에 관한 일반 과학의 개념이 실제로 인간이 생각하는 방식에 놓여 있는 선험적 관계를 가지고 있다'는 칸트의 생각을 거부할 수 있다. 우리는 지식의 구조 자체가 자연에 달려 있다는 헤겔의 생각을 받아들일 수 있다. 지형에 따라 지도가 달라지는 것이지 지도가 지형에 영향을 미치는 것이 아니다.

참고 문헌

Bernstein, B. (2000). Vertical and Horizontal Discourse: An Essay. In *Pedagogy, Symbolic Control, and Identity*. Lanham: Rowman & Littlefield.

Binswanger, L. (1922). *Einführung in die Probleme der allgemeinen Psychologie*. ("Introduction to the problems of general psychology"). Berlin: Springer.

Comte, A. (1849-1851/2017). *Cours sur l'histoire de l'humanité*. ("Course on human history"), texte établi et présenté par L. Fedi. Geneva: Droz.

Dilthey, W. (1894/1924). Ideen uber eine beschriebende und eine zergliedernde Psychologie. ("Ideas about a descriptive and an analytic psychology"). In *Gesammelte Schriften*, tome V. Teubner: Leipzig.

Hegel, G. W. F. (1835/1975). *Hegel's Logic*. Oxford: Oxford University Press.

Kant, I. (1781/2007). *Critique of Pure Reason*. New York: Penguin Books.

제6장
비판인가 탐구인가?

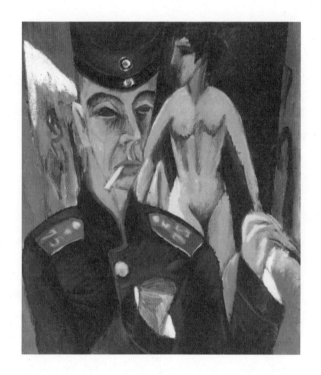

E. L. 키르히너(Ernst Ludwig Kirchner), 병사로 그린 자화상, 1915.

키르히너의 작품 중 가장 널리 알려진, 악명 높은 작품이다. 이제 막 제대한 키르히너는 스스로를 한 손이 잘린 군인의 모습으로 묘사했는데, 나치는 그의 그림을 정치적 비판으로 해석했다. 나치는 퇴폐미술전을 열어, 독일은 전쟁에서 진 것이 아니라 키르히너와 같은 좌익 예술가들의 칼을 등 뒤에 맞았음을 선전하려 했다. 키르히너의 작품 중 최소 32점이 이 전시회에 걸렸다. 키르히너가 손에 부상을 입은 적은 없다. 그림은 그의 위태로운 무의식 정신 상태에 대한 스스로의 탐구이다.

6-1] 일반 심리학은 대수가 산술과 관련되는 것과 같은 방식으로 특정 학문과 관련된다. 산술은 명확하고 구체적인 양으로 작동하고, 대수는 양 사이에 가능한 모든 일반적 관계 형태를 연구한다. 따라서 모든 산술 연산은 대수 공식의 특정 사례로 간주될 수 있다. 이로부터 그것은 개별 학문과 그 내부의 법칙에 대해 결코 무관하지 않으며, 어떤 일반 공식의 특별한 경우임이 명확히 도출된다. 일반 과학의 원칙적으로 결정적인 최고의 역할은 그것이 과학 위에 있다는 사실이나 논리, 즉 과학 지식의 궁극적 토대로부터 하향식으로 비롯되는 것이 아니라 오히려 아래에서, 즉 진리에 대한 승인을 일반 과학에 위임하는 과학들 자체에서 비롯된다. 따라서 일반 과학은 특수 과학들과 관련하여 그것이 차지하는 특별한 위치에서 발생한다. 즉 일반 과학은 그들의 주권을 인수하고, 그들의 통치자가 된다. 모든 심리학 분야를 포괄하는 지식 체계를 원으로 시각화하면 일반 과학은 원의 중심에 해당한다.

6-2] 이제 개별 분야들이 서로 중심이라고 주장하는 논쟁의 경우 또는 서로 다른 아이디어들이 서로 중심적 설명 원칙의 가치를 지닌다고 주장하는 경우를 가정해 보자. 다양한 원이 그들에 상응할 것임이 명백하다. 각각의 새로운 중심은 동시에 이전 원의 주변점이 되므로 우리는 서로 교차하는 여러 원을 얻게 된다. 바로 이 새로운 모든 원주의

배열은 우리의 예에서, 심리학이 중심과 관련하여, 즉 일반 분야와 관련하여 포괄하는 고유한 지식 영역을 시각적으로 나타낼 것이다.

6-3] 일반 학문의 관점을 취하는 사람, 즉 특수 분야들의 사실을 대등한 것이 아니라—분야들 자체가 현실의 사실에 접근하는 방식과 같이— 과학적 자료로 접근하는 사람은 이제 즉각 비판의 관점을 탐구의 관점으로 바꿀 것이다. 비판은 비판받는 것과 같은 차원에 있다. 그것은 주어진 분야 내에서 전적으로 진행된다. 그 목적은 순전히 비판적이며 긍정적이지 않다. 그것은 단지 어떤 이론이 참과 거짓인지, 그리고 어느 정도로 그러한지만을 알고자 한다. 그것은 평가하고 판단하지만 연구하지 않는다. A는 B를 비판하지만 둘 다 사실과의 관계에서 동일한 입장을 취한다. B 자체가 사실과 관계를 맺는 방식으로 A와 B의 관계가 형성되기 시작하면, 즉 A가 B를 비판하는 것이 아니라 탐구하기 시작하면 사태가 바뀐다. 탐구는 이미 일반 과학에 속하며, 그 과업은 비판이 아니라 긍정적인 것이다. 그것은 이런저런 학설을 평가하려 하지 않고, 학설에 제시된 사실들 자체에 대해 새로운 것을 배우기를 원한다. 과학이 비판을 수단으로 활용한다면 탐구 경로와 그 과정의 결과는 비판적 고찰과 원칙적으로 다르다. 비판은, 비록 그것이 매우 무겁고 타당하게 정당화된 의견일지라도, 결국 의견에 대한 의견을 공식화한다. 일반 탐구는 궁극적으로 객관적인 법칙과 사실을 확립한다.

비고츠키는 부정적인 비판과 긍정적인 비판, 즉 특수 과학(예를 들어 정신분석, 반사 요법 또는 개인주의 주장의 타당성 평가)의 오류 검증과 긍정적 재현 또는 메타 연구(예를 들어 삼각측정법, 즉 정신분석, 반사학 또는 인격주의의 데이터를 새로운 분류 또는 설명 원칙에 따라 재분석함으로써 이들의 신뢰도를 평가하는 것)를 생성하는 것 사이를 구분 지으려는 것으로 보인다. 전자의 비판 사례는 비고츠키가 피아제의 자기중심성이라는 가설에 반대하는 『생각과 말』의 제2장일 수 있다. 후자의 예는 비

고츠키가 자기중심적 말에 대한 피아제의 실험을 수행, 재현하여 대안
적 설명을 제공하는 『생각과 말』의 제7장이다.

6-4] 자신의 분석을 이런저런 관점 체계에 대한 비판적 고찰의 수
준에서 일반 과학을 통한 원리적 탐구의 높이까지 끌어올린 사람만이
심리학에서 일어나고 있는 위기의 객관적 의미를 이해할 것이다. 즉 과
학의 발달 자체와 주어진 인식 단계에서 연구되고 있는 현실의 본성으
로 인해 형성되어 일어나고 있는 아이디어와 의견 간 충돌의 규칙성이
그에게 드러날 것이다. 이질적 의견의 혼돈, 주관적 진술의 잡다한 불일
치 대신, 과학 발달의 기본 의견에 대한 간명한 면모, 즉 과학 발달 과
정에 의해 추동되어 강철 용수철의 힘으로 개별 연구자들과 이론가들
의 등 뒤에서 작용하는–역사적 과업에 필연적으로 내포된– 객관적 경
향 체계가 그에게 드러날 것이다. 이런저런 저자에 대한 비판적 논의와
평가 대신, 즉 그의 불합리와 모순을 폭로하는 대신, 그는 과학의 객관
적 경향이 무엇을 요구하는지에 대한 긍정적 탐구에 참여할 것이다. 그
리고 의견에 대한 의견 대신, 그는 스케치의 결과로 법칙, 원리 및 사실
을 규정하는 체계로서 일반 과학의 골격을 얻게 될 것이다.

6-5] 그러한 연구자만이 진행 중인 재앙의 올바른 현재적 의미를
파악하고 각각의 개별 이론이나 학파의 역할, 위치, 의의에 관한 명확한
표상을 형성할 것이다. 모든 비판에 불가피한 인상주의와 주관성 대신
에 그는 과학적 신뢰성과 타당성에 인도될 것이다. 그에게 개별적 차이
는 사라지고(이것은 새로운 관점의 첫 번째 결과일 것이다), 그는 역사에서
개인의 역할을 이해할 것이다. 즉 프랑스 혁명을 왕과 궁정의 부패로 설
명해서는 안 되는 것처럼, 보편성을 갖겠다는 반사학의 요구를 그것의
창조자의 개인적 실수, 의견, 특성, 무지로 설명해서는 안 된다는 것을

이해할 것이다. 그는 과학 발달에서 무엇이 그리고 얼마나 그(과학-K) 행위자의 선의와 악의에 의존하는지, 이 의지로 무엇을 설명할 수 있는지, 그리고 거꾸로 이 행위자의 등 뒤에서 작용하는 객관적 경향으로부터 이 의지 자체에서 무엇을 설명해야 하는지 보게 될 것이다. 물론 개인적 창조성과 모든 과학 실험의 보고寶庫는 베흐테레프에게서 반사학이라는 아이디어가 획득한 보편성의 형태를 결정했다. 하지만 완전히 다른 개인적 기질과 과학적 실험을 가진 파블로프에게, 반사학은 '최후의 과학', '진정하고 완전하며 지속적인 인간 행복'을 가져올 '전능한 자연과학'이다(1928/1963, p. 41). 그리고 행동주의와 게슈탈트 이론도 다른 형태로 같은 경로를 따른다. 분명 연구자의 선의나 악의의 모자이크 대신, 모든 연구자의 의지를 규정하는, 심리학에서 일어나는 과학 조직의 재탄생 과정의 통일성을 연구할 필요가 있다.

이전 장은 빈스방거가 일반 심리학의 역할을 비판의 역할로 축소했다고 문제 삼았다. 빈스방거에 따르면 심리학의 특정 분야(동물심리학, 정신병리학, 아동심리학)에 의해 경험적으로 발전된 개념은 사실과 무관한 논리에 종속되고, 경험주의를 정화하여, 칸트 인식론의 한 분야인 일반 심리학으로 승인된다. 일반 심리학을 논리의 수준으로 승격시키는 것은 그것을 대량의 사실로 격하시키는 것만큼이나 지지할 수 없는 일임을 비고츠키는 우리에게 보여 주었다. 그렇다면 이전 장은 전적으로 부정적이고 그 자체는 비판 작업일 뿐이었을까?

전혀 그렇지 않다. 비고츠키가 모든 논리적 개념이 실제 사실의 잔여물을 포함하며, 모든 경험적 사실 무리가 이론적 개념의 가능성을 내포함을 보여 주었음을 상기하자. 이 장에서 비고츠키는 특수 과학을 일반 과학과 연결하는 논리적 개념이 실제로 무엇을 포함하는지 보여 준다. 그것은 대수가 산술과 맺는 관계, 즉 특정 사례에 대한 일반 패턴의 관계와 같다. 동시에 비고츠키는 특수 과학을 경험적 사실 무리로 취급하는 것이 무엇을 암시하는지 보여 준다. 그것은 개별 과학자들의 역할을 간과하고 과학 역사의 위기에 대한 근본적인, 객관적 원인을 폭로하는 것을 암시한다. 이 중 어느 것도 비판만으로 이루어질 수는 없다. 왜냐하면 비판은 연구하는 측과 연구되는 측 사이의 안정적 위계를 확립하지 못하고, 또한 낡은 사실들을 새로운 이론으로, 낡은 개념들을 새로운 개념들의 하위어로 바꾸지 못하기 때문이다.

비고츠키는 여기서 특수 과학들(심리병리학, 심리신경학, 오늘날의 심리언어학)이 중심적 위치를 차지하기 위해 경쟁한다고 말한다. 그들은 다른 과학을 주변으로 밀어내고 다른 과학의 일반 개념을 단순 사실 집단으로 폄하한다. 다음 장에서 우리는 이러한 사실 집단이 그리 단순하지 않음을 보게 된다. 일반 과학이 아직 존재하지 않는 이상 (무의식과 같은) 단일 사실은 매우 다양한, 상호 배타적인 사실의 복합체가 될 것이다.

A. 비고츠키는 "대수와 산술의 관계는 일반 과학이 특수 과학과 맺는 관계이다"라는 비유로 시작한다. 한편으로, 모든 산술 연산은 어떤 대수 관계의 사례로 볼 수 있다(예: 1+1=2는 x+x=y 또는 y=2x의 사례). 다른 한편으로, 모든 특수 과학 집단의 사실은 어떤 일반 과학의 사례로 볼 수 있다(예: 식물학, 동물학, 인간 유전학을 종의 진화에 대한 단일 이론으로 통합하는 일반생물학)(6-1).

B. 비고츠키는 특수 과학들이 이러한 지위를 차지하기 위해 벌이는 투쟁을 일종의

벤다이어그램으로 표현한다. 각 과학은 스스로의 사실, 기본 개념, 분석 단위, 설명 원칙을 중심에 두고(2장 참조) 다른 특수 과학은 주변부로 밀어내려 한다(제4장, 제7장 참조). 이는 불가피하게 경험론, 절충주의, 교잡, 비판을 낳는다(6-2~6-3).

C. 일반 학문의 관점을 취하는 연구자는 이렇게 하지 않는다. 대신, 대수학이 각 산술 방정식을 일반 공식의 특수한 것으로 취급하는 것과 같이 연구자는 각 특수 과학을 일반 과학의 특수한 사례로 다룬다. 이는 특수 과학을 동일한 수준의 경쟁자가 아니라 다른 수준의 연구 대상으로 다룬다는 뜻이다. 일반 과학도 특수 과학과 마찬가지로 사실을 탐구한다. 그러나 바로 그런 이유로 일반 과학은 단지 이론만 비판하는 것이 아니다(6-4).

D. 그런 연구자는 마침내 논쟁적인 주관성에서 벗어나 객관적 방식으로 개인의 역할을 이해하는 위치에 있게 된다. 파블로프나 프로이트의 확장주의적 주장은 파블로프나 프로이트의 성격이 아니라 『심리학 위기의 역사적 의미』에서 생성된 기본 패턴의 일부로 이해될 수 있다(6-5).

제7장

초학문적 침탈, 학문 간 조절, 학문 내 동화
(비고츠키의 첫 번째 여담: 감염)

E. L. 키르히너(Ernst Ludwig Kirchner), 마리 비그만의 죽음의 춤, 1926.

마리 비그만이 플롯과 심지어 음악도 없는 무용을 개척하던 중인 1925년에 비고츠키와 루리야는 프로이트의 『쾌락원칙의 저편』을 번역 출간했고 번역본의 서문을 공저했다. 그들은 프로이트의 질문을 환영한다. "왜-인간을 포함한- 어떤 유기체는 의식, 무의식적으로 죽음을 추구하는 것처럼 보이는가?" 그러나 그들은 이에 대한 프로이트의 설명-쾌락원칙과 나란히 놓이는, 비그만의 죽음의 춤이 보여 주는 것과 같은 죽음충동이라는-을 거부한다. 이 장에서 비고츠키는 특수 과학이 의식적 삶의 설명을 위해 학문을 초월하여, 즉 의식적 삶 밖에서 해답을 찾는 모습을 보여 준다. 일부는 초학문적 침탈로, 즉 다른 학문의 영토를 강제로 병합하는 것으로 또 다른 일부는 학문 간 휴전을 통해 이를 시도한다. 일부는 자기 영역 안에서 설명을 찾으려 노력한다. 비그만은 무용이라는 사실을 무용 안에서 모색했다. 그러나 프로이트와 같이 그녀는 삶에 대한 설명을 삶 밖에서 찾으려 했다. 여기서 비고츠키는 반대의 경로를 제안한다. 우리는 심리학의 사실을 삶에서 모색해야 하지만 이 사실에 대한 설명은 심리학 안에서 찾아야 한다.

7-1] 각 심리적 조작이 일반 공식에 의존한다는 것이 의미하는 바는-처음 문제를 제기한 어떤 특수 분야의 범위를 넘어선- 모든 문제를 예시로 드러낼 수 있다.

7-2] T. 립스가 잠재의식은 심리학적 문제라기보다는 심리학 자체의 문제라고 말할 때, 그는 잠재의식이 일반 심리학의 문제라는 것을 염두에 둔 것이다(1914). 물론 이로써 그는 이 문제를, 이런저런 특수 연구의 결과가 아닌 원칙적으로 일반 과학을 통한, 즉 매우 이질적 과학 분야의 광범위한 자료 비교를 통한 연구의 결과로 답할 수 있다는 것만을 말하고자 한 것이다. 이(일반 과학을 통한 연구-K)는 주어진 문제를 한편으로는 과학 지식의 몇 가지 기본 가정과, 다른 한편으로는 모든 과학의 가장 일반적인 결과와 연관시키는 경로이며, 심리학의 기본 개념 체계에서 이 개념이 차지하는 입지를 찾는 경로이고, 이 개념 성질과 이 개념에 상응하며 그 속에 추상화된 존재의 면모의 성질을 근본적으로 변증법적으로 분석하는 경로이다. 이 연구는 잠재의식의 삶에 대한 특정 질문에 대한 모든 구체적인 연구에 논리적으로 선행하며, 그러한 연구에서 바로 질문 자체의 입장을 정의한다.

독일 본대학교 철학 교수였던 T. 립스(Theodor Lipps, 1851~1914)는 이 장에서 비고츠키가 모색하는 주제-처음 문제를 제기할 수 있게 해

준 학문 분야의 틀을 넘어서 버린 문제-에 대한 두 가지 훌륭한 예를 제공한다. 첫 번째 는 이 문단에서 기술되듯, 립스가 무생물체까 지 확장한 잠재의식이다. 두 번째는 공감, 즉 우리 자신의 마음을 무생물체에 투영하는 것 이다. 립스에게 이 두 가지 원칙은 어떻게 무 생물체가 예술작품에서 우리와 함께 느끼고, 생각하고, 말하는지 설명하게 해 준다. 립스는 '립스-마이어' 법칙을 공동으로 발견했는데, 이 법칙은 오름차순의 5도가 미완성된 느낌을 주는 반면 내림차순의 5도는 끝나는 느낌이 드는 이유를 설명한다.

7-3] 뮌스터베르크가 일련의 다른 문제에 관한 그러한 연구의 필요 성을 옹호하면서 훌륭하게 말했듯이 "궁극적으로 올바르게 상정된 문 제에 대해 거의 정확한 답을 얻는 것이 잘못 상정된 문제에 대해 소수 점 마지막 자리까지 정확하게 답하는 것보다 낫다"(1922, p. 6). 문제의 올바른 상정은 정답 못지않게 과학적 창의성과 연구의 문제이며 훨씬 더 책임 있는 문제이다. 현대 심리학 연구의 대다수는 근본적으로 잘못 제기된 질문에 대한 답변에서 소수점 이하 자릿수까지 최대한 주의를 기울여 정확하게 기록한다.

뮌스터베르크에 대해서는 2-2 글상자 참조.

7-4] 우리가 뮌스터베르크와 더불어 잠재의식은 심리적인 것이 아 니라 단순히 생리적인 것임을 수용하는지, 아니면 일시적으로 의식이 부재한 현상, 잠재적으로 의식이 있는 기억, 지식, 기능의 덩어리 전체를

잠재의식이라 말하는 사람들에 동의하는지의 여부에 따라, 우리가 의식의 문턱에 도달하지 못한 현상을 잠재의식이라 부르는지, 아니면 최소한의 의식을 갖춘, 의식의 영역에서 주변적인, 자동적이고 무의식적인 현상을 잠재의식이라 부르는지의 여부에 따라, 잠재의식의 토대에서 프로이트와 같이 성적 질서의 욕망에 대한 억압을 발견하는지, 혹은 우리의 두 번째 '나'인 특수 인격을 발견하는지의 여부에 따라, 마지막으로 이 현상을 무의식, 잠재의식 또는 초의식이라 부르는지, 아니면 스턴처럼 세 이름을 모두 받아들이는지의 여부에 따라, 이 모두에 따라, 우리가 연구하게 될 재료의 성격, 범위, 구성, 성질과 속성은 모두 상당히 바뀔 것이다. 질문은 부분적으로 대답을 미리 결정한다.

> 본문에서 인용되고 있는 뮌스터베르크의 연구는 다음과 같다.
>
> Munsterberg, H. (1922). *Grundzüge de Psychotechnik*(심리공학의 토대). Barth (p. v).
>
> (영혼이 아닌) 정신이 무언가에 대해 생각하게 되기 전까지는 정신이 존재하지 않는다는 생각은 토마스 아퀴나스까지 거슬러 올라간다. 브렌타노의 아이디어인 '내포'(무언가를 염두에 두는 것)는 이 아이디어에 기반한다. 그러나 이는 H. 퍼트넘과 같은 현대 철학의 관점이기도 하다.

7-5] 바로 이러한 체계에 대한 감수성, 스타일에 대한 감각, 각 특정한 입장이 포함되는 전체 체계의 중심 아이디어를 통한 이 입장들 간의 연결과 조건성의 이해가, 과학적 기원과 구성상 이질적이고 다양한 두 개 이상의 체계의 부분을 결합하려는, 본질적으로 절충적인 시도에 결여되어 있다. 예컨대 미국 문헌에서의 행동주의와 프로이트주의의 종합, 아들러와 융의 체계 속의 프로이트 없는 프로이트주의, 베흐테레프와 А. Б. 잘킨트의 반사학적 프로이트주의, 끝으로 프로이트주의와 마

르크스주의를 결합하려는 시도(A. P. 루리야, 1925; Б. Д. 프리드먼, 1925)가 바로 그러한 것이다. 잠재의식 분야의 문제에서만도 얼마나 많은 사례가 있는가! 이 모든 시도에서 한 체계의 꼬리는 떼어져 다른 체계의 머리로 옮겨지고 그 사이에는 세 번째 체계로부터의 몸통이 놓인다. 이들이 거짓이라는 뜻이 아니다. 이 기괴한 조합은 소수점 마지막 자리까지 정확하지만, 다만 이들이 대답하고자 하는 문제가 잘못 상정된 것이다. 파라과이 인구수를 태양과 지구의 거리에 곱한 값에 코끼리의 평균 수명을 나누면, 전체 계산을 완벽히, 어떤 오류도 없이 수행할 수는 있겠지만 여기서 얻은 값은 파라과이의 국민총소득을 알고자 하는 이에게 오해를 불러일으킬 수 있다. 절충론자들이 하는 일은 마르크스 철학이 상정한 문제에 프로이트 형이상학이 제시한 답을 내놓는 것이다.

본문에서 '거리'로 번역된 러시아어는 베르스트верст로 이는 1.07킬로미터 정도 되는 러시아의 거리 단위다. 구어적으로는 킬로미터와 같은 의미로 사용된다. 본문에서 인용된 루리야의 연구는 Психоан-ализ как монистическая система психологии(일원론적 심리학 체계로서의 정신분석학)이며 프리드먼의 연구는 Основные психологи-ческих воззрениях Фрейда и теория исторического материа-лизма(프로이트의 기본 심리학적 관점과 역사적 유물론 이론)이다. 두 연구 모두 『심리학과 마르크시즘Психология и марксизм』(К. Н. Корнилов, 1925, Ed.)에 실려 있다. 비고츠키는 프로이트 이론에 대한 자신의 저서에서도 이 둘을 비판한 바 있다.

7-6] 이러한 시도의 방법론적 비합법성을 보여 주기 위해 서로 무관한 질문과 답변을 결합하는 세 가지 유형을 살펴볼 것이다. 다만 우리는 이 세 유형으로 그러한 시도의 다양한 모습을 남김없이 보일 수 있다고는 전혀 생각하지 않는다.

7-7] 학파가 다른 분야의 과학적 산물을 동화同化하는 첫 번째는 법칙, 사실, 이론, 아이디어 등의 직접 이전, 다른 연구자들이 확보한 어느 정도 더 넓은 분야의 장악, 즉 다른 영역의 병합이다. 주변 학문으로 영향력을 확장하고 일반 과학의 주도적 역할을 주장하는 모든 새로운 과학 체계는 일반적으로 이러한 직접 점유 정책에 따라 생활한다. 자체의 재료가 너무 적은 그러한 체계는 이질체를 약간의 비판적 처리를 통해 흡수하고 정복하여, 크게 확장된 경계의 공허함을 무언가로 채운다. 그 결과는 대개 무시무시한 자의성으로 통합적 아이디어의 손아귀에서 쥐어짜인 과학적 이론, 사실 등의 집합체이다.

7-8] B. M. 베흐테레프의 반사학이 바로 그러한 체계이다. 그에게는 모든 것이 적합하다. 심지어 타인의 '나'를 알 수 없다는 A. И. 브베덴스키의 이론, 즉 유아론과 관념론의 극단적 심리학적 표현조차 다만 객관적 방법론의 필요성에 대한 그의 특수한 입장을 가장 근접하게 확증하는 이론이라는 것이다. 이것이 체계의 일반적 의미에 큰 구멍을 뚫고 인격에 대한 진정한 접근의 기초를 훼손한다는 점에 대해서 저자는 전혀 개의치 않는다(여기서 우리는 브베덴스키가 자신과 자신의 이론을 … 파블로프의 연구를 인용하며 지탱하고 있음을 지적하고자 한다. 객관적 심리학 체계에 도움을 요청하면서 그는 자신의 무덤을 파는 사람에게 손을 내밀고 있다는 사실은 깨닫지 못한다). 그러나 방법론자에게는 브베덴스키-파블로프와 베흐테레프-브베덴스키 같은 대립자들이 서로를 부인하기만 하는 것이 아니라 필연적으로 서로의 존재를 전제하고 결론의 일치에서 '이러한 결론의 신뢰성'에 대한 증거를 본다는 것은 매우 중요하다. 이 제3자(즉, 방법론자)에게, 이것은 철학자 브베덴스키와 생리학자 파블로프 같은 서로 다른 전문 분야의 대표자들이 완전히 독립적으로 얻은 결론의 우연의 일치가 아니라, 이원론적 관념론의 철학적 전제에서 출발, 시작하는 관점의 일치임이 분명하다. 이 '일치'는 처음부터 미리 결정된

것이었다. 베흐테레프는 브베덴스키를 전제한다. 하나가 옳다면 다른 것
도 옳다.

7-9] A. 아인슈타인의 상대성 원리와 그 자체로 양립할 수 없는 뉴
턴 역학의 원리는 절충적 체계 속에서 완벽하게 공존한다. 베흐테레프
의 '집단 반사학'에는 세계 법칙의 목록이 자신 있게 수집되어 있다.

7-10] 여기서 체계의 방법론은 생각의 가속화 혹은 질주, 생각의 기
본적 관성으로 특징지어진다. 이는 모든 중간 단위를 지나쳐 직접적 소
통을 통해, 역학에서 확립된 운동 속도와 운동 힘 사이의 비례관계의
법칙으로부터 유럽대전쟁에 미국이 참전했다는 사실로, 혹은 그 반대
로 결합적 반사의 형성을 상정하는, 전기피부자극 주파수의 경계에 대
한 슈바르츠만 박사의 실험으로부터 "어디에서나 나타나는, 그리고 아
인슈타인의 훌륭한 연구에서 천체 및 행성과 관련하여 궁극적인 완성
을 달성한 보편적인 상대성 법칙"(B. M. 베흐테레프, 1923, p. 344)으로 우
리를 이끈다.

> 슈바르츠만은 베흐테레프 연구소의 일원으로 보인다(2010년 프랑스
> 어판 주석).

7-11] 심리학 영역의 병합 역시 독단적이고 대담하게 이루어졌음은
말할 것도 없다. 뷔르츠부르크 학파의 고등사고과정에 대한 연구는 다
른 주관적 심리학 대표자들의 연구 결과와 마찬가지로 "뇌 반사 혹은
종합반사의 도식과 일치할 수 있다"(같은 책, c. 387). 이 한 구절로 체계
자체의 원칙적 전제가 삭제되어도 상관없다. 모든 것이 반사의 도식과
일치할 수 있다면, 그리고 모든 것이-심지어 공개적으로 주관적 심리학
조차- 반사학과 '완전히 조화롭게 선다'면 그에 반대할 이유가 무엇이
겠는가? 베흐테레프에 따르면 뷔르츠부르크 학파의 발견은 진리로 인도

하지 않는 방법으로 성취되었다. 그러나 이는 객관적 진리와 완전히 조화롭게 선다. 어떻게 그러한가?

7-12] 똑같이 부주의하게 정신분석 영역이 병합된다. 이를 위해 "우리는 콤플렉스에 대한 융의 학설에서 반사학설 데이터와의 완전한 상응을 발견한다"라고 선언하는 것으로 충분하다. 그러나 결국 앞서 제시한 구절은 이 학설이 베흐테레프가 거부한 주관적 분석에 기반함을 지적했다. 상관없다. 우리는 정밀 과학의 잘못된 분석과 데이터에 기반한, 학설들 사이의 예정된 화합, 기적적 상응, 놀라운 일치의 세계 속에 있다. 더 정확히 말하자면, 우리는 П. П. 블론스키의 말마따나 '용어 혁명'의 세계 속에 있다(1925a , p. 226).

7-13] 우리의 절충적 시대 전체는 그러한 일치로 가득 차 있다. 예를 들어 А. Б. 잘킨트는 정신분석학과 콤플렉스 학설의 동일한 영역을 지배성의 이름으로 병합한다. 정신분석학파는 단지 '우리의 표현으로 다른 방법을 통해'—반사학파와는 완전히 독립적으로— 지배성에 대한 동일한 개념을 개발한 것으로 밝혀졌다. 정신분석학의 '콤플렉스 경향', 아들러의 '전략적 설정'은 동일한 지배성이지만, 일반생리학적이 아닌 임상적이고 일반치료학적인 공식화에서의 지배성이다. 합병—외계 체계의 일부를 자신의 체계로 기계적으로 이전하는 것—은, 이 경우 항상 그렇듯이, 거의 기적적으로 보이며 진실을 증언한다. 심히 다른 재료로, 완전히 다른 방법으로 작동하는 두 학설의 이러한 '거의 기적적인' 이론적이고 실질적 일치는 현대 반사학이 따르고 있는 주요 경로의 올바름에 대한 설득력 있는 증언이다.[1] 우리는 브베덴스키 역시 파블로프와 자신의 일치 속에서 자신의 명제가 진실이라는 증거를 보았다는 것을 기억한다. 그리고 하나 더: 베흐테레프가 반복적으로 보여 준 것처럼, 이러한 일치는 완전히 다른 방법으로, 일치하는 진실에 도달할 수 있다는 것을 증명한다. 본질적으로 이러한 일치는 그러한 일치가 확립되

는 체계의 방법론적 무원칙성과 절충주의를 증언할 뿐이다. 다른 사람의 숄을 취하는 사람은 다른 사람의 냄새도 취하게 된다고 동양의 속담은 말한다. 정신분석학으로부터 융의 콤플렉스, 프로이트의 카타르시스, 아들러의 전략적 설정에 대한 학설을 취하는 사람은 이러한 체계의 냄새, 즉 저자의 철학적 정신을 상당 부분 취하게 된다.

J. S 사전트(John Singer Sargent), 캐시미어 숄을 걸친 여인, 1908.

본문에서 '우리의 표현으로 다른 방법으로《в наших выражениях и другим методом》'라고 번역된 부분이 프랑스어 번역본에는 '그들의 표현과, 다른 방법으로'(p. 126)라고 번역되어 있다. 프랑스어 번역자들은 정신분석학자들이 정신분석학적 용어와 정신분석학적 방법을 사용한다고 해석하고 있다.

이는 비고츠키가 의미하는 바가 아니다. 이 부분은 잘킨트의 인용이다. 프로이트주의에 동조하는 반사학자인 잘킨트는 정신분석학자들이 다른 방법론을 통해 '우리의' 반사학적 표현에 도달했다는 말을 하고자 한 것뿐이다. 예를 들어 반사학자들은 우리가 개의 고통을 '억제'할 수도, (먹이를 주는 동시에 코를 담뱃불로 지짐으로써) 고통을 생각하는 것만으로도 타액 분비를 일으킬 수 있음도 보여 주었다. 정신분석학자들은 우리가 다른 활동을 통해 성적 욕망을 승화시킴으로써 이를 '억압'할 수 있음을 보여 주었다. 반사학자들은 고양이가 변의를 느끼는 순간 전기자극을 가함으로써 배변 충동을 증대할 수도 있음을 보여 주었다. 정신분석학자들은 다른 방법을 통해 매우 유사한 표현에 도달한다. 그들은 성적 기생성을 통해 성 충동이 증대될 수 있다고 한다(『성애와 갈등』 **7-78~79** 참고). 두 경우 모두 정신분석학자들은 다른 방법을 통해(즉 실험 방법이 아닌 임상적 방법을 통해) 사실상 같은 표현에 도달한다.

본문에서 스카프로 번역된 러시아어 단어는 플라토크платок이다. 프랑스어 번역자들은 이를 손수건mouchoir으로 번역했으나 платок는 사전트가 위의 그림에서 자신의 조카를 묘사하면서 그린 헤드스카프와 같은 숄이나 파시미나를 의미한다. 영문판 번역본은 이 부분을 "He that toucheth pitch shall be defiled(방패에 손을 대는 자는 더러워질 것이다. 근묵자흑近墨者黑)"라고 번역했다. 이는 경외성경 중 하나인 『집회서Ecclesiasticus』 제13장 1절의 표현을 염두에 둔 것으로 동양의 속담이 아니다.

[1] 베흐테레프가 지배성에 주관적으로 상응하는 것을 완전히 다른 영역에서 본 것은 흥미롭다. 융이나 프로이트 학파의 콤플렉스 태세에 관한 기술에서 역시, 물론 그는 지배성이 아닌 반사학 데이터와의 완전한 일치를 본다. 지배성은 뷔르츠부르크 학파에서 기술된 현상과 상응한다. 즉, 그것은 "논리적 과정에 참여하며" 결정적 경향성의 개념과 상관관계를 갖는다(1923, p. 386)는 것이 명백하다. 각각의 일치가 서로 일치하지 않는 범위(지배성은 한편으로는 콤플렉스와, 또 한편으로는 결정적 경향성과, 또 한편으로는 A. A. 우흐톰스키의 주의와 같다)는 그러한 일치의 공허함, 무용성, 무익함, 완전한 자의성을 가장 잘 증언한다.

7-14] 한 학파로부터 이질적인 아이디어를 다른 학파로 이전하는 첫 번째 방법이 외국 영토의 병합을 연상시킨다면, 이질적인 아이디어

들을 비교하는 두 번째 방법은 두 나라가 독립성을 잃지 않고 공동의 이익에 의거하여 공조하기로 약정한 동맹조약과 유사하다. 이 방법은 일반적으로 마르크스주의와 프로이트주의를 한데 연합하기 위해 사용된다. 여기서 저자는 기하학에 비유하자면 개념의 논리적 중첩 방법이라고 불릴 수 있는 방법을 사용한다. 마르크스주의 체계는 일원론적, 유물론적, 변증법적 체계 등으로 규정된다. 이후에 프로이트 체계의 일원론, 유물론 등이 확립된다. 개념들은 중첩되어 일치되고 체계는 융합된 것으로 선언된다. 매우 거칠고 강렬하며 눈에 두드러지는 모순이 아주 기초적인 방식으로 제거된다. 이들은 단순히 체계에서 배제되고 과장 등인 것으로 설명된다. 이처럼 프로이트주의는 탈성욕화된다. 마르크스 철학은 범성욕주의와 어울리지 않음이 명백하기 때문이다. 어쨌든, 사람들은 우리가 성욕에 대한 학설이 제외된 프로이트주의를 수용한다고 말한다. 그러나 실상, 바로 이 학설이 모든 체계의 정신, 영혼, 중심을 이룬다. 어떤 체계를 그 중심을 빼고 받아들일 수 있을까? 결국 무의식적 성적 본성에 대한 학설이 빠진 프로이트주의는 그리스도 없는 기독교나 알라를 섬기는 불교와 같다.

7-15] 물론 서구에서, 전혀 다른 철학적 뿌리, 전혀 다른 문화적 환경에서 마르크스주의 심리학 체계가 완성된 형태로 생겨나고 구체화되었다면 역사적 기적일 것이다. 이는 철학이 과학의 발달을 전혀 결정하지 않음을 의미할 것이다. 알다시피 그들은 쇼펜하우어에서 출발하여 마르크스주의 심리학을 만들었다. 그러나 이것은, 베흐테레프식 상응의 성공이 객관적 방법의 파산을 의미했던 것처럼 프로이트주의와 마르크스주의를 결합하려는 시도가 완전한 헛수고임을 의미할 것이다. 즉, 주관적 분석 데이터가 객관적 분석 데이터와 완전히 일치한다면 주관적 분석이 왜 열등한지 묻게 된다. 프로이트가 다른 철학 체계를 생각하고 의식적으로 이를 고수하면서도-스스로 모르는 사이에- 정신에 대한

마르크스주의적 학설을 만들었다면, 과연 어떤 명분으로 이 가장 생산적인 환상을 깨뜨려야 하는지 묻게 된다. 결국, 이 저자들의 의견에 따라 프로이트를 수정할 필요가 전혀 없다면 정신분석과 마르크스주의를 왜 결합해야 하는가? 여기서 이상한 질문이 떠오른다. 어떻게 마르크스주의와 완전히 일치하는 체계가 논리적으로 발전하면서 마르크스주의와 명백히 양립할 수 없는 섹슈얼리티 개념을 전면에 내세웠는가? 방법론은 그것을 통해 도출된 결론에 조금도 책임이 없는가? 참된 가정에 기반한 참된 체계가 어떻게 저자를 거짓 이론, 거짓 중심 아이디어로 이끌었는가? 어떤 과학 체계의 중심을 옮기려는 기계적 시도-여기서는 세계의 기초로서의 의지에 대한 쇼펜하우어의 학설로부터 물질의 변증법적 발전에 대한 마르크스의 학설로 옮기려는 시도-에서 필연적으로 발생하는 이 문제를 보지 않으려면 상당한 양의 방법론적 소홀함이 요구된다.

7-16] 최악의 상황은 지금도 우리 앞에 오는 중이다. 그러한 시도와 함께, 우리는 모순적 사실에 단순히 눈을 감고 거대한 영역과 주요 원칙을 외면하며 통합된 두 체계 내에 끔찍한 왜곡을 도입해야 한다. 여기서 두 체계에, 대수학이 두 표현의 동일성을 보여 주기 위해 사용하는 변환이 수행되지만, 대수와는 전혀 다른 값을 다루는, 두 체계의 형태를 변환하는 것은 실제로 언제나 이 체계들의 본질을 왜곡하는 것으로 이끈다.

> 한국어판 비고츠키 선집 1권 『생각과 말』의 표지를 장식했던 다음 그림을 보자. 문제는 다음과 같다.
>
> $(10^2 + 11^2 + 12^2 + 13^2 + 14^2)$
>
> 365
>
> 이를 문장제 문제로 만든다면 다음과 같을 것이다.

"모든 손가락 수의 제곱을 구하시오. 그리고 삐삐로 데이의 날짜의 제곱을 더하시오. 거기에 1년의 달수의 제곱을 더하시오. 다시 거기에 10대 청소년이 되기 위해 살아야 할 햇수의 제곱을 더하시오. 그리고 거기에 2주의 일수의 제곱을 더하고, 이 모두를 1년의 일수로 나누시오."

이는 비고츠키가 7-5에서 설정한 문제처럼 들린다(그는 파라과이의 인구수에 태양과 지구의 거리를 곱한 값을 더하고 이를 코끼리의 수명으로 나누는 문제를 제시했다). 하지만 많은 러시아 학생이 제곱값을 암기했을 테니, 결과가 다음과 같음을 알 것이다.

(100+121+144+169+196)/365=x

즉,

730/365=x

즉,

다시 말해,

2=x

그림이 암시하듯, 이것은 초등학교 산술 변환에 지나지 않는다. 이 문제를 풀기 위해서는 어떤 대수 변환도 필요하지 않다. 다른 변수를 추가하면(예컨대 2y=x) 우리는 그래프로 그릴 수 있는 무한한 수의 해를 얻게 된다(y=x/2). 이것이 비고츠키가 산술을 대수의 (단지 하나의) 특별한 경우일 뿐이라고 말하는 이유이다(즉 y=1, x=2인 경우).

이는 또한 아인슈타인과 뉴턴이 양립할 수 없다는 비고츠키의 진술을 받아들이지 않는 물리학자들이 뉴턴의 물리학은 단지 아인슈타인의 물리학의 특별한 경우(즉 운동이 빛의 속도에 근접하지 않는 경우)라고 주장하는 이유이기도 하다는 것에 주목하자.

모든 대수 문제에서 얼마나 많은 변수가 존재하든 원리는 같다. 우리는 원하는 만큼 변환을 수행할 수 있다. 방정식의 양쪽에 변환을 적용하는 한, 참인 방정식은 참으로 남을 것이다.

그러나 이러한 대수적 변환은 여기에서처럼 방정식의 두 항이 동등할 때만 가능하다. 한쪽에는 코끼리의 수명과 같은 양적 단위가 있고 다른 쪽에는 미국의 남북 전쟁을 일으킨 요인과 같이 질적으로 다른 단위가 있다면, 그러한 대수적 변환은 불가능하다.

7-17] 예를 들어, A. P. 루리야의 논문에서 정신분석학은 마르크스주의의 '방법론과 일치하는' 방법론(1925, p. 55)을 가진 '일원론적 심리학 체계'로 드러난다. 이를 증명하기 위해 두 체계에 대한 일련의 가장 투박한 변환이 수행되며, 그 결과 이들은 '일치'한다. 이러한 변환을 간단히 살펴보자. 우선, 마르크스주의는 다윈, 칸트, 파블로프, 아인슈타인과 함께 시대의 일반적인 방법론으로 자리 잡는다. 이들은 함께 시대의 일반적 방법론의 토대를 만든다. 물론 이 저자들 각각의 역할과 의미는 심오하고 원칙적으로 다르며, 변증법적 유물론의 역할은 그 본성상 그들과 완전히 다르다. 이것을 보지 않는 것은 일반적으로 '주요 과학적 업적'의 합산으로부터 방법론을 기계적으로 추론하는 것을 의미한다. 이 모든 이름과 마르크스주의를 공통분모로 환원하고, 아무런

'주요 과학적 성취'를 마르크스주의와 결합하는 것은 더 이상 어렵지 않다. 그것이 이미 전제이기 때문이다. (찾아야 할-K) 미지수인 '일치'가, 결론이 아닌 전제에 포함되어 있다. '시대의 기본 방법론'은 파블로프, 아인슈타인 등의 발견의 합산으로 구성된다. 마르크스주의는 '모든 관련 과학에 구속력을 갖는 원칙의 집단'에 포함되는, 이러한 발견 중 하나이다. 여기서 즉, 첫 페이지에서 모든 추론을 완료할 수 있으며, 아인슈타인과 함께 프로이트를 지명하기만 하면 된다. 결국 그는 '주요 과학적 업적'이며 이는 그가 '시대의 일반적인 방법론적 기반'의 일원임을 의미한다." 그러나 유명한 이름들의 합산에서 시대의 방법론을 도출하기 위해서는 과학적 명성에 대한 무비판적 신뢰가 얼마나 필요한가!

7-18] 사실, 단일한 시대의 기본적인 방법론은 없고, 사실상 존재하는 것은 상호 배타적인 투쟁적이고 심오하게 적대적인 방법론적 원리들의 체계이다. 파블로프의 이론과 아인슈타인의 이론은 각각 고유한 방법론적 가치를 지니고 있다. 시대의 일반적 방법론을 (공통수로-K) 괄호 밖으로 빼고 그 안에 마르크스주의를 녹여낸다는 것은 마르크스주의의 형식뿐 아니라 본질까지 바꾸는 것을 의미한다.

에른스트는 '오이디푸스 콤플렉스'라는 용어를 사용한다. 프로이트 역시 마찬가지다. 초현실주의는 시대(1922)의 방법론이었다. 정신분석학 역시 마찬가지였다. 에른스트는 무의식에 관심이 있었다. 프로이트 역시 그랬다. 이러한 논리의 형식적 중첩을 통해 우리는 다음과 같은 논리적 결론을 도출할 수 있다. A=C. B=C. 따라서 A=B.

그러나 그림의 내용에서 오이디푸스 콤플렉스는 찾기 어렵다. 어린이, 어머니, 성적 표현이 발견되지 않는다. 그림에는 새 머리 두 개, 호두, 막대와 핀에 찔린 손이 있다. 프로이트의 오이디푸스 콤플렉스를 주요 내용, 주요 특징 없이 위와 같은 개념의 추상적 중첩을 통해서 얻을 수 있는가? 비고츠키는 아니라고 말한다.

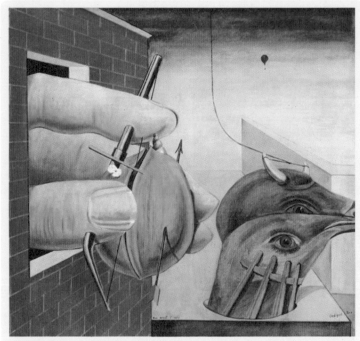

M. 에른스트(Max Ernst), 오이디푸스 콤플렉스, 1922.

평론가들은 새가 아버지에게서 벗어나고자 하는 어린이의 욕망을 나타내며, 잘린 새 머리는 딸이 페니스를 가지고 있지 않다는 사실을 발견한 것을 나타내고, 호두는 여성 성기이며 바늘은 어머니에 대한 성적 욕망을 징벌하는 것을 의미한다고 지적하기도 한다.

그러한 해석도 가능할 것이다. 에른스트가 그러한 내용을 염두에 두고 있었을 수도 있다. 그러나 초현실주의자들은 작품에 대한 그러한 상징적 해석을 적극적으로 거부한다. 초현실주의 자체가 논리와 이성에 기반한 합리적 사고의 이면을 바라보고자 하기 때문이다. 그들은 무의식이 그렇게 의식적으로 되면 개념이 인식할 수 없게 변형되고 왜곡된다고-올바르게- 믿었다. 대신 그들은 자유롭게 떠다니는 불안의 감정을 하나의 이미지로 구체화하는 응축을 믿었다. 프로이트 역시 그랬다.

7-19] 그러나 프로이트주의도 필연적으로 동일한 변형을 겪는다. 프로이트 자신은 정신분석학이 일원론적 심리학의 체계이며 그것이 "방법론적으로 … 역사적 유물론의 계승"이라는 것을 알았다면 매우 놀랐을 것이다(B. Д. 프리드먼, 1925, c. 159). 루리야와 프리드먼의 논문을 실은 정신분석 학회지는 하나도 없다. 이것은 매우 중요하다. 결국 매우 특이한 상황이 발생한다. 프로이트와 그의 학파는 어디에서도 스스로를 일원론자, 유물론자, 변증법자 또는 역사적 유물론의 계승자로 선언하지 않는다. 그런데 사람들이 그들을 그렇게 선언한다. 당신은 첫 번째, 두 번째, 세 번째이다. 당신은 자신이 진정으로 누구인지 모른다. 물론 그러한 상황은 상상할 수 있으며 불가능한 것도 아니지만, 이들이 저자들에 의해 어떻게 이해되고 발전되는지를 보여 주는, 이 학설의 방법론적 토대에 대한 명확한 설명이, 그리고 그 후에는 이 토대에 대한 실증적 논박이, 어떤 기적에 의해 어떤 근거로 정신분석학은 저자들과 이질적인 방법론을 발전시켰는지에 대한 명확한 설명이 필요하다. 그 대신에, 프로이트의 기본 개념에 대한 분석이 전혀 없이, 그 전제와 출발점에 대한 평가와 투시 없이, 심지어는 그가 스스로의 아이디어의 철학적 토대를 어떻게 생각했는지에 대한 간단한 참조도 없이 단순히 특징을 형식-논리적으로 중첩시킴으로써, 두 체계의 동일성이 주장된다.

7-20] 그러나 두 체계를 이렇게 형식-논리적으로 특징짓는 것이 옳을 수 있을까? 우리는 이미 시대의 일반적 방법론에서 마르크스주의의 일부가 추출되어 하나의 공통분모로 거칠고 투박하게 환원되는 것을 보았다. 아인슈타인, 파블로프, 마르크스가 과학이라는 것은 그 속에 공통 기반이 있다는 것을 의미한다. 그러나 여기서 프로이트주의는 훨씬 더 큰 왜곡을 겪는다. 나는 A. B. 잘킨트가 했듯, 프로이트주의로부터 그 중심 아이디어를 기계적으로 침탈하는 것에 대해 말하는 것이 아니다. 그의 논문에서 그것은 조용히 지나쳐진다. 이 또한 놀랍다.

그러나 바로 정신분석학의 일원론에 대해서 아마도 프로이트는 반박할 것이다. 논문이 논의한 일원론 철학으로의 이동을 프로이트의 어떤 말에서, 무엇과 관련하여 찾을 수 있는가? 몇몇 사실들의 집단을 경험적 통일성으로 모두 환원하는 것이 과연 일원론인가? 반대로, 모든 곳에서 프로이트는, 다른 어떤 것으로도 환원되지 않는 정신(무의식)을 특별한 힘으로 인정하는 것을 기반으로 선다. 더 나아가 이 일원론은 철학적 의미에서 왜 유물론적인가? 결국 개별 기관器官 등이 심리 형성에 미치는 영향을 인정하는 의학적 유물론은 철학과 거리가 매우 멀다. 마르크스주의 철학에서 그 개념(유물론-K)은 특정한, 무엇보다 지식론적인 의미를 지니고 있다. 그러나 바로 지식론적으로 프로이트는 관념론적 철학에 기초하고 있다. 결국, 맹목적 충동, 의식에 왜곡된 형태로 반영되는 무의식적 충동이 쇼펜하우어의 의지와 표상이라는 관념론적 형이상학으로 직접 넘어간다는 것은 논박되지 않았을 뿐만 아니라 '일치'를 주장한 저자들이 고려하지도 않은 사실이다. 프로이트는 스스로의 극단적인 결론에서 자신이 쇼펜하우어의 항구에 정박하고 있다고 지적한다. 그러나 가장 단순한 분석이 드러낼 수 있듯, 프로이트는 기본 전제와 체계의 규정적 노선에서 위대한 염세주의자의 철학과 연결되어 있다.

7-21] 그 '실무적' 작업에서도 정신분석학은 역동적이 아니라 심히 정적이고, 보수적, 반변증법적, 반역사적 경향을 드러낸다. 그것은 고등 정신 과정-개인적이고 집단적인-을 원시적이고 원초적인, 본질적으로 역사 이전의, 인간 이전의 기원으로 직접 환원하며, 역사를 위한 여지를 남기지 않는다. Φ. M. 도스토옙스키의 작품은 원시 부족의 토템과 터부와 같은 동일한 열쇠로 열린다. 기독교 교회, 공산주의, 원시인 무리, 이 모두는 정신분석학에서 하나의 출처에서 파생된다. 그러한 경향이 정신분석학에 내재되어 있다는 것은 문화, 사회학, 역사의 문제를 설명하는 이 학파의 모든 작업에서 입증된다. 우리는 여기서 그것이 마르

크스주의 방법론을 지속하지 않고 부정하는 것을 본다. 하지만 이에 대해서는 한마디도 없다.

7-22] 마지막으로 세 번째이다. 프로이트의 기본 개념의 전체 심리 체계는 T. 립스에서 유래한다. 무의식의 개념, 특정 표상과 관련된 심리적 에너지, 심리의 토대로서의 충동, 충동과 억압의 투쟁, 의식의 정서적 본성 등. 다시 말해 프로이트의 심리학적 뿌리는 립스의 심리학의 유심론적 층위로 뻗어 있다. 프로이트의 방법론에 대해 말하면서 이것을 조금도 고려하지 않는 것이 어떻게 가능한가?

H. 홀바인(Hans Holbein), 대사들, 1533.

헨리 8세 궁정에 새로 부임한 홀바인은 프랑스 대사(왼쪽)와 그의 동반자인 라보르 주교의 이중 초상화를 그려 달라는 요청을 받았다. 두 사람 사이에는 천구의, 지구본, 선원용 사분의, 양치기 해시계, 이동

형 해시계, 과학과 종교 서적, 줄이 끊어진 류트, 악보가 적힌 책 등 호기심을 불러일으키는 온갖 잡동사니가 놓여 있다. 그런데, 초상화에서 가장 이상한 점은 바닥에 있는 물체인 두개골인데, 이는 대사의 머리 크기와 비례하지 않을 뿐 아니라 그림을 옆에서 (그리고 왼쪽 하단에서) 보아야 두개골처럼 보이도록 그려져 있다. 홀바인은 서로 다른 예술과 과학의 이질적인 사물을 모두 모았을 뿐 아니라 매우 다른 관점에서 이들의 그림을 그렸다.

비고츠키는 우리에게 서로 다른 대상과 다른 관점을 가진 과학을 결합하는 두 가지 다른 방법을 제공했다. 첫 번째(7-7~7-12)는 한 과학을 다른 과학이 적대적으로 장악하여 해당 과학의 개념을 강제로 동화시키는 것이다. 두 번째(7-13~7-35)는 매우 일반적인 공동 목표를 위한 과학의 동맹으로, 필요한 경우 개념을 왜곡하고 생략한다. 이 방식은 H. 홀바인의 구성 방식과 유사하다. 홀바인은 개념을 무시하고 삶의 모든 다양한 사물들을 하나의 선반(바닥에 깔아야 할 페르시아 카펫으로 덮어 놓은)에 올려놓으면서 죽음에 대해 관조하는 전혀 다른 관점들을 쌓아 나간다. 세 번째 방식(7-36~7-37)은 베흐테레프가 그랬듯 이미 존재하는 개념에 프로이트의 용어를 덧입히는 것이다.

우리는 비고츠키가 임종 직전 자하리노 병원에서 이 책을 위해 작성한 메모와, 프로이트의 『쾌락 원리의 저편Jenseits des Lustprinzips』에 쓴 서문을 통해 비고츠키가 죽음을 가까이서, 당면한 것으로 생각해 왔음을 알 수 있다. 다음 몇 단락에서 비고츠키는 죽음이 진화뿐 아니라 과학, 심지어 인간 삶의 과정에도 긍정적인 역할을 할 수 있는지에 대해 생각해 볼 것이다.

7-23] 이처럼 우리는 프로이트가 어디에서부터 자라났으며 그의 체계가 어디를 향하는지 본다. 그것은 쇼펜하우어와 립스에서 나와 콜나이와 군중심리학으로 향한다. 그러나 정신분석 체계를 적용하면서 메타심리학, 사회심리학[2], 프로이트의 성 이론에 대해 침묵을 지키려면 기

괴한 사고의 확장이 필요하다. 결과적으로 프로이트를 알지 못하는 사람은 체계에 대한 그러한 설명으로부터 그에 대해 잘못된 생각을 하게 될 것이다. 프로이트 자신은 무엇보다도 체계라는 용어 자체에 항의했을 것이다. 그의 견해에 따르면 정신분석과 그 저자들의 가장 큰 미덕 중 하나는 의식적으로 체계를 피하는 것이기 때문이다(1925). 프로이트는 정신분석의 '일원론'을 거부한다. 그는 자신이 발견한 사실에 대한 배타성을, 심지어는 우선성을 인정하라고 주장하지 않는다. 그는 전혀 "인간의 정신생활을 모두 포함하는 이론을 제공"하려고 노력하지 않고, 단지 우리가 다른 어떤 방법으로 얻은 지식을 보완하고 수정하기 위해 그의 입장을 적용할 것을 요구할 뿐이다(같은 책). 또 다른 곳에서 그는 정신분석은 그의 대상이 아닌 기술技術을 특징짓는다고 말하며 또 다른 곳에서는 정신분석 이론의 일시성과, 유기적 이론에 의한 정신분석 이론의 대체에 대해 말한다.

비고츠키는 A. T. 콜나이(Aurel Thomas Kolnai, 1900~1973)의 박사 학위 논문과 그의 초기 윤리학 저술(예: 『윤리적 가치와 현실』)을 언급하고 있는 것으로 보인다. 콜나이는 헝가리 출신의 유대인으로 K. 뷜러의 제자이며, 가톨릭과 M. 셸러Scheler의 윤리학으로 개종했다. 그는 나중에 실존주의, 마르틴 루터, 나치즘에 대한 중요한 비평가가 되었는데, 비고츠키가 이 글을 쓸 당시 20대에 불과하고 잘 알려지지 않았던 콜나이의 초기 작품을 지적한 것은 주목할 만하다.

*르 봉(Gustave Le Bon, 1841~1931)의 『군중심리Psychologie des foules』는 군중 속에서 개인 심리와 그 합리성이 상실되었다고 규정했는데, 이는 군중의 잔인성과 대규모 시위의 명백한 비합리성을 설명한 것이다. 프로이트는 나중에 이러한 관점에

동의했는데, 이는 프로이트의 체계가 (비록 프로이트는 자신의 이론이 체계를 전혀 갖고 있지 않다고 주장했지만) 어떤 방향으로 발달할지 예측할 수 있다는 비고츠키의 의견을 증명한다. 피아제 또한 마찬가지로 자신이 어떤 철학적 체계를 가지고 있다는 것을 부인한다는 점도 주목할 만하다(당시 피아제는 강한 프로이트주의자였다).

러시아 혁명은 러시아에서 프로이트의 연구가 가능해지게 했으며, 또한 그것을 폭로했다. 한편으로 트로츠키 같은 볼셰비키나 루리야, 잘킨트 같은 심리학자들은 프로이트의 이론에서 유물론의 형태를 보았다. 인간 존재는 영혼의 소명이 아니라 물질적 욕구에 의해 동기화된다는 것이다. 다른 한편으로 프로이트 심리학은 개인의 충동과 밀접히 엮여 있기 때문에 인간의 진보에 대해 매우 회의적이었으며 특히 군중의 행동을 신뢰하지 않았다. 이 그림에서, 프로이트에게 큰 영향을 받은 앙리 드 그루는 A. 드레퓌스를 옹호한 E. 졸라를 공격하는 군중을 보여 준다. 또한 드 그루는 마리아와 제자들에게 둘러싸인 그리스도의 모습 대신 미친 개와 군중에게 공격당하는 그리스도의 모습을 묘사한다.

7-23에서 비고츠키는 세 가지 중요한 사항을 지적하는데, 이는 역설

H. 드 그루(Henry de Groux), 군중 앞의 졸라, 1898

H. 드 그루, 군중 앞의 그리스도, 1889.

적으로 비고츠키를 루리야와 대립시키고 프로이트와 화합하게 한다. 첫째, 비고츠키는 정신분석이 철학도 아니고 심지어는 일반 과학도 아니라고 말한다. 그것은 다만 부분적, 특수 분야의 통찰일 뿐이다. 둘째, 정신분석은 방법론이 아니라, 임상적 방법이 과잉 확장되어 적용된 것일 뿐이다. 셋째, 정신분석은 일시적 입지를 확보할 뿐이다. 그것은 신체와 정신을 모두 포괄하는 유기적 관점으로 대체되어야 한다.

본문의 '사회심리학'에 대해 비고츠키는 다음과 같은 각주를 달았다.

[2] 프로이트의 비판자들이 그를 위해 새로운 사회심리학을 창조했을 뿐만 아니라 반사학자들(A. B. 잘킨트)도 반사학이-(반사학자들의-K) 개인적 일반 철학의 주장과, (반사학의-K) '여기와 저기' 연구 방법을 거부(A. B. 잘킨트, 1924)한 것과 더불어- '사회 현상 분야에 침투하여 스스로 설명'하려는 시도를 거부한다(A. B. 잘킨트, 1924)는 사실은 흥미롭다.

비고츠키 본인이 덧붙인 이 각주에서 비고츠키는 잘킨트와 같은 프로이트주의 반사학자와 대비하여 베흐테레프를 옹호하면서 역설의 매듭을 더 단단히 조인다. 첫째 비고츠키는, 사회학 이론을 포괄하려는 베흐테레프의 주장을 반사학자들이 거부한다는 사실이 흥미롭다고 지적한다. 이는 그들이 비고츠키의 앞선 주, 즉 두 학문이 사실상 일치한다면 둘 중 하나는 불필요하다(7-15)는 주장을 인정해야 함을 의미한다. 둘째, 일반 철학적 입장을 포괄하려는 베흐테레프의 주장을 반사학자들이 거부한다는 사실은 흥미롭다. 이는 그들이 베흐테레프에게도 프로이트와 같이 유물론과 일원론에 대한 명확한 철학적 헌신이 없음을 인정해야 함을 의미한다. 셋째, 반사학자들이 베흐테레프의 '여기와 저기' 연구 방법-앞에서 보았듯 그의 방법론은 상대성 이론, 종교, 군중심리학의 여러 분야를 거침없이 넘나들며 질주한다(7-10)-을 거부하는 것은 흥미롭다.

소비에트 편집자들은 베흐테레프의 사회심리학과 개인적 일반 철학의 주장, 그리고 그의 연구 방법론을 옹호하는 여러 각주를 첨가한다(루리야는 후에 베흐테레프의 방법론을 차용하여 결합 운동 방법으로 활용한다). 그러나 위의 각주에서 비고츠키가 비판한 대상은 베흐테레프가 아닌 잘킨트임이 명백하다. 잘킨트는 반사학자였음에도 베흐테레프의 반사학 확장론을 거부하고 베흐테레프의 연구와 프로이트를 결합하여 군중심리학을 설명하고 정신분석학이 일원론적, 유물론적이라는 주장을 펼치며 정신분석학 방법을 베흐테레프의 실험실 절차가 허용하는 것보다 더 체계적으로 추구하고자 했다.

7-24] 이 모든 것은 오해를 부르기 쉽다. 정신분석학에는 실제로 체계가 없으며, 그 데이터는 다른 어떤 방식으로 습득된 모든 지식 체계에 수정과 보완을 위해 도입될 수 있는 것처럼 보일 수 있다. 그러나 이는 큰 잘못이다. 정신분석학에는 선험적이고 의식적인 이론-체계가 없다. 파블로프처럼 프로이트는 추상적 체계를 만들기에는 너무 많은 것

을 발견했다. 그러나 자신도 모르는 사이에 평생을 산문으로 말했던 몰리에르의 주인공처럼, 연구자인 프로이트도 새로운 단어를 도입하고, 한 용어를 다른 용어와 조화시키고, 새로운 사실을 기술하고, 새로운 결론을 도출하면서, 체계를 창조했다. 그는 가는 곳마다, 한 걸음 한 걸음 체계를 창조했다. 이것은 그의 체계의 구조가 심히 독특하고 모호하고 복잡하여, 매우 이해하기 어렵다는 것을 의미할 뿐이다. 의식적이고, 뚜렷하며, 모순이 없고, 자신의 스승을 알며, 통일과 논리적 조화로 귀결되는 방법론적 체계를 탐색하는 것은 훨씬 쉽다. 다양한 영향 아래에서 저절로, 모순되게 형성된 무의식적 방법론의 진정한 본성을 올바르게 평가하고 드러내는 것은 훨씬 어려우며, 정신분석학이 바로 여기에 속한다. 따라서 특히 정신분석학은 상이한 두 체계의 특성의 소박한 중첩이 아니라 철저하고 비판적인 방법론적 분석을 요구한다.

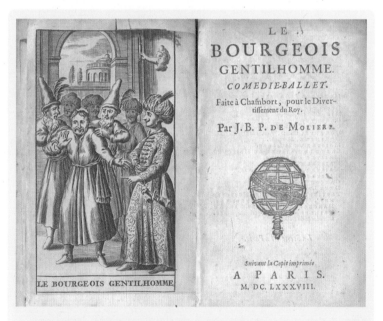

몰리에르의 희곡 『부르주아 신사Le Bourgeois Gentilhomme』의 1688년 판. 제1막에서 부르주아 신사 주르댕 씨는 문법과 함께 철학을 배우고

있다. 주르댕은 교수에게 산문이 무엇인지 묻고, 교수는 그것은 그들이 대화에서 사용하는 것이며, 그들의 말에는 고정된 운율이 없으므로 시가 아니라고 대답한다. 주르댕은 자신이 평생 그렇게 체계적으로 산문을 말해 왔다는 사실에 어안이 벙벙해한다.

7-25]　B. H. 이바노프스키는 말한다. "과학적 방법론의 문제를 겪어 보지 않은 사람에게는 모든 과학의 방법이 똑같아 보인다"(1923, p. 249). 그러한 몰이해로 가장 피해를 입은 것은 심리학의 문제였다. 그것(심리학의 문제-K)은 언제나 생물학이나 사회학으로 배정되었다. 심리학 방법론의 기준으로, 즉 심리학적 과학의 사고 자체-그 이론, 방법론, 근원, 형태, 토대-에 대한 흥미를 가지고 심리학 법칙, 이론 등에 대한 평가로 접근한 이는 거의 없었다. 이 때문에 다른 체계에 대한 우리의 비판에, 그 진실성에 대한 우리의 평가에는 가장 중요한 것이 결여되어 있다. 결국 어떤 지식의 증거성과 확실성에 대한 올바른 평가는 그 방법론적 토대에 대한 이해로부터만 나올 수 있다(B. H. 이바노프스키, 1923). 따라서 무엇이든 당연히 여기지 않고 모든 것을 의심하는 법칙, 모든 명제와 그 근거, 그리고 지식의 원천에 대해 질문하는 법칙은 과학 방법론의 첫 번째 법칙이다. 이는 우리가 더 큰 오류 즉, 모든 과학 방법론을 동일한 것으로 보지 않도록 할 뿐 아니라 각 과학의 구성 부분을 동류로 간주하는 오류를 범하지 않도록 해 준다.

*B. H. 이바노프스키(Владимир Николаевич Ивановский, 1867~1939)는 카잔, 사마라, 민스크에서 철학 및 교육학 교수였다. 그는 데카르트와 코메니우스를 러시아어로 번역했고, 일반적인 '과학에 대한 과학'인 '과학철학'을 주장했다. 비고츠키는 이바노프스키의 '과학과 철학의 방법론적 입문'이라는 저서로부터 철학의 개념이 과학에서 어떻게 작용되는지에 대한 자신의 개념을 구축했다. 그러나 '심리학

적 방법을 통한 심리학psychologica psychologice'의 개념은 슈프랑거로부터 나온 것이다. 그는 생물학이 화학적으로 또는 사회학적으로 이해될 수 없는 것과 마찬가지로 심리학은 심리학적으로 이해되어야 한다고 주장했다(뒤르켐은 독립적 사회학을 위해 똑같은 주장을 한다).

7-26] "각각의 특수 과학은 미숙한 사고를 하는 이에게는 일차원적으로 나타난다. 과학은 신뢰할 수 있고 의심의 여지 없는 지식이기에 그 안에 있는 모든 것은 신뢰할 수 있어야 하며, 모든 내용은 이 신뢰할 수 있는 지식을 산출하는 하나의 동일한 방법으로 추출하고 증명할 수 있어야 한다는 것이다. 그러나 현실은 그것과 거리가 멀다. 모든 과학에는 의심의 여지 없이 확립된 개별 사실(관련 사실의 집단)과 반박할 수 없이 확립된 일반 명제와 법칙이 있지만, 때로는 일시적이고 잠정적인 성격을 띠며 때로는 (적어도 해당 시대의) 우리 지식의 궁극적인 한계를 드러내는 가정과 가설도 있다. 확고하게 확립된 명제에서 때때로 더 의심되거나 덜 의심되는 결론이 도출되며, 우리 지식의 경계를 확장하는 구조가 있는 한편 의도적으로 도입된 '허구'의 의미를 띤 구조가 있고, 비유, 대략적인 일반화 등등이 있다. 과학은 다양한 구성 요소로 이루어지며, 이 사실의 이해가 인류의 과학 문화에서 가장 중요하다. 각각의 특수 과학 명제는 고유한, 거기에만 내재하는, 그 방법론적 타당성의 정도에 의존하는 확실성의 정도를 갖는다. 과학은 방법론적 관점에서 볼 때 연속적이고 균질한 하나의 표면이 아니라 저마다 확실성의 차이가 있는 명제들의 모자이크다"(같은 책, p. 250).

7-27] 1) 모든 과학(아인슈타인, 파블로프, O. 콩트, 마르크스)의 방법론의 혼합, 2) 전체 과학 체계의 이질적 구성을 하나의 차원으로, '연속적이고 균질한 하나의 표면'으로의 환원이 바로 체계 병합의 두 번째 방법의 기본 오류를 구성한다. 인격을 인색함, 결벽, 완고함 및 기타

1,000가지 다른 것들로, 혹은 항문 에로티시즘(A. P. 루리야, 1925)으로 환원하는 것은 아직 일원론이 아니다. 이 입장을 본성이나 확실성의 정도에 따라 유물론의 원칙과 뒤섞는 게 가장 큰 오류이다. 이 입장에서 도출되는 원칙, 그 배후의 일반적인 생각, 그 방법론적 중요성, 그것에 의해 규정된 연구 방법은 매우 보수적이다. 손수레에 묶인 죄인처럼, 정신분석에서 성격은 유년기 에로티시즘에 묶여 있으며 인간의 삶은 본질상 유년기 갈등으로 미리 결정된다. 모든 것은 오이디푸스 콤플렉스 등의 제거이며 인류의 문화와 삶은 다시 원시 생활에 완전히 가까이 놓인다. 사실의 진정한 의미로부터 그 가장 가시적 의미를 분리하는 바로 이 능력이 분석을 위한 첫 번째 필요 조건이다. 나는 정신분석학의 모든 것이 마르크스주의에 반대된다고 말하고자 하는 것은 아니다. 나는 다만 여기서 내가 본질적으로 이 질문은 전혀 다루고 있지 않다는 것을 말하고자 한다. 나는 단지 이 두 아이디어의 체계를 어떻게 (방법론적으로) 병합해야 해야 하고 어떻게 (무비판적으로) 병합하면 안 되는지를 지적할 뿐이다.

7-28] 무비판적 접근을 통해, 각각의 사람은 실제로 있는 것이 아니라 그가 보고 싶은 것을 본다. 마르크스주의자는 정신분석학에서 거기에 존재하지 않는 일원론, 유물론, 변증법을 찾는다. A. K. 렌츠와 같은 생리학자는 가정한다. "정신분석학은 이름만 심리학적인 체계이다. 실제로 그것은 객관적이고 생리학적이다"(1922, p. 69). 그리고 방법론자 빈스방거는, 자신의 연구를 프로이트에게 헌사한 정신분석학자 중, 정신의학에서 프로이트의 장점을 이루는 것은 그가 볼 때 바로 심리적인 것, 즉 반생리학적인 것임을 지적한 유일한 사람으로 보인다. 그는 덧붙인다. "그러나 이 지식은 아직 자기 자신을 알지 못한다. 즉 자신의 기본 개념, 자신의 로고스에 대한 이해가 없다"(1922, p. 5).

*А. К. 렌츠Александр Карлович Ленц는 파블로프와 베흐테레프의 제자로 확고한 반사론자였다. 그는 파블로프의 타액 분비 연구 방법을 사람에 적용했다. 후에는 범죄학에 관심을 가지고 범죄자와 사이코패스를 최면하는 연구에 대한 저술을 발표한다.

7-29]　그러므로 아직 스스로를, 자신의 로고스를 인식하지 못한 지식을 연구하는 것은 특히 어렵다. 물론 이것은 프로이트의 기본 개념이 변증법적 유물론과 모순되기 때문에 마르크스주의자들이 무의식을 연구해서는 안 된다는 의미는 아니다. 오히려 정신분석이 발전시킨 영역은 부적절한 수단으로 발전된 것이므로 마르크스주의를 위해 이를 정복해야 하며, 그것을 진정한 방법론을 통해 발전시켜야 한다. 그렇지 않고 만일 정신분석의 모든 것이 마르크스주의와 일치한다면 그 안에서 바꿀 게 없을 것이며, 심리학은 그것을 마르크스주의자가 아닌 바로 정신분석가로서 발전시킬 수 있을 것이기 때문이다. 그러나 무언가를 처리하기 위해서는 먼저 각각의 아이디어와 명제의 방법론적 특성을 인식해야 한다. 그리고 나서 이 조건하에서, 프로이트의 죽음충동 학설과 같은 가장 메타 심리학적 아이디어도 흥미롭고 유익해질 수 있다.

7-30]　이 주제에 관한 프로이트 저서의 번역서 서문에서 나는 이 명제의 사변적 성격에도 불구하고, 사실적 확실성(외상성 신경증, 어린이 놀이에서 불쾌한 경험의 반복)에 대한 빈약한 설득에도 불구하고, 어지러운 역설과 일반적으로 수용되는 생물학적 아이디어와의 충돌에도 불구하고, 결론이 열반의 철학과 명백히 일치함에도 불구하고, 그 모든 구성적 개념에도 불구하고 죽음을 향한 충동이라는 가상적 구성이, 한때 수학에 음수의 개념이 필요했던 것처럼, 현대 생물학이 죽음에 대한 개

넘을 숙달하고자 하는 요구를 충족시킨다는 점을 보이고자 했다. 나는 생물학에서 생명의 개념이 매우 명확해졌고, 과학이 그것을 숙달했으며, 과학은 그것으로 작업하는 방법, 살아 있는 것을 조사하고 이해하는 방법을 알고 있지만 죽음의 개념에는 다다르지 못한 채, 이 개념 대신 심연, 빈 공간만 있으며 그것은 삶의 모순된 반대, 비생명, 즉 비존재로만 이해된다는 테제를 제시했다. 그러나 죽음은 그 자체로 긍정적인 뜻을 지닌 사실이다. 그것은 단순히 존재하지 않는 것이 아니라 특별한 종류의 존재이며, 완전한 무가 아니라 어떤 무언가이다. 그리고 생물학은 바로 이러한 죽음의 긍정적 의미를 알지 못한다. 실제로 죽음은 살아 있는 것의 보편적 법칙이며, 이 현상이 유기체, 즉 삶의 과정에서 어떤 것으로도 표현되지 않을 것이라고 상상할 수 없다. 죽음에 의미가 없거나 부정적인 의미만 있다고 생각하기는 어렵다.

7-31] 엥겔스도 비슷한 견해를 표명한다. 그는 죽음을 삶의 실질적인 순간으로 간주하지 않고, 삶의 부정이 본질적으로 삶 자체에 포함되어 있으므로 삶은 항상 그 필연적 결과- 그 속에 배아의 형태로 지속적으로 포함되어 있는- 즉 죽음과 연관해서 이해된다는 것을 이해하지 못하는 생리학은 과학이다(과학이 아니다-K)라는 헤겔의 견해를 인용한다. (엥겔스는-K) 삶에 대한 변증법적 이해는 바로 이것으로 환원될 수 있다고 선언한다. "사는 것은 죽는 것을 의미한다"(마르크스 엥겔스 선집, т. 20, p. 611).

어둡고 빈 공간이 광범위하게 사용되는 것을 주목하자. 비고츠키는 생명을 연구하는 생물학은 죽음에 관한 긍정적인 개념을 가지지 않는 것 같다고 지적한다. 적어도 생물학의 범위 내에서는 죽음이 삶을 고양하는 분명한 방법은 없다. 하지만 비고츠키는 죽음이 단순히 어두운 공간이 아니라 성적 생식의 출현과 일치하고, 종의 연장과 개량에 매우 긍정적인 역할을 하며, 스스로의 최근 경험에 비추어 볼 때 피곤

C. 미히(Chanrasmey Miech), 열반에 드는 붓다, 2017.

한 사람이 잠을 자고 싶어 하는 것처럼 실제 욕망이 될 수도 있음을 예리하게 인식하고 있다(*Vygotsky's Notebooks*, 2018, p. xv, p. 85 참조). 비고츠키는 프로이트의 '죽음충동death drive'을 거부한다. 프로이트의 사변적 구성(가설)은 그가 제공하는 트라우마와 아동 놀이에 관한 데이터를 훨씬 뛰어넘고, 무의미한 역설에 빠진 것처럼 보이며, 궁극적으로 '의지'는 실제 생명력vital force이라기보다 파괴적인 힘이라는 쇼펜하우어의 믿음에서 철학적 항구를 발견했다. 쇼펜하우어는 자신의 철학과 불교의 유사성에 주목하면서 동남아시아 상좌부 불교上座部 佛教 전통의 영향을 많이 받았다. 한국의 대승 불교 전통과 달리 상좌부 불교는 열반을 천국과 같은 '정토'가 아니라 죽고 다시 태어나기를 반복하는 '삼사라('윤회'를 가리키는 산스크리트어)'에서 완전히 벗어나 존재 자체가 소멸하는 곳이라 믿는다. 하지만, 그림에 배경으로 펼쳐진 푸른 하늘과 산을 보면 여기서도 죽음은 분명히 긍정적인 내용을 담고 있다.

"삶과 죽음. 죽음을 생명의 본질적인 요소(참고: 헤겔, 『백과사전 I』,

pp. 152-153)로 간주하지 않고 생명 자체에 본질적으로 포함된 것으로서의 생명을 부정한다면, 즉 생명은 항상 그 필연적인 결과인, 항상 그 안에 맹아로 포함된 죽음과 관련하여 생각된다는 것을 부정한다면 이미 어떤 생리학도 과학적이라고 할 수 없다. 변증법적 생명 개념은 이것에 지나지 않는다. 그러나 이것을 일단 이해한 사람에게는 영혼의 불멸에 대한 모든 이야기가 사라진다. 죽음은 유기체가 용해되어 그 물질을 형성한 화학적 성분 외에 아무것도 남기지 않거나, 아니면 인간뿐 아니라 모든 살아 있는 유기체를 넘어 생존하는 생명의 원리, 말하자면 영혼을 남긴다. 따라서 변증법을 통해 삶과 죽음의 본질을 명확히 하는 것만으로도 고대 미신을 폐지하는 데 충분하다. 산다는 것은 죽는다는 것을 의미한다."

Marx, K. and Engels, F. (2010). *Dialectics of Nature, in Collected Works*, vol. 25. London: Lawrence and Wishart, p. 572.

7-32] 위에서 언급한 프로이트의 책 서문에서 내가 옹호했던 것이 바로 이 생각, 즉 원칙적 관점에서 생물학에서의 죽음 개념을 숙달할 필요성과, 의심의 여지 없이 존재하지만 아직 알려지지 않은 것, 유기체적 과정에서 죽음을 향한 경향으로 나타나는 것-대수적 'x'라고 하든 역설적인 '죽음을 향한 충동'이라 하든-을 명명할 필요성에 관한 생각이다. 그럼에도 불구하고 나는 프로이트가 발견한 이 방정식의 해를 과학의 위대한 길이나 모두를 위한 여정이 아니라, 현기증에서 자유로운 사람들을 위한 높은 산에 있는 절벽 위의 좁은 길이라 선언했다. 나는 과학에, 진리를 드러내는 것이 아니라-비록 발견되지 않았지만- 진리의 탐색을 가르치는, 그런 책도 필요하다고 말했다. 나는 또한 이 책의 의의는 책의 신뢰성에 대한 사실적 검증에 달린 것이 아니라고 매우 단호하게 말했다. 원칙적으로 그것은 문제를 올바르게 제기한다. 그리고 나는 그 어떤 과학에서 확립된 형식을 따르는 질서정연한 관찰보다 그

러한 문제를 제기하는 데 더 큰 창의성이 필요하다고 말했다(Л.С. 비고
츠키, A.P. 루리야, 1925).

비고츠키가 프로이트의 번역본 서문에 쓴 부분은 다음과 같다.

"이 여정에서 아찔한 생각이 우리를 기다린다면, 우리는 언제라
도 절벽 아래로 떨어질 위험을 무릅쓰고 높은 산길을 따라 걷는 것
처럼 두려움 없이 이 노력을 수행할 용기를 보여 주어야 한다. L. 셰
스토프의 멋진 문구에 따르면, '현기증이 없는 사람들에게만Nur für
Schwindelfreie' 이러한 높은 산길이 철학과 과학에서 펼쳐진다."

(셰스토프는 반反합리주의자, 초기 실존주의자, 키르케고르에게서 발견되는
종교적 실존주의의 계승자이다.)

7-33] 이 평가가 포함하고 있는 방법론적 문제에 관한 깊은 몰이해,
아이디어의 외적 특성에 대한 완전한 신뢰, 염세주의의 생리학에 관한
소박하고 무비판적인 두려움은 이 책의 평론가 중 하나가 깊은 생각 없
이 내린 판단, 즉 쇼펜하우어라면 이는 염세주의를 의미한다는 판단이
잘 보여 준다. 여기에는 날아서 도달할 수 없는 문제, 도달하기 위해서는
절뚝대며 나아가야 하는 문제가 있다는 것과, 프로이트가 공언한 바와
같이 이 경우 절뚝대는 것은 죄가 아니라는 것을 그는 이해하지 못했다.
그러나 여기서 절뚝거림만을 본 이는 방법론적으로 장님이다. 헤겔이
관념론자임을 지적하는 것은 어렵지 않다. 이는 제비들이 지붕 위에서
외치고 있는 사실이다. 이 체계에서 유물론이 거꾸로 서 있는 관념론을
보는 것은, 즉 사실적 허위로부터 방법론적 진실(변증법)을 구분하고 헤
겔이 절뚝거리며 진실로 나아갔음을 보는 것은 천재가 필요한 일이다.

자베르쉬네바와 오시포프에 따르면 비고츠키의 수기 원고에서, 이
부분에 나오는 비고츠키의 책에 대한 평론이 《프라브다》(구소련 공산당

7-34] 이것은 과학적인 아이디어를 숙달하는-단지 하나의 예로서- 길이다. 우리는 그 사실적 내용을 넘어서서 원칙적인 본성을 시험해야 한다. 그러나 이것을 위해서는 이 아이디어 외부의 지지대가 필요하다. 두 발로 동일한 아이디어를 기반으로 서서는, 그들의 도움으로 얻은 개념으로 작동하면서는 그것의 외부가 될 수 없다. 다른 체계와 비판적으로 연관을 맺기 위해서는 먼저 자신의 심리적인 원칙 체계를 가지고 있어야 한다. 프로이트 자신에게서 얻은 원칙에 비추어 프로이트를 판단하는 것은 미리 그를 정당화했다는 것을 의미한다. 그리고 이런 식으로 다른 아이디어를 숙달하는 방법이 바로 우리가 다룰, 세 번째의 아이디어 통합 유형이다.

7-35] 다시 한번, 하나의 예를 통해 새로운 방법론적 접근의 특성을 매우 쉽게 밝히고 드러낼 수 있다. 파블로프의 실험실에서 자극과 억제의 흔적 조건을 실제 자극 조건으로 변환하는 문제를 실험적으로 해결하려는 시도가 이루어졌다. 이 문제에 답하기 위해서는 반사의 결과로 확립된 '억제를 제거'해야 한다. 어떻게 할 수 있을까? 이 목표를 달성하기 위해 IO. II. 프롤로프는 프로이트 학파의 일부 방법에 대한 유추에 의지했다. 그는 이러한 복합체가 확립된 예전의 상황을 정확하게 재연하여 안정된 억제적 복합체를 파괴했다. 실험은 성공적이었다. 나는 이 실험의 토대에 있는 방법론적 접근 방식이 프로이트의 주제에, 그리고 일반적으로는 다른 명제에 접근하는 올바른 표본이라고 생각한다. 이렇게 설명해 보겠다. 우선, 내적 억제의 본성에 관한 자신의 연구 과정에서 문제가 제기되었고, 자신의 원칙에 비추어 과업이 확립되

고 공식화되고 인식되었으며, 실험 작업의 이론적 주제와 그 의의는 파블로프 학파의 개념으로 이해되었다. 미량 반사가 무엇인지 우리는 알고 있다. 마찬가지로 실제 반사가 무엇인지 우리는 알고 있다. 하나를 다른 것으로 변환하는 것은 억제를 제거하는 것을 의미한다는 것 등을 우리는 알고 있다. 즉, 과정의 전체 메커니즘은 완전히 정의된 동질적인 범주에서 생각된다. 카타르시스에 대한 비유는 순전히 모색적인 의미를 지녔다. 즉, 그것은 탐색 경로를 축약하고 목표에 이르는 최단 경로로 인도했다. 그러나, 그것은 실험을 통해 즉시 확인되는 가설로만 받아들여진다. 그리고 저자는 자신의 과업을 해결한 후, 프로이트가 기술하는 현상이 동물 실험에서 검증될 수 있으며, 조건 타액 반사 방법에 의한 추가 세부 사항을 기다린다는 세 번째이자 마지막 결론을 도출한다.

작자 미상, 거북이와 단지 뚜껑(한나라).

자라 보고 놀란 가슴, 솥뚜껑 보고 놀란다는 속담은 실제 자극조건(자라)으로 형성된 조건반사가 흔적조건(솥뚜껑)으로 확장된 미량(흔적)

반사의 사례를 설명한다. 이렇게 확립된 흔적조건반사의 억제적 복합체를 무효화하기 위해서는 최초에 실제 자극조건반사가 형성된 상황을 재구성하여 자라를 보고 놀랄 필요가 없다는 사실을 재조건화해야 한다. 이는 정신적 억압은 그 최초 원인을 해소함으로써 치료할 수 있다는 프로이트의 카타르시스 개념과 맞닿아 있다.

*유리 페트로비치 프롤로프(Юрий Петрович Фролов, 1892~1967)는 학생 시절 파블로프의 실험실에서 일했다. 그 후 그는 소비에트군의 생리학자였고, 이후 모스크바 제1국립대학 교수로 재직했다. 비고츠키가 언급한 부분은 아래에 수록되어 있다.

Frolov, Yuri P. (1926). Transformation of conditioned trace stimuli and trace conditioned inhibitors into non-trace stimuli. In *Collected Papers of the Physiological Laboratory of I. P. Pavlov.* (in English)(조건부 미량 자극과 미량 조건부 억제제를 미량 자극이 아닌 자극으로 변환. I. P. Pavlov의 생리학 실험실 논문집, 영문판), vol. 1, pp. 2-3.

7-36] 파블로프의 아이디어로 프로이트를 검증하는 것은 그 자신의 아이디어로 검증하는 것과 전혀 다르다. 그러나 이 가능성 또한 분석이 아니라 실험을 통해 확립된다. 가장 중요한 것은 자신의 연구 과정에서 프로이트 학파가 기술한 것과 유사한 현상을 마주친 후, 저자가 잠시도 다른 영역으로 넘어가지도, 다른 자료에 의존하지도 않고, 그것을 사용하여 자신의 연구를 앞으로 나아가게 했다는 것이다. 그의 발견은 프로이트가 아니라 파블로프의 체계에서 의미, 가치, 자리, 의의를 지닌다. 두 체계의 교차점에서, 그 만남의 지점에서, 두 원은 접촉한다. 그리고 그 한 점은 동시에 양쪽에 속하지만, 그 자리, 의미와 가치는 첫 번째 체계에서의 위치로 결정된다. 이 연구를 통해 새로운 발견이 이루어졌고, 새로운 사실이 획득되었으며, 새로운 특성이 연구되었다. 이 모든 것은 정신분석이 아니라 조건반사에 관한 학설 속에서 이루어졌다.

따라서 '거의 기적적인' 온갖 일치가 사라졌다!

7-37] 이 두 방법 간의 모든 심오한 차이를 확인하기 위해서는, 베흐테레프가 언어적 일치의 발견을 통해 이 카타르시스라는 아이디어가 반사학 체계에 가지는 의미를 어떻게 평가하는지를 비교하기만 하면 된다. 여기서 두 체계의 상호관계는 무엇보다도 카타르시스, 즉 억압된 모방-신체 충동으로 인한 억제된 감정을 토대로 성립된다. 이는 억제되면 개인을 짓누르고 그를 가장 '속박'하고 괴롭혔다가 카타르시스 반사의 형태로 방전되면 괴로웠던 상태가 자연스럽게 해결되는 그러한 반사가 아닌가? "슬픔을 울부짖는 것은 방전된 반사가 아닌가?"(B. M. 베흐테레프, 1923, p. 380).

7-38] 여기서 모든 낱말은 진주이다. 모방-신체적 충동 – 무엇이 이보다 더 명확하고 정확할 수 있는가? 주관적 심리학의 언어를 피하면서, 베흐테레프는 범속한 언어를 회피하지 않았고 이 때문에 프로이트의 용어는 거의 명확해지지 않았다. 이 억압된 반사는 어떻게 인격을 '짓누르고' 그것을 속박했는가? 슬픔의 울부짖음은 왜 **억압된** 반사의 방출인가? 사람이 슬픔의 바로 그 순간에 운다면 어떠할 것인가? 마지막으로, 이 (장-K)에 이어서 생각은 억압된 반사이며, 신경 전류 (흐름-K) 억압과 관련된 집중은 의식적 현상에 동반된다는 주장이 제시된다. 오 구원적 억압! 그것은 한 장에서는 의식적 현상을 설명하고, 다음 장에서는 무의식적 현상을 설명한다!

> 자살하기 전 오셀로의 마지막 말은 분명 자신의 창조자인 셰익스피어를 향한 듯하다.
>
> 말하자면 이렇게 적어 주시오.
> 분별은 부족했으나 진정 깊이 아내를 사랑한 남자였다.
> 경솔하게 남을 의심하지 않는 남자였으나,
> 속임수에 넘어가 극도로 당혹하여,

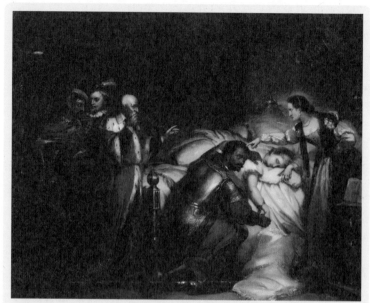

W. 솔터(William Salter), 오셀로의 비탄, 1857.

어리석은 인도인처럼 자기의 온 민족보다
값진 진주를 그 손에서 내던져 버렸다.
생전 울어 보지도 않던 남자가 이번만은 슬픔에 못 이겨,
아라비아 고무나무가 수액을 흘리듯이
억수 같은 눈물을 쏟았다.

죄 없는 데스데모나를 살해한 오셀로의 참회의 눈물은 어떤 지연된
모방-신체적 방출이 아니며 분명 그에게 카타르시스를 가져다주지 않
는다.

본문의 "모든 낱말은 진주이다!"라는 표현은 풍자적이다. 비고츠키
는 여기서 낱말들이 여기저기 던져지고 버려지고 있다고 생각한다. 비
고츠키는 1923년 베흐테레프의 『인간 반사학의 일반적 토대Общие ос-
новы рефлексологии человека』(모스크바/페트로그라드, 1923, p. 388)를 언
급하고 있다. 그러나 다시 한번 비고츠키는 아마도 잘킨트를 비판하고
있다. 베흐테레프는 프로이트에 대해 할 말이 거의 없었지만, 잘킨트는
상당히 많았다. 당 정치국원 잘킨트는 베흐테레프와 파블로프(부하린

과 지노비에프가 칭송한)의, 다른 한편으로는 프로이트와 융(트로츠키가 호의적으로 읽었던)의 종합을 시도하고 있었다.

Miller, M. A. (1998). *Freud and the Bolsheviks*(프로이트와 볼셰비키). New Haven and London: Yale University Press, p. 78 참조.

7-39] 이 모든 것은 무의식의 문제에서 방법론적 문제와 경험적 문제, 즉 심리학적 문제와 심리학 자체의 문제를 구별할 필요가 있음을 분명히 나타낸다. 우리는 이 문제로 이 절節을 시작했다. 이 둘의 무비판적 결합은 전체 문제의 심각한 왜곡을 이끈다. 무의식에 대한 심포지엄(1912)은 이 문제의 근본적인 해결책이 경험심리학의 경계를 넘어서고 필연적으로 철학의 일반적 신념과 연결되어 있음을 보여 준다. 우리가 Φ. 브렌타노와 함께 무의식이 없다는 것을 받아들이든, 뮌스터베르그와 함께 그것이 단순히 생리학적이라는 것을 받아들이든, 아니면 슈베르트-솔데른과 함께 그것이 필연적인 지식론적 범주라는 것을 받아들이든, 프로이트와 함께 그것이 성적인 것임을 받아들이든, 이 모든 경우 우리는 논증과 결론에서 경험적 연구의 경계를 초월한다.

다음 쪽의 작품은 몽테스키외의 『페르시아인의 편지』에 나오는 환관이 여왕과 결혼하는 꿈 이야기를 들려준다. 아기 천사와 칼은 그의 무의식이 보내는 전갈傳喝이다. 그러나 이 무의식은 허구적인가, 생리적인가, 지식론적(말하자면, 미지의 대상의 자리를 채우는 구성물)인가 아니면 성적인가? 립스가 무의식의 문제를 심리학의 문제라 일컬었음을 상기하자(**7-2**). 비고츠키는 여기서 경험적 문제(예: 무의식에 관한 의식적인 것을 알 수 있는가?)와 방법론적인 문제(예: 알 수 없다면, 우리는 그것이 정말로 존재한다고 말할 수 있는가? 알 수 있다면 우리는 정말로 무의식적이라고 말할 수 있는가?)를 구분한다.

J. L. 뒤 누이(Jean Lecompte du Nouÿ), 어느 환관의 꿈, 1874.

언급된 심포지엄은 M. 프린스가 주최한 회의이다. 자네, 야스트로,
뮌스터베르크가 참가했다. 거기서 발표한 내용은 프린스의 저널인《비
정상 심리학 저널》2호(1907-1908년, pp. 22-43, pp. 58-80)에 게재되었
다. 슈베르트-솔덴(Richard Ritter von Schubert-Soldern, 1852~1924)은
지식론적 유아론唯我論(즉, 우리는 다른 사람이 느끼는 것을 결코 알 수 없
으므로 다른 사람이 아는 것을 절대 알 수 없음)을 믿었던 오스트리아 철
학자다.

　7-40]　러시아 저자 중에는 Ə. 달래가 무의식 개념의 형성을 이끄
는 지식론적 동기를 제시한다. 그의 의견에 따르면 생리학적 방법론과
원칙의 찬탈에 대항하여 설명적 과학으로서의 심리학의 독립성을 지키
려는 갈망이 이 개념의 기저에 놓여 있다. 심리적인 것이 생리적인 것
이 아니라 심리적인 것으로 설명되며, 심리학이 사실의 분석과 기술에
서 그 자체로, 자신의 고유한 영역에 남아야 한다는 요구-비록 이를
위해 광범위한 가설의 길에 접어들어야 함에도-가 바로 무의식의 개념
을 낳았다. 달래는 심리학적 구성 혹은 **가설**이, **동일한 종류의** 현상을

현실의 동일한 독립적 체계에서 가상으로 계속 기술하는 것과 다름없다고 지적한다. 심리학의 과업과 이론적-인식적 요구는 심리학이 무의식의 도움으로 생리학의 찬탈적 시도에 투쟁하도록 한다. 정신의 삶은 단절과 함께 진행된다. 그것은 괴리로 가득 차 있다. 잠을 잘 때 의식에 무슨 일이 일어나는가? 지금 우리가 기억하지 않는 기억에, 지금 우리가 의식하지 않는 표상에 무슨 일이 일어나는가? 심리를 심리적인 것으로 설명하기 위해, 다른 현상의 영역-생리학-으로 넘어가지 않기 위해, 정신적 삶에서의 단절과 괴리, 누락을 채워 넣기 위해 우리는 이들이 고유한 형태로-무의식적 심리적인 것의 형태로 계속 존재한다고 가정해야 한다. W. 스턴은 무의식적인 것에 대한 그러한 이해-필요한 가정, 정신적 경험의 가설적 지속과 보완으로서의 무의식-를 발전시켰다 (1924).

*Э. 달레Дале는 아마도 Н. В. 달(Николай Владимирович Даль, 1860~1939)일 것이다. 그는 파리에서 샤르코의 제자이자 심리치료의 창시자였다. 그는 첫 번째 교향곡 실패 후 우울증으로 고생하던 라흐마니노프를 치료한 것으로 유명하다. 그 치료는 매우 성공적이어서 라흐마니노프는 두 번째 교향곡을 그에게 헌정했다(스크리아빈과 스타니슬라브스키도 달에게 치료받은 유명한 환자였다). 달은 1925년 소비에트를 떠났고 (라흐마니노프처럼) 소비에트 정부에 우호적이지 않았다. 이것이 비고츠키나 편집자들에 의해 이름이 달라진 이유일 수 있다.

7-41] Э. 달래는 문제의 두 측면, 즉 사실적 측면과 가설적 즉 방법론적 측면을 구분한다. 이는 심리학에서 잠재의식 범주의 가치가 인지적인지 방법론적인지 결정한다. 그 과업은 이 개념의 의미, 이 개념이

포괄하는 현상의 범위 그리고 이 개념이 설명적 과학으로서의 심리학을 위해 하는 역할을 설명하는 것이다. 예루살렘에 이어, 이 저자에게 이 개념은 무엇보다도 영적 삶에 대한 설명에서 빼놓을 수 없는 생각의 범주 혹은 방식이다. 그런 후에야 이는 현상의 특별한 영역이 된다. 그의 공식화, 즉 무의식은 의심의 여지 없는 심리적 경험의 데이터와, 개념에 필수적인 가설적 보충을 토대로 생성된 개념이라는 공식화는 완전히 옳다. 이로부터 이 개념으로 작동하는 각 명제의 매우 복잡한 성질이 나온다. 각 명제에서 무엇이 의심의 여지가 없는 심리적 경험 데이터이고 무엇이 가설적 보충인지, 그리고 각각의 확실성의 정도는 어떠한지 구별할 필요가 있다. 위에서 살펴본 비판적 작업에는 문제의 두 측면이 섞여 있다. 즉, 가설과 사실, 원칙과 경험적 관찰, 허구와 법칙, 구성과 일반화-이 모두가 한데 뒤죽박죽된 것이다.

*W. 예루살렘(Wilhelm Jerusalem, 1864~1923)은 교사이자 심리학자이며 철학자였다. 그는 고전 교육을 받고 중학교grammar school에서 교편을 잡았으나, 특수교육의 옹호자였으며, 헬렌 켈러의 문학적 재능을 처음 발견한 것으로 알려진 논문을 출판했다. 그는 1923년에 빈 대학의 교수가 되었지만 임용 후 얼마 지나지 않아 사망했다.

7-42] 가장 중요한 것은 근본적 문제가 다루어지지 않았다는 것이다. 렌츠와 루리야는 정신분석이 생리학적 시스템이라고 프로이트를 확신시킨다. 하지만 그럼에도 프로이트 자신은 무의식의 생리학적 개념의 반대자에 속한다. 무의식의 심리학적 또는 생리학적 본성에 관한 이 질문이 전체 문제의 **첫 번째**이자, 가장 중요한 국면이라고 한 달래의 말은 전적으로 옳다. 심리학적 과업의 이름으로 잠재의식의 현상을 기술하고

분류하기 전에, 우리는 여기서 우리가 생리적인 것을 다루고 있는지 정신적인 것을 다루고 있는지 알아야 하며, 무의식이 일반적으로 정신적 실체임을 증명할 필요가 있다. 다시 말해, 무의식의 문제를 심리학적 문제로 풀기 전에 그것을 심리학 자체의 문제로 풀어야 한다.

이 장에서 비고츠키는 제8장 마지막에서 이야기한 세 가지 여담 중 첫 번째 여담을 소개한다. 앞장에서 탐구(에 대한) 비판을 비판(에 대한) 탐구로 대체했음을 기억하자. 비고츠키는 베흐테레프나 파블로프 같은 개별 학자에 대한 논쟁적 비판이 아니라, 일반성의 쟁취를 향한 특수 과학들 사이의 사실적 비교를 통해 이 특수 과학들이 어떻게 번성하거나 쇠퇴하는지, 진화하거나 소멸하는지 설명할 수 있다고 결론지었다. 이 탐구를 위해서는 특수 과학들의 경험적 범위를 넘어서는 단 하나의 문제만으로도 충분하다. 비고츠키가 제시하는 그러한 문제는 '의식적 삶의 문제를 무의식이나 잠재의식의 개념으로 설명하는 것'이다.

비고츠키는 먼저 립스를 인용한다. 립스는 무의식은 의식의 과학이 갖는 여러 가지 경험적 문제 중 하나가 아니라 일반 심리학의 문제임을, 즉 특수 심리학들이 가진 모든 데이터를 통합하여 이를 다른 과학과 개념적으로 연결하는 문제임을 지적한다. 그런 후 비고츠키는 프로이트의 무의식 개념을 대상으로 여러 특수 과학들이 이를 위해 다양하게 노력하는 세 가지 방식을 보여 준다. 비고츠키는 두 번째 방식에 대한 비판에서 공동 저자인 루리야를 비판하면서 그들의 공동 저술을 옹호해야 하기 때문에, 그 구조를 따라가기는 다소 어렵다. 그러나 비고츠키는 초학문적, 간학문적, 학문내적 방식 세 가지를 나열한다. 초학문적 방법에서 베흐테레프는 인접한 과학의 영역을 침범하여 병합한다. 간학문적 방법에서 루리야는 프로이트와 평화롭게 공유할 수 있는 영역으로 무의식을 선택하되 성性 이라는 지역만은 제외시킨다. 학문 내 방법에서 프롤로프는 무의식 개념을 완전히 파블로프적인 방식으로 재규정하여 그의 개념과 프로이트의 무의식 개념 사이에는 용어적인 공통점 외에 없게 된다.

마침내 비고츠키는 결론짓는다. 우리에게 일반 심리학이 없는 한, '무의식적 삶'의 의미는 전적으로 어떤 특정 심리학이 일반성의 지위를 향해 투쟁하는지에 달려 있다는 것이다. 이는 비고츠키가 이 장의 시작 부분에서 언급한 것처럼 모든 심리적 작용, 심지어 무의식적인 작용도 일반 공식에 의존하기 때문이다. 이 일반 공식은 특수 과학의 영역을 넘어서는 문제가 발생할 때마다 명확해진다. 심리학 방법에도 동일한 의존성이 적용되며, 일반 과학 방법론에 대한 특정 과학 방법의 의존성은 다음 장의 주제가 된다.

A. 각각의 특수 과학은 (예컨대 조건반사, 리비도, 게슈탈트, 인격과 같은) '일반 공식'을 가지고 있으며 특수 과학이 자체의 사실집단 밖으로 나갈 때면 언제나 사실이 탈락되어 공식이 눈에 띄게 된다(7-1). 무의식은 모든 의식적 과학에 대한 분명한 사

례다. 이 때문에 립스는 이것이 단순 문제가 아니라 '주요 문제'라고 지적한다(7-2). 올바른 질문에 대한 대강의 대답이 그릇된 질문에 대한 정밀한 대답보다 낫다는 뮌스터베르크의 경고를 상기시키면서(7-3) 비고츠키는 무의식에 대한 뮌스터베르크 자신의 개념(우리는 스스로의 신체적 생리학을 의식하지 않는다)과 프로이트(억압된 성적 충동), 그리고 스턴의 개념화(초의식적 인격)를 언급한다. 그러나 이러한 체계적 개념화는 특수 과학들로부터, 그리고 그들 사이에서 나타나는 절충적 혼합(미국의 행동주의와 프로이트주의, 오스트리아와 스위스의 프로이트 없는 프로이트주의, 러시아의 반사학과 정신분석 그리고 프로이트주의적 마르크스주의의 여러 분파)에서는 사라진다. 비고츠키는 이들 모두가 뮌스터베르크의 경고를 명심하는 데 실패했다고 지적한다. 이들은 특정한 마르크스주의적 질문 즉 '어떻게 존재가 의식을 규정하는가?'에 대해 그와 무관하고 불특정한 대답으로 즉, 무의식으로 대답하려는 시도이다(7-5).

B. 비고츠키는 세 사례를 제시한다(7-6). 두 번째 사례가 상당히 길기 때문에 세 번째 사례로의 전환을 놓치기 쉽다.

i. 초학문적 침탈(7-7). 예컨대 반사학자 베흐테레프는 타인의 에고를 아는 것은 불가능하다는 신칸트주의자 브베덴스키의 신념을 직접 동화하는데, 이것이 그 자신의 '객관적' 방법을 확증해 주기 때문이다. 브베덴스키는 파블로프의 연구를 순수한 생리학적 기술記述로서 찬탈하고, 그 결과가 순수한 심리학적 기술과 일치한다는 사실은 그 둘이 모두 진실임을 입증하는 것이라고 본다. 비고츠키는 이것이 가능한 이유는 프로이트와 공유하는 무의식 현상에 대한 관념론적 편견이 도처에 존재하기 때문이라고 말한다(7-8). 이 공유된 편견은 역학, 국제정치학, 심지어 아인슈타인의 상대성이론을 동화하는 것을 가능하게 한다. 이 모두는 잠재의식적 반응으로 관념화될 수 있다는 것이다(7-9). 따라서 이 관념화된 반응 원칙을 심리학 전체에 적용하는 것은 별일이 아니다(7-10). 여기에는 정신분석이 발견한 무의식적 콤플렉스(7-11)나 프로이트의 콤플렉스를 우흐톰스키의 '지배성'으로 대체한 잘킨트의 연구 등이 포함된다. 비고츠키는 프로이트의 스카프를 이런 식으로 동화하는 것은 그의 관념론적 냄새도 얻는 것이라고 신랄하게 지적한다(7-12~7-13).

ii. 학문 간 조절. 비고츠키는 마르크스주의와 정신분석학을 결합하려는 대부분의 시도를 군사 동맹처럼 권력들이 표면적으로는 서로의 내부 문제에 간섭하지 않고 공동의 이해가 걸린 문제에 함께 하는 연합에 비유한다(7-14). 먼저 비고츠키는 이 시도가 마르크스주의와 프로이트주의 모두를 불필요하게 만든다고 지적한다. 프로이트가 의식에 대한 설명을 제공할 수 있는데, 우리에게 왜 마르크스가 필요한가(7-15)? 그리고 비고츠키는 이러한 시도가 프로이트의 작업에서 성性과, 마르크스의 작업에서 계급의 지배적 역할과 같은 모순적 사실들을 망각하고 있음을 지적한다(7-16). 그다음 비고츠키는 유명인의 이름을 들

먹거리는 루리야의 버릇을 지적한다. 다윈, 콩트, 파블로프와 아인슈타인은 모두 위대한 과학자이며, 프로이트와 마르크스도 그러하므로, 그들은 무언가 공통점이 있어야 한다(7-17). 이제 비고츠키는 이러한 시도가 어떻게 마르크스를 왜곡할 뿐 아니라, 프로이트주의자와 프로이트 자신이 결코 인정하지 않을 방식으로 프로이트주의를 변화시키는지 지적한다(7-19). 이러한 필연적인 왜곡은 상호 수용을 비고츠키의 세 번째 결합 범주로 인도한다(7-20~7-21). 비고츠키는 프로이트와 립스의 관념론적, 심지어 영적 뿌리가(7-22) 어떻게 쇼펜하우어의 철학적 염세주의로부터 노동자에 대한 보수적 불신, 즉 마르크스주의자들이 무시해야만 하는 '대중 심리학'으로 이어지는지 보여 준다(7-23). 비고츠키는 프로이트 자신은 통일된 체계를 회피했을지라도, 파블로프와 마찬가지로 프로이트의 많은 발견은 어떤 체계로 귀결됨을 지적한다(7-25). 비판적 연구자의 과업은 위대한 과학이 방법론적으로 일정하다는 주장과 절충적 수용으로 체계를 가리는 것이 아니라 체계를 드러내는 것이다(7-26). 의학적 유물론은 방법론적 유물론이 아니며, 인격 이론의 일원론은 철학적 일원론과 같은 것이 아니다(7-27). 비고츠키는 프로이트주의의 모든 것이 유물론과 일원론에 모순되는지에 관한 질문은 열어 두지만, 빈스방거에게는 프로이트의 무의식적 관념론이 주요 매력임을 지적한다(7-28). 비고츠키는 정신분석학에 대한 비판적 연구가 여전히 필요하다고 결론 내리며(7-29), 이는 그를 프로이트의『쾌락원칙의 저편』에 대한 그의 비판적 서문으로 인도한다. 비고츠키는 말한다. 생물학은 풍부하고, 잘 정의되었으며, 연구가 가능한 생명 개념을 가지고 있지만, 생물학에서 죽음은 전반적으로 공허하고, 부실하게 정의되었으며, 연구가 불가능한 비非생명 개념이다. 그러나 비고츠키는 죽음 또한 풍부하고, 잘 정의되고, 연구 가능한 개념, 즉 '되기'(헤겔), 무신론적 유물론("산다는 것은 죽음을 의미한다", 엥겔스), '진화'(다윈)를 가져야 한다고 말한다. 이것들은 유기체 자체에 대한 연구만으로는 발견되지 않는다(7-30~7-31). 비고츠키는 이 개념이 프로이트가 '죽음 충동'이라 명명하려 했던 것이었다고 주장했다(7-32). 프로이트의 대답은 죽음의 천사라는 중세의 믿음보다 만족스럽지는 않지만, 비고츠키는 질문에 대한 프로이트의 과학적 올바름을 옹호하고, 프로이트를 '진리를 향해 절뚝거리며 나아가는' 관념론자 헤겔에 비유한다(7-33). 물론 질문에 대한 프로이트의 대답을 평가하려면, 다른 체계로서 프로이트의 체계 밖에서 우리로 하여금 그것을 객관적으로 평가할 수 있게 해 줄 관점이 필요할 것이다. 이는 심리학 분야들 사이의 관계를 다루는 세 번째 방식으로 우리를 인도한다(7-34).

iii. 학문 내 동화. 비고츠키는 프로이트의 '억압'과 '카타르시스' 개념을 차용하여 자극과 반응 사이 지연을 설명한 파블로프 연구실의 실험을 호의적으로 설명하며 시작한다(7-35). 비고츠키는 다음과 같이 지적한다.

a. 파블로프를 통해 아이디어를 검증하는 것은 루리야와 프리드먼이 시도한 것처럼 프로이트 체계 안에서 아이디어를 검증하는 것과는 매우 다르다(7-36).

b. 파블로프 체계와 프로이트 체계는 단 한, 두 지점(억압과 카타르시스)에서만 접하며, 심지어 거기에서도 단어는 다른 체계에서 다른 의미를 띤다(7-36).

C. 실험 기법методика의 관점에서 결과는 준수하다. 연구 방법метод의 관점에서 추가적인 개념들은 중복적이고 불필요하며, 방법론적методология 관점에서 설명 원칙은 비일관적이고 용어는 애매하고 모호하다. 비고츠키는 이를 베흐테레프가 카타르시스라는 용어를 사용하는 방식으로 잘 보여 준다. 비고츠키는 베흐테레프가 '모방-신체적'과 같은 모호한 언어를 사용하고 억압을 짓누름, 속박, 억제로 마음대로 기술하며, 한 장에서는 억압을 의식적 행동을 기술하는 데 사용하고 다른 장에서는 무의식적 행동을 기술하는 데 사용하는 모습에 대해 껄껄 웃는다 (7-38).

D. 비고츠키는 무의식의 문제를 한편으로는 특수하고 경험적인 과학과 다른 한편으로는 일반적이고 방법론적인 과학 사이의 구분에 해당하는 두 가지 문제로 나누면서 이 장을 마무리한다. 전자는 무의식이 존재하는지(브렌타노), 그것이 우리가 인식하지 못하는 다른 생리학적 과정과 똑같은지(뮌스터베르크), 그것이 인식론적으로 필요한지(슈베르트-솔덴), 또는 프로이트가 주장하는 것처럼 본질적으로 성적인 것인지에 대한 문제를 해결할 수 없다(7-39). 그것이 생리학이 심리학의 영역을 침탈하는 것을 막기 위한 심리학자들의 발명품인지(달) 아니면 단순히 체험 개념의 가설적인 연속인지(스턴)에 대한 문제는 일반 과학만이 해결할 수 있다. 무의식을 심리학적으로 연구하려면 먼저 그것이 단순히 생리학의 일부가 아니라 심리적 현상이라는 점을 증명해야 한다(7-40). 비고츠키에 따르면, 이것이 바로 립스가 무의식이 단순히 또 다른 심리적 문제가 아니라 심리학 자체를 구성하는 것에 대한 문제라고 말한 의미이다(7-41).

참고 문헌

Freud, S. (1920/1990). *Beyond the Pleasure Principle*. New York: Norton.
Vygotsky, L.S. and Luria, A. R. (1926/1994). Introduction to the Russian Translation of Freud's *Beyond the Pleasure Principle*. In R. Van der Veer and J. Valsiner (eds). *The Vygotsky Reader*. Cambridge, MA and Oxford: Blackwell.

제8장

방법론, 방법, 기법
(비고츠키의 두 번째 여담: 염증)

E. L.키르히너(Ernst Ludwig Kirchner), 두 소녀, 1909/1920.

키르히너가 질병과 염증을 나타내기 위해 녹색과 적색을 사용한 방식(심지어 아이의 발가락까지)을 보자. 서로 다른 두 날짜도 주목한다면, '두 소녀'라는 제목에도 불구하고 그림 속 소녀들은 동일인일 수 있다. 한때의 소녀는 직접적인 경험은 있지만 어린 시절을 관찰할 능력이 없고, 다른 한때의 성숙한 여성은 어린 시절을 돌아볼 능력은 있지만 직접적인 경험이 없다. 이 장에서 비고츠키는 모든 방법론, 모든 방법, 심지어 자료 수집을 위한 각각의 기법 속에 이런 긴장이 존재함을 보여준다. 심리학은 다른 과학의 방법론적 침입에 굴복하거나 맞서 싸울 수 있다. 예를 들어 '개체발생은 계통발생을 요약 반복한다'는 헤켈의 생물발생 원칙에 따르면 어린 소녀는 생물학적 진화의 낮은 단계를 표상한다. 그러나 키르히너의 그림은 그의 잃어버린 유년기를 단순히 관찰하거나 회복하려고 하지 않는다. 혹은 식물이나 동물에서부터 인간으로의 진화를 반복하는 어린이를 우리에게 보여 주려고 하는 것도 아니다. 만약 그림의 두 소녀가 동일인이라면, 키르히너는 간접 심리학적 방법, 즉 발생적 절단법을 사용한 것이다. 이 간접적이고 완전한 심리학적 방법은 어린아이뿐 아니라 전체로서의 심리학에 진단과 치료를 제공한다.

8-1] 더욱 분명한 것은 일반 과학–특수 과학의 대수–의 개념을, 그리고 특수 분야가 다른 과학 영역에서 차용할 때 그것(일반 과학-K) 이 하는 역할을 원칙적으로 재작업할 필요성이다. 한편으로는 한 과학 의 결과를 다른 과학의 체계로 옮기는 데 가장 좋은 조건이 여기에 있 는 것 같다. 차용된 명제나 법칙의 신뢰성, 명확성, 원칙적 재작업 정도 가 우리가 기술하는 경우보다 일반적으로 훨씬 높기 때문이다. 예를 들 어, 우리는 생리학이나 배아학에서 확립된 법칙, 생물학적 원칙, 해부학 적 가설, 민족학적 사례, 역사적 분류 등을 심리적 설명 체계에 도입한 다. 이처럼 광범위하게 발전되고 원리가 잘 확립된 과학의 명제와 구성 은, 아직 체계화되지 않은 새로 만들어진 개념의 도움으로 완전히 새로 운 영역을 탐구하는 심리학 학파, 예컨대 아직 스스로를 인식하지 못하 는 프로이트 학파의 명제보다 물론 방법론적으로 훨씬 더 정확하게 발 전되어 있다. 이 경우 우리는 더 잘 다듬어진 결과물을 차용하여 더 잘 규정되고 정확하며 명확한 값으로 운영하므로 오류의 위험은 줄어들고 성공 가능성은 커진다.

8-2] 다른 한편, 여기서는 다른 과학으로부터의 차용이 일어나기 때문에 자료가 더 이질적이고, 방법론적으로도 이질적이어서 그것을

숙달하기 위한 조건이 더 어려워지는 것으로 보인다. 우리가 위에서 고려한 것(즉, 7장에서 검토한 세 가지 실패한 방법-K)과 비교하여 더 쉽거나 더 어렵게 만드는 이러한 조건은-이론적 분석에서 실험의 실제 변이조건을 대체하는- 분석의 필수적 변이 수단이다.

H. G. 글린도니(Henry Gillard Glindoni), 엘리자베스 여왕을 위해 연금술 실험을 수행하는 존 디, 1913.

연금술사 존 디는 어떤 조건하에서는 물질의 조합이 연소를 촉진하지만 이 조합의 생성물은 연소를 소멸시킨다는 것을 보여 준다. 비고츠키는 산소와 수소의 원소적 조합(산소와 혼합된 수소)은 연소하지만, 수소와 산소의 분자적 결합(물)은 불을 끈다고 말한다(『연령과 위기』 2-13). 이는 화학과 물리학이 근접 과학임에도 서로 단위, 개념 및 방법을 차용할 수 없는 이유이다. 이는 또한 화학과 연금술은-비록 하나는 개념을 발달시키고 다른 하나는 그렇게 할 수 없었지만- 서로 방법론과 기본 단위를 공유할 수 있었던 이유이기도 하다.

일반 과학을 확립하는 것은 조사 중인 현상을 설명하기 위해 분석 단위를 확립하는 것을 포함한다. 물리학은 입자와 원자, 화학은 몰과 분자를 이용한다. 비고츠키는 이웃하는 과학에서 단위, 개념 및 방법을 차용함으로써 분석 단위를 확립하는 세 가지 방식을 거부했다.

a) 초학문적 힘으로 단위, 방법 및 개념을 있는 그대로 병합

b) 학문 간 협상을 통해 서로를 변형하며 조절

c) 특정한 지점에서만 일치하는 두 현상을 동일 용어로 지칭하며 두 영역을 결합

무의식의 예를 이용하여 비고츠키는 세 가지 방법이 모두 실패했으며, 세 가지 방법 모두 공통적으로 이웃 과학의 단위, 개념 및 방법에 대한 비판적 개입이 부족하다는 것을 보여 주었다.

그러나 비판적 개입이란 정확히 무엇을 포함하는가? 비고츠키는 실험 분석의 비유를 이용한다. 우리는 어떤 자연 현상이 일어나는 조건(산소의 유무, 고온과 저온 등)을 변화시킨다. 이론적 분석에서 우리는, 어떤 과학은 더 발달했으나 심리학에 덜 근접한 반면, 다른 과학은 더 근접했지만 덜 발달했다는 것을 알고, 개념과 방법의 차용이 일어나는 조건을 변화시킨다.

한편으로 생리학의 단위, 개념 및 방법은 프로이트주의보다 훨씬 더 잘 확립되어 있다. 다른 한편으로 생리학의 영역은 더 멀기 때문에 그 자료는 심리학과 관련성이 적다. 흥미롭게도 비고츠키가 다음에 언급하듯이 프로이트의 약하고 제대로 확립되지 않은 개념을 도입하는 것은 반대하지 않았던 반사학자들이 자연과학의 개념을 도입하는 데에는 반대한다. 자연과학의 개념이야말로 강요할 수도, 왜곡할 수도, 또는 단순히 무시할 수도 없는 고도로 발달한 개념이다.

존 디의 뒤에서 연금술 텍스트를 들고 앉아 있는 남자는 그의 조수인 에드워드 켈리이다. 그는 위조에 대한 처벌로 귀를 잘렸기 때문에 긴 모자를 쓰고 있다.

8-3] 첫눈에는 고도로 역설적이지만 그 때문에 분석에 매우 적절한 사실을 살펴보자. 반사학은 모든 영역에서 자신의 데이터와 주관적 분석의 데이터와의 그토록 기적 같은 일치를 확립하며, 정확한 자연과학

의 토대 위에 스스로의 체계를 건립하고자 하지만, 놀랍게도 바로 자연 과학적 법칙을 심리학적 법칙으로 변환하는 것에 항의하도록 내몰린다.

8-4] H. M. 셸로바노프는 발생적 반사학 방법을 연구하면서, 무조건 적이고 자신의 학파도 예상치 못한 철저함으로-자연과학에는 큰 결과 를 가져왔으나 주관적 심리학 문제의 개발에는 그다지 도움이 되지 않 는- 기본 방법을 주관 심리학으로 가져오는 형태의 자연과학 모방을 거부한다. I. 헤르바르트와 G. 페히너는 기계적으로 수학적 분석을 가져 왔고 W. 분트는 생리학적 실험을 심리학으로 가져왔다. W. 프레이어는 생물학에서 유추하여 정신발생의 문제를 제시했고, S. 홀 등은 생물학 에서 뮐러-헤켈 원리를 차용하여 이를 방법론적 원리로서뿐만 아니라 어린이의 '정신 발달'의 설명 원칙으로 무분별하게 적용했다. 시험을 거 친, 검증된 방법의 적용을 과연 반대할 수 있을 것인지 저자는 묻는다. 그러나 문제가 올바르게 설정되고, 방법이 연구 대상의 특성과 일치하 는 경우에만 이 방법의 사용이 가능하다. 그렇지 않으면 과학적이라는 환상이 획득된다(그 특징적인 사례는 러시아 반사학이다). J. 페촐트의 표현 에 따르면, 가장 뒤떨어진 형이상학에 던져진 자연과학의 스카프는 헤 르바르트도 분트도 구하지 못했다. 수학 공식도 정확한 장치도 부정확 하게 설정된 문제를 실패로부터 구하지 못한 것이다.

*H. M. 셸로바노프(Николай Матвеевич Щелованов, 1892~1984)는 러시아 생리학자이다. 혁명 전까지는 베흐테레프의 조수로 일했지만, 1918년부터 1931년까지 레닌그라드의 뇌 연구소에서 일했다. 1931년 에는 모스크바로 이주하여 모성-유아 보호 부서에서 일했다. 그는 인 간 유아를 연구하기 위해 베흐테레프의 방법을 적용할 것을 제안했다.

*J. F. 헤르바르트(Johann Friedrich Herbart, 1776~1841)는 독일의 교 육자이자 심리학자로, 주관적 심리학에 대한 최초 비평가 중 한 사람 이다. 그의 반응은 다소 극단적이었다. 그는 정신생활 전체를 수학화하

려고 했다. 의식은 정량적으로 표현할 수 있는 표상의 총합으로 설명할 수 있다는 것이다. 프로이트는 무의식, 콤플렉스, 억압과 같은 개념을 헤르바르트에게 빚지고 있지만, 헤르바르트는 프로이트와 달리 이 모든 개념을 순수하게 수학적으로 처리하는 것이 가능하다고 생각했다.

*G. T. 페히너(Gustave Theodor Fechner, 1801~1887)는 감각량은 자극량의 로그함수에 비례한다는 '페히너 법칙'을 처음으로 공식화한 생리학자이다(이 순수한 생리학적 법칙은 정치에도 적용되어 공공 지출의 규모와 구성이 투표와 대수적 관계가 있음을 보여 준다). 첫 발견 이후 페히너는 정신쇠약에 시달렸고, 중의학中醫學 치료를 받은 후 눈이 멀고 어두운 방에서 굶어 죽을 뻔했지만, 지인이 말린 햄을 보내 주어 목숨을 구할 수 있었다. 회복한 후 페히너는 식물을 포함한 온 세상에 지각이 있다고 여기게 되었다.

*W. T. 프레이어(William Thierry Preyer, 1841~1897)는 예나의 생리학 교수로 심리학 강의에 실험적 훈련 방법을 도입했다. 그는 1882년 자기 딸의 발달에 관한 사례 연구인 『아동의 영혼』을 썼는데, 많은 사람이 이 연구를 아동심리학에 관한 최초의 체계적인 과학적 연구로 간주한다.

*J. P. 페촐트(Joseph Petzoldt, 1862~1929)는 에른스트 마하, 리하르트 아베나리우스, 빌헬름 슈페와 함께 경험주의 비판 철학자 중 한 사람이다. 경험주의 비판철학은 우리가 겪는 세계만 있고 세계 자체라는 것은 없다고 주장하는 반현실주의의 한 형태이다. 사회적 구성주의의 초기 형태인 이 철학은 1905년 혁명 실패 이후 많은 볼셰비키에게 매우 매력적이었으나, 레닌은 이에 반대하는 책을 썼다.

뮐러-헤켈 원리The Müller-Haeckel principle는 다음 단락에서 언급할 '생물 발생 법칙'이다. 생물 발생 법칙에 따르면 개체발생은 계통발생을 반복한다. 즉, 자궁 속 태아의 이야기는 진화 이야기의 '빨리 감기' 버전이며, 아기마다 무기물 단계에서 유기물 단계로, 식물 단계에서 동물 단계로, 동물 단계에서는 단세포 단계에서 다세포 단계로, 심지어 어류, 양서류, 파충류, 포유류의 시대로 세분화할 수 있는 단계를 통과해야 한다. 비고츠키의 말처럼 이것은 계통발생, 사회발생, 개체발생의 여러 가지 사실에 대한 일반화(실제로는 지나친 과잉 일반화)에 불과하다. 이는 심리학에서는 타당성이 없다. 예를 들어, 인간 배아가 수정 직후 '단세포' 단계인 것은 사실이지만, 어린이는 '초기 인간'이 아니며, 청소년은 스탠리 홀이 주장한 것처럼 중세 사람을 재현하지 않는다. 헤켈은 또한 인간의 예술이 계통발생적 기억을 나타낸다고 믿었지만, 1904년 에른스트 헤켈이 저서 『자연 속의 예술Kunstformen der Natur』에서 그린 말미잘에 해당하는 인간 발달 단계는 알려진 바가 없다.

8-5] 잘못된 질문에 대한 답으로 제시된 소수점 마지막 자릿수에 대한 뮌스터베르크의 언급을 기억해 보자. 저자는 생물학에서 생물발생 법칙은 수많은 사실에 대한 이론적 일반화인 반면, 심리학에 대한 적용은 서로 다른 사실 영역 간의 유추에만 근거한 피상적 추측의 결과라고 설명한다. (자체 연구 없이 유추에 따른 억측으로 삶과 죽음으로부터 – 아인슈타인과 프로이트로부터 – 스스로의 구성에 대한 기성의 모델을 가져오는 반사학 역시 그렇지 않은가?) 그런 후 원칙은 작업가설로서가 아니라 마치 주어진 사실의 현상 영역에 대한 설명 원칙으로 과학적으로 확립된, 완성된 이론으로 적용되어 이 오류의 피라미드를 완성한다.

A. 도자(Adrien Dauzats), 대피라미드를 오르는 이집트인들, 1830.

이 그림을 그리는 것 외에도 도자는 알렉상드르 뒤마(몽테크리스토 백작, 로빈 후드와 삼총사 이야기의 작가)와의 이집트 여행에 관한 기발한 책을 썼다. 생물발생적 원리, 즉 비고츠키가 위의 8-4에서 언급한 뮐러-헤켈의 원리는 과학적 인종주의에 대한 첫 시도로 대미를 장식한 오류의 피라미드였다. 헤켈에 따르면 (인간은 다윈이 보여 주었듯이 아프리카에서 기원한 게 아니라) 다양한 현대의 인종들에게는 독립된 별도의 기원이 있다. 그는 백인이 인도나 인도 해안에서 떨어진 가상의 대륙에서 기원했으며, 백인이 가장 문명화되고 진보한 인종이라고 믿었다. 이러한 이유로 헤켈의 이론은 만자卍字를 상징으로 채택한 나치에게 매력적이었다. 하지만 생물발생적 원리는 이집트 문명을 설명하는 데 많은 어려움을 겪었다.

8-6] 우리는 이 의견을 제시한 저자(셀로바노프-K)가 그랬듯 이 문제(생물발생 원리-K)에 대한 실질적인 고찰을 시작하지는 않을 것이다. 이 문제와 관련하여 러시아어로 된 것을 포함하여 풍부한 문헌이 있다. 대신 우리는 이 문제를 잘못 확립된 심리학적 문제가 자연과학에서 차용한 것으로 인해 과학적 외관을 쓰게 된 경우가 얼마나 많은지 보여 주는 예로 간주할 것이다. H. M. 셀로바노프는 방법론적 분석의 결과, 경험적 심리학에서는 발생적 방법이 근본적으로 불가능하며 이 때문에 심리학과 생물학 간의 관계가 변한다는 결론에 도달했다. 그러나 왜 아동심리학에서는 발달 문제가 잘못 설정되어 엄청난 작업적 낭비를 발생시켰을까? 셀로바노프에 따르면 "아동심리학은 이미 일반 심리학에 포함된 것 이상을 우리에게 제공할 수 없다". 그러나 통일된 체계로서의 일반 심리학은 없으며 이러한 이론적 모순은 아동심리학을 불가능하게 만든다. "이론적 전제는 연구자 자신이 인식할 수 없는 매우 위장된 형태로, 특정 저자가 고수하는 이론에 따라 경험적 데이터를 처리하는 전체 방법과 관찰로 얻은 사실의 해석을 미리 결정한다." 이것은 자연과

학이 경험주의적이라는 허상에 대한 최고의 반박이다. 따라서 사실은 한 이론에서 다른 이론으로 이전될 수 없다. 사실은-다만 최종 목표와 출발 전제만 다를 뿐- 항상 사실이며, 동일한 대상(어린이)과 동일한 방법(객관적인 관찰)을 갖고 있다는 (잘못된-K) 생각이 심리학에서의 사실을 반사학으로 이전할 수 있게 하는 것으로 보인다. 저자는 두 가지 명제에서만 실수를 했다.

8-7] 그의 첫 번째는 실수는, K. 그로스가 개발한 놀이 이론에서 처럼 아동심리학이 심리학적 원리가 아니라 일반생물학적 원리를 적용했을 때만 긍정적 결과를 얻었다고 주장한 것이다. 사실 이것은 차용이 아니라, 최초의 사실 수집과 기술로부터 최후의 이론적 일반화에 이르기까지-방법론적으로 나무랄 데 없고 투명하며, 내적으로 일관된-순전히 심리학적인 비교- 객관적 연구의 가장 좋은 사례 중 하나이다. 그로스는 놀이 이론을 생물학에서 가져오기보다는, 심리적 방법으로 창조한 놀이 이론을 생물학에 부여했다. 그는 생물학적 빛으로 자신의 문제를 해결하지 않고, 자신에게 일반 심리학적 과업을 부여했다. 이는 (셀로바노프의 주장과-K) 정반대가 옳다는 것을 의미한다. 아동심리학은 차용하는 것이 아니라 자신의 길을 갔던 바로 그때, 이론적으로 가치 있는 결과를 획득했다. 결국 저자는 언제나 차용에 반대한다. E. 헤켈로부터 차용한 S. 홀은 심리학에 일련의 우스꽝스러운 일과 억지스럽고 무의미한 비유를 제공한 반면, 자신의 길을 갔던 그로스는 헤켈의 법칙에 못지않게, 생물학에 많은 것을 제공했다. 스턴의 언어 이론, 뷜러와 코프카의 어린이 생각 이론, 뷜러의 발달 단계 이론, 손다이크의 훈련 이론을 한 번 더 상기해 보자. 이 모두는 가장 순수한 스타일의 심리학이다. 따라서 (셀로바노프의 결론은-K) 잘못되었다. 유년기 심리학의 역할은 당연히 사실적 자료의 축적과 그 예비적 분류, 즉 준비 작업에 국한되지 않는다. 셀로바노프가 베흐테레프와 함께 개발한 논리적 원칙

의 역할이 도달할 수 있고 불가피하게 도달해야만 했던 것이 바로 이것이다. 결국 새로운 학문에는 유년기라는 생각도, 발달의 개념도, 연구의 목표도 없다. 즉 어린이의 행동이나 인격의 문제가 없는 것이다. 여기에는 단지 객관적 관찰의 원리, 즉 훌륭한 기술적技術的 규칙만 있다. 그러나 이 무기로는 누구도 거대한 진실을 발견하지 못했다.

미켈란젤로(Michelangelo), 아담의 창조, 1508.

하느님과 아담은 발생적 시공간의 차이를 가로질러 서로에게 손을 내밀지만, 하느님을 둘러싼 붉은 망토는 인간의 뇌와 매우 흡사해 보인다. 루리야는 종종 대인 관계를 '피질 외'의 연결이라고 지칭했는데 이는 대인관계가 '개인 내 관계, 즉 심리적이기도 한 현상이 관찰 가능한 사람들 사이의 관계로 실현'된 것임을 의미한다.

이 문단에서는 비고츠키는 그로스, 스턴, 뷜러, 코프카, 손다이크의 연구를 언급한다. 1899년에 출판한 『인간의 놀이Die Spiele der Menschen』에서 K. 그로스는 놀이에 대해 기능주의적이지만 심리학적 주장을 펼쳤다. 전쟁놀이가 미래의 사냥을 위한 기능과 심리적 태세를 준비시키듯, 놀이는 미래 활동을 위한 예행 연습이라는 것이다. 『어린이의 말 Der Kindersprache』이라는 책에서 스턴은 언어가 아동 의지의 연장선이라는 지성주의적 주장을 펼쳤으며, 뷜러는 생애 첫해는 본능, 습관, 지성, 의지의 순서로 특징지어진다고 주장했다. 코프카의 저서 『마음의 성장 The Growth of the Mind』도 언급되었으며 마지막으로 시행착오 과정으로서의 학습에 관한 손다이크의 연구도 인용된다.

비고츠키는 이 모두를 비판했지만 반사학자들의 연구와는 달리 이들은 모두 슈프랑거의 '심리학적 심리학' 원리(7-25 상자 참조), 즉 자체 단위, 개념, 원칙을 가지고 있는 심리학을 나타낸다. 예를 들어 그로스는 미래 활동을 예행 연습하는 것은 정신이라고 주장한다. 스턴은 아동의 의지와 지능을 정신 구조로 간주하고, 뷜러에게 모든 다양한 수준의 행동은 동시에 정신 발달 수준이다. 반사학적 접근법에서는 이 중 어느 것도 사실이 아니다.

하느님을 둘러싼 붉은 망토는 인간의 자궁이며 녹색 스카프는 방금 자른 탯줄을 나타낸다는 설도 있다. 어쨌든 미켈란젤로는 자신의 모습으로 하느님을 창조했고, 비고츠키는 다른 과학의 모습이 아닌 자신의 모습으로 창조된 단위, 개념 및 방법을 가진 심리학을 찾고 있다.

8-8] 저자의 두 번째 오류는 이와 연결되어 있다. 심리학의 긍정적 의미에 대한 이해 부족과 그 역할에 대한 과소평가는, 가장 중요하고, 방법론적으로 유아적인 생각, 즉 직접적인 경험을 통해 주어진 것만 연구할 수 있다는 생각에서 비롯된다. 이 '방법론적' 이론 전체는 하나의 삼단논법에 기초하고 있다. 1) 심리학은 의식을 연구한다, 2) 직접적인 경험에서는 우리에게 성인의 의식이 주어지므로, "의식의 계통발생적, 개체발생적 발달에 관한 경험적 연구는 불가능하다", 3) 따라서 아동심리학은 불가능하다.

8-9] 그러나 과학이 직접적인 경험에서 주어진 것만 연구할 수 있다는 이 생각은 매우 깊은 착각이다. 심리학자는 어떻게 무의식을 연구하고, 역사가와 지질학자는 어떻게 과거를 연구하고, 광학 물리학자는 어떻게 보이지 않는 광선을 연구하고, 문헌학자는 어떻게 고대 언어를 연구하는가? 흔적과 영향에 의한 연구, 해석 및 재구성 방법, 비평 및 의미 발견 방법에 의해 창조된 것은 직접 '경험적' 관찰 방법에 의한 것보다 덜하지 않다. B. H. 이바노프스키는 과학 방법론, 특히 심리학의

예에서 이것을 완벽하게 설명했다. 심지어 실험 과학에서도 직접적인 경험은 매우 작은 역할을 한다. M. 플랑크는 말한다. 전체 이론 물리학 체계의 통합은 인간 특정의 요인, 특히 특정 감각으로부터의 해방 덕분에 달성된다. 플랑크는 지적한다. 빛에 대한 학설, 일반적으로 복사 에너지에 관한 이론에서 물리학은 그러한 방법으로 연구하므로 "인간의 눈은 완전히 차단되어-비록 매우 민감하지만- 우발적인 도구로서만 역할을 할 뿐이다. 그것은 옥타브의 (전체-K) 영역에 미치지 못하는 작은 스펙트럼 영역 내의 광선을 지각하기 때문이다. 나머지 스펙트럼에 대해서는 눈 대신 예컨대 파동 검출기, 열전소자, 기압계, 복사계, 사진판, 이온화 상자와 같은 다른 지각 및 측정 도구가 대두된다. 이처럼 역학에서 힘의 개념이 근육 감각과의 원래 연결을 오래전에 잃어버린 것과 같이, 광학에서 특정 감각과 기본 물리적 개념의 분리가 발생하였다"(1911, pp. 112-113).

이바노프스키에 대해서는 **7-25** 참조.

8-10] 이처럼 물리학은 바로 눈으로 보이지 않는 것을 연구한다. 결국 우리가 이 저자(셀로바노프-K)처럼 스턴의 말에 동의한다면 즉, 어린 시절은 우리에게 영원히 잃어버린 낙원이며, 어린 시절은 직접적인 경험으로 주어지지 않기 때문에 성인으로서 어린 영혼의 특별한 속성과 구조를 완전하게 남김없이 파악할 수 없다는 말에 동의한다면, 우리 눈에 직접 보이지 않는 광선도 영원히 잃어버린 낙원이고, 스페인 종교 재판은 영원히 잃어버린 지옥이라는 것 등등도 인정해야만 한다. 그러나 사실은 과학적 지식과 직접적인 지각은 전혀 일치하지 않는다. 우리가 프랑스 혁명을 지각할 수 없는 것처럼, 어린 시절의 인상을 체험할 수 없지만 자신의 낙원을 직접적으로 경험하는 어린이와 혁명의 가장 중요

한 에피소드를 자신의 눈으로 직접 지각한 동시대인은, 그럼에도 불구하고, 이러한 사실에 대한 과학적 지식으로부터 우리보다 멀리 뒤떨어져 있다. 문화 과학뿐 아니라 자연과학도 원칙적으로 직접적인 경험과 무관하게 개념을 수립한다. 엥겔스가 개미와 우리 눈의 한계에 대한 한 말을 떠올려 보자.

8-11] 과학은 우리에게 직접적으로 주어지지 않은 것에 대한 연구를 어떻게 수행하는가? 일반적으로 말해서 과학은 그것을 구성한다. 과학은 그것의 흔적이나 영향을 추론하고 해석하는 방법으로, 즉 간접적으로 연구 대상을 재창조한다. 그래서 역사가는 흔적-문서, 회고록, 신문 등-을 해석하며, 여전히 역사는 과거의 흔적에 관한 것이 아니라, 바로 그 흔적에 따라 재구성된 과거에 관한 과학이며, 그 문서에 관한 것이 아니라 혁명에 관한 과학이다. 아동심리학도 마찬가지다. 유년기, 어린이의 정신은 정말로 우리가 접근할 수 없고, 흔적을 남기지 않고, 스스로를 밖으로 드러내지 않고, 드러나지 않는가? 문제는 이러한 흔적들을 어떻게, 어떤 방법으로 해석하느냐에 있을 뿐이다-우리는 성인의 흔적에서 유추하여 그것을 해석할 수 있는가? 요컨대 요점은 모든 해석을 폐기하는 것이 아니라 올바른 해석을 찾는 데 있다. 어쨌든 역사가들도 올바른 문서에 대한 잘못된 해석에 기반한 잘못된 구성을 하나 이상 알고 있다. 여기서 어떤 결론이 나오는가? 과연 역사는 '영원히 잃어버린 낙원'이라는 결론인가? 그러나 결국 아동심리학을 잃어버린 낙원이라고 부르는 논리, 바로 그 논리가 역사에 대해서도 똑같이 말하도록 강요한다. 그리고 역사가나 지질학자, 물리학자가 반사학자와 같이 말했다면 즉, 인류와 지구의 과거는 우리가 직접적으로 접근할 수 없고(어린이의 영혼), 오직 현재만이 우리가 직접적으로 접근할 수 있다(어른의 의식)고 했다면- 많은 사람이 과거를 현재에 유추하여 또는 작은 현재로 잘못 해석한다(어린이는 작은 어른이다)- 역사와 지질학은 주

관적이고 불가능할 것이다. 오직 현시대의 역사(성숙한 인간의 심리학)만
이 가능하며, 과거의 역사는 과거 그 자체에 관한 과학이 아니라 과거
의 흔적, 문서 등의 자체에 관한 과학으로만 연구(반사에 대한 어떤 해석
도 없이 반사를 연구하는 방식으로)할 수 있다.

8-12] 본질적으로, 이 교리와 함께, 즉 직접적 경험이 과학적 지식
의 유일한 원천이자 자연적 한계라는 교리와 함께 주관적 방법과 객관
적 방법에 대한 전체 이론이 확립되거나 무너진다. 브베덴스키와 베흐
테레프는 같은 뿌리에서 성장한다. 둘 다 과학은 자기 관찰, 즉 심리적
인 것에 대한 직접적인 인식에 의해 주어진 것만 연구할 수 있다고 가
정한다. 어떤 이들은 이 마음의 눈을 신뢰하면서 마음의 속성과 마음
의 작동 한계에 대한 전체 과학을 구축한다. 그것을 믿지 않는 다른 사
람들은 실제 눈으로 느낄 수 있는 것만 연구하기를 원한다. 이 때문에
나는 반사학이, 역사를 과거의 문서에 대한 과학으로 정의해야 했던 것
과 똑같은 동일한 원칙에 따라 방법론적으로 구축되었다고 말하는 것
이다. 반사학은 자연과학의 많은 유익한 원칙 덕분에 심리학에서 매우
진보적인 경향으로 판명되었지만 방법 이론으로서는 심오하게 반동적
이다. 왜냐하면 그것은 우리가 인식하는 것을, 인식하는 정도까지만 연
구할 수 있다는 순진무구한 편견으로 우리를 되돌리기 때문이다.

1960~1970년대에 P. 파이어아벤트Paul Feyerabend, I. 러커토시Imre
Lakatos, T. 쿤Thomas Kuhn은 과학적 실재론에 관한 중요한 논쟁을 시작
했으며, 이는 오늘날에도 여전히 치열한 논쟁을 불러일으키고 있다. K.
R. 포퍼의 주장대로 과학 이론은 아직 반증되지 않은 이론이고, 대부
분 이론이 시간이 지나면 반증될 것이라면, 과학이 설명하고자 하는
실제는 '실제로' 있는 것일까? 과학은 존재하지 않는 시스템을 연구하
는 오래된 방법, 예를 들어 마술이나 원시 종교를 현대적(지금은 '포스
트모던적')으로 재구성한 것에 불과하지 않을까? 과학은 또 다른 거짓
거울에 불과하지 않은가?

R. 마그리트(Rene Magritte), 잘못된 거울, 1929.

이 논쟁은 오늘날에도 여전히 치열하게 진행 중인데, 이 문제가 제기된 존재론적 방식, 즉 이 문제를 해결하기 위해서는 진실에 직접 접근할 수 있는 다른 비과학적 방법이 필요하다는 전제로는 문제를 해결할 수 없기 때문이다. 이는 논리 실증주의자들의 믿음이기도 하다. 논리 실증주의자들은 직접 관찰만이 진리에 직접 접근할 수 있고, 이를 통해 과학을 검증할 수 있으며, 따라서 주관적인 심리학만이 가능하다고 믿었다. 그러나 비고츠키가 여기서 문제를 제기하는 인식론적 방식은 이 문제를 해결할 수 있게 한다. 비고츠키는 '눈으로 직접 관찰할 수 있는 것만 연구하면 역사적 과학 전체가 무너지고, 마르크스가 말했듯 과학 전체는 자연의 역사로 보는 역사이거나 인간의 역사로 보는 역사에 불과하기에 과학 자체도 무너질 수밖에 없다'는 귀류법(歸謬法, 간접증명법)으로 문제를 해결한다.

데카르트 이전에는 인간의 지각이, 지각된 대상을 어떤 이상적 형태로 만들어 낸 다음 '마음의 눈'으로 직접 지각되도록 하는 아날로그 시스템으로 작동되는 것으로 생각되었다. 오늘날 우리는 지각이 뇌에서 다양한 방식으로 해석되는-따라서 직접적이지 않은- 디지털 시스

8-13] 물리학이 인간 특유의 요소, 즉 특정한 감각으로부터 스스로를 해방시키고 눈이 완전히 차단된 채로 연구하는 것처럼 심리학도-역학에서 근육의 감각이, 광학에서 시각이 차단된 것 같이-직접적인 자기관찰이 차단되도록 하기 위해서 심리학적 개념으로 연구해야 한다. 주관주의자들은 그들이 행동의 개념 안에 발생적으로 자기관찰의 씨앗이 포함되어 있음을 드러내면서 객관적인 방법을 반박했다고 믿는다[Г. И. 첼파노프(1925), С. В. 크라브코프(1922), Ю. В. 포르투갈로프(1925)]. 그러나 개념의 발생적 기원은 자신의 논리적 본성에 대해 어떠한 것도 말해 주지 않는다. 역학에서 힘의 개념은 발생적으로 근육 감각으로 거슬러 올라간다.

*Г. И. 첼파노프(Георгий Иванович Челпанов, 1862~1936)는 러시아 최초의 심리학 연구소를 세웠다. 독일의 분트와 같이 그는 데카르트의 심신 이원론을 굳게 믿었고, 또한 직접적 내관만이 개인의 심리 현상을 관찰하는 유일한 신뢰할 만한 방법이라고 믿었다. 첼파노프에 따르면 경험의 기억은 너무 간접적이고 행동은 해석하기 너무 어렵다. 따라서 분트와 같이 그는 내관법을 더욱 신뢰할 만하고 타당하게 만들기 위해 (경험, 타인 관찰, 통제된 조건을 비교하는) 삼각측량법을 활용했다.

1914년 심리학 연구소 회원들 가운데의 첼파노프. 그의 왼쪽이 К. Н. 코르닐로프이고, 오른쪽 여자가 자신의 아이들을 침팬지와 함께 키운 Н. Н. 라디기나-코츠이다. 두 번째 줄, 첼파노프 바로 뒤에 А. А.

스미르노프가 서 있으며, 가장 큰 사람은 C. B. 크라브코프이다. 크라
브코프 바로 앞에 있는 사람은 A.Ф. 로세프이다. 그는 유명한 문헌학
자, 종교적 신비주의자, 그리고 반유대주의가 되었다.

　*C. B. 크라브코프(Сергей Васильевич Кравков, 1893~1951)는 역
사와 문헌학을 연구했으며 모스크바 황립대학교 심리학 연구실에서
첼파노프의 조수로 일했다. 그는 객관심리학에 대한 비평을 발표했으
며 1922년에 내관에 대한 저서를 출판했다. 비고츠키는 이 문단에서
이 책을 인용한다. 처음에는 객관심리학의 반대자였으나 그는 후에 생
리학적 심리학자가 되어 지각의 생리학에 초점을 두고 눈이 색을 지각
하는 정확한 기제를 밝히는 많은 실험연구를 수
행했다. 그는 눈의 망막이 구식 카메라의 감광지
와 같은 아날로그적 장치가 아니라는 것을 밝혀
냈다. 망막의 뉴런은 자극을 어떠한 색깔로 해석
할 수 있으며 다른 뉴런들과 상호작용할 수 있
으므로 오늘날의 디지털카메라와 더 유사하다고
할 수 있다.

*Ю.В. 포르투갈로프(Юлий Вениаминович Португалов, 1876~1936)는 정신과 의사이자 심리학자로, 오데사(우크라이나)에서 경력을 시작했고 후에 사마라(카자흐스탄에서 가까운 러시아 지역)로 옮겨 갔다. 그는 행동과학과 심리과학의 구분(파블로프)을 지지했으나 행동주의가 아닌 심리학의 편에 서서 반사학을 공격했다. 그는 정신의학, 아동학에 대해서 광범위한 저술을 남겼으며 후기에는 예술심리학을 연구했다. 이 문단에서 비고츠키는 『어린이의 심리학과 인류학Психология и Антропология детей』(1925)을 인용했다.

8-14] 자기관찰의 문제는 기술技術의 문제이지 원칙의 문제가 아니다. 그것은 물리학자의 눈과 같은 다양한 다른 도구들 사이의 한 도구이다. 우리는 그것이 유용한 한에서 최대한 활용해야 하며 그에 대해 그 어떤 원칙적 판단-지식의 한계나 확실성 또는 그것에 의해 규정되는 지식의 본성에 대한 판단-은 내려서는 안 된다. 엥겔스는 눈의 자연적 구조가 광학 현상에 대한 우리의 지식의 한계를 거의 규정하지 못한다고 지적했다. 플랑크는 현대 물리학에 대해서도 같은 말을 한다. 특정한 감각으로부터 기본적인 심리적 개념을 떼어 내는 것이 심리학의 다음 과제이다. 여기서, 이 감각 및 자기 관찰 자체는 (눈이 그러하듯이) 심리학의 가정, 방법 및 일반 원리로 설명되어야 하며, 심리학의 특정 문제로 전환되어야 한다.

비고츠키는 아마도 다음을 인용하는 것으로 보인다.

"무엇이 빛이고, 무엇이 빛이 아닌지는 눈의 구조에 따라 달라진다." 엥겔스, F. (1883/2010). 『자연변증법Dialectics of Nature』(마르크스 엥겔스 선집, 제25권), p. 565.

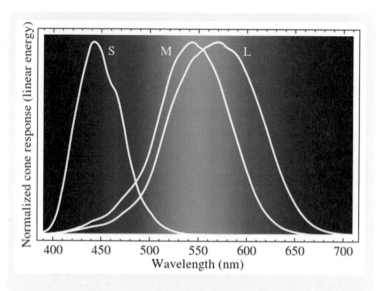

엥겔스는 빛으로 보이는 모든 태양 광선이 파장에 따라 서로 다른 세 가지 물리적 효과를 띠는 것은 눈의 구조 때문이라고 주장한다. 파장이 가장 긴 빛(적외선)은 열의 효과를, 가장 짧은 빛(자외선)은 '화학 작용'의 효과를 가지며, 그리고 그사이의 것들만 다양한 가시可視 색을 가진 빛으로 인식된다. 위 분광 사진은 가시광선이 전체 파장의 일부일 뿐임을, 한 옥타브에 불과함을 보여 준다. 위 분광 사진에서 파란색-보라색, 녹색-노란색, 주황색-빨간색은 단파(S), 중파(M), 장파(L) 전자기파에 대한 망막 원추의 피크 반응으로 표시된다. 물론, 모든 빛은 전자기파로 구성되며, 화학적 상호작용은 전자기적이기 때문에 그런 의미에서 모든 빛은 화학적이다. 하지만 19세기에는 어둠 속에서 특정 물질을 빛나게 하는 자외선이 고유한 화학적 성질을 띤다고 생각되었다. 앞에서 엥겔스와 비고츠키가 개미의 자외선 시각을 '화학 광선'이라고 부른 것은 이 때문이다.

8-15] 그렇다면 해석, 즉 간접적 방법의 본성에 대한 문제가 대두된다. 일반적으로 역사는 과거의 흔적을 해석하지만 물리학은 도구의 도움으로, 눈으로 관찰하는 것만큼이나 직접적으로 관찰한다고 여겨진다.

도구는 과학자의 연장된 기관이다. 현미경, 망원경, 전화기 등은 결국 보이지 않는 것을 직접적 경험의 대상으로 만들고 보이도록 한다. 물리학은 해석하지 않고 본다는 것이다.

8-16] 그렇지만 이 견해는 잘못된 것이다. 과학적 장치의 방법론은 항상 분명히 나타나지는 않는, 도구의 근본적으로 새로운 역할을 오래 전부터 밝혀 왔다. 이미 온도계는 계측기 사용이 과학적 방법에 제공하는 원칙적으로 새로운 것의 예가 될 수 있다. 우리는 온도계에서 온도를 읽는다. 온도계는 현미경이 눈을 확장하는 것처럼 온기를 증폭하거나 연장하지는 않지만 온도를 연구할 때 감각으로부터 우리를 해방시킨다. 시각장애인은 현미경을 사용할 수 없지만 온도계는 느낌 없이도 사용할 수 있다. 온도계는 간접적인 방법의 순수한 예이다. 결국 우리는 현미경처럼 우리가 본 것, 즉 수은의 상승, 알코올의 팽창이 아니라 수은과 알코올이 가리키는 온도와 온도 변화를 연구한다. 우리는 온도계의 표시를 해석하고, 연구되는 현상을 그 흔적에 따라, 그것이 체體의 팽창에 미치는 영향에 따라 재구성한다. 이는-플랑크가 보이지 않는 것을 연구하는 수단으로 논의했던-모든 도구에 동일하게 적용된다. 결과적으로 해석은 이전에 확립된 규칙성(이 경우 가열 하에서 팽창하는 물체의 법칙)에 근거하여 그 흔적과 효과에 따라 현상을 재창조하는 것을 의미한다. 온도계 사용과 역사, 심리학 등의 해석 사이에는 원칙적으로 그 어떤 차이도 없다. 이는 모든 과학과 관련해서도 마찬가지다. 과학은 감각 지각에 의존하지 않는다.

8-17] C. 슈툼프는 기하학 교과서를 저술한 맹인 수학자 손더슨에 대해 이야기한다. A. M. 셰르비나는 자신의 실명이 눈이 보이는 사람들에게 광학을 설명하는 것을 방해하지 않았다고 말한다(1908). 과연 맹인은 플랑크가 언급한 모든 도구를 사용할 수 없을까? 이미 맹인을 위해 고안된 시계, 온도계, 책이 있으며 맹인은 광학을 연구할 수도 있다.

이것은 원리가 아니라 기술의 문제이다.

*N. 손더슨(Nicholas Saunderson, 1682~1739)은
한 살 때 천연두로 시력을 잃었다. 그럼에도 그는
수학을 독학하여 케임브리지대학교를 졸업하고
모교의 교수가 되었다. 그는 미적분을 발견한 아
이작 뉴턴의 절친한 친구였다. 그는 스텀프의 기
술과는 달리 기하학이 아닌 대수학에 관한 10권
의 책을 썼다. 플랑크가 8-9에서 언급한 도구는
파동 검출기, 열전소자, 기압계, 복사계, 사진판, 이온화 챔버이다. 이
모두는 손더슨이 어렸을 때 읽기를 독학한 것과 같은 기본원칙을 사
용하여(그는 묘비에 새겨진 글을 손가락으로 만지며 읽기를 독학했다) 손가
락으로 읽게 할 수 있다.

*А. М. 셰르비나는(Александр Моисеевич Щербина, 1874~1934)는
두 살 반에 시력을 잃었지만, 처음에는 양각 활자를 사용하고 그다음
에는 점자를 사용하여 읽는 법을 배웠다. 그는
 러시아어, 우크라이나어, 독일어, 프랑스어, 라틴
어를 읽고 말하는 법을 배웠으며, 김나지움에서
광선을 나타내는 기하학적 선을 사용하여 무지
개의 광학을 가르쳤다. 그는 후에 철학자가 되었
고 모스크바대학교의 첼파노프 밑에서 조교수가
되었다.

8-18] K. H. 코르닐로프(1922)는 다음 사실을 훌륭하게 입증했다.
1) 방법론적 측면에서 실험 설계에 대한 관점의 차이는-실험 중에 시
간계측 장치를 어느 방에 두어야 하는지에 대한 문제에서 비롯된 시간
계측기에 대한 상이한 철학이 심리학의 전체 방법과 전체 체계에 대한
문제를 제기하고 W. 분트 학파와 O. 퀼페 학파를 나눈 것과 같이- 심
리학의 다양한 방향을 형성하게 한 갈등의 출현에 크게 기여했다. 2) 실

험적 방법은 심리학에 전혀 새로운 것을 가져오지 않았다. 그것은 분트에게는 자기 관찰의 교정이었다. N. 아흐에게서 자기관찰 데이터는, 마치 온기를 느끼는 감각이 다른 감각에 의해서만 통제될 수 있는 것처럼, 다른 자기관찰 데이터에 의해서만 통제될 수 있는 것이었다. 데이흘러가 볼 때 수치적 평가치는 내관의 정확도의 척도이다. 한마디로, 실험은 지식을 확장하지 않고 그것을 통제할 뿐이다. 심리학은 아직 자신의 장치에 대한 방법론이 없으며, 내관을 통제하거나 강화하는 것이 아니라, 온도계처럼, 내관으로부터 우리를 해방시키는 장치의 문제를 아직 수립하지 않았다. 시간계측장치의 철학은 그것의 기술技術보다 어려운 것이다. 그러나 우리는 심리학의 간접적인 방법에 관하여 여러 번 이야기하게 될 것이다.

*K. H. 코르닐로프(Константин Николаевич Корнилов, 1879~1957)는 심리학 연구소 소장으로, 비고츠키의 상사였다. 그는 시베리아 출신으로 모스크바대학교에서 역사와 철학을 전공한 급진적인 사회주의자이자 교사였다. 혁명 이후 첼파노프를 대체하여 심리학 연구소 소장이 되었고 (루리야와 비고츠키를 포함하여) 젊고 경험이 적은 심리학자들을 대거 연구소에 등용하고 소위 '반응학reactology'이라고 불리던 프로그램을 제안하며 생물학적 반사reflex보다 더 광범위한 정신적 반응을 연구하고자 했다.

반응학은 '유물론적'이며 '변증법적'이었다. 그러나 코르닐로프에게 변증법은 분트의 심신 평행론을 의미했다. 즉 신체적 반응에 정신적 반응을 더한 것이었다. 분트와 같이 코르닐로프는 정신적 반응은 시간 측정도구를 통해 정확하게 잴 수 있다고 믿었다. 감각에 필요한 시간과 근육 반응에 필요한 시간을 제하면 정신적 과정에 필요한 시간이 계산될 수 있다는 것이다. 그는 주의, 연합, 감각, 나아가 정서까지도 이러한 방법으로 연구될 수 있다고 믿었다.

코르닐로프는 이러한 정신적 과정의 측정과 계산 방법에 대한 논박을, 시간측정도구를 실험 장소 내에 위치시킬 것인지(시간측정도구의 소리가 반응을 방해할 수 있다) 아니면 밖에 위치시킬 것인지에 대한 분트와 퀼페의 논박-이는 결국 분트 학파와 퀼페 학파의 분열을 낳았다-에 비교한다. 분트는 생각이 실험실 내에서 연구될 수 없다고 믿었다. 실험실 장비들, 예컨대 시간측정도구 등이 실험 대상인 과정을 변화시킬 수 있기 때문이다. 그러나 퀼페는 내관을 통제하고 강화함으로써 생각을 실험실에서 연구할 수 있다고 믿었다. 퀼페는 뷔르츠부르크 학파를 창립했고 형태주의의 아버지가 되었다.

*N. 아흐(Narziss Ach, 1871~1946)는 독일 심리학자로, 비고츠키와 사하로프가 개념 연구를 위해 차용한 블록 실험을 창안했다. 그는 독일 관념주의자로 생각은 오직 다른 생각을 통해서만 측정될 수 있다고 믿었다. 따라서 그는 개념 형성이 '결정적 경향성'에 의해 결정된다고 주장한다. 비고츠키가 말하듯 그는 내관의 보고(예컨대 '불안하다'는 실험 대상의 보고)는 다른 내관의 보고(예컨대 '차분하다'는 실험 대상의 보고)와 비교함으로써만 규정 가능하며 행동에 대한 실험적 관찰로는 불가능하다고 주장한다. 비고츠키는 동의하지 않는다. 아흐의 주장은 온도에 대한 감각은 온도계가 아니라 오직 내관으로만 규정 가능하다고 말하는 것과 같다.

데이흘러Дейхлер는 아마도 G. 도이흘러(Gustaf Deuchler, 1883~1955)를 지칭하는 것으로 보인다. 그는 튀빙겐과 함부르크에서 실험 교육학 교수로 재직했다. 분트나 반응학자들과 같이 그는 심리과정 연구의 반응으로부터 노이즈를 제거하는 것에(예컨대 관찰자와 자기관찰자의 임의적 차이의 제거) 관심이 있었으며, 오늘날 '만-휘트니Mann-Whitney 검정'이라 불리는 통계 방법을 개발했다.

8-19] Г. П. 젤료니는 우리가 '방법'이라는 단어로 두 가지 다른 것을 이해한다고 정확하게 지적한다. 1) 연구 기법методика, 기술적 수단,

2) 연구의 목적과 과학의 입지 및 본성을 결정하는 인식의 방법метод. 심리학에서 방법은 주관적이지만 기법은 부분적으로 객관적일 수 있다. 생리학에서, 예컨대 감각기관의 생리학에서 방법은 객관적이지만 기법은 부분적으로 주관적일 수 있다. 덧붙이자면, 실험의 기법은 개혁했지만 방법은 개혁하지 않았다. 따라서 그는 자연과학의 심리학적 방법에서 진단 수단의 가치만을 인정한다.

*Г. П. 젤료니(Георгий Павлович Зелёный, 1878~1951)는 개의 조건반사를 연구한 파블로프의 조수 중 한 사람이다. 그는 소리 분석기를 제작하고 개의 청각을 실험하여 70편이 넘는 논문을 발표했다. 대부분의 생리학자처럼 그의 접근 방식은 마음이나 다른 심리적 개념을 인정할 필요가 없었다. 그래서 그는 (분트가 위협적이거나 불쾌한 경험에 대한 사람들의 주관적 반응을 이용하여 특정 증후군을 진단했듯이) 전체로서 심리학이 진단 방법으로만 사용될 수 있다고 주장한다. 하지만 그가 수집한 반응들은 심리적 상태의 증후군이 아니라 생리적 상태의 증후군이었다.

8-20] 이 질문은 심리학의 모든 방법론적 문제와 심리학 자체의 문제의 매듭과 묶여 있다. 직접적인 경험의 한계를 원칙적으로 넘어서야 한다는 요구는 심리학의 사활이 걸린 문제다. 과학적 이해를 특정한 감각으로부터 구분하고 나누는 것은 간접적 방법에 토대해서만 가능하다. 간접적인 방법이 직접적인 방법보다 뒤떨어진다는 반대는 과학적 의미에서 심오하게 잘못된 것이다. 그것이 체험의 전반을 조명하는 것이 아니라 한 단면만 조명한다는 바로 그 사실로 인해 그것은 과학적 작업을 수행한다. 분리하고, 분석하고, 하나의 특징을 추출하고 추상화

하는 것이다. 직접적인 경험에서도 결국 우리는 관찰 대상의 부분을 추출한다. 엥겔스는, 우리가 화학 광선의 직접적인 체험을 개미와 공유하지 못한다는 사실로 괴로워하는 사람은 우리가 도울 수 없지만, 우리는 개미보다 이러한 광선의 본질을 더 잘 이해한다고 말한다. 과학의 임무는 체험으로 이끄는 것이 아니다. 그게 아니라면 과학 대신 우리의 지각들을 등록하는 것으로 충분할 것이다. 심리학 자체의 문제도 우리의 직접적인 경험의 한계에 놓여 있다. 전체 정신은 현상의 개별 면모를 선택, 분리하는 도구와 같은 유형으로 형성되기 때문이다. 따라서 모든 것을 보았을 눈이 바로 이 때문에 아무것도 보지 못하고, 모든 것을 의식했을 의식은 아무것도 의식하지 못하며, 모든 것을 의식했을 자기의식은 아무것도 의식하지 못하게 된다. 우리의 경험은 두 가지 문턱 사이에 놓여 있다. 우리는 세상의 작은 일부분만 본다. 우리의 감정은 우리에게 중요한 것이 발췌되고 추출된 세상을 알려 준다. 그 문턱 안에서 다시, 감정은 모든 다양한 적용에 주목하지 않고 다시 새로운 문턱을 통해 변환된다. 마치 의식은 경중경중 뛰면서 틈과 괴리를 남긴 채자연을 따라가는 것과 같다. 정신은 이러한 일반적인 움직임 속에서 현실의 안정된 지점을 선택한다. 정신은 헤라클레이토스의 강물 속 안정된 섬이다. 정신은 선택의 기관이며, 세상을 걸러내고 변화시켜 세상이 작동할 수 있도록 하는 체이다. 이것이 정신의 긍정적인 역할이다. (긍정적 역할은-K) 반영이 아니라(비심리적인 것도 반영한다. 온도계가 감각보다 더 정확하다.) 항상 정확하게 반영하지 않는 것, 예컨대 유기체의 이익을 위해 현실을 주관적으로 왜곡하는 것이다.

헤라클레이토스는 소크라테스 이전의 그리스 철학자로, "우리는 같은 물에 두 번 발을 담글 수 없다. 강은 같은 강이 아니며 사람도 같은 사람이 아니기 때문이다"라는 말을 남겼다. 키르히너의 그림은 두 명의 사람과, 그들의 팔다리를 묘사하는 이중선들이 (비교적 안정적인 돌의 묘사와 대조되어) 이러한 의미를 전달해 준다. 돌의 반응은 외부 자극의 힘과 정확히 상응한다. 반면 인간의 반응은 언제나 자극보다 적다. 이는 인간 반응 기관이나 도구에 문턱이 존재하기 때문이다. 온도계가 열만 측정하고 열에 대한 신경의 저항이나 근육의 반응을 포착하지 못함에 따라 체온을 정확히 측정하듯, 이러한 문턱은 특정 측면을 그대로 반영하지 않는 대신 더 정확하게 해석해 준다.

E. L. 키르히너, 산 개울에서의 목욕, 1908.

8-21] 만약 우리가 (절대적인 문턱 없이) 모든 것을 볼 수 있고 (상대적 문턱 없이) 한순간도 멈추지 않는 모든 변화를 본다면 우리에게는 혼돈이 나타날 것이다(현미경이 단 물 한 방울에서 우리에게 얼마나 많은 대상을 보여 주는지 상기하자). 그렇다면 물 한잔은 어떠할까? 강은 어떠할까? 연못은 모든 것을 반영한다. 돌은 본질적으로 모든 것에 반응한다. 그러나 이 반응은 자극과 동일하다. 원인은 효과와 같다causa alquat effectum. 유기체의 반응은 '더 비싸다'. 그것은 효과와 동일하지 않고

잠재적인 힘을 소비하며 자극을 제거한다. 정신은 이 선택의 가장 높은 형태이다. 빨간색, 파란색, 소음, 신맛—이것은 부분으로 나누어진 세계이다. 심리학의 임무는 광학에서 알려진 것 중 눈이 보지 못하는 많은 것들이 있다는 사실의 유용성을 밝히는 것이다. 더 낮은 형태의 반응에서 가장 높은 형태로 갈수록 이를테면, 깔때기의 입구는 좁아지게 된다.

8-22] 우리가 생물학적으로 쓸모없는 것을 보지 못한다고 생각하는 것은 오류이다. 우리가 미생물을 보는 것이 쓸모없을까? 감각 기관은 애초에 선택 기관이라는 증거를 분명히 가지고 있다. 미각은 분명 섭취를 위한 선택 기관이며, 후각은 호흡 과정의 일부로서, 외부에서 들어오는 자극을 거르는 관세 검문소이다. 각 기관은, 한 대상의 질이 다른 질의 양적 영향의 강도와 성격을 결정할 때, 관계의 지표로, 헤겔이 말한, 자체 사양 계수를 사용하여 세계를 cum granos salis(분별하여-K) 받아들인다. 따라서 눈에 의한 선택과 도구에 의한 선택 사이에 완전한 비유가 가능하다. 즉, 둘 다 (실험에서 우리가 수행하는) 선택의 기관이다. 따라서 과학적 지식이 지각의 한계를 뛰어넘는 방식은 지식의 심리적 본질에 뿌리를 두고 있다.

'쿰 그라노 살리스Cum Grano Salis'는 문자 그대로는 '소금 한 알과 함께'를 의미한다. 로마 시대에는 음식에서 냄새가 나거나 맛이 이상하다고 해서 무조건 버리지 않았다. 그 대신 소금 그릇에서 소금 한 알, 또는 한 꼬집을 집어 함께 먹었다. 이런 까닭에 오늘날 식당에서도 소금 통을 식탁에 둔다. 고대 로마의 정치가이자 박물학자인 플리니우스 Gaius Plinius Secundus Major 는 소금이 상한 음식의 독을 중화하거나 이상한 맛을 이겨낸다고 믿었다. 그리하여 오늘날 '쿰 그라노 살리스'는 상식적으로 규정된 한계 내에서, 약간의 회의론과 함께 무언가를 비판적으로 받아들이는 자세를 말하게 되었다.

P. 클레즈(Pieter Claesz), 소금 그릇이 있는 정물, 1644.

비고츠키는 정보가 과학적 도구에서 오든 우리 감각에서 오든, 약간 회의적인 태도로 한계 내에서 비판적으로 받아들여야 한다고 주장한다. 우리에게 완벽한 과학적 도구가 없는 것처럼, 우리가 알아야 할 것만을 정확하게 알려줄 진화된 감각도 없다. 예를 들어, 우리가 개미와 달리 자외선을 보지 못하는 이유는 자외선을 알 필요가 없기 때문이 아니다. 자외선을 실제로 보면 여러 피부암을 예방할 수 있다. 그림 속 연어 조각이 신선한지 치명적인 미생물로 가득 차 있는지 눈으로 알 수 없다. 생선 냄새를 맡아보거나 맛을 본 다음 소금 한 꼬집으로 최선을 기대할 뿐이다. 하지만 나쁜 음식으로부터 우리를 보호해야 하는 코와 혀는 (전자파의 한 옥타브만 볼 수 있는 눈처럼) 비고츠키가 '역치' 혹은 '문턱'이라 부르는 특정한 자연적 한계(임계점)을 진화시켰다.

그러나 이와 같은 역치는 세분성, 즉 세부 사항 또는 사양의 계수(정도)를 제공한다. 이는 세부 사항의 양을 현상의 질과 연관시켜 비판적 판단을 가능하게 한다. 과학적 도구와 마찬가지로 우리 기관의 세분성 계수를 아는 것은 현실적인 효과를 입증하고 그 의미를 해석하는 데 필수적이다. 한편 빵과 연어는 보는 이로 하여금 실제 음식뿐만 아니라 그리스도의 오병이어 기적을 떠올리고, 다른 한편으로 물잔에 비친 작가의 작업실은 이것이 식사가 아니라 예술작품으로, 비판적이고 회의적으로 받아들여져야 한다는 점을 상기시킨다. 즉, 이 '음식'은 소금 한 알과 함께 먹어야 한다.

8-23] 이로 인해 과학적 진실을 가려내는 방법으로써 직접적인 증거와 비유가 원칙적으로 완전히 동일시된다. 이 둘 모두 비판적 고찰을 요한다. 이 둘 모두 속이거나 진실을 말할 수 있다. 태양이 지구를 중심으로 돈다는 증거는 우리를 속인다. (프리즘을 이용한 빛의-K) 스펙트럼 분석의 토대가 되는 분석은 진실로 인도한다. 어떤 이들을 이를 근거로 분석 법칙을 동물심리학의 기본 방법으로서 올바르게 옹호하였다. 이는 허용해도 무방하지만, 분석이 진실이 되는 조건은 지적할 필요가 있다. 오늘날까지 동물심리학에서의 분석은 일화와 의구심을 낳았다. 이는 분석의 본성상 존재할 수 없는 곳에서 그것을 고찰했기 때문이다. 그러나 그것은 스펙트럼 분석을 이끌 수도 있다. 따라서 물리학과 심리학에서의 명제는 방법론적으로 원칙상 동일하며 차이는 정도에만 있다.

8-24] 일련의 정신은 우리에게 단편적으로 주어진다. 모든 정신적 삶의 요소들은 어디로 사라지고 어디에서 출현하는가? 우리는 우리에게 알려진 일련의 것들을 가정된 것들로 이어 나가야 한다. 바로 이런 의미에서 H. 회프딩은 물리학에서 잠재적 에너지 개념에 상응하는 이

러한 개념을 도입한다. 그 때문에 라이프니츠는 무한히 작은 의식 요소들을 도입했다. "우리는 부조리에 빠지지 않기 위해 무의식에서 의식의 삶을 이어 나가야 한다"(H. 회프딩, 1908, p. 87). 그럼에도 회프딩에게 "무의식은 과학의 경계선에 있는 개념"이다. 이 경계 내에서 우리는 가설을 통해 "가능성을 신중히 고려할" 수 있지만, "사실적 지식의 유의미한 확장은 여기서 불가능하다. … 물리적 세계와 비교할 때 정신적 세계는 우리에게 단편적이다. 오직 가설을 통해서만 그것을 보완하는 것이 가능하다"(같은 책).

> 자베르쉬네바와 오시포프는 러시아어 선집에서 이반초프의 이름이 삭제되고 '어떤 저자들'이라는 표현으로 대체되었다고 지적한다.
>
> *H. A. 이반초프(Николай Александрович Иванцов, 1863~1927)는 동물심리학자이자 스피노자 번역자로 종교와 과학의 상호 용인을 주장했다. 신과 자연은 동일한 것을 바라보는 두 가지는 방법이라는 것이다. 그는 동물과 다른 생명 형태에 대한 의인화의 적합성을 옹호했다.

8-25] 그러나 과학의 경계에 대한 이러한 존중조차도 다른 저자들에게는 부적절해 보인다. 무의식에 대해서는 그것이 존재한다고 말하는 것만이 허용된다. 그것은 자체의 정의상 경험의 대상이 아니며, 회프딩이 시도한 것처럼 관찰 사실로 그것을 증명하는 것은 합법이 아니다. 이 낱말에는 두 가지 의미가 있다. 무의식에는 혼동해서는 안 될 두 종류가 있다. 논쟁은 가설과, 우리가 관찰할 수 있는 사실이라는 이중 대상에 관해 이루어진다.

> **8-21**에서 비고츠키는 물 한 방울 속에 대량의 생명이 포함되어 있으며, 그 일부를 보는 것은 우리의 생물학적 관심사라고 말한다. 그러

나 연못 속에는 너무도 많은 물방울이 포함되어 있어 의식은 물론 지각조차도 고르고 선택해야 한다. 이 그림에서처럼 움직임까지 추가하면, 생명의 강은, 각각의 위치에너지(잠재적 에너지)를 운동에너지로 변환하는, 일련의 무한히 작은 움직이는 연못이 되고, 이 그림은 단지 한 순간을 포착할 뿐이다. 오늘날 우리는 눈이 이러한 방식으로 운동을 포착할 수 있을 뿐임을 알고 있으며, 뇌가 어떻게 이 심리적 집합체를 연속적인 운동으로 변환할 수 있는지 이해하기 위해서는 가설을 도입할 필요가 있다.

이 가설은 물리학의 '위치에너지(잠재적 에너지)'와 유사하다. W. 랭킨은 관찰 가능한 화학 에너지와 운동에너지의 사례를 비활성의 정적 물체로까지 확장시켰다. 예를 들어 인간이 건물이나 교량을 건설하기 위해 무거운 물체를 들어 올리면, 그것은 훨씬 나중에야 잠재적인 위치에너지를 관찰 가능한 에너지로 변환시켜 방출한다(붕괴함으로써). 마찬가지로 라이프니츠는 점점 작아지는 일련의 유한한 간격을 가설적인 수학적 한계까지 확장시켰다. 키르히너가 이 그림을 작업하던 당시 저작 활동을 하던 회프딩에게, 우리가 뇌의 작동을 이해하기 위해 필요한 가설은 무의식적 마음이다. 그 명칭이 시사하듯, 그것은 제한적 가설이다. 그것은 우리의 의식적 이해의 경계 자체를 나타내며, 이 경계를 넘어서는 과학이 존재하지 않는다.

논리실증주의자들에게 이 제한적 가설은 너무 넓게 뻗어 나간다. 그들은 오직 관찰 가능한 것만이 실험적으로 증명 가능하다고 주장했다. 정의상 무의식은 결코 의식적 주의의 대상이 될 수 없기 때문에 과학이 아니다. 의식적 행위로부터 이 무의식의 존재를 추론하는 것은, 영원한 영혼과 유한한 삶을 한데 섞은 데카르트의 오류와 같은, 범주 오류이다. 따라서 한편으로 무의식의 가설은 —예컨대 불연속적 순간들을 연속적 움직임으로 변환하는 방편— 증명도 반증도 허용하지 않는 이론적 개념일 뿐이다. 우리가 관찰하는 행동—한쪽으로의 사람의 운동과 반대쪽으로의 강과 말의 운동—은 심리학적 설명에 적합하지 않은 경험적 개념이다.

E. L. 키르히너, 바젤과 라인강의 풍경, 1928.

8-26] 이 방향으로 한 걸음 더 나아가면 우리는 우리의 출발점, 즉 무의식을 가정하게 했던 난처한 상황으로 되돌아간다.

8-27] 여기서 심리학은 희비극적 명제-나는 원한다. 그러나 할 수 없다- 위에 세워진 것으로 나타난다. 그것은 부조리에 봉착하지 않기 위해 무의식을 어쩔 수 없이 수용한다. 그러나 그것을 품음으로써 심리학은 더 큰 부조리에 빠지고 공포에 질려 뒤돌아 달려간다. 어떤 이가 야수로부터 달아나다가 더 큰 위험에 봉착하여 더 작은 위험으로 되돌아 달려간다고 해서 죽음을 맞는 사실이 달라질 것인가? 분트는 이 이론에서 19세기 초의 신비한 자연철학의 메아리를 본다. 그와 더불어, H. H. 랑게는 무의식적 심리는 내적으로 모순되는 개념이며 무의식은 심리학적이 아닌 물리학적, 화학적으로 설명되어야 한다고 주장한다. 그렇지 않으면 우리는 과학에 '신비한 주체', '결코 증명될 수 없는 임의적 구성'이 들어오는 문을 열어주게 된다"(1914, p. 251).

E. 번 존스(Edward Burne-Jones), 테세우스는 미노타우로스에 맞서기 위해 미궁으로 돌아간다, 1861.

테세우스는 '희비극적' 위치에 있다. 그는 미궁을 빠져나가고 싶지만, 그렇게 할 수 없다. 그래서 그는 돌아서서 야수를 마주한다. 결국 이것이 그가 죽는다는 사실에 무슨 차이를 만드는가?

비고츠키는 심리학이 유사한 위치에 있다고 말한다. 우리는 '무의식'을 인정할 수 없다. 그것은 (심지어 내관을 통해서도) 관찰하거나 연구할 수 없기 때문이다. 그러나 우리는 의식의 가장 기본적인 범주(예컨대, 사람과 야수, 시간과 공간)조차 무의식 없이는 설명할 수 없다. 왜냐하면 사람들은 이 기본적 범주들을, 의식하는 것보다 더 빠르게 지각하는 것처럼 보이기 때문이다.

*Н. Н. 랑게(Николай Николаевич Ланге, 1858~1921)는 분트의 제자로서, 오데사에서 철학 교수가 되어 분트의 노선을 따라 실험 심리학을 조직했다. 비고츠키는 그의 책 『심리학Психология』(1922)을 언급하고 있다. 분트는, 예컨대 범주적 지각이 무의식적 논리의 발현이라고 주장하는 무의식 이론으로 시작했다. 우리는 시간과 공간, 사람과 야수를 인식하고 구분하지만, 그 밑에 놓여 있는 논리적 생각을 의식하지 못한다는 것이다. 그러나 분트와 랑게는 나중에 마음의 토대로서 무의식이라는 개념과 논리적 생각이라는 개념을 모두 버렸다. 대신 그들은 우리가 이미 마음에 내재하는 범주만을 (그것이 자연에 존재하든 말든) 인식할 수 있다는 칸트의 의견에 동의했다. 분트는 시간과 공간, 사람과 동물과 같은 범주가 논리적이고 실제적이며 자연적이라는 믿음의 기원을 찾아 19세기 초 자연철학, 예컨대 괴테, 헤겔, 그리고 셸링은 물론이고 스피노자에 이르기까지 거슬러 올라간다.

그런데 미노타우루스를 물리치는 방법이 있고 미궁을 빠져나가는 방법도 있다. 검과 더불어, 테세우스는 직접적 관찰이 불가능한 곳에서도 의지할 수 있는 실패를 가지고 다닌다. 이것은 간접적 관찰의 '온 도계'이다.

8-28] 이처럼 우리는 회프딩으로 돌아간다. 일련의 물리적-화학적인 것 중 일부 지점에서 갑자기 ex nihilo(엑스 니힐로, 무無로부터-K) 일련의 정신적인 것들이 동반된다. 여러분이 이 '일부'를 이해하고 과학적으로 해석하길 바란다. 이 논쟁은 방법론자에게 무엇을 의미하는가? 직접 지각되는 의식의 한계를 심리학적으로 넘어서 그것을 지속하되 개념과 감각을 분리하여, 이 개념의 지속성을 구축하는 것이 필요하다. 의식의 과학으로서의 심리학은 원칙적으로 불가능하다. 그것은 무의식적 정신의 과학으로서도 또다시 불가능하다. 이 원적문제圓積問題에 대한 출구도 해결책도 없는 것처럼 보인다. 하지만 물리학도 정확히 같은

위치에 있다. 물리적 계열은 심리적 계열보다 더 확장되는 것이 사실이지만 그것은 무한하지 않고 틈이 없는 것도 아니다. 원칙적으로 그것을 연속적이고 무한하게 만드는 것은 직접적인 경험이 아니라 그에 대한 과학이다. 과학은 눈을 가린 채 이 경험을 이어 갔다. 이것은 심리학의 과제이기도 하다.

8-29] 따라서 심리학에서 해석은 괴로운 필연일 뿐만 아니라, 자유로우며 근본적으로 유익한 앎의 방식이자-서투르게 뛰는 사람들에게는 salto mortale(죽음의 도약-K)이지만- salto vitale(삶의 도약-K)이다. 물리학자들이 온도계에 대한 나름의 철학을 갖고 있듯이 심리학도 도구에 관한 나름의 철학을 세울 필요가 있다. 심리학의 두 측면은 사실적으로 해석에 의지한다. 결국 주관주의자는 실험 대상의 말을 가지고 있다. 즉, (언어적-K) 행동과 그의 정신은 해석된 행동이다. 객관주의자 또한 반드시 해석한다. 반응의 개념 자체에는 해석, 의미, 연결, 상관관계에 대한 필요성이 포함되어 있다. 사실 actio와 reactio는 원래 기계론적인 개념이다. 여기서는 이 둘을 관찰하여 법칙을 추론해야 한다. 그러나 심리학과 생리학에서 반응은 자극과 같지 않고 의미와 목표가 있다. 즉, 큰 전체에서 특정 기능을 수행하며 질적으로 스스로의 자극과 연결된다. 그리고 여기서 전체의 함수로서의 이 반응의 의미, 상호관계의 질은 경험에서 주어지는 것이 아니라 추론에 의해 발견된다. 더욱 단순하고 일반적으로, 반응 체계로서 행동을 연구함으로써 우리는 (기관에 의한) 행동을 그 자체가 아니라 다른 행위, 즉 자극과의 관계에서 연구하며, 관계와 관계의 특질, 그것의 의미는 결코 직접적인 지각 대상이 아니고, 자극과 반응이라는 이질적인 두 계열의 관계는 더욱 아니다. 이것은 매우 중요하다. 반응은 응답이다. 응답을 연구하는 것은 응답이 문제와 가지는 관계의 질에 의해서만 가능하며, 이것이 지각이 아니라 해석에서 발견되는 답의 의미이다.

E. L. 키르히너, 겨울 달의 풍경, 1919.

가시광선 파장의 '옥타브'만 고려한다면(**8-9** 및 **8-14** 글상자 참조), 우리는 '빨간색'이 질(質, 온기)이 아니라 양(量, 즉 파장의 주파수)이라고 생각할 수 있다. 그러나 키르히너가 뜨거운 붉은 겨울 하늘, 차갑고 푸른 산, 따뜻한 보라색 나무를 표현할 때, 그는 가시광선의 양적인 옥타브 안에 머물러 있지 않다.

비고츠키는 반응에는 대가가 따른다고 말한다. 반응에는 '뜻' 또는 '의미'라는 상상적 요소가 많이 포함되어 있다. 우리는 관찰이 아니라 해석을 통해 이러한 의미의 구성 요소에 접근한다. 심리적 반응은, 적어도 고등심리기능에 관한 한, 행동에 대한 동등한 크기의 반작용보다는 질문에 대한 대답에 가깝다.

물론 질문에 대한 대답을 생리학적 양, 즉 성대 진동의 빈도 또는 (코르닐로프가 했던 것처럼) 반응속도로 연구하는 것은 가능하나 이것이 대답의 심리적 특성을 알려 주지는 않는다. 그것은 키르히너가 창백한 푸른 눈과 밝은 주황색 구름을 나타낸 것처럼, 질문과 대답을 더 큰 전체와 관련시킴으로써만 찾을 수 있다.

8-30] 모두가 그렇게 한다.

8-31] B. M. 베흐테레프는 창의적 반사를 구별한다. 문제는 자극이고 창의성은 그에 응답하는 반응 또는 상징적 반사다. 그러나 창의성과 상징 개념은 실험적 개념이 아닌 의미론적 개념이다. 반사가 자극과 관련하여 새로운 것을 만들어 내면 창의적 반사이다. 반사가 또 다른 반사를 대체하는 것이라면 상징적 반사다. 그러나 우리가 반사의 상징적 특성이나 창의적 특성을 볼 수는 없다.

8-32] И. П. 파블로프는 자유, 목적, 음식, 보호의 반사를 구분한다. 그러나 자유나 목적을 보는 것은 불가능하며, 그것들은, 예컨대 영양 기관과 같은, 기관도 없고, 기능도 아니며, 다른 것과 같은 움직임으로 이루어져 있다. 보호, 자유, 목적은 이러한 반사의 의미이다.

8-33] K. H. 코르닐로프는 정서 반응, 선택 반응, 연상 반응, 인식 반응 등을 구별한다. 이 역시, 의미에 따른, 즉 그들 사이의 자극-반응 관계에 토대한 해석에 따른 분류이다.

8-34] 의미에 따른 이러한 구별을 허용하는 J. 왓슨은 오늘날 행동 심리학자는 숨겨진 사고 과정의 존재에 대한 결론에 단지 논리만을 사용하여 접근한다고 공개적으로 말한다. 그는 자신의 방법을 이렇게 파악하고, 행동심리학자는 바로 행동심리학자로서, 만일 생각을 밝히기 위해 생각과정을 직접 관찰하고 내관 과정에 서 있을 수 있는 상황이 아니라면, 생각과정의 존재를 인정할 수 없다는 테제를 내놓은 E. 티치너를 훌륭하게 논박한다. 왓슨은 온도계가 열 개념의 구성을 통해 감각

으로부터 우리를 해방시키는 것처럼, 그가 사고의 개념을 내관에서의 사고의 지각과 원칙적으로 구별함을 지적한다. 따라서 그는 "우리가 사고의 내밀한 본질을 과학적으로 연구하는 데 어떻게든 성공한다면 이것은 상당 부분 과학적 도구 덕분일 것"이라고 강조한다(1926, p. 301). 그러나 지금도 심리학자는 "그렇게 애처로운 입장에 있지 않다. 심지어 생리학자조차도 종종 최종 결과를 관찰하는 것에 만족하고 논리를 사용한다". "행동심리학의 지지자는 사고와 관련하여 정확히 같은 입장을 고수해야 한다고 생각한다"(ibid, p. 302). 왓슨에게 의미는 실험의 문제이다. 우리는 생각을 통해 우리에게 주어지는 것으로부터 그것(의미-K)을 찾는다.

8-35] E. 손다이크는 느낌, 추론, 기분, 기민함의 반응을 구별한다 (1925). 역시 해석이다.

8-36] 전체 질문은 자신의 내관, 생물학적 기능 등과 비유컨대, 어떻게 해석할까 하는 것이다. 따라서 다음과 같은 코프카의 주장은 옳다. 의식에 대한 객관적인 기준이 없으며 우리는 의식의 작동 여부를 모르지만 이것이 우리를 그리 속상하게 하지는 않는다. 그러나 행동은, 그에 속하는 의식이-만일 의식이 있다면-이러저러한 구조를 가져야만 하는 그런 것이다. 따라서 행동(의식적, 무의식적 행동 일반-K)은 의식적 행동과 같은 방식으로(즉, 유의미한 구조를 가지고 있는 것으로-K) 설명되어야 한다. 혹은, 다르게, 역설적으로 말하면, 모든 사람이 모두가 관찰할 수 있는 반응만을 가진다면 아무도 아무것도 관찰할 수 없을 것이다. 즉, 과학적 관찰의 토대는 보이는 것의 경계를 넘어 그것의 보일지 않는 의미를 발견하는 것이다. 그가 옳다. 행동주의가 관찰된 것만 연구한다면, 행동주의의 이상이 각 팔다리의 운동 방향과 속도를 아는 것, 각 자극의 결과로 나타나는 각 분비샘의 분비를 아는 것이라면 행동주의는 불임의 운명에 처할 것이라는 그의 주장은 옳다. 그러면 그의 영

역은 근육과 분비샘의 생리학으로부터의 사실일 뿐일 것이다. "이 동물은 어떤 위험으로부터 도망치고 있다"라는 표현은, 아무리 그것이 불충분할지라도 모든 다리의 변화 속도와 움직임, 호흡, 맥박 등의 곡선 등을 보여 주는 공식보다 100배 더 동물의 행동을 특징짓는다(K. Koffka, 1926).

8-37] B. 쾰러는 내관을 통하지 않고 유인원에게 생각이 존재함을 **입증**하는 방법과, 더 나아가 객관적인 반응의 해석 방법을 통해 생각 과정의 경로와 구조를 연구하는 방법을 실제로 보여 주었다(1917). 코르닐로프는 간접적인 방법으로 다양한 생각 작용의 에너지 예산을 측정할 수 있음을 보여 주었다. 그는 동력계를 그의 온도계로 사용했다(1922). 분트의 오류는 확장이 아니라 통제와 수정을 위해, 내관으로부터의 자유가 아니라 그에 스스로를 속박하기 위해 장치와 수학적 방법을 **기계적으로** 적용한 데 있다. 본질적으로, 내관은 분트의 연구 대부분에서 불필요한 것으로 판명되었다. 그것은 단지 실패한 실험을 강조하기 위해 필요했던 것이다. 원칙적으로, 코르닐로프의 학설에서 그것은 전혀 필요하지 않다. 그러나 심리학은 아직 스스로의 온도계를 만들지 못했고, 코르닐로프의 연구는 이를 위한 길을 열어 준다.

> 앞에서 설명한 대로(**8-18** 참조), 코르닐로프는 비고츠키를 모스크바로 초청했던 비고츠키의 직속 상사로, 그는 비고츠키가 박사학위 없이 교원의 자리를 확보하는 데 큰 도움을 주었고, '예술심리학' 논문으로 박사학위를 대체하도록 주선하기도 했다.
>
> 반 데 비어와 자바르쉬네바에 따르면, 이 친밀한 관계는 갑자기 변했다. 1928년 12월 19일 비고츠키는 연구소 전체에 공개서한을 보내 코르닐로프가 자신의 작업을 반마르크스주의적이고 관념론적이라고 공개적으로 비난한 것에 항의했다.
>
> 그 변화는 아마도 그렇게 갑작스러운 것이 아니었을 것이다. 비고츠

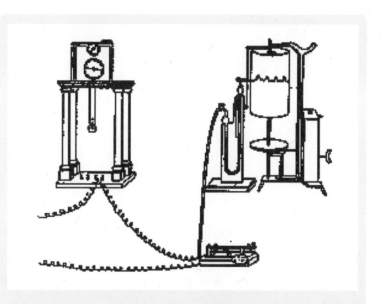

키가 코르닐로프의 작업에 대해 긍정적이거나 적어도 유보적이긴 했지만, 이 문단과 다른 곳에서 볼 때 비고츠키가 '반응학'에 비판적이고 그것을 환원주의적이며 다소 조잡하고 통속적인 의미에서만 유물론적이라고 생각한 것은 분명하다. 제7장에서 이미 비고츠키는 우리가 올바른 질문을 하고 있는 것이 아니라면 마지막 소수점까지 해답을 구하는 것이 가능은 하지만 헛되다는 뮌스터베르크의 말을 인용했다(7-3). 이것은 반응 시간을 정확히 측정하도록 설계된 다이나모스코프(위)를 가지고 코르닐로프가 하고 있었던 연구를 겨냥한 것일 수도 있다. 그림이 보여 주는 것처럼, 다이나모스코프는 크로노미터(정밀시계, 왼쪽), 누르는 키나 압착 고무구(오른쪽 아래), 빠르게 회전하는 종이 드럼과 피험자의 반응속도를 기록하는 펜(오른쪽 위)으로 구성되어 있다. 같은 맥락에서, 그것은 생각의 '에너지 예산'을 계산하려는 코르닐로프의 연구, 즉 선택 반응이 두 개, 세 개 또는 그 이상의 선택을 요구했을 때 필요한 추가 시간을 구하는 연구에 대한 비판으로 볼 수도 있을 것이다. 비고츠키는 다이나모스코프나 에너지 예산이 질문에 대한 반응의 의미를 연구하는 데 필요한 온도계를 제공했다고 생각하지 않는다.

8-38] 우리는 협소한 감각주의적 신조의 연구로부터 도출한 결론을 눈의 활동-이는 생각과 결합하여, 우리는 보지 못하는 것을 개미가 본다는 사실을 드러내도록 해준다-에 대한 엥겔스의 말을 다시 인용하면서 요약할 수 있다.

8-39] 심리학은 너무 오랫동안 지식이 아니라 경험을 향해 노력해왔다. 주어진 사례에서도 심리학은 개미의 시각을 과학적으로 이해하기보다는 개미의 화학 광선 감각의 시각적 경험을 공유하고 싶어 했다.

8-40] 과학적 체계를 받치는 방법론적 중추와 관련해, 과학적 체계에는 두 가지 유형이 존재한다. 방법론은 항상 동물의 신체 가운데 등뼈, 골격과 같다. 달팽이나 거북이 같은 가장 하등 동물은 체외 골격을 지니고, 우리는 굴과 같이 이들을 골격에서 분리할 수 있다. 그들은 잘 분화되지 않은 물컹한 살로 남는다. 하지만 고등 동물은 체내 골격을 지니고 이를 모든 움직임의 중추가 되는 내부 지지대로 만든다. 심리학에서도 방법론적 조직의 상, 하위 유형을 구분할 필요가 있다.

비고츠키는 유사한 사례를 『역사와 발달 I』 1-78에서 제시한다.

"구체적 심리학의 연구에는 방법론적 공식화를 위한 두 가지 서로 다른 방식이 있다. 하나는 연구 방법론이 연구 자체와 별도로 제시되는 것인데 비해, 다른 하나는 전체적인 설명에 스며들어 있는 것이다. 이 둘에 관한 수많은 사례를 언급할 수 있을 것이다. 어떤 동물들 예를 들어, 연체동물은 달팽이 껍데기처럼 골격을 밖으로 짊어지고 다닌

M. 로크(Melchior Lorck), 베네치아 석호 위의 거북이, 1555(그림 아래 설명은 이 작품이 실제 상황을 관찰하여 그려졌다고 주장한다).

다. 내부 골격을 형성하는 다른 유기체들은 뼈가 유기체의 안쪽에 자리 잡는다. 유기체의 두 번째 유형이 우리에게는 더 고등한 것으로 보이며, 이는 동물뿐 아니라 심리학 논문에서도 마찬가지다. 이것이 우리가 바로 두 번째 유형을 선택한 이유이다."

그런데 이 문단에서는 거북이에 대한 언급이 빠져 있다. 비고츠키는 거북이가 하등동물이나 원시 동물이 아니며 이들이 골격을 가지고 있음을 알았다. 이후 문단들에서 관찰이 사실을 만들기 위해서는 올바르게 해석되어야 한다는 주장이 반복되기 때문에 여기서 비고츠키가, 로크처럼, 농담하고 있다고 생각되기도 한다.

8-41] 바로 여기에 자연과학의 환영의 경험주의에 대한 가장 좋은 반박이 있다. (경험주의에서는-K) 어떤 것도 한 이론에서 다른 이론으로

전이될 수 없는 것으로 보인다. 사실은 항상 사실인 것으로-최종 목표와 최초 가정이 다를 뿐- 동일한 연구 대상(아이)과 동일한 방법(객관적 관찰)은 심리학의 사실로부터 반사학의 사실로 전환하는 것을 허용하는 것으로 보인다. 차이점은 동일한 사실에 대한 해석에만 있다. 프톨레마이오스와 코페르니쿠스의 체계(천동설과 지동설의 체계-K)는 결국 하나의 동일한 사실에 기반을 두고 있다. (그러나-K) 상이한 인식적 원칙의 도움으로 얻은 사실은 바로 **상이한** 사실임이 드러난다.

8-42] 따라서 심리학에 생물발생적 원리를 적용하는 것에 대한 논쟁은 사실에 관한 논쟁이 아니다. 사실은 의심의 여지가 없다. 두 무리의 사실이 있다. 자연과학에 의해 확립된, 유기체의 구조 발달에서 지나온 단계의 반복(이라는 생리학적 사실-K)과, 정신의 계통발생과 개체발생 사이 의심의 여지 없는 유사성(이라는 심리학적 사실-K)이다. 후자에 대해서는 논쟁이 없다는 것을 지적하는 것이 특히 중요하다. 이 이론을 반박하고 그에 대한 방법론적 분석을 제시하면서, 코프카는 단호히 선언한다. 이 잘못된 이론이 비롯된 유비類比가 의심의 여지 없이 현실에 존재하고, 논쟁은 이 유비의 의미에 관해 이루어지며, 그것은 아동심리학의 원리를 분석하지 않고, 유년기에 대한 일반적 관념, 유년기의 의의와 생물학적 의미에 대한 개념, 특정한 어린이 발달 이론을 갖추지 않고는 해결될 수 없다는 것이 드러난다(K. 코프카, 1925). 유비는 어디에서나 쉽게 발견된다. 문제는 그것을 어떻게 찾는가에 있다. 성인의 행동에서도 비슷한 유비를 찾을 수 있다.

8-43] 여기에서 두 가지 전형적인 실수가 가능하다. 하나는 S. 홀이 범한 것이다. 손다이크와 그로스는 비판적 분석에서 이를 훌륭히 드러냈다. 후자(그로스-K)는 모든 비교의 의미와 비교 과학의 과업이, 일치하는 특정의 강조뿐 아니라 유사성 속 차이점의 모색에 더 크게 있음을 올바르게 인식한다(1906). 그러므로 비교심리학은 인간을 동물로 이

해할 뿐만 아니라, 훨씬 중요하게는 비非동물로 이해해야 한다.

8-44] 원칙의 단순 적용은 모든 곳에서 유사성을 모색하도록 했다. 올바른 방법과 정확히 확립된 사실이 비판 없이 적용될 때 기괴한 과장이나 거짓된 사실로 이어진다. 전통(이론-K)에 따르면 먼 과거의 잔향殘響이 (활을 갖고 놀기나 둥글게 춤추기 같은) 어린이의 놀이에 실제로 보존되어 있다. 홀에게 이것은 동물이나 선사 시대 발달 단계가 무해한 형태로 반복되어 나타나는 것이다. 그로스는 여기서 비판적 감각의 놀라운 결핍을 본다. 고양이와 개에 대한 두려움은 이 동물들이 아직 야생이었을 시기의 잔존물이고, 물이 아이들을 매료시키는 까닭은 우리가 수생 동물의 후손이기 때문이며, 유아들의 자동적 팔 운동은 물속에서 헤엄치던 우리 선조들의 움직임의 잔존물 등이라는 것이다.

8-45] 따라서 오류는 아동의 행동 전체를 반복으로 해석하는 데 있으며 또한, 유비를 검증하는 원칙, 즉 그러한 해석이 가능한 사실과 그렇지 않은 사실을 선택하는 명확한 원칙이 없다는 데 있다. 동물의 놀이는 그런 설명에 적합하지 않다. K. 그로스는 다음과 같이 묻는다 (1906). "새끼 호랑이가 먹이를 가지고 노는 것을 설명할 수 있는가?" 놀이를 과거의 계통발생적 발달의 반복으로 이해할 수 없음이 분명하다. 놀이는 호랑이의 과거 발달의 반복이 아니라 미래 활동의 예고이다. 즉 놀이는 호랑이의 미래와 관련하여 설명되고 이해되어야만 한다. 호랑이 속屬의 과거가 아닌 미래에 비추어 볼 때 놀이는 그 의미를 얻는다. 속의 과거는 여기서 **완전히** 다른 의미로 드러난다. 그것은 그것(속의 과거)이 미리 결정한 개체의 **미래**를 통해서 드러나며, 직접적으로 혹은 반복의 의미에서 드러나는 것이 아니다.

8-46] 무엇이 드러났는가? 이 유사 생물학 이론이 무너졌음이 밝혀진 것은 바로 **생물학적으로**-바로 진화의 다른 단계 중 **동종同種의 일련의 현상**에서, 근접한 동종의 유사체와 비교할 때이다. 어린이의 놀이

를 호랑이, 즉 고등 포유류의 놀이와 비교하며 유사점뿐만 아니라 **차이
점**도 고려하면 우리는 바로 그 차이에 포함되어 있는 **공통적인** 생물학
적 의미를 발견하게 된다(호랑이는 호랑이 사냥놀이를 한다. 어린이는 어른
이 되어 보는 놀이를 한다. 둘 다 장차 삶에 필요한 기능을 연습한다-K. 그로
스의 이론). 그러나 **다른 종류의** 현상의 비교에서(수중 생물과 물놀이, 양
서류와 사람) 모든 외적 유사성에도 불구하고 이론은 생물학적으로 무
의미해진다.

E. 들라크루아(Eugène Delacroix), 어미 호랑이와 놀고 있는 어린 호랑이, 1830(두 호
랑이에 관한 연구로도 불림).

비고츠키는 '동질한'을 뜻하는 однородным(동종의, 同種)이라는 용
어를 사용한다. 놀이가 그 구성이 획일적인 단일 활동이라는 의미는
아니다. 그것은 인간과 호랑이의 놀이가 서로 비슷함, 즉 기능이 다
를지라도 진화적 기원은 하나라는 것을 뜻한다. 호랑이와 인간은 둘
다 고등 포유류이고, 놀이는 모든 고등 포유류에게 볼 수 있으므로 놀
이는 공통 조상(예: 공룡 시대 초기 포유류)에서 시작되었을 가능성이 크
기에 진화론적 기원은 하나뿐이다. 그러나 들라크루아 그림의 호랑이
들은 '소꿉놀이'를 하는 것이 아니라 사냥감을 죽이고 날고기를 뜯어
먹는다는 점에서 그 기능이 다르다. 비고츠키는 이런 생물학적 세부

사항과 비교 대상이 가장 타당해 보이는 바로 그 지점에서 소위 '생물학적 이론'이 예측 가치가 별로 없고, 또 다른 상황에서는 일말의 의미도 없다고 지적한다.

8-47] 이 괴멸적인 주장에 손다이크는, **동일한 생물학적 원리에 따른**, 개체발생과 계통발생의 상응 순서의 차이에 대한 언급을 덧붙인다. 의식(젖 빨기-K)은 개체발생에서 매우 일찍 나타나고 계통발생에서는 매우 늦게 나타난다. 반면에 성욕은 계통발생에서 매우 일찍, 개체발생에서는 매우 늦게 나타난다(E. 손다이크, 1925). W. 스턴은 유사한 추론을 사용하여 놀이에 대한 동일한 이론을 비판한다.

> 자베르쉬네바와 오시포프는 다음과 같이 쓴다(p. 70).
>
> pp. 353-354의 젖 빨기(сосание, 소사니예)를 의식(сознание, 소즈나니예)으로 오기誤記함. 선집 1권 편집자는 1925년 판이 출처라고 밝혔다. 이는 아마도 E. 손다이크Edward Thorndike의 『심리학에 토대한 학습의 원칙Принципы обучения Основанный на психологии』(모스크바, 1926)을 지칭하는 것으로 보인다. 그러나 이 책에서 이 인용 부분은 발견되지 않으며, 손다이크의 영문판 『교육심리학Educational Psychology』(1913, 1921)에서는 발견된다. 손다이크의 저서가 러시아어판으로 준비되면서 문단들이 누락되었을 수도 있고, 비고츠키가 (기억을 통한) 인용 과정에서 오류를 범한 것일 수도 있다(페이지 수의 오류도 이에 기인한 것으로 보인다).
>
> "다른 조건이 같다면, 어떤 경향성이 나타나는 시기는 종족 보존에 가장 적합하게 우리 조상에게서 나타났던 다양한 여러 시기 중 하나이다. 따라서 젖 빨기는 종족에서는 늦지만 개인에서는 빠르다. 성 본능은 종족에서는 이르지만 개인에서는 매우 늦다."
>
> Thorndike, E. (1923). *Educational Psychology.* pp. 105-106.

8-48] П. П. 블론스키는 다른 종류의 오류를 범한다. 생체역학의 관점에서 배아 발달에서 이 법칙(개체발생은 계통발생을 반복한다-K)을 - 완전히 설득력 있게 - 옹호하고, 그것이 존재하지 않았다면 기적이었을 것임을 보여 주고, 이 고찰의 가설적 성격을 지적하면서("특별히 확정적이지는 않은"), 주장에 도달한 후("그럴 수도 있다"), 즉 작업 가설의 방법론적 가능성을 입증한 후에, 저자는 가설에 대한 연구와 검증으로 넘어가는 대신, 홀의 길로 들어가 매우 명료한(빈약한, 아래 글상자 참조-K) 유비로 어린이의 행동을 **설명한다.** 그는 나무를 오르는 어린이에게서 유인원 같은 삶의 반복이 아니라 바위와 얼음 속에서 사는 원시인의 삶을, 벽의 벽지를 찢는 것에서 나무껍질을 벗기는 격세유전 등을 본다 (П. П. 블론스키. 1921). 가장 주목할 만한 것은 이 오류가 블론스키를 S. 홀과 동일한 장소, 즉 **놀이의 거부**로 이끈다는 것이다. 그로스와 W. 스턴은 개체발생과 계통발생 간의 최고의 유비를 끌어낼 수 있는 바로 그곳에서, 그 이론이 파산한다는 것을 보여 주었다. 그리고 블론스키는, 과학적 지식의 방법론적 법칙의 불가항력적 힘을 예증하듯, 새로운 명칭을 찾지도 않는다. 그는 어린이의 활동을 '새로운 용어'(놀이)로 지칭할 필요가 없다고 생각한다. 이는 방법론적 경로에서 그가 먼저 놀이의 의미를 상실하고, 그다음 그의 신용을 높이는 일관성을 가지고 이 의미를 표현하는 용어도 폐기했다는 것을 의미한다. 사실 어린이의 활동과 행동이 격세유전, 즉 과거의 반복이라면, '놀이'라는 용어는 부적절하다. 그로스가 보여 주었듯 이 활동(과거의 반복-K)은 호랑이의 놀이와 아무런 공통점이 없다. 따라서 "나는 이 용어를 좋아하지 않는다"라는 블론스키의 진술은 방법론적으로 다음과 같이 번역되어야 한다. "나는 이 개념에 대한 이해와 의미를 상실했다"(1921).

> 이 장난꾸러기 아이들은 무엇을 하는 것일까? 원시인들이 돌과 얼음의 척박한 땅에서 처음 나무를 발견하고 나무껍질, 나뭇가지, 목재

F. 고야 (Francisco Goya), 나무를 오르는 소년들, 1791.

를 얻기 위해 나무를 오르던 것처럼, 어린이들은 자기 신체의 생체역
학적 한계를 시험하고 있는 것일까?

한편으로 비고츠키는 블론스키에 동의한다. 인간의 생체역학적 자
질은 계통발생이나 개체발생에서 같기 때문에 반드시 모종의 유사성
이 있을 것이다. 그러나 이 유사성은 단순히 기술적인 유사성에 불과
하므로 이는 별다른 시사점을 주지 못한다. 계통발생과 개체발생 사이
의 유사성은 발달을 설명하지 못할 뿐 아니라 예측하지도 못한다. 다

른 한편으로 비고츠키는 블론스키가 작업가설을 세우고 이를 관찰 가능한 사실에 비추어 검증하지(예컨대 "어린이의 흥미는 문명화의 흥미를 따라 숲에서 농장으로, 그리고 공장으로 이동할 것이다") 않고, 생체역학적 환원론을 넘어서지 못한다고 지적한다. 블론스키는 헤켈과 홀의 연구를 반복할 뿐이다. 어린이는 그들의 조상이 나무에서 껍질을 벗겨내었던 것과 동일한 본능적 이유로 벽지를 뜯어내며, 조상이 했던 것과 동일하게, 똑같은 이유로 나무를 기어오른다는 것이다. 땅바닥에 엎드리고 있는 어린이와 같이 블론스키는 땅과 뿌리만을 볼 뿐 나무줄기와 나뭇가지는 보지 못한다.

다음 장에서 설명하듯이 새로운 용어의 거부는 새로운 개념의 거부를 나타낸다. 비고츠키는 블론스키가 '놀이'라는 용어를 불필요하다고 간주한 사실에 대해 그리 놀라지 않는다. 블론스키가 '놀이'라는 용어를 거부하면서 진정 의미한 바는, 그가 어린이의 놀이와 초기 인류 및 동물의 유사한 행동 사이의 생물학적 유사성 뒤에 놓인 심리적 차이를 이해할 수 없다는 것이다. 그는 그림 속 장난꾸러기들이 단순히 자기 신체의 생체역학적 자질을 자연을 통해 검증하고 있는 것이 아님을 이해하지 못한다. 어린이들이 진정 하고 있는 일은 가상의 상황을 만들고 계획을 세우며 역할을 분담하는 것이며, 아마도 새 둥지, 새 알, 솔방울, 나뭇잎, 나뭇가지, 열매의 수집체 복합체를 형성하는 것일 수도 있다. 그러한 복합체로부터 추상적 개념이 자라날 것이다.

자베르쉬네바와 오시포프(p. 70)는 이 책의 인쇄본에서 '빈약한'이 '명료한'으로 대체되었음을 지적한다.

형용사 대체. "저자는 가설을 조사하고 검증하는 대신(p. 66, pp. 58-49쪽), 홀의 접근 방식을 차용하고 매우 명료한(빈약한) 유비를 사용하여 어린이 행동을 해석한다."

8-49] 오직 이렇게 함으로써만, 오직 각 원칙을 그 궁극의 결론에 이르기까지 따라가면서만, 각 개념을 그들이 추구하는 한계까지 밀어

붙이면서만, 생각의 각 발걸음을 끝까지 연구하면서만, 때로는 그 저자의 생각을 완성해 가면서만, 연구되는 현상의 방법론적 본성을 규정할 수 있다. 이 때문에 개념이 창조되고 나타나며 발달하여 표현의 한계에 이른 과학에서만 **그것은 맹목적**이 아닌 의식적으로 사용된다. 다른 과학으로 옮겨지면 그것은 눈이 멀고 어디로도 인도하지 못한다. 자연과학으로부터 생물발생적 원칙, 실험, 수학적 방법을 (심리학으로-K) 그처럼 **맹목적으로** 이전함에 따라 심리학에는 과학적이라는 외양이 만들어졌지만 사실 이 외양 아래에는 연구 대상 현상에 대한 완전한 무력함이 숨겨져 있었다.

8-50] 그러나 그처럼 과학에 도입된 원칙(개체발생이 계통발생을 반복한다-K)의 의미를 통해 그려진 원을 온전히 마무리하기 위해 그 이후의 운명을 추적해 보자. 문제는 이 원칙의 쓸모없음을 발견하는 것으로, 그것을 비판하는 것으로, 학생들이 손가락을 가리킬 수 있는 부조리함과 과장을 지적하는 것으로 끝나지 않는다. 즉, 원칙의 역사는 단순히 원칙이 속하지 않는 영역에서 그것을 추방하고 단순히 원칙을 거부하는 것으로 끝나지 않는다. 결국, 이 이질적인 원칙이 **사실의 다리**를 건너, 실제 존재하는 유비를 통해 과학에 **들어왔다는** 것을 우리는 기억한다. 어느 누구도 이것을 부인하지 않는다. 이 원칙이 강화되고 지배적이던 시간은 그 가상의 힘의 근거가 된, 부분적으로 거짓이고 부분적으로 진실인 사실의 수를 증가시켰을 뿐이다. 이러한 사실에 대한 비판, 원칙 자체에 대한 비판은 다시 과학의 시야에 새로운 사실을 끌어들인다. 사태는 사실에만 제한되지 않는다. 비판은 상호 충돌하는 사실에 대한 스스로의 설명을 제공해야 하고, 두 이론은 서로 동화하며, 이를 토대로 원칙의 **재탄생**이 일어난다.

8-51] 사실과 이질적 이론의 압력으로 새로운 신인은 자신의 얼굴을 바꾼다. 생물발생적 원리에서도 같은 일이 일어났다. 그것은 다시 태

어나 심리학에서 두 형태로 나타난다(재탄생 과정이 아직 완료되지 않았다는 신호). 1) 신다윈주의와 손다이크 학파가 옹호한 유용성 이론. 이것은 개체와 속屬의 발달이 동일한 법칙에 종속된다고 간주한다. 여기에 일련의 일치가 있지만 일련의 불일치도 있다. 초기 단계에서 속屬에게 유용한 것이 모두 개체에게도 유용한 것은 아니다. 2) K. 코프카와 J. 듀이 학파가 심리학(아동학, 아래 글상자 참조-K)에서, O. 슈펭글러가 역사 철학에서 옹호한 동기화同期化 이론. 이는 모든 발달 과정은 필연적으로, 단순한 것에서 더 복잡한 것으로 그리고 저차적 수준에서 고차적 수준으로의, 공통된 단계, 순서 형태를 띤다고 가정하는 이론이다.

T. 콜(Thomas Cole), 황량함, 1836.

이것은 콜이 '야만'에서 '유목', '제국', '파괴'를 거쳐 완전한 폐허에 이르기까지의 모든 인간 사회의 발전을 보여 주는 다섯 개의 그림 중 마지막 그림이다. 이 이론은 이미 『로마제국 흥망사』에서 에드워드 기번에 의해 제시되었으며, 비고츠키 시대에는 『서양의 몰락』에서 오스발트 슈펭글러에 의해 더욱 발전되고 확장되었다.

앞에서 보았듯이, 생물발생적 원리(개체발생은 계통발생을 반복한다)는 일련의 기술적 사실에 의존한다(어린이는 걷기 전에 기고, 말을 할 수 있게 되기 전에 동물 소리를 낸다). 그러나 **8-46**에서 보았듯이 그로스는 이러한 일치의 의미에 이의를 제기하며, **8-47**에서 보았듯이 손다이크는 일부 사례에서 이 원리가 예측하는 순서의 오류를 발견한다(계통발생적으로는 젖 빨기 전에 성性이 출현하나, 개체발생적으로는 성적 성숙 전에 젖 빨기가 나타난다). 결과적으로 생물발생적 원리는 새로운 심리적, 역사적 환경에 적응해야 한다.

비고츠키는 두 개의 매우 다른 적용이 있다고 말한다. 손다이크와 같은 신다윈주의자들은 인과적 설명을 선호한다. 예를 들어 유아는 당장 음식을 필요로 하고 생식은 훨씬 나중에 필요하다. 이는 계통발생보다는 개체발생에서의 출현 순서를 설명한다. 아동학의 코프카와 듀이, 역사학의 기번과 슈펭글러와 같은 동기화 이론의 주장자들은 인과관계 없이도 제법 일치가 있을 수 있다고 주장한다. 계통발생과 개체발생 모두에서, 단순한 형태는 복잡한 형태보다 먼저 오지만, 그것은 별의 형성과 수학의 역사와 같은 과정에서도 마찬가지다. 비고츠키가 이 부분을 쓴 얼마 후, 심리학자 칼 융은 물리학자 볼프강 파울리를 치료하고 있었다. 코프카와 같은 형태주의자들의 영향으로, 융과 파울리는 동기성의 원리를, 정신 현상과 물리 현상 모두에 대한 비인과적 설명으로 발달시켰다. 우리는 어떤 일의 원인을 해석하고 드러내어 설명하는 것을 선호하기 때문에, '비인과적 설명'은 용어상 모순처럼 보일 수 있다.

그렇지 않다. 할리데이는 언어와 의미의 관계를 설명하면서 인과적 설명, 즉 언어에서 의미가 소리의 '원인이 된다'고 말하는 것은 전혀 무의미함을 지적한다. 문화와 사회에 의해 심리적으로 결정되는, 의미를 공유하는 언어들은 입, 혀, 목, 흉곽의 특성에 의해 생체역학적으로 결정되는 음성학적 특성에서 매우 다를 수 있다. 그러나 의미론과 음운론이 그저 '일치'하는 것처럼 보인다고 말하거나 그들을 단지 '동시적'이라 부르는 것 역시 그들이 어떤 관계를 갖는지 거의 아무런 설명도 하지 못한다. 비고츠키는 생물발생적 원리에 대해 신다윈주의적인 인과적 설명이나 융의 비인과적 설명 중 하나를 선택하지 않을 것이다. 그의 관심은 다른 종류의 발달, 즉 과학 자체의 질병과 회복에 있다.

자베르쉐네바와 오시포프(p. 71)는 "p. 355에서 아동학에 대한 언급
이 지워지고 심리학으로 대체되었다고 지적한다. 2) 듀이 학파가 심리
학(아동학)에서 옹호한 동시적同時的 이론."

8-52] 우리는 이러한 결론을 진리로 받아들일 수 없고, 일반적으
로 문제에 대해 본질적인 고찰을 하지 않을 것이다. 중요한 것은 유입
된 이물질에 대한 과학적 신체의 본능적이고 맹목적인 반응 역학을 추
적하는 것이다. 중요한 것은 병리에서 정상에 이르기 위해 감염 유형에
따라 과학적 염증 반응의 형태를 추적하여 다양한 구성 부분, 즉 과학
적 기관器官의 정상적인 작동과 기능을 명확히 밝히는 것이다. 이것이-
주제를 이탈한 것처럼 보이지만- 우리의 분석 목표이자 의미이며, 우
리는 매 순간 스피노자를 언급하지 않으면서도 그가 말한 우리 시대의
심리학과 치명적인 질병을 앓고 있는 사람의 비교를 고수한다. 이러한
관점에서 마지막 주제 이탈의 의미를 공식화한다면, 우리가 도출한 긍
정적 결론, 즉 분석 결과는 다음과 같이 정의된다. 먼저 우리는-무의식
에 관한 분석에서- 확산되는 감염의 본질, 작용 및 방식과, 기관 내에
서 중심적 역할을 하는 사실을 뒤따르는 이질적 아이디어의 침투 그리
고 그 기능의 손상을 연구했다. 여기, 생물발생 분석에서 우리는 유기체
의 대응작용, 감염과의 싸움, 이물질의 흡수, 배출, 중화, 동화 또는 재
생하는 역동적 성향, 즉 감염에 대응하기 위해 힘을 동원하는-의학적
으로 말하면 항체를 생성하고 면역 반응을 형성하는 역동적 성향을 연
구할 수 있었다. 이로부터 도출되는 세 번째이자 마지막은 질병 현상과
반응 현상, 건강과 질병, 감염 과정과 회복 과정의 구분이다. 이는 세 번
째이자 마지막 이탈에서 이루어질 것이며 이를 통해 우리 환자의 진단
과 예후의 공식화 즉, 즉 현재 진행 중인 위기의 본질, 의미, 결과의 공
식화로 직접 나아갈 것이다.

E. L. 키르히너, 병든 자로서의 자화상, 1918.

뺨에 난 염증을 주목하자. 비고츠키가 그랬듯 키르히너는 극심한 만성 감염(증)을 앓았고, 비고츠키와 마찬가지로 새로운 접근법으로의 탐색을 기술하는 데 이를 활용했다.

스피노자 또한 그랬다. 그는 『지성교정론』 일곱 번째 문장에서 말한다.

"난 그리하여 내가 매우 위험한 상황에 처했음을 감지하고, 확실치 않은 치료법이라도 힘을 다해 찾겠다고 다짐했다. 죽을병으로 투병 중인 병자가 치료법을 찾지 못하면 죽음이 반드시 임할 것을 알고 그의 모든 희망이 여기에 달려 있어 전력으로 치료법을 찾아야 하는 것처럼 말이다."

비고츠키는 자신의 탐색을 신다윈주의적 결론과 '동시적' 결론 둘 다와 구분한다. 비고츠키는 두 가지 모두 일반 생물학이라는 기성 과학으로부터의 감염원에 대한 일반 심리학이라는 신생 과학의 염증 반응의 일부에 불과하다고 주장한다. 그러나 이 감염은 제7장에서 살핀 무의식 이론처럼 완전히 비경험적인 이론적 구성을 흡수한 결과는 아니다. 반대로, 생물발생적 원리는 관찰된 사실(진화의 단계와 아동 발달 단계, 특히 배아 발달 단계와의 일치)을 통해 과학으로 퍼졌다.

이 방법론에 관한 장에서 비고츠키의 주된 관심은 감염 대처법을 설명하는 것이었다. 신생 과학은 우수한 위생 관리가 필요하다. 모든 과학이 그렇듯 새로운 과학은 직접 관찰보다는 간접 관찰에 의존하게 되므로 일반 과학을 위한 새로운 방법론을 만들려면 새로운 도구, 새로운 절차뿐 아니라 새로운 개념까지 필요하다. 이러한 간접 관찰, 도구와 절차는 다른 과학과 유사점뿐 아니라 차이점에 초점을 맞춰야 하므로 각 사실 비교의 잠재력과 함께 한계도 염두에 둬야 한다. 이러한 염두에는 분야에 고유한 사실이 포함되어야 하며, 새로운 분야 고유의 명칭을 포함하는, 새로운 분야 고유의 개념이 도출되어야 한다. 이런 명칭들은 다음 경로 이탈에서 다룰 것이다.

제7장(심리학을 일반 심리학으로 융합하려는 시도), 제8장(일반 심리학의 비판적 방법), 제9장(일반 심리학의 통일된 언어)의 세 가지 일탈은 『심리학 위기의 역사적 의미』와 직접 관련은 없다. 이는 일반 심리학의 모습이라는 주제에서 벗어나 있다. 게다가 각 장에는 그 장을 구성하는 고유한 일탈적 아이디어가 있다. 하지만 각 장은 외부에서 기인한 심리학의 감염, 신생 과학의 염증 반응, 그리고 그 위기의 진단과 치료의 단계를 나타낸다.

우리는 (각 장의) 일탈을 다음과 같이 요약할 수 있다.

장	제7장 융합	제8장 방법(론)	제9장 말
일탈적 아이디어	무의식적 반사 작용	생물 발생 원리	단일 어휘 사전
단계	외부로부터 감염	염증 반응	진단과 치료

● 방법론, 방법, 기법(비고츠키의 두 번째 여담: 염증)

영어나 우리말에서와는 달리 러시아어는 '방법론'(방법에 대한 비교, 인식론적 연구), '방법'(사실에 대한 비교, 개념적 연구), '기법'(사실에 대한 비교, 경험적 선택)을 구분한다. 그러나 러시아어에서도 이러한 구분이 일관된 것은 아니며 종종 혼용되기 때문에 이들을 구분하기 위해서는 용어만 살펴보아서는 안 된다. 방법론은 오직 방법에서 개념적으로 실현된다 (일반 과학은 오직 특수 과학에서 경험적으로 실현되듯이). 심리학적 문제 (성인의 무의식이나 어린이의 전의식)의 심리학적 연구는 무엇보다 먼저 특수한 개념(두 번째 여담의 주제)을, 그리고 특수한 용어(세 번째 여담의 주제)를 필요로 한다.

이 장의 서두에서 비고츠키는 반사학조차도 다른 과학의 방법을 심리학에 직접 이식하는 것에 저항한다고 말한다. 그러나 이러한 저항은 이전 장에서 무의식에 대한 심리학적 연구를 통해 우리가 살펴보았던 방법론적 문제에 대한 또 하나의 사례에 지나지 않는다. 우리는 객관적인 관찰 방법을 이용하여 어떻게 직접적으로 관찰할 수 없는 것을 연구할 수 있는가? 우리는 주관적인 내관 방법을 이용하여 어떻게 의식적 경험을 벗어나는 것을 연구할 수 있는가? 이와 동일한 문제가 다른 과학에서도 발생한다는 것이 밝혀졌지만, 구체적 해결책을 제공하는 기술 도구는 '(사실 수집의) 기법'에 엄격히 제한된다. 간접적으로 온도를 측정하는 온도계와 열의 개념화를 돕는 열기관은 어린이 생각을 연구하는 데 사용할 수는 없다.

비고츠키가 『도구와 기호』 제5장 서두에서 언급한 것처럼, 아동 발달 연구에 대한 내관의 실패는 방법의 수준에서 그것이 타당하지 않고 기법적으로 신뢰할 수 없다는 것이 증명되기 훨씬 전에 방법론의 수준에서 발생했다. 생물발생적 원리에 의해 제시된 비유는 아동 발달을 매우 황당한 그림으로 그려냈다(스탠리 홀). 반대로 자신만의 방법론을 개발할 수 있는 심리학은 다른 과학에 많은 기여를 한다. 비고츠키에 따르면, 놀이에 대한 순수한 심리학적 연구는 중요한 결과를 낳았고 심지어 일반 생물학에서 놀이에 대한 우리의 이해에도 기여했다(그로스). 심리학psychology은 이미 '방법론methodology'과 접미사 '-론-ology'을 공유할 권리를 얻어냈다. 우리는 이제 이에 어울리는 고유한 방법과 기법을 개발하고 있다.

A. 특수 과학들의 개념을 일반화하는 대신 생물학, 민족지학, 역사학 등 잘 발달된 개념이 있는 다른 과학에서 이미 만들어진 개념을 차용하는 게 더 쉬워 보일 수 있다(8-1~8-2). 이 사고 실험gedankenexperiment은 최소한 비교 분석을 위한 흥미로운 변수를 제공할 것이다. 우리는 심리학과 더 가까운 인문과학이 더 호환 가능

하고 적응 가능한 개념을 제공하는 반면, 더 먼 자연과학은 더 체계적이고 잘 발달된 개념을 제공할 것이라는 가설을 세울 수 있다(8-3~8-4). 역설적으로 자연과학, 특히 생물학으로부터의 차용에 가장 크게 반대하는 것은 생리학에 가장 가까운 특수 심리학인 반사학이다(8-5~8-6). 특히 첼로바노프는 소위 생물 발생적 원리('개체발생은 계통발생을 요약 반복한다')를 어린이 발달에 적용하는 것에 반대한다. 그것은 홀의 연구에서 터무니없고 사실과 무관한 수많은 추측(예: 우리가 수생 생물의 후손이기 때문에 아이들이 수영을 좋아한다는 엉뚱한 생각)을 낳았다. 비고츠키는 첼로바노프의 결론에 동의하지만 그의 추론에서 두 가지 오류의 근원을 지적한다(8-6~8-7).

i. 첼로바노프는 아동심리학이 자체 개발된 개념으로는 어떤 진전도 이룰 수 없다고 생각하는 것 같다. 예를 들어, 그는 생물학자 그로스의 인간 놀이에 관한 책이 (동물 놀이에 관한 그의 책 바로 다음에 출간되었듯이), 심리학 연구를 위해 단순히 생물학을 차용한 것이라고 가정한다. 비고츠키는 그로스가 실제로 한 일은 생물학 연구에 심리학 연구를 차용한 것이라고 지적한다. 그로스는 놀이, 심지어 동물의 놀이까지도 이후의 성인 행동에 대한 상상 속 연습이라고 주장한다. 이는 실제로 학습 이론이지 절대 요약 반복 이론이 아니다. 뷜러의 단계(『역사와 발달 I』에서 우리가 보았던 본능-습관-창조의 첫 3단계), 손다이크의 시행착오와 '연습의 지수 법칙', 코프카의 어린이 생각 연구는 모두 순전히 심리학적 개념에 토대하고 있다. 그것은 모두 가깝거나 먼 과학에 의존한 것이 아니다(8-8).

ii. 첼로바노프는 연구 대상인 의식 발달이 계통발생이나 개체발생학적으로 직접 관찰할 수 없기 때문에 아동심리학이 생물발생학적 원리를 빌릴 수 없다고 생각하는 것 같다(8-9).

B. 비고츠키는 두 번째 반론을 광범위한 방법론의 원칙으로 확장한다. 맨눈을 통한 직접 관찰은 대체로 전과학적이고 심지어 도구(현미경, 망원경)의 도움을 받은 시각적 관찰도 과학 발달의 초기 단계에 속한다. 현대 과학은 예컨대 온도계와 같은 간접 관찰에 의존하며, 이는 연구 대상이 우리의 감각이 아닌 다른 매체에 미치는 영향을 관찰할 수 있게 한다(8-10). 이 원칙은 인문과학에까지 영향을 미친다. 우리는 과거를 관찰하거나 경험하지 않고 그것이 남긴 흔적 즉 연표, 연대기, 심지어 문서 등을 연구한다. 그럼에도 역사는 흔적이 아니라 과거를 연구한다. 이는 지리학이 지도가 아닌 영역을 연구하는 것과 마찬가지다(8-11~8-12). 광학은 시각 개념의 창조를 위해 본다는 느낌(예: 인식)을 제거해야 했으며 역학은 일 개념의 창조를 위해 근육 긴장의 느낌(예: 노력)을 제거해야 했다. 무의식의 발견과 함께 심리학도 유사한 갈림길에 서게 되었다고 비고츠키는 생각한다. 내관과 심리학의 관계는 가시광선과 빛 연구의 관계와 유사하다. 어린이의 말을 해석하는 심리학자들은 볼 수 없는 전자기파의 흔적을 해석하는 물리학자나 오래전 사라

진 언어를 이해하려는 문헌학자, 맹인인 기하학 교수나 광학 교수와 같다(8-13~8-17). 반응 시간의 지연을 측정하기 위한 분트와 퀼페의 장치 설치에 대해 논하면서 코르닐로프는 두 가지를 지적한다(8-18).

i. 시간계측장치에 대한 철학의 차이는 분트의 경험론적 심리학과 게슈탈트 심리학의 분리로 이어졌다. 장치가 실험 대상과 같은 방에 있다면 그것은 대상에 영향을 미쳐, 측정되어야 할 것의 일부가 되어 버린다. 그러나 같은 방에 있지 않다면 반응은 감각 경험이라기보다는 관찰 가능한 행동과 같이 되어 버린다.

ii. 분트, 도이흘러, 아흐는 관찰 가능한 행동이 경험과 분리된 것이라고 생각했다. 분트와 도이흘러에게 그것은 내관을 보완할 뿐이었으며 아흐에게는 그러한 역할도 할 수 없었다. 그에게 경험은 오직 다른 경험으로만 측정될 수 있기 때문이다.

젤료니에 따르면 러시아어 'метод(방법)'는 인식론(방법론)과 기술적 수단(기법)을 모두 의미한다. 생리학은 (객관적 지식의 대상을 위한) 객관적 방법론을 가지고 있다. 그러나 감각의 생리학에서는 생리학도 부분적으로 주관적인 기법을 가진다. 반대로 심리학은 (주관적인 지식의 대상에 대한) 주관적인 방법론을 가지고 있다. 그러나 심리학 역시 부분적으로 객관적인 기법을 가진다. 젤료니는 심리학의 객관적인 기법은 비본질적이며 주관적 방법론에 영향을 미치지 않는다고 본다(8-19).

C. 비고츠키는 다르게 주장한다. 젤료니가 '객관적', '주관적'이라 부른 것은 사실 연구 대상을 아는 직접적(관찰적), 간접적(해석적) 방법일 뿐이다. 둘 다 비판적 평가가 필요하다(8-23). 직접적 관찰을 통해 아는 방법 또한 고도로 선택적이다. 젤료니의 생리적 감각 기관조차도 가시광선 스펙트럼, 가청 주파수, 그리고 지각할 수 있는 후각, 미각, 촉각만을 샘플링한다(8-20). 우리가 우리에게 필요한 모든 생리적 감각 기관을 진화시켰다는 것도 사실이 아니다. 비고츠키가 말하듯, 우리가 위험한 미생물을 보는 방법을 발명하는 것보다 그러한 생물학적 감각을 직접 진화시키는 편이 훨씬 유리했을 것이다(8-22). 간접적으로 아는 방법(예: 분광기, 오실로스코프, 온도계)은 다양한 데이터 대역폭을 선택하여, 우리에게 개미가 볼 수 있는 것을 (경험하지 않더라도) 이해할 수 있게 해 준다(8-20). 게다가 간접적으로 아는 방법은 저차적인 자연적 반응과 고등한 문화적 반응을 구별하는 데 필요한 섬세함을 허용한다(직접적으로 아는 방법은 언제나 시각적 의미와 언어적 의미를 병합하는 경향이 있다)(8-21). 비고츠키는 지구가 태양 주위를 돈다는 통찰이, 보이는 스펙트럼의 유추를 통한 보이지 않는 스펙트럼에 대한 (이반초프의) 이해와 관련이 있다고 다소 수수께끼같이 말한다. 우리는 우리의 눈이 우리에게 알려 주는 것 이상으로 잘 생각할 수 있다는 것이다(8-23). 비고츠키는 아직 주제를 거론하지 않은 채, 일반 심리학이 놀이에 대해 '생물발생적 원리'가 말할 수 있는 것 이상으로 잘 생각할 수 있게 해 주는 능력이 있음을 암시한다(아래 섹션 D 참조).

i. 그러나 비고츠키는 첫째로 방법론, 즉 인식론을 고찰하길 원한다. 경험은 현실

의 단편일 뿐이다. 이것이 바로 라이프니츠가 의식을 지닌 사람들의 '볼 수 있는 세계'를 설명하기 위해 '보이지 않는 의식의 모나드monad의 세계'를 도입한 이유이며, 회프딩이 의식적 삶을 설명하기 위해 무의식의 삶을 받아들인 이유이기도 하다(8-24). 그러나 두 경우 모두 관찰할 수 있는 것들의 가설적 연장에 관해 우리가 말할 수 있는 것은 기껏해야 그것이 존재해야 한다는 것뿐이다(8-25~26). 비고츠키는 이것이 심리학을 고도로 희비극적인 상황, 즉 의식과 같이 관찰할 수 없는 것(무의식적 마음은 물론이고!)을 받아들이길 원하면서도 동시에 그것을 받아들이기를 거부해야 하는 상황에 빠뜨린다고 말한다(8-27). 비고츠키는 과학 실험에서와 마찬가지로 일상 경험에서도 지각된 것과 개념을 명확히 구분하고 해석을 강조함으로써 이 문제를 해결한다(8-28~30).

ii. 둘째, 비고츠키는 이 방법론적 원리가 베흐테레프(8-31), 파블로프(8-32), 코르닐로프(8-33), 왓슨(8-34), 손다이크(8-35), 코프카(8-36), 쾰러(8-37)의 작업에서, 직접적 관찰을 통해 제공될 수 있는 정보를 훨씬 넘어 특수 심리학으로 이어졌음을 보여 준다.

그리고 나서 비고츠키는 이것이 그가 '감각주의적'이라 부르는 실증주의적 신조, 즉 과학은 지각할 수 있는 사실들에만 의존할 수 있다는 전前과학적 믿음을 천천히 초월하는 여러 단계라고 결론 내린다(8-38~39). 비고츠키에게 이 두 믿음은 고등동물과 하등동물과 같다. 하나는 감각주의적 방법론을 외피로 전달하여, 사실로 자신을 무장하지만 자신의 성장을 제한한다. 다른 하나는 그것을 내부 골격으로 사용하여, 훨씬 더 높은 수준의 내적 분화와 외적 행동을 가능하게 한다(8-40). 이러한 서로 다른 방법론은 서로 다른 방법과 기법은 물론 서로 다른 사실을 함축한다(8-41).

D. 이제 비고츠키는 앞에 언급했던 '계체발생이 계통발생을 요약 반복한다'는 생물발생 원리에 대한 비판에 착수한다. 한편으로는 진화의 단계와 아동 발달 단계 사이 부인할 수 없는 유사성이 있으며(예: 배아는 성장 측면에서 식물, 아동은 활동 면에서 동물, 청소년은 사고 면에서 인간으로 인식할 수 있다), 이러한 유사성은 홀과 다른 사람들에 의해 포착되고 심지어 과장된다. 다른 한편으로, 이러한 유사성은 우리에게 각각 서로 다른 점을 고려하도록 만드는데, 코프카 등은 이러한 결정적 차이점을 강조한다. 예를 들어, 손다이크는 수유가 개체발생에서는 초기에 나타나지만 계통발생에서는 늦게 나타나는 반면, 성적 변이는 그 반대라고 지적했다. 그로스는 어린 호랑이가 포획한 먹이를 잔인하게 가지고 노는 것은 진화 이전 단계의 반복이 아니라 후속 단계에 대한 예측(어린이의 놀이도 포함)이라고 지적했다. 이러한 놀이의 예측적 특성이 바로 블론스키가 이 용어(놀이)를 완전히 거부하게 된 이유이며, 전체 논쟁은 아동심리학을 두 개의 진영으로 나누었다:

i. 놀이가 본질적으로 미래 활동을 위한 연습(즉, 교육의 한 형태)이라고 주장하는 신다윈주의자들. 레온티예프는 다윈을 거부했지만 결국 이 견해를 받아들였다!

ii. 동기화 이론(코프카와 듀이)은 모든 발달 과정에 일반적인 단계(예: 단순한 것에서 복잡한 것으로, 저차적인 것에서 고등한 것으로)가 공통적으로 존재한다고 주장한다. 레온티예프와는 다른 이 견해는 비고츠키의 사고방식에 더 가깝기는 하지만, 그는 어느 진영에도 속하기를 거부한다.

비고츠키는 놀이에 대한 설명 수단으로서 생물발생 원칙의 흥망성쇠는 심리학이 외적 감염에 대해 면역반응 – 이는 염증으로 이어진다 – 을 보이는 한 사례일 뿐이라고 지적한다. 다음 장은 진단을 위한 기술적 용어를 제공할 것이며 그 이후의 장들은 예후와 치료에 대해 살펴볼 것이다.

참고 문헌

Vygotsky, L. S. (1994). Tool and Sign in Child Development. In R. Van der Veer and J. Valsiner. *The Vygotsky Reader*. Cambridge, MA and Oxford: Blackwell.

제9장

위기의 어휘
(비고츠키의 세 번째 여담: 회복)

E. L. 키르히너(Ernst Ludwig Kirchner), 베를린의 거리 풍경, 1915.

독일은 위기에 처해 있으며 전쟁 중이다. 전경에 있는 사람들은 한 방향을 바라보고, 배경에 있는 사람들은 다른 방향을 바라보며 서로를 지나치면서 모두 눈 맞춤을 피한다. 이 장에서 비고츠키는 심리학자들이 처음에 이쪽을 바라보다 다음엔 다른 쪽을 바라보는 위기 속 과학 어휘들을 보여 준다. 즉, 일부는 일상적인 말에서 가져오고, 다른 일부는 자연과학에서, 또 다른 일부는 철학에서 가져온다. 예를 들어 첼파노프는 차르주의와 영적 이원론에서 경험주의를 거쳐 마르크스주의와 일원론으로 이동 중이다. 일상 언어의 변화성, 자연과학 용어의 부적절함, 철학적 용어의 모호함 등은 모두 심리학이 그 자체의 개념뿐만 아니라 그 자체의 어휘, 문법 및 문제도 필요하다는 것을 보여 준다. 키르히너가 겨울과 여름 사이 어딘가에 있는 전환기에 갇힌 '춘추복'을 어떻게 묘사하는지 주목하자. 사람들은 따뜻하면서 동시에 가벼운 옷이 필요하다. 그러나 이 베를린 시민들이 서로 눈길을 돌리며 서두르는 또 다른 이유가 있다. 여성들은 손님을 찾는 성 노동자이고, 남자들은 눈치채지 못한 척하는 포식자이기 때문이다.

9-1] 심리학이 현재 겪고 있는 상태와 위기의 정도에 대한 객관적이고 명확한 표상을 형성하고 싶다면 심리학 언어, 명명법 및 용어, 즉 심리학자의 어휘 및 구문을 연구하는 것으로 충분할 것이다. 언어, 특히 과학적 언어는 사고의 도구이자 분석의 도구이며, 과학이 관여하는 조작의 특성을 이해하기 위해서는 과학이 어떤 도구를 사용하는지 살펴보는 것으로 충분하다. 언어가 배타적인 역할을 하는 수학은 말할 것도 없고, 현대 물리학, 화학, 생리학의 고도로 발달되고 정확한 언어는 과학의 발달과 함께, 자연발생적이 아니라 전통, 비판, 과학 공동체와 학회의 직접적인 용어 창조의 영향 아래 의식적으로 형성되고 완성되었다. 현대의 심리학 언어는 무엇보다도 용어가 불충분하다. 이것은 심리학이 아직 고유한 언어를 가지고 있지 않다는 것을 의미한다. 심리학 사전에서 우리는 세 가지 유형의 낱말 집합체를 찾을 수 있을 것이다. 1) 모호하고 다중의미적이며 실천적 삶에 적용된, 일상적 언어의 낱말[А. Ф. 라주르스키는 이런 점에서 능력심리학을 비판했다. 우리는 이것이 경험심리학의 언어에, 특히 라주르스키 자신의 언어에 더 크게 적용됨을 보이는 데 성공했다(Л. С. 비고츠키, 1925)]. 실천적 삶의 언어가 갖는 모든 은유성과 부정확성을 보기 위해서는 모든 번역가의 걸림돌―시각의 느낌(감각적 측면에서의 느낌)―을 회상하는 것으로 충분하다. 2) 철학적 언어의 낱말. 그들

은 이전 의미와의 연결을 잃고, 서로 다른 철학 학파 간 투쟁의 결과로 의미가 다양화되며 최대한 추상적으로 되어, 역시 심리학자의 언어를 혼란하게 한다. L. 랄랑드는 심리학의 모호성과 불명료성의 주요 원천이 여기에 있다고 본다. 이 언어의 길은 생각의 모호함을 선호한다. 예증으로는 값지지만, 공식화로는 위험한 은유. 작은 신화적 드라마가 만들어지는, '-주의'를 통한 심리적 사실과 기능, 체계 또는 이론의 의인화(L. 랄랑드, 1929). 3) 마지막으로, 자연과학으로부터 차용되어 비유적인 의미로 사용되는 낱말과 언어 형태는 기만에 직접적으로 기여한다. 심리학자가 에너지, 힘, 심지어 강도에 대해 논의하거나 흥분 등에 대해 이야기할 때, 그는 오도하거나, 혹은 다른 (과학의-K) 정확한 용어로 지칭된 개념의 전체적 모호성을 매번 강조하면서 비과학적인 개념을 과학적인 단어로 덮어 버린다.

E. L. 키르히너, 명성, 1924.

나르시스는 자신을 추종하는 님프들의 칭송을 들으면서 산 호수에 비친 자신의 모습 이외에는 그 누구도 사랑받을 자격이 없다고 자신한다. 그러나 그가 자신의 모습을 안으려고 할 때마다 그것은 사라진다 (『인격과 세계관』 6-3-17 글상자 참조.)

비고츠키는 세 종류의 비유적 언어(일상적, 철학적, 과학적) 모두에 대해 비판적이다. 비고츠키는 능력심리학의 언어에 대한 라주르스키의 비판에 동의한다. 능력심리학은 19세기 골상학의 20세기 변형이었다. 머리의 특정 부분이 특정한 성격을 나타낸다는 관찰은 각 머리 부분이 특정 정신 기능을 담당하는 '정신 기관'이라는 믿음으로 이어졌다(이러한 신념은 촘스키의 언어기관[language faculty]이라는 개념으로 이어진다). 시각을 담당하는 관찰 가능한 기관(눈, 시신경, 시각 정보를 처리하는 뇌 중추 등)이 있긴 하지만, '자기이해'나 '자기성찰'이라는 의미에서의 '봄seeing'을 뇌의 어느 한 곳이 담당한다는 증거는 어디에도 없다.

비고츠키는 라주르스키의 '경험' 심리학에도 비판적 거울을 들이댄다. 그가 라주르스키의 교재에 쓴 비판적인 서문(영문판 비고츠키 선집 3권, 러시아어판 선집 1권)에서 비고츠키와 루리야는 라주르스키의 '영혼'과 같은 (통속적이고 경험적인) 낱말 사용을 거부하고, 종교에 대한 장은 언급도 하지 않는다. 라주르스키의 심리학에는 능력심리학과 그 반영이 모두 나타나며, 심리학의 주제에 대한 통속적, 경험적, 일상-언어적 접근이 이 두 가지를 모두 이끌어 냈음을 이해할 수 있다.

마찬가지로 비고츠키는 철학적 용어 사용이 '신화적 드라마'로 인도했다는 랄랑드의 지적에 동의한다. 심리학자들이 '~로 보인다', '관점', '전망'과 같은 단어를 '이해하다', '의견', '인지' 등과 같은 의미로 사용할 때 이는 비유적으로 사실이다. 그러나 융이 '집단 무의식'을 이론화하는 과정에서 신화적 드라마를 이용한 경우처럼 글자 그대로 사실인 경우도 있다. 프로이트는 오이디푸스 신화를 이용하여 성인의 콤플렉스를, 나르시스 신화를 이용하여 아동의 성性을 기술했다. 이 경우 랄랑드의 지적은 구문, 문장, 텍스트의 수준에서 그대로 사실이다.

'정서적 충만emotional charge', '심리적 힘psychic force' 같은 자연과학적 은유와 마찬가지로, 아동의 '나르시시즘' 같은 신화적 은유는 검증 가능한 예측이나 설명은커녕 이론적 기술記述도 아니다. 나르시시즘은 키르히너의 '명성Der Ruhm'과 같이, 고유하고 형언할 수 없으며, 발달적으로 찰나인 의식에 대한 표현적 은유에 불과하다.

L. 랄랑드는 A. 랄랑드로 수정되어야 한다. 비고츠키는 A. 랄랑드 André Lalande를 상당히 길게 인용하면서도 인용부호는 주의하지 않았다. 이렇게 인용하는 비고츠키의 부주의를 표절이라 문제 삼을 수는 없다. 이 원고는 출판용이 아니라 개인 노트였을 뿐이다. 우리에게 진정 문제가 되는 것은 인용된 부분에 대해 비고츠키가 어떤 입장인지를 이해하는 것이다.

A. 랄랑드(André Lalande, 1867~1964)는 E. 뒤르켐의 제자로 뒤르켐의 강의 노트를 출판하는 것부터 경력을 쌓기 시작했다. 그의 박사 학위 논문 주제이자 철학에 대한 주요 공헌은 '정신 발달은 생물학적 진화와 달리 수렴적'이라는 아이디어로, 인간 개인은 물론 인간 사회도 여러 가지 느낌과 감각에서 통일적 사고로 발달한다는 것이었다.  고등학교 교사로 재직하다가 파리대학교 교수가 된 그는 뒤마가 1923년 편집하여 리보Théodule-Armand Ribot에게 헌정한 『심리학 개론Traité de psychologie』의 서문을 썼다. 본문의 상당 부분은 그 서문에서 가져왔다. 비고츠키는 메모만 짧게 했고 출처 표기는 소홀한 편이었다.

"이번 연구가 프랑스 심리학 용어 정립에 이바지할 수 있기를 바란다. 하지만 용어가 전부는 아니며, 언어의 모호함은 어휘 못지않게 구문에서 비롯되는 경우도 잦음을 잊지 말아야 한다. 그러므로 우리는 혼란을 초래하거나 생각을 모호하게 만들 수 있는 문구 전환은 사용하지 않도록 특히 주의하자. 심리학은 모든 일반적 질문에 대해 여전히 철학과 밀접하게 연관되어 있고, 철학적 언어는 사고의 불완전성을 조장하는 비유, 즉 예시나 암시로서는 가치가 있지만 공식으로서는 위험하다. 은유의 남용으로 가득 차 있기에 이와 같은 위험은 심리학에서 더 커진다. 용법에 따라 가치가 고정되지도 않고, 결과적으로 정확한 의미가 없는 희귀한, 소위 '독창적인' 표현에 대한 탐색, 사실과 심령 기능의 의인화, 무슨 주의(-ism)가 제시한 체계와 이론의 의인화, 그 사이에서 작은 신화적 드라마가 만들어진다. 진화론자냐 합리론자냐, 지성주의자냐 실행주의자냐와 같은 교과서처럼 진부한 표현의 사용은 사실로부터 '중간공리'가 직접 도출되는 것을 막는다. 모호한 연대기적 표현은 가상의 역사를 서술한다. 언어가 매 순간 불러일으키는 이런 종류의 함정을 모두 늘어놓으려면 무척 오래 걸릴 것이다"(1923, pp. 52-53).

9-2] 랄랑드의 지적처럼, 언어의 모호함은 어휘뿐 아니라 구문에도 있다. 심리적 구문의 구성에도 어휘의 구성과 마찬가지로 신화적 드라마가 있다. 덧붙여, 과학적 표현 양식과 방법도 그와 같이 중요한 역할을 한다. 한마디로, 언어의 모든 요소, 모든 기능에는 그것을 사용하는 과학의 시대적 흔적이 있고, 그것이 그 작업의 성격을 규정한다.

9-3] 심리학자들이 자기들의 용어가 뒤죽박죽이고 부정확하며 신화적이라는 것을 인식하지 못한다고 여기는 것은 잘못된 생각이다. 용어 문제를 어떻게든 언급하지 않는 저자는 거의 없다. 실제로, 심리학자들은 뉘앙스로 가득 찬 매우 미묘한 것을 묘사, 분석, 탐구한다고 주장했으며, 과학이 체험 자체를 전달하고자 할 때마다, 즉 예술적 단어가 해결하는 과업을 자신의 언어에 부과할 때마다 영적 체험의 비교할 수 없는 독창성, sui generis(한 번 발생하는 특별한-K) 사실을 전달하고자 애썼다. 따라서 심리학자들은 심리학이 위대한 소설가에게 배워야 한다고 조언해 왔으며, 제아무리 뛰어난 문필가-심리학자라도 정확한 언어를 만들어 내지는 못하고, 비유적-표현적으로 글을 썼다. 그들은 영감을 주고, 묘사하고, 표현했지만 기록하지는 않았다. 제임스, 립스, 비네가 그렇다.

9-4] 제네바에서 열린 제6회 국제심리학자대회(1909)에서는 이 문제를 의제로 상정하고 J. 볼드윈과 E. 클라파레드가 이 주제에 관한 보

고서 두 개를 발표했다. 그러나 클라파레드가 40개의 실험실 용어를 규정하려 시도했음에도 불구하고 언어적 가능성의 법칙 확립 이상으로는 진전되지 못했다. 볼드윈의 영어 사전과 프랑스어로 된 기술철학, 비평철학 사전이 많은 성과를 거뒀지만, 상황은 매해 악화되어 언급한 사전으로 새로운 책을 읽는 것은 불가능하다. 내가 이 정보를 가져온 원천인 백과사전은 용어의 엄격함과 안전성을 도입하는 것을 자기 과업의 하나로 삼았지만, 새로운 표기법을 도입함으로써 또 다른 부정확성의 빌미를 제공한다(G. 뒤마, 1924).

9-5] 언어는, 말하자면 과학이 겪고 있는 분자적 변화를 드러낸다. 그것은 내적, 아직 형성되지 않은 과정-발달, 개혁, 성장의 경향을 반영한다. 따라서 심리학에서 언어의 모호한 상태는 과학의 모호한 상태를 반영한다고 가정하자. 이 관계의 본질에 더 깊이 들어가지 말고, 그것을 심리학에서 일어나는 동시대의 분자적-용어적 변화의 분석을 위한 출발점으로 삼자. 아마도 우리는 그 속에서 과학의 현재와 미래의 운명을 읽을 수 있을 것이다. 일반적으로 과학 언어 뒤에 있는 원칙적 의의를 부정하고 그런 논쟁 속에서 스콜라학파적 언쟁을 보는 경향이 있는 사람들로 먼저 시작하자. 예컨대, 첼파노프는 주관적 용어를 객관적 용어로 대체하려는 시도를 터무니없고 말도 안 되는 요구로 간주한다. 동물심리학자들은(비어, 베테, J. I. 폰 우엑스퀼)은 '눈' 대신 '광수용체', '코' 대신 '스티보 수용체', '감각 기관' 대신 '수용체' 등을 사용했다(Г. И. 첼파노프, 1925).

　＊T. 비어(Theodor Beer, 1866~1919)는 오스트리아의 생리학자, A. 베테(Albrecht Bethe, 1872~1954)는 독일의 신경계 생리학자로, 오늘날에는 노벨상을 수상한 물리학자 한스 베테의 아버지로 유명하다. J. 폰 우엑스퀼(Jakob von Uexküll, 1864~1944)은 에스토니아에서 태어난 독일 생물학자로, 사이버네틱스에 관한 많은 현대적 아이디어를 예견했

으며, 비고츠키에게도 영향을 미쳤다. 비고츠키가 볼 때 그의 가장 중요한 이론적 개념은 움벨트Umwelt, 즉 유기체와 환경을 연결하는 사이버네틱 루프이다. 여기서 언급된 논문은 행동주의의 토대가 된 문서였다. 그렇지만 비어는 소아성애자로 재판을 받고 불명예스러운 죽음을 맞이했다. 베테는 임상 연구로 전환했고, 폰 우엑스퀼은 논문의 객관주의적 전제를 버리고 주관적 생기론자가 되었다.

Beer, T., Bethe, A. and Uexküll, J. (1899). Vorschläge zu einer objektivierenden Nomenklatur der Physiologie des Nervensystems(신경계 생리학의 객관적 명명법에 대한 제안). *Biologisches Zentralblatt*, No. 19, 1899, pp. 517-521.

알브레히트 베테(오른쪽)와 그의 부인, 그리고 미래의 노벨 물리학상 수상자인 아들.

9-6] Г. И. 첼파노프는 행동주의에 의한 전체 개혁을 용어 게임으로 환원하려는 경향이 있다. 그는 J. 왓슨의 저서에서 '감각' 또는 '표상'이라는 낱말이 '반응'이라는 단어로 대체되었다고 생각한다. 독자에게 보통 심리학과 행동주의 심리학의 차이점을 보여 주기 위해 첼파노프는 새로운 표현 방식의 예를 제시한다. 보통의 심리학에서는 다음과 같이 말한다. '누군가의 시신경이 보색 혼합 파동의 자극을 받으면 그에게

는 **흰색에 대한 의식이 있다.**' 왓슨에 따르면 이 경우 "그는 마치 그것이 흰색인 것처럼 반응한다"라고 말해야 한다(1926). 저자(쳴파노프-K)가 내린 승리의 결론은 다음과 같다. 어떤 단어를 사용하느냐에 따라 상황이 달라지지 않는다. 차이는 낱말에만 있다. 정말 그러한가? **쳴파노프와 같은 유형의 심리학자들에게 이것은 확실하게 사실이다.** 새로운 것을 연구하고 발견하지 않는 사람은 연구자가 새로운 현상에 대해 새로운 단어를 도입하는 이유를 이해할 수 없다. 사물에 대한 자신의 견해 없이, 스피노자와 후설, 마르크스와 플라톤을 똑같이 받아들이는 사람에게 낱말의 원칙적 교체는 공허한 주장이다. 모든 서유럽의 모든 학파, 흐름 및 경향을 절충적으로-출현 순서대로- 받아들이는 이는 '보통 심리학이 사용하는' 모호하고 정의되지 않은 일상 언어가 필요하다. 심리학을 교과서로서만 생각하는 사람에게 일상 언어의 보존은 중요한 문제이다. 실증적 심리학자의 대다수가 이러한 유형에 속하기 때문에 그들은 혼합되고 잡다한 전문 용어를 사용한다. 이러한 입장에서 **흰색에 대한 의식**은 더 이상의 비판이 필요 없는 단순 사실이다.

J. M. 휘슬러(James McNeill Whistler), 흰색 교향곡 3번, 1865~1867.

흰색은 뉴턴과 괴테에게 '논쟁거리'였다(아래의 **9-18** 단락 참조). 계몽주의 실험가 뉴턴은 수학적 비율과 음계에 기반하여 색상환을 만들었다. 그는 흰색이 모든 색깔의 혼합과 관련 있다고 믿었다(무지개 색상환을 돌릴 때 흰색이 보이는 까닭이다). 낭만주의 시인 괴테는 실제 안료를 섞는 것에 기반하여 흰색을 만들었다. 그는 흰색이 어떤 색도 없는 것이라고 믿었다(우리가 흰색을 순수함에 빗대는 이유이다).

비고츠키 시대에도 흰색은 헬름홀츠와 헤링에게 논쟁거리였다. 물리학자 헬름홀츠는 색상환의 중간색은 중간색이 아닌 다른 색을 혼합하여 생성할 수 있다고 믿어, 빨간색과 녹색을 적당한 비율로 섞으면 노란색이 만들어진다고 생각했다. 생리학자 헤링은 '반대색'(예컨대 빨간색과 녹색은 우리가 불그스름한 녹색이나 푸르스름한 빨간색을 상상할 수 없기 때문에 '반대'이다)이 서로 상쇄되어 흰색을 낸다고 믿었다. 첼파노프는 한편으로는 뉴턴을, 다른 한편으로는 헤링을 지지하는 절충주의자이다.

비고츠키가 절충주의자는 아니다. 그는 더욱 근본적이고 철학적인 문제, 즉 흰색과 같은 색을 인식하는 '퀄리아(정신 철학, 주관적이고 의식적인 경험 사례)' 또는 질質에 관하여 여전히 논의되고 있는 문제에 관심을 두고 있다. 동공은 빛을 반사하지 않는 어두운색(예컨대, 검푸른색이나 검은색)에 반응하여 커지며, 많은 빛을 반사하는 밝은색(예컨대, 연노란색이나 흰색)에 반응하여 작아진다. 우리가 많은 색깔을 함께 더할 때(예컨대, 무지개 색상환을 돌릴 때), 행동주의자는 피험자가 흰색을 '볼' 수 있다고 말할 수 없다. 왜냐하면 그것은 순수한 정신적('뇌로부터' 자극된) 대상인 이미지를 암시하기 때문이다. 그러나 행동주의자는 피험자가 그것이 마치 흰색인 것처럼 그것에 반응한다(즉, 동공 수축)고 말할 수 있다. 흰색을 의식하는 것처럼 보이는 것은 사실 이런 종류의 말초신경의 경험에 대한 중추신경계의 반응에 지나지 않는다.

첼파노프는 어떤 실험(예컨대, 흰색이 나타나도록 색상환을 돌리는 실험)에서 피험자가 '흰색을 의식한다'고 말하든, 왓슨의 주장처럼 피험자의 눈(또는 '광수용체')이 마치 흰색이 나타난 것처럼 반응한다고 말하든, 별 차이가 없다는 뜻을 비친다. 비고츠키는 겉보기에 사소해 보이는 이 용어 논쟁의 이면에, 중대한 철학적 차이가 있음을 간파한다. 이는 정서에 관한 이 연구에서 그가 탐구했던 것과 동일하다(『정서 학설』 I, II 참고). 우리는 하나의 세계에 살고 있는가? 아니면 두 개의 세계에 살고 있는가? 우리의 심리학은 물리적 자극과 정신적 반응에 대한 두 개의 평행한 과학이어야 하는가? 아니면 하나의 통합된 행동 과학이어야 하는가?

9-7] **첼파노프에게 이것은 변덕스럽고 기이한 것이다.** 그런데 그 기이함이 왜 그리 규칙적일까? 이것은 어떤 필요에 의한 것이 아닐까? 왓슨과 파블로프, 베흐테레프와 코르닐로프, 베테와 폰(-K)우엑스퀼(첼파노프의 목록은 그 어떤 과학 분야에서도 ad libitum[얼마든지-K] 확대될 수 있다), 쾰러와 코프카를 비롯한 많은 이들이 이 기이함을 보여 준다. 이는 새로운 용어를 도입하는 경향에는 객관적인 필요성이 있음을 보여 준다.

9-8] 우리는 **낱말이 사실을 일컫는 동시에 사실의 철학, 사실의 이론, 사실의 체계를 제공한다**고 사전에 말할 수 있다. 내가 '색채 의식'이라 말할 때 나는 **특정한** 과학적 연관을 염두에 두며, 사실은 **특정한** 일련의 현상에 산입되고, 나는 사실에 **특정한** 의미를 부여한다. 내가 '흰색에 대한 반응'이라고 말할 때는 모든 것이 완전히 **다르다.** 그러나 첼파노프는 그것이 단어의 문제인 척할 뿐이다. 어쨌든 그 자신은 **용어 개혁은 불필요하다**는 테제를 가지고 있으며, 이것은 **심리학 개혁이 불필요하다**는 다른 테제의 결론이다. 여기서 첼파노프는 불필요하게 모순에 얽혀든다. 한편으로 왓슨은 단지 낱말을 바꿀 뿐이고, 다른 한편으로 행동주의는 심리학을 **왜곡한다.** 그래서 결국 둘 중 하나이다. 왓슨이 낱말을 가지고 노는 것일 뿐이라면 이 경우, 첼파노프가 스스로

를 안심시키며 즐겨 묘사했듯이, 행동주의는 선량하며, 즐거운 일화일 것이다. 그렇지 않고 낱말의 변화 뒤에 사태의 변화가 숨겨져 있는 것이라면, 낱말의 변화는 실제로 그렇게 웃기는 일이 아니다. 혁명은, 정치와 과학에서, 언제나 사물로부터 낡은 이름을 떼어 낸다.

9-9] 그러나 새로운 낱말의 중요성을 이해하는 다른 저자들로 넘어가 보자. 새로운 사실과 그에 대한 새로운 관점은 새로운 낱말을 요구한다는 것이 그들에게는 분명하다. 이런 심리학자는 두 부류로 나뉜다. 일부는 순전히 절충주의자로, 그들은 오래된 단어와 새로운 단어를 거리낌 없이 혼합하고, 여기서 영원한 법칙을 본다. 다른 이들은 필요에 따라 혼합어를 사용하며, 논쟁 중인 여러 편 가운데 어디에도 서지 않고, 통일된 언어에 도달하려고 하며, 그들 자신의 언어를 만들려고 한다.

9-10] 우리는 손다이크와 같은 노골적 절충주의자가 '반응'이라는 용어를 기분, 기술, 행동에, 즉 객관적, 주관적인 것에 무분별하게 적용하는 것을 보았다. 연구되는 현상의 본질과 연구 원리에 대한 문제는 해결하지 못한 채, 그는 단지 주관적 의미와 객관적 의미를 모두 박탈하였다. 그에게 '자극-반응'은 현상을 설명하는 편리한 형식일 뿐이다. W. B. 필스버리와 같은 이들은 절충주의를 원칙으로 격상시킨다. 일반적인 방법과 관점에 관한 논쟁은 기술技術-심리학자에게 흥미로울 수 있다. 그는 감각과 지각을 구조주의 용어로, 모든 종류의 행동을 행동주의 용어로 설명하지만, 그 자신은 기능주의에 끌렸다. 용어의 차이로 인해 일관성이 결여되지만, 그는 한 학파의 용어보다는 이처럼 여러 학파의 용어 사용을 선호한다(W. B. Pillsbury, 1917). 이와 전적으로 일관되게, 그는 심리학에 대해 말로 공식화된 정의를 내리는 대신 심리학이 하는 일이 무엇인지 일상적인 예시를 통해 대략적인 말로 보여 준다. 그는 영혼, 의식, 행동의 과학이라는 심리학의 세 가지 정의를 제시하면서

정신생활을 설명할 때 이러한 차이를 무시할 수 있다고 결론짓는다. 당연히 용어는 저자에게 아무런 의미가 없다.

*W. B. 필스버리(Walter Bowens Pillsbury, 1872~1960)는 티치너와 함께 책을 쓰고 연구했다. 비고츠키가 말했듯 이것이 그를 구조주의자이자 기능주의자로 만들었다. 그는 사고의 범주는 본질적으로 주관적이며, 실재하는 어떤 것과도 일치할 수 없다고 보는 신칸트주의자였다. 또한 그는 감정에 관한 연구는 사실상 불가능하며, 그 대신 심리학은 이성적이고 지적인 사고를 연구해야 한다고 믿었다. 논리적 추론과 같은 이성적 사고는 개별적이고 연관된 단계로 분석할 수 있기 때문이다. 비고츠키가 말했듯 그의 용어 사용은 매우 절충적이다. 비고츠키는 그의 교과서 서문을 근거로 논의를 전개한다.

Pillsbury, Walter B. (1917). *The fundamentals of psychology.* New York: Macmillan, pp. 4-14.

9-11] 코프카(1925) 등은 옛 용어와 새 용어의 원칙적 통합을 시도한다. 그들은 낱말이, 지칭되는 사실에 대한 이론이라는 것을 완벽하게 이해하고 있으며, 따라서 두 가지 용어 체계 뒤에 두 가지 개념 체계를 본다. 행동에는-자연과학적 관찰에 적합한 것과 체험에 적합한 것의-두 측면이 있으며 기능적 개념과 기술적記述的 개념이 이에 해당한다. 기능적-객관적 개념과 용어는 자연과학의 범주에 속하는 반면, 현상적-기술적인 것은 그것(행동)과 전적으로 이질적이다. 언어에는 이 두 종류의 개념에 대한 개별 낱말이 항상 있는 것이 아니므로, 이 사실은 흔히 언어에 의해 가려진다. 일상 언어는 과학적 언어가 아니기 때문이다.

9-12] 미국인들(손다이크와 왓슨-K)의 공로는 동물심리학에서 주관

적 일화(예컨대, "개가 화났다"-K)와 맞서 싸웠다는 것이다. 그러나 우리는 동물 행동을 기술할 때 기술적 개념 사용을 두려워하지 않을 것이다. 미국인들은 너무 멀리 갔으며, 그들은 지나치게 객관적이다. 다시 한번 그것은 전적으로 주목할 만하다. 내적으로 가장 깊은 형태로 이중적이고, 아래에서 보여 줄 것처럼, 현재의 모든 위기와 그 운명을 결정한, 두 개의 상반된 경향을 자기 안에 반영하고 통합했던 형태주의 이론은 근본적으로 이중 언어를 영원히 보존하기를 원한다. 그것이 행동의 **이중적** 본성에서 비롯되었기 때문이다. 그럼에도 과학은 자연에서 서로 가까운 이웃으로 마주치는 것들을 연구하는 것이 아니라, 개념적으로 동질적이고 가까운 것을 연구한다. 명백히 **두** 개의 다른 방법, **두** 개의 설명 원리 등을 필요로 하는, 절대적으로 다른 **두** 종류의 현상에 대해 어떻게 **하나의** 과학이 존재할 수 있는가? 결국, 과학의 통일은 대상에 대한 관점의 통일에 의해 보장된다. 어떻게 **두** 가지 관점으로 과학이 구축될 수 있겠는가? 또다시, 원칙의 모순은 용어의 모순에 정확히 상응한다.

9-13] 러시아 심리학자들이 주 구성원인 다른 집단의 경우 상황이 좀 다른데, 이들은 다양한 용어를 사용하지만 이를 과도기가 치러야 하는 세금으로 보고 있다. 한 심리학자의 표현대로 이런 간절기에는 모피 코트와 여름 드레스의 장점을 모두 살린 따뜻하면서도 가벼운 옷이 필요하다. 따라서 블론스키는 연구 중인 현상을 무엇이라 명명할 것인지가 아니라 어떻게 이해할 것인지가 더 중요하다고 주장한다. 우리는 일상적 용어를 사용하지만, 이 일상적 용어에 20세기 과학의 내용을 담는다. 요점은 '개가 화났다'라는 구절을 피하는 것이 아니다. 요점은 이 구절을 설명이 아닌 문제로 받아들이는 것이다(П. П. Блонский, 1925). 사실, 여기에는 옛 용어에 대한 완전한 반박이 포함되어 있다. 거기(옛 용어-K)에서 이 구절이 바로 설명이었기 때문이다. 그러나 더 중요한 것

은 과학적 문제가 되기 위해서는 이 구절이 일반적인 어휘가 아니라 적절한 방식을 통해 공식화되어야 한다는 것이다. 그리고 블론스키가 용어의 공론가라고 부르는 사람들은 그 문구 뒤에 과학의 역사가 부여한 내용이 숨어 있음을 훨씬 더 잘 알고 있다. 그러나 많은 이들이 블론스키를 따라, 두 언어를 사용하면서도 이것을 원칙적인 문제로 생각하지 않고 있다. 코르닐로프도 마찬가지다. 나 역시 파블로프의 말을 반복하면서 말한 바 있다. "우리가 이것을 심리 콤플렉스라고 부르든 신경 콤플렉스라고 부르든 무슨 상관이겠는가?"

9-14] 그러나 이러한 예는 이미 이중 언어 사용의 **한계**를 보인다. 이러한 한계 자체는 절충주의자들에 대한 (우리의-K) 전체 분석과 동일한 것을 가장 명확하게 보여 준다. 이중언어주의는 이원론적 사고의 외적 징후이다. 이중의 사물을 전달하거나 또는 이중의 빛으로 사물을 전달한다면 두 가지 언어가 사용될 수 있다. 이 경우에 그들을 무엇으로 지칭하는지는 실제로 중요하지 않다.

9-15] 우리는 다음과 같이 공식화한다. 경험주의자에게는 일상적이고 비규정적이며 혼란스럽고 다의적이며 애매한 언어가 필요하다. 그에 표현된 것이, 필요한 것이라면 무엇에든-오늘은 교부와, 내일은 마르스크와- 상응할 수 있도록 하기 위해서이다. 그에게는 현상의 철학적 속성을 명확히 드러내지 않는 낱말이 필요하며 현상에 대한 단순 명쾌한 기술이 필요하지 않다. 경험주의자는 스스로의 대상을 불명확하게 이해하고 불명확하게 보기 때문이다. 절충주의자는-원칙적으로, 절충주의적 관점에 서 있는 한에서는 일시적으로- 두 언어를 필요로 한다. 그러나 절충주의자가 이 토대를 버리고 새롭게 발견된 사실을 명명하거나 기술하려고 시도할 때, 즉 대상에 대한 자신의 관점을 진술하려 할 때 그들은 언어, 낱말에 관심을 기울이게 된다.

9-16] K. H. 코르닐로프는 새로운 현상을 발견하여, 이 현상과 관

련지을 전체 영역을 준비하면서 심리학의 한 장章으로 독립적인 과학 즉, 반응학을 만든다(K. H. Корнилов, 1922). 다른 곳에서 그는 반사와 반응을 대조하고 두 용어 간 근본적인 차이를 본다. 서로 다른 철학과 방법론이 이 둘의 기초가 된다. 그에게 반응은 생물학적 개념인 반면, 반사는 협소한 생리적 개념이며, 반사가 객관적일 뿐이라면 반응은 주관적-객관적이다. 이제 우리가 현상을 반사라고 부르면 하나의 의미를, 반응이라고 부르면 또 다른 의미를 얻게 된다는 것이 분명해진다.

G. 샬켄(Gottfried Schalken) 촛불을 든 젊은 여인, 1670~1675.

이것은 예술에서 매우 흔한 주제로, 감각과 반응, 성행위와 잠자리에 드는 시간을 동시에 보여 준다. 생리적 감각(빛, 열, 성적 자극)과 심리적 반응(시각, 통증, 사랑) 사이 연관성을 코르닐로프는 '반응'이라고 불렀고, 미국에서는 '반사궁'이라 불렀다. 오늘날 존 듀이는 진보적인 교육자로 잘 알려져 있으나 그를 유명하게 만든 과학 논문은 이것이다.

Dewey, J. (1896). "The Reflex Arc Concept in Psychology(심리학의 반사궁 개념)". *Psychological Review*, 3, pp. 357-370.

듀이는 촛불을 만졌다가 손을 떼어 내는 아이의 예를 들었다. 이 예는 W. 제임스가 사용했던 것이기도 하다. 그는 "감각과 관념 사이의 오래된 이원론은 원심적(뇌 → 신체 부분)-구심적(신체 부분 → 뇌) 구조와 기능이라는 오늘날의 이원론에서 반복된다"라고 지적했다.

반사는 생리학적이고 객관적이며 관찰이 가능하다. 예를 들어 우리는 촛불을 만진 아이가 손을 획 떼는 데 걸리는 시간을 측정할 수 있다. 반응은 심리적, 주관적-객관적이며, 부분적으로 숨겨져 있다. 예를 들어 열감熱感과 온기, 졸음과 요염함, 젊은 여인의 속마음은 볼 수 없다.

9-17] 현상을 명명하는 방식이 모두 같지 않으며, 배후에 어떤 탐구나 철학이 있는 현학은 나름의 이유가 있다. 그것은 단어에서의 오류는 이해에서의 오류라는 것을 이해한다. 블론스키가 자신의 연구와 제임슨의 심리학 보고서, 즉 과학의 범속성과 절충주의를 전형적으로 보여 주는 사례에서 일치성을 본 데에는 그럴만한 이유가 있다(L [sic-K] 제임슨, 1925). "개가 화났다"라는 문구에서 문제를 보아서는 안 된다. 셸로바노프가 바르게 짚어내듯이 용어의 발견은 연구의 출발점이 아니라 종착점이기 때문이다. 다시 말해, 이런저런 반응 복합체가 어떤 심리적 용어로 지칭되면 즉시 분석의 시도는 종료된다(H. M. 셸로바노프, 1929). 블론스키가 코르닐로프처럼 절충주의의 토대를 포기하고 연구나 원칙의

영역에 서 있었다면 이 사실을 알았을 것이다. 이런 일이 일어나지 않을 심리학자는 한 명도 없다. '용어 혁명'의 이율배반적 구경꾼인 첼파노프조차도 놀라운 현학자로 갑자기 변한다. 그는 '반응학реактолог ия'이라는 명칭을 반대한다. 그는 체호프의 (소설 등장인물인-K) 김나지움 교사의 현학성을 보이면서, 이 용어가 첫째, 어원적으로, 둘째, 이론적으로 혼란을 야기한다고 짚어낸다. 저자는 단어의 어원적 형성이 완전히 틀렸다며 '반동학реакциология'이라고 말했어야 한다고 침착하게 이야기한다. 물론, 이것은 언어 문맹의 정점이며, 용어에 대한 국제적 기반에 관한 제6차 회의의 모든 용어 원칙(라틴어-그리스어)을 완전히 위반한 것이다. 아마도 코르닐로프는 니즈니-노브고로드의 'реакц и'(옛 러시아어-K)가 아닌 'reactio'(라틴어에서 유래-K)에서 자신의 용어를 만든 것으로 보이며, 이는 완전히 정당하다. 첼파노프가 '반동학'을 프랑스어나 독일어 등으로 어떻게 번역할지 보는 것도 흥미롭겠지만, 이는 본론에서 벗어난 이야기이다. 문제는 다음에 있다. 첼파노프에 따르면 코르닐로프의 심리 체계에서 그것은 부적절하다. 그러나 본질을 판단해보자. **관점의 체계에서 용어의 의미를 인식**하는 것은 중요하다. **특정한 이해** (체계-K) **내에서** 반사학조차도 그것의 raison d'être (존재 이유-K)가 있다는 것이 밝혀질 것이다.

1886년 체호프의 단편 소설 『교장 선생님』에서 교사인 표도르 루키치 시소예프는 자기 학급 학생을 평가했다. 이제 그는 축하 만찬을 준비 중인데, 아이들이 기대만큼 성적이 좋지 않았다는 생각뿐이다.

"그는 한 시간 내내 검은색 새 양복을 손질했고, 세련된 셔츠를 입으면서도 거의 같은 시간을 거울 앞에서 보냈다. 스터드가 단추 구멍에 들어가지 않자 이 상황에 대해 아내에게 불만, 위협, 비난을 거대한 폭풍처럼 쏟아부었다. (…) 그는 글쓰기에서 실수한 적이 없는 소년 밥킨이 받아쓰기에서 세 번이나 실수한 것에 짜증이 났고, 또 다른 소년

'학교장', 19세기 결핵을 예방한다고 잘못 알려진 탄산음료 '솔트 리갈'의 광고.

세르게예프는 너무 흥분하여 17×13을 기억하지 못했다는 사실에 화가 났다. 젊고 경험이 없는 장학사는 받아쓰기를 위해 어려운 글을 선택했고, 장학사로부터 받아쓰기를 시키도록 요청받은 이웃 학교의 교장 리아푸노프는 '좋은 동지'가 되어 주지 않았다. 그는 받아쓰기 낱말을 부르면서 단어를 삼켜, 쓰인 대로 발음하지 않았다"(안톤 체호프, 『교장 선생님』, 1886).

실수를 평가할 때 글의 난이도나 상황의 압박감을 고려해야 하는 것처럼, 심리적 사실도 사회적 상황의 한 측면으로 고려해야 한다. 따라서 심리학적 용어 역시 즉자적이 아니라 대자적, 대타적으로, 즉 전체 개념 체계 내에서 고려되어야 한다. 반사학의 '용어 혁명'(예: '눈'을 '광(光) 감지기'로 개명)에 대해 비꼬던 첼파노프는 프랑스어(즉, 라틴어)

대신 러시아어(즉, 그리스어)로 '반응'을 뜻하는 단어를 사용했어야 한다고 주장하며 체호프적 현학주의자가 된다. 비고츠키는 용어가 중요하며 올바른 용어는 올바른 맥락에서만 정확하다는 첼파노프의 인정을 환영한다. 하지만 바로 그 이유로 비고츠키는 첼파노프의 제안을 거부한다. 코르닐로프가 사용한 용어의 배경은 볼가 강변의 러시아 도시 니즈니노브고로드가 아니라 'reaction(반응)'과 같은 라틴어 어근에 '-ology(-학)' 같은 그리스어 어근을 결합하는 규칙을 제시한 국제심리학학회이기 때문이다.

마찬가지로 비고츠키는, 블론스키 자신의 연구가 1921년 H. L. 제임슨이 출판한 심리학의 '개요'와 유사하다는 블론스키 스스로의 인정을 반긴다. 사실 제임슨은 '마르크스주의 심리학'을 쓰지 않았지만, 그의 저작은 1923년에 러시아어로 번역되면서 마르크스주의적인 것으로 받아들여졌다. 그는 굴에서 진주를 재배하는 방법을 연구한 동물학자였다. 제임슨도 체호프와 마찬가지로 결핵에 걸렸다. 그 후 그는 마르크스주의자가 되어 '플레비안', 즉 현대 영국의 비귀족 출신 노동자들을 위해 대중 과학 작품을 많이 출판한 '플레비안 연맹'에 가입했다. 제임슨은 심리학의 모든 분야를 한 권의 얇은 책자로 소개하고자 노력했다. 결핵으로 죽어가던 비고츠키 또한 우리에게 맥락이 중요함을 상기시켜 준다. 이런 유의 절충주의와 경험주의는 가장 보존해야할 것, 즉 (가장 잘못된 이론일지라도 진리의 싹을 품는) 개념 체계를 파괴

진주 양식장에서 일하는 제임슨(Henry Lyster Jameson, 1875~1922)과 플레비안 연맹 동료들(오른쪽 아래)과 함께 찍은 사진.

하고 만다.

체호프의 소설 끝부분에서 의사는 현학적인 학교장에게 제공된 축하 만찬이 시간과 노력의 낭비라고 비판한다. 불치병에 걸린 선생이 이제 일주일도 채 살지 못한다는 것을 알게 되었기 때문이다.

9-18] 이 사소한 일들이 너무 분명하게도 혼란스럽고, 모순적이고, 올바르지 않다는 등의 이유로 중요하지 않다고 생각하게 하지 말라. 이것이 과학적 관점과 실천적 관점의 차이이다. H. 뮌스터베르크는 정원사가 자신의 튤립을 사랑하고 잡초를 미워하는 반면, 묘사하고 설명하는 식물학자는 아무것도 사랑하지도 미워하지도 않으며, 그의 관점에서 보면 그 무엇도 사랑하거나 미워할 수 없다고 설명한다. 인간에 관한 과학에서, 인간의 어리석음은 인간의 지혜 못지않게 흥미롭다고 그는 말한다. 이 모든 것은 현상의 사슬에서 연결 고리로 존재함을 주장할 뿐인 중립적 재료이다(H. 뮌스터베르크). 용어에 무관심한 절충주의 심리학자에게 그것이 자기 입장에 영향을 미칠 때 갑자기 전투적 문제가 된다는 사실은, 일련의 인과적 현상의 연결 고리로서 가치있는 방법론적 사실이다. 마찬가지로 가치 있는 것은 다른 절충주의자들도 **동일한 방식으로** 코르닐로프와 같은 결론에 도달한다는 사실이다. 즉, 조건반사나 종합반사 모두 그들에게 충분히 명확하고 이해 가능한 것으로 보이지 않는다. 새로운 심리학은 반응에 기반하고 있으며, 파블로프, 베흐테레프, J. 왓슨이 개발한 모든 심리학은 반사학이나 행동주의라 불리는 것이 아니라 '반응의 심리학', 즉 반응학이라 불린다. 절충주의자들이 어떤 동일한 사실에 대해 각자 반대 결론에 도달한다 해도 그들이 일반적으로 자신의 결론을 찾아내는 방식과 과정은 그들을 동일한 범주로 묶는다.

9-19]　우리는 모든 반사학자-연구자와 이론가-에게서 동일한 규칙성을 발견한다. 왓슨은 '의식', '내용', '내관적으로 검증된', '상상' 같은 낱말을 사용하지 않고도 심리적 경로를 기록할 수 있다고 확신했다 (1926). 그가 볼 때, 화학자가 연금술사의 언어로 말할 수 없고, 천문학자가 점성술사의 언어로 말할 수 없듯이 이는 용어의 문제가 아니라 원칙의 문제였다. 그는 한 구체적 사례-시각적 반응과 시각적 심상의 차이-를 이용하여 이를 훌륭하게 설명한다. 그는 이것이 이론적으로 가장 중요하다고 본다. 그 속에 일관된 일원론과 일관된 이원론의 차이가 숨겨져 있기 때문이다(같은 책). 그에게 낱말은 철학이 사실을 포집하는 수단으로 사용하는 촉수와 같다. 의식의 용어로 기술된 수많은 저서는-그 자체로 어떤 가치를 가지든지 간에- 오직 객관적 언어로 번역됨으로만 규정되고 표현될 수 있을 것이다. 의식을 비롯한 기타 등등은 왓슨의 의견으로는 모두 어떤 비규정적 표현에 불과하다. (왓슨의-K) 새로운 경로는 현재의 이론과 용어에 동일하게 작별을 고한다. 왓슨은 (전체 경향성에 해악을 끼치는) '어중간한 행동심리학'을 비난한다. 그는 새로운 심리학의 입장이 자신의 선명성을 유지하지 못하면 그 영역은 왜곡되고 흐릿해져서 결국 자신의 진정한 의미를 상실하게 될 것이라고 주장한다. 그러한 어중간함이 기능심리학을 파멸시켰다. 행동심리학이 미래를 가지려면 그것은 의식의 개념과 완전히 헤어져야 한다. 그러나 그것이 심리학의 지배적 체계가 되어야 하는지 아니면 단지 방법론적인 접근법이 되어야 하는지에 대한 결론이 지금까지 내려지지 않았다. 이 때문에 왓슨은 너무 자주 상식적 방법론을 연구의 토대로 이용한다. 철학으로부터 자유로워지고자 하는 갈망에서 그는 '평범한 사람'의 관점

을 취하지만, 이 관점은 인간 실천의 기본적 면모가 아닌 길거리에서 만날 수 있는 평균적 미국인의 상식이다. 그는 평범한 인간은 행동주의를 환영해야 한다고 생각한다. 일상적 삶은 그를 그렇게 몰고 갔다. 따라서 행동의 과학에 다가서면서 그는 변화된 방법이나 그 어떤 대상의 변화도 감지하지 않는다(같은 책). 이러한 선고가 행동주의 전체에 내려졌다. 과학적 연구는 대상의 변화(즉, 대상의 개념적 재작업)와 방법의 변화를 끊임없이 요구한다. 그러나 이 심리학자들은 행동 자체를 일상에 의거하여 이해하며, 그들의 추론과 기술에는 범속한 방식의 판단이 상당히 포함되어 있다. 따라서 급진적 행동주의나 어중간한 행동주의는- 원칙이나 방법에서, 문체와 언어에서- 상식적 이해와 일상적 이해 사이의 경계를 전혀 발견하지 못한다. 연금술사의 언어에서 해방되면서 행동주의자들은 이를 일상의, 비용어적인 언어로 오염시켰다. 이는 그들과 첼파노프를 유사한 입장에 둔다. 모든 차이는 평범한 미국인과 러시아인의 생활양식의 차이에서 기인한다는 것이다. 따라서 새로운 심리학에 제기되는 속류 심리학이라는 비난은 부분적으로 사실이다.

이탈리아 르네상스 예술이 시골 귀족과 성직자에 초점을 맞춘 반면, 브뤼헐은 떠오르는 도시 민중의 '세속성' 또는 '소박함'을 조명했다. 다음 쪽의 목판화에는 속인(俗人, 평범하고 일상적인 옷을 입은 서민들) 둘의 결혼 장면이 그려졌으며, 그 아래 "몹수스와 니사가 결혼할 수 있다면, 어떤 연인이든 [결혼을] 바라지 않겠는가?"라는 버질의 반어법적인 라틴어 어구가 인용되어 있다.

비고츠키는 '인간의 실천человеческой практики'과 '상식здравый й смысл'을 대비對比시키고, 후자를 우리가 '거리의 보통 사람'으로 번역한 사업가дельца와 연관시킨다. 하지만 왓슨의 청중에게 이 단어는 중산층, 소부르주아, 사업가, 즉 한국의 샐러리맨 부류라는 의미도 내포하고 있다. 왓슨은 이 가상의 유형을 행동주의 심리학의 관점을 주장할 때 많이 사용한다. 예를 들어, 그는 일 년 동안 유럽으로 유학 가자

P. 브뤼헐(Pieter Brueghel), 더러운 신부 또는 몹수스와 니사의 결혼식, 1566.

는 (위험한) 제안을 신체의 신경 반응의 측면에서 이해하는 방법으로 설명할 때 이런 유형의 인격을 가정한다.

러시아어판 선집에 따르면 비고츠키는 1913년 《Psychological Review》에 실린 왓슨의 논문 「행동주의자의 관점에서 본 심리학 Psychology from the Standpoint of a Behaviorist」을 인용하고 있다. 왓슨은 이렇게 말한다.

"나는 우리가 심리학 (교과서-K)을 저술하고 이를 (내관론자인-K) 필스버리 (심리학 교과서-K)와 동등하게 규정할 수 있다고 생각한다. 우리는 우리의 정의를 배반하지 않고도, 즉 의식, 정신 상태, 마음, 내용, 내관으로 검증 가능한, 이미지 등의 용어를 사용하지 않고도 그렇게 할 수 있다. 비어Beer, 베테Bethe, 폰 우엑퀼Von Uexküll, 뉘엘Nuel 그리고 소위 객관주의 학파의 터무니없는 용어와 부딪히지 않고도 몇 년 안에 해낼 수 있다고 믿는다. 이것은 자극과 반응, 습관 형성, 습관 통합 등의 용어로 이루어질 수 있다."

왓슨 자신은 '중심에서 시작된 과정(원심적, 뇌에서 시작된 과정)'이라고 부른 과정과의 어떠한 타협도 반대한다. 고등 사고를 포함한 모든 과정은 주변적 신경체계에 의해 유도되므로, 언어적 사고는 구강 내 후두의 (억제된) 근육 작용의 희미한 메아리일 뿐이다. 왓슨은 심상의 개념도-심지어 갈톤 사진의 의미에서의 이미지 개념조차- 거부한다. 심상은 눈에 보이는 행동으로 환원될 수 없기 때문이다.

하지만 당혹스럽게도 왓슨은 이 연구 어디에서도 '일관된 일원론'이나 '일관된 이원론'을 언급하지 않으며, 철학적 용어 사용에 대한 그의 신조를 생각할 때 그러한 용어 사용이 부자연스럽기도 하다. 그러나 왓슨은 사제들이 '영혼'이라 표현한 것을 심리학자들이 '마음'이라 대체하는 것에 비판을 가한다. 러시아어판과 달리 영문판은 비고츠키가 다음을 인용하고 있다고 기록한다.

Watson, J. B. (1914). *Behavior: An introduction to comparative psychology*(행동: 비교심리학 입문). New York: Henry Holt, pp. 16-20.

비고츠키는 또한 '일상적인 것житейским'과 '상식적인 것обыденным' 사이의 경계를 가정한다. 그는 왓슨이 동물로 연구하는 사소하고 일상적인 기능(음식, 성)과, 일상생활의 일부이지만 왓슨이 동물에서 유용하게 연구할 수 없는 일반적인 개념(언어, 사랑) 사이의 구별을 염두에 둔 것으로 보인다.

예를 들어, 음식과 성관계와 상당히 연관된 브뤼헐의 목판화는, 기독교인들이 성관계를 완전히 끊고 식탐을 엄격히 제한해야 하는 사순절 축제 전 슈로베타이드에 열리는 거리 연극을 묘사하고 있다.

9-20] 이러한 언어의 불명확성을, 블론스키는 현학성의 부족이라고 간주했고, 파블로프는 미국인들의 실수에서 기인한다고 보았다. 그는 이것이 "사태를 지체시키겠지만 의심할 여지 없이 조만간 해결될 명백한 실책"이라고 보았다. "이것은, 본질적으로 객관적인 동물 행동에 심리학적 개념과 분류를 사용하는 것이다. 그런 까닭에 종종 그 방법론적 장치의 무작위성과 복잡성이 나타나며, 재료가 언제나 체계적 기

반 없이 단편적이고 비체계적으로 남는다"(1950, c. 237). 과학 연구에서 언어의 역할과 기능을 이보다 더 명확하게 설명하는 것은 불가능하다. 파블로프의 모든 성공은 엄청난 방법론적 일관성, 특히 언어에 큰 빚을 지고 있다. '개의 침샘' 작용에 관한 장에서 시작된 그의 연구가 동물의 고등 신경 활동과 행동에 관한 연구가 된 것은 오직 그가 침 분비에 대한 연구를 이론적 수준에서 엄청나게 끌어올리고, 과학의 기초가 된 명료한 개념 체제를 만들었기 때문이다. 방법론적 문제에서 파블로프가 취한 원칙론적 입장은 우리를 놀라게 할 것이다. 그의 책은 우리에게 그의 연구 실험실을 소개하고 과학적 언어를 만드는 방법을 알려 준다. 첫 번째로, 우리가 현상을 어떻게 명명하는 것이 얼마나 중요한가? 앞으로 나아가는 한 걸음 한 걸음은 새로운 낱말로 점점 공고해지며, 각각의 새로운 규칙성은 새로운 용어를 필요로 한다. 그는 새 용어를 사용한다는 것의 뜻과 의미를 명확히 한다. 용어와 개념의 선택은 연구의 결과를 미리 결정한다. "어떻게 현대 심리학의 비공간적 개념 체계를 뇌의 물질적 구조에 덧입힐 수 있을까?"(같은 책, p. 254)

데카르트는 마음은 공간을 차지하지 않는다고 믿는다. 신체는 사유를 가지고 있지 않다. 칸트는 마음이 사물에 공간을 부과한다고 믿는다. 공간은 실제 존재하는 것이 아니라 우리가 사물에 대해 생각하는 방식일 뿐이다. 현대 심리학은 '무의식', '의지', '기억', '주의' 등등을 믿는다. 이런 개념들은 비공간적이다. 따라서 현대 심리학은 (데카르트 이래로) 비공간적 개념으로 이루어져 있다. 그러나 뇌는 공간을 차지한다. 비공간적인 개념을 공간적인 기관에 부과할 수 있을까? 파블로프는 이 문제를 거꾸로 해결한다. 먼저 뇌와 반응으로 시작하는 것이다. 아마도 이런 방식으로 개념이 형성되는 방식을 이해할 수 있지 않을까? 오늘날 공간적 개념을 비공간적 방식으로 저장하는 일은 매우 흔하다. 이는 모든 디지털 시스템의 작동 원리이다. 모든 아날로그 시스템은 비공간적 개념을 공간적 방식으로 저장한다.

9-21] E. 손다이크가 기분 반응에 대해 이야기하고 이를 연구하면서 그는 우리를 뇌에서 멀어지게 하는 개념과 법칙을 만들어 낸다. 파블로프는 이런 방법을 사용하는 것은 비겁하다고 말한다. 일부는 습관적으로, 일부는 '지적 소심함'으로 그도 심리적 설명에 의지했다. "그러나 나는 곧 이것이 얼마나 형편없는 서비스인지 깨달았다. 현상들 사이의 자연스러운 연결 고리를 놓치자마자 나는 길을 잃었다. 심리학이 준 도움은 '동물은 기억했다', '동물은 원했다', '동물은 추측했다'처럼 그저 말로만 된 것이었다. 즉, **이것은 실제 원인을 배제한 비결정론적 사고 장치에 불과한 것이었다**"(강조, Л. 비고츠키. 같은 책, pp. 273-274). 심리학자들의 표현 방식에서 그는 진지한 사고에 대한 모욕을 본 것이다.

9-22] 그리고 파블로프가 실험실에서 심리학 용어를 사용하는 것에 벌칙을 부과한 것은 종교사에서 신앙의 상징에 대한 논쟁만큼이나 과학 이론의 역사에서 중요하고 시사적인 사건이었다. 오직 첼파노프만이 이에 대해 다음과 같이 조롱할 수 있다. 과학자들이 교과서나 연구 대상에 대한 발표가 아닌 **실험실**에서, 연구 과정에서 잘못된 용어를 사용한 것에 대한 벌칙을 부과하다니. 분명, 벌칙은 비인과적, 비공간적, 비규정적, 신화적 사고思考에 부과된 것이다. 이 사고는 그 용어와 함께 실험과정에 난입하여, 미국인들에게 그랬듯이 파편성과 비체계성을 도입하고 기반을 무너뜨려 모든 것을 날릴 것처럼 협박했다.

9-23] Г. И. 첼파노프는 연구 중에 실험실에서 새로운 낱말이 필요할 수 있으며, 연구의 뜻과 의미는 사용하는 낱말이 결정한다는 것을 전혀 의심하지 않는다. 그는 '억제'는 불명료하고 가설적 표현이고 '탈억제'라는 용어와 관련해서도 똑같이 말해야 한다고 말하며 파블로프를 비판한다(Г. И. 첼파노프, 1925). 억제하는 동안 뇌에서 무슨 일이 일어나는지 우리가 알지 못하는 것은 사실이지만, 이것은 아름답고 투명한 개념이다. 무엇보다, 이것은 확정적이다. 즉 자신의 의미와 경계가 정

확히 정의된다. 둘째, 그것은 정직하다. 즉 자신이 아는 만큼 말한다. 현재 뇌에서의 억제 **과정**은 우리에게 완전히 명확하지 않지만, '억제'라는 **낱말과 개념**은 아주 분명하다. 셋째, 그것은 원칙적이고 과학적이다. 즉 사실을 체계에 도입하고, 그것을 토대 위에 세우고, 가설적이지만 인과적으로 설명한다. 물론 우리는 분석기보다 눈을 더 분명하게 떠 올릴 수 있다. 바로 그 때문에 '눈'이라는 낱말은 과학에서 아무것도 말해 주지 않으며, '시각 분석기'라는 용어는 '눈'이라는 낱말보다 더 적게 말하기도, 더 많이 말하기도 한다. 파블로프는 눈의 새로운 기능을 발견하고, 그것을 다른 기관의 기능과 비교했으며, 그것을 통해 눈에서 대뇌피질에 이르는 모든 감각 경로를 연결하고, 행동 체계에서 그 위치를 지적했다. 그리고 이 모든 것은 새로운 용어로 표현된다. 이 낱말로 우리가 시각적 감각에 대해 생각해야 한다는 것은 사실이지만, 낱말의 발생적 기원과 용어론적 의미, 이 두 가지는 완전히 다른 것들이다. 낱말은 감각에서 온 것을 아무것도 포함하지 않으며, 그것은 맹인도 충분히 사용할 수 있다. 그러므로 첼파노프를 따라, 파블로프의 말실수와 심리학적 언어의 단편을 물고 늘어져 자가당착에 빠졌음을 폭로하는 사람들은 사태의 의미를 이해하지 못한다. 파블로프가 (개에게서) 기쁨, 주의, 어리석음을 논한다고 해도, 그것은 단지 기쁨, 주의 그리고 그 밖의 것들의 기제가 덜 연구되었으며 체계의 아직 그늘진 구석임을 의미할 뿐이며, 원칙적 타협이나 모순을 의미하는 것은 아니다.

9-24] 그러나 추론이 그 반대 측면으로 보완되지 않으면, 이 모든 것이 사실이 아닌 것처럼 보일 수 있다. 물론, 용어의 일관성은 현학, '문자주의', (베흐테레프 학파에서처럼) 공허한 공간이 될 수 있다. 언제 이런 일이 발생하는가? 낱말이 연구 과정에서 탄생하는 것이 아니라 꼬리표처럼 완제품에 붙을 때마다 그렇다. 그러면 낱말은 정의하지도 구분하지도 않으면서, 개념 체계에 혼돈과 혼란만 가져올 뿐이다.

9-25] 그러한 작업은 아무것도 바르게 설명하지 못하는 새로운 꼬리표만을 다는 것이다. 목표 반사, 신神 반사, 법 반사, 자유 반사 등 전체 목록을 고안하는 것은 당연히, 쉽기 때문이다. 모든 것에서 나름의 반사가 발견된다. 유일한 문제는 여기서 우리가 비률키бирюльки 외에 얻는 것이 없다는 점이다. 따라서 이것은 새로운 단어가 새로운 연구와 함께 나온다는 일반적인 법칙을 반박하는 것이 아니라 오히려 역방향으로 증명하는 것이다.

> 자베르쉬네바와 오시포프(2012: 71)에 따르면 이 단락은 실제로 H. 부하린(1924)의 인용문이다.
>
> Бухарин Н. (1924). Енчмениада. К вопросу об идеологичес- ком вырождении(엔치메니아다. 이데올로기적 타락의 문제에 관하여). Ата- ка. Сборник теоретических статей. Изд. 2-е. М., 1924. С. 1537.
>
> 부하린에 대한 인용 표시는 볼펜으로 굵게 지워졌다(부하린은 1938년 저격당했다).

부하린은 반사학자들이 모든 것을 '반사'라고 이름 지음으로써 사물에 꼬리표 붙이기만 한다고 불평한다. 사물에 '반사'라는 꼬리표를 붙이는 것은 비률키бирюльки 놀이에 불과하다. 비률키는 갈고리를 이용해 장난감을 집어 올리는 놀이로, 인형뽑기 게임의 수동 버전이다.

다만 비률키에서 어떤 것들은 다른 것보다 집어 들기가 더 쉽다. 예를 들어, 사진에 있는 장난감 사모바르는 손잡이가 있어서 집기 쉽지만, 원통형 통이나 구형 냄비는 훨씬 더 어려울 것이다. 분명히 공포, 분노, 배고픔은 '신에 대한 경외', '자유에 대한 갈망', '법에 대한 존중' 등으로 설명하기보다는 '반사'로 설명하는 게 더 쉽다. 경험심리학과 달리 일반 심리학은 연구하기 쉬운 것에 국한되지 않는다.

9-26] 요약해 보자. 용어는 작은 물방울 속(에 비친-K) 태양과 같이 과학 발전의 과정과 경향을 **온전히** 반영하고 있다는 것을 어디서나 볼 수 있다. 과학에서는 최상위 원칙에서 낱말의 선택에 이르기까지 지식의 원칙적 통일성이 드러난다. 전체 과학 체계의 이 **통일성**을 보장하는 것은 무엇인가? 원칙적-방법론적 골격이다. 연구자는 기술자, 회계사, 변호사가 아닌 한 언제나 철학자이다. 그는 조사하고 서술하는 과정에서 현상에 관해 **생각**하며, 그의 사고방식은 그가 사용하는 용어에 반영된다. 최고의 사고 규율은 파블로프식 처벌의 근간을 이룬다. 바로 그러한 영적 규율이 세계에 대한 과학적 이해의 근간에 놓여 있다. 이는 세계에 대한 종교적 이해의 근간에 수도원의 체계가 놓여 있는 것과 마찬가지다. 자신의 용어로 실험실에 들어가려는 사람은 누구나 파블로프의 사례를 반복해야 하게 될 것이다. 용어는 사실에 관한 철학이다. 그것은 사실에 대한 신화일 수도, 과학적 이론일 수도 있다. G. K. 리히텐베르크가 "Es denkt sollte man sagen, so wie man sagt: es blitzt"라고 했을 때, 그는 언어의 신화와 싸우고 있었다. 'cogito'라고 말하는 것은

너무 과한 것이다. 이는 "나는 생각한다"로 번역되기 때문이다. 생리학자가 "나는 신경을 따라 자극을 전파한다"라고 말하는 데 동의하겠는가? **"나는 생각한다"**와 **"내게 생각이 든다"**라고 말하는 것은 상반된 두 가지 사고 이론을 제시하는 것이다. 비네의 정신 이론 전체는 첫 번째를, 프로이트의 이론은 두 번째를 요구한다. 퀼페의 이론은 어느 때는 이런 것을, 또 다른 때는 다른 것을 나타낸다. 회프딩은 생리학자 포스테르에 공감하며 그의 말을 인용한다. 그는 대뇌피질이 없는 동물의 인상에 대해 "우리는 그것을 감각이라고 부르거나 … 아니면 **그에 대한 완전히 새로운 단어를 만들어야** 한다"라고 말한다(H. Høffding, 1908, p. 80). 우리가 새로운 범주의 사실과 마주쳤으며, 이를 기존 범주와 연결하여 생각할지 아니면 새로운 범주와 연결하여 생각할지 그 방식을 선택해야 하기 때문이다.

E. 뭉크(Edvard Munch), 태양, 1916.

비고츠키는 『생각과 말』에서 그의 주장 전체-우리가 현상에 관하여 말하는 방식은 우리가 그것에 대해 생각하는 방식을 '실현'한다-를 요약하면서 작은 물방울에 반사된 태양의 이미지를 활용한다. 영어에서 'realize'라는 단어는 두 가지 뜻이 있다. '(우리에게) 현실이 되게 한다'는 뜻이 있고, '우리가 의식적으로 인식하게 하다'라는 뜻도 있다.

또한 비고츠키는 파블로프가 실험실을 운영하는 방식을 가리킬 때 '규율дисциплине'이라는 용어를 사용한다. 'дисциплине(discipline)'이라는 단어에는 두 가지 의미가 있다. 연구 분야를 한 분야로 제한한다는 의미(예: 물리학, 화학, 생물학, 이 경우 생리학, 행동학)이기도 하고, 세상의 일반적인 관행을 포기한다는 의미(예: 욕설, 음주, 성직자의 결혼 포기, 파블로프의 경우 '개가 화났다/두려워한다'와 같은 일상 언어 사용 포기)이기도 하다.

비고츠키는 『역사와 발달 I』에서도 G. C. 리히텐베르크(Georg Christoph Lichtenberg, 1742~1799)의 데카르트주의 비판을 사용한다. 리히텐베르크는 물리학자이자 미술 평론가였기에 데카르트가 갖고 있던 이원론적 관점-한편으로는 물리학과 같은 자연 과학의 세계, 다른 한편으로는 예술과 같은 영적 지식의 세계-을 불편해했다. 리히텐베르크는 또한 데카르트가 증명해야 할 것을 처음부터 가정하고 있다고 비판했다. 즉, 'Cogito ergo sum'에서 Cogito는 1인칭 단수 동사형으로 이미 그 안에 '나'를 포함하고 있다는 것이다. 데카르트는 증명하고자 하는 존재, 생각하는 사람thinker의 존재를 이미 가정한다. 리히텐베르크는 "으레 '번쩍인다'라고 말하듯 '생각한다'라고 해야 한다('Es denkt sollte man sagen, so wie wan sagt: es blizt')라고 말한다. Es는 비인칭 주격으로 어떤 존재를 가정하지 않으므로 리히텐베르크는 (번개가) 번쩍인다(Es blizt)고 말할 때와 같이 비인칭 주어를 써서 '생각한다(Es denkt)'라고 말해야 한다고 주장한다.

9-27] 러시아 저자 중 H. H. 랑게는 용어의 의미를 이해했다. 심리학에는 일반 체계가 없으며 위기가 과학 전체를 뒤흔들었다고 지적하면서, 그는 말한다. "어떤 정신 과정을 묘사할 때 우리가 그것을 에빙하우스나 분트, 스텀프나 아베나리우스, 마이농이나 비네, 제임스나 G. E. 뮐러 중 누구의 심리적 체계의 범주로 특징짓고 연구하느냐에 따라 이 정

신 과정은 상이한 형태를 취한다고 과장의 우려 없이 말할 수 있다. 물론, 여기서 순수한 사실적 측면은 동일하게 유지된다. 하지만 과학에서, 적어도 심리학에서, 묘사된 사실을 그 이론, 즉 그 묘사가 가능하도록 해 준 과학적 범주와 구분하는 것은 종종 매우 어렵고 심지어 불가능하다. 왜냐하면 뒤엠에 따르면 심리학에서 모든 묘사는 물리학에서처럼 언제나 이미 어떤 이론이기 때문이다. 피상적 관찰자에게는 사실적 연구, 특히 실험적 특성을 가진 사실적 연구는 다양한 심리학파를 구분하는 기본적인 과학적 범주에서의 이러한 원칙적 불일치와 독립적인 것으로 생각될 것이다"(H. H. 랑게, 1914, c. 43). 그러나 문제 설정 자체에, 심리학적 용어의 이런저런 사용 속에, 이런저런 이론에 상응하는 그에 대한 이런저런 이해가 언제나 포함되어 있으며, 그 결과 연구의 모든 사실적 결과는 그 심리학 체계의 옳음이나 그름과 함께 보존되거나 사라진다. 겉보기에 가장 정밀한 연구, 관찰, 측정이 이런 식으로 심리학 이론의 기본 의미가 변화에 따라 거짓으로 판명되거나 적어도 자신의 의의를 박탈당할 수 있다. 일련의 사실 전체를 파괴하거나 평가 절하하는 그런 위기들은 과학에서 여러 번 발생했다. 랑게는 그것을 지구 내부의 심각한 변형에 기인하여 일어나는 지진에 비유한다. 연금술의 추락이 그랬다(1914). 현재 과학에서 그렇게 발달한 펠트셰리즘, 다시 말해 연구의 기술技術적 실행 기능, 즉 주로 정해진 틀에 따른 장치 조작과 과학적 생각의 분리는 무엇보다도 과학적 언어의 쇠퇴로 반영된다. 사실, 생각 있는 모든 심리학자는 이를 아주 잘 알고 있다. 방법론적 연구에서 단순 참조 대신 복잡한 분석을 요구하는 용어론적 문제가 사자의 몫(가장 큰 몫-K)을 차지한다(L. 빈스방거, 1922). H. 리케르트는 단의어(單意語, 단일한 의미를 가진 용어-K)의 창조에서 심리학의 모든 연구에 선행하는 가장 중요한 과업을 본다. 원시적 묘사에서 정신 현상의 무한한 다양성과 복수성을 소위 '일반화하고 단순화'할 수 있는 낱말의 의미를 선택할 필요가 있기 때문이다(L. 빈스방거, 1922). 엥겔스는 화학의 예를 들어 본질적으로 같은 생각을 표현했다. "유기 화학에서 어떤 물질의 의미, 따라서 그것의 이름 또한, 이제는 단지 그 구성 성분에 의존하는 것이 아니라, 그것이 속한 계열상의 위치로 결정된다. 따라서 우리는 어떤 물질이 유사한 어떤 계열에 속한다는 것을 알게 되면, 그것의 이전 이름은 이해하는 데 있어 장애가 되며, 이 계열을 가리키는 이름(파라핀 등)으로 대체되어야 한다"(마르크스 엥겔스 선집, 제25권, p.571). 여기서 화학적 규칙의 엄격함으로 환원된 것은 과학 언어의 전 분야에 일반 원리 형태로 존재한다.

비고츠키의 목록은 심리학 분야가 얼마나 이질적인지 보여 준다. H. 에빙하우스(1850~1909)는 기억 실험을 수행하고 신경 종말을 연구한 자연과학 심리학자이다. 대조적으로 분트는 내관 심리학자이자 인류학적 심리학자이기 때문에 그들과 전적으로 상반된다. C. 슈툼프(Carl Stumpf, 1848~1936)는 지각을 전문으로 하는 유물론적 심리학자이며 R. 아베나리우스(Richard Ludwig Heinrich Avenarius, 1843~1896)는 스피노자를 전문으로 하는 반유물론자이다. A. 마이농(Alexius Meinong Ritter von Handschuchsheim, 1853~1920)은 상상과 실제(유니콘 대 말, 금산 대 흙산)에 대한 이론을 개발한 반면, A. 비네는 학교 교과를 기반으로 한 IQ 테스트를 개발했다. W. 제임스는 초자연적인 것에 손을 댄 실용주의 철학자이다. G. E. 뮐러(Georg Elias Müller, 1850~1934)는 기억에 관한 에빙하우스의 작업을 계승한 신경학자이다.

*H. 리케르트(Heinrich Rickert, 1863~1936)는 신칸트주의 철학자로, 비고츠키와 달리 그는 콩트와 딜타이가 제시한 인문과학과 자연과학의 차이를 받아들였다. 그러나 비고츠키는 '이상형'에 대한 그의 개념을 받아들이고 개체발생과 계통발생의 차이를 설명하는 데 사용한다(개체발생은 이상형이 있는 상태에서 발생하지만 계통발생은 그렇지 않다).

문자 그대로 밭 가는 사람인 'feldsher'는 구소련에서 최소한의 의학 교육을 받은 의사보醫師補들로 아기를 받고, 머리카락을 자르고, 부상자의 팔, 다리를 절단하는 일을 전담했던 농부들이다. 1980년대 중반까지 중국에는 '맨발 의사'로 알려진 의사보가 있었다. 비고츠키는 이 용어를 매우 기본적이고 순전히 경험적인 과학 훈련을 의미하기 위해 사용한다.

이 문단에서는 엥겔스의 『자연변증법』을 인용한다. 번역문은 마르크스와 엥겔스의 영문 선집 중 표준 영어판을 참조하여 비고츠키의 인용문을 변형했다.

절단을 수행하는 의사보, 독일 목판화, 1540.

9-28]　랑게는 "'평행론'은 언뜻 보기에는 순진무구한 단어이지만, 그 속에는 무서운 생각 즉, 물리적 현상의 세계에서 기술技術의 우연성과 무작위성에 대한 생각이 숨겨져 있다"라고 말한다(1914, p. 96). 이 순진무구한 낱말에는 교훈적인 역사가 있다. 라이프니츠가 도입한 이 개념은 스피노자로 거슬러 올라가는 정신물리적(심리신체적-K) 문제에 대한 해결책으로 적용되기 시작하여 여러 번 이름이 바뀌었다. 즉, 회프딩은 이 가설을 동일성同一性 가설이라고 부르며, 이것이 '유일하게 적절하고 알맞은 이름'이라고 믿었다. 흔히 사용하는 일원론이라는 이름은 어원적으로는 맞지만 '모호하고 일관성 없는 세계관'에 의해 사용되었기에 알맞지 않다. 평행론과 이원성이라는 명칭은 다음과 같은 이유로 적절치 않다. (그것은-K) "영적인 것과 육체적인 것을 (철로 위 한 쌍의 레일처럼) 완전히 분리된 두 부류의 발전으로 생각해야 한다는 관념을 과장되게 표현한다. 그러나 바로 이것이야말로 가설이 인정하지 않는 것이다." 이원성은 스피노자의 가설이 아니라 C. 볼프의 가설로 불려야 한다(회프딩, 1908, p. 91).

*C. 볼프(Christian Wolff, 1679~1754)는 라이프니츠의 가장 뛰어난 제자 중 한 사람이다. 라이프니츠는 신체도 무한히 작은 마음의 조각으로 구성되어 있다고 믿은 관념주의자였다. 볼프는 마음과 몸이 서로 접촉하거나 상호작용할 수 없는 평행한 실체라고 믿었다. 그는 도덕과 윤리가 논리적으로 도출될 수 있다고(기하학에서 공리로부터 증명이 도출되듯이) 믿은 수학자였다. 이는 많은 종교 교수들을 그의 적으로 만들었고, 이들 중 하나는 프러시아의 프레데릭 윌리엄 왕에게 고발하여 볼프를 추방시켰다. 생각을 고쳐먹은 왕은 그의 책을 읽어 보려 했으나 너무 어려웠다. 왕이 죽고 아들 프레데릭 대왕은 책을 모두 읽은 후 볼프를 사면하고 교수직을 다시 제안했다.

9-29] 따라서 **하나의** 동일한 가설이 1) 일원론, 2) 이원론, 3) 평행론, 그리고 4) 동일성이라고 불린다. 우리는 (아래에서 밝히듯이) 이 가설을 부활시키는 마르크스주의자 집단-플레하노프, 그를 계승한 사라바노프, 프랑크푸르트 등등-이 여기서 생리적인 것과 심리적인 것의 **동일성이 아닌** 바로 **통일성 이론**을 본다는 것을 덧붙이고자 한다. 어떻게 이럴 수 있었을까? 분명, 이 가설 자체는 더 일반적인 이런저런 견해에 근거해 발전될 수 있으며, 그에 따라 이런저런 의미를 받아들일 수 있다. 일부는 그 속의 이원성을, 다른 이들은 일원론 등등을 강조한다. 회프딩은 그것이 더 심오한 형이상학적 가설 특히, 관념론을 배제하지 않는다고 지적한다(1908, p. 96). 철학적 세계관의 구성원으로 들어가기 위해 가설은 새로운 재작업을 필요로 하며, 이 새로운 재작업은 이럴 때는 이런, 저럴 때는 저런 계기를 강조하는 것으로 이루어진다. 랑게의

지적은 매우 중요하다. "우리는 매우 다양한 철학적 흐름의 대표자들-이원론자(데카르트의 제자들), 일원론자(스피노자), 라이프니츠(형이상학적 관념론), 실증주의-불가지론자(베인, 스펜서), 분트와 폴슨[의지주의(意志主義)적 형이상학] 사이에서 심신평행론을 발견한다"(1914, p. 76).

9-30] H. 회프딩은 동일성 가설로부터의 결론으로서 무의식에 대해 말한다. "이 경우 우리는 고대 저술가의 (저작의-K) 파편을 추측에 근거한 비평으로부터 보완하려는 문헌학자와 유사하게 행동한다. 물리적 현상과 비교했을 때, 영적인 세계는 우리에게 파편이다. 가설을 통해서만 그것을 보완하는 것이 가능하다"(1908, p. 87). 이것은 평행론의 불가피한 결론이다.

9-31] 따라서 첼파노프가 1922년 전까지 이 신조를 평행론이라 부르다가 1922년 이후 유물론이라고 불렀다는 것은 그리 그릇된 말이 아니다. 그의 철학이 (정치적-K) 계절에 다소 기계적으로 순응하지 않았다면 그는 전적으로 옳았을 것이다. 사태는 '함수'라는 낱말에서도 동일하다(나는 수학적 의미의 함수를 염두에 두고 있다). '의식은 뇌의 함수이다'라는 공식에 평행론이 있다. '생리학적 의미'라는 말에는 유물론이 있다. 따라서 코르닐로프가 정신과 신체 사이에 함수적 관계라는 개념과 용어를 도입했을 때, 비록 그가 평행론이 이원론적 가설임을 인식했지만, 그는 **부지불식간에 이 이론을 도입한다.** 생리학적 의미에서의 기능 개념이 그에 의해 거부되고 후자(심리학적 의미-K)가 남아 있기 때문이다(K. H. 코르닐로프, 1925).

9-32] 이렇게 우리는 가장 광범위한 가설에서 시작해서 실험에 대한 가장 미세한 설명 부분까지 낱말이 과학의 일반적인 병폐를 반영한다는 것을 알 수 있다. 특히, 낱말 분석을 통해 우리가 새롭게 알게 된 것은 과학적 과정의 분자적 특성에 대한 관념이다. 과학적 유기체의 모든 세포는 전염과 저항의 과정을 보여 준다. 이로부터 우리는 과학 지

식의 성격에 대해 고차적 관념을 얻는다. 그것은 가장 심오한 방식으로 단일 과정임이 드러난다. 끝으로, 우리는 과학의 과정에서 건강한 것과 병리적인 것에 대한 관념을 획득한다. 낱말에서 사실인 것은 이론에서도 사실이다. 이 낱말은 1) 연구에 의해 확보된 장소에 나타나는 한, 즉 사물의 객관적인 상태에 상응하는 한, 2) 올바른 초기 원칙, 즉 객관적인 세계의 가장 일반화된 공식을 고수하는 한 과학을 앞으로 나아가게 한다.

9-33] 이렇게 우리는 과학적 연구가 사실에 대한 연구인 동시에 그 사실을 이해하는 방식에 대한 연구임을 본다. 다시 말해, 방법론적 연구는 과학이 진보하거나 자신의 결론을 유의미하게 해석하는 한 과학 자체에서 수행된다. 낱말의 선택은 이미 방법론의 과정이다. 특히, 파블로프에게는 방법론과 실험이 동시에 발달하는 것을 우리는 쉽게 확인할 수 있다. 따라서 과학은 최후의 요소까지, 즉 낱말까지 철학적이며, 말하자면, 방법론적으로 흠뻑 젖어 있다. 이것은 철학을 '과학에 관한 과학'으로서, 과학에 침투한 종합으로서 본 마르크스주의적 관점과 일치한다. 이런 의미에서 엥겔스는 말했다. "자연과학자들은-그들이 아무리 부정하려 애를 써 보아도- 철학의 지배하에 있다. … 자연과학과 역사과학이 변증법적으로 물들 때만, 철학의 모든 궤변이 … 잉여적으로 되고 실증 과학으로 사라질 것이다"(마르크스 엥겔스 선집, 제25권, p. 491).

자베르쉬네바와 오시포프는 이 문단과 다음 문단에서 원문에 변형이 가해졌음을 지적한다. 우리는 이 문단과 다음 문단 인용문의 원본을 찾아서 본문에 삽입했다.

9-34] 자연실험과학자들은 철학을 무시할 때 철학에서 해방된다고 생각하지만, 그들은 파편적이고 비체계적인 견해가 뒤섞인 가장 난잡한

철학의 포로가 되어 버린다. 연구자들은 생각 없이는 "한 발짝도 내딛지 못하기 때문에" 그리고, 생각은 논리적 정의를 요구하기 때문이다(p. 37). 방법론적 문제를 어떻게 다룰 것인지에 대한 문제, 즉 '과학 자체와 분리'할지 아니면 방법론적 연구를 과학 자체(경로, 연구)에 도입할지에 대한 문제는 스테파노프가 바르게 언급했듯 교육학적 편의성의 문제이다(91, p. 48). 하지만 방법론적 연구는 또 다른 문제이다. 이것은 특별히 고려할 필요가 있다. 모든 심리학 저서의 서문과 결론 장이 철학적 심리학의 문제를 다루고 있다는 C. Л. 프랑크(1917)의 말은 사실이다. 그러나 방법론을 이해하는 것, 즉 "방법론을 이해 속에 도입하는 것"-이는 반복건대 교육학적 기술技術의 문제이다-과 방법론적 연구는 서로 다르다. 그것은 고유한 관점이 필요하다.

E. D. 설리번의 1898년 만화 「형이상학」, 형이상학적 역사가인 토머스 칼라일을 조롱하고 있다.

인용된 구절의 끝에서, 엥겔스는 덧붙인다.

"물리학이여, 형이상학(metaphysics, 초물리학)을 조심하라!'는 아주 옳은 말이지만, 다른 의미에서 그렇다."

엥겔스는 중력에 어떤 원인을 부여하기를 꺼리는 뉴턴의 태도를 언급하고 있다. 뉴턴은 형이상학적 추측이 아닌 가설은 세울 수 없다고 말했다. 그리고 헤겔은 (과학 백과사전에서) 형이상학에 대한 뉴턴의 공포를 언급했다. 엥겔스는 중력에 원인이 있음을 인정하지만, 여전히 과학자는 형이상학을 조심할 필요가 있다고 생각한다. 즉, 물리학을 설명하기 위해 물리학 밖으로 나가려는 시도, 심리학을 설명하기 위해 심리학 밖으로 나가려는 시도를 주의하라는 것이다. 이는 우리가 제4장에서 보았듯이 과학이 설명적 원리를 얻는 방법이기도 하지만, 그것은 또한 과학이 자기 자신을 파괴하는 방법이기도 하다.

*И. И. 스테파노프는 아마도 이반 이바노비치 스크보르초프-스테파노프(Иван Иванович Скворцов-Степанов, 1870~1928)를 언급하는 것으로 보인다. 그는 초등교사로 볼셰비키에 합류하였으며, 마르크스 저작의 번역가(그는 『자본론』을 러시아어로 공동 번역하였다)가 되었고, 마침내는 역사학자, 경제학자, 언론인, 철학자가 되었다. 비고츠키가 글을 쓰고 있을 때, 스테파노프는 데보린의 '변증법'에 반대하여, 마르크스주의의 엄격한 기계적 해석을 지지한 '기계론자'였다. 이후 스탈린은 이 문제를 결정할 때 두 분파를 모두 배척하였으며, 아마도 이 때문에 비고츠키의 원고에서 스테파노프의 이름이 볼펜으로 지워졌을 것이다.

*С. Л. 프랑크는 셰묜 류드비고비치 프랑크(Семён Людвигович Франк, 1877~1950)를 가리킨다. 그는 빈스방거의 가까운 친구이자, 형이상학적 자유지상주의(개인의 자유가 인간 삶의 최고 목표라는 믿음)의 창시자였다. 프랑크가 심리학 교과서의 서문과 결론 장은 심리학을 인접 과학과 연결하는 자료를 포함해야 한다고 믿고 있다는 데 유의하자. 본문에서 교과서는 슈프랑거의 '심리학적 심리학'의 규칙, 즉 심리학적 개념은 심리학적 방법의 결과라는 규칙을 따른다. 비고츠키가 말하듯 이 책(『심리학 위기의 역사적 의미』)과 같은 방법론적 작업은 슈프랑거의 규칙에서 예외이다. 그럼에도 … 심리학자들 역시 메타심리학meta-psychology을 조심해야 한다.

9-35] 궁극적으로 과학적 단어는 수학적 기호, 즉 순수한 용어를

향하는 경향이 있다. 결국, 수학 공식도 일련의 단어이지만 완전히 종결된(결정된-K) 단어이므로 최고도로 조건화되어 있다. 따라서 모든 지식은 수학적인 만큼 과학적이다(칸트). 그러나 경험심리학의 언어는 수학적 언어와 대척점에 있다. 로크, 라이프니츠, 그리고 모든 언어학이 보여 주었듯이 심리학의 모든 낱말은 세계의 공간에서 가져온 은유이다.

● 위기의 어휘(비고츠키의 세 번째 여담: 회복)

앞 장에서 비고츠키는 제9장이 불치병에 걸린 환자가 애타게 치료법을 찾아 헤매는 경로(진단, 예측, 처치)로부터의 세 가지 '이탈' 중 마지막이 될 것이라고 말했다. 그러나 상황은 너무나 위급하여 이 장에는 치료법을 찾아 나서는 첫 번째 경로도 포함된다. 결국, 진단 과정은 징후를 나열하고 이들을 명명 가능한 징후로 일반화하는 것으로 시작되는 것이 전형적이다.

비고츠키가 이 장에서 명명한 주요 증후군은 과학 어휘, 즉 일반 심리학에서 사용될 명칭 목록의 위기이다. 무의식(제7장)과 생물발생 원리(제8장)의 예를 통해, 우리는 이미 표면적으로는 여러 특수 과학이 공유하는 하나의 명칭이, 다른 개념은 물론이고 심지어 완전히 다른 사실 체계를 나타낼 수 있음을 보았다. 반대로 이 장에서 비고츠키는 서로 매우 다른 명칭들이 동일한 연구 대상을 지칭함을 보여 준다. 그러나 다시 한번 핵심적 차이는 기법도 방법도 아닌, 사실에 대한 철학, 즉 방법론적 차이에 있다.

이 장에서 가장 중요한 방법론적 차이는 명명의 문제를 사소하게 간주한 이들과 이를 심각하게 받아들인 이들 사이의 균열이다. 비고츠키가 어느 한쪽을 전면적으로 배제하는 일은 드물지만, 첼파노프 교수(자신의 심리학을 혁명 이전의 관념론에서 혁명 이후의 유물론으로 개작하려던 시도)에 대해서만은 예외이다. 첼파노프의 주요 실패는 바로 그가 새로운 명칭의 필요성을 곧바로 부정했다는 사실이다. 비고츠키는 이 실패조차 방법론의 문제로 설명될 수 있음을 보여 준다. 용어의 절충주의는 방법론적 충주가 없음을 보여 주는 증상일 뿐이다.

A. 비고츠키는 자체 어휘가 부족한 심리학이 현재 세 가지 다른 출처에서 언어를 취하고 있다고 말한다(9-1).
   i. 일상 용어, 예를 들어 '느낌' 또는 '이미지'. 라주르스키는 이런 용어가 일상적이고 대중적인 의미가 있다고 지적하지만, 비고츠키는 라주르스키 역시 같은 일을 한다고 지적한다.
   ii. 철학 용어, 예를 들어 '표상' 또는 '의지'. 비고츠키는 이러한 용어들은 그들이 해결하고자 했던 인식론적, 존재론적 문제와의 연관성을 잃어버리고, 심리학의 특정 분야에 따라 다른 것을 의미하게 되었고(예를 들어 '표상'은 신체적 과정, 시각적 심상, 언어적 과정이 될 수 있다), 과정으로 이해되기보다는 실체로 구체화하는 경우(예를 들어 상상하기는 '상상'의 능력이 되고 행동 양식은 '의지'가 된다)가 종종 있다고 지적한다.

iii. 자연과학 용어, 예를 들어 물리학에서 말하는 '에너지'와 '힘', 신경과학에서 말하는 '흥분'. 비고츠키는 이런 용어가 은유가 되어 원래 분야에서 본래 가졌던 정확성을 상실한다고 지적한다.

심리학자들은 이에 따라 발생하는 문제를 인식하고 있다. 랄랑드는 이러한 문제가 어휘뿐 아니라 심리학 연구의 문법에서도 발견된다고 지적한다(9-2). 예를 들어, 용어는 형용사나 부사로 간단히 설명되거나 관계절을 결정하여 더 정확하게 정의될 수 있다. 비고츠키는 이것이 문체에도 동일하게 적용된다고 덧붙인다. 제임스, 립스, 비네는 소설가의 문제를 위해 노력하고, 파블로프는 생리학자의 문제를 위해 노력하며, 왓슨과 손다이크는 사업가의 문제를 위해 노력한다(9-9-9). 공유되고 안정적인 정의를 확립하려는 시도는 정반대의 결과를 가져왔고, 해당 분야의 통제를 위한 특정 과학과 특정 과학자들의 지속적인 투쟁에서 용어적 분쟁으로 드러났다(9-4). 용어상의 충돌은 방법론, 방법, 심지어 기법에서의 힘의 균형에서 분자적 변화의 정점이다(9-5). 심리학자들은 용어의 이질성, 용어의 충돌, 심지어 힘의 균형에서 일어나는 분자적 변화까지 예리하게 인식하고 있지만, 그것이 의미하는 바에 대해서는 동의하지 않는다.

B. 예컨대, 첼파노프는 이러한 모든 시도를 사소하고 가볍게 취급하며 코 대신 스티보수용체, 감각 대신 반응이라는 용어를 사용하는 것을 풍자한다. 그러나 비고츠키는 거꾸로 바로 이러한 자세야말로 사소하고 가벼운 것으로 생각한다. 예컨대 코 대신 스티보수용체라는 용어의 사용은 비어, 베테, 폰 우엑퀼이 새로운 심리학을 다윈이 만든 일반 생물학에 위치할 수 있도록 해 준 반면, 감각 대신 반응이라는 용어의 사용은 왓슨과 손다이크가 감각을 자극으로 설명할 수 있도록 해 주었다(9-6~9-9). 비고츠키는 첼파노프가 학자인 척하는('반응학'에 대한 어원 분석이 부정확하고 번역 불가하므로) 동시에 비일관적이라고(한 지점에서는 용어 사용이 사소한 것이라고 말하고 다른 지점에서는 이것이 심리학의 본질 자체를 왜곡한다고 말하므로) 지적한다.

C. 비고츠키는 이제 그 문제를 진지하게 받아들이는 심리학자들에게 관심을 돌린다. 비고츠키는 그들을 두 무리로 나눈다.
 i. 어떤 심리학자들(예컨대 손다이크)은 절충주의자(9-10~11)로서 이질적 용어의 사용을 예외가 아닌 과학의 규칙으로 여긴다.
 ii. 다른 심리학자들은 그 문제를 의식한다. 그들은 단일한 개념 집합에 기반한 통일된 용어를 만들려고 노력하고 있다(9-9). 미국인들은 고도로 객관적인 어휘를 만들려고 노력한다. 예를 들어 왓슨은 '의식적', '의식'과 같은 용어를 전적으로 배제한 교과서를 원한다(9-16). 비고츠키는 이것이 너무 극단적이라고 생각한다(9-12). 독일인들(예컨대 코프카)은 게슈탈트에 기반한 어휘를 만들려고 한다. 비고츠키는 이것이 이원론적이라고 본다(9-12). 러시아인들은 일종의 '춘

추복', 즉 과도기적 어휘를 만들려고 한다. 블론스키와 같이 어떤 심리학자들은 용어 자체와 용어가 사용되는 방식을 구분하려고 하지만(9-13), 코르닐로프와 같은 다른 심리학자들은 '반사'와 같이 주관성을 배제한 순수한 생리학적 용어와 '반응'과 같이 주관성을 포함할 수 있는 생물학적 용어를 구분하려고 한다(9-14~16). 셀로바노프와 같은 또 다른 심리학자들은 여전히 우리가 주관적 표현(예를 들어 "개가 화가 났다")을 공리가 아니라 문제로 받아들이는 한 이를 기꺼이 수용한다(9-13). 비고츠키는 이 점에 동의하며(분명히 파블로프도 마찬가지다), 파블로프가 실험실에서의 일상 언어 사용에 대해 시행한 벌금 제도는 수도원의 규율에서 유익한 실천이며(9-26), 그가 실험실 외부에서는 심리적 현상을 기술하면서 실험실에서와는 달리 명백한 일상 언어를 사용하는 것은 그 현상이 아직 충분히 이해되지 않았다는 표시에 지나지 않는다고 주장한다(9-23). 예를 들어 우리는 반사가 '억제'되는 동안 뇌에서 어떤 일이 일어나는지 정확히 알 수 없다. 비고츠키는 과학적 꼬리표를 붙이는 것만으로 개념 체계 발달을 대체할 수는 없다는 경고로 이 섹션을 마무리한다(9-23~24).

D. 비고츠키는『생각과 말』전체를 요약할 때 썼던 것과 같은 비유로 요약한다. 물방울이 태양을 굴절시키듯 단어의 의미는 의식을 굴절시킨다(9-26). 이 경우 굴절되는 것은 과학 체계의 방법론, 즉 비고츠키가 '사실의 철학'이라 부르는 것이다. 랑게가 지적한 것처럼, 용어는 철학적 기반을 잃는 순간, 예를 들어 과학의 위기 상황에서 모든 의미를 잃게 된다. 연금술의 모든 용어는 과학적 화학으로 소멸되었다(9-27). 용어는 단순히 사실을 지칭하는 것이 아니라 서로를 지칭하며 하나의 체계를 형성하기 때문이다.

    i. 그러한 체계 중 하나는 평행성, 즉 생리적 사실과 심리적 사실이 서로 반영하지만, 상호 작용하지 않는 평행면에 있다는 믿음이다. 생리학자 랑게는 이 겉보기에 무고한 생각이 필연적으로 생리적 사실과 완전히 무관한 것으로 이어진다고 지적했다(9-28). 이를 뒷받침하기 위해 스피노자의 IIp7("관념의 질서는 사물의 질서와 똑같다")이 자주 인용되지만, 비고츠키는 진정한 범인은 스피노자가 아니라 볼프(9-28)라고 말한다. 그러나 그 추종자 중에는 회프딩도 있지만 플레하노프, 프랑크푸르트, 코르닐로프 같은 마르크스주의자들도 있는데, 이들은 이 견해를 일원론(두 평면이 똑같은 방식으로 질서화되어 있기에), 이원론(다른 평면이기에), 평행론(교차하지 않기에), 이제는 '동일성'(각 평면의 현상은 같기에)이라고 부른다. 용어 하나를 이렇게 해석하는 것이 가능하다면, 아이러니하게도 첼파노프의 말이 결국 옳았다. 이원론과 일원론, 평행론과 '동일성'은 하나이고 똑같은 것이다(9-32). 철학은 때때로 사실과 무관할 수 있지만, 철학이 없는 사실이란 존재하지 않는다.

    ii. 그러나 사실의 또 다른 체계는 수학으로, 결국 어휘(수량), 문법(방정식), 심지어 문체(산술, 대수, 미적분)를 기반으로 하는 체계이다. 수학은 고도로 관습화되고 통일된 시스템으로, 각 수량의 값은 다른 모든 수량의 값에 의존한다. 이와 대조적으로 심리학에서 용어의 가치는 공간적 은유, 즉 비공간적 심령과 공간적 물질세계 사이의 병렬 연결에 따라 달라진다(9-35).

제10장
진단에서의 위기

E. L. 키르히너(Ernst Ludwig Kirchner), 암셀플뤼.

가운데서 뿔나팔을 불고 있는 인물이 해석에서 위기를 이끌어 냄에 주목하자. 전경과 배경에 흩어
져 있는 점들은 마을이 아니라 돌이나 양이다. 키르히너는 스위스 다보스 근처의 계곡 그림을 그
린 지 얼마지 않아 "세계에는 지적(知的) 수호자가 있다"라고 쓴다. "그것은 바로 사람이다." 키르히
너는 정신병리적 위기로 여러 의사를 전전해야 했다. 이제 그는 L. 빈스방거의 보호 아래 암셀플뤼
에 자리를 잡았다. 이 장에서, 순수하게 인문학적 심리학자들은 전혀 위기를 보지 못하지만, 심리
학과 생물학을 통합하려는 심리학자들은 위기를 주관적으로, 즉 생물학을 다른 과학으로부터 분
리하는 것으로 바라보는 경향이 있다. 이와 유사하게 게슈탈트주의자는 스스로를 비게슈탈트주의
자로부터 주관적으로 분리하며, 프로이트주의자는 비프로이트주의자로부터 주관적으로 분리한다.
그러나 A. 콩트에게 위 그림의 분홍과 보라색 영역처럼 매우 다른 두 영역에 걸쳐 심리학의 주제를
펼치도록 이끈 것은 생물학이 아니라 사회학이었다. 프로타고라스의 말에 따르면 "인간은 만물의
척도이다. 그에게 존재하는 것은 존재하는 것이며 그렇지 않은 것은 그렇지 않은 것"이다.

10-1] 긍정적인 공식화로 넘어가 보자. 과학의 개별 요소에 대한 파편적인 분석으로부터 우리는 그 속에서 복잡하고, 역동적이고 규칙적으로 발달하는 전체를 보는 것을 익혔다. 지금 우리 과정은 어떠한 발달 단계를 거치고 있으며, 그것이 거치는 위기의 의미와 본성은 무엇이고, 그 결과는 무엇인가? 이 질문에 대한 답으로 나아가 보자. "과학의 방법론을 (그리고 역사를) 다소 알게 되면서 과학은 기성의 명제를 구성하는 죽은, 종결된, 부동의 전체의 모습이 아니라 살아 있는, 계속 발달하며 전진하는 증명된 사실, 법칙, 가정, 구성, 결론의 체계-이는 끊임없이 보완되고 비판되며, 검증되고 부분적으로 기각되고, 새롭게 해석되고 조직되는 등등의 특성을 보인다-의 모습으로 나타나기 시작한다. 과학은 그 움직임 속에서, 그 역동과 성장, 발달, 진화의 측면에서 **변증법적으로** 이해되기 시작한다"(p. 249). 바로 이러한 관점에서 우리는 각 발달 단계를 평가하고 이해해야 한다. 이처럼 우리의 첫 번째 출발점은 **위기**의 인식이다. 우리는 그것의 의미를 다르게 이해한다. 이 의미에 대한 가장 중요한 해석의 유형은 다음과 같다.

> 자베르쉬네바와 오시포프는 출판본에서 인용부호가 삭제되었다고 지적한다(2012: 72).

이 문단의 인용 출처는 И. И. 스크보르초프-스테파노프(Ивáн Ивáнович Скворцóв-Степáнов, 1870~1928)의 저서인 것으로 보인다.

10-2] 우선, 위기의 존재를 완전히 부인하는 심리학자들이 있다. 첼파노프와 일반적으로 구심리학파의 러시아 심리학자 대다수가 그렇다 (랑게와 프랑크 정도만 과학에서 무슨 일이 일어나고 있는지 알아챘을 뿐이다). 이런 심리학자들에 따르면 광물학처럼 모든 것이 과학에서는 안정적이다. 위기는 외부에서 왔다. 일부 사람들이 과학 개혁을 시작했고 공식 이데올로기는 과학의 개정을 요구했다는 것이다. 그러나 전자든 후자든 과학 자체에 객관적인 토대를 가지고 있지 않았다. 논쟁 과정에서 미국에서 과학 개혁이 시작되었음을 인정하게 되었음은 사실이다. 그러나 과학에 족적을 남긴 **심리학자** 중 그 누구도 위기를 피해 가지 못했다는 사실은 가장 주도면밀하고 아마도 신실하게 독자들에게 숨겨져 왔다. 이 첫 번째 이해는 너무 맹목적이어서 우리 관심 사안이 아니다. 이것은, 다른 아이디어에 대해 본질적으로 절충주의자이자 대중주의자인 이러한 유형의 심리학자들이 자기 과학의 연구와 철학에 전혀 전념하지 않았을 뿐 아니라 모든 새로운 학파를 비판적으로 평가하지도 않았다는 사실로 완전히 설명된다. 그들은 뷔르츠부르크 학파와 후설의 현상학, 분트-티치너의 실험과 마르크스주의, 스펜서와 플라톤 등 모든 것을 수용했다. 그러한 이들은 과학의 대전환에 대한 논의에서 이론적으로 과학의 밖에 있을 뿐 아니라 실천적으로도 아무런 역할도 하지 않았다. 경험주의자들은 경험적 심리학을 옹호하면서 그것을 배신했다. 절충주의자들은 자신에게 적대적인 아이디어 중에서 성공한 것을 모두 수용하였다. 대중주의자들은 누구와도 적이 될 수 없고 어떤 심리학이든 승리하는 것을 대중화할 것이다. 이미 첼파노프는 마르크스주의를

많이 다루고 있다. 그는 곧 반사학을 채택할 것이고, 승리한 행동주의의 첫 번째 교과서의 저자는 바로 그나 그의 제자일 것이다. 전반적으로 그들은 교수이자 심사위원, 조직자 및 문화 보급자(문화 전사 또는 폴리페서-K)이지만 이들 학파로부터는 그 어떤 중요한 특성을 가진 연구도 나오지 않았다.

10-3] 다른 사람들은 위기를 보지만, 그들에게 모든 것은 매우 주관적으로 평가된다. 위기는 심리학을 두 진영으로 나누었다. 그들 사이의 경계는 언제나 그런 견해를 가진 저자와 나머지 모든 세계 사이에 있다. 그러나 로체의 표현에 따르면, 반쯤 부서진 벌레조차 자신의 반영을 전 세계와 대비시킨다. 이것이 전투적 행동주의의 공식적 관점이다. 왓슨은 두 개의 심리학-그의 올바른 심리학과 잘못된 심리학-이 있다고 믿는다. 낡은 심리학은 자신의 어중간함으로 인해 죽는다. 그가 보는 가장 큰 세부 사항은 어중간한 심리학자의 존재이다. 분트가 단절하고 싶지 않았던 중세의 전통은 영혼을 배제한 심리학을 파괴했다(J. 왓슨, 1926). 보다시피 모든 것이 극단적으로 단순화된다. 심리학을 자연과학으로 바꾸는 데 어떤 특별한 어려움도 없다. 왓슨에게 이는 보통 사람의 관점, 즉 상식의 방법론과 일치한다. 베흐테레프도 심리학의 시대를 대체로 같은 방식으로 평가한다. 베흐테레프 이전의 모든 것은 오류이고, 베흐테레프 이후의 모든 것은 진실이다. 많은 심리학자가 위기를 같은 방식으로 평가한다. 이것은 그야말로 주관적인, 가장 쉬운 일차적이고 순진한 관점이다. 우리가 무의식에 관한 장에서 조사한 심리학자들 역시 다음과 같이 주장한다. 형이상학적 관념론으로 가득 찬 경험심리학이 있다. 이것은 과거의 유물이다. 그리고 마르크스주의와 일치하는 시대의 진정한 방법론이 있다. 세 번째가 주어지지 않은 이상, 첫 번째가 아닌 모든 것은, 그리하여 이미 두 번째이다.

10-4] 정신분석은 여러 면에서 경험심리학과 정반대이다. (루리야나

프리드먼 같은 이들에게서-K) 이것만으로도 그것을 마르크스주의 체제로 인정하기에 충분하다! 이 심리학자들에게 위기는 그들이 벌이고 있는 투쟁과 일치한다. 아군과 적군이 있을 뿐 다른 구분은 없다.

10-5] 객관적-경험적 위기 진단 역시 더 나을 것은 없다. 그들은 학파의 수를 세어 위기의 정도를 측정했다. 올포트는 이런 관점을 취해, 제임스 학파와 티치너 학파, 행동주의와 정신분석학이라는 식으로 학파를 정리하여 미국 심리학의 흐름을 열거했다. 그 과정에서 과학 발전에 관여한 **일련의** 단위들이 나열되었지만, 각 학파가 옹호하는 것의 객관적 의미를 학파 간 역동적 관계에서 파고들려는 시도는 조금도 이루어지지 않았다.

> G. W. 올포트(Gordon Willard Allport, 1897~1967)는 오늘날 성격심리학의 창시자로, 아동 발달 도식을 만들어 냈다. 그러나 이 글을 쓰던 때에는 거의 무명이었다.

10-6] 그러한 입장에서 위기의 원칙적인 특징을 보기 시작하면 오류는 더욱 심해진다. 그러면 **이** 위기와 다른 위기 사이, **심리학**의 위기와 **다른 과학**의 위기 사이, 부분적인 불일치나 분쟁과 위기 사이의 경계가 지워진다. 한마디로 반역사적, 반反방법론적 접근법이 허용되어, 일반적으로 **부조리**로 이어진다.

10-7] IO. B. 포르투갈로프는 반사학의 불완료성과 상대성을 증명하고자 하면서 불가지론과 상대주의로 전락할 뿐 아니라 분명한 난센스에 당도한다. "화학, 역학, 전기물리학, 대뇌 전기생리학에서 끊임없이 잘못이 지적되고 있으며, 그 무엇도 분명하고 명확하게 판명되지 않았다"(IO. B. 포르투갈로프, 1925, p. 12). 쉽게 믿는 사람들은 자연과학을 신봉한다. 그러나 "우리 의학 환경에서 사실, 가슴에 손을 얹고, 우리는

과연 그토록 확실하고 견고한 자연과학의 힘을 믿는가 혹은, 자연과학 자체가 자신의 확실성과 견고성, 진실성을 믿는가?"(같은 책) 나아가 자연과학 이론의 변화들이 나열되며 이로써 모든 이론이 하나의 더미로 뭉쳐진다. 각 이론과 모든 자연과학의 불분명성이나 불확실성 사이에 등호가 놓이며, 자연과학의 진리 토대-이론과 관점의 변화-는 그 무력함의 증거로 제시된다. 이것이 불가지론임은 완전히 명백하다. 그러나 미래를 위해 두 계기는 주목할 만한 가치가 있다. 1) 그 어떤 견고한 관점도 없는 자연과학의 특징으로 묘사되는, 관점의 모든 카오스에서 흔들리지 않는 것은 오직 … 내관에 토대한 주관적 아동심리학이다. 2) 자연과학의 파산을 증명하는 모든 과학 중 광학 및 세균학과 나란히 기하학이 놓인다. 유클리드는 삼각형 내각의 합이 두 직각과 같다고 말했다. 로바체프스키는 유클리드를 몰아내고 삼각형 내각의 합이 두 직각보다 작음을 증명했다. 그러나 리만은 로바체프스키를 몰아내고 삼각형 내각의 합은 두 직각보다 큼을 증명했다(같은 책, p. 13).

> 수학자인 로바체프스키와 리만은 모두 '비非유클리드' 기하학을 발전시켰고, 이것들은 특정한 실제 문제에 대해 유클리드 기하학보다 더 유용한 것으로 밝혀졌다. 예를 들어, 곡면에 삼각형을 새기는 경우 각도의 합은 180도 이상(볼록한 표면, 예를 들면 지구 표면) 또는 180도 미만(오목한 표면 예를 들면 달걀의 내부)이 될 수 있다. 비고츠키가 말했듯이 중 무엇도 역동적 전체로서 실제 세계와 상호작용을 하는 과학의 오류 가능성이나 비일관성을 나타내지 않는다.

10-8] 우리는 기하학과 심리학 간 비교를 여러 번 마주칠 것이므로, 이러한 무無방법론의 사례를 기억할 가치가 있다. 1) 기하학은 자연과학이다, 2) 린네-퀴비에-다윈은 유클리드-로바체프스키-리만과 같은 방식으로 서로를 '헐뜯었다', 3) 끝으로 로바체프스키는 유클리드를

몰아내고 … 증명했다. 하지만 기초 문해력만 갖춘 사람도 논의가 **실제** 삼각형에 대한 인식이 아니라 수학적-**연역적** 체계 내 **관념적** 도형에 대해 이루어진다는 것을 안다. 이 체계에서 이 **세** 명제는, 마치 다른 산술 계산 체계가 십진법과 모순되지 않는 것처럼, **세** 개의 서로 다른 전제에서 비롯되며 서로 모순되지 않는다. 그것들은 **공존하며**, 여기에 그것들의 의미와 방법론적 본성의 전부가 있다. 그러나 두 명칭이 나란히 놓이는 것을 모두 위기로 간주하고, 모든 새로운 의견을 진리에 대한 반박으로 간주하는 관점은 귀납적 과학에서 위기를 진단하는 데 어떤 가치를 가질 수 있는가?

10-9] 반사학과 경험심리학이라는 두 흐름의 투쟁과 그 둘의 종합을 마르크스주의적 심리학으로 보는 K. H. 코르닐로프(1925)의 진단이 (차라리-K) 진실에 더 가깝다.

10-10] 이미 Ю. B. 프랑크푸르트(1926)는 반사학을 하나의 범주 안에 넣을 수 없으며, 그 안에는 모순되는 경향과 흐름이 있다는 의견을 표명했다. 이는 경험심리학과 관련하여 더 사실이다. 통일된 경험심리학은 아예 존재하지 않는다. 그리고 일반적으로 이 단순화된 도식은 위기 분석보다는 치명적 진격과 후퇴를 위한 전쟁 수행 프로그램으로 만들어졌을 가능성이 크다. 전자(위기 분석-K)를 목적으로 했다고 하기에는 이 도식에 위기의 원인, 추세, 역학과 예측에 관한 지표가 결여되어 있다. 이는 오직 현재 소련에 있는 관점들을 논리적으로 무리 지은 것일 뿐이다.

10-11] 따라서 지금까지 고려한 모든 것에는 **위기 이론**이 없고 전쟁 당사자의 관점에서 작성된 본부의 주관적 보고서가 있다. 여기서는 적을 물리치는 것이 중요하다. 아무도 적을 연구하는 데 시간을 낭비하지 않을 것이다.

*C. V. 린네(Carl von Linné, 1707~1778)는 오늘날에도 여전히 쓰는 '이명법二名法'을 제창堤創했다. 이 분류법은 고정적이고 변하지 않는 안정된 범주를 근간으로 했다. 하지만 G. 퀴비에(Goerge Cuvier, 1769~1832)는 종種들이 나타났다 사라지는 것을 보여 주었다. 즉, 과거에 존재했던 많은 동물이 오늘날에는 존재하지 않으며, 현존하는 많은 동물(예: 인간)은 과거에 존재하지 않았다. 물론 다윈은 어떻게 종들이 변이變移로 멸종을 피하는지 보여 주었다. 이를 두고 린네가 퀴비에를 반박하고, 퀴비에가 다윈을 반박했다고 말할 수도 있지만, 비고츠키가 말하듯 린네의 아이디어는 퀴비에의 적응을 통해 이어졌고, 퀴비에의 아이디어는 다윈의 적응에 의해 멸종을 피했다고 말하는 것이 더 진실에 가까울 것이다.

비고츠키가 말하듯 린네, 퀴비에, 다윈의 관계는 유클리드, 로바체프스키, 리만의 관계와 비슷하다. 관념주의적 관점을 취해 과학의 역사가 단순히 '한 이야기, 그리고 다른 이야기, 또 다른 이야기의 연속'이라고 생각한다면, 마치 이들이 서로를 반박하는 듯 보일 것이다. 반실재론자들(예: 토마스 쿤, P. 파이어아벤트, 후기구조주의자들)은 이로부터 과학이란 인간이 세상과 그 안에서 자기 위치에 관해 스스로에게 말할 수 있는 수많은 이야기 중 하나일 뿐이라고 결론지을 것이다. 하지만, 비고츠키 같은 실재론자들은 이로부터 과학은 스스로 인식하게 된 자연의 일부(인간)에 의해, 그리고 그에 대해 끊임없이 더해지는 하나의 이야기라는 결론을 내린다.

*Ю. В. 프랑크푸르트(Франкфурт Юрий Владимирович, Юдель Вульфович, 1897~1940?)는 철학연구소에서 데보린 경향주의자의 리더였다. 『반사학과 마르크스주의』를 저술했다. 그는 유대인으로 본명은 유델 불포비치였지만 유대인 느낌이 나는 이름 대신 기독교적인 이름으로 개명했다. 1938년에 체포되었다가 1940년에 풀려난 후 다시 체포되었다. 강제수용소에서 사망한 것으로 보인다.

10-12] H. H. 랑게는 위기 이론에 더 가까운, 이미 배아 형태의 위

기 이론을 제시한다. 그러나 그에게는 위기에 대한 이해보다 그에 대한 느낌이 더 많이 있었다. 그는 역사적 자료조차 믿을 수 없었다. 그에게 위기는 연합주의의 몰락으로 시작되었다. 이는 그가 원인으로 간주하는 최근접 토대이다. 심리학에서 "오늘날 모종의 일반적 위기가 일어난다"는 사실을 확립하면서 그는 말한다. "그것은 이전의 연합주의가 새로운 심리학 이론으로 교체된다는 것이다"(H. H. Ланге, 1914, p. 43). 연합주의가 과학의 핵심을 이루는, 일반적으로 수용되는 심리학 체계인 적이 전혀 없었으며, 투쟁하는 여러 분파 중 **오늘날까지 남아서** 최근에 매우 강화되고 반사학과 행동주의에 의해 부활한 것 중 하나라는 사실만으로도 이는 거짓이다. 밀, 베인, 스펜서의 심리학은 오늘날만큼 흥한 적이 없었다. 그것은-오늘날에도 그러하듯- 능력심리학(J. 헤르바르트)에 대항하여 투쟁하였다. 연합주의에서 위기의 근원을 보는 것은 매우 주관적인 평가이다. 랑게 자신은 그것이 감각주의 신조에 대한 거부의 근원이라고 본다. 그러나 오늘날 형태주의 이론은-새로운 이론을 포함하여-**모든** 심리학의 가장 큰 죄는 연합주의라고 공식화한다.

10-13] 사실 일반적 면모(관념론 대 유물론-K)는 이 원칙(염합주의-K)에 대한 지지자와 반대자를 구분 짓는 것이 아니라, 훨씬 더 깊은 토대 위에서 발전해 온 집단을 구분 짓는다. 나아가 이를 개별 심리학자들의 관점 간의 투쟁으로 환원하는 것도 전적으로 옳지 않다. 개별 의견 뒤에 있는 공통적이고 모순적인 것을 밝히는 것이 중요하다. 위기에서 랑게의 그릇된 지향은 자신의 연구를 망가뜨렸다. 즉 실재적, 생물학적 심리학의 원칙을 옹호하면서 그는 리보를 비난하고, 대신 자연과학으로서 심리학의 가능성을 부정하는 후설과 다른 극단적 관념주의자들에 의존했다. 그럼에도 상당히 중요한 몇 가지는 그가 올바르게 정립했다. 다음은 그의 올바른 테제들이다.

10-14] 1. 일반적으로 인정되는 과학 체계의 부재. 가장 탁월한 저

자들 각각의 심리학 서술은 완전히 다른 체계에 따라 구축된다. 모든 기본 개념과 범주가 다르게 해석된다. 위기는 과학의 토대 자체와 연관된다.

10-15] 2. 위기는 파괴적이지만 유익하다. 그것은 과학의 무력이나 파산이 아니라 과학의 성장, 풍요로움, 힘을 드러낸다. 위기의 심각한 본질은 심리학의 영역이 콩트가 나누기를 원했던 사회학과 생물학 사이에 놓여 있다는 사실에 기인한다.

> 자베르쉬네바와 오시포프(2012: 73)는 러시아어 편집자들이 선집에서 원문의 콩트를 칸트로 변경했다고 지적한다.

10-16] 3. 그 어떤 심리학 작업도 이 과학의 기본원칙을 확립하지 않고서는 불가능하다. 건축을 시작하기 전에 기초를 다져야 한다.

10-17] 4. 끝으로, 일반 과제는 새로운 이론, 즉 "혁신적 과학 체계"를 개발하는 것이다. 하지만, 그는 이 작업을 깊이 오해했다. 그에게 그것은 "모든 현대 심리학 경향에 대한 비판적 평가와, 이 경향들을 서로 조화시키려는 시도"(Н. Н. Ланге, 1914, p. 43)로 구성된다. 그는 후설과 생물 심리학 같이 조화될 수 없는 것들을 조화시키려 애썼다. 제임스와 함께 스펜서를 공격했고, 딜타이와 함께 생물학을 거부했다. 조화 가능성에 관한 착안은 **"연합주의**와 생리학적 심리학에 **대항하여**" "혁명이 일어났다"(ibid., p. 47)는 생각과, 모든 새로운 경향은 출발점과 목표의 공통성으로 연결된다는 생각에서 나온 결론이었다. 그런 식으로 그는 위기의 특징을 지진, 늪지대 등으로(즉, 과단성 있는 수술이 필요한 치명적 질병이 아니라 어려운 과도기적 질환으로-K) 요약한다. 그에게 "카오스의 시기가 왔다"는 사실은, 공통된 원인으로 생성된 다양한 의견을 "비판하고 논리적으로 처리"하는 작업으로 환원되는 과업을 제시한다. 이

것이 1870년대 투쟁의 주역들이 당시 위기 상황에서 그린 그림이다. 랑게의 개인적 경험은 위기를 작동시키고 규정하는 실제 세력 간 투쟁을 보여 주는 가장 좋은 증거이다. 곧, 그는 주관적 심리학과 객관적 심리학의 결합을 논쟁의 대상이나 **문제**로 보는 대신 필수적인 **심리학적 공리**로 여긴다. 그런 다음 **전체** 체계에 이러한 이중성을 이식한다. 정신에 관한 자신의 실재적, 생물학적 이해와 П. 나토르프(1909)의 관념주의적 개념을 대조하면서, 사실상 그는 우리가 아래에서 보듯, **두** 심리학의 존재를 인정한다.

　*P. G. 나토르프(Paul Gerhard Natorp, 1854~1924)는 신칸트주의 철학자였다. 그는 신칸트주의 창시자 헤르만 코헨의 제자이자 후설, 가다머, 하이데거의 스승이었다. 그는 또한 파스테르나크, 타고르, T. S. 엘리엇과 같은 작가들의 절친한 친구였다. 그는 음악을 작곡했고 브람스(그에게 작곡가가 되지 말라고 설득했다)와 서신을 주고받았다.

　여기서 비고츠키는 그를 랑게에 대한 이원론적 대응자로 묘사한다. 비고츠키에 따르면 둘 다 평행론자이며, 랑게는 유물론 쪽에 나토르프는 관념론 쪽에 있다. 둘 다 두 심리학의 존재를 인정하며, 그것들이 단지 두 개의 양식이라는, 즉 언어학의 의미와 문법, 물리학의 물질과 에너지와 같이 하나의 동일한 현상을 보는 두 가지 방식이라는 스피노자적 일원론의 가능성을 거부한다.

10-18] 그러나 가장 흥미로운 점은 랑게가 연합주의자 즉, 전前위기적 심리학자로 간주한 에빙하우스가 위기를 더 정확히 규정한다는 것이다. 그에 따르면 심리학의 상대적 불완전성은 심리학의 거의 모든 가장 일반적인 문제에 대한 논쟁이 지금까지 끝나지 않았다는 사실로 표

현된다. 다른 과학에서는 탐구의 토대에 놓여야 하는 모든 궁극적 원리나 기본 견해에 대한 합의가 존재하며, 변화가 발생하더라도 이는 위기의 특성을 띠지는 않는다. 합의는 곧 다시 확립된다. H. 에빙하우스(1912)가 볼 때 심리학에서의 사태는 전혀 다르다. 여기서 이러한 기본 관점들은 끊임없이 살아 있는 의심과 지속적인 도전을 받는다.

10-19] 이러한 비동의 속에서 에빙하우스는 심리학에 신뢰할 만한 명확한 토대가 없다는 고질적 현상을 본다. 브렌타노-랑게는 그의 이름으로 시작하여 위기를 기술한다-는 1847년 많은 심리학 대신 하나의 심리학이 창조되어야 한다는 요구를 제시했다. 분명 그 당시에도 이미 단일 체계 대신에 많은 경향이 있었을 뿐 아니라, **많은 심리학**이 존재했다. 이것은 지금도 위기에 대한 가장 확실한 진단이다. 방법론자들은 지금도 우리가 브렌타노가 지적한 것과 동일한 지점에 있다고 주장한다(L. 빈스방거, 1922). 이는 심리학에서 일어나고 있는 일이 동의에 이를 수 있는 관점들, 그리고 공통된 적과 목표로 이미 통일된 여러 관점 간의 투쟁이 아니라는 것을 의미한다. 그것은 심지어 한 과학 내부의 흐름과 방향들의 투쟁도 아니며, **다른 과학들 사이의 투쟁**이다. 많은 심리학이 존재한다. 이는 상호 배타적인, 실제로 다른 유형의 과학들이 서로 싸우고 있음을 의미한다. 정신분석학, 의도 심리학, 반사학, 이들은 모두 **다른 유형의 과학**이며, **일반 심리학**이 되려는, 즉 다른 학문을 종속시키고 배제하려는 경향이 있는 별개의 학문이다. 우리는 일반 과학을 향한 이러한 경향의 의미와 객관적 징후를 모두 살펴보았다. 이 투쟁을 관점의 투쟁으로 받아들이는 것보다 더 큰 잘못은 없다. 빈스방거는 브렌타노의 요구와 W. 빈델반트의 지적-각 대표자에게 심리학은 모두 처음부터 새롭게 시작되어야 한다-을 언급하며 시작한다. 그는 사실적 자료-이는 풍부히 수집되어 있다-의 부족이나 철학적-방법론적 원리-이 역시 충분하다-의 부재가 아니라, 심리학에서 철학자와 경

험주의자 간의 **공동** 작업의 부재 속에서 그 이유를 찾는다. "이론과 실제가 이렇게 다른 경로를 따르는 단일 과학은 없다"(L. 빈스방거, 1922, p. 6). 심리학은 방법론이 부족하다. 이 저자의 주요 결론이 바로, 지금 방법론을 창조할 수 **없다**는 것이다. 일반 심리학이 (과학적-K) 방법론의 한 분야로서 자신의 과업을 이미 충족했다고 말할 수 없다. 반대로 어디를 보든 온통 불완전함, 불확정성, 의심, 모순이 지배한다. 우리는 일반 심리학의 **문제**에 대해서만, 심지어 그것도 아니고 그 서론에 대해서만 이야기할 수 있을 뿐이다(같은 책, p. 5). 빈스방거는 심리학자들 속에서 "[새로운] 심리학의 [창조를 향한] 용기와 의지"를 본다. 이를 위해 그들은 수 세기의 편견을 깨뜨려야 하며, 이는 한 가지를 보여 준다- 일반 심리학은 아직도 창조되지 않았다. 우리는 베르그손처럼 케플러, 갈릴레오, 뉴턴이 심리학자였다면 무슨 일이 있었을까를 묻기보다는, 그들이 수학자였음에도 불구하고 여전히 일어날 수 있는 일이 무엇일까 물어야 한다(같은 책).

다음 쪽의 19세기 상징주의 그림에는 죽음에 대해 매우 다른 두 상징이 나타난다. 하나는 인간의 영혼을 다루는 여성 천사이고 하나는 인간의 몸을 묻는 남성 노인이다. 각자의 일을 하는 둘 뒤에는 무덤 파는 이의 노동으로 세워진 비석들이 보인다.

1870년대에 F. 브렌타노는 인간의 마음이 죽음 이후에도 지속되는가 하는 질문에 답하고자 심리학 연구를 시작했다. 사제였던 브렌타노는 하나의 진정한 심리학과 다른 심리학들과의 관계는 종교가 마법과 맺는 관계와 같다고 여겼다. 브렌타노에게 진정한 심리학은 오직 하나만 가능했다.

*W. 빈델반트(Wilhelm Windelband, 1845~1915)는 신칸트주의 철학자로, 심리학과 과학을 각각의 방법에 따라 더욱 일반적으로 구분한 철학자였다. 일부는 자연적 '일반적nomothetic' 과학으로, 측정과 실

C. 슈바베(Carlos Schwabe) 죽음과 무덤 파는 사람, 1895.

험 그리고 전체 인간에 대한 일반화를 허용한다. 일부는 '개성기술적 ideographic' 과학으로, 소설처럼 고유한 현상의 삶과 죽음에 대한 기술인 '중층적 기술thick description', 해설, 개별 사례연구를 요구한다. 심리학은 개인 정신의 삶과 죽음을 기술하고 해석하므로 후자에 속한다.

종교와 마법은 여러 면에서 유사하지만, 브렌타노의 심리학과 마찬가지로 상호 배타적이며 서로 용인하지 않는다. 과학과 종교는 좀 더 분리되어 있으며, 빈델반트의 일반적 과학과 개성기술적 과학처럼 공존할 수 있으며 실제로 공존한다. 그러나 이는 각 종교와 각 과학이 새롭게 재시작해야 하며, 이미 밝혀지거나 받아들여진 방법론에 의존할 수 없음을 의미한다.

이 그림에서 슈바베는 죽음의 정신물리적 현상에 대한 두 가지 상이한 관점을 보여 주었다. 하지만 그림 제목은 그렇지 않다. 두 가지 관점이 공존할 수 있음을 암시하는 "죽음과 무덤 파는 사람"이 아니다. 실제로는 '무덤 파는 사람의 죽음'이다. 그러나 심리학이 자연과학이려면, 죽는 것은 젊은 천사가 될 것이다. 무덤 파는 사람은 묻히지만 보존된다. 마찬가지로 자연주의 심리학은 인간 천사가 아니라 문화의 형태로 세대에 거쳐 인간 마음을 보존할 것이다.

10-20] 따라서 심리학의 혼돈은 지극히 자연스러운 것이며 심리학이 깨달은 위기의 의미는 다음과 같다고 말할 수 있다. **많은 심리학이 존재한다. 이들은 일반 심리학의 추출이라는 경로를 통해 하나의 심리학을 만들고자 하는 경향을 보인다.** 이 후자(일반 심리학-K)을 위한 갈릴레오 즉, 과학의 근본 토대를 창조했을 천재가 없다. 이것이 19세기 말까지 발전한 유럽 방법론의 일반적인 견해이다. 일부 저자들-주로 프랑스 작가들-은 오늘날까지도 이 견해를 고수하고 있다. 러시아에서는, 방법론적 문제에 천착한 거의 유일한 심리학자인 바그너(1923)가 항상 이를 옹호해 왔다. 그는 *L'Année Psychologique*(심리학 연감) 분석, 즉 세계 문헌의 요약을 기반으로 동일한 의견을 표명했다. 그의 결론은 다음과 같다. **우리에게는 전체 일련의 심리학 학파가 있지만 독립적인 심리학 영역으로서 통일된 심리학은 없다.** 그러나 그것이 존재하지 않는다고 해서 그것이 존재할 수 없다는 것은 아니다(같은 책). 그것을 어디서 어떻게 찾을 것인가 하는 질문에 대한 답은 오직 과학의 역사만

이 제공할 수 있다.

10-21] 이것은 생물학이 진화한 방식이다. 17세기에 두 명의 박물학자가 동물학에서 두 분야의 토대를 마련했다. 즉, 동물과 동물의 생활 방식을 기술한 뷔퐁과 동물을 분류한 린네이다. 점차 두 분야는 일련의 새로운 문제들을 길러냈고, 형태학, 해부학 등이 생겨났다. 이 연구들은 각자 고립되었으며 대표자들은 동물을 연구한다는 점을 제외하고는 어떤 식으로든 서로 연결되지 않는 별도의 과학으로 자신을 생각했다. 각각의 과학은 서로 대립하고 지배적 위치를 차지하고자 노력하였다. 그들 사이 접촉이 증가하여 더 이상 떨어져 있을 수 **없었기** 때문이다. 천재적인 라마르크는 서로 다른 지식을 하나의 책으로 통합하여 '동물학에 관한 철학'이라 일컬었다. 그는 자신의 개인 연구를 뷔퐁과 린네를 포함한 다른 사람들의 연구와 결합하고, 결과를 요약하고 서로 조화시켜서, 트레비라누스가 일반 생물학이라고 부른 과학 분야를 만들었다. 서로 다른 학문 분야로부터 단일하고 추상적인 과학이 창조되었으며, 이는 다윈의 노력 덕에 두 다리로 일어섰다. 바그너에 따르면, 19세기 초 생물학이 일반 생물학이나 추상적 동물학으로 통합되기 전에 생물학 분야에 일어난 일이 현재 20세기 초 심리학 분야에서도 일어나고 있다. **일반 심리학**의 뒤늦은 종합은 라마르크의 종합을 반복해야 한다. 즉, 유사한 원리에 기초해야 한다. 바그너는 이것을 단순히 유사로 보지 않는다. 그에게서 심리학은 **유사한 길이 아니라, 동일한** 길을 따라야 한다. 생물심리학은 생물학의 **일부**이다. 그것은 구체적인 학파의 추상화이거나 그 종합이다. 그것은 **이 모든 학파의 성취를** 그 내용으로 담고 있다. 일반 생물학과 마찬가지로 그것은 자신만의 특별한 연구 방법을 가질 수 없다. 그것은 매번 자신의 구성 요소로 편입되는 과학의 방법을 사용한다. 그것은 업적을 고려하고 **진화론의 관점에서 이를 평가하여 그것(업적-K)이 전체 체계에서 상응하는 위치를 지적한다**(B. A. 바그너, 1923).

이것은 어느 정도 일반적인 의견을 표현한 것이다.

1893년 파리 엑스포에 걸린 광고. 조르주-루이 르클레르 드 뷔퐁과 그의 유인원을 표현하고 있다. 광고는 유인원이 이국적인 타피오카 푸딩을 귀족에게 시중들도록 훈련될 수 있음을 보여 준다.

조르주-루이 르클레르(Georges-Louis Leclerc, 1707~1788)는 부유한 세리의 아들로 태어났다. 그는 아버지가 세금을 걷던 마을을 사들여 뷔퐁의 백작Count of Buffon으로 불렸다. 그는 과학에 깊은 관심을 두고 식물학, 동물학, 나아가 우주기원론에 주요한 기여를 했다. 오늘날 그는 파리식물원 설립과 동물에 대한 광범위한 기술로 가장 잘 알려져 있다. 뷔퐁 이후 르네는 그의 기술을 이용하여 안정된 분류 범주를 확립했다.

트레비라누스는 G. R. 트레비라누스(Gottfried Reinhold Treviranus, 1776~1837)를 지칭하는 것으로 보이지만 그의 동생이었던 L.C. 트레비라누스(Ludolph Christian Treviranus, 1779~1864)를 지칭하는 것일 수도 있다. 이 둘 다 자연주의자였으며 라마르크와 마찬가지로 분류 범주는 영원히 고정된 것이 아니라고 믿는 자연주의자였다. 그들은(한 개체의 일생 중에도) 종이 다른 종으로 변할 수 있고 실제로 변한다고 생각했다. 다윈은 종이 변하되 한 개체의 일생 중에 변하지는 않는다는 것을 보여 주었다. 비고츠키는 과학적 개념이 사회 내에서 발생하는 방식이 어린이에게서 발생하는 방식과 그리 다르지 않다고 생각한다. 우선은 (뷔퐁의 기술과 같이) 시각적이고 묘사적인 기술이 나타난다. 그런 후 이는 먼저 외적 유사성에 근거하여 무리 지어지고(복합체) 이후에야 낱말의 의미에 의해 주어지는 추상적 자질에 의해 분류된다. 분류 범주의 역사적 발달에 대한 일반 원칙이 이해된 이후에야 우리는 진개념에 대해 논의할 수 있다.

뷔퐁이 살아 있는 유인원을 얻게 되자 왕에게 인간과 다른 동물들 중간에 있는 이 '이행적 종'을 보여 주고자 했다는 주장이 다윈 이후에 프랑스에서 있었다. 그러나 이 유인원은 파리로 운송되는 중에 폐사했으며 뷔퐁은 그 골격만을 기술할 수 있었다.

10-22] 바그너 의견의 독특성은 의심을 불러일으킨다. 1) 그의 이해에서 한편으로 일반 심리학은 생물학의 **일부**이며 진화론 (그 기초) 등을 기반으로 하므로 **그 자신의** 라마르크, 다윈 그리고 그들의 발견이 필요하지 않고 이미 존재하는 원칙에 기초하여 종합을 수행할 수 있다. 2) 다른 한편으로 일반 심리학은, 생물학의 일부로 들어가지 않고 그와 나란히 존재하는 일반 생물학이 발생한 것과 같은 방식으로 발생해야 한다. 이런 식으로는 우리는 두 개의 유사한 독립적 전체 사이에 가능한 **비유**만을 이해할 수 있으며, 전체(생물학)와 **부분**(심리학)의 운명 사이의 비유는 이해할 수 없다.

10-23] 생물심리학은 "마르크스가 심리학에 요구하는 바로 그것"을 제공한다(같은 책, p. 53)는 바그너의 주장은 또 다른 황당함을 일으킨다. 일반적으로, 바그너의 **형식적** 분석이 흠잡을 데 없이 옳게 보이면 보일수록, 문제를 본질적으로 해결하고 일반 심리학 **내용**의 개요를 그리고자 하는 그의 시도는 (지금은-K) 방법론적으로-심지어 단순히 미발달된 형태(생물학의 일부, 마르크스)로도- 성립될 수 없다. 그러나 (바그너의 형식적 분석이 그릇되므로-K) 우리는 지금은 후자에 천착하지 않을 것이다. 형식적 분석을 돌아보자. 오늘날 심리학은 라마르크 이전의 생물학이 겪었던 동일한 것을 체험하며, 동일한 것을 향해 가고 있다는 것이 사실인가?

10-24] 그렇게 말하는 것은 위기의 **가장 중요하고 결정적인 계기**에 침묵을 지키고 전체 그림을 잘못된 시각으로 제시하는 것이다. 심리학이 일치를 향하는지 아니면 단절을 향하는지, 일반 심리학이 심리학 분야의 통합에서 나오는지 분열에서 나오는지는 이러한 분야가 내포하고 있는 것에 달려 있다. 즉 이 분야들이 분류학, 형태학, 해부학과 같은 미래의 전체 중 일부를 포함하는가, 아니면 상호 배타적인 지식 원칙을 포함하는가에 달려 있는 것이다. 학문 간 **적대감**의 본질은 무엇인가? 심리학을 잠식하는 모순은 해결 가능한가, 아니면 화해할 수 없는가? 심리학이 일반 과학의 창조로 진행하는 특정 조건에 대한 바로 이러한 분석이 바그너, 랑게 및 다른 사람들에게 없다. 한편, 유럽의 방법론은 이미 훨씬 더 높은 단계에서 위기를 인식하고 **어떤** 심리학이 존재하는지, **얼마나 많은** 심리학이 존재하는지, **어떤** 결과가 가능한지 보여주었다. 그러나 이를 돌아보기 위해서는 심리학이 이미 생물학이 택한 길을 따르고 그 길의 끝에서 단순히 그것의 일부로 합류하게 될 것이라는 오해와는 완전히 결별해야 한다. 이런 식으로 생각한다는 것은 사회학이 인간과 동물의 생물학 사이에 개입하였으며, 콩트가 그랬듯 심리

학을 두 부분으로 쪼개서 두 개의 영역으로 나누었다는 사실을 보지 않음을 의미한다. **이 문제**에 답을 줄 수 있는 방식으로 위기 이론을 구축할 필요가 있다.

자바르쉬네바와 오시포프(2012: 73)는 러시아어 선집에서 소비에트 편집자에 의해서 콩트의 이름이 칸트로 수정되었다고 지적한다. 본문에서는 수기 원고대로 콩트로 표기했다.

● 진단에서의 위기

비고츠키는 세 가지 '여담'(감염, 염증, 회복)으로 다른 과학들의 침입적 접촉에 대한 심리학의 반응을 스케치했다. 이제 그는 이 접촉에 대한 마지막, 재생적 반응을 위기에 대한 긍정적 그림으로 전개해 간다.

다음 A)에서 그는 훗날 파이어아벤트와 쿤에 의해 널리 퍼진 아이디어 즉, 의류 패션의 변화처럼 방법론의 변화는 변덕이거나 지루함의 결과이지 사실에 의해 동기화된 것은 아니라는 아이디어를 일축한다.)에서 비고츠키는 위기가 심리학의 다양성, 새로운 과학의 활력과 창의성, 밝혀진 사실에 토대한 기본 원칙 확립의 중요성을 드러낸다는 랑게의 주장을 비판적으로 받아들인다. 동시에 그는 이러한 기본 원칙은 전제 조건이 아니라 심리학 사이의 투쟁 결과라고 주장한다. C)에서 바그너는 다소 모순적으로 심리학이 생물학의 일부이면서도 일부가 아니며 많은 심리학이 필요하기도 하고 불필요하기도 하다고 주장한다. 빈스방거는 이러한 투쟁의 결과는 새로운 사실의 발견이나 철학적 교리에 달린 것이 아니라 방법론에 달렸다고 설명한다. 비고츠키는 이것이 한편으로는 생물학과 심리학을 매개하고, 다른 한편으로는 부분적 심리학들을 통합하는 일반 심리학의 탄생을 의미한다고 덧붙인다.

비고츠키는 생물학과 심리학의 중요한 구분선은 인간과 다른 생물학적 형태 사이, 즉 생물학적으로 정의된 저차적 심리적 기능과 인간 문화와 인류 역사에 뿌리를 둔 고등한 심리적 기능 사이에 있다고 결론지었다. 다음 장에서 비고츠키는 이를 발전시켜 현재 심리학은 실제로 두 가지뿐이며 문화와 역사에 기반한 유물론적 심리학이 필요하고 충분하다는 주장으로 나아갈 것이다.

A. 위기는 치명적일지라도 심리학이 아직 살아 있고, 미완성이며, 계속 발달하고 있다는 증거이다(10-1). 그러나 비고츠키는 어떤 심리학자들은 이 증거를 거부한다고 지적한다(10-2). 다른 심리학자들은 그것을 수용하지만, 개인적으로 받아들일 뿐이다. 그들은 스스로와 다른 모든 이들 사이에 전선을 긋는다(10-2). 이러한 심리학자들은 적의 적은 친구라고 생각하는 경향이 있다(10-3). 비고츠키에 따르면 이것이 루리야와 프리드먼이 프로이트는 무의식적 마르크스주의자라고 말하는 이유이다(10-4). 또 다른 심리학자들은 두 개 이상의 진영이 있다는 것을 기꺼이 인정하면서도, 원인이나 결과에 대한 분석 없이 단순히 학파의 수를 세어 양적으로 평가한다. 비고츠키가 포르투갈로프 탓으로 돌린 이러한 관점은(10-7) 첫 번째 관점과 같이 비非방법론적이다. 그것은 과학적 관점의 변화가 유행의 변화에 지

나지 않는다고 말한다(10-8)

B. 비고츠키는 코르닐로프(10-9)와 프랑크프루트(10-10), 특히 랑게(10-12~10-17)의 의견에 동의한다. 이 관점에 따르면 과학의 발달은 논리적으로 자기-운동이며, 역사적으로는 분열과 연합으로 표현되었다. 그러나 분열과 연합의 논리적 분류는 그에 대한 역사적 설명이 아니다. 3장의 설명 원칙에서 보았듯이 설명을 위해서는 과학 밖으로 눈을 돌려야 하기 때문이다. 랑게(와 빈스방거)에 따르면 브렌타노는 단일 심리학을 요구하며 위기를 촉발하였다(1874). 그 원인은 밀, 베인, 스펜서와 같은 관념주의적 연합주의를 더 생물학적, 생리학적 형태의 심리학으로 대체한 것이었다(10-12). 랑게는 적의 적을 자신의 우군으로 여긴다. 프랑스 연합주의자 리보와 싸우면서 그는 독일 관념론자 후설과 연합한다(10-13). 그러나 비고츠키는 네 가지 지점에서 랑게에 동의한다.

i. 위기는 심리학이 하나의 공유된 개념과 범주 체계가 아닌 여러 공유 불가한 개념과 범주 체계를 가지고 있음을 드러냈다(10-14).

ii. 따라서 위기는 파괴적인 것이 아니라 창조적인 것이다(10-15).

iii. 그러나 근본 원리가 확립되기 전까지 진지한 연구는 불가능하다(10-16).

iv. 이 근본 원리는 단일 체계가 생겨나도록 해 줄 것이다. 그러나 비고츠키는, 공유된 체계는 랑게가 가정했듯이, 사전에 전제되어야 하는 공리가 아니라 아직 풀리지 않은 문제임을 지적한다(10-17).

C. 비고츠키는 대신 자연과학자로 심리적 과정을 측정하기 위해 열심히 노력한 에빙하우스의 관점을 고려한다. 에빙하우스는 심리학과 달리 다른 과학에는 토마스 쿤이 '패러다임'이라고 부르는 기본적 신념이 있다고 지적한다. 이는 과학의 해체 없이 매우 빠르게 변할 수 있다(10-18~10-19). 심리학 내에서의 투쟁은 단일 대상에 대한 서로 다른 견해 사이의 논쟁도 아니고 서로 다른 목표 사이의 논쟁도 아니다. 이는 완전히 다른 과학 간의 투쟁, 전체 학문 분야를 지배하기 위한 각각의 투쟁이다. 빈스방거에 따르면 이러한 투쟁은 사실이나 철학에 의해서 해결될 수 없고 오직 방법론, 즉 이론가와 실천가 모두가 협력하여 창안한 일반 심리학에 의해서만 해결될 수 있다. 이제 비고츠키는 논리적으로 많은 심리학이 필요하다고 말한 그의 오랜 친구이자 동료인 생물학자 바그너의 의견에 동의하지 않는다.

i. 바그너는 생물학 역시 다양한 과학(식물학과 동물학뿐만 아니라 각 과학 내에서 형태학, 분류학, 기술[記述]의 해부학)을 통해 기술적記述的으로 시작되었다고 말한다. 라마르크는 그들을 하나로 묶었고, 다윈은 그들의 통일성과 준안정성(즉, 끊임없는 변화에도 불구하고 어떻게 안정을 유지하는지)을 설명했다. 바그너는 심리학도 결국 생물학의 일부이기 때문에 심리학에서도 같은 일이 일어나야 한다고 주장한다(10-20~10-21).

비고츠키는 다음과 같이 지적한다.

a) 심리학이 정말로 생물학의 일부라면 새로운 라마르크나 새로운 다윈은 필요하지 않다(10-23).

b) 반면, 심리학이 생물학과 유사한 방식으로 생물학과 나란히 발전해야 한다면 그것은 생물학의 일부가 아니다(10-23).

c) 인간 생물학이 경제적 이해관계를 설명한다고 가정하는 바그너의 주장이 옳다면 생물학은 마르크스주의에 필요한 유일한 심리학을 제공한다.

D. 비고츠키는 결론을 내린다. 심리학은 라마르크와 다윈 이전에 보였던 분열이나 통합과 유사한 위기를 겪는 것이 아니다. 위기의 진단은 단순히 서로 다른 경험적 사실의 통합에 의존하는 것이 아니다. 서로 다른 형태와 해부학적 구조의 통일에 의존하는 것도 아니다. 위기는 더 근본적인 모순에 기인한다. 심리학을 일반 생물학의 창설과 똑같은 종류의 위기를 겪은 후발後發 생물학의 한 분야로 보는 것은 콩트(1835)가 생물학과 인문과학 사이에 놓았던 커다란 구분을 무시하는 것이다. 이 구분은 또한 동물심리학을 인간의 고등 심리 과정과 분리한다.

참고 문헌

Comte, A. (1835). *Cours de philosophie positive*, II(실증 철학 강의 2). Bachelier: Paris.

Feyerabend, P. (1975). *Against method: Outline of an anarchistic theory of knowledge*(방법에 대한 반대: 무정부주의적 지식 이론 개요). London: Verso Books.

Kuhn, T. S. (1969/1970). *The structure of scientific revolutions*(과학혁명의 구조). Chicago and London: University of Chicago.

제11장
두 개의 심리학

E. L. 키르히너(Ernst Ludwig Kirchner), 궁수들, 1935~1937.

궁수는 몇 명인가? 한편으로 세 명이 있는 것으로 보인다. 제목은 단수가 아니라 복수이다. 다른 한편으로 활은 하나뿐이다. 멀리서 보면 심리학의 연구 대상은 하나-인간 의식-로 보인다. 좀 더 가까이서 보면 의식을 숙달하기 위해 투쟁하는 두 개의 서로 다른 심리학이 보인다. 각각의 심리학 내에서 보면, 자연과학에 기반한 설명 경향과 인문과학에 기반한 이해 경향이라는, 동일한 투쟁을 발견하게 될 것이다. 한편으로, 키르히너는 갈색을 띤 '그림자'를 이용하여 인물의 근육 운동을 보여 준다. 다른 한편으로, 키르히너는 머리, 눈, 화살을 하나의 대상에 겨냥함으로써 의도성을 보여 준다. 아마도 여기에는 단일 인격 내에서 통합되고 있는 다양한 개인 간 역할이 있다.

11-1]　심리학의 실제 상태에 대해 모든 연구자의 눈을 가리고 있는 한 가지 사실이 있다. 이것은 그 구성의 경험주의적 성격이다. 그것을 실제로 있는 그대로 보기 위해서는 필름처럼, 과일 껍질처럼 심리학의 구성으로부터 그것을 제거할 필요가 있다. 대개 경험주의는 추가 분석 없이 믿음으로 수용되고, 심리학의 모든 다양성은 어떤 원리에 따라 구현된, 공통 토대를 갖는 과학적 통일성으로 해석되며, 모든 불일치는 이 통일성 내에서 일어나는 이차적인 것으로 이해된다. 그러나 이는 잘못된 생각이자 환상이다. 사실, 하다못해 **하나의** 일반 원칙이라도 갖는 과학으로서 경험주의 심리학은 존재하지 않으며, 그것을 창조하려는 시도는 경험주의 심리학만을 창조한다는 생각 자체의 패배와 파산으로 이어졌다. 자신의 고유성과 모순되는, 어떤 하나의 공통 특성에 따라 정신분석학, 반사학, 행동주의(의식-무의식, 주관주의-객관주의, 유심론-유물론)처럼 여러 심리학을 공통 괄호로 묶는 사람들은, 이 경험주의 심리학 **내부에서** 그것과 그것에서 떨어져 나간 가지 사이에서 일어나는 것과 **동일한** 과정이 일어난다는 것과, **이 가지들 자체**가 발달에서 더 **일반적인 경향**-이는 모든 과학의 공통 분야에서 작동하며, 따라서 그 안에서만 바르게 이해될 수 있다-에 종속된다는 것을 보지 않는다. 괄호 안에 **모든 심리학**이 위치한다. 현대 심리학의 **경험주의**란 과연 무엇인

가? 무엇보다, 이 개념은 역사적 기원과 방법론적 의미 모두에서 **순수하게 부정적**이며, 그 하나만으로 아무것도 통일할 수 없다. 경험주의적이라는 것은 무엇보다, '영혼 없는 심리학'(랑게), 어떤 형이상학도 없는 심리학(브베덴스키), 경험에 기반한 심리학(회프딩)을 의미한다. 이 또한 **본질적으로** 부정적인 정의라는 것은 설명할 필요가 거의 없다. 그것은 심리학이 **무엇을 다루는지**, 그 긍정적 의미는 무엇인지 아무것도 말하지 않는다.

11-2] 그러나 이 부정적 정의의 객관적 의미는 과거와 현재가 전혀 다르다. 과거에는 아무것도 숨기지 않았다. 과학의 임무는 **무언가로부터의** 해방이었고, 용어는 이를 위한 강령이었다. 이제 그것은 (각 저자가 자신의 과학에 도입한) 긍정적 정의와 과학에서 일어나는 실제 과정을 **숨긴다**. 본질적으로 그것은 일시적 강령에 지나지 않는다. 이제 심리학에 붙는 '경험적'이라는 용어는 특정한 철학적 원리 선택을 거부하고, 스스로의 최종 전제를 명확히 하거나 자신의 과학적 본성을 인식하는 것을 거부함을 의미한다. 이런 거부에는 역사적 의미와 이유가 있지만-아래에서 자세하게 설명하겠다- 그것은 본질적으로 과학의 본성에 관해서는 아무 말도 하지 않고 숨긴다. 칸트주의자 브베덴스키가 이것을 가장 명확하게 표현했지만, 모든 경험주의자는 그의 공식에 동의할 것이다. 특히, 회프딩도 동일하게 말한다. 모두 다소 같은 방향으로 기운다. 브베덴스키는 관념론적 균형추를 제공한다. **"심리학은 자신의 모든 결론이 유물론이나 유심론에 모두 똑같이 수용되고 강제되도록 정신물리적 일원론을 통해 그것을 공식화해야 한다"**(A. И. 브베덴스키, 1917, p. 3).

11-3] 이미 이 공식에서 경험주의가 자신의 **불가능성**을 즉시 드러내는 방식으로 자신의 과업을 공식화한다는 것을 분명히 볼 수 있다. 사실, 경험주의, 즉 기본 전제에 대한 완전한 거부에 근거하는 것은 논리적으로 불가능하고 역사적으로 그러한 과학적 지식은 없었다. 심리학

이 이 정의를 통해 스스로와 비견하고자 하는 자연과학은 그 본성상, 왜곡되지 않은 본질상 항상 **저절로 유물론적**이다. 물론 모든 심리학자는 모든 인간의 실천과 마찬가지로 자연과학이 물질과 정신의 본질에 대한 문제를 해결하는 것이 아니라, 그에 대한 규정된 해결책 즉, 객관적으로 우리 외부에 규칙적으로 존재하고 인식할 수 있는 현실이라는 전제로부터 출발한다는 데 동의한다. 그리고 이것은 В. И. 레닌이 반복해서 지적했듯이 유물론의 **본질**이다(『**레닌 선집**』, vol. 18, p. 149 등). 과학으로서 자연과학의 존재는 우리의 경험에서 주관적인 것과 객관적이고 독립적으로 존재하는 것을 분리할 수 있는 능력에 기인하며, 이는 관념론적으로 생각하는 자연과학 속 개별 철학적 해석이나 전체 학파와 모순되지 않는다. 과학으로서의 자연과학은 그 운반체(학파-K)에 관계 없이 그 자체로 유물론적이다. 똑같이 저절로, 그 운반체의 다양한 아이디어와는 무관하게 심리학은 관념론적 개념에서 시작되었다.

11-4] 실제로 심리학에는 경험적 체계는 **하나도 없으며**, 모두가 경험주의를 뛰어넘는다. 이는 다음과 같이 이해할 수 있다. 순전히 부정적인 생각에서 추론할 수 있는 것은 없다. 브베덴스키가 말하듯 '금욕'에서는 아무것도 태어날 수 없다. 실제로, 모든 체계는 결론에서 뒤엉켜 있고 형이상학에 뿌리를 둔다. 첫 번째는 유아론唯我論을 주장한 브데벤스키 자신으로, 이는 극단적인 관념론의 표현이었다.

11-5] 정신분석학은 공개적으로 형이상학에 대해 언급한다. 반면에 영혼을 배제한 모든 심리학은 자신들의 영혼을, 모든 형이상학을 배제한 심리학은 자신들의 형이상학을 암묵적으로 갖고 있었다. 경험심리학에는 비경험적 심리학이 포함되어 있다. 간단히 말하자면 모든 심리학에는 고유의 메타심리학이 있다는 것이다. 그들이 이를 인식하지 못했을 수는 있으나 그렇다고 해서 사태가 변하는 것은 아니다. 첼파노프는 오늘날 논쟁에서 누구보다 '경험적'이라는 단어 뒤에 숨어, 자신의 과

학을 철학 분야에서 분리하고 싶어 하지만, 그것이 철학적 '상부구조'와 '하부구조'를 가져야 함을 발견한다. **심리학 연구 전에** 고려해야 할 철학적 개념이 있다는 것이 밝혀졌고, 그는 심리학 이전의 연구를 하부구조라고 지칭한다. 이를 통해서만 경험적 심리학이 구축될 수 있다(첼파노프, 1924). 이것이 그가 바로 다음 페이지에서 심리학이 모든 철학으로부터 자유로워야 한다고 말하는 것을 막지는 못한다. 그러나 결론에서 그는 바로 이러한 **방법론적 문제가 현대 심리학의 당면한 문제**임을 다시 한번 인정한다.

> 맨 아래 계층, 인프라는 노동자("우리는 모두를 먹이고 모두를 위해 일한다"), 두 번째 계층은 중산층("우리는 당신을 위해 먹는다"), 세 번째 계층은 군인("우리는 당신을 쏘아 죽인다"), 네 번째는 사제("우리는 당신을 속인다"), 다섯 번째는 왕과 자본가("우리는 당신들을 통치한다")이다.
>
> 비고츠키가 이 문단에서 언급하는 '상부구조'와 '하부구조'는 비유이다. 마르크스는 『정치경제학 비판』에서 생산관계(생산자와 다른 모든 사람 사이의 경제적 관계)가 사회의 하부구조라고 말한다. 마르크스는 다양한 형태의 의식(예술, 법학, 과학, 종교, 정치, 교육, 심지어 철학)을 사회의 상부구조라고 부른다. 전자는 후자를 유지(또한 부차적으로 형성하기도 함)하고 후자는 전자를 형성(또한 부차적으로 유지하기도 함)한다. 하부구조는 별다른 상부구조 없이도 존재할 수 있지만, 상부구조는 최종 분석에서 하부구조에 의존한다는 점을 유의하자.
>
> 그러나 의식의 형태 안에는 하부구조에 더 가까운 관계도 있고 상부구조에 더 가까운 관계도 있다. 예를 들어, 예술에는 미학적 관계 뿐 아니라 경제적 관계도 있다(예술가는 비평가뿐만 아니라 시장과도 관계를 맺는다). 심리학도 마찬가지다. 비고츠키에게 철학은-심리학이 유물론적 자연과학이든 관념론적 인문학이든- 심리학의 하부구조인 반면, 정신분석학, 게슈탈트, 반사학 등 다양한 학파는 심리학의 상부구조를 구성한다.

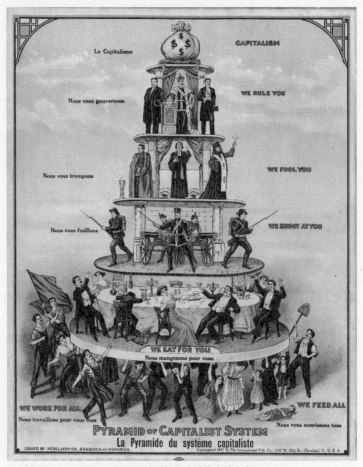

N. 라호프(Nikolai Lakhov), 1911년 자본주의 체제의 파라미드.

11-6] 경험적 심리학의 개념에서 부정적 특성만 배울 수 있다고 생각하는 것은 잘못일 것이다. 그것은 이 이름 뒤에 숨은, 과학의 긍정적 과정에 대한 지침 또한 포함하고 있기 때문이다. '경험적'이라는 단어로 심리학은 일련의 자연과학 안에 자신을 포함시키고 싶어 한다. 여기서는 모두 동의한다. 하지만 이것은 매우 명확한 개념이며, 심리학에 적용했을 때 어떤 의미가 있는지 살펴볼 필요가 있다. T. 리보는 그의 백과

사전 서문에서 (랑게와 바그너가 말한 합의와 통일을 영웅적으로 구현하려 노력하면서, 따라서 이는 모두 불가능함을 입증하면서) 심리학은 생물학의 일부이고, 유물론적이거나 영적이지 않으며, 그렇지 않다면 과학이라 불릴 자격을 잃게 될 것이라고 말한다. 그것은 생물학의 다른 부분들과 무엇이 다른가? 물리적 현상이 아닌 spirituels(영적-K) 현상을 다룬다는 점**만**이 다르다(1923).

> 본문에서 인용하는 리보의 출처는 다음과 같다.
> Ribot, T. Preface. *Traite de psychologie*, vol. 1 (ed. G. Dumas). vol. 1, p. ix.
> 랑게와 바그너 모두 철학적으로 중립인 심리학을 희망했고 둘 중 누구도 이에 도달하지 못하였다.

11-7] 이 얼마나 사소한가! 심리학은 자연과학이 되길 원했지만, 자연과학이 다루는 것과 완전히 다른 본성을 가진 것들에 관한 것이었다. 하지만 과학의 성격을 결정하는 것은 연구되는 현상의 본성이 아니던가? 역사학, 논리학, 기하학, 연극의 역사가 자연과학적으로 가능하기는 한 것인가? 그리고 심리학이 물리학, 광물학 등과 같은 경험주의 과학이어야 한다고 주장하면서, 첼파노프는, 당연히, 이것으로 파블로프에 합류하지 않고, 연구자들이 심리학을 실제 자연과학으로 실현하려고 할 때 즉각 외치기 시작한다. 그는 이러한 (다른 과학과 심리학의-K) 결합에서 무엇에 관하여 침묵하는가? 그는 심리학이 1) 물리학적 현상과 절대적으로 다른 본성을 가진 현상에 대한, 2) 자연과학의 대상과 완전히 다른 방식으로 인식할 수 있는, 자연과학이 되길 원한다. 질문해 보자. 다른 대상과 다른 인식 방법에도 불구하고, 자연과학과 심리학의 공통점이 될 수 있는 것은 무엇인가? 브베덴스키는 심리학의 경험

주의적 성격의 의의를 설명하면서 말한다. "따라서 현대 심리학은 자신을 정신 **현상에 대한 자연과학 또는 정신 현상의 자연사**로, 되풀이하여 특징짓는다"(A. И. 브베덴스키, 1917, p. 3). 그러나 이는 심리학이 비자연적 현상에 대한 자연과학이 되길 원한다는 것을 의미한다. 그것은 자연과학과 순전히 부정적인 특징—형이상학에 대한 거부—을 공통점으로 갖지만, **긍정적인** 공통점은 하나도 없다.

11-8] 제임스는 여기서 문제가 무엇인지 훌륭하게 설명했다. 심리학은 자연과학으로 제시되어야 한다는 것이 그의 주요 테제이다. 그리고 제임스만큼 심리의 '비非자연과학적' 본성을 증명하기 위해 그렇게 많은 일을 한 사람은 없다. 그는 다음과 같이 설명한다. 모든 과학은 특정 전제를 신앙으로 취한다. 자연과학은 유물론적 전제에서—비록 더 심도 있는 분석은 관념론으로 이끌지만— 시작한다. 심리학도 마찬가지다. 그것은 다른 전제들을 받아들인다. 따라서 그것은 특정 전제를 무비판적으로 믿는다는 점에서만 자연과학과 유사하며, 전제 자체는 그와 반대이다.

11-9] 리보에 따르면 이러한 경향은 19세기 심리학의 주된 특징이다. 이와 함께 그는 심리학에 고유의 원칙과 방법론(A. 콩트는 이를 거부하였다)을 부여하려는 갈망과 심리학과 생물학의 관계를 생물학과 물리학의 관계처럼 정립하고자 하는 갈망을 거론한다. 그러나 사실 저자는 심리학이라고 불리는 것이 목적과 방법론에서 매우 다른 여러 연구 범주를 포함하고 있다는 것을 인정한다. 그런데도 저자가 심리학 체계를 탄생시키고자, 심리학 속에 파블로프와 베르그손을 포함하고자 했을 때 이들은 이 과업이 실현 불가능한 것임을 보여 주었다. 뒤마는 다음과 같이 결론짓는다. 25명의 저자의 통일성은 존재론적 사변을 **거부한다**는 사실로만 이루어진다(1924).

11-10] 이 관점이 어디로 이끄는지 추측하기는 쉽다. 존재론적 사

변에 대한 거부, 즉 경험주의는-**일관되게 이어진다면**- 체계 구축에서 **방법론적-구성 원칙**에의 거부, 절충주의로 이어진다. **일관성이 결여**되는 한 그것은 숨겨지고 무비판적이며 혼란스러운 방법론으로 이어진다. 프랑스 저자들은 두 가지를 모두 훌륭하게 보여 주었다. 파블로프의 반응심리학은 내관심리학과 마찬가지로-다만 책의 다른 장에서-수용될 수 있는 것이었다. 저자들은 자신들의 사전에서조차 사실을 기술하고 문제를 제기하는 방식에서 연합주의, 합리주의, 베르그손주의, 종합주의의 경향을 지니고 있다. 어떤 장에서는 베르그손적 개념이 적용되고 다른 장에서는 연합주의와 원자론의 언어가, 또 다른 장에서는 행동주의의 언어가 적용된다는 점이 추가로 설명된다. 개론(Traité de Psychologie, 심리학 개론-K)은 당파적이지 않고 객관적이며 완전하기를 원한다. 뒤마는 요약한다. 비록 그것이 항상 성공하지는 못했더라도, 의견의 차이는 지적 능동성을 나타내며 결국 이와 같은 측면에서 이 책은 자신의 시대와 국가를 대표한다(같은 책). 바로 이것은 진실이다.

11-11] 의견의 차이-우리는 이것이 얼마나 큰지 보았다-는 심리학이 한편으로는 생물학의 일부이고(즉, 생물학의 종속 분야이며-K) 다른 한편으로는 생물학 자체가 물리학에 관련되어 있는 것처럼(즉, 독립적인 과학으로서-K) 생물학과 관련되어 있는 것으로 보는 『심리학 개론 Traité de Psychologi』의 치명적인 이중성을 말하지 않고도, 오늘날 (철학적으로-K) 비당파적인 심리학이 불가능하다는 것을 우리에게 확신시켜 줄 뿐이다.

11-12] 이처럼 경험주의 심리학의 개념에는 해결할 수 없는 방법론적 모순이 들어 있다. 이것은 비자연적 사물에 대한 자연과학이다. 이는 자연과학의 방법을 통해 그것과 정반대되는 지식 체계를 발달시키는, 즉 정반대되는 전제에서 비롯되는 경향이다. 이것은 경험주의 심리학의 방법론적 구성에 파멸적 영향을 미치고 그 골격을 파괴했다.

11-13] 자연과학적, 유물론적 심리학과 유심론적 심리학의 **두 가지 심리학이 있다.** 이 테제는 **많은** 심리학이 존재한다는 테제보다 위기의 의미를 더 정확하게 표현한다. 바로 **두** 심리학, 두 개의 상이하고 모순되는 과학 유형, 두 개의 원칙적으로 다른 지식 체계 구조가 존재한다. 그 밖의 모든 것은 견해, 학파, 가설의 차이이다. 이들은 부분적이고 너무 복잡하며, 뒤엉키고 뒤섞여 있으며, 맹목적이고 혼란스러운 연결로, 때로는 이해하기가 매우 어렵다. 그러나 실제로, 투쟁은 모든 대립하는 흐름의 배후에서 작동하는 두 경향 사이에서만 발생한다.

11-14] 이것이 그렇다는 것, 위기의 의미는 많은 심리학이 아닌 두 심리학이 표현한다는 것, 그 밖의 모든 것은 이 두 심리학 각각의 **내부**의 투쟁, 완전히 다른 의미와 다른 활동 분야를 갖는 투쟁이라는 것, 일반 심리학의 창조는 합의가 아니라 단절의 문제라는 것-방법론은 오래전부터 이를 인식해 왔고, 여기에 **아무도 이의를 제기하지 않는다.** (이 테제와 K. H. 코르닐로프의 세 가지 방향의 **차이는 위기의 의미의 전 범위에 걸쳐 있다.** 1) 유물론적 심리학과 반사학의 개념은 (그에게) 일치하지 않는다. 2) 경험주의 심리학과 관념론적 심리학의 개념은 (그에게) 일치하지 않는다. 3) 마르크스주의 심리학의 역할에 대한 평가는 일치하지 않는다.) 결국, 여기서 논의는 여러 구체적 흐름 간의 투쟁과 그들 내부에서 나타나는 두 경향에 관한 것이다. 일반 심리학의 창조가, 경쟁하는 두 심리학에 대한 제3의 심리학이 아니라 둘 중 하나일 것이라는 데 이의를 제기할 사람은 아무도 없다.

> 코르닐로프는 비고츠키의 친구, 멘토, 직속 상사였다. 그러나 그는 'Kultürtrager', 즉 폴리페서였다. 코르닐로프는 작가 막심 고리키(Максим Горький)가 이끄는, 볼셰비키와 멘셰비키 사이의 작은 정당에 속해 있었고, 이 글이 쓰였던 1927년 무렵 비고츠키는 이미 연구소와 심리학을 정치화하려는 코르닐로프의 시도에 대해 비판적 시각을 띠

기 시작했다.

코르닐로프는 심리학의 위기에 세 가지 '방향'이 있다고 생각하며, 이 셋은 모두 코르닐로프와 고리키가 정치에서 관념론적 사회민주주의와 유물론적 마르크스주의 사이에 취하고 있었던 중간적 입장을 시사한다. 첫째, 코르닐로프는 유물론적 심리학과 반사학(그는 '반응학'이라고 불렀음)이 통합을 향해 나아가고 있다고 주장한다. 비고츠키는 이에 동의하지 않는다. 그는 유물론적 심리학이 단순히 '아래로부터' 구축될 수 없고 '위로부터'의 개념(예를 들어 계급심리, 문화, 그리고 언어)을 포함해야 한다고 본다. 이것은 마르크스의 계급, 문화, 경제에 대한 이해가 유물론적이었던 것과 같은 의미에서 여전히 유물론적일 것이다. 둘째, 코르닐로프는 경험주의적 심리학과 관념론적 심리학도 통합될 것이라고 주장한다. 그러나 비고츠키는 동의하지 않는다. 심리학을 경험적 데이터의 토대 위에 세우려는 욕구는 심리학을 관념론적 과학이 아닌 유물론적 과학으로 만들 수 있다고 보기 때문이다. 셋째, 코르닐로프는 자신의 반사학이 통합된 마르크스주의 심리학이 될 것이라고 믿지만 비고츠키는 이에 동의하지 않는다. 왜냐하면 그는 명목이 아닌, 유물론적이고 역사적이라는 의미에서 마르크스주의적인 일반 심리학을 추구하기 때문이다. 전투적 유물론자인 비고츠키는 어떤 면에서는 전투적 관념론자 뮌스터베르크에 더 가깝다. 적어도 뮌스터버그는 일반 심리학이 유물론과 관념론의 혼합이 아닐 것이라는 점은 명확히 인식하고 있다.

아이러니하게도, 비고츠키는 공개적으로 코르닐로프를 공격하지 않았으나 '대통합자' 코르닐로프는 비고츠키를 공개적으로 공격하였다. 비고츠키의 비판은 출판을 위한 원고가 아니라 사적인 기록에서 행해지고 있기 때문에 우리는 여기서 비고츠키가 실제로 생각하는 것이 무엇인지를 확인할 수 있다. 이 책이 때때로 매우 읽기 어려운 것은 당연하다. 이 책은 기록된 내적 말의 주목할 만한 사례이다.

11-15] 경험주의 개념은, 자의식 이론이 연구를 가능하도록 하기 위

해 해결해야 하는 방법론적 갈등을 그 속에 포함한다-이 생각은 뮌스터베르크에 의해 일반에 알려졌다. 그는 주요 방법론적 저작에서 다음과 같이 선언한다. 이 책은 전투적인 책이 되려는 희망과, 자연주의에 맞서 관념론을 옹호함을 숨기지 않는다. 이 책은 심리학에서 관념론의 무한한 권리를 보장하고자 한다(H. 뮌스터베르크, 1922). 그는 경험심리학의 이론적-인식론적 토대를 마련하면서, 이것이 우리 시대의 심리학이 다다르지 못한 가장 중요한 점이라고 선언한다. 심리학에서 기본 개념은 무작위로 조합되었고, 논리적 인식 방법은 본능에 맡겨졌다. 뮌스터베르크의 테마는 J. G. 피히테의 윤리적 관념론과 우리 시대 생리심리학의 종합이다. 왜냐하면 관념론의 승리는 경험적 연구와의 분리에 있는 것이 아니라 자신의 영역 내에서 그것(경험적 연구-K)의 자리를 찾는 데 있기 때문이다. 뮌스터베르크는 자연주의와 관념론이 화해할 수 없음을 보였다. 바로 이 때문에 그는 전투적 관념론에 관한 책을 논했고, 일반 심리학(및 그 용기와 위태로움)에 대해 논했으며, 합의와 통합에 대해 논하지 않았던 것이다. 그리고 뮌스터베르크는 심리학은 이상 상태에 처해 있고, 우리가 그 어느 때보다 심리학적 사실을 많이 알고 있지만, 실제 심리학이 무엇인지에 관해서는 훨씬 더 적게 안다고 주장하며, 두 과학의 존재 요건을 명확하게 공식화한다.

11-16] 외적 방법이 통일성을 가진다고 해서 이것이 서로 다른 심리학자가 완전히 다른 심리학에 관해 이야기하고 있다는 사실을 가릴 수는 없다. 이러한 내적 혼란은 다음과 같은 방식으로만 이해되고 극복될 수 있다. "우리 시대의 심리학은 한 가지 유형의 심리학만이 존재한다는 편견과 싸우고 있다. … 심리학의 개념에는 완전히 다른 두 가지 과학적 과제가 포함되어 있다. 이 과제는 근본적으로 구별되어야 하며 이 과제의 해결을 위해서는 고유한 명칭을 사용하는 것이 가장 좋다. 실제로는 두 가지 종류의 심리학이 있다"(같은 책, p. 7). 현대 과학은

두 과학을 상상의 통일체로 혼합하는 모든 종류의 형태와 유형을 제시한다. 과학의 공통성—이것이 그들의 목적이지만, 이것은 과학 자체에 대해서 어떤 것도 말해 주지 않는다. 지질학, 지리학, 농업학은 모두 지구를 연구한다. 그러나 구성, 과학적 지식의 원리는 각자 다르다. 기술記述을 통해 우리는 심리를 원인과 작용의 사슬로 전환할 수 있으며 그것(심리-K)을 객관적, 주관적으로 요소의 조합으로 제시할 수 있다. 이 두 이해를 끝까지 밀고 나가, 그에 과학적 형태를 부여한다면 우리는 두 개의 '근본적으로 다른 이론적 분야'를 갖게 될 것이다. "하나는 인과적 심리학이고 다른 하나는 목적론적, 의도적 심리학이다"(같은 책, p. 9).

11-17] 두 심리학의 존재는 너무 분명해서 모두가 이를 받아들인다. 이견은 각 과학의 정확한 정의에서만 나타나며, 일부는 특정 색채를 강조하고 일부는 다른 색채를 강조한다. 이 모든 변동을 추적하는 것은 매우 흥미로울 것이다. 이들 각각은 두 극단을 향해 돌파해 나가는 어떤 객관적 경향을 증언하기 때문이다. 그러나 관점 차이의 규모와 범위는 두 유형의 과학이, 하나의 고치 속에 있는 두 나비처럼, 여전히 미분화된 경향의 형태로 존재한다는 것을 보여 준다.

11-18] 그러나 지금 우리가 관심 있는 것은 관점 차이가 아니라 그 이면에 숨어 있는 공통성이다.

11-19] 우리는 다음의 두 문제에 당면하고 있다. 두 과학의 공통점은 무엇이며, **경험주의가 자연주의와 관념론으로 분리**된 까닭은 무엇인가?

11-20] 바로 이 두 요소가 두 과학의 토대에 놓여 있으며, 따라서 하나는 자연과학적 심리학이고 다른 하나는 관념론적 심리학(다른 저자들이 이들을 무엇이라고 부르든 간에)이라는 사실에 **모두가 동의한다.** 뮌스터베르크를 따라 모든 이가 이들의 차이를, 재료나 대상이 아닌 인식 방법과 원칙에서 즉, 다른 모든 현상에서와 원칙적으로 같은 뜻에서

(심리적-K) 현상을 인과의 범주에서 이해하는지, 아니면 현상을 목적
지향적이며 모든 물질적 연결과 괴리된 영적 활동으로, 내포적으로 이
해하는지에서 본다. 설명적 과학과 기술적 과학을 나누어 명명한 딜타
이는 이러한 분기가 심리학을 합리적 심리학과 경험적 심리학으로 나눈
Ch. 볼프로 즉, 경험적 심리학의 최초 탄생으로 거슬러 올라간다고 본
다. 그는 분기가 과학의 전체 발달 과정에서 끝나지 않았고 I. 헤르바르
트 학파(1849)와 T. 바이츠의 연구에서 다시 완전히 인식됨을 보여 준
다(W. 딜타이, 1924). 설명적 심리학의 방법은 자연과학의 방법과 완전히
동일하다. 설명적 심리학의 공리-물리적 현상이 없는 그 어떤 심리적
현상도 없다-는 독립적 과학으로서 자신의 파산을 이끌었고 그 사업
은 생리학의 손에 넘어간다(같은 책). 기술적 심리학과 설명적 심리학은
자연과학에서의 분류와 설명-빈스방거에 따르면 두 개의 기본 부분-
과 같은 의미를 갖지 않는다.

*T. 바이츠(Theodor Waitz, 1821~1864)는 인
류학적 심리학자로 지루함에 대한 연구로 오늘
날 가장 널리 알려져 있다(그에 따르면 지루함은 기
대에 대한 좌절에 기인하므로 교실에서 학생들이 지루
해하는 것은 내용이 너무 쉽다기보다는 어렵기 때문이
다). 그는 또한 피히테, 쉘링, 심지어 헤겔의 비판
자이기도 했는데 이는 그가 철학을 일종의 전前
과학적 심리학으로 간주했기 때문이다. 따라서 심리학들 사이 차이는
철학적 차이가 아니다-이 차이는 이원론 대 일원론도, 유물론 대 관
념론도 아니다. 거꾸로 철학들 사이 차이가 심리학적인 차이이다. 분트
가 주장했듯 유물론과 관념론의 차이는 인식론에 있다. 분트는 지각
은 지각을 통해 연구할 수 있으므로 실험실에서 연구할 수 있지만, 고
등하고 문화적인 심리 기능은 현장에서 인류학이나 사회학을 연구함
으로써만 접근 가능하다고 본다. 존재론적이 아닌 인식론적 차이는 딜

타이가 주장했듯 '설명심리학'과 '기술심리학' 구분의 진정한 근원이다. 바이츠는 '자연과 가까이 사는 사람들'을 위한 6권의 심리학 저서의 저자로도 잘 알려져 있다.

11-21] 현대 심리학-이는 영혼 없는, 영혼에 대한 학설이다-은 내적으로 모순되며, 두 부분으로 나누어진다. 기술적 심리학은 설명이 아니라 기술하고 이해하려 노력한다. 시인이, 특히 셰익스피어가 심상으로 제시한 것을 그것(심리학-K)은 개념적 분석 대상으로 삼는다. 설명적, 자연과학적 심리학은 영혼에 대한 과학의 토대에 놓일 수 없으며, 그것은 결정론적인 형법을 입안하고 자유가 차지할 자리를 남겨두지 않는다. 그것은 문화의 문제와 공존하지 않는다. 반대로 기술심리학은 "수학이 자연과학의 토대이듯이 영혼에 대한 과학의 토대가 될 것이다"(W. 딜타이, 1924, p. 66).

*W. 딜타이(Wilhelm Dilthey, 1833~1911)는 철학 분야의 쿠노 피셔, 언어학 분야의 야코프 그림(그림동화의 저자), 프란츠 보프의 제자였다. 그의 제자 중 심리학 분야에는 E. 슈프랑거에게, 철학 분야에는 가다머와 하이데거에게 큰 영향을 미쳤다. 헤겔이 사망하고 몇 년 뒤 태어난 그는 결국 헤겔의 뒤를 이어 베를린대학교에서 교수직을 맡았다. 그는 사상사학자였는데, 과학을 자연과학과 인문과학으로 나눈 콩트의 생각을 강력하게 지지하고 전자를 설명적으로 후자를 해석/분석적 과학으로 칭했지만 콩트의 실증주의를 공유하지는 않았다.

설명과학이 형법을 입안한다는 딜타이의 말은 자연과학의 법칙이 물질의 행동을 제약하고 제한하며 그것을 정확하게 예측할 수 있다는 의미이다. 그러나 해석적 과학에서 이것은 자유 의지와 자유 선택으로 인해 불가능하다. 설명적 과학이 문화의 문제와 공존하지 않는다는 것은, 한 사회가 다음 사회를 설명하지 않으므로 인간 발전과 인간 진보는 생물학적 성장과 진화의 의미에서 불가능하다는 의미이다.

11-22] G. 스타우트는 분석심리학을 자연과학이라 부르는 것을 단호히 거부한다. 그것은 그 영역이 사실, 실제, 존재하는 것이지 규범이나 당위가 아니라는 의미에서 실증과학이다. 그것은 수학, 자연철학, 지식론과 같은 수준에 있다. 그러나 그것은 물리적 과학이 아니다. 정신적인 것과 물리적인 것 사이에는 그 상호 관계를 파악하는 것이 불가능한 심연이 있다. 물질에 관한 어떤 과학도, 화학과 물리학이 생물학과 갖는 것과 동일한 관계, 즉 (한편은-K) 더 일반적이고 (한편은-K) 더 구체적이지만, 근본적으로 균일한 원리를 갖는 그런 관계를 심리학과 갖지 않는다(G. 스타우트, 1923).

*G. F. 스타우트(George Frederick Stout, 1860 ~1944)는 제임스 워드(반反연합주의 심리학자)의 제자였고, 심리학자라기보다는 철학자였던 G. E. 무어와 버트런드 러셀의 스승이었다. 워드처럼 스타우트는 심리학에서 종합적이라기보다는 분석적이었고, 무어와 러셀처럼 논리학에 관심이 컸는데, 아동 발달을 논리의 발달로 보는 그의 아이디어를 나중에 J. 피아제가 채택했다.

비고츠키는 스타우트의 말을 간접 인용할 뿐 그의 말에 동의한 것이 아니라는 점에 유의하자. 비고츠키는 서로 매우 다르고 궁극적으로 양립할 수 없는 두 심리학이 있다는 데 동의하지만, 화학과 물리학의 관계처럼 심리학과 관계를 맺는 물질과학(예, 신경과학)이 적어도 하나 이상 존재한다는 것을 이미 알고 있다. 비고츠키는 사회학과 심리학의 관계도 동일한 유물론적 방식으로 사유될 수 있다고도 말할 것이다.

11-23] L. 빈스방거는 **모든** 방법론적 문제가 나누어지게 된 밑바탕에 자연과학적, 비자연과학적 심리학이 있다고 본다. 그는 두 개의 다른 심리학의 근원에 무엇이 있는지 직접적이고 명확하게 설명한다. 지그바르트를 인용하면서 그는 자연과학적 심리학에 대항한 투쟁을 분열의 근원이라고 부른다. 이는 우리를 체험의 현상학으로, 후설의 순수한 논리의 토대로, 경험적인, 그러나 비자연과학적인 심리학으로 이끈다(A. 펜더, K. 야스퍼스).

*빈스방거는 하인리히 폰 지그바르트가 아니라 그의 아들 크리스토프 폰 지그바르트(1830~1904)를 언급하고 있다. 그러나 두 사람은 모두 철학자이자 논리학자로, 둘 다 데카르트의 합리론을 거부하고 경험론을 포용했다. 비고츠키는 여기서 경험론의 절충주의에 대해서도 비판적인 태도를 보인다.

크로스토프 폰 지그바르트

*A. 펜더(Alexander Pfänder, 1870~1941)는 인간을 신체, 영혼, 마음의 '삼위일체'로 설명한 관념주의 심리학자로, 마음을 신체에서 자기 자신으로 돌아가는 영혼으로 설명했다. K. 야스퍼스(Karl Jaspers, 1883~1969)는 (인격 상실보다는) 정체성 추구의 관점에서 정신병리학을 설명하려고 한 실존주의 철학자였다. 두 사람 모두 현상학자였다. 즉 그들은 심리학의 대상은 단지 매개되지 않은 경험이라는 후설의 생각을 수용했다. 비고츠키가 이 관점을 거부하는 이유를 알기는 어렵지 않다. 비고츠키는 심리적 현상을 연구하기 위해 대상을 확대할 뿐인 '현미경'이 아

닌 대상의 특정 측면을 매개하여 해석하는 '온도계'를 찾고 있다.

알렉산터 펜더(왼쪽)와 칼 야스퍼스(오른쪽).

11-24] 블로일러는 반대쪽 관점을 취한다. 그는 심리학이 자연과학이 아니라는 분트의 개념을 거부하고 리케르트를 따라 그것을 일반화 과학이라고 부르지만, 그가 염두에 둔 것은 딜타이가 설명적 혹은 구조적 과학이라고 칭한 것이었다.

*E. 블로일러(Eugen Bleuler, 1857~1939)는 장 마르탱 샤르코의 제자이자 카를 융의 스승이었다. 그는 정신분열증(조현병), 도덕 백치(옳고 그름을 구분하지 못하는 상태), 심층심리학(의식 아래 정신 상태에 접근하려는 프로이트적 접근 방식)을 명명했다. 하지만 프로이트와 달리 그는 유물론자이자 자연과학자였다. 비고츠키는 유년기의 사실주의에 대해 그를 긍정적으로 인용한다. 블로일러는 또한 정신분열증과 자폐증은 순전히 신체적 원인으로 유전된다고 믿었다. 이 때문에 그는 치료 시도를 계속하였으나 그가 실험에 더 관심이 있었다는 증거들이 남아 있다. 그의 환자 중 상당수는 불임 시술을 받았다. 그는 정신 질환이 유전된다고 생각했기에 환자들이 자녀를 갖지 않기를 바랐다. 그의 환자 중 일부는 더 나아가 자살에 이르렀다.

11-25] 이제 우리는 자연과학으로서 심리학이 **어떻게** 가능한지, 어떤 개념의 도움으로 심리학이 구성될 수 있는지에 관한 본질적 질문은 고려하지 않을 것이다. 이는 모두 **단일** 심리학 **내부**의 논쟁이며, 우리 연구의 다음 부분에서 다룰 긍정적 서술의 대상이다. 또, 심리학이 정확한 의미에서 실제로 자연과학인지에 대한 또 다른 질문도 열린 채로 남겨둔다. 우리는 이러한 유형의 지식의 유물론적 성격을 가장 명확히 지칭하기 위해 유럽 저자들이 그랬던 것처럼 이 단어를 사용할 것이다. 서유럽 심리학은 사회심리학의 문제를 모르거나 거의 무시하기 때문에 그들에게 이러한 유형의 지식은 자연과학과 일치한다. 심리학이 유물론

적 과학이 될 수 있음을 보여 주는 것은 여전히 전문적이고 매우 심오한 문제이다. 그러나 그것은 심리학 위기의 의미 문제 전체에 포함되지는 않는다.

11-26] 러시아 저자 중 심리학에 대해 어느 정도 진지한 저술을 한 이들은 거의 모두, 당연히 풍문으로 들은 이 구분을 수용한다. 이는 이 아이디어가 유럽 심리학에서 얼마나 광범위하게 수용되는지를 보여 준다. 랑게는 심리학과 자연과학을 연관 지을 때 (한편으로-K) 빈델반트, 리케르트와 (다른 한편으로-K) 분트, 딜타이를 언급하면서 후자의 편에 서서 두 과정을 구분하는 경향을 보인다(H. H. 랑게, 1914). 그가 P. 나토르프를 관념론적 심리학 이해의 대표자라고 비판하며 그를 진정한 혹은 생물학적 이해와 대비하는 것은 주목할 만하다. 그러나 뮌스터베르크의 증언에 따르면 나토르프는 그(랑게-K) 자신이 요구했던 것과 동일한 것-영혼에 대한 주관적 과학과 객관적 과학, 즉 두 과학-을 처음부터 요구했었다.

11-27] 두 관점을 하나의 공리 안에 병합하면서 H. H. 랑게는 자신의 저서에 서로 타협 불가한 두 경향을 반영하고 연합주의와의 투쟁에서 위기가 갖는 의미를 고찰한다. 그는 딜타이와 뮌스터베르크에 전적으로 공감하며 그들을 설명하고 다음과 같이 공식화한다. "두 개의 서로 다른 과학이 있음이 드러났으며", 심리학에서 야누스의 두 얼굴이 나타났다. 하나는 생리학과 자연과학을 향하고 있고 다른 하나는 영혼의 과학, 역사, 사회학을 향하고 있다. 하나는 인과 과학이고 다른 하나는 가치 과학이다(같은 책, c. 63). **둘 중 하나**를 선택하는 것이 남은 것으로 보였으나 랑게는 둘을 통합한다.

11-28] 첼파노프도 마찬가지였다. 오늘날의 논쟁에서 그는 사람들에게 심리학이 유물론적 과학임을 믿으라고 되뇌며, 제임스를 자신의 증인으로 데리고 오지만, 러시아 문헌에 제시된 두 개의 심리학이라는

아이디어가 그의 것이라는 사실은 언급하지 않는다. 이(아이디어)는 곰곰이 생각해 볼 가치가 있다.

11-29] 그는 딜타이, 스타우트, 마이농, 후설을 따라 분석적 방법의 아이디어를 제시한다. 자연과학적 심리학에 내재적인 것이 귀납적 방법이라면, 기술적 심리학은 선험적 관념의 인정으로 이끄는 분석적 방법으로 특징지어진다. 분석적 심리학은 심리학의 **토대**이다. 그것은 아동심리학, 동물심리학, 실험-객관적 심리학에 선행해야 하며 모든 심리학 연구 형태의 토대에 놓여 있다. 심리학은 광물학과 물리학 같지 않으며 또한 철학이나 관념론에서 완전히 분리된 것 같지도 않다.

*A. 마이농 리터 폰 한트슈흐스하임(Alexius Meinong Ritter von Handschuchsheim, 1853~1920)은 E. 후설의 급우이자 게슈탈트 심리학의 창시자인 C. 에렌펠스(Christian von Ehrenfels)의 스승이었던 F. 브렌타노의 제자였다. 그는 D. 흄 연구가였다. 흄은 과학적 명제는 실제로 증명할 수 없고 실험에 의해서만 반증될 수 있다는 이유로 귀납적 개념 자체를 거부했다(실험은 가능한 모든 경우를 합산할 수 없는 단일 사례만 보여 줄 수 있기 때문이다). K. 포퍼는 이 아이디어를 오늘날 과학계에서 널리 받아들여지는 '반증 가능성'의 원리(과학은 실제로 어떤 것도 증명하지 않으며, 다만, 아직 반증 되지 않은 가설로만 구성된다는 원칙)로 확장했다. 비고츠키가 말했듯이, 이러한 범凡회의주의는 광물학이나 물리학이 실제로 작동하는 방식과 그다지 닮지 않았으며, 심리학을 사변 철학이나 관념론과 구분하는 근거를 제공하지도 않는다. 마이농은 오늘날 존재exist하는 대상(예: 산), 실제로 존재하지는 않지만 '존속subsist'하는 대상(예: 숫자 0), '부재absist'하는 대상(예: 네모난 원, 결혼한 총각)을 구분한 것으로 가장 잘 알려져 있는데, 이는 자연과학이 아닌 관념론에 해당하는 구분이다.

11-30] 1922년 이후 Г. И. 첼파노프가 심리학적 관점에서 **어떤** 비약을 이루었는지 보고 싶은 사람은 그의 일반적인 철학적 공식이나 임의의 문구가 아니라 분석 방법에 대한 그의 학설을 살펴보아야 한다. 첼파노프는 설명적 심리학과 기술적 심리학의 과업을 뒤섞는 것에-하나가 다른 하나와 결정적으로 반대된다고 설명하며- 반대한다. 그가 어떤 종류의 심리학에 가장 중요한 의의를 부여하는지 분명히 하기 위해, 그는 그것을 후설의 현상학, 이상적 본질에 대한 학설과 연결하고, 후설의 에이도스eidos 또는 본질은 약간의 수정을 가한 플라톤의 이데아라고 설명한다. 후설에게 현상학과 기술적 심리학의 관계는 수학이 물리학과 맺는 관계와 같다. 전자는 기하학처럼 본질, 즉 이상적 가능성에 관한 과학이고, 후자는 사실에 관한 과학이다. 현상학은 설명적 심리학과 기술적 심리학을 가능하게 한다.

P. 세잔(Paul Cézanne), 생트 빅투아르산, 1902~1904.

세잔은 후설과 같은 현상학자들이 가장 좋아하는 화가였다. 그가 바로 '에이도스' 또는 현상의 본질을 포착한다고 주장하기 때문이다. 우리는 이 그림에서 그가 집에서 보이는 산을 눈의 망막에 반영된 색의 패치워크로 환원시키려는 노력을 볼 수 있다. 후설은 이러한 방식으로 모든 매개, 즉 현상에 대한 모든 개념적 반영(예: 산으로 식별하기)을 분리하여 '괄호' 안으로 넣고 색상과 같은 현상의 필요 충분 특성인 '에이도스'를 포착하려고 했다. 그 결과는 색상의 '아이데틱(직관상적, eidetic) 이미지', 즉 현상에서 눈을 돌려 빈 캔버스를 바라볼 때 남는 잔상과 같은 것이다. 후설의 경우 이러한 아이데틱 이미지(플라톤의 이상적 형태, 'eidos'을 따서 명명)는 색상과 같은 현상의 본질을 매개 없이 바라볼 수 있게 해 주었다. 첼파노프에게 이러한 비매개적 특성이 설명적이고 기술적인 심리학을 가능하게 하지만, 비고츠키에게 이는 자연과학적 심리학을 불가능하게 만드는 요소이다.

11-31] 첼파노프에게는-후설의 의견과는 반대로- 현상학은 특정 부분에서 분석적 심리학과 겹치며, 현상학의 방법은 분석적 방법과 완전히 일치한다. 아이데틱 심리학이 현상학과 동일하다고 보는 것을 반대하는 후설을 첼파노프는 다음과 같이 설명한다. 그는 현대 심리학이라는 용어로 경험주의적 즉, 귀납적 심리학만을 염두에 두지만, 그 안에는 현상학적 진리도 있다. 이처럼 현상학을 심리학으로부터 분리하는 것은 불필요하다. 첼파노프가 후설에 대항하여 소심하게 옹호하는 실험적-객관적 방법의 토대에는 현상학적 방법이 놓여야 한다. 그래 왔고 그렇게 될 것이라고 저자는 결론짓는다.

11-32] 이것과, 심리학은 단지 경험주의적이며 그 본성에 따라 관념론을 배제하고 철학과 무관하다는 주장을 어떻게 양립시킬 수 있는가? 이 아이데틱 심리학-악셀로드의 표현에 따르면 신플라톤주의의 일종-은 관념론을 배제한다!

11-33] 우리는 다음과 같이 요약할 수 있다. 우리가 고찰 중인 구분을 어떻게 명명하든, 각 용어의 의미상 음영 중 무엇을 강조하든, 문제의 기본 본질은 어디서나 동일하며 두 명제로 귀결된다.

11-34] 1. 심리학의 경험주의는 실제로 자연과학이 유물론적 전제에서 나아갔던 것처럼, 자연스럽게 관념론적 전제에서 나아갔다. 즉 경험적 심리학의 토대는 관념론적이었다.

11-35] 2. 위기의 시대에 경험주의는 모종의 이유로 관념론적 심리학과 유물론적 심리학으로 분리되었다(자세한 내용은 아래 참조). 뮌스터베르크는 낱말의 차이를 의미의 통일성으로 설명한다. 우리는 인과심리학과 함께 의도 심리학을, 혹은 의식 심리학과 함께 영혼 심리학을, 혹은 설명 심리학과 함께 이해 심리학을 이야기할 수 있다. 근본적으로 중요한 유일한 것은 우리가 심리학의 이중 유형을 용인한다는 사실이다 (H. 뮌스터베르크, 1922, p. 10). 다른 곳에서 뮌스터베르크는 의식의 내용 심리학과 영혼의 심리학을, 혹은 내용 심리학과 행위 심리학을, 혹은 감각 심리학과 의도 심리학을 대조한다.

11-36] 본질적으로, 우리는 우리 과학에서 오랫동안 확립되어 온 과학의 깊은 이중성—이는 과학의 전체 발전에 스며들었다—이라는 의견에 이르렀고, 따라서 논쟁의 여지가 없는 역사적 입장에 합류하게 되었다. 우리의 과업에는 과학사가 포함되지 않는다. 우리는 이원성의 역사적 뿌리에 관한 질문은 제쳐둔 채 이 사실을 언급하고 위기에서 이원성의 악화와 (더 큰-K) 분리를 초래한 **직접적인 원인**을 해명하는 것으로 (과업을-K) 제한할 수 있다. 이것은 본질적으로 양극단에 이끌리는 심리학, 심리학 속에 '정신 신학'과 '정신 생물학'이 존재한다는 사실을 보여 주며, 데소이어는 이를 현대 심리학의 두 목소리라고 불렀다. 그의 의견에 이(두 목소리-K)는 그(현대심리학-K) 안에서 절대 침묵하지 않을 것이다.

> *M. 데소이어(Max Dessoir, 1867~1947)는 독일 철학자, 비평가, 심리학자였다. 그는 P. 자네와 S. 프로이트의 동료였고 이중자아라는 아이디어를 발전시켰다. 학자로서 그는 이중적인 모습을 보여 준다. 젊은

시절 그는 심오한 신비를 경험했고, 독심술과 내세로부터의 메시지가 과학적 사실임을 증명하고자 했다. 그의 연구가 비판에 당면하자(특히, H. 뮌스터베르크로부터) 그는 갑자기 경로를 바꾸어 독심술과 내세로부터의 메시지는 사기임을 증명하는 데 여생을 바쳤다.

● 두 개의 심리학

앞 장은 놀라움으로 마무리됐다. 자바르쉬네바와 오시포프(2018: 73)는 러시아어 선집이 (그리고 한국어 번역본 이전까지의 모든 번역본이) 심리학들 사이의 큰 분열을 칸트의 탓으로 돌렸다고 지적한다. 그러나 비고츠키가 수기 원고에 직접 쓴 것은 칸트가 아니라 A. 콩트이다.

비고츠키는 방법론, 방법, 기법에서 실증주의에 강력히 반대해 왔다. 방법론에서 실증주의적 관점은 오직 관찰 가능한 것만이 자연과학이라고 본다. 비고츠키에게 이는 아동심리학-사실은 모든 심리학-이 불가능함을 의미한다. 그 방법에서, 실증주의적 관점은 오직 관찰만이 진개념을 낳을 수 있다고 본다. 그러나 비고츠키에게 이는 개념이 단지 경험의 복합체, 즉 의사擬似 개념임을 의미한다. 기법에서 실증주의적 관점은 사실이 실험에서 직접 관찰될 수 있다고 본다. 병석에서 원고를 쓰고 있던 비고츠키에게 모든 분석은 생각을 통한 실험이었다. 이는 모든 실험이 분석의 실제 작용인 것과 마찬가지다. 그렇다면 심리학의 주제가 인문과학과 자연과학에 걸쳐 펼쳐지게 된 이유를 설명하기 위해 비고츠키가 실증주의 창시자인 오귀스트 콩트를 돌아보는 이유는 무엇일까?

이 장에서 비고츠키는 콩트가 자연과학에 기반한 심리학과 인문과학에 기반한 심리학 사이의 거대한 틈을 (창조한 것이 아니라) 발견했음을 설명한다. 전자는 설명적이고 후자는 단순히 기술적이다. 전자는 인과적이고 후자는 해석적이다. 우리가 실험실 과학 자체를 관찰 가능한 것으로 바라보는 한, 이 균열은 실험실에서도 관찰할 수 있다. 이 때문에 비고츠키는 이 장에서 그가 '경험적' 심리학 혹은 실험 심리학이라고 칭한 것에 집중한다.

A. 비고츠키는 심리학의 구조에 입혀진 난공불락의 '경험론적' 특성 때문에 위기의 중요성이 숨겨져 왔다고 지적한다. 이에 비고츠키는 나무껍질과 같이, 심리학에서 경험론을 벗겨낼 것을 제안한다(11-1). 이렇게 하면 우리는 이 껍질이 자신을 (또한 역으로 다른 모든 가지에 대항하여) 경험론적으로 규정하는 어린 가지들을 숨기고 있음을 보게 된다. 예컨대 정신분석은 스스로가 무의식을 경험론적으로 다루는 유일한 의식 과학의 가지라고 규정한다. 반사학은 영혼의 물질적 원인을 다루는 유일한 영혼 과학의 가지라고 자신을 규정한다. 행동주의는 주관의 객관적 발현을 다루는 유일한 주관의 과학의 가지라고 한다. 이상하게도 이 각각의 가지들은 동일한 노선을 따라 다시 가지를 뻗는다. 정신분석은 개인의 자의식과 관련

한 아들러의 분파와 집단 무의식에 몰두하는 융의 분파를 갖는다. 반사학은 베흐테레프가 이끄는 엄격한 심리학적 분파와 파블로프가 이끄는 엄격한 생리학적 분파를 갖는다. 미국 행동주의는 티치너, 제임스, 손다이크와 같은 주관주의자와 왓슨, 톨만, 우드워스, 그리고 이후의 스키너와 같은 객관주의자를 갖는다. 비고츠키는 훌륭한 역사적 설명을 내놓는다. 한때 경험론은 사변과 형이상학을 부정하고 심리학을 영적인 '형이상학적 심리학'과 구분하여 심리학을 자연과학에 가까이 가져다 놓았다(11-6). 그러나 유아론자唯我論者인 브베덴스키조차 인정하듯 금욕하면 아무것도 태어날 수 없다(11-4). 이제 경험주의는 오직 방법론의 결여만 감출 뿐이다(11-2, 11-5).

B. 자연과학적 방법론은 인간의 관찰과 인간 의식의 외부에 경험적으로, 독립적으로 존재하는 것과 인간의 관찰과 인간의 의식 자체 안에만 존재하는 것을 구별해야 한다(11-3). 그러나 이 경우 인간의 관찰과 인간 의식의 외부에 경험적으로 존재하지 않는 모든 것을 자연과학에서 배제하는 것은 연구 대상 자체를 배제하는 것처럼 보인다(11-7~12). 진지하게 본다면, 자연과학적 경험주의는 절충주의와 역설로 이어진다(예: 실험 결과가 의식의 개념 없이는 설명하기 어려운 행동의 일관성을 제공하는 경우, 11-10). 제임스는 이러한 절충주의를 변명한다. 즉, 심리학은 다른 과학과 마찬가지로 자연과학인데, 이는 자연과학이-유물론적이든 관념론적이든- 증거 없이 기본 가정을 취하기 때문이다(11-8). 덜 심각하게 보면, 자연과학적 경험주의는 모호함과 모순을 초래한다. 예를 들어 뒤마는 한 곳에서는 심리학이 생물학의 일부라고 말하고, 또 다른 곳에서는 과학으로서의 심리학이 생물학과 분리된다고 말한다. 뒤마에게는 이 모든 불일치가 바로 중요한 과학의 증표이다. 비고츠키의 경우 이것은 부정적 신호일 뿐이다(11-11~11-12). 그는 우리가 심리적 경향들 사이를 보든지, 그 안을 보든지 두 가지 심리학만을 보게 될 것이라고 지적한다. 하나는 유물론적 가정과 설명적 목적을 지니고, 다른 하나는 관념론적 가정과 기술적 목적을 지닌다(11-13).

  i. 모순되게도, 비고츠키는 위기를 경시하는 코르닐로프 같은 관용적 유물론자(11-14)보다 위기의 심각성을 받아들이는 뮌스터베르크 같은 전투적 관념론자(11-15)를 더 선호한다. 비고츠키는 과학이 공통된 방법론 없이 연구 대상을 공유할 수 있으며(예: 지질학, 지리학, 토양과학), 그런 상황에서 우리는 두 개의 개별 과학을 논하게 된다고 말한다(11-16). 비고츠키는 적어도 당분간 두 과학을 나누는 기준의 변동성을 추적하기를 제쳐두자고 제안하고(11-17), 대신 연구의 공통 대상(11-18)과 자연주의와 관념론 사이의 분열을 제시한다. 딜타이는 이러한 분열을 설명심리학(11-21)과 기술심리학(11-20) 사이에서 찾으며, 심리적 과정을 생리적 원인으로 돌리는 것과 의도된 결과의 관점에서 심리적 과정을 설명하는 것은 별개라고 지적한 볼프에게 그 구분의 기원을 돌린다(11-20). 딜타이는 셰익스피어의 이미지를 과학적 개념으로 제시하는 심리학을 구

상하며, 수학이 자연과학의 토대가 되듯 같은 방식으로 심리학이 인문과학의 토대가 될 것이라고 예견한다(11-21). 스타우트는 물리적 심리학의 가능성을 부정하고(11-22), 빈스방거는 이에 동의하여 결과적으로 후설의 현상학을 수용하며(11-23), E. 블로일러는 이에 동의하지 않고 대신 리케르트를 고수한다(11-24). 비고츠키는 두 심리학을 나누려고 했기 때문에 여기서는 자연과학, 즉 물리적 심리학의 가능성을 증명하려고 하지 않는다(11-25).

C. 대신에 비고츠키는 두 심리학을 통합하는 것이 불가능함을 증명하는 데 집중한다. 러시아 저자들을 살펴보고, 비고츠키는 랑게가 자연주의 심리학에는 이유(즉, 신체적 원인)를 할당하고 인문학적 심리학에는 결과(즉, 사회-문화적 가치)를 할당하면서 양자를 통합하려고 한다는 것을 발견한다(11-27). 첼파노프는 이들을 방법론적으로 통합하려고 한다. 자연주의 심리학은 귀납적 방법을 사용하는 반면, 인문학적 심리학은 분석을 사용한다는 것이다. 그러나 비고츠키는 첼파노프의 분석이 경험적 방법을 완전히 포기한 후설에서 나온 것임을 지적한다(11-29~30). 비고츠키는 이제 두 명제로 요약한다.

  i. 경험주의는 자연과학의 유물론적 가정에서 비롯된다(연구 대상이 의식 외부에 있기 때문이다). 그러나 동일한 경험주의가 심리학의 관념론적 가정에서 비롯된다(연구 대상이 의식이기 때문이다)(11-25).

  ii. 그런데도 경험주의는 유물론적 변이와 관념론적 변이 모두를 자체 내에 생산했고, 결과적으로 갈림길에 도달한다. 한 방향에는 인간의 의도가 아니라 자연적 원인에 기초한 '정신 생물학'이 놓여 있지만, 다른 방향에는 '정신 신학', 즉 자연적 원인이 아닌 의도에 기반한 심리학이 있다(11-36). 이는 우리를 예측으로 인도한다.

참고 문헌

레프 세묘노비치 비고츠키(2018). 『분열과 사랑』. 서울: 살림터.

레프 세묘노비치 비고츠키(2019). 『성애와 갈등』. 서울: 살림터.

레프 세묘노비치 비고츠키(2020). 『흥미와 개념』. 서울: 살림터.

레프 세묘노비치 비고츠키(2023). 『인격과 세계관』. 서울: 살림터.

Выготский, Л. С. (1984). *Собрание сочинений*, Том 1. Москва: Педагогика.

제13장
원인과 치료

E. L. 키르히너(Ernst Ludwig Kirchner), 두 바위 사이에서 목욕하기, 1912.

왼쪽 아래 있는 바위는 여성 신체의 둥근 형태를 반영하는 듯하지만, 오른쪽 날카로운 바위는 키르히너가 얼굴 모델로 사용한 아프리카 가면을 반영한 것처럼 보인다. 키르히너는 대다수 독일인이나 한국인과 마찬가지로 공중목욕, 특히 야외 목욕의 정신적·육체적 유익을 믿었다. 이 장에서 비고츠키는 마침내 "건축자들이 버린 돌이 주춧돌이 될 것"이라는 인용문의 의미를 설명한다. 한편으로는 실천, 다른 한편으로는 철학적 원칙이 새로운 일반 심리학의 기초이며, 전자는 위기의 원인, 후자는 치료법이라고 주장한다.

13

13-1] 이제 우리는 위기의 직접적인 원인 혹은 위기의 추동력에 대해 간단히 살펴보아야 한다.

13-2] 무엇이 위기와 단절로 밀어 넣으며, 그것을 피할 수 없는 악惡으로 수동적으로 **체험**하는 것은 무엇인가? 물론, 우리는 우리 과학 **안에** 있는 추동력만을 살펴보고 다른 모든 것은 제쳐둘 것이다. 우리가 이렇게 하는 것은 외적(사회적, 이데올로기적) 원인과 현상은 궁극적으로 과학 내부의 힘에 의해 이런저런 방식으로 표현되고, 이 후자(과학-K)의 형태로 작용하기 때문이다. 그러므로 우리의 의도는 과학에 놓인 직접적인 원인을 분석하는 것이며, 더 깊은 분석은 삼갈 것이다.

13-3] 단도직입적으로 말하자면, **전체 응용심리학 발달이 바로 위기의 최후 국면에서 주요 추동력이다.**

13-4] 지금까지 학문적 심리학은 응용심리학이 반半정밀과학인 듯 그에 대해 반半경멸적 태도를 견지하고 있다. 이 심리학 분야에서 모든 것이 원만치 않음은 논쟁의 여지가 없다. 그러나 그럼에도 불구하고 최상위 관찰자, 즉 방법론자에게도 현재 우리 과학 발전의 주도적 역할이 응용심리학에 속한다는 것은 의심할 여지가 없다. 응용심리학에는, 심리학의 진보적이고 발전적인 모든 것이 미래의 고갱이와 함께 나타난다. 그것은 최고의 방법론적 연구를 제공한다. 현재 실제 심리학에서 일

어나고 있는 일의 의미와 가능성에 대한 통찰은 이 분야를 연구해야만 얻을 수 있다.

13-5] 과학사의 중심이 이동했다. 주변에 있던 것이 원의 중심이 되었다. 경험주의에 의해 거부된 철학에 대해 말한 것처럼 응용심리학에 대해서도 다음과 같이 말할 수 있다. 건축자의 버린 돌이 집 모퉁이의 머릿돌이 되었다

13-6] 세 가지 계기가 앞에서 말한 것을 설명한다. 첫 번째는 **실천**이다. 여기에서 (심리공학, 정신의학, 아동심리학, 범죄심리학을 통해) 심리학은 **처음으로** 산업, 교육, 정치, 군사 등 고도로 조직화된 실천에 직면했다. 이 접촉은 심리학으로 하여금 실천이 부과하는 가장 고도의 시험을 견딜 수 있도록 원칙을 재구성하게 한다. 그것은 수천년간 축적된 실천적-심리적 경험과 역량의 거대한 유산을 습득하고 과학에 도입하도록 한다. 교회, 군사, 정치, 산업은-이들이 정신을 의식적으로 규제하고 조직하는 한- 그 토대에, 과학적으로 무질서하지만 거대한 심리적 경험을 지니고 있기 때문이다(모든 심리학자는 응용과학의 혁신적인 영향력을 경험해 왔다). 그것은 의학이 해부학과 생리학에서, 기술이 물리학에서 수행하는 역할과 동일한 역할을 심리학 발전에서 수행한다. **전체** 과학에서 새로운 실천 심리학의 중요성은 아무리 강조해도 지나치지 않다. 심리학자는 이 심리학에 찬미가를 바칠 수도 있을 것이다.

13-7] 실천으로부터 그 생각의 진실성을 증명하도록 요구받는 심리학, 정신을 설명하기보다 정신을 이해하고 숙달하기 위해 노력하는 심리학은, 과학의 전체 구조 속에서 실천 학문을 이전의 심리학들과는 원칙적으로 다른 관계에 위치시킨다. 그곳(이전의 심리학-K)에서 실천은 모든 것을 본국에 의존하는 이론의 식민지였다. 이론은 조금도 실천에 의존하지 않았다. 실천은 결론이자 응용, 일반적으로 과학적 경계의 넘어섬이자, 과학적 활동이 완료된 것으로 간주된 곳에서 시작하는, 과학을

넘어선 과학 이후의 활동이었다. 성공이나 실패는 이론의 운명에 실질적으로 아무런 영향을 미치지 않았다. 이제 상황은 역전되었다. 실천은 과학적 활동의 가장 깊은 토대에 침투하여 처음부터 끝까지 그것을 재조직한다. 실천은 과업의 설정을 제시하고 이론의 최고 법정이자 진실의 기준으로 복무한다. 그것은 개념을 어떻게 구성하고 법칙을 어떻게 공식화할지 지시한다.

13-8] 이는 곧장 우리를 **두 번째 계기인 방법론**으로 이끈다. 언뜻 이상하고 역설적으로 보일지 모르지만 과학의 건설 원칙으로서 철학, 즉 과학적 방법론을 필요로 하는 것은 바로 실천이다. 이것은 심리공학이 스스로의 원칙에 대해 경솔하고 (뮌스터베르크의 말을 빌리자면) '태평한' 태도를 갖는다는 사실로 논박되지 않는다. 사실, 심리공학의 실천과 방법론은 종종 놀랍도록 무력하고 약하며 피상적이며 때로는 터무니없다. 심리공학의 진단이 우리에게 알려 주는 것은 아무것도 없으며, 이는 몰리에르(작품 속-K) 의사들의 의학에 관한 견해를 상기시킨다. 즉, 그들의 방법론은 비판적 검토 없이 매번 임시방편적으로 고안된다. 종종 이는 경박하고 일시적이며 경솔한 '오두막 심리학'이라고 불린다. 이 모두가 사실이다. 그러나 그것은 사태의 원칙적 입장-바로 이 심리학이 철통 같은 방법론을 만든다는-을 조금도 바꾸지 않는다. 뮌스터베르크가 말했듯 일반적인 부분뿐만 아니라 특별한 문제를 고려할 때도 우리는 매번 심리공학 원칙의 연구로 되돌아와야 할 것이다(1922, p. 6).

심리공학은 소련의 인적 자원 관리 방법이었다. 심리공학 연구자들은 적성을 측정하고 소련의 부족한 교육 자원을 가장 효율적으로 투입할 후보자를 찾기 위해 여러 가지 유사 과학적 테스트를 했다. 이런 식으로 그들은 생산이 실제로 생산자를 위해 재편될 수 있고, 단기간에 효율적인 현대 경제를 구축할 수 있다고 믿었다. 이 사진은 공식 심리공학 연구소의 사진으로, 포드와 테일러가 자동차 공장 노동자의 효

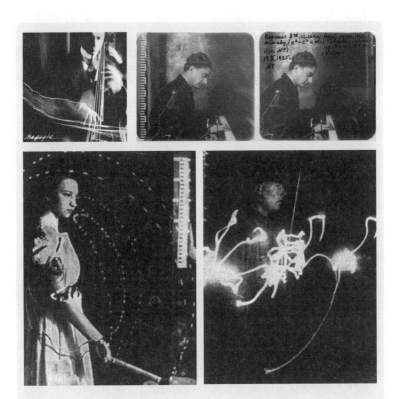

율성을 높이기 위해 개발한 시간-동작 기술을 음악가에게 적용하고 있는 모습을 담고 있다.

비고츠키도 심리공학 연구에 적극적으로 참여했다. 이 같은 심리공학 연구는 아동학, 결함학과 함께 그의 경력에서 세 가지 핵심적인 연구 분야 중 하나였다. 비고츠키는 20대 초반에 И.슈필레인И.Н.Шпиль-рейн과 협력하여 심리공학 연구소를 설립했다. 이 글을 쓰기 시작할 무렵, 그는 공식적인 심리공학 연구자들의 포드주의와 테일러주의에 혐오감을 느꼈고, 이런 종류의 순전히 경험주의적이고 무無이론적인 접근 방식에 대해 전면 공격을 시작한다. 그러나 비고츠키는 심리공학의 근본적인 필요성을 의심하지는 않았으며, 심지어 그가 여기서 말했듯이 인간 활동의 결과를 예측하고 설명하는 것이 심리학 연구에-필수적인 방법은 아닐지라도- 필수적인 방법론이라고 믿었다.

13-9] 이 때문에 나는 다음과 같이 주장한다. 그것이 여러 번 오염되었다는 사실과 **그것의 실천적인 중요성이 거의 0에 가깝고 이론이 종종 우스꽝스럽다는 사실에도 불구하고, 그것의 방법론적 중요성은 거대하다.** 실천과 철학의 원리는 다시 한번, 건축자들이 버린 돌이 머릿돌이 된 것이다. 이것이 위기의 핵심이다.

13-10] 빈스방거는 심리학의 주관화와 객관화라는 가장 일반적인 질문-모든 심리학의 질문 중 최고의 질문, 심리학의 문제를 포괄하는 문제-에 대한 답을 기대할 수 있는 것은 논리, 지식론, 형이상학이 아니라 방법론, 즉 과학적 방법의 학설이라고 말한다(빈스방거). 우리는 심리공학의 방법론, 즉 **실천 철학**으로부터 기대할 수 있다고 말할 수 있을 것이다. 비네 척도나 다른 심리공학적 검사의 이론적 가치가 보잘 것 없음이 제 아무리 명백하더라도, 테스트 자체가 제 아무리 조악하다 하더라도 아이디어로서, 방법론적 원리로서, 과업으로서, 전망으로서 이는 매우 큰 가치를 지닌다. 심리학적 방법론의 가장 복잡한 모순은 실천의 토양으로 이식되고, 오직 여기서만 그 해결책이 획득된다. 여기서 분쟁은 무익하기를 멈추고 끝에 이른다. 방법은 경로를 의미한다. 우리는 그것을 지식을 위한 수단으로 이해하지만 모든 지점에서 경로는 그것이 향하는 목표에 따라 결정된다. 그리하여 실천은 과학의 전체 방법론을 재구성한다.

> A. 비네가 심리 검사를 하는 동안, 조수들은 그 능력이 무엇과 상관관계가 있는지 보기 위해 신체 특성을 측정하고 있다. 물론 키와 시계 보는 능력 간에는 순수하게 경험적인 상관관계가 존재한다. 키가 크면 클수록, 시계를 읽을 수 있을 정도로 나이를 먹었을 가능성이 커진다. 동일하게 어린이가 벽에 있는 시력표의 글자를 읽을 수 있는 시력과 학교 교육을 통해 읽고 쓸 수 있게 되는 능력 간에도 상관관계가 있다. 그러나 비고츠키가 말하듯, 인과관계를 찾으려는 시도나, 심지어

탁자 앞에 앉아 어린이에게 시계를 보여 주는 비네.

이것으로부터 저것을 예측하려는 시도 자체는 모두 터무니없다. 비네 테스트는 대부분 '지능 검사'를 위한 것이 아니라 교사가 학생을 교실에 배치하고 교정 지원을 제공하는 데 도움을 주기 위해 고안된 것이라는 점에서 마찬가지다. 비네의 심리공학 검사가 실제로 인간의 지능에 대해 말해 주는 심리측정 검사라고 규정한 것은 고다르와 미국인들이었다.

여기서 우리는 비고츠키가 의미하는 바를 알 수 있다. 심리 검사 자체는, 손다이크가 말했듯, 쓸모없다. 왜냐하면 우리는 그것이 무엇을 측정하는지 심지어 어떻게 측정하는지조차 모른다. 그럼에도 비고츠키는 일반적 접근을 위한 심리 검사의 세 가지 다른 용도(그중 어느 것도 오늘날 우리가 사용하는 비네 기반 IQ 검사와는 아무런 관계가 없다)를 발견했다.

1. 역방향적으로, 비네의 접근법은 습관을 학습 가능한 기술로 탈자동화하는 데 사용된다('선택 반응'에 대해서는 『역사와 발달』 제3장, 제4장, 제5장 참조).

2. 순방향적으로, 비네 검사는 다음 발달, 즉 근접 발달 영역을 진

단하는 데 사용된다(『흥미와 개념』 제10장 참조).

3. 실험적으로, 피아제의 검사(비네에게서 가져온)는 학습 과정에서 말의 역할을 분석하고 연구하는 데 사용된다(『생각과 말』 제7장 참조).

이것이 바로 비고츠키가 비록 여러 검사와 전체 방법론은 전혀 가치가 없더라도 철학적 원리와 일반적 접근법은 매우 가치 있을 수 있다고 말하는 이유이다. 사비나 슈필레인과 그녀의 '죽음충동' 이론과 마찬가지로, 심리공학자들은—그들이 비록 지속적으로 잘못된 대답을 해 왔지만— 올바른 질문(인간의 삶에 대한 질문, 인간이 어떻게 자기 자신을 뇌를 조종하는 법을 배우는지에 대한 질문)을 하고 있다.

13-11] 심리공학의 개혁적 역할의 **세 번째 계기**는 처음 두 가지로부터 이해될 수 있다. 이는 심리공학이 (이론과 분리된-K) **단편적인** 심리학이고, 단절을 향해 나아가며 진정한 심리학을 형성한다는 것이다. **사실** 아동학은 어린이의 정신에 대해서만 논할 수 없다. 그것은 심리학의 경계를 넘어 그 속에 생리학과 해부학을 포함한다. 사실 이것이 서로 다른 세 과학을 하나의 명칭 아래 통합하는 것으로 귀착된다 해도, 과업, 원칙, 아이디어로서의 아동학은 새롭고 현실적인 개념-과학의 토대에 놓여 있고, 무익한 내관 감각 개념과 전혀 공통점이 없다고 이미 말할 수 있는-을 만들어 내야 한다. 정신의학은 관념론적 심리학의 경계를 뛰어넘는다. 치료하고 치유하려면 내관에 의존할 수 없다. 이 아이디어를 정신의학에 적용하는 것보다 더 어리석은 일은 없을 것이다. И. Н. 슈필레인이 지적했듯이 심리공학 역시 심리적 기능을 생리적 기능에서 분리할 수 없음을 깨닫고 전체적인 개념을 모색했다. 나는 스승들-심리학자들은 그들로부터 영감을 요구한다-에 대해 다음과 같이 기술한 적이 있다. 그들 중 누구도 선박 관리를 선장의 영감에 맡기고 공장 관리를 엔지니어의 영감에 맡기지 않을 것이다. 이들 각각은 숙련된 선원

과 숙련된 기술자를 선택할 것이다. 그리고 일반적으로 과학에만 제시될 수 있는 바로 이러한 최고의 요구, 즉 실천의 가장 진지한 요구는 심리학에 생명을 불어넣을 것이다. 산업과 군대, 교육과 치료가 과학을 부활시키고 개혁할 것이다. 자기주장의 진실성에 무관심한 후설의 직관상적 심리학은 트램 운전사를 선발하는 데 소용이 없다. 본질에 대한 숙고도 이를 위해서는 소용이 없고, 심지어 그것의 가치도 관심의 대상이 아니다. 이 모든 것은 파국으로부터 그것(심리학-K)을 보호하지 못한다. 그러한 심리학의 목표는 딜타이에게 그러하듯 개념상의 셰익스피어가 아니라 **한마디로 심리공학, 즉** 정신의 정복과 숙달, 행동의 인위적 통제로 인도하는 과학 이론이다.

* И. Н. 슈필레인(Исаак Нафтулович Шпильрейн, 1891~1937)은 중요한 언어학자이자 비고츠키가 일하던 모스크바 노동심리공학연구소 창립자이다. 비고츠키와 마찬가지로 그는 테일러주의나 포드주의의 정신공학 방향에 좌절감을 느꼈지만, 비고츠키와 달리 아동학의 통찰을 성인 연구로 확장함으로써 이를 해결할 수 있다고 생각했다. 그리하여 슈필레인은 군사 심리공학에 관한 연구를 수행했고, 붉은 군대(노농적군勞農赤軍)의 언어에 관한 초기 민족지학 연구를 저술했다. 그는 트로츠키주의자로 몰려 그의 형제와 함께 총살당했다.

И. Н. 슈필레인은 프로이트의 제자이자 융의 연인으로 잘 알려진 사비나 슈필레인의 남동생이기도 하다. 프로이트가 표절한 '죽음충동'이란 아이디어의 원류는 사비나였다. 사비나가 모스크바에 돌아왔을 때 그녀를 된 비고츠키와 루리야는 이 이론에 큰 감명을 받았다. 비고츠키는 생사를 오가는 투병 중에도 그 이론-피곤함이 우리를 저녁 잠자리에 들게 하듯 우리를 무덤으로 몰

아넣는 힘-을 물리도록 언급했다. 사비나와 두 딸은 로스토프나도누 외각의 참호였던 뱀 골짜기에서 유대인 이만 칠천 명과 함께 나치에게 총살당했다.

자베르쉬네바와 오시포프는 러시아어 선집에서 '사실'로 시작하는 본문의 세 번째 문장부터 세 개의 문장이 누락되었다고 지적한다. 또한 그들은 소비에트 편집자들이 비고츠키의 첫 번째 사례(정신의학이 아닌 아동학)을 삭제했다고 지적한다. 비고츠키가 (슈필레인이 의도했던 바와는 달리) 아동학을 성인에까지 확장하지 않은 점에 주목하자.

13-12] 그리고 바로 이 전투적 관념론자 뮌스터베르크는 심리공학, 즉 가장 고도의 의미에서 유물론적인 심리학의 토대를 놓는다. 그 못지 않은 관념론의 열광자 스턴은 차동 심리학의 방법론을 개발하고 치명적 힘으로 관념론적 심리학의 파산을 폭로한다.

P. 세잔(Paul Cézanne), 카드놀이 하는 사람들, 1894~1895.

수많은 직각에 주목하자. 탁자, 창문, 카드, 인물의 팔, 다리, 코조차 직각으로 표현된다. 그럼에도 그림은 관습적이지 않고 비대칭적이며 차등적이다. 어둡고 밝은 얼굴들, 카드, 서로 다른 모자챙의 방향을 보자. 카드 플레이어들의 공통점은 그들의 포커페이스이다.

차동 심리학differential psychology은 차이에 대한 연구이다. 이를 위해 스턴은 두 가지 방법을 개발했다. 하나는 대중에 공통된 하나의 특성을 연구하는 것(이를 통해 그는 IQ를 공식화했다)이고 다른 하나는 두 개의 특성이 한 개인 내에서 어떤 상관관계를 맺는지 연구하는 것(이는 EQ, 즉 정서적 민감성과 지적 능력사이의 관계에 대한 개념으로 이어졌다)이다. 뮌스터베르크와 같이 스턴은 열렬한 관념론자였다. 그는 인격심리학을 창시했고, 비고츠키는 어린이 언어에 대한 스턴의 전성설前成說을 『생각과 말』제3장에서 비판했다. 그럼에도 개인차를 연구하기 위해 그가 제안했던 연구 방법들은 객관적이고 심지어 유물론적이기도 했다.

비고츠키는 관념론을 설파하면서 유물론을 실천에 옮긴 두 학자를 인용하며 아이디어의 운명과 관념론자의 철학이 얼마나 다른지를 보여 준다. 세잔의 카드놀이 하는 사람들 역시 운의 전능한 힘을 믿으면서도 동시에 각 플레이어의 카드 기술을 중요시하며 게임을 하고 있다.

13-13] 극단적인 관념론자들이 유물론 아래서 일하는 상황이 어떻게 일어날 수 있었을까? 이는 서로 투쟁하는 두 경향이 심리학의 발전에 얼마나 깊게, 객관적으로 불가결하게 뿌리내리고 있는지 보여 준다. 이는 이들(두 경향성-K)과 심리학자 자신이 스스로에 대해 말하는 것, 즉 주관적인 철학적 신념과 얼마나 일치하지 않는지를 보여 준다. 이는 위기 상황이 얼마나 말할 수 없이 복잡한지를 보여 준다. 이는 두 경향이 얼마나 혼합적 형태로 발생하는지, 심리학의 최전선이 얼마나 부서지고 예상치 못한 역설적 지그재그로-종종 동일한 체계 **내에서**, 종종 동일한 용어 **내에서**- 나아가는지 보여 준다. 마지막으로 이는 **두 심리**

학의 투쟁이 여러 견해와 심리학 학파의 투쟁과 일치하지 않고 그 뒤에서 그들을 **결정한다**는 것을 즉, 위기의 외적 형태가 얼마나 기만적인지, 그리고 그 이면의 진정한 의미를 읽어 내야 하는 필요가 얼마나 큰지 보여 준다.

13-14] 뮌스터베르크로 돌아가 보자. 인과심리학의 정당성에 대한 문제는 심리공학에서 결정적으로 중요하다. "(이론적 측면이 배제된-K) 이 단편적인 인과심리학은 이제야 비로소 그 모습을 드러내고 있다(…-K) 인과심리학 자체는 인위적으로 제기된 질문에 대한 답이다. 정신생활은 설명이 아니라 이해를 요구한다. 그러나 심리공학은 오직 이렇게 '부자연스럽게' 제시된 문제만을 연구할 수 있으며 이 문제의 필요성과 정당성을 증언한다. 설명적 심리학의 진정한 의미는 심리공학에서만 드러나며, 이로써 심리학의 전체 체계가 여기서 완성된다"(H. 뮌스터베르크, 1922, pp. 8-9). 경향의 객관적인 힘을, 철학자의 신념과 그의 연구의 객관적 의미 사이의 불일치를 이보다 더 명확하게 보여 주기는 어렵다: 관념론자는 유물론적 심리학이 부자연스럽다고 말하지만 나는 바로 **그러한 심리학**을 연구**하도록 떠밀린다.**

> 러시아어 선집에 따옴표가 잘못 배치되어 있는데 자베르쉬네바와 오시포프는 이에 대해 언급하지 않는다. 반면, 반 데 비어는 우리가 참고한 뮌스터베르크의 원문을 아주 잘 알고 있다. 그의 따옴표 배치는 정확하며 우리는 이 차이에 주목하고 이에 따랐다.
>
> 또 다른 차이점이 있다. 뮌스터베르크는 '인과심리학'을 말하는 것이 아니라 심리학을 '명확히 하는' 심리학에 대해 말한다. 정신 현상은 명확하게 설명할 수 없고(즉, 인과적으로 설명할 수 없으며) 단지 해석할 수 있을 뿐이다.

13-15] 심리공학은 행동과 실천을 목표로 한다. 여기서 우리는 순전

히 이론적 기술記述 및 설명에서와 근본적으로 다르게 행동한다. 그러므로 심리공학은 (비록 그것이 일관된 관념론자에 의해 개발되었다고 하더라도) 스스로에게 필요한 심리학의 선택에서 망설일 **수 없다**. 그것은 인과적, 객관적 심리학만을 배타적으로 다룬다. 비인과적 심리학은 심리공학에서 어떤 역할도 하지 않는다.

> 자베르쉬네바와 오시포프는 러시아어 선집이 두 번째 문장의 '기술 описании'을 '이해понимании'로 잘못 표기했음을 지적한다.

13-16] 모든 심리공학적 과학에 결정적으로 중요한 의의를 지니는 것이 바로 이 명제(즉 비인과적 심리학은 심리공학에서 어떤 역할도 하지 않는다는 명제-K)이다. 그것(심리공학-K)은 의도적으로 단편적이다. 오직 그것만이 온전한 의미의 경험론적 과학이다. 그것은 필연적으로 비교 과학이다. 이 과학에서 신체적 과정과의 연결은 매우 근본적인 것이기 때문에 그것은 생리적 심리학이다. 그것은 실험 과학이다. 그리고 일반 공식은 다음과 같다. "우리는 심리공학이 필요로 하는 유일한 심리학은 기술적記術的-설명적 과학이어야 한다는 사실에서 출발했다. 우리는 이제 이 심리학이, 그 외에도, 경험론적, 비교 과학, 즉 생리학의 데이터를 사용하는 과학이자, 마침내 실험 과학이라고 덧붙일 수 있다"(같은 책, p. 13). 이는 심리공학이 과학 발달에 혁명을 가져오고 그 발달의 시대를 표시한다는 것을 의미한다. 이러한 관점에서 뮌스터베르크는 경험적 심리학이 19세기 중반 이전에는 거의 **출현하지** 않았다고 말한다. 심지어 형이상학을 거부하고 사실을 탐구했던 학파에서도 연구는 다른 관심사에 따라 진행되었다. 심리학이 자연과학이 되기 전까지는 [실험의] 적용이 불가능했다. 그러나 실험이 도입되면서, 자연과학에서는 생각조차 할 수 없는 역설적 상황이 발생했다. 최초의 기계나 전신과 같은 장

치들이 실험실에 알려졌지만 실천에는 적용되지 않은 것이다. 교육과
법, 무역과 산업, 사회 생활과 의학은 이러한 움직임에 영향을 받지 않
았다. 지금까지 실천과의 접촉은 연구에 대한 모독으로 간주되며, 심리
학이 자신의 이론 체계를 완성할 때까지 기다릴 것이 권유되었다. 그러
나 자연과학의 경험은 다른 것에 대해 말한다. 의학과 기술은 해부학
과 물리학이 자신의 최후의 승리를 축하할 때까지 기다리지 않았다. 삶
은 심리학을 필요로 하며 어디서나 전前과학적 형태로 그것을 실천할
뿐 아니라, 심리학도 삶과의 이러한 접촉으로부터 고양되기를 기대해야
한다.

13-17] 뮌스터베르크가 이 명제를 그대로 받아들이고 관념론의 무
한한 권리를 위해 특별한 영역을 확보하지 않았다면 당연히 그는 관념
론자가 아니었을 것이다. 그는 실천에 영양을 공급하는 인과심리학 분
야에서 관념론의 실패를 인정하면서 논쟁을 다른 영역으로 옮길 뿐이
다. 그는 '지식론적 관용'을 설명한다. 그는 이것을 과학의 본질에 대한
관념론적 이해-참된 개념과 거짓 개념의 차이가 아니라 (어떤-K) 상정
된 목표에 대한 적합성 여부의 차이를 모색하는-로부터 도출한다. 그
는 심리학자들이 심리학 이론의 격전장을 떠나는 순간 그들 사이에 일
시적인 휴전이 성립될 수 있다고 믿는다(같은 책).

13-18] 과학에 의해 결정되는 방법론과 세계관에 의해 결정되는 철
학 사이의 내적 불일치를 보여 주는 놀라운 예는 뮌스터베르크의 전
체 연구이다. 왜냐하면 그는 완전히 일관된 방법론자이자 완전히 일관
된 철학자-즉 완전히 모순되는 사상가이기 때문이다. 그는 인과심리학
에서는 유물론자이고 목적론적 심리학에서는 관념론자가 됨으로써, 그
가 불가피하게 부정직할 수밖에 없는 일종의 복식부기에 이르게 됨을
이해한다. 한쪽의 항목과 다른 쪽 항목이 전혀 동일하지 않기 때문이
다. 종국에는 단 하나의 진실만이 고찰될 뿐이라는 것이다. 그러나 그에

게 진실은 삶 자체가 아니라 삶의 논리적 처리이며, 후자는 여러 관점에 따라 규정되고, 상이할 수 있다(같은 책, p. 30). 그는 경험론적 과학이 지식론적 관점의 거부가 아닌 **특정 이론**을 요구하며, 다양한 과학에서 다양한 지식론적 관점이 적용된다고 이해한다. 우리는 실천을 위해 진리를 하나의 언어로 표현하고, 정신을 위해 다른 언어로 표현한다.

J. 데 바르바리(Jacopo de' Barbari), 루카 파치올리의 초상, 1495.

파치올리는 성 프란시스코회의 수사이자 수학자, 복식부기법을 고안한 수도원 회계사였다. 복식부기에서 비용은 왼쪽(차변) 수익은 오른쪽(대변)에 각각 기록되며 하루 영업이 종료되었을 때 양쪽 금액의 합계가 동일해야 한다.

비고츠키가 심리학에서 복식부기법이 부정직하다고 말한 이유는 무엇일까? 심리학에서 차변과 대변은 결코 일치할 수 없다. 인과심리학으로부터의 데이터는 물질적(행동 관찰)인 반면 목적론적 심리학으로부터의 데이터는 순전히 정신적(의도에 대한 내관)이기 때문이다.

데 바르바리의 그림에서 유클리드의 이차원적 공리를 관념적 추상화를 이용하여 증명하고 있다. 그러나 석판 위의 수정 26면체는 물질적 데이터(물)로 반쯤 차 있다. 이 다면체 묘사에는 파치올리의 친구이자 협력자였던 다 빈치가 참여했을 가능성이 제기된다. 이 두 사람은 친밀한 관계를 맺었으며 심리공학에 공통 관심사를 가지고 있었다. 두 사람 다 게이였으므로 여러 역사가가 둘이 젊은 시절 연인 관계였고, 데 바르바리의 이 작품과 다 빈치의 최후의 만찬에서 상호 협력했을 것으로 추정한다.

13-19] 자연과학자들 사이에 의견 차이가 있더라도, 그것은 과학의 기본 전제와는 관련이 없다. 식물학자에게 그가 다루고 있는 재료의 특성에 대해 다른 연구자와 합의에 이르는 것은 전혀 어려운 일이 아니다. 그 어떤 식물학자도, 인과의 법칙이 지배하는 공간과 시간 속에 식물이 존재한다는 것이 실제로 무엇을 의미하는지에 대한 문제에 천착하지 않는다. 그러나 심리학적 재료의 본성은, 다른 경험론적 과학에서 성취할 수 있었던 정도까지, 심리학적 명제를 철학적 이론으로부터 분리하는 것을 허용하지 않는다. 심리학자는, 실험실 연구가 자기 과학의 기본 문제에 대한 해결로 인도해 줄 수 있는 것처럼 상상하면서, 원리적인 자기기만에 빠진다. 그것(기본문제-K)은 철학에 속한다. "원리적 문제에 대한 철학적 논의에 참여하고 싶지 않은 사람은, 그저 말없이 특별 연구의 토대에 이런저런 인식론 이론을 놓아야 한다"(같은 책). 서로를 배제하지 않고 철학자에 의해 모두 받아들여질 수 있는 두 심리학이라는 아이디어로 뮌스터베르크를 이끈 것은 인식론에 대한 거부가 아니라 인식론적 관용이었다. 결국 관용이 무신론을 의미하는 것은 아니다. 모스크에서 그는 이슬람교도이지만, 대성당에서는 그리스도교도이다.

13-20] 한 가지 다음과 같은 근본적인 오해가 있을 수 있다. 이중

심리학이라는 개념은 인과심리학의 권리에 대한 **부분적** 인정으로 이어지며, 이중성이—학자들이 두 단계(진영-K)으로 나눈— 심리학 자체로 전이된다는 것이다. 즉, 뮌스터베르크는 인과심리학 **안에서** 관용을 선언한다는 것이다. **하지만 이것은 결코 사실이 아니다.** 그는 바로 다음과 같이 말한다. "인과심리학과 더불어 목적론적 심리학이 존재할 수 있는가? 다시 말해, 우리는 인과심리학에서 목적론적 통각을, 혹은 과업 인식이나 정서, 의지 또는 생각을 다룰 수 있거나 다루어야 하는가? 아니면—심리공학은 우리가 모든 경우에 인과심리학의 언어를 사용하여 이러한 모든 과정과 정신적 기능을 숙달할 수 있음을 알고 있고, 심리공학은 이 인과적 개념만 다룰 수 있다는 것을 알고 있기에— 이러한 근본적인 질문은 심리공학자에게는 아무런 문제가 되지 않는가?"(같은 책)

13-21] 따라서 두 심리학은 어디에서도 서로 교차하지 않으며 어디에서도 서로 보완하지 않는다. 그들은 한편으로는 실천의 이익, 다른 한편으로는 정신의 이익이라는 **두 가지** 진리에 복무한다. 복식부기는 뮌스베르크의 세계관에서 수행되지만 심리학에서는 수행되지 않는다. 유물론자는 뮌스터베르크의 인과심리학 개념을 **완전히** 받아들이고 과학의 이중성을 거부할 것이다. 관념론자 또한 이분법을 거부하고 목적론적 심리학의 개념을 **완전히** 받아들일 것이다. 뮌스터베르크 자신은 지식론적 관용을 선언하고 두 과학을 모두 수용하지만 하나는 유물론자로서, 다른 하나는 관념론자로서 발전시킨다. 이처럼 논쟁과 이중성은 인과심리학의 경계 밖에서 일어난다. 그것은 어떤 것의 일부도 형성하지 않으며 **그 자체로는** 어떤 과학의 구성원도 아니다.

13-22] 과학에서 관념론이 유물론의 기반이 되도록 **떠밀린** 것을 보여 주는 가장 시사적인 이 사례는, **그 어떤** 다른 사상가의 예에서도 충분히 확인된다.

13-23]　차동 연구의 문제-이 역시 새로운 심리학의 주요 이유 중 하나이다-로 객관적 심리학에 들어선 W. 스턴도 같은 길을 따랐다. 그러나 우리는 사상가를 연구하는 것이 아니라 그들의 운명, 즉 그들 배후에 있으며 그들을 이끄는 객관적인 과정을 연구하고 있다. 그리고 이들(과정-K)은 귀납이 아니라 분석으로 드러난다. 엥겔스의 표현에 따르면 증기기관 한 대는 10만 대의 기계 못지않은 설득력으로 에너지 전환의 법칙을 보여 준다(K.마르크스, Ф.엥겔스. Соч., т.20, p.543). 흥미 삼아 다음 한 가지를 덧붙이자. 러시아 관념주의 심리학자들은 뮌스터베르크 번역판 서문에서, 그가 행동심리학의 열망과-인간의 심리-생리적 조직을 원자로 분해하지 않는- 인간에 대한 총체적 접근의 요구를 충족한다는 점을 그의 장점 중 하나로 꼽았다. 위대한 관념주의자들이 비극으로 다루는 일을 작은 관념주의자들은 희극으로 반복한다.

11-32와 13-12 글상자에서, 우리는 세잔과 같은 후기 인상파들이 자연의 색과 형태에, 사회적 감각이나 물질적 의미 없이, 현상학적으로 접근함으로써 자연 풍경을 전체 구조로 받아들이려고 노력했음을 보았다. 그러나 수십 년 전에 이미 모네는 물질적 삶의 사실에 대해 이러한 전체론적, 분석적, 관념론적 접근 방식을 개발하고 있었다. 이 그림에서 모네는 노르망디 열차가 파리 기차역에 도착하는 장면을 하나의 주관적 시선으로 우리에게 보여 주려고 한다. 굴뚝에서 나오는 석탄 연기는 (실린더에서 나오는 증기와는 반대로) 의심할 여지 없이 검은색이었고 도시는 회색이었지만, 이 그림에서 반反현실주의자 모네는 역 내부의 연기는 하늘색으로 만들고, 그 외부에 있는 도시 공기는 노르망디의 구름처럼 순백색으로 만든다.

인격주의에 대한 비판에서 비고츠키가 지적했듯이, 스턴 역시 관념론자였다. 그러나 심리공학의 문제인 개인차에 대한 스턴의 접근 방식은 현실주의적이고 심지어 유물론적이었다. 스턴은, 오늘날 직업과 학급 배치를 위해 우리가 여전히 사용하는 IQ 검사를 제공했으며, 이것은 내

C. 모네(Claude Monet), 파리 생라자르역에 도착하는 증기기관, 1877.

관이 아니라 행동에 대한 관찰에 기반을 두고 있었다. 스턴의 관념론적 철학과 그의 유물론적 실천을 대조시키면서, 비고츠키는 전자는 사상가에게 동기를 부여할지 모르지만 그들의 지적 운명을 방향 짓는 것은 후자라고 말한다. 그리고 스턴과 뮌스터베르크와 같은 위대한 관념론자들이 비극(우리에게 현대적 삶의 진정한 모습을 실제로 제공하지 못한 관념론의 실패)으로 보여 준 것이 러시아의 동료 사상가들에 의해 다시 상영되면 희극이 된다. 이 문단에서 비고츠키가 '흥미 삼아' 지적한 러시아 관념론자들은 첼파노프의 제자들Б. Н. Северний, В. Экземплярскии로 뮌스터베르크 번역본 서문을 썼다.

비고츠키는 엥겔스가 『자연변증법』에서 헤켈과 영국의 경험론을 경멸하는 한 구절을 언급하고 있다. '귀납론자'는 그들의 제한된 데이터가 그들에게 보여 주는 것만큼만 증명할 수 있으며, 이는 더 많은 데이터에 의해 바로 반증된다고 엥겔스는 말한다. 그는 백 년 전에 가재와 거미는 곤충으로 간주되었으며 모든 하등동물은 '벌레'였다고 쓴다. 여기에서 엥겔스는 칼 포퍼가 제시한 귀납론에 대한 비판 전체를 예견하면서도 훨씬 뛰어넘는다.

대안은 무엇인가? 엥겔스는 논리적 귀납이나 연역이 아니라, 엔지니어 사디 가르노가 실제 문제를 분석한 결과인 열역학의 법칙을 제시한다.

"귀납과 분석. 귀납이 어떻게 과학적 발견의 유일한 또는 심지어 지배적 형태라고 주장할 수 없는지에 대한 놀라운 사례가 열역학에서 발생한다. 즉, 증기기관은 열을 보내서 역학적 운동을 얻을 수 있다는 가장 놀라운 증거를 제공했다. 10만 개의 증기기관이 이를 하나의 증기기관 이상으로 증명하지 못했지만 물리학자들에게는 그것을 설명할 필요성을 점점 더 많이 강요했다. 사디 카르노는 그 과업에 진지하게 착수한 최초의 사람이었다. 그러나 그는 귀납으로 접근하지 않았다. 그는 증기기관을 연구하고 분석했으며, 증기기관에서 중요한 과정이 순수한 형태로 나타나는 것이 아니라 온갖 종류의 부차적 과정에 의해 숨겨져 있음을 발견했다. 그는 '본질적 과정'과 아무런 관련이 없는 이러한 부차적 상황들을 제거했고, 이상적 증기기관(또는 가스기관)은 - 예컨대 기하학적 선이나 면처럼 실현 가능성이 거의 없지만 - 이러한 수학적 추상화와 동일한 기능을 나름의 방식으로 수행하며, 순수하고 독립적이며 완전한 형태로 제시한다는 사실을 발견했다."

Marx, K. and Engels, F. (2010). Dialectics of Nature(자연변증법, 메모와 단편). in *Collected Works*, vol. 25. London: Lawrence and Wishart, p. 509.

비고츠키는 또한 마르크스의 『루이 나폴레옹의 브뤼메르 18일』의 첫 문장을 냉소적으로 언급한다.

"헤겔은 세계사에서 매우 중요한 모든 사실과 인물들은, 말하자면, 두 번 등장한다고 어디선가 말한다. 그는 처음에는 비극으로, 두 번째는 희극으로라고 덧붙이는 것을 잊었다"(선집, p. 398).

13-24] 우리는 요약할 수 있다. 우리는 위기의 원인을 위기의 추동력으로, 따라서 역사적 흥미를 가질 뿐 아니라 선도적-방법론적-의미를 가진 것으로 이해한다. 그것이 위기를 만들었을 뿐 아니라 계속해서 위기의 미래 흐름과 운명을 규정하기 때문이다. 이 원인은 실천 원칙을 토대로 전체 과학 방법론의 재구조화를 이끄는, 즉 자연과학으로의 전환을 이끄는 응용심리학의 발전에 놓여 있다. 이 원칙은 심리학에 압력을 가해 그것을 두 개의 과학으로 쪼갠다. 그것은 유물론적 심리학의 올바른 미래 발달을 보장한다. 실천과 철학은 머릿돌이 된다.

13-25] 많은 심리학자는 실험 도입을 심리학의 근본적인 개혁으로 여겼으며, 심지어 과학과 실험 심리학을 동일시하기도 했다. 그들은 미래는 오직 실험 심리학에만 속한다고 예측했고, 이 통칭(실험적-K)에서 가장 중요한 방법론적 원리를 발견했다. 그러나 심리학에서 실험은 기술적技術的 장치 수준에 머물렀고, 원칙적인 방법으로 활용되지 않았으며, 예를 들어, N. 아흐의 경우 자기 부정으로 이어졌다. 오늘날 많은 심리학자는 **방법론**, 올바른 원리의 구성에서 탈출구를 본다. 즉, 그들은 다른 쪽 끝에서 구원을 기다린다. 하지만 그들의 연구는 아무 성과가 없다. 직접적인 내관적 체험의 뒤를 따르면서 내적으로 둘로 갈라지는 맹목적 경험론에 대한 원칙적 거부만이, 물리학이 눈을 배제하듯 내관으로부터의 해방만이, 단절과 단일 심리학의 선택만이 위기로부터의 출구를 제공한다. (유물론과 유심론의-K) 양 끝에서 심리학에 적용되는 방법론과 실천의 변증법적 통일은 한 심리학의 운명이자 숙명이며, 실천의 완전한 거부와 관념적 실체에 대한 숙고는 다른 심리학의 운명이자 숙명이다. 서로와의 완전한 단절과 분리는 그들의 공통된 운명이고 공통된 숙명이다. 이 단절은 **실천**의 노선을 따라 시작되었고, 진행 중이며, 끝날 것이다.

R. 마그리트(René Magritte), 사람의 아들, 1964.

사과가 한쪽 눈만 가리고 있음을 주목하자.

이 책을 시작하면서 비고츠키는 심리학의 실천적 적용(예: 심리공학, 정신건강, 학습지도)이 심리학을 두 부분으로 나누는 동시에 심리공학자, 의사, 교사는 오래된 관념주의적, 내관적 심리학(예: 아리스토텔레스, 흄, 베인)을 버린다고 주장했다. 이 장에서 우리는 이 말이 관념주의 심리학자(뮌스터베르크, 스턴)에게도 적용된다는 것을 보았다. 그들이 실천적 작업을 착수하는 동시에 두 발달노선(방법론과 실천)은 그들로 하여금 의도치 않게 관념론 철학과 내관을 버리고 관찰에 기초한 유물론적, 자연과학적 심리학을 채택하도록 했다.

그러나 이 사실을 말하기 위해 왜 심리학자들은 의사와 교사를 필요로 하는가? 학문적 심리학의 내부에서 일어나는 방법론적 혁명이나 혁명적으로 새로운 실험이 이러한 역할을 할 수 없었을까?

T. 쿤은 과학적 혁명이 결국 방법론의 문제라고 말한다. 과학 혁명의 원인은 과학 자체의 내부에서 유래한다는 것이다. K. 포퍼-한때 K. 뷜러, O. 셀츠, N. 아흐와 함께 퀼페의 뷔르츠부르크 학파에 속했다-는 과학이 과학자들의 실험에 의한 가설의 기각을 통해 나아간다고 말한다.

비고츠키 당대에 분트와 티치너는 고등심리기능이 특별한 인류학적 방법을 통해서만 연구될 수 있다고 주장한 반면, 퀼페와 아흐는 내관을 포함하는 실험실 실험을 주장하고 있었다. 예컨대 퀼페와 아흐는 '사과'라는 단어를 제시받은 피실험자가 때때로 심상(예컨대 나무)을 떠올렸지만, 비심상적인 생각(예컨대 '과일')을 떠올린 적이 더 많음을 발견했다. 이러한 실험이 스스로의 부정을 이끌었다고 비고츠키가 말한 이유는 무엇일까?

우리는 8장에서 아흐가 내관만이 내관의 데이터를 확증할 수 있다고 믿었음을 보았다(8-18 참조). 아흐는 방법론적 혁명을 가져온 것이 아니라, 자신이 아리스토텔레스, 흄, 베인에게서 찾은 연합과 지속의 노선에 또 다른 연합의 노선을 덧붙이려고 실험을 이용했다. 우리가 사과나무를 생각할 때 우리는 전체를 부분과 연합한다. 사과의 심상이 우리 마음속에 머물 때 우리는 이 심상이 지속된다고 말한다. 아흐는 우리가 피실험자에게 사과를 정의하라고 요청하면서 세 번째 경향, 즉 결정적 경향을 도입한다고 주장한다. 이는 우리에게 과업을 되도록 명료하게 완결 짓고자 하게 하는 경향이다. 아흐에게 이는 의지력의 원천이다. 그러나 아흐의 실험에서 피실험자의 '의지'에 대한 연구는 실험 지시를 따르려는 '의지'를 연구함으로써 이루어진다. 비고츠키가 지적하듯 사상가들은 자기 생각의 객관적 논리에 복종한다. '자유' 의지가 명령을 따르는 의지라고 규정한 아흐는 히틀러를 추종한 최초의 독일 교수 중 하나가 되었다.

비고츠키는 마그리트의 사과와 같이 방법론과 실험을 방해하는 더 깊은 모순이 있다고 말한다. 심리학은 관찰에 기반한 과학이 되어야 하지만 그것은 직접 관찰이 불가능한 과정을 연구해야 한다. 심리공학자, 의사, 교사들은 매일 이 모순을 당면해야 한다. 한편으로 그들은 가시적인 결과를 산출해야 하고 다른 한편으로 이 결과를 산출하는 과정은 매개된 것으로 관찰 불가하다. 물리학자들이 분자, 에너지 등 직접 관찰 불가한 과정을 이해하기 위해 눈으로 보는 능력의 증대를 거부해야 했듯이 심리학자들은 심리공학, 정신치료, 교수학습을 이해하기 위해 관찰과 내관을 거부해야 한다.

● 원인과 치료

제11장에 따르면, 제12장은 자연과학으로서의 심리학이 어떻게 가능한지를 확립하고, 이 심리학 구성에 필요한 개념을 확립하는 내용으로 기술되었어야 한다(11-25 참조). 그러나 제12장은 누락되었거나 기술되지 않았다. 다른 번역서는(Vygotsky, 1997: 305, 388f; Vygotski, 2010: 62 참조) 관례에 따라 책이 연속적이고 완전한 작품처럼 보일 수 있게 장 번호를 변경한다. 그러나 우리는 비고츠키가 직접 쓴 원고와 러시아어 선집(Выготский Л.С., 1982: 386)의 원문을 엄격하게 따르는 것을 선호하므로 12장 없이 이 장을 제13장으로 번역한다.

진단 이후에는 예후이다. 두 개의 심리학이 있지만 하나만이 생존한다. 이는 위기의 원인이 생산, 공중보건, 교육과 같은 심리학의 실천적 응용에 놓여 있기 때문이다. 이들 모두는 단순히 기술과 이해의 심리학이 아닌 인과의 심리학을 요구한다. 일부 보수적 심리학자들(뮌스터베르크나, 키르허너 자신의 주치의였던 빈스방거 역시)은 두 개의 심리학을 주장하면서 '인식론적 관용'을 외쳤다. 그러나 비고츠키는 연구 대상 즉 인간 의식이 맹목적인 경험론-이는 각 심리학 내에서 심리학의 분리를 반복하도록, 심지어 한 사람의 심리학자 안에서도 심리학의 분리를 반복하도록 운명지어진 것으로 보인다-을 용인하지 않을 것임을 지적한다. 대신 비고츠키는 유물론적 심리학이 옛 심리학의 풍부한 기술記述과 이해를 취하고 그것의 관념론적 방법론을 자연과학적 방법론으로 대체해야 한다고 주장한다.

우리는 비고츠키가 방법론자이자 아동학자, 손상학자임을 알고 있다. 첫 부분에서(아래 A) 비고츠키는 이러한 이론적 접근과 실천적 적용의 삼각형이 학문적 심리학을 대체하고 주변으로 몰아내고 있다는 사례를 제시한다. 두 번째 부분에서(아래 B) 비고츠키는 이 위기의 세 가지 '계기' 또는 국면을 보여 준다. 실천 형태는 순수한 이론적 추구를 대체하고 있고, 방법론적 질문은 실험 기법적 답변을 대체하고 있으며, 생산 증가를 위해 심리학을 이용하는 일방적 관심이 인간 심리를 탐구하기 위해 생산을 이용하는 상호 관심으로 대체되기 시작하면서 심리공학이 재구축되고 있다. 세 번째 부분(아래 C)에서 비고츠키는 그가 지난 장에서 소개했던 명백한 관념론자에게 다시 한번 관심을 돌리고 심리공학자 뮌스터베르크가, 위기가 어떻게 심리학자들에게 자신들의 공인된 목표에 반反하게 만들었는지, 위기가 어떻게 각 심리학 내부의 심리학자들 간의 분열을 낳았는지, 그리고 심리학에서 관념론과 유물론 간의 투쟁이 어째서 별개의 문제가 아니라 심리학자들과 심리학 내의 다양한 모순들 뒤에 숨어 있는 결정적 힘인지를 구체화하는 모습을 보여 준다. 마지막 섹션(아래 D)에서 비고츠키는 심리공학이 인과적인 자연과학 심리학을 선택했지만, 이 선택은 선택된 것과 선택한 사람 모두를 재구조화해야 한다고 결론 내린다.

A. 사회적이든 과학적이든, 적극적으로 심리학을 나누고자 하는 세력이 있고, 또 소극적으로 이 분할을 견디는 세력이 있다(13-1~13-2). 유물론자 비고츠키는 과학적 요소만 추구하면 된다고 말한다. 그는 사회적 요소도 거기서 그 표현을 찾을 수 있다고 말하며(13-3), 과학을 둘로 나누려고 노력하는 주요한 과학적 추동력을 응용심리학(교수학습, 정신건강, '심리공학'), 즉 정부와 기업인들이 잔인하게 '인적 자원 관리'라고 부르는 것에서 찾는다(13-3). 사회적 힘으로서 심리학의 이러한 실용적 사용은 학문적 심리학이 거부하는 쓸모없는 돌이지만, 이는 과학적 추동력으로서 미래 방법론의 초석을 형성할 것이다.

B. 비고츠키는 주변적인 '심리학의 실용적 적용'이 학문적 심리학을 주변부로 밀어내고 새로운 일반 과학의 중심적 추동력이 되고 있는 세 가지 '계기'를 제시한다(13-5).
   i. 첫째 계기는 다양한 형태의 실천이다. 교회, 군대, 국가, 산업은 비록 정신 활동을 숙달하고 지시하는 방식이 항상 암묵적이고, 불명확하며, 경험적으로 조직되어 있음에도 불구하고 모두 고도로 발전된 실천 형태를 지니고 있다. 비고츠키는 모든 심리학자가 그들 모두에게 찬송가를 부르게 될 것이라고 비꼰다(13-6). 결국 찬송가를 부르는 것은 정신 활동을 숙달하고 지향하는 데 기여하는 잘 발달된, 경험적으로 조직된 실천이다! 이렇게 잘 발달된 형태의 실천은 위기 이전에는 심리학에서 주변적인 것으로 간주되었다. 그러나 지금은 대학에서조차 구체적인 실천이 과학적 진리의 궁극적인 검증이 되고 있다(13-7).
   ii. 주변에서 중심으로 전환하는 둘째 계기는 방법론이다. 비고츠키는 심리공학이 제공하는 실천적 답변(취업 면접, 설문 조사 등)은 무가치한 것이지만, 그 제기된 질문은 심리학에서 가장 정교하고 심오한 문제 중 하나라고 말한다. 이는 비고츠키가 오늘날 IQ 테스트의 선구자였던 비네 테스트를 경멸했던 손다이크의 입장을 공유하고 있음에도 불구하고(『역사와 발달 II』 14-17~14-31), 기능적 이중자극기법과 근접발달영역 진단 모두에서 비네의 '기법'을 사용한 이유와, 『흥미와 개념』(제10장)에서 아흐 테스트를 사용하고, 『생각과 말』(제2장, 제7장)에서 피아제의 테스트를 사용한 이유를 설명해 준다. 응용심리학을 과학의 중심부로 이동하게 한 방법론적 변화는 과학적 가치가 거의 0에 가까운 '탈락자 선별을 위한' 시험과, 진정으로 '객관화할 수' 있는 과학적 연구(즉 궁극적으로 연구 대상을 연구할 수 있게 하는 연구) 간의 차이를 만든다(13-8~13-10).
   iii. 셋째 계기는 심리학의 중심부로 이동한 실행의 상호적이고 지속적인 변화이다. 심리공학은 산출을 조직하기 위해 인과적이고 설명적인 심리학을 요구한다. 그러나 인과적이고 설명적인 심리학은 심리공학도 변화시킬 것이다. 즉, 생산성과 수사학적으로만 관련된 일변량, 경험적 변수(예: "열정" 또는 "적성")를 다변량, 과학적 개념과 잘 정의되고 측정 가능한 정신 기능으로 대체할 것이다. 교실에서 '열정적'이거나 '영감이 고조된' 교사를 요구하는 심리학자들은 '열정적인' 공학자에게 공장을 맡기거나 '영감이 고조된' 항해사에게 배를 맡기지 않을 것이라고 비고츠키는 신랄하게 지적한다(13-11).

C. 비고츠키는 연구의 대상은 과학을 추동하는 사회적 요인이 아니라 과학 자체임을 밝힌다(13-12). 이와 유사하게 그의 비판 대상은 개인 과학자가 아니라 과학자를 추동하는 과학적 목적이다(13-13). 이제 비고츠키는 관념론적 심리공학의 선두주자인 뮌스터베르크에 비판의 초점을 맞춘다(13-12~13-23). 뮌스터베르크와 관념론적 심리공학은 다음을 잘 보여 주는 사례연구와 같다.
   i. 개인심리학자들은 스스로의 과학적 목적을 부정하고 그에 의해 부정당한다(13-14~13-15, 13-17~13-18). 심리공학자는 (어느 정도 마술사와 유사하게) 인과가 실제이지만 이는 단지 환영일 뿐이라고 믿는 척해야 한다. 비고츠키는 이러한 부정직성을 '지식론적 관용'–일종의 지적 복식부기라고 칭한다(13-18).
   ii. 관념론적 심리공학과 같은 특수 과학들은 다른 과학들과 맺는 모순을 그 자체 내에서도 기만적인 방식으로 재생산한다. 뮌스터베르크는 목적론적(내포적) 심리학은 심리공학자에게는 전혀 존재하지 않는다고 주장한다(13-15). 따라서 심리공학은 '통각', '의식', '정서'를 일종의 인과적 언어로 (예컨대 자극, 반응, 감각) 번역해야 한다. 비고츠키는 스턴 역시 동일한 이원론적 방법을 이용한다고 지적하고는 독일인들의 비극이 이제 러시아의 희극이 되었다고 냉소적으로 말한다(13-22~13-23).
   iii. 유물론적 심리학과 관념론적 심리학 사이의 투쟁은 심리학 학파들 간의 문제가 아니라 각 심리학 내에서의 주요 모순이며 심리학 일반의 위기 뒤에 있는 추동력이다. 뮌스터베르크는 심리공학이 단지 19세기 후반의 기술技術일 뿐이라고 주장한다(13-16). 훌륭한 식물학자는 식물이 시공간 내에서 살아가며 인과 법칙에 따르는 것처럼 보이는 것이 의미하는 바를 걱정할 필요가 없다. 훌륭한 심리공학자 역시 마찬가지다(13-19). 비고츠키는 식물은 통각, 인식, 정서와 같은 문제의 답을 인간처럼 긴급하게 요하지 않는다고 희화화한다(13-19).

D. 비고츠키는 이제 위기의 원인 그리고 치료법을 요약한다. 위기의 원인은 심리공학, 정신건강, 그리고 당연히 교육 같은 심리 과학 응용의 발달에 있다. 치료는 실천 … 그리고 철학 모두를 필요로 할 것이다(13-24)! 한편으로 경험적 심리학은 실험에서 치료법을 찾았지만, 이는 우리가 보았듯이 경험심리학 내부의 위기를 낳았을 뿐이다. 왜냐하면 실험 사실들조차 해석이 필요하기 때문이다. 다른 한편으로 뮌스터베르크와 빈스방거와 같은 관념론적 심리학자들은 별개의, 추상적인, 개념적인 일반 심리학에서 치료법을 찾았지만, 이는 우리가 보았듯이 일반적으로

이론과 학문적 심리학의 부적절함을 이끌었을 뿐이다. 흥미롭게도 비고츠키는 후자의 시도 사례로 아흐를 인용하며, 우리는 자신의 블록 검사가 과업에서 '결정경향성 원리'의 존재를 증명한다는 아흐의 견해가 그의 실험에 대한 사하로프의 방법론적 수정에 의해 사실상 반증되었음을 쉽게 볼 수 있다. 사하로프의 수정은 다양한 발달 단계에서 다양한 원리들이 출현하며, 그중 어느 것도 필연적으로 과업 자체에 의해 결정되는 것은 아니라는 것을 보여 주었다(13-25). 비고츠키는 두 개의 서로 겹치지 않는 심리학이 완전히 독립적으로 존재한다는 뮌스터베르크의 말이 실제로 옳다고 결론을 내린다. 그러나 어느 것이 실천과 철학을 성공적으로 병합하고 다른 것을 대체할 것인지에 대한 뮌스터베르크의 예측은 틀렸다.

참고 문헌

Sève, L. (2018). Where is Marx in the work and thought of Vygotsky?. *7e Séminaire International Vygotski, 20-22 juin 2018*. Genève, Suisse.

Vygotski, L. S. (2010). *La signification historique de la crise en psychologie*. Paris: La Dispute.

Vygotsky, L. S. (1997). *Collected Works*, vol. 3. London and New York: Plenum.

Выготский, Л. С. (1982). *Собрание сочинений*, Т. 1. М.: Педагогика.

레프 세묘노비치 비고츠키(2011). 『생각과 말』. 서울: 살림터.

레프 세묘노비치 비고츠키(2014). 『역사와 발달 II』. 서울: 살림터.

레프 세묘노비치 비고츠키(2020). 『흥미와 개념』. 서울: 살림터.

제14장

유물론적 심리학에서 존재론과 지식론

숲에서 나무가 쓰러지는데 아무도 그 소리를 듣지 못한다면 이 소리는 나는 것일까? 왼쪽 아래 구석 두 사람이 듣고 있음을 주목하자. 자연과학 실험과 (편향성이 내재된) 내관 모두 듣는 사람이 있기 때문에 둘 다 이 질문에 답할 수 없다. 이 장에서 비고츠키는 제3의 길도 존재하지 않음을 보여 준다. 게슈탈트 이론은 인간이 듣는 과정을 단순히 나무가 쓰러지는 소리와 같은 과정으로, 물리적 과정으로 취급하는 반면, 인격주의는 숲 전체에 들을 수 있는 귀를 제공한다. 코르닐로프의 마르크스주의 심리학은 자연의 소리와 인간의 청각을 이원론적으로 취급하여 서로를 같은 척도로 비교할 수 없는 것으로 간주하고, 프랑크푸르트의 마르크스주의 심리학은 나무를 상호작용하거나 숲을 구성할 수 없는 기하학적 형태로 환원한다. 비고츠키는 나무와 소음을 추상적 형태가 아닌 구체적인 내용으로 보존하는 '분석'이 방법론적 해결책이라고 주장한다. 심리적 질문을 온전하게 유지하려면 "나무가 쓰러졌나?"라는 존재론적 문제와 "우리는 나무가 쓰러졌다는 것을 어떻게 아는가?"라는 지식론적 문제를 분리해야 한다.

14-1] 분석을 통해, 위기의 역동에 대한 공식 즉, 두 심리학 간 격차의 증가라는 역사적, 방법론적 신조가 아무리 명백해 보일지라도, 많은 사람이 여기에 이의를 제기한다. 이 자체가 우리의 흥미를 끄는 것은 아니다. 우리가 발견한 경향은 객관적 존재를 가지며 이런저런 저자의 관점에 의존하지 않기 때문에-반대로 그것 자체가 심리학적 관점이 되고 과학 발달 과정에 참여하는 만큼 이러한 관점을 결정한다- 우리에게는 진실의 표현으로 보인다.

14-2] 따라서 이 주제에 대한 관점의 차이가 존재한다는 사실에 놀라지 말아야 한다. 처음부터 우리는 관점의 연구가 아니라 이러한 관점이 향하는 것을 목표로 삼았다. 이는 이러저러한 저자의 관점에 대한 비판적 연구로부터 문제 자체의 방법론적 분석을 구분한다. 그러나 그럼에도 우리의 관심사는 한 가지다. 우리가 관점에 완전히 무관심한 것은 아니다. 바로, 우리는 이 관점들을 설명할 수 있어야 하며 객관적인, 그들 내에 있는 논리를 드러낼 수 있어야 한다. 간단히 말해 모든 관점의 투쟁을 두 심리학 간 투쟁의 복잡한 표현으로 제시할 수 있어야 한다. 전체적으로 이는 현재 분석의 **토대에 대한** 비판의 과업이며, 우리는 가장 중요한 심리학 경향성을 예시로 들어, 우리가 제시한 신조가 이들을 이해할 때 무엇을 기여할 수 있는지 보여 주어야 한다. 그러나 여기

서는 이 **가능성**을 보이는 것, 분석의 원칙적 경로를 확립하는 것이 우리의 과업에 편입된다.

카라바조(Michelangelo Merisi da Caravaggio), 다마스커스로 가는 길에서의 회심, 1601.

　이 그림을 의뢰한 교회에는 매우 안타깝지만, 카라바조는 그리스도인들이 로마인들에게 어떻게 투쟁했는지, 로마인 사울이 그들을 어떻게 박해하러 다마스커스로 출발했는지, 그리고 그가 어떻게 거룩한 빛 가운데 기적 같은 목소리를 듣고 사도가 되었는지 말해 주지 않는다.

그 대신 카라바조는—말이 비틀거려 사울이 내동댕이쳐지고, 그 충격 속에 빛을 보고 음성을 들어 바울이 된— 기적의 물질적 가능성을 심리적이면서도 비非영적인 방식으로 보여 준다.

카라바조와 마찬가지로 비고츠키는 보는 사람을 설명하기보다는 보는 관점 자체를 설명하고자 했다. 11장에서 비고츠키는 심리학에 대한 관점에는 유심론적 관점과 유물론적 관점이라는 두 가지 관점만 존재한다는 것을 보여 주었다. 제12장은 빠져 있지만, 앞 장인 제13장에서 비고츠키는 심리학에 대한 이러한 각각의 관점이 각자 서로 다른 방식으로 이원론적임을 보여 주었다. 즉, '순수한' 유심론자는 성취해야 할 실제적인 과제가 있을 때 유물론자처럼 행동하게 되고, 유물론자는 의식의 고등한 심리적 기능을 완전히 무시함으로써만 순수성을 유지할 수 있다.

그리하여 이 장에서 비고츠키는 두 관점만이 존재한다는 자신의 주장을 거부하는 세 가지 경향, 즉 게슈탈트 이론, 인격주의, 마르크스주의를 살펴본다. 그는 이 세 가지가 유심론도 유물론도 아닌, 제3의 길을 대표하기보다 각각 관념론과 유물론이라는 두 가지 흐름을 가지고 있음을 보여 준다. 하지만 한 경우에는 기수가 유물론이고 말은 유심론이고, 다른 경우에는 기수가 유심론이고 말은 유물론이다. 세 번째 경우에는 기수가 쓰러져 기절하여 바닥에서 일어나지 못한다.

14-3] 이를 위한 가장 간단한 방법은 한 가지 경향이나 다른 경향을 명시적으로 지지하는 체계 또는 심지어 이 두 가지 경향을 혼합한 체계를 분석하는 것이다. 그러나 원칙적으로 투쟁의 **외부** 즉 이 두 경향의 외부에 위치하고, 세 번째 경향에서 돌파구를 찾으며, 심리학에는 두 가지 경로만 있다는 우리의 신조를 부정하는 것처럼 보이는 체계의 사례를 보여 주는 것은 더 어렵고, 따라서 더 매력적인 과제이다. 이 체계는 세 번째 길도 있다고 한다. 서로 투쟁하는 두 가지 경향이 결합될

수도 있고, 한 가지 경향이 다른 경향에 종속될 수도 있으며, 두 가지 경향이 완전히 사라지고 새로운 경향이 만들어질 수도 있고, 두 가지 경향이 제3의 경향에 모두 종속될 수도 있다. 이 세 번째 길이 **어디로** 향하는지 보이는 것은 원칙적으로 우리의 신조를 확증하는 데에서 무한히 중요한데, 이것으로 신조 자체가 서거나 무너질 수 있기 때문이다.

14-4] 우리가 채택한 방법에 따라 우리는 두 객관적 경향이 세 번째 경로 지지자들의 관점 체계에서 어떻게 작동하는지, 즉 그들이 속박을 당하는지 상황의 주인으로 남는지 고찰할 것이다. 간단히 말해, 누가 누구를 이끄는가-말인가 기수인가?

14-5] 우선 관점과 경향의 구분을 명확히 해보자. 관점은 스스로 자신을 특정 경향과 동일시할 수 있지만, 여전히 그것과 일치하지 않을 수 있다. 따라서 행동주의가 과학적 심리학은 자연과학으로서만 가능하다고 주장하는 것은 옳지만, 이것이 행동주의가 자연과학으로 그것을 **실현**하고, 행동주의가 이 생각을 손상시키지 않는다는 것을 의미하는 것은 아니다. 모든 관점에서 경향은 주어진 것이 아니라 (이루어야 할-K) **과업**이다. 과업을 안다는 것이 그것을 해결할 수 있음을 의미하는 것은 아니다. 하나의 경향의 토대 위에 다양한 관점이 있을 수 있으며, 하나의 관점 속에서 두 경향이 다양한 정도로 나타날 수 있다.

14-6] 이러한 구별을 명확히 하고 나면 세 번째 경로의 체계로 넘어갈 수 있다. 세 번째 경로는 매우 많다. 그러나 대다수는 무의식적으로 두 길을 혼동하는 맹인이거나, 이 길과 저 길을 넘나드는 의식적인 절충주의자에 속한다. 우리는 이들을 지나치도록 하자. 우리는 원칙에만 관심이 있지 그 왜곡에는 관심이 없다. 이처럼 원칙적으로 순수한 체계는 세 가지로, 이들은 게슈탈트 이론, 인격주의, 마르크스주의 심리학이다. 우리에게 필요한 맥락에서 이들을 살펴보자. 이 셋을 하나로 묶는 것은, 경험주의 심리학과 행동주의에 토대해서는 과학으로서의 심리학

이 불가능하며, 이 두 경로 위에 서서 두 접근법 중 어느 하나를 거부하지 않고 이들을 하나의 전체로 통합하는 과학적 심리학을 실현하게 해 주는 세 번째 경로가 있다는 공통된 신념이다. 각 체계는 고유한 방식으로 문제를 해결한다. 각 체계는 고유한 운명을 갖는다. 이들은 특별히 준비된 방법론적 실험처럼 세 번째 경로의 모든 논리적 가능성을 함께 소진한다.

14-7] 게슈탈트 이론은 행동의 기능적 측면과 기술적記述的 측면을 결합한 기본 개념인 구조(게슈탈트), 즉 **정신물리적** 개념을 도입하여 이 문제를 해결한다. 두 가지를 하나의 과학의 대상으로 결합하는 것은 이 둘에 본질적으로 **공통적인** 것을 찾아서 바로 이 **공통점**을 연구 대상으로 삼음으로써만 가능하다. 왜냐하면 우리가 정신과 육체를 어떤 속성에서도 일치하지 않고 심연으로 분리된 두 개의 다른 것으로 인식한다면, 완전히 다른 두 가지에 대한 하나의 과학은 당연히 불가능할 것이기 때문이다. 이것이 새로운 이론의 전체 방법론의 중심이다. 게슈탈트 이론 원리는 **모든 성질**에 동일하게 적용된다. 이것은 정신만의 특징이 아니다. 원칙은 정신물리적 성격을 띤다. 그것(게슈탈트)은 생리학, 물리학, 그리고 일반적으로 모든 실제 과학에 적용할 수 있다. 정신은 행동의 **일부**일 뿐이며 의식적 과정은 더 큰 전체의 부분적 과정이다(K. Koffka, 1925). M. 베르트하이머는 이에 대해 더욱 명확하게 말한다. 전체 게슈탈트 이론의 공식은 다음과 같이 요약된다. **어떤 전체의 일부에서 일어나는 일은 이 전체 구조의 내적 법칙에 의해 결정된다. "게슈탈트 이론은 그 이상도 그 이하도 아니다"**(M. 베르트하이머, 1925, p. 7). 심리학자 W. 쾰러(1924)는 물리학에서도 근본적으로 동일한 과정이 일어난다는 것을 보여 주었다. 그리고 이것은 **방법론적으로** 주목할 만한 사실이며, 게슈탈트 이론에 대한 결정적인 논증이다. 연구의 원리는 정신, 유기체, 무기체에 대해 동일하다. 이는 심리학이 자연과학의 맥락에 도

입되고 심리학 연구가 물리적 원리로 가능하다는 것을 의미한다. 절대적으로 이질적인 정신과 육체의 무의미한 연결 대신, 게슈탈트 이론은 그들의 연결을 주장한다. 이들은 하나의 전체의 일부이다. 오직 후기 문화의 유럽인만이 우리처럼 정신적인 것과 육체적인 것을 나눌 수 있다. 한 남자가 춤을 추고 있다. 한쪽에는 근육 운동의 총합이 있고 다른 한쪽에는 기쁨과 영감이 있는가? 둘 다 구조를 통해 맺어져 있다. 의식은 다른 연구 방법을 요구하는 근본적으로 새로운 것을 도입하지 않는다. 유물론과 관념론의 경계는 어디인가? 심리학 이론과 심지어 많은 교과서들은 의식의 요소에 대해서 말하면서도, 나무가 자라나는 것보다 더 정신과 의미가 결여되어 있고 우둔하며, 더 유물론적이다.

14-8] 이 모든 것이 무엇을 의미하는가? 게슈탈트 이론이 원칙적이고 방법론적으로 일관된 방식으로 스스로의 체계를 구성하는 한 유물론적 심리학을 실현한다는 사실이다. 현상적 반응, 내관에 대한 게슈탈트 이론의 가르침은 이와 모순되는 것처럼 **보이지만**, 이는 그렇게 보일 뿐이다. 이 심리학자들에게 정신은 **행동의** 현상적 **부분**이기 때문이다. 즉 이들은 원칙적으로 **두 가지 길 중 한 가지 길**을 선택했을 뿐 세 번째 길을 선택하지 않는다.

> 비고츠키는 관점(예: 행동주의, 관념론)과 경향(예: 관찰된 행동에 기반한 자연과학적 심리학의 실현, 혹은 내관에 기반한 인문학적 심리학의 실현)을 구분하면서 시작한다. 비고츠키는 한 관점이 다양한 경향을 가질 수 있다고 말한다. 관념론자 분트는 인류학 분야에서 인문학을 추구했지만 실험실에서는 자연과학을 추구했다. 그의 제자 티치너는 게슈탈트주의자로 스스로를 구조주의 심리학자라고 칭했지만 자연과학적 실험(한 사람은 내관을 하고 다른 이는 이를 관찰하는)을 수행했다. 비고츠키는 또한 한 경향이 여러 관점을 가질 수 있다고 말한다. 현상학은 후설에게는 관념론이었지만 악셀로트에게는 유물론이었다.

A. C. 하벨(A. C. Havell), 신출내기와 곰, 19세기 통속소설 삽화.

'세 번째 길'은 관점일까 경향일까? 게슈탈트주의자들은 관점상 유물론자이지만 그들의 '현상적 반응'(예컨대 느낌의 경험)과 내관(예컨대 느낌의 경험을 의식하고 이를 연구자에게 기술하는 것)은 자연과학적 심리학을 실현하는 것 같지 않다. 비고츠키는 이것이 환상이라고 말한다. 현상학이 후설에게는 인문학적 경향을 보이지만 악셀로트에게는 자연과학의 과업을 향하는 경향을 보인다는 것을 상기하자. 정신은 단지 행동의 현상학적 부분이라는 관념은 제임스-랑게의 정서이론과 매우 비슷하다. 제임스-랑게에 따르면 우리가 곰을 보고 도망치는 신체에 대한 감각이 바로 공포라는 느낌이다. 신체가 먼저 반응한다. 우리가 느끼는 감정은 신체의 반응에 대한 뇌의 반응이다. 관점과 경향을 구분하는 순간 명확한 세 번째 길은 없음을 알게 된다.

신출내기는 개척시대의 서부에 발을 들여놓은 이상주의적 동부 출신을 일컫는다.

하벨의 그림에서 신출내기는 도망치고 있지 않지만 여전히 공포에 질려 있다. 곰은 먼 산을 보면서 배수로를 미끄럼틀 삼아 미끄러지는 것을 즐기고 있는 듯하다.

14-9] 또 다른 질문. 이 이론은 자신의 견해를 일관되게 추구하는가? 그것은 자신의 관점에서 모순에 부딪히지는 않는가? 그 경로를 실현하기 위해 선택된 수단은 적절한가? 그러나 우리는 이것이 아니라 방법론적 원리 체계에 관심이 있다. 우리는 다음과 같이 덧붙일 수 있다. 게슈탈트 이론의 관점 중 이 경향과 일치하지 않는 모든 것은 다른 경향의 발현이다. 정신이 물리학과 같은 개념으로 기술된다면, 이것이 자연과학적 심리학의 길이다.

14-10] W. 스턴이 인격주의 이론에서 반대되는 발전 경로를 취한다는 것을 보여 주는 것은 쉽다. 두 길을 모두 피하고 세 번째 길을 택하기 위해 그는 실제로 **두 가지 중 하나**, 즉 관념론적 심리학의 길을 택한다. 그는 우리에게 하나의 심리학이 아니라 많은 심리학이 있다는 사실에서 출발한다. 이런저런 경향들의 전망에서 심리학의 대상을 보존하기 위해 그는 정신물리적으로 중립적인 작용과 기능의 개념을 도입하고 다음과 같은 가정에 도달한다. 정신과 육체는 동일한 발달 단계를 거친다. 이 구분은 부차적인 사실이다. 이는 한 인격이 스스로와 타인에게 나타날 수 있다는 사실에 기인한다. 기본적인 사실은 정신물리적으로 중립적인 인격과 그것의 정신물리적으로 중립적인 작용이 존재한다는 것이다. 그래서 통일은 정신물리적으로 중립적인 작용이라는 개념을 도입함으로써 달성된다.

> 거울 앞에 선 여자는 자신을 일련의 신체적 현상으로 본다. 거울이 없다면 여자는 자신을 일련의 정신적 현상으로 느낄 수 있다. 스턴은 이것이 육체적 현상과 정신적 현상 모두가 부차적임을 보여 준다고 말한다. 이러한 2차 현상이 파생되려면 일종의 1차 현상이 있어야 한다. 스턴은 이러한 주요 현상을 인격의 정신-물리적 작용 혹은 잠재적인 작용(기능)이라고 말한다. 이것이 신체적 작용과 정신적 작용이 유사한 발달 단계를 거치는 이유이다. 어린이의 감각-운동 발달에는 운동 동

E. L. 키르히너, 거울 앞의 여인, 1912.

작과 정신적 반응의 단계가 포함되고, 언어 습득에는 신체 성장 단계
와 학습 단계가 포함되며, 성적 발달에서는 신체 변화와 그에 상응하
는 정신적 변화가 포함된다. 이로부터 스턴은 정신-물리적 혹은 심리-
신체적 인격이 육체적, 정신적인 측면에서 '중립적'이라는 결론을 내렸
다. 인격이 그 둘에 선행한다는 것이다. 그러나 비고츠키는 베르트하이
머의 게슈탈트와 같이, 스턴의 인격은 '제3의 길'을 제공하지 않는다고

말한다. 다만 게슈탈트와는 달리 인격은 물리적인 구조가 아니라 아이디어(생각)라는 점에서 스턴은 관념론의 길 위에 있다.

물론 거울 앞에 있는 사람은 인격이 작동하는 모습의 반영을 본다. 그러나 우리의 신체와 정신은 단순 반영이 아니다. 거울은 여자의 인격이 작동하는 모습을 보거나 느끼지 못한다. 이는 그녀만이 할 수 있다.

14-11] 이 공식 뒤에 실제로 무엇이 숨겨져 있는지 살펴보자. 스턴은 게슈탈트 이론에서 우리에게 친숙한 것과 반대 경로를 취하는 것으로 나타난다. 그에게서 유기체와 심지어 무기체도 정신물리적으로 중립적인 인격체이다. 식물, 태양계, 인간은 근본적으로 동일한 방식으로 이해되어야 하지만, 목적론적 원리를 비심리적 세계로 확장함으로써 이해되어야 한다. 우리 앞에 있는 것은 목적론적 심리학이다. 세 번째 경로는 다시 **두 가지** 친숙한 경로 **중 하나로** 밝혀진다. 다시 논의는 인격주의의 방법론에 대해 이루어지고 있다—이러한 원칙을 바탕으로 구축된 이상적인 심리학은 어떤 모습일까? 그러나 그것이 실제로 어떠한지는 또 다른 문제이다. 사실, 뮌스터베르크와 마찬가지로 스턴은 차동심리학에서 인과심리학의 지지자가 될 수밖에 없다. 사실, 그는 의식에 대한 유물론적 개념을 제공한다. 즉, 그의 체계 내에서 우리에게 친숙한 동일한 투쟁—그가 옆으로 비켜서 있기를 바랐지만 실패한 투쟁—이 일어난다.

14-12] 세 번째 길을 시도하는 세 번째 체계는 우리 눈앞에서 구체화되고 있는 마르크스주의 심리학의 체계이다. 이는 아직 스스로의 방법론이 없고, 마르크스주의 창시자들의 임의적인 심리적 선언에서 기성의 방법론을 찾으려 하고 있기 때문에 분석이 어렵다. 다른 사람들 글에서 정신에 대한 기성 공식을 찾으려는 시도는 **과학 이전의 과학**을 요구한다는 뜻임은 말할 필요조차 없다. 자료의 이질성, 파편성, 문맥에서

벗어난 문장의 의미 변화, 대부분 문장의 논쟁적 성격-잘못된 생각의 부정에서는 정확하지만 문제에 대한 긍정적 규정이라는 의미에서 공허하고 진부한-으로 인해 이 작업은 다소 무작위로 쌓인 인용문과 그것의 탈무드적 해석 이상을 기대할 수 없게 한다는 점에 유의해야 한다. 가장 좋은 순서로 배열된 인용문이라 하더라도 결코 우리에게 체계를 제공하지 않는다.

> 과학 이전의 과학이라는 표현은 헤겔의 『대논리학』의 표현을 염두에 두었던 것으로 보인다.
>
> "즉각성과 매개성을 동시에 포함하여 이 두 요인이 분해되지 않고 불가분하게 나타나지 않는 것은 천상이나 자연, 정신 그 어디에도 결코 없으며 이들을 대립시키는 것은 무의미하다. 이에 대한 철학적 논쟁에 관해, 즉각성과 매개성의 요인이 나타나는 모든 논리 명제, 따라서 그들의 대립과 진실에 대한 논쟁에서 역시 이것이 발견된다. 사고와 지식, 인식과 관련하여 이 대립이 더 구체적인 즉각적 혹은 매개적 지식을 획득하는한 논리의 과학 내에서 고찰되는 것은 인식의 본성 자체인 반면 더 구체적 인식의 형태는 영혼의 철학이 맡는다. 그러나 인식의 본성을 과학 이전에 해명하기를 바라는 것은 이를 과학 밖에서 고찰하도록 요구하는 것이다. 과학 밖에서 이는, 최소한 과학적 방식으로 이루어질 수 없으며 그러한 방식이야말로 여기서 필요한 것이다"(G. W. F. Hegel, The Science of Logic, Section 92, Cambridge: Cambridge University Press).

14-13] 그러한 연구의 또 다른 공식적인 단점은 이 연구에서 두 가지 목표가 혼동된다는 것이다. … 플레하노프와 레닌 등의 마르크스주의 학설을 역사-철학적 관점에서 고찰하는 것과 이 사상가들이 제기한 문제 자체를 연구하는 것은 전혀 다른 문제이다. 이 둘을 한데 결합하면 두 가지 단점이 나타난다. 문제 해결을 위해 한 저자가 소환되고,

문제는 저자가 **지나치듯** 언급했거나 전혀 다른 이유로 다루었던 차원과 맥락에서 설정된다. 질문의 왜곡된 설정은 중심에 영향을 주지 않고, 문제의 본질이 요구하는 **대로** 문제를 전개하지 않으면서 그 임의적 측면과 관련된다 "더욱이, 문제 해결은 언제나 권위의 눈치를 보면서 이루어지므로 내적으로 부자유하며 원칙적으로 연구 불가하다. 다른 학설에 도움을 청하는 대신 먼저 스스로를 그에 옭아매고 구속시키는 것이다."

14-14] 언어적 상충에 대한 두려움은 지식론적, 방법론적 관점 등의 혼란을 초래한다.

14-15] 그러나 두 번째 목적—저자에 대한 연구— 역시 이런 방식으로 달성되지 않는다. 왜냐하면 싫든 좋든 저자는 현대화되어, 오늘날의 논쟁에 끌려들어 오게 되며, 가장 중요하게는, 다양한 장소에서 가져온 인용문들을 마구잡이로 체계에 결합함으로써 심하게 왜곡되기 때문이다. 우리는 이렇게 말할 수 있을 것이다. 그들은 첫째 **불필요한 곳에서**, 둘째 **필요하지 않은 것을**, 셋째 **필요하지 않은 방식으로** 찾고 있다. 불필요한 곳이다. 왜냐하면 플레하노프나 다른 어떤 마르크스주의자도 **그들이 찾고 있는 것을 가지고 있지 않으며**, 그들은 완성된 심리학 방법론은 물론 그 맹아조차 가지고 있지 않기 때문이다. 그들은 이 문제에 직면하지 않았고, 이 주제에 대한 그들의 진술은 무엇보다도 비심리학적 성격을 갖고 있다. 그들에게는 정신적인 것을 인식하는 방법에 관한 지식론적 학설조차 없다. 정신물리적 관계에 대해 하다못해 가설이라도 만드는 것이 정말 그렇게 간단한 일인가! 플레하노프가 어떤 정신물리적 학설을 만들었다면, 그는 스피노자와 나란히 철학사에 자신의 이름을 새겨 넣었을 것이다: 그 자신이 전혀 정신생리학을 연구한 적이 없고, 과학은 그러한 가설을 세울 이유가 없었기 때문에, 그는 그렇게 할 수 없었다.

14-16] 스피노자의 가설 이면裏面에는 갈릴레오의 전반적인 물리학이 있었다. 즉, 이(가설-K)로써 세계의 통일성과 규칙성을 처음 인식한, 자연철학의 원칙적으로 일반화된 실험 전체가 철학적 언어로 번역되어 언급되었다. 그러나 심리학에서는 무엇이 그러한 교리를 낳을 수 있는가? 플레하노프와 그 부류는-독립적이고 일반화되었으며 이론 수준으로 승격된 아이디어가 아닌- 국지적 목표 즉, 논쟁적이거나 설명적인, 일반적으로 특정 맥락상의 목표에 항상 관심이 있었다.

14-17] 필요한 것이 **아니다.** 연구를 시작할 수 있는 방법론적 원칙 체계가 필요하지만, 연구자들은 **본질적인 답**, 즉 수년간의 집단 연구의, 미지의 과학적 종점에 무엇이 놓여 있을지에 대한 답을 찾고 있기 때문이다. 이미 답이 있다면 마르크스주의 심리학을 구축할 필요가 없을 것이다. 추구하는 공식의 외적 기준은 방법론적 적합성이어야 한다. 대신에 그들은 되도록 적게 말하고 조심하며 해결을 자제하는 가장 중요한 존재론적 공식을 찾고 있다. 연구에서 **우리에게 도움이 될** 공식이 필요하다. 그들은 우리가 도와야 하고 증명해야 하는 존재론적 공식을 찾고 있다. 결과적으로 그들은 연구를 방법론적으로 **마비시키는** 공식과 마주치게 된다. 예컨대 부정적인 개념과 같은 것들이다. 그들은 이러한 임의적 공식을 기반으로 과학이 어떻게 실현될 수 있는지 보여 주지 않는다.

14-18] **필요한 방법이 아니다.** 생각이 '권위의' 원칙에 제한되어 있기 때문이다. 연구자들은 방법론이 아니라 교리를 연구한다. 그들은 두 공식의 논리적 중첩 방법에서 해방되지 못한다. 그들은 사태에 대한 비판적 접근, 자유로운 연구 접근을 취하지 않는다. "레닌의 모든 쉼표가 법칙이 아님을 이해해야 한다. 모든 연구에는 의무적 목적-이것 없이는 연구가 무의미해진다-이 있음을 이해해야 한다. 반론의 제기가 아닌, 새로운 것을 밝히고 풍부히 하며 복잡화하고 덧붙이는 것은 사소

한 미덕이다. 랴자노프는 말한다. 자연과 사회의 연구 영역에서 모든 새로운 발견은 많은, 비非정초적인 마르크스주의 명제-이는 시대에 뒤떨어지게 될 수밖에 없다-에 위협이다. 그러나 마르크스주의는 오직 스스로의 관점을 재고再考하도록 하는 위협을 환영한다. 마르크스주의의 본질은 그러한 '개정'을 요구한다. 레닌은 엥겔스의 유물론 형태의 개정, 그의 자연철학적 입장의 개정은 그 안에 수정주의적인 것을 전혀 포함하지 않는다고 올바르게 지적했다(p. 32). 평범한 연구자나 위대한 사상가에게 모두 철저히 필요한 자유 없이는 그 어떤 연구도 불가능하다. 이 모두는 심리학과 깊이 연관이 있다. 여기서, 엥겔스에게 현대적이었던 모든 것이 자연과학에서보다 더 시대에 뒤떨어지게 되었다."

Д. 랴자노프(Давид Рязанов)는 체르니셰프스키와 같이 농부들의 참여를 토대로 한 혁명운동가이다. 망명 중 마르크스주의에 관심을 갖게 되어 마르크스 엥겔스 전집의 자료가 된 원본 원고를 수집, 편집했다. 스스로 만든 조직이 있었으므로 혁명 전까지 볼셰비키에 가담하지 않았다. 혁명 후에 모스크바 마르크스-레닌 연구소 소장이 되었고 비고츠키는 그를 통해 마르크스 전집 출간 전에 내용을 읽을 수 있었다. 후에 트로츠키주의자로 기소되어 총살된다.

И. И. 브로드스키(Исаак Израилевич Бродский), 다비드 랴자노프의 초상.

랴자노프는 독자적인 마르크스주의자였다. 그는 스탈린에게 마르크스를 이해하지 못한 채 단순히 인용을 반복한다고 말하기도 했다. 그는 트로츠키의 '영구적 혁명' 이론을 처음으로 공식화하기도 했다. 이는 러시아나 중국 같은 나라는 자본주의를 거치지 않고 사회주의로 직접 나아갈 것이라는 이론이다. 이는 마르크스주의와 모순되지 않지만 (사회주의 혁명은 후진국이 아닌 선진화된 자본주의 국가에서 일어난다는) '비정초적non foundational' 마르크스주의 신조와는 배치된다.

이 문단은 소비에트 선집 출판 당시 심하게 검열되었고 랴자노프에 대한 비고츠키의 인용도 삭제되었다. 비고츠키는 마르크스주의 심리학자들이 마르크스를 이해하지 못한 채 인용문을 반복할 뿐이라고 주장한다. 비고츠키는 심리학이 과학과 마르크스주의에 충실하기 위해서는 새로운 증거에 비추어 '비정초적' 마르크스주의 신조들을 폐기해야 한다고 말한다. 예컨대 엥겔스는 유인원에서 인간으로의 이행과정에서 도구와 노동이 핵심 역할을 했다고 주장한다. 그러나 새로운 증거는 수렵채집 사회의 인간은 수렵이 아닌 채집을 통해 대부분의 열량을 획득했음을 보여 준다. 수렵과 달리 채집은 그다지 도구집약적인 활동이 아니다. 채집은 오히려 상당히 기호집약적인 활동이다. 채집자들은 발견물을 의사소통하고 기록하며 절기에 따른 먹거리 수확 활동을 조직하기 위해서 언어를 이용한다. 따라서 도구나 노동 자체보다는 기호와 언어가 핵심 역할을 했을 가능성이 있다. 이는 비정초적 마르크스주의와 반대되지만 도구와 기호의 구분을 강조하고, 아동 발달에서 도구 사용보다는 낱말의 의미를 중요시하는 비고츠키의 입장과 일관된다.

14-19] 그러나 이 세 가지 과실過失은 모두 심리학의 역사적 과제와 위기의 의미에 대한 이해 부족이라는 단 한 가지 원인에서 비롯된다. 다음 절節은 이것에 전적으로 몰두하겠다. 여기서 내가 이 모두를 말하는 것은 (프랑크푸르트, 코르닐로프, 그리고 일반적인 마르크스주의 심리학자들의-K) 관점과 (마르크스주의 심리학의-K) 체계 사이 경계를 명확히 하고, 관점의 실패에 대한 (플레하노프, 레닌, 그리고 일반적인 마르크스주의-K) 체계의 책임을 면하기 위함이다. 우리는 잘못 이해된 체계에 관하여 이야기할 것이다. 우리가 이렇게 할 수 있는 더 큰 근거를 제공하는 것은, 이러한 이해가 스스로 어디를 향할지 몰랐다 (즉, 마르크스주의가 아직 어떤 심리학적 방향을 취해야 할지 파악하지 못했다-K)는 사실이다.

14-20] 새로운 체계는 심리학의 세 번째 경로의 토대에 반응 개념

을 놓는다. 반사와 정신 현상과 달리 그것은 전체적인 반응 행동 속에 주관적 계기와 객관적 계기를 모두 포함한다. 그러나 게슈탈트 이론이나 스턴과 달리, 새로운 이론은 반응의 두 부분을 하나의 개념으로 결합하는 방법론적 전제를 거부한다. 정신에서 물리학에서와 근본적으로 동일한 구조를 보는 것도, 비유기적 자연에서 목적, 엔텔레케이아(생명력-K), 인격을 찾는 것도, 게슈탈트 이론의 길도, 스턴의 길도 목표에 이르지 못한다.

14-21] 새로운 이론은 플레하노프를 따라, 심신 평행론의 교리와 정신적인 것을 신체적인 것으로 환원하는 것-새로운 이론은 이를 조잡하고 통속적인 유물론으로 본다-의 완전한 불가성을 받아들인다. 그러나 근본적으로, 질적으로 이질적이고 환원 불가능한 **두** 존재의 범주에 대해 **하나의** 과학이 어떻게 가능한가? 그것들이 전체적인 반응 작용에서 합쳐지는 것이 어떻게 가능한가? 우리는 이 질문에 대해 두 가지 대답을 가지고 있다. 코르닐로프는 그들 사이에서 함수적 관계를 보지만 이는 즉각 모든 **무결성**을 파괴한다. 함수적 관계에 두 가지 **다른** 값이 서 있을 수 있는 것이다. 반응이라는 개념의 관점에서 심리를 연구하는 것은 불가능하다. 왜냐하면 반응 **내에** 단일성으로 환원될 수 없는, 함수적으로 의존적인 두 가지 요소가 있기 때문이다. 이것으로 정신물리적 문제가 해결되는 것이 아니라, **각 요소 내부로** 옮겨지며, 이 때문에 어떤 단계에서도 연구를 불가능하게 한다. 그것이 전체적으로 모든 심리학을 연결했기 때문이다. 앞에서는 정신의 전체 영역과 생리학의 전체 영역의 관계가 불분명했으며, 여기에서는 동일한 결정 불가능성이 각각의 개별 반응에 얽혀 있다. 이러한 문제 해결책은 **방법론적으로** 무엇을 제시하는가? 연구 초기에 불확실하게(가설적으로) 해결하는 대신, 문제를 개별 사례에서 실험적으로, 경험적으로 해결하라는 것이다. 그러나 이것은 불가능하다. 그리고 근본적으로 서로 다른 두 가지-연구

방법이 아닌- 인식 방법을 갖는 하나의 과학을 갖는 것이 어떻게 가능한가? K. H. 코르닐로프는 내관을, 기술적技術的 수단이 아니라 정신을 인식하는 유일한 타당한 방법으로 본다. 반응의 방법론적 전체성은 여전히 피아 데시데라타(pia desiderata, 신앙적 희망-K)로 남아 있음은 분명하다. 그러나 실제로 그러한 개념은 존재의 두 가지 다른 측면을 연구하는 두 가지 방법을 가진 두 가지 과학으로 이어진다.

14-22] Ю. B. 프랑크푸르트(1926)는 다른 답변을 제공한다. Г. B. 플레하노프의 뒤를 이어, 비물질적 정신의 물질성을 증명하고, 심리학을 위해 두 개의 연결되지 않은 과학의 길을 연결하기를 원하면서, 그는 희망 없고 해결할 수 없는 모순에 휘말리게 된다. 그의 추론 도식은 이렇다. 관념론자는 물질에서 정신의 타자성他者性을 본다. 기계적 유물론자는 정신에서 물질의 타자성을 본다. 변증법적 유물론자는 이율배반의 두 성분을 모두 유지한다. 그에게 정신은 1) 다른 **많은** 속성 중에서 운동으로 환원될 수 없는 특별한 속성, 2) 움직이는 물질의 내적 상태, 3) 물질적 과정의 주관적 측면이다. 이러한 공식의 모순성과 이질성은 심리학 개념의 체계적 진술에서 드러날 것이다. 그때 나는 절대적으로 다른 맥락들에서 찢겨져 나온 그런 생각들의 비교가 어떤 의미의 왜곡을 가져오는지 보여 주고자 한다. 여기서 우리는 문제의 **방법론적** 측면에만 배타적으로 관심을 갖고 있다. 원칙적으로 다른 **두** 종류의 존재에 대해 **하나의** 과학이 도대체 어떻게 가능한가? 그들은 공통점이 전혀 없고, 그들을 하나의 통합체로 환원하는 것은 불가능하지만, 어쩌면 그들 사이에 그들을 하나로 통일하는 것을 가능하게 하는 모종의 동의적同意的 연결이 존재하지 않을까? 아니다. 플레하노프는 분명히 말한다. 마르크스주의는 **"한 종류의 현상을 설명하거나 기술하기 위해 '개발된' 표상이나 개념의 도움으로 다른 종류의 현상을 설명하거나 기술할 가능성"**을 인정하지 않는다(Ю. B. 프랑크푸르트, 1926, p. 51에서 인용). 프

랑크푸르트는 말한다. "정신은 자신의 **특수한** 개념이나 표상의 도움으로 기술되거나 설명되는 **특별한** 속성이다"(같은 책). **다른** 개념-마찬가지로(pp. 52-53)- 역시. 그러나 이는 실제로 두 과학이 있다는 것을 의미한다. 하나는 인간 운동의 독특한 형태로서 행동에 관한 것이고, 다른 하나는 비운동으로서 정신에 관한 것이다. 프랑크푸르트는 또한 정신을 고려하여 좁은 의미와 넓은 의미에서의 생리학에 대해 말한다. 그러나 이것이 생리학일까? 과학이 우리의 피아트(fiat, 명령-K)대로 생겨나기를 바라는 것으로 충분한가? 서로 다른 개념의 도움으로 설명되고 기술되는 다른 **두** 종류의 존재에 대한 하나의 과학의 사례를 **한 개**라도, 아니면 그런 과학의 가능성이라도 우리에게 보여 달라.

14-23] 이 주장에는 그러한 과학의 **불가능성**을 분명히 보여 주는 두 지점이 있다.

14-24] 1. 정신은 물질의 특별한 성질 또는 속성이다. 하지만 성질은 사물의 일부가 아니라 특별한 잠재력이다. 그러나 물질에는 수많은 사물의 자질이 있다. 정신은 **그중** 하나이다. 플레하노프는 마음과 운동의 관계를 (나무가-K) 자라는 속성과 타는 속성, 또는 얼음이 딱딱한 속성과 반짝이는 속성 간 관계와 비교한다. 그런데 왜 이율배반의 관계에서 두 부분만 있을까? 거기 있는 자질들만큼의 부분들이, 즉 많이, 무수히 많이 있어야 할 것이다. 물론, 체르니셰프스키의 말과는 달리, 모든 자질 사이에는 어떤 공통점이 있다. 물질의 모든 성질-얼음의 광채와 단단함, 나무의 연소성과 성장성-을 포함하는 **일반적 개념**이 있다. 그렇지 않다면 자질만큼이나 많은 과학-하나가 얼음의 반사성에 관한 과학이 된다면, 다른 하나는 그 경도에 관한 과학이 된다-이 있어야 할 것이다. H. Г. 체르니셰프스키가 말한 것은 방법론적 원칙으로서는 **완전히 터무니없다.** 결국, 정신 내에서도 서로 다른 자질이 있다. 고통이 쾌락과 유사한 것은(일반 개념의 하위에 놓인다는 점에서-K) 반짝

임이 단단함과 유사한 것과 같다. 이 역시 고유한 속성이다.

Н. Г. 체르니셰프스키의 소설 『무엇을 할 것인가?』의 삽화.

Н. Г. 체르니셰프스키(Николай Гаврилович Чернышевский, 1828~1889)는 러시아 혁명가로 한평생을 감옥살이했다. 수감 중이었지만, 금서가 되어도 널리 읽히는 소설가이자 철학자가 되었다. 투르게네프의 『아버지와 아들』에 대한 답으로 쓴 이 작품이 가장 유명하다.

『무엇을 할 것인가?Что делать?』는 엄마와 딸에 관한 이야기다. 작품은 의문의 자살로 시작된다. 그런 다음 체르니셰프스키는 한 젊은 여성의 이야기를 들려준다. 그녀는 어머니가 주선한 강제 혼인을 피한다. 그러고는 오빠를 가르치던 가난한 의대생과 가출해 그와 결혼하지만 새로운 연인과 사랑에 빠진다. 그녀는 예지몽을 네 번 꾸고 결국 사각 관계(四角關係, ménage à quatre)로 이루어진 공동체를 만든다. 그녀의 사각 관계는 새 애인, 새 친구, 그리고 그의 아내를 모두 포함한다. 새 친구는 헤어졌던 의대생으로 밝혀졌는데, 그는 아내가 사랑하지 않는 자신과의 결혼 생활을 지속하기를 원하지 않아 자살을 가장하고 미국으로 떠났다가 부자가 되어 귀국했다.

철학자 체르니셰프스키는 데카르트의 이원론도, 라이프니츠의 (관념주의적) 일원론도 모두 거부했다. 그는 신이 본질적으로 물질적 자연이라는 스피노자의 가르침과, 자연이 자의식을 갖게 된 자연의 일부(곧, 우리 인간)에 의해 '신'과 같은 사고의 형태로 만들어졌다는 포이어바흐의 가르침을 모두 받아들였다. 포이어바흐에게 자연은 물질이고 그에 대한 관념은 자의식을 가진 인간(신)이 만든 것이다. 하지만, 체르니셰프스키에게 이 유물론은 데카르트와 스피노자가 믿었던 것처럼, 알 수 있는 존재 방식이 두 가지(사유와 연장)가 아니라 오직 하나만 있음을 의미했다. 따라서 이 물질적 존재 방식은 무한히 많은 속성을 가져야 했고, 이를 연구하기 위한 과학도 무한히 많아야 했다.

비고츠키는 이를 터무니없다고 생각한다. 인간의 눈에 비치는 각 '사물'은 인간의 목적과 관련 있는 얼마 안 되는 가능성이 요약된 것이기 때문이다. 예를 들어, 얼음에는 미끄럽고 위험하게 만드는 경도와 얼음을 보고 피할 수 있게 해 주는 광택이 모두 포함된다. 마찬가지로 나무는 불에 타는 가능성, 건물 재료로서의 가능성, 그 나무를 대체할 더 많은 나무를 키워낼 가능성을 포함한다. 이 외에도 많은 속성을 포함하지만, 인간으로서 우리는 이러한 속성을 반드시 연구하지는 않는다. 비고츠키는 인간 연구의 대상마다 우리의 이해와 관련된 이러한 모든 속성을 요약하는 어떤 일반적 개념이 있어야 한다고 주장한다.

연구 대상으로서 정신에 대한 비고츠키의 사례는 체르니셰프스키 자신의 연구에서 인용된 것이다. 이성은 본질적으로 미래의 쾌락을 위한 현재의 고통이다. 젊은 여성의 현재 고통이 미래의 쾌락과 연결되어 있다는 사실은 첫째, 어머니로부터 도망치고 둘째, 옛 애인에게 지쳤을 때 새로운 애인을 찾는 것과 같은 이성적인 결정을 가능하게 한다. 레오 톨스토이는 이 결론에 매우 불만을 품었고, 이에 대한 답장으로 『어떻게 해야 할까?』라는 글을 썼고, 또한 그것보다 훨씬 더 긴 『안나 카레니나』를 썼다.

14-25] 모든 문제는 플레하노프가 다양한 성질 다수가 포함되는 **정신이라는 일반 개념**을 가지고 작업하는데, 운동도 똑같이 다른 모든 성질을 포함하는 **일반 개념**일 것이라는 데 있다. 분명 정신과 운동은 성질들이 서로에 대해 맺는 것과는 원리적으로 다른 관계에 서 있다. 반짝임과 단단함은 모두 결국에는 운동(의 예, 즉 빛 입자의 운동과 분자의 부동성-K)이며, 고통과 쾌락(체르니셰프스키에게 합리성의 원천-K)은 모두 결국에는 정신이다(즉, 사유의 형태이다. 우리는 특정한 느낌이 우리의 활동력을 증가시키거나 감소시킨다고 생각하기 때문이다-K). 정신은 (체르니셰프스키가 주장했듯이-K) 많은 속성 중 하나가 아니라, (데카르트가 말했듯이-K) 둘 중 하나이다. 그러나 이는 결국 하나도 여럿도 아닌 두 개의 원천이 있다는 것을 의미한다. 방법론적으로 이것은 과학의 이원론이 완벽하게 보존된다는 것을 의미한다. 이는 요점 2에서 특히 명백하다.

비고츠키의 이론을 프랑크푸르트의 철학적 관점에 적용하기 위해, 레온티예프는 마음을 단지 물질의 운동, 즉 '활동'이라고 규정한다. 물론 절대 온도 0도 이상에서는, 우주 어디에도 운동하지 않는 물질은 없다. 따라서 마음이 단지 운동하는 물질이라고 말하는 것은 우리를 이원론에서 벗어나게 할지 모르지만, 마음에 대해 특별하거나 고유한 것을 전혀 알려 주지 못하기 때문에, 그것이 자연에 어떻게 존재하게 되었는지에 대해 전혀 구체적으로 말해 줄 수 없다.

다른 한편으로, 마음이 사실상 의미의 한 형태라고 말한다면, 우리는 그것이 어떻게 존재하게 되었고, 인간이 아닌 자연에서 발견하는 '의미'의 형태와 어떻게 다른지를 모두 설명할 위치에 있게 된다. 의미는 무언가 다른 것을 대신할 수 있는 방식으로 조직된 물질이다. 다음의 동굴 그림을 살펴보자.

자연에서의 의미(예컨대, 붉은 잎이 겨울이 오고 있음을 '의미'하거나, 발자국이 사슴이 지나갔음을 '의미'하는 것)는 객관적으로 존재하며, 심지어 동물의 의식 속에서 존재할 수 있다. 문화에서의 의미(예컨대, 우리가 공

초기 동굴 그림. 의도치 않은 발자국과 의도된 인간과 동물의 예술적 표상이 혼재한다. 의도된 손바닥 표현은 저작권을 주장하는 듯하다.

기 중의 소리를 듣고 그것을 말로 해석하거나, 종이 위의 표식을 보고 그것을 텍스트로 해석하는 것)는 우리가 말을 듣거나 텍스트를 보았을 때 인간이 그것을 만들었다는 것을 알기 때문에 객관적으로 존재하는 의미를 포함한다. 하지만 그것은 또한 우리가 그 물질을 조직한 사람이 무엇을 '의미'하거나 '의도'했는지 이해하려고 노력하게 만든다. 언어와 문화를 공유한다면, 우리는, '마음'이라는 낱말이 다른 사람의 전체 의식을 뜻할지라도, 그 의미를 해석할 위치에 있게 된다.

14-26] 2. 플레하노프에 따르면 심리적인 것은 생리적인 것에 영향을 미치지 않는다(1922). 프랑크푸르트(1926)는 그것(정신-K)이 생리적인 것을 통해 스스로에게 간접적으로 영향을 미치며, 나름의 고유한 효과성을 갖는다고 설명한다. 우리가 두 직각삼각형을 합하면 이것은 새로운 형태-직사각형을 만들게 된다. 형태들은 그 자체로 "우리의 물질적 삼각형(블록-K) 결합의 이차적, '형태적' 측면으로" 작용하지 않는다. 이

것은 유명한 샤텐테오리Schattentheorie-그림자 이론의 **정확한** 공식화임을 주목하자. 두 사람이 악수하면 그들의 그림자 역시 똑같이 한다. 프랑크푸르트에 따르면 그림자는 신체를 통해 서로에게 작용한다.

E. L. 키르히너, 그림자의 판매, 1915(목판화).

한 냉담한 남자는 막대한 부를 대가로 자신의 그림자를 판다. 여인들이 그에게 사랑을 느끼지만 그는 아무도 사랑하지 못함을 알게 된다. 많은 돈으로 외롭게 세계를 돌아다니던 남자는 자신의 그림자와 다시 만난다. 그림자는 굶주리며 구걸하고 있다. 그러나 남자의 발은 너무 커져서 이제 더 이상 그림자에 맞지 않는다.

남자의 다리와 무릎 꿇은 그림자가 만든 두 개의 직각삼각형을 주목하자. 그림자의 등은 판화를 대각선으로 가로질러 두 개의 직각삼각형을 거의 만들어 낸다. 그러나 우리는 직각삼각형이 사각형을 유발한다거나 사각형이 어떻게든 직각삼각형을 유발한다고 말할 수 없다. 우리는 삼각형과 사각형이 실제의, 물질적인 나무판화판의 일종의 형태적 그림자라고 말할 수 없다.

그림자 이론은 마음을 신체의 자질로 보지 않는다. 마음은 3차원적 신체가 2차원 기하학적 표면에 반영된 그림자와 같다. 그림자와 같이, 마음은 연장을 가진 신체가 물질적 연장의 속성을 전혀 갖지 않는 이상적인 기하학의 세계에 투사된 것이다.

프랑크푸르트는 정신은 스스로에 직접 작용하지 않고 오직 신체를 통해 작용한다고 말한다. 이와 유사하게, 루리야는 사람과 그의 행동의 관계를 사람과 그림자의 관계로 기술한다. 그는, 그림자가 돌을 옮길 수 없듯, 우리는 스스로의 행동을 통제할 수 없다고 말한다. 그러나 비고츠키에게 이 이론은 너무도 이원론적이다. 왜냐하면 그것은 정신이 신체의 속성이 아니며, 그와 떨어질 수 있는 부속물-판매 가능한 그림자와 같이-이라고 가정하기 때문이다.

14-27] 그러나 이것은 전혀 방법론적인 문제가 아니다. 저자는 자신이 도달한 우리 과학의 본질에 대한 공식화가 유물론자에게는 기괴하다는 것을 이해하고 있는가? 실제로 그림자, 형태, 반사된 환영을 연구하는 이런 과학은 과연 어떤 것일까? 저자는 자신이 어디에 왔는지 절반 정도 이해하지만 그것이 무엇을 의미하는지 알지 못한다. 과연 형태

자체에 대한 자연과학, 즉 귀납법, 인과성 개념을 사용하는 과학이 가능한가? 기하학에서만 우리는 추상적 형태를 연구한다. 최후 진술은 다음과 같다. 심리학은 (오직-K) 기하학으로서 가능하다. 그러나 바로 이것이 후설의 직관상적 심리학의 가장 높은 표현이며, 이것이 딜타이의 정신의 수학으로서의 기술심리학, 첼파노프의 현상학, 스타우트, 마이농 및 슈미트-코바지크의 분석심리학이다. 이들을 프랑크푸르트와 통합하는 것은 전체 원칙 구조이다. 이들은 같은 비유(Schattentheorie-K)를 사용한다.

14-28] 1. 정신은 **인과관계를 벗어난** 기하학적 형태처럼 연구되어야 한다. 두 개의 삼각형이 정사각형을 생성하지 않는다. 원은 피라미드를 전혀 알지 못한다. 현실 세계의 어떤 관계도 형태와 심리적 존재의 관념적 세계로 이전될 수 없다. 그것들은 기술, 분석, 분류될 수 있을 뿐 설명될 수는 없다. 딜타이가 주장하는 정신의 근본 속성은, 그 구성 요소들이 인과 법칙에 따라 연결되지 않는다는 것이다. 즉, "표상에는 스스로를 감정으로 전이시킬 만한 충분한 근거가 포함되어 있지 않다. 표상할 능력만 있고 전투의 열기 가운데 무관심하게 자신의 파멸을 지켜보는 냉담한 관중과 같은 존재를 상상할 수 있다. 감정은 스스로를 의지적 과정으로 전이할 만한 충분한 근거를 포함하지 않는다. 우리는 앞의 존재가 자신을 둘러싸고 벌어지는 전투에 두려움과 공포를 느끼지만, 이 느낌이 그 어떤 방어 움직임도 일으키지 않는 것을 상상할 수 있다"(1924, p. 99).

> 이 문단의 인용문 출처는 다음과 같다.
>
> Dilthey, W. (1894). Ideen über eine beschreibende und zergliedernde Psychologie(기술적, 분석적 심리학에 대한 생각들), Sitzungsberichte der Königlich Preußischen Akademie der Wissenschaften zu Berlin, vorgetragen am 22. Februar und am 7.

Juni 1894, Berlin(프러시아 왕립과학아카데미 1894년 2월 22일, 7월 7일 발표 자료, pp. 212-213).

14-29] **바로** 이러한 개념들이 비결정론적, 비인과적, 비공간적이기 때문에, 즉 이들이 기하학적 추상의 유형으로 구축되었기 때문에, 파블로프는 이들의 과학적 적합성을 부정한다. 이들은 뇌의 물질적 구조와 양립할 수 없다. 파블로프를 따라 우리가 이들이 실제 과학에 부적합하다고 말하는 것은 바로 이들이 기하학적이기 때문이다.

14-30] 기하학적 방법을 귀납적-과학적 방법과 결합하는 과학이 어떻게 가능한가? 딜타이는 유물론과 **설명적** 심리학이 서로를 전제로 함을 완벽히 이해한다. "후자(유물론-K)는 모든 풍조에서 설명적 심리학이다. 토대에 생리적 과정의 연결을 설정하고 심리적 사실은 배제하는 모든 이론은 유물론이다"(같은 책, p. 30).

14-31] 설명적 심리학에 대한 두려움을 불러일으킨 것은 바로 정신과 정신에 관한 모든 과학의 독립성을 수호하려는 열망, 자연을 지배하는 규칙성과 필요성을 이 세계(심리학-K)로 옮기는 것에 대한 두려움이다. "그 어떤…설명적 심리학도 정신 과학의 기초에 놓일 수 없다"(ibid, p. 64). 이는 정신의 과학은 물질적으로 연구될 수 없다는 것을 의미한다. 아, 만약 프랑크푸르트가 기하학으로서의 심리학에 대한 그의 요구가 실제로 무엇을 의미하는지 이해했다면! 정신의 물리적 원인이 아니라 고유한 연결, 즉 '효과성'에 대한 인정과 설명적 심리학의 거부는 **논쟁 중인 전체 정신 영역의 규칙성 개념을 거부하는 것** 이상도 이하도 아니다. 러시아 관념론자들은 이것을 아주 잘 이해하고 있다. 심리학에 관한 딜타이의 테제는 그들에게 역사적 과정에 대한 기계론적 이해와 대립하는 테제이다.

14-32] 2. 프랑크푸르트가 도달한 심리학의 두 번째 특징은 방법에, 이 과학 지식의 본성에 있다. 심리학이 자연적 과정과 관련하여 도입되지 않고 인과관계 밖에 놓여 있다면, 실제 사실을 관찰하고 일반화하는 방식으로 연구할 수 없으며, 사변적이고 귀납적인 방법, 즉 이 플라톤적 관념이나 심리적 본질 내 진리를 직접 인식하는 방법으로 연구해야 한다. 기하학에는 귀납법의 자리가 없다. 하나의 삼각형에 관해 증명된 것은 모든 삼각형에 관하여 증명된다. 기하학은 실제 삼각형이 아니라 이상적인 추상, 즉 대상의 개별적인 성질을 분리하여 극한까지 끌어올려진, 이상적으로 순수한 형태를 연구한다. 후설에게 현상학은, 수학이 자연과학과 맺는 그러한 관계를 심리학과 맺는다. 그러나 프랑크푸르트에 따르면 기하학과 심리학을 자연과학으로 실현하는 것은 불가능하다. 방법은 이들을 분리시킨다. 귀납법은 사실에 대한 반복적 관찰과, 실험으로 도출한 일반화를 기반으로 하는데, 분석적(현상학적) 방법은 진리에 대한 직접적이고 즉각적인 고찰에 기초한다. 이 점을 생각해 볼 필요가 있다. 우리는 우리가 완전히 깨뜨리고 싶은 과학이 실제로 무엇인지 정확히 알아야 한다. 여기 귀납과 분석에 관한 학설에는 우리가 드러내야 하는 하나의 근본적인 오해가 포함되어 있다.

14-33] 분석은 인과심리학과 자연과학 모두에서 매우 체계적으로 활용되며, 여기서 우리는 **종종 단일 관찰로부터 일반 법칙을 추론한다**. 특히 귀납법과 수학적(통계적-K) 처리의 우세와 분석의 저발달은 분트의 작업과 모든 실험 심리학을 크게 손상시켰다.

14-34] 하나의 분석과 다른 분석의 차이를, 혹은 분명히 표현하자면 분석적 방법과 현상학적 방법을 구분하게 해 주는 것은 무엇인가? 이것을 알면, 우리는 두 심리학 간의 경계를 나타내는 최종 표시를 우리 지도에 그려 넣을 것이다.

14-35] 자연과학과 인과심리학의 분석 방법은 전체 계열의 **한** 현상,

전형적 표상을 연구하여 이로부터 **전체 계열**에 대한 명제를 추출하는 것으로 이루어진다. 첼파노프는 다양한 가스의 특성에 대한 연구를 예시로 이를 설명한다. 우리는 어떤 한 가스를 대상으로 실험을 한 후 전체 가스의 특성에 대하여 어떤 주장을 한다. 이러한 결론을 도출하면서 우리는 실험 대상인 가스에 모든 다른 가스의 특성이 존재한다고 가정한다. 첼파노프에 따르면 이러한 결론에는 귀납적 방법과 분석적 방법이 공존한다.

14-36] 실제로 그런가? 즉, 기하학적 방법과 자연과학적 방법을 혼합, 결합하는 것이 정말 가능한가 아니면 여기에 용어의 혼동이 있을 뿐, 첼파노프는 분석이라는 단어를 완전히 다른 두 가지 의미로 사용하고 있는가? 이 질문은 그냥 넘어가기에는 너무 중요하다. 우리는 두 심리학을 구분할 뿐 아니라, 두 심리학의 방법을 가능한 한 깊고 멀리 분할해야 한다. 그들에게는 공통된 방법이 **있을 수 없기** 때문이다. 분할 후 기술심리학에 속하게 될 방법의 부분이 우리의 관심을 끈다─이는 우리가 기술심리학을 정확하게 알기 원하기 때문이다─ 는 사실과는 별개로, 우리는 분할에서 우리의 영토로 귀속되는 **한구석도 포기하고 싶지 않다.** 아래에서 보게될 바와 같이, 분석적 방법은 모든 사회심리학의 구성에서 원칙적으로 무척 중요하기에 투쟁 없이 포기할 수 없다.

14-37] 마르크스주의 방법론에서 헤겔의 원리를 설명하면서, 스톨랴로프는 모든 것이 소우주, 즉 거대한 세계 전체가 반영되어 있는 '보편적 척도'로 간주될 수 있다고 바르게 말한다. "이를 근거로 그들은 그어떤 것 하나, 하나의 대상, 하나의 현상을 **끝까지,** 철저하게 연구하는 것─이것은 세계 전체를 그 모든 연결을 포함하여 알게 된다는 것을 의미한다고 말한다. 이런 의미에서 모든 사람은 어느 정도 그가 속한 사회, 또는 더 정확히 말하자면 계급의 척도라고 말할 수 있다. 왜냐하면 사회적 관계의 총체 전부가 그에게 반영되기 때문이다"(p. 103). 데보린

도 같은 말을 한다. "개별성은 일반성의 부정이 아니라 일반성의 실현이
다. 구체적 개체나 구체적 개인은-그 속에서 일반성이 현실로 실현되는
한- 그 자체가 일반성이다.""주어진 개별 대상은 고유한 동시에 일반
적 본질을 표현한다.""주어진 특정 환경의 노동 계급은, 주어진[,   ],
즉 개별 현상이면서, 노동 계급 일반의 일반적인 성격, 법칙, 정의를 특
수한 방식으로, 즉 고유한 방식으로 표현한다."(103)

E. L. 키르히너, 자화상(시기 미상).

이 작품을 '소녀와의 자화상'이라고 보는 이들도 있지만 인격을 여러 측면에서 보여 주는 이중자화상으로 보는 것이 더 적절해 보인다. 사적인 거울에는 헝클어진 얼굴 전체가 비치지만 사람들 앞에서는 말쑥하게 치장한 옆모습이 나타난다. 이는 마르크스의 포이어바흐에 대한 여섯 번째 테제를 잘 표현해 준다. 마르크스는 인간은 고정된 심리적 '본질'(영혼과 같은)을 갖지 않으며 그의 사회적 관계의 총체-다양한 관점에서 조망된-를 가질 뿐이라고 말한다.

비고츠키는 마르크스의 테제를 심리학적으로 해석한다. 인격은 사회적 관계 즉 대인 관계적, 직업적, 성적, 그리고 물론 경제적 관계의 총체이다. 이는 규정된 인격이 청소년기에, 타인을 통해 자신이 되는 과정에서 나타나는 이유를 설명해 준다. 비고츠키가 『역사와 발달I』에서 말했듯, "우리 자신이 되는 것은 다른 사람을 통해서라고 말할 수 있다"(5-56). 우리는 모두 타인과의 교환을 통해서만 스스로의 가치를 실현하는 상품이다.

반면 데보린은 마르크스의 테제를 사회학적으로 해석한다. 계급은 사회적 관계의 총체이다. 따라서 특정 환경의 노동자 계급은 모든 노동자 계급의 특성을(국가적 특성이 아닌) 반영한다. 이는 노동자들에게는 조국이 없는 이유를 설명한다.

스톨랴로프(А. К. Столяров, 1896~1938)는 데보린의 제자이다. 데보린과 같이 그는 악셀로트의 '기계론자'들과의 논쟁에서 변증론자였다. 스톨랴로프는 부하린이 옹호한 기계론적 관점에 대항하여 헤겔의 양질변환의 개념(물에 점진적으로 열을 가하거나 빼앗을 때 물이 끓거나 어는 방식 혹은 좀더 일반적으로는 안정적 발달 시기가 위기가 되는 방식)에 대한 전문서를 저술했다.

스탈린은 소비에트 노동자들이 가진 국가적 특성을 강하게 믿었고 이를 중심으로 '단일국가 내 사회주의' 이론을 구축했으므로 데보린과 '변증론자'들을 모두 비판했다. 스톨랴로프는 체포되어 사형을 언도받았으나 총살되기 전에 옥사한 것으로 보인다.

자베르쉬네바와 오시포프에 따르면 러시아어 선집에서 이 문단은 상당히 깊게 편집되었다. 스톨랴로프가 데보린을 인용한 부분이 삭제 되었으며 스톨랴로프의 다음 저서에 대한 참조가 삭제되었다.

스톨랴로프, A. (1926). Философия 《качества》 и качество философии некоторых механицистов('질'의 철학 및 어떤 기계론자의 철학의 질).-*Под знаменем марксизма*, No. 6. p. 103.

스톨랴로프의 저서의 103쪽 각주 2에서 인용된 데보린의 글의 출처 는 다음과 같다.

데보린, A. (1924). Маркс и Гегель(마르크스와 헤겔).-*Под знаменем марксизма*, No. 3. p. 17.

14-38] 우리는 이미 개별로부터 일반에 이르는 지식이 사회심리학 전체의 열쇠임을 알 수 있다. 우리는 심리학이 개별, 개인을 사회의 소 우주로서, 하나의 유형으로서, 사회의 표현이나 척도로서 바라보는 권 리를 위해 투쟁해야 한다. 그러나 이것은 우리가 인과심리학을 일대일 로 다룰 때만 말해야 한다. 여기서 우리는 분할이라는 주제를 끝까지 다뤄야 한다.

14-39] 첼파노프의 사례에서 분석은 물리학의 귀납을 부정하지 않 으며, 바로 이 덕분에 일반적인 결론을 내릴 수 있게 해 주는 한 번의 관찰이 가능해진다는 것은 의심의 여지 없이 옳다. 사실, 우리는 무슨 근거로 하나의 기체에서 모든 기체로 결론을 확장하는가? 이전의 귀납 적 관찰을 통해 기체에 대한 일반적인 개념을 정립하고 이 개념의 범위 와 내용을 설정했기 때문이다. 또한, 우리는 주어진 단일 기체를 **그 자 체로** 연구하지 않고 특정 관점에서 연구했기 때문에 그 안에서 실현되 는 일반적인 **기체의 특성**을 연구한다. 바로 이 가능성 즉 개별적 특수 성과 일반성을 분리하게 해 주는 관점을, 우리는 분석에 빚지고 있다.

14-40] 이처럼 분석은 귀납과 모순되지 않고 그와 친족관계를 갖는다. 분석은 귀납의 본질(반복성)을 부정하는 귀납의 가장 고등한 형태이다. 그것은 귀납에 의존하며 그것을 이끈다. 그것은 문제를 설정한다. 그것은 **모든 실험의 토대에 놓인다. 모든 실험은 분석의 실제 작동이다. 이는 모든 분석이 사고로 하는 실험인 것과 마찬가지다.** 따라서 그것을 **실험적 방법**이라고 칭하는 것이 옳을 것이다. 사실 내가 실험을 할 때 나는 **A, B, C 등** 일련의 구체적 현상을 연구하고 결론을 **다양한 집단에**-모든 인간, 모든 학령기 어린이, 달톤학교 학생 등에 적용한다. 분석은 결론의 확산 범위, 즉 주어진 집단에 공통이 되는 면모를 **A, B, C**에서 추출할 범위를 제시한다. 그러나 나아가서, 나는 실험에서 항상 현상에서 추출된 하나의 특징을 본다. 이것도 분석의 작업이다.

자베르쉬네바와 오시포프는 소비에트 편집자들에 의해 본문의 дальтонист(daltonists)라는 용어가 деятельность(활동)라는 낱말로 교체되었다고 지적한다. 여기서 비고츠키는 사양계수에 대해 설명하고 있다. 그는 하나의 구체적 사례가 특정 현상에 대한 (그 발달 단계를 포함하는) 분석 단위가 될 수 있는 이유와 방법을 논하고 있다. 현대의 활동이론activity theory의 약점은 모든 문화적, 역사적 인간 현상에 대한 분석 단위로 활동이라는 추상적 개념을 채택한다는 사실이다. 따라서 여기에는 사양계수가 없다. 이러한 사양계수의 부재는 근접 발달영역을 성인 대학원생으로 일반화하는 대학교수, 어린이를 작은 어른으로 오인하는 교사, 아기를 작은 학생으로 오인하는 부모를 낳았다. 방법론적으로 이는 비고츠키가 4장에서 반사학, 정신분석, 게슈탈트 이론, 인격주의라는 개구리가 황소처럼 부풀어 올라 터져 버리는 현상을 비판할 때 지적한 '팽창'을 낳았다.

비고츠키가 원래 사용한 달토니스트дальтонист는 몬테소리 계열의 진보적 학교(매사추세츠 달톤에 처음 달톤학교를 설립한 H. 파커스트는 M.몬테소리의 학생이자 동료, 긴밀한 협력자였다)인 달톤학교에 다니는 학생을 의미하는 것으로 보인다. 문단의 문맥상 '학생'이 보편적 인간의 특수 집단을 지칭하는 것과 같이, 달토니스트는 학생의 특수 집단으로 이해하는 것이 일관돼 보인다. 비고츠키의 동료인 사비나 슈피엘라인이 설립한 이러한 유의 학교에는 볼셰비키 고위 지도자의 자녀들도 다니고 있었으며 이 중에는 스탈린의 아들인 바실리도 있었다.

달토니스트에 대한 또 다른 (더 낮은) 해석 가능성은, 비고츠키가 색맹인 학생 집단을 지칭하고자 했다는 것이다. 러시아어로 색맹인 사람을 존 달톤(John Dalton, 1766~1844)의 이름을 따서 달토니크даль-тоник라고 한다. 달톤은 첼파노프가 언급했던 가스 이론에서 중요한 기여를 한 사상가이자 화학에서 원자이론의 창시자이자 색맹 연구자이기도 하다. 최근(1994) 달톤에 대한 DNA 조사를 통해 그 자신도 적록 색맹이었음이 밝혀졌다.

14-41] 분석을 설명하기 위해 귀납적 방법으로 넘어갈 것이다. 이 방법의 다양한 적용을 고려해 보자.

14-42] И. П. 파블로프는 사실 **개의 침샘** 활동을 연구했다. 그에게 자신의 실험을 **동물**의 고등 신경 활동 연구라고 부를 권리를 주는 것은 무엇인가? 결론을 이끌어 낼 권리를 가지려면, 아마도 그는 말과 까

마귀 등-즉, 모두에 대해, 또는 적어도 대다수의 동물에 대해 자신의 실험을 검증했어야 하는 것이 아닐까? 아니면 그는 자신의 실험을 개의 침 분비 연구라 명명해야 하지 않았을까? 그러나 파블로프는 개의 침 분비를 **그 자체**로 연구한 것도 아니었고, 그의 실험이 개 자체와 침 분비 자체에 대한 우리의 지식을 조금이라도 증가시킨 것도 아니었다. 그는 개에서 개가 아니라, **동물 일반**을 연구했고, 침 분비에서 **반사 일반**을 연구했다. 즉 이 동물과 이 현상에서, 그는 이들이 모든 동질 현상과 갖는 공통점을 선별했다. 따라서 그의 결론은 모든 동물뿐 아니라 생물학 전체에도 적용된다. 파블로프가 제공한 특정한 신호에 대한 파블로프의 특정한 개들의 침 분비에 대해 확립된 사실은 곧장 일반 생물학적 원리-유전 경험으로부터 개인적 경험으로의(즉, 본능으로부터 습관과 기능으로의-K) 전환-가 된다. 이것은 파블로프가 연구 중인 현상을 개별 현상의 고유 조건으로부터 **최대한 추상화했기** 때문에 가능했던 것으로 밝혀졌다. 그는 천재적으로 **개별 속에서 일반성을 보았다.**

14-43] 그가 결론의 확장에서 의존한 것은 무엇인가? 당연히 다음의 사실이다. 우리가 결론을 확장하는 대상은 **동일한 요소**를 다루며, 우리는 미리 확립된 유사성(모든 동물의 유전적 반사, 신경계 등)에 의존한다. 파블로프는 **개**를 연구하여 **생물학 일반 법칙**을 발견했다. 그러나 그는 모든 동물의 토대를 구성하는 것을 개에게서 연구했다. 이것이 모든 설명 원칙의 방법론적 경로이다. 사실 파블로프가 결론을 확장한 것은 아니며 그 확장의 정도는 미리 주어져 있었다. 그것은 실험의 설정 자체에 포함되어 있었다. A. A. 우흐톰스키도 마찬가지다. 그는 몇몇 개구리 표본을 연구했다. 그가 모든 개구리로 결론을 넓혔다면 이는 귀납법이 되었을 것이다. 그러나 대신 그는 『전쟁과 평화』 등장인물의 심리적 원리로서 지배성에 대해 논한다. 이로써 그는 분석에 빚지게 된다. C. 셰링턴은 많은 개와 고양이의 뒷다리를 긁거나 구부리는 반사 작용을 연

구하여 성격의 토대에 놓인, 운동 장場의 쟁취를 향한 투쟁의 원리를 확립했다. 그러나 우흐톰스키나 셰링턴은 개구리나 고양이 자체에 대한 연구에 새로운 것은 전혀 추가하지 않았다.

케임브리지대학교에 있는 찰스 셰링턴 기념 스테인드글라스(셰링턴의 초기 그림을 바탕으로 상충하는 자극들이 감각 기관의 반응을 놓고 경쟁함을 보여 준다).

C. 셰링턴(Charles Sherrington, 1857~1952)은 반사가 하나의 반사궁(反射弓, 감각-운동 반사 또는 자극-반응 단위)이 아니라 유기체 전체의 기능이라는 사실을 발견했다. 듀이는 이미 이론적 근거로 반사궁을 (따라서 파블로프 행동주의의 기초가 되는 자극-반응 단위를) 비판했다. 그러나 셰링턴은 근육이 활성화되면 다른 특정 근육은 비활성화되어야 함을 보여 주었다. 한편으로 이것은 신경계가 부분의 합이 아닌 통합된 전체로서 작동한다는 게슈탈트주의적 관점을 크게 강화했다. 다른 한편으로는 뉴런의 작용조차도 개별적으로 작동하는 것이 아니라 (셰링턴의 표현을 빌리면) '수백만 배의 민주주의'로 작동한다고 설명했다. 서로 상충되는 자극들은 유기체 전체의 주의를 끌기 위해 경쟁하고, 상충하는 반응들도 마찬가지로 유기체 전체의 반응을 형성하기 위해 경쟁하며, 결국 가장 강한 자극과 반응이 승리한다.

A. A. 우흐톰스키(Алексей Алексеевич Ухтомский, 1875~1942)는 러시아의 귀족이자 수도사, 러시아 정교회의 '오랜 신자'였으며 라스푸틴을 차르와 그의 측근들에게 소개한 것으로 추정되는 인물이다. 하지만 우흐톰스키는 또한 페트로그라드 신경학 연구소의 학생이자 브베

덴스키의 후계자였고, 셰링턴의 연구에 발달적 차원을 추가하여 비고츠키의 눈길을 끌었다. 우흐톰스키에 따르면 '지배적인' 자극은 개체의 성장에 따라 변화하며, 인간에게 최종적으로 '지배적인' 자극은 타인의 시각으로 자신의 인간성을 인식하고 그리스도처럼 그 사람을 위해 죽을 준비가 되는 것이다. 우흐톰스키 자신도 구금과 석방을 반복하던 끝에 나치의 레닌그라드 포위 공격 중 자신의 신념에 따라 아사餓死하였다.

우흐톰스키는 갈바니가 1793년 전하電荷를 통해 개구리의 다리를 경련시키는 것이 가능하다는 것을 보여 주면서 좌골 신경의 존재를 증명하는 실험(아래)에서 사용한 것과 동일한 개구리 표본으로 시작하였다. 하지만 셰링턴과 마찬가지로 그는 이러한 반응이 개구리가 실제로 도약하는 방식과 다르다는 것에 주목했다. 그는 고양이와 개의 배변 반사를 연구하기 시작했고, 전하電荷가 때때로 반사를 억제하는 대신 증가시킨다는 것을 발견했다. 비고츠키가 말했듯 이것은 지배성 이론으로 이어졌다. 우흐톰스키는, 예를 들면, 전쟁과 평화의 인물 중 하나인 피에르 베주호프가 때로는 상충하는 충동들에 의해 마비되고, 또 때로는 이를 행동으로 옮기는 이유를 설명할 수 있었다. 각 경우에 분석 단위(예: 개구리 다리, 전체 유기체로서의 개구리, 『전쟁과 평화』의 주인공)는 제한된 데이터에 의해 주어진 것이 아니고 연구 중인 다양한 상충적 요소들의 합도 아니며, 문제에 대한 개념적 분석의 결과이다.

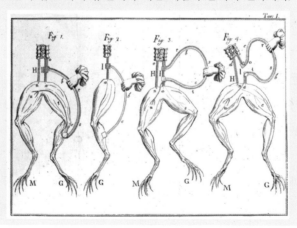

14-44] 일반적 원칙의 정확한 **사실적 경계**와, 주어진 종류의 개별 형태에 대한 이 원칙의 적용 가능성 **정도**를 실제로 발견하는 것-물론 이는 완전히 고유한 과업이다. 조건반사가 인간 어린이 행동에서 상위의 경계를, 무척추동물에서 하위의 경계를 가질 수도 있다. 그러나 하위와 상위는 완전히 다른 형태로 발견된다. 이 경계 내에서 그것은 닭보다는 개에 더 잘 적용되며 그것이 이들 중 각각에 대해 어느 정도로 적용되는지를 정확히 확립하는 것도 가능하다. 그러나 이는 이미 바로 귀납이다. 즉, 분석을 토대로 원칙에 비추어 특정한 개별을 연구하는 것이다. 이는 무한히 나뉠 수 있다. 우리는 다양한 종, 연령, 성별의 개에 대한- 나아가 개별 개에 대한, 더 나아가 각 개의 하루와 시간 등에 대한 원칙의 적용을 연구할 수 있다. 지배성이나 일반 (운동-K) 장場에 대해서도 동일하게 말할 수 있다.

14-45] 나는 의식심리학에도 (파블로프와-K) 비슷한 방법을 도입하고자, 즉 하나의 우화, 하나의 단편소설, 하나의 비극을 **분석**하여 예술심리학의 법칙을 도출하고자 시도했다. 나는-인체 해부학이 원숭이 해부학의 열쇠를 제공하는 것처럼- 발달된 예술 형태가 미발달 예술 형태에 열쇠를 제공할 수 있을 것이라는 생각에서, 즉 셰익스피어의 비극이 원시 예술의 신비를(그 반대가 아니라) 우리에게 설명할 것이라는 생각에서 출발했다. 나아가, 나는 **모든 예술에 대해서 논하지만** 음악, 그림 등에 대해서 내 결론을 검증하지는 않는다. 그뿐만 아니라 나는 결론을 **모든** 혹은 대부분의 문학 **유형**을 대상으로 검증하지 않는다. 나는 **하나**의 단편소설, **하나**의 비극만을 취한다. 무슨 권리로? 나는 우화나 비극을 연구하지 않음은 물론 **이** 우화나 **이** 비극을 연구하지 않았다. 나는 이들 속에서 모든 예술의 기초를 구성하는 것, 즉 미학적 반응의 본질과 기제를 연구했다. 나는 분석을 위해 가장 어려운 우화, 소설, 비극-일반 법칙이 가장 분명히 드러나는 바로 그러한-을 선택했다. 나

는 비극 중에서 괴물을 선택했다. 분석은 우화에서 그 자체로서의 구체적 면모나 특정한 장르로서의 구체적 면모를 추상화하고 미학적 반응의 본질에 힘을 집중할 것을 제시한다. 따라서 나는 우화 자체에 대해서는 **아무것도** 말하지 않는다. 부제인 '미적 반응의 분석' 자체는 연구의 과업이 전체 예술 범주나 전체 내용(모든 예술 형태, 모든 문제 등)을 포괄하는 심리학 학설에 대한 체계적 제시가 아니고 심지어 특정한 사실 집단에 대한 귀납적 연구도 아니며 바로, **예술의 본질적 과정에 대한 분석**임을 시사한다.

J. 르페브르(Jules Lefebvre), 베짱이, 1872.

우리에게 완전히 벌거벗은 베짱이를 보여 줌으로써, 르페브르는 라 퐁텐 우화의 도덕적 소재와 더욱 현대적인 예술 형태(루이 나폴레옹과 오늘날의 부유한 남성 미술 수집가들이 많이 향유했던) 사이의 모순을 드러낼 수 있다. 예컨대 이 그림은 호주의 한 미술관에 걸려 있지만, 동일한 동반 누드 '클로에'는 여전히 근처의 유명한 바를 장식하고 있다.

미학적 반응은 결코 순수한 형태로 나타나지 않기 때문에, 그 어떤 예술의 상업적 주류 형태도 결코 미학적으로 선도적인 것이 될 수 없을 것이다. 그것은 저차적 심리기능과 (심지어 예술과 별 관련이 없는) 일부 고등기능에 의해 언제나 복잡해질 것이다. 우리에게 이 그림은 그저 외설적이고 거의 포르노에 가까운 섹시한 젊은이의 누드일 뿐이다. 르페브르의 직접적 관객에게는 그것이 전부였지만, 그것은 또한 루이 나폴레옹(마르크스가 역사상 모든 위대한 사건들은 두 번, 첫 번째는 비극으로 두 번째는 희극으로, 일어난다고 말했을 때 비판하고 있었던 나폴레옹의 조카)에 대한 비판적 초상이기도 했다. 루이 나폴레옹은 그의 삼촌과 마찬가지로 혁명 공화국을 폐지하고 스스로 황제가 되어 국고를 낭비하고 프랑스를 전쟁에 무방비하게 만들었다.

여기서 많은 독자들은 비고츠키의 과학에서 예술로의 전환이 갑작스럽고, 자의적이며, 변덕스러운 것으로 보일 수 있다. 하지만 예술 일반 그리고 특히 언어 예술은 이 절에서 비고츠키의 주요 요점(낡은 재료가 새로운 형식으로 지양되는-포함되지만 종속되는-방식)에 대한 구체적이면서도 상상적인 사례를 제공한다. 역사적 우연과 불순물 때문에, 이러한 지양은 주류 형태로부터의 귀납이 아니라 '괴물'의 분석으로 드러난다.

『예술심리학』에서, 비고츠키는 비극 개념의 예로 셰익스피어의 『햄릿』을, 단편 소설의 예로 이반 부닌의 『가벼운 숨결』을, 우화의 예로 크릴로프의 러시아 버전 『개미와 베짱이』(러시아어로 '개미와 잠자리')를 선택한다. 각각의 경우 그가 선택한 작품은 장르 주류에 전형적인 것이 전혀 아니다. 햄릿의 파멸은 비극적이라기보다 심리적인 것임이 밝혀졌고, 부닌의 진정한 여주인공은 관능적인 젊은 학생이 아니라 외로운 교사로 밝혀졌으며, 크릴로프의 우화는 절약과 섭리에 대한 도덕적 설교라기보다는 삶의 덧없음과 안락함의 잔혹함에 대한 서정시임이 밝혀졌다.

비고츠키가 이러한 유별난 예를 선택한 이유는 사디 카르노가 최대로 효율적이고 마찰이나 열전도가 없는 불가능한 열기관을 상상한 이유와 같다. 비고츠키는 우리에게 연구 대상에 대한 이상적인 개념화(낡은 전통의 불순물은 버리고 아직 새로운 전통의 불순물은 아직 얻지 못한 예술 형태에 대한 우리 자신의 미학적 반응)를 제공하려고 노력하고 있다.

그러나 이것은 프랑크프루트나 심지어 스피노자가 염두에 두었던, 연구 대상이 전적으로 상상적인 종류의 '기하학적' 심리학이 아니다. 비극에서 심리극으로의 전환, 십대 로맨스에서 체호프의 노처녀 이야기로의 전환, 그리고 우화에서 서정시로의 전환과 같은 예술 발달에서의 전환은 미학적 반응을 구체적이고 매우 실제적인 형태로 제시하며, 예술 발달을 추동하는 낡은 재료와 새로운 형식 사이의 모순 또한 드러낸다.

낡은 재료와 새로운 형식 간의 동일한 구체적, 실제적 모순은 과학 발달의 전환을 추동한다. '열소熱素' 이론에서 현대 열역학으로의 전환은 낡고 비효율적인 증기기관에 대한 관찰과 순전히 상상적인 기관에 대한 카르노의 분석에서 비롯된다. 성서 속 이브 이야기에서 인간 진화에 대한 현대적 이해로의 전환은 초기 인류 '루시'와 같은 '유별난' 종의 발견뿐 아니라 순전히 상상적인 여성 형태에 대한 분석에 의해 가능해졌다. 루시의 두개골은 아마도 소녀의 두개골보다 고릴라의 두개골에 훨씬 더 가까웠을 것이며, 그래서 루시의 두개골은 르페브르의 '베짱이'의 얼굴을 실제로 설명하지 못한다. 그러나 우리 자신의 미토콘드리아 DNA와 베짱이의 넓은 엉덩이와 작은 가슴은 여전히 루시의 해부학적 구조를 설명하고 루시의 후속 혈통에 대해 많은 것을 말해 줄 수 있다. 물론, 우리는 먼저 우리의 비과학적 반응을 제쳐 놓아야 한다.

14-46] 이처럼 객관적-분석적 방법은 실험에 가깝다. 그 의미는 그 관찰 분야보다 더 넓다. 예술의 원칙이, 실제로 순수한 형태로는 **절대 실현되지 않고** 언제나 자신의 '고유 계수'로 **실현되는** 반응에 대해서 논하는 것은 당연하다.

14-47] 원칙 적용의 사실적 경계, 정도와 형태를 찾는 것은 사실적 연구가 할 일이다. 역사는 **어떤** 느낌이 **어떤** 시대에 **어떠한** 형태로 예술에서 사라져갔는지 보여 주도록 하라. 내가 할 일은 **이것이 일반적으**

로 **어떻게** 일어났는지를 보이는 것이다. 이것이 현대 예술 이론의 일반적 입장이다. 그것은 반응의 본질을-반응이 순수한 형태 바로 그대로 실현되는 일은 결코 없음을, 그리고 이 유형, 규범, 경계는 언제나 구체적 반응의 구성 성분에 포함되며 그 특정한 특징을 규정함을 알면서-연구한다. 이처럼 순수한 미적 반응은 일반적으로 예술에서 결코 나타나지 않는다. 사실 그것은 가장 복잡하고 다양한 이데올로기 형태(도덕성, 정치 등)와 결합된다. 많은 이들은 심지어 예술에서 미적 계기는 종의 번식에서 교태보다 더 본질적이지 않다고 생각한다. 이는 가장假裝, 전희, 미끼이며 행위의 의미는 다른 곳에 있다(S. 프로이트와 그의 학파). 다른 이들은 역사적, 심리적으로 예술과 미학은 공통 부분과 다른 부분을 갖는 교차하는 두 원이라고 가정한다(우티츠). 모두 사실이다. 그러나 원칙의 진실성은 변하지 않는다. 그것은 이 모두로부터 **추상화**되었기 때문이다. 그것은 **미적 반응 자체가** 무엇인지에 대해서만 말한다. 예술 내의 미적 반응 자체의 경계와 의미를 찾는 것은 또 다른 일이다.

*E. 우티츠(Emil Utitz, 1883~1956)는 W. 분트와 J. 폴켈트의 제자이다. 그는 F. 카프카와 동급생이기도 했다. 예술학 교수인 동시에 시인이었으며 프라하 대학에서 박사논문 지도교수였던 C. 폰 에렌펠스의 뒤를 이었다. 나치 동료와의 언쟁 이후 학교를 강제로 떠났으며 몇 년 뒤에는 테레지엔슈타트 수용소로 추방되어 도서관 사서로 일하였다. 전쟁 후에 체코슬로바키아의 공산당에 합류하였다.

나치 수용소에 대한 소문을 불식하기 위해 나치가 제작한 선전 영상인 '테레지엔슈타트'에서 강의하는 우티츠.

14-48] 이 모두를 하는 것은 추상화와 분석이다. 실험과의 유사성

은 여기서 우리가- 특정한 법칙의 작용이 가장 순수한 형태로 나타나는- 현상의 인공적 조합을 다룬다는 데 있다. 이는 마치 자연을 포획하는 올가미, 분석의 실제 작동과 같다. 우리는 그러한 현상의 인위적 조합을 정신적 추상화를 통해 분석에서 창조한다. 이는 인공적(매개적-K) 구성에의 적용에서 특히 명백해진다. 과학적 목적이 아닌 실용적 목적을 향하면서 그들은 규정된 심리학적 혹은 물리학적 법칙의 작용을 위해 기획된다. 기계, 일화, 서정시, 기억술, 군대 명령 등이 그렇다. 여기서 우리 앞에는 실용적 실험이 놓인다. 그러한 경우의 분석은 이미 완성된 현상의 실험이다. 의미상으로 이는 병리-자연이 스스로의 분석을 위해 갖춘 실험-와 유사하다. 차이는 병이 불필요한 면모의 탈락, 추출을 보여 준다면 여기서는 바로 필요한 것의 존재, 필요한 것의 선택을 보여 준다. 그러나 결과는 동일하다.

14-49] 각각의 서정시는 바로 그러한 실험이다. 분석의 과업은 자연 실험의 기저에 깔린 법칙을 밝혀내는 것이다. 그러나 분석이 기계, 즉 실제 실험이 아니라 어떤 현상을 다루는 경우에도 원칙적으로 실험과 동일하다. 이러한 장치가 우리의 연구를 얼마나 세밀하고 정교하게 만들 수 있는지, 얼마나 우리를 더 영리하고 강하고 더 지각력 있게 만드는지 보여 줄 수 있을 것이다. 분석도 동일한 일을 한다.

14-50] 실험과 마찬가지로 분석은 현실을 왜곡하여 관찰을 위한 인공적 조건을 창조하는 것처럼 보일 수 있다. 실험이 생생하고 자연스러워야 한다는 요구가 여기서 비롯된다. 만약 이 생각이 우리가 찾고 있는 것을 쫓아 버리지 말라는 기술적技術的 요구 이상을 요구한다면, 그것은 불합리한 일이 된다. 실험의 힘이 인공성에 있는 것처럼, 분석의 힘은 추상화에 있다. 파블로프의 실험은 최고의 사례이다. 개에게 그것은-먹이가 제공되는 등- **자연스러운** 실험이다. 과학자에게 그것은-특정 부위를 긁으면 침이 분비되는- **인공성**의 정점이다. 조합은

자연적이지 않다. 마찬가지로 기계의 분석에는 파괴, 즉 기제의 가상적 또는 실질적 훼손이 필수적이고, 미학적 형태 분석에는 변형이 필수적이다.

14-51]　위에서 (현미경과 대비한 온도계의-K) 간접적인 방법에 대해 말했던 것을 상기한다면 분석과 실험은 **간접적** 연구를 전제로 한다는 것을 우리는 쉽게 알 수 있다. 우리는 자극의 분석으로부터 반응의 기제를 유추하며, 명령으로부터 군인의 움직임을, 우화의 형태로부터 그에 대한 반응을 유추한다.

14-52]　마르크스는 추상화의 힘을 자연과학의 현미경과 화학 시약에 비교하면서 본질적으로 같은 말을 한다. 『자본론』 전체는 이 방법으로 저술되었다. 마르크스는 부르주아 사회의 '세포'-상품 가치의 형태-를 분석하여 발달된 전체가 세포보다 연구하기 쉽다는 것을 보여 준다. 세포에서 그는 전체 조직의 구조와 전체 경제 형성을 읽는다. 그는 말한다. 초심자에게 분석은 잡동사니의 뒤죽박죽으로 보일 수 있다. 그렇다. 이는 잡동사니이다. 그러나 현미경해부학이 다루는 것이 이것이다(K. 마르크스, Ф. 엥겔스. Соч., т. 23, p. 6). 심리학의 세포-한 반응의 기제-를 밝히는 사람은 전체 심리학의 열쇠를 찾을 것이다.

> 비고츠키는 마르크스의 독일어판(1867) 서문 첫 페이지를 인용하고 있다.
>
> "첫 부분이 항상 어렵다는 것은 어떤 과학에서나 마찬가지다. 그러므로 여기에서도 제1장, 특히 상품분석이 들어 있는 절을 이해하기가 가장 힘들 것이다. 나는 가치의 실체와 가치량의 분석을 되도록 쉽게 했다. 화폐 형태로 완성되는 가치 형태는 매우 초보적이고 단순하다. 그런데도 인간의 지혜는 2,000년 이상 이 가치형태를 해명하려고 노력했지만 실패했음에도, 훨씬 더 내용이 풍부하고 복잡한 형태들의 분석에는 적어도 거의 성공했다. 무슨 까닭인가? 발달한 신체는 신체의 세

14-53] 따라서 방법론에서 분석은 가장 강력한 무기이다. 엥겔스는
'범귀납주의자'에게 "세상의 그 어떤 귀납법도 우리에게 귀납적 과정을
명확하게 이해하도록 해 줄 수 없을 것이다. 이 과정의 **분석**만이 이를
달성할 수 있다"라고 설명한다(마르크스 엥겔스 선집, 제25권, p. 508). 나
아가 그는 매 걸음마다 마주치게 되는 귀납법의 오류('소체', '열소', 종의
부정확한 정의와 분류 등-K)를 제시한다. 다른 곳에서 그는 두 방법(귀납
법과 분석-K)을 비교하며, 귀납법적 주장이 과학적 발견의 유일한, 혹은
적어도 기본적인 형태가 되지 못하는 사례를 열역학에서 찾는다. "증기
기관은 열을 전달하고 기계 운동을 얻을 수 있다는 가장 뚜렷한 증거
를 제공했다. 10만 대의 증기기관이 한 대보다 이를 더 증명하지 못했
다. (…) 사디 카르노는 이 작업에 진지하게 착수한 첫 번째 사람이었다.
하지만 그는 귀납법으로 하지 않았다. 그는 증기기관을 연구하고 분석
하여, 그 안에서 중요한 과정이 **순수한 형태**로 나타나지 않고 온갖 종
류의 부수적 과정으로 가려져 있다는 것을 발견했다. 그는 본질적인 과
정과 무관한 이 부수적 상황들을 제거하고, 이상적인 증기기관(…)을
만들었는데, 이는 사실, 예컨대 기하학적 선이나 면이 구현될 수 없듯

이, 구현될 수 없는 것이었다. 그러나 이는 이러한 수학적 추상과 같은 역할을 수행한다. 즉, 그것은 고찰 중인 과정을 순수하고 독립적이며 왜곡되지 않은 형태로 제시한다"(제25권, p. 509).

> 사디 카르노에 대한 엥겔스의 인용문 전체는 **13-23** 글상자 참조. '범귀납론자'는 과학이란 단지, 결론의 근거가 되는 자료의 점진적 축적일 뿐이라고 주장했던 아리스토텔레스주의자, 신아리스토텔레스주의자, 베이컨주의자를 일컫는다. '범귀납론'은 칼 포퍼가 『과학적 발견의 논리』에서 비판하고 있는 입장이다.
>
> 엥겔스는 빛을 설명하는 뉴턴의 잘못된 '소체' 이론과 열을 설명하는 라부아지에의 잘못된 '열소' 이론의 원인이 귀납이며, 귀납이 표준에 의존하고 창고기나 폐어와 같은 결정적인 이행 종種을 무시했기 때문에 무척추동물과 어류의 잘못된 분류를 만들어 냈다고 주장한다.
>
> 과학의 역사에서 이러한 모든 실수는 통계적으로 표준적인 표본들에 대한 관찰에서 비롯된 일반화에 기반한다. 이러한 관찰들은 이행적 형태를 무시했고, 따라서 발달을 설명할 수 없었다. 이는 비고츠키가 『예술심리학』에서 분석을 위해 표준적인 표본 대신 '괴물'을 선택한 이유를 설명한다.

14-54] 이러한 응용 방법론 분야의 연구 기법에서 그러한 분석을 어떻게 그리고 어디에 적용할 수 있는지 보여 줄 수도 있을 것이다. 그러나 우리는 분석이 사실에 대한 인식에 방법론을 적용하는 것, 즉 적용된 방법과 획득된 현상의 의미에 대한 평가라고 일반적 형태로도 말할 수 있다. 이런 의미에서 분석은 **언제나** 연구에 내재한다고 말할 수 있으며, 그렇지 않다면 귀납은 (관찰에 대한-K) 기록으로 전락할 것이다.

E. L. 키르히너, 바이올리니스트, 1937.

바이올린은 기계이다. 바이올린이 제작될 때 재료들이 자연에서 취해지고 재료의 자연적 특성들이 서로 협업한다. 예컨대 활의 말총은 현의 고양이 창자와, 나무는 공기와 상호작용한다. 이 기계는 세 가지 의미(이들은 모두 자연법칙에 대한 의식적, 간접적 숙달 및 이해와 관련이 있다)에서 실험이다. 첫째, 자연에 대한 의식적 통제와 조작을 통해 형태를 이룬다. 둘째, 반복적으로 재연될 수 있는 목적을 의도적으로 지향한다. 셋째, 의식적, 의도적으로 매개된 행동─도구와 기호를 사용할 때면 언제나 일어나는 종류의 매개적 활동─을 보여 주는 명백한 사례이다.

그러나 바이올리니트스가 연주하는 음악이나 노래 가사에 대해서도 똑같이 말할 수 있다. 각 경우에 환경의 세심한 조작과 의식적이고 재연 가능한 목표 그리고 의도적으로 매개된 행동이 있다. 비고츠키가 지적하듯 우리는 일화, 기억술 혹은 군대 명령에 대해서도 같은 말을 할 수 있다(14-48). 이 모든 '실험'들은 우리가 더 지적이고 유능하게 해 주며, 무엇보다 재료의 자연적 특성과 우리 자신의 심리생리적 구성의 특성에 대해 더 의식적으로 되도록 해 준다.

이 실험들은 비고츠키가 앞 문단(14-48)에서 표현했듯 인공적искусст-венный인가, 아니면 다음 문단(14-50)에서 표현하듯 자연적естественный

실험인가? 이는 우리가 이 실험들을 실험자의 관점에서 보는지 아니면 연구되는 자연적-인간적 특성의 관점에서 보는지에 달려 있다. 파블로 프 자신에게 실험은 인공적이다. 개에게 실험은 완벽히 자연스러운 경험이다. 이와 유사하게, **14-52**에 인용된 『자본론』의 일부에서 부르주아 사회는 인공적 생산물을 노동의 상품으로 보는 관점으로, 혹은 자연적 소비를 상품의 가치형태로 보는 관점으로 분석될 수 있다. 우리는 실험자인 동시에 실험 대상이므로 우리는 선택할 수 있다.

비고츠키는 우리가 실험할 때 실험 대상을 파괴하는 일을 경계해야 한다고 경고한다. 이는 정신적, 혹은 언어적 과정을 연구할 때 특히 그렇다. 라보프의 지적과 같이 사회언어학적 실험의 목적은 역설적으로 사람들이 관찰되지 않을 때 어떤 말을 하는지를 관찰하는 것이다. 그러나 그 외에도, 인공적인 것과 자연적인 것의 구분 자체가 인위적이다. 결국 인간 스스로가 어느 정도 의식을 가진 자연의 일부이기 때문이다. 파블로프의 개처럼 인간은 실험을 계획할 때는 더 의식적이고 이를 경험할 때는 덜 의식적이다. 키르히너의 연주자 관점에서, 그리고 심지어 관객(동생 혹은 연주자의 제2의 자아)의 관점에서 연주는 고도로 인공적이다. 그러나 바이올린의 관점에서는 이 이상 자연스러울 수 없다.

14-55] 이러한 분석은 첼파노프의 분석과 어떻게 다른가? 네 가지 특징에서 다르다. 1) 분석적 방법은 현실에 대한 이해를 지향하며 귀납과 동일한 목적을 추구한다. 현상학적 방법(즉 첼파노프의 현상학적 방법-K)은 그것이 지향하는 본질의 존재를 전혀 전제하지 않는다. 존재를 전혀 포함하지 않는 순수한 환상도 그 대상이 될 수 있다. 2) 분석적 방법은 사실을 연구하고 사실의 신뢰성을 갖는 지식으로 인도한다. 현상학적 방법은 절대적으로 신뢰할 수 있고 보편적으로 타당한 필연적 진리(즉 논쟁의 여지가 없고, 반박할 수 없는-K)를 생산한다. 3) 분석적 방법은, 흄에 따르면, 경험적 지식, 즉 사실적 지식의 특수한 경우이다. 현

상학적 방법은 선험적이며, 그것은 경험이나 사실적 지식의 형태로 존재하지 않는다. 4) 이전에 연구되고 일반화된 사실에 기반한 분석적 방법은 새로운 개별적 사실들의 연구를 통해 종국에는 경계, 적용 정도, 한계 그리고 심지어 예외를 갖는 새로운 상대적 사실적 일반화로 이어진다. 현상학적 방법은 일반적 지식이 아니라 이데아, 즉 본질에 대한 지식으로 이어진다. 일반적인 것은 귀납을 통해, 본질은 직관을 통해 알게 된다. 그것은 시간과 현실을 초월하며, 그 어떤 시간적이고 현실적 사물과도 관계를 맺지 않는다.

14-56] 우리는 두 방법 사이의 차이가 크다는 것을 알 수 있다. 한 방법-우리는 이를 분석적이라 부를 것이다-은 실제의, 자연과학적 방법이고 다른 방법-현상학적이며 선험적인-은 수리과학적 및 순수정신과학의 방법이다.

14-57] 첼파노프는 왜-분석적 방법과 현상학적 방법의 동일성을 주장하면서- 그것(현상학적 방법-K)을 분석적이라고 칭하는가? 첫째, 여기에는 저자 자신도 여러 번 벗어나려 노력했던 방법론적 **오류**가 포함되어 있다. 그는 분석적 방법이 심리학에서 보통 사용되는 분석과 같지 않음을 지적한다. 그것은 귀납과는 다른 성질의 지식을 준다. 첼파노프가 확립한 분명한 차이점들을 환기해 보자. 이처럼 용어 외에는 서로 그 어떤 공통점도 없는 **두 형태의 분석**이 있다. 공통 용어가 모호성을 일으키므로 우리는 이들 속에서 두 의미를 구분해야 한다.

14-58] 게다가, '분석적' 방법의 기본 특성은 단일 판단(단일 샘플링-K)이라는 이론에 대한 반대 주장의 일환으로 저자가 제시한 기체 분석의 경우는 현상학적 분석이 아닌 자연과학적 분석임이 명확하다. 저자가 여기서 분석과 귀납의 조합을 본 것은 명백한 **오류이다**. 이것은 분석이며 귀납은 아니다(단일 샘플링에 토대한 귀납은 없다-K). 두 방법의 네 가지 차이점 중 어느 하나도 여기에 의심을 남기지 않는다. 1)

그것은 '이상적 가능성'이 아닌 실제 사실을 향한다. 2) 그것은 자명한 타당성이 아닌 오직 사실적 타당성만을 갖는다. 3) 그것은 후험적(a posteriori-K)이다. 4) 그것은-본질에 대한 관조가 아니라- 경계와 단계를 가지는 일반화로 이끈다. 일반적으로, 그것은 직관이 아닌 경험, 귀납으로부터 나타난다.

14-59] 여기에 용어상의 오류와 혼동이 있다는 것은, 하나의 실험에서 현상학적 방법과 귀납적 방법을 결합하는 것이 **터무니없는 일**이라는 점에서 절대적으로 명백하다. 첼파노프는 기체의 사례에서 이를 허용한다. 이는 마치 우리가 피타고라스의 정리를 부분적으로 (논리적으로-K) 증명하고, 실제 삼각형들(예컨대, 콘칩이나 어린이용 블록과 같은 물질적 삼각형-K)에 대한 연구로 그것을 부분적으로 보완하는 것과 같다. 그것은 불합리한 일이다. 그러나 오류 뒤에는 어떤 의미가 존재한다. 정신분석학자들은 우리에게 실수에 민감하고 실수를 의심하라고 가르쳤다(예컨대, 말실수에 대한 프로이트의 이론-K). 첼파노프는 절충주의자에 속한다. 그는 심리학의 이중성을 보지만 후설의 뒤를 따라 심리학과 현상학의 엄격한 분리를 공유하지 않는다. 그에게어 심리학은 부분적으로 현상학이다. 심리학 내에는 현상학적 진리가 존재하며-그리고 그것은 과학의 중핵 역할을 한다. 하지만 그와 함께 첼파노프는 후설이 경멸해 마지않던 실험 심리학에도 연민을 느낀다. 첼파노프는 **통합할 수 없는 것을 통합하고** 싶어 하며, 기체의 역사에서 분석적 (현상학적) 방법이 실제 기체에 대한 물리학 연구의 귀납과 결합하여 출현한 것은 그에게 단 한 번이다. 그리고 그에게 이러한 혼동은 '분석적'이라는 일반 용어로 가려진다.

> 첼파노프는 보일의 법칙(기체의 압력=1/기체의 부피)을 예시로 분석은 단일 판단에 토대한다는 의견을 반박하고자 한다. 첼파노프는 보일이

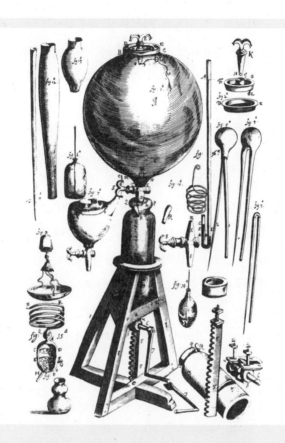

(공기의) 현상학적 분석과 (다른 많은 기체로부터의) 귀납을 동시에 사용한다고 생각한다. 첼파노프는 이 방법을 '분석'이라고 칭한다. 그러나 비고츠키는 보일이 기체의 가능성이 아니라 실제 기체를 분석하고 있다고 말한다. 이는 경험적으로 검증 가능하며 데이터를 무시하지 않는다. 따라서 이는 후험적이며 사전에 가정된 것이 아니다. 비고츠키는 따라서 이러한 분석은 나름의 경계를 갖는다(보일의 분석 결과는 예컨대 플라즈마[이온화된 기체]에는 적용되지 않는다)고 말한다.

14-60] 두 가지가 결합된 (첼파노프의-K) 분석 방법을 현상학적 방법과 귀납적 분석 방법으로 분리하는 것은 심리학자들 사이의 결별이

비롯되는 궁극적 지점, 즉 그들의 지식론적 출발점으로 우리를 이끈다. 나는 이 구별을 매우 중요하게 여기며 여기서 전체 분석의 정수이자 중심을 본다. 동시에 이것은 지금 나에게 단순 음계만큼이나 분명하다. 현상학(기술심리학)은 물리적 본성과 정신적 존재 사이의 근본적인 차이에서 출발한다. 자연에서 우리는 현상과 존재를 구별한다. "정신적 영역에서는 현상과 존재 사이에 차이가 없다"(E. Husserl, 1911, p. 25). 자연이 현상으로 스스로를 나타나는 것이 존재라면, 이러한 주장은 정신적 존재에 관해서는 절대 이루어질 수 없다. 여기(정신-K)서는 **현상과 존재가 서로 일치한다.** 심리학적 관념론의 공식을 이보다 더 분명하게 제시하는 것은 어렵다. 그러나 심리학적 유물론의 지식론적 공식은 다음과 같다. "심리학에서 **사고와 존재**의 차이는 사라지지 않는다. 생각에 관해서조차도 생각의 생각과 생각 자체를 구별할 수 있다(L. Feuerbach, 1846/1971, p. 216). **이 두 공식에 전체 논쟁의 본질이 포함되어 있다.**

이 문단에서 인용된 글의 출처는 다음과 같다.

Husserl, E. (1911/1965). Philosophy as a Rigorous Science(엄밀 과학으로서 철학). In Husserl, E. *Phenomenology and the Crisis of Philosophy.* New York: Harper and Row.

Feuerbach, L. (1846/1971). Wider den Dualismus von Leib und Seele, Fleisch und Geist(신체와 영혼에 대한 이원론에 대항하여, 육체와 영혼). In Feuerbach, L. *Gesammelte Werke* B. 10. Akademie-Verlag: Berlin.

자베르쉬네바와 오시포프는 소비에트 편집자들이 수기 원고의 '현상과 존재를 구별한다'를 인쇄본에서 '존재의 현상을 구별한다'로 바꿨다고 말한다. 물론, 이 단락의 뒷부분에서 볼 수 있듯이 회프딩이 한 말은 후자가 아니라 전자이다.

'단순 음계'는 비고츠키에게 큰 인상을 남긴 푸시킨의 단막극이자

림스키-코르사코프의 오페라 「모차르트와 살리에리」의 초연. 모차르트의 재능을 시기한 살리에리는 와인에 독을 타서 그의 「레퀴엠 미사」를 훔친다. 림스키-코르사코프도 오페라를 위해 이 곡을 '훔친다'.

장편시인 『모차르트와 살리에리』의 첫 장면을 인용한 것이다(그는 다른 곳에서도 이를 인용한다. 『정서 학설 II』 **14-9** 참조). 이 작품은 나중에 림스키-코르사코프의 오페라 '모차르트와 살리에리'로 만들어지고, 영화 '아마데우스'로도 제작되었다.

이야기는 살리에리가 자신은 예술가가 되려고 평생 노력했지만 다른 사람들(예: 모차르트)은 마치 '아마데우스'처럼, 즉 신의 은총을 입어서 예술을 쉽게 얻는 것 같다고 불평하며 시작된다.

> 살리에리: 어떤 사람들은 이 세상에 정의란 없다고 말하죠. 하늘에서도 마찬가지죠! 이것은 내게, 그 어떤 단순 음계처럼 명확하게 보여요!

비고츠키는 첼파노프가 경험적 방법과 분석적 방법을 결합할 수 없다고 말한다. 하지만 왜 안 되는가? 결국 하늘과 땅, 자연과 마음에도 동일한 법칙이 존재하지 않겠는가?

후설은 자연에서 현상(예: 순수한 지각을 포함한 정신적 현상)과 존재
는 전혀 다르다고 말한다. 우리는 존재하지 않는 것(예: 거울에 비친 모
습)을 본다. 그러나 존재하지만 보이지 않는 것(예: 마음)도 많다. 그러나
마음에서는 현상과 존재, 겉모습과 실재가 하나이다. 우리가 생각을 지
니고 있다면 그 생각은 존재하는 것이며, 우리가 스스로 생각하고 있
다고 생각하면 우리는 생각하고 있는 것이다.

포이어바흐는 이것이 사실이 아니라고 말한다. 포이어바흐에게 사변
철학은 단순히 신-그 자체('존재를 본질로 하는 존재')의 특성을 이성-그
자체(존재와 본질이 항상 일치함)로 외삽하여 '생각 그 자체'라는 개념을
얻는다.

따라서 포이어바흐에게 마음은 자연의 다른 부분과 같다. 현상과 존
재는 여전히 다르다. 한편, 우리는(생각의 내용을 배제한 채) 생각 '자체'
에 대해 생각할 수 있다. 반면, 우리는 이미지, 지각, 감정, 경험, 사실,
심지어 잠재적이고 공유 가능한 행위까지 생각할 수 있다. 이러한 '생
각의 내용에 대한 생각'은 항상 물질적 존재에 대한 생각만이 아니다.
이는 림스키-코르사코프의 오페라가 된 푸시킨의 『모차르트와 살리에
리』처럼 완전한 허구의 실제 작품도 포함할 수 있다.

비고츠키에게 이는 도레미만큼이나 분명했다.

14-61] 우리는 **정신에 대한** 지식론적 문제를 제기하고, 또한 그 안
에서 존재와 생각의 차이를 찾을 수 있어야-유물론이 외부 세계에 대
한 지식 이론에서 우리에게 그렇게 하도록 가르쳐 주듯이- 한다. 정신
적 본성과 물리적 본성 사이의 근본적 차이를 인정하는 것 뒤에는 **현
상과 존재**의 동일시, **심리학** 내 정신과 물질의 동일시, 즉 **심리학적 지
식**에서 한 구성 요소, 즉 물질을 제거하는 방식으로 이율배반에 대한
해결책을 제시하는 것 즉 후설 관념론의 순수한 물이 숨겨져 있다. 심
리학에서 현상과 존재를 구분하고, 존재를 진정한 연구 대상으로 인식

하는 것에서 포이어바흐의 전체 유물론이 표현된다.

M. 레인(Mike Lane), 순수한 물, 2023.

언뜻 보면 이 그림이 중국화中國畫라고 생각되지만 서명 부분에 이르면 좀 더 자세히 살펴보게 된다. 다시 보면, 한자가 서툴고, 영어로 된 서명이 있음을 알 수 있다. 실제로 이 그림은 은퇴한 미국인이 유튜브 영상으로 중국화를 독학하여 그린 작품이다.

후설은 우리가 첫 번째 편견(이 그림이 중국화라는 것)과 두 번째 판단(아마추어 같다는 것)을 모두 내려놓기를 원한다. 후설은 새나 물고기가 그림을 봤을 때 알 수 있는 것, 즉 어떤 세계관으로도 전혀 왜곡되지 않은 순수하고 객관적인 지식을 원한다. 이 순수한 지식은 모든 감각적 경험을 포함하여 물질적인 모든 면에서 순수하다. 이 지식은 완전히 객관적인 한 순수한 물방울이 그 어떤 다른 물방울과도 객관적으로 똑같다는 의미에서 직관적이고 매개되지 않은 특성을 띤 지식이다.

후설 철학에서 '순수한 물'은 개념적으로 순수하고 객관적인 지식을 설명하는 데 사용된다. 후설은 이것을 우리의 지식과 이해에 적용하여 외부의 모든 감각적 경험에서 개인적 성향, 주관적 요소를 소거하고 오로지 객관적이고 일반적인 지식으로 이해하는 것을 의미한다. 이는 우리가 세상을 이해하는 과정에서 우리 자신의 경험과 개인적 성향을 배제하고 보다 객관적인 관점에서 세상을 이해하고자 하는 후설의 이상을 반영한다.

비고츠키는 후설의 순수 지식은 기하학적 점, 선, 면과 같이 물질적, 실재적 존재를 가질 수 없는 순전히 관념론적 지식이라고 말한다. 실제로 첫눈에 보든(아, 중국화구나) 다시 한번 보든(아, 별로 전문적인 작품이 아니구나) 순수한 객관적 지식은 얻어지지 않는다. 그림에서 우리가 물을 '볼 수 있는' 유일한 곳은 화가가 완전히 비워 둔 종이의 빈 공간뿐이다.

14-62] 나는 관념론자와 유물론자를 모두 포함한 철학자들의 전체 신클라이트(즉, 교회 장로들의 대회의, 콘클라베-K) 앞에서 바로 여기에 심리학의 관념론과 유물론 간 차이의 본질이 있으며, 후설과 포이어바흐의 공식만이 두 가지 가능한 의미— 즉 전자는 현상학적 공식이고, 후자는 유물론적 심리학의 공식이다—에서 문제에 대한 일관된 해결책을 제공한다는 것을 증명하고자 한다. 나는 이 비교에 근거하여 심리학의 살아 있는 조직을 마치 두 개의 이질적인, 잘못 유착된 몸을 자르듯 둘로 나누고자 한다. 이것이 사물의 객관적 사태에 상응하는 유일한 것이며, **모든** 논쟁, **모든** 이견, **모든** 혼란은 단지 지식론적 문제에 대한 명확하고 정확한 확립이 결여되었기에 발생한다.

14-63] 이 때문에 프랑크푸르트는 경험심리학으로부터 정신에 대한 **형식적** 승인만을 받아들임으로써, 그 지식론 전체와 그 결론 전체도 수용하게 된다. 즉 그는 강제로 현상학에 도달한다. 정신 연구를 위해 정신의 특성에 적합한 방법을 요구하면서, 그는 자신은 이를 인식하지 못할지라도 현상학적 방법을 요구하게 된다. 그의 개념은 회프딩이 '이원론적 유심론의 축소판'(1908, p. 64)이라 아주 정당하게 말한 바로 그 유

물론이다. 바로 **축소판, 즉** 축소하려는 노력, 비물질적 정신의 실제를 양적으로 줄이려는 노력을 통해 0.001의 영향력만을 남기는 것이다. 그러나 그럼에도 원칙적 해답은 문제의 정량적 설정에 **조금도** 의존하지 않는다. 둘 중 하나다. 신은 존재하거나 존재하지 않는다. 죽은 자의 영혼은 나타나거나 나타나지 않는다. 정신 현상(J. 왓슨에게는 영적 현상)은 비물질적이거나 물질적이다. 신은 존재하지만 매우 작다거나, 죽은 자의 영혼이 찾아오지는 않지만 그것의 작은 입자들이 극히 드물게라도 심령주의자에게 날아든다거나, 정신은 물질적이지만 다른 모든 물질과는 다르다와 같은 대답들은 있을 법하지 않다. B. И. 레닌은 신을 만드는 사람들에게 그들은 신을 찾는 사람들과 별 차이가 없다고 썼다. 중요한 것은 대개 악마를 받아들이느냐 거부하느냐는 것이지, 파란 악마를 받아들이느냐 노란 악마를 받아들이느냐는 큰 차이가 아니다.

체스 게임에 진 레닌(오른쪽), 이긴 보그다노프(왼쪽), 훈수를 두고 있는 막심 고리키(가운데). 카프리에 있는 고리키의 집에서 찍은 사진, 1908.

신을 만드는 사람들은 막심 고리키, 알렉산더 보그다노프, 아나톨리 루나차르스키를 포함한 러시아 사회민주노동당 내의 경향이었다. 그들은 러시아 혁명이 무신론적이어서는 안 된다고 주장한 불가지론자들이었다. 대신 프랑스 혁명가들과 그들의 '이성 숭배'처럼, 러시아 혁명가들은 인간 존재 속에 영속하는 것, 즉 인류의 사회적, 역사적

'본질'을 숭배하는 포이어바흐의 관념에 기반하여 그들 자신의 새로운 종교를 창설하려고 노력해야 한다고 그들은 주장한다. 비고츠키가 '작은 신'에 대해 언급한 것은 이 때문이다. 신을 만드는 사람들은 전통적인 신보다는 작은 역할을 하는 신을 만들기를 원했다.

대조적으로, 신을 찾는 사람들은 근대주의 3인방, 즉 드미트리 메레즈코프스키, 지나이나 지피우스, 디미티 필로소포프를 포함한 당 외부의 시인과 지식인들이었다. 그들은 독일과의 전쟁에 반대했고 전쟁을 지지했던 러시아 정교회에 반대하여 자신들만의 기독교를 창설하고자 했다.

레닌의 말과 달리, 신을 만드는 사람들과 신을 찾는 사람들 간에는 큰 차이가 있었다. 전자는 혁명에 가담했다(루나차르스키는 '계몽위원', 즉 볼셰비키의 문화부 장관이 되었다). 후자의 지도자인 메레즈코프스키와 지피우스는 러시아를 떠나 반혁명에 가담했고 종국에는 무솔리니와 히틀러를 지지했다.

14-64] 전체 추론이 아니라 이미 준비된 결론을 심리학에 직접 이전하여 **지식론적 문제와 존재론적 문제를 혼합**하는 것은 둘 **모두**의 왜곡을 가져온다. 연구자들은 주관적인 것과 정신적인 것을 동일시하며, 후에 정신적인 것이 객관적인 것이 될 수 없음을 증명한다. 그들은 '주체-객체'의 상호 모순의 일부로서 지식론적 의식과 경험론적, 심리학적 의식을 혼동하며, 이후에 그들은 의식이 물질일 수 없고 그렇게(의식이 물질, 재료라고-K) 인정하는 것은 마흐주의라고 말한다. 결과적으로 그들은 존재가 현상과 일치하는 절대불변의 본질이 영혼에 있다는 신플라톤주의에 이른다. 그들은 관념론 속으로 다이빙하기 위해 관념론으로부터 도망친다. 그들은 존재와 의식의 동일화를 불보다 더 두려워하지만, 심리학에서 완전히 후설주의적인 이러한 동일화에 다다른다. 회프딩이 훌륭히 설명하듯이 주체와 객체의 관계를 영혼과 육체의 관계와 혼동

해서는 안 된다. 영혼과 물질의 차이는 우리 지식 내용의 차이이다. 그러나 주체와 객체의 차이는 우리 지식의 내용과 독립적이다. 영혼과 육체는 모두 우리에게 객관적이지만, 영적인 대상이 그 본질상 인식 주체(주관-K)와 친족 관계라면 육체는 우리에게 **오직** 대상(객관-K)이다.

지식론적 문제 ("우리는 어떻게 알 수 있는가?") 존재론적 문제 (무엇이 있는가?)	주체는 스스로의 생각을 통해 사물을 인식할 수 있다.	객체는 객체 자체의 움직임과 발달을 통해 주체에게 자신을 알려 준다.
존재하는 것은 영혼 (정신)이다. 생각(관념)과 감각은 의식의 모든 내용을 제공한다.	(후설, 신플라톤주의)	(헤겔, 논리적 관념론)
존재하는 것은 물질이다. (사물과 사물의 감각은 의식의 모든 내용을 제공한다)	(체르니셰프스키, 마흐주의)	(포이어바흐, 사적 유물론)

첼파노프의 경우 주체는 정신이고 객체는 물질이므로 신플라톤주의 (정신은 존재하고 신체는 시공간적 현상이다) 또는 마흐주의 (주체는 객체를 감각의 복합체로만 안다)라는 두 가지 입장만 가능하다. 역설적으로 이는 플라톤주의를 피하려는 첼파노프 자신이 의식에 관해 이야기하려고 할 때마다 신플라톤주의에 빠지게 된다는 것을 의미한다. 첼파노프에게 의식은 -실제 사물과 일치하거나 일치하지 않는 감각들의 복합체가 아니라- 마음속에 관념을 갖고 있다는 감각과 즉각 일치하는 관념들로서 우리에게 직접 알려지는 것이다.

마흐주의는 체코-오스트리아 물리학자 E. 마흐(Ernst Mach, 1838~1916)의 사상을 말한다. 1868년 마흐는 '마흐 밴드' 효과를 발견한다. 즉 눈의 망막은 회색 음영 사이의 구분을 과장하여 존재하지 않는 선

을 만드는 경향이 있다. 마흐는 의식 속의 모든 것들이 이러한 방식으로 형성된다고 주장한다. 의식 속의 모든 것은 단순히 감각의 과장일 뿐이라는 것이다. 마흐는 자연 그 자체는 단 한 번만

발생하고, 사건 사이의 모든 유사성은 의식에 의해 생성된 과정이라고 말한다. 레닌은 그의 논쟁적인 저서 『유물론과 경험비판론Materialism and Empirio-criticism』(1908)에서 이것을 관념론의 한 형태로 삼았다. 레닌은 사물 간 유사성은 사물의 실제 유사성에 대한 의식의 반영이라는 입장을 취한다.

비고츠키는 레닌의 '반영'이론을 인용하지 않는다. 그 이유는 뒤에서 밝혀질 것이다. 대신 그는 다음 문단에서 회프딩을 인용한다. 인용 출처는 다음과 같다.

Høffding, H. (1908/1912). *A Brief History of Modern Philosophy.* (1912). by Harald Høffding, translated by Charles Finley Sanders.

14-65] 주관과 객관의 관계는 "인지의 문제이고, 영혼과 물질의 관계는 존재의 문제이다"(G. 회프딩, 1908, p. 214).

14-66] 유물론적 심리학의 두 문제에 대한 정확한 경계와 정당화는 여기서 다루지 않아야 하지만, 두 가지 해결책의 가능성에 대한, 관념론과 유물론 사이의 경계에 대한, 유물론적 공식의 존재에 대한 지적은 여기서 필수적이다. 구분하고 또 끝까지 구분하는 것이 오늘날 심리학의 과제이기 때문이다. 결국, 많은 마르크스주의자가 자신의 심리학 지식이론과 관념론적 심리학 지식이론 사이의 차이점을 지적할 수 없을 것이다. 왜냐하면 **차이가 없기** 때문이다. 스피노자를 따라, 우리는 우리의 과학을 희망 없는 치료법을 찾는 불치병 환자에 비유했다. 이제 우리는 외과의사의 칼만이 상황을 구할 수 있다는 것을 본다. 피비린내 나는 수술이 기다리고 있다. 많은 교과서가 성소의 휘장처럼 둘로 찢어져야 할 것이고, 많은 문구가 머리와 팔다리를 잃고, 다른 이론들은 바로 배가 두 동강 날 것이다. 우리는 경계선, 베인 자국, 즉 미래의 수술 메스가 남길 선에만 관심이 있다.

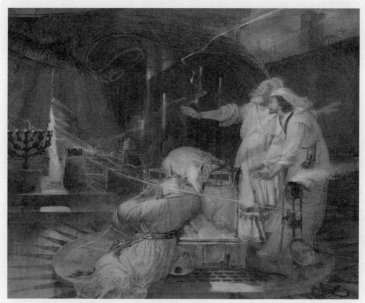

W. B. 스콧(William Bell Scott), 휘장을 찢다, 1869.

비고츠키는 마태복음 27장 51절에서 그리스도가 '자신의 영을 포기'하는 순간을 언급한다. 마태는 예루살렘 성전의 두꺼운 휘장이 전통적으로 언약궤가 있는 지성소와 성소, 대제사장을 죄 많은 군중과 구별했다고 설명한다.

"이에 성소 휘장이 위로부터 아래까지 찢어져 둘이 되고 땅이 진동하며 바위가 터지고."

벨 스콧이 지성소에서 바라본 성전 내부의 모습을 보자. 육체와 영의 경계선은 성전 밖에서 번개가 치는 것처럼 이상하게 구부러진 빛줄기다. 이 선은 초자연적인 신에 기반한 오래된 종교와 인간화된 스승에 기반한 새로운 종교를 구분한다. 물론 그 반대로 볼 수도 있다. 옛 종교는 동물 희생(제단 위의 양)을 기반으로, 새 종교는 순수한 사상과 생각(오른쪽 윗부분 가운데 십자가 주위의 후광)을 기반으로 한다. 비고츠키는 어느 쪽이든 (첼파노프의 교과서와 같은) 교과서, (프랑크푸르트의 논문과 같은) 논문, 심지어 '영'과 같은 낱말까지도 반으로 찢어져야 한다고 말한다.

14-67] 여기서 우리는 이 선이 후설과 포이어바흐의 공식 사이를 가르고 있음을 주장한다. 문제는, 일반적으로 마르크스주의에서는 지식론을 심리학에 적용하는 문제를 제기하지 않았고, 회프딩이 논한 **두 문제**(지식론적 문제와 존재론적 문제-K)를 나누는 과업도 발생하지 않았지만, 관념주의자들은 이 아이디어를 명확하게 다루었다는 데 있다. 우리는 우리 마르크스주의자들의 관점이 **심리학의 마흐주의**, 즉 존재와 의식을 동일시하는 것이라고 주장한다. **둘 중 하나이다.** 정신은 내관에서 매개되지 않은 채 우리에게 주어지는 것-그러면 우리는 후설과 함께한다- 이거나 아니면 정신은 그 안에서 주체와 객체, 존재와 사고를 구분해야 하는 것-그러면 우리는 포이어바흐와 함께한다-이다. 하지만 이것은 무엇을 의미하는가? 그것은 나의 기쁨과 이 기쁨에 대한 나의 내관적 이해가 서로 다른 두 가지임을 의미한다.

14-68] 매우 널리 사용되는 포이어바흐의 인용문이 있다. 나에게서 영적이고 비물질적이며 초감각적인 행위는 그 자체로는 물질적이고 감각적인 행위이다(L. Feuerbach, 1846, p. 125). 이것은 일반적으로 주관적 심리학의 입증을 위해 인용된다. 그러나 이것은 **그에 반대하는 말**이다. 질문이 나타난다. 우리는 무엇을 연구해야 하는가. 이 행위 그 자체로 있는 그대로인가, 아니면 그것이 나에게 나타나는 대로인가? 유물론자는 세계의 객관성에 대한 유사한 질문에서와 마찬가지로 주저 없이 말한다. **그 자체**의 객관적인 행위이다. 관념론자는 말할 것이다. 나의 지각이다. 그러나 그렇다면 동일한 어떤 행동은 내가 술이 취했는지 취하지 않았는지, 어린이인지 성인인지, 오늘인지 내일인지 혹은 나와 관련되었는지 당신과 관련되었는지에 따라 나의 내관에서 달라지게 된다. 더욱이 내관에서는 생각, 비교를 직접 지각할 수 없음이 드러난다. 이는 무의식적인 행위이다. 그리고 이 행위에 대한 우리의 내관적 이해는 더 이상 기능적 개념, 즉 객관적인 경험에서 파생되는 개념(실제 대상의

비교에 사용되는 개념-K)이 아니다. 필요한 것, 연구할 수 있는 것은 생각 자체인가 아니면 생각에 대한 생각인가? 이 질문에 대한 대답에는 의심의 여지가 없다. 그러나 우리가 명확한 답으로 나아가는데 장애가 되는 한 가지 어려움이 있다. 한때 심리학을 분리하려 했던 **모든** 철학자는 이 어려움에 부딪혔다. 정신 기능과 현상을 분리한 C. 슈툼프는 다음과 같이 질문했다. 물리학과 심리학이 거부한 현상을 누가, 어떤 과학에서 연구할 것인가? 그는 물리학이 아닌, 심리학이 아닌 **특별한 과학**의 출현을 허용했다. 또 다른 심리학자(A. 판더)는 물리학이 감각을 연구 대상으로 인정하기를 거부한다는 이유만으로 감각을 심리학의 대상으로 인정하는 것을 거부했다. 감각의 (연구를 위한-K) 자리는 어디에 있는가? **후설의 현상학은 이 질문에 대한 답이다.**

J. 틴토레토(Jacobo Tintoretto), 가나의 결혼식, 1561.

틴토레토가 뮬러-라이어 착시 효과(**14-70** 참조)를 사용한 것을 주목하자. 탁자 앞쪽의 회색 선은 그리스도의 머리 위에 있는 서까래의 선과 길이가 같다. 마찬가지로 탁자 아래의 검은 그림자는 아치 위의 그

림자와 길이가 같다. 그림이기 때문에 모든
선은 눈으로부터 거의 같은 거리에 있다. 하
지만 '멀리 있는' 선은 더 길게, '가까이 있
는' 선은 더 짧게 보인다.

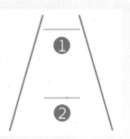

현상학자들은 이런 착시 현상에 특히 관
심을 가졌는데, 이는 착시 현상이 있는 것
(존재, 본질)과 있는 것처럼 보이는 것(현상, 외현)을 명확하게 구분하게
해 주기 때문이다. 그들은 현상을 연구하자고 제안했다. 그러나 A. 폰
더(Alexander Pfänder, 1870~1941)는 이 현상학적 방법을 의지와 태도
에 적용했다. 그는 정신에서 (존재와 현상, 본질과 외현이 일치하는 것처럼)
의지와 태도가 일치한다고 결론지었다(『The Soul of Man』, 1933). 이들
은 모두 '관념 자체'와 '관념(또는 이미지, 느낌, 감각)에 대한 관념'을 보
여 주는 사례이다.

포이어바흐는 이것 역시 착각이라는 것을 보여 주었다. 사람이 생각
할 때 존재와 사고가 일치하지 않는 것처럼, 사람이 믿을 때 의지와 태
도가 일치하지 않는다. 여기서 비고츠키는 포이어바흐의 저서 『기독
교의 본질』의 25장을 언급하고 있는데, 이 책에서 포이어바흐는 성례
전, 세례, 친교에 대한 기독교인의 태도에 대해 논의한다. 개신교는 선
한 행위가 다른 사람의 태도에서 비롯된 것처럼 보이지만 실제로는 하
나님의 의지에 의한 것이라고 믿는다. 마찬가지로 가톨릭은 물은 그냥
물이지만 거룩한 의지가 있으면 원죄를 씻어내거나 포도주로 변할 수
있다고 믿는다. 두 경우 모두 외형적, 물질적 속성은 '본질'과 일치하지
않는 '우연'이며, 이는 외현이 지각된 존재와 일치하지 않는 것과 마찬
가지다.

"나에게 특별한 의미가 있는 것은 현실이 아닌 상상 속의 또 다른
사물이다. 의미 있는 것은 그 자체가 의미 있는 것이 아니다. 그것이 무
엇인지는 감각에 분명하게 드러나지만, 그것이 의미하는 것은 나의 감
정, 개념, 상상 속에만 있고, 다른 사람이 아닌 나만의 것이며, 객관적
으로 존재하는 것이 아니다."

비고츠키는 존재와 외현의 비일치성을 객관적으로 연구할 수 있다고 주장한다. 비고츠키가 『예술심리학』에서 지적했듯이 종교적, 예술적 정서는 사적인 것이 아니라 사회적 정서이며, 그런 의미에서 객관적이라고 할 수 있다. 그가 예술의 사회적 정서를 설명하기 위해 사용한 예는 가나에서 일어난 그리스도의 기적이다. 틴토레토의 그림에서 하인들이 따르는 것은 물이지만, 손님들의 정서와 관념, 상상 속에서 그것은 포도주다. 틴토레토가 보여 주듯이 정서, 개념, 상상은 공유되고 객관적이기 때문에 연구 대상이 될 수 있다.

틴토레토와 같은 예술적 연구 외에도 존재와 외현의 비일치성은 과학적 연구의 대상이 될 수 있다. 예를 들어, 우즈베키스탄에서 루리야가 관찰한 중요한 경험적 관찰, 즉 뮐러-라이어 착시가 도시 환경보다 시골 환경에 사는 사람들에게서 더 강하지 않다는 사실이 최근 호주에서 확인되었다. 이는 길게 뻗은 보도나 거리를 따라 걷거나, 방과 계단으로 가득 찬 건물을 드나들거나, 그림 속처럼 '기하학적으로 조성된' 공간에 앉아 있을 때 선을 보는 법을 다르게 익히기 때문이라는 가설이 제기된 바 있다.

14-69] 우리에게도 다음과 같은 질문이 주어진다. 당신이 생각에 대한 생각이 아닌 생각 그 자체를, 대자적 행동이 아닌 행동 그 자체를, 주관적이 아닌 객관적인 것을 연구하려 한다면 주관 자체, 즉 대상의 주관적 왜곡은 누가 연구할 것인가? 물리학에서는 우리가 사물로 인식하는 것에서 주관적인 것을 소거하려 한다. 심리학은 지각知覺을 연구하면서 다시, 나에게 보이는 방식으로부터 지각 자체, 지각의 원래 모습의 분리를 요구한다. 그렇다면 이처럼 두 번 소거된 것, 이 **외현**은 누가 연구할까?

14-70] 그러나 외현의 문제는 표면상의 문제(즉, 문제로 보이지만 실제는 문제가 아닌 문제-K)이다. 결국 과학에서 우리는 외현에 대한 **표면상**

의 원인이 아닌 **진실한** 원인을 알기 원한다(착각에 대한 과학이 아닌 지각에 대한 과학만이 존재한다-K). 이는 우리가 현상을 나와 독립적으로 존재하는 것으로 취급할 필요가 있음을 의미한다. **외현** 자체는 착각이다(티치너의 기본적 사례를 들면, 뮐러-라이어 선은 물리적으로 동일하지만, 심리적으로는 하나가 더 길다). 여기에 물리학과 심리학의 관점의 차이가 있으며, 이는 **실제로 존재하는 것**이 아니라, 실제로 존재하는 두 과정 간의 두 불일치(즉, 선의 길이를 측정하는 과정과 그들의 외현을 판단하는 과정 간의 불일치-K)로부터 생겨난다. 내가 두 선의 물리적 본성과 눈의 객관적 법칙을, 있는 그대로 그 자체로 안다면, 나는 여기서 비롯된 결론으로 외현, 즉 착시에 대한 설명을 얻을 것이다. 외현에 대한 인식에서 주관적인 것에 대한 연구는 논리학과 역사적 인식 이론의 문제이다. 존재로서, 주관적인 것은 그 자체로 객관적인 두 과정의 결과이다(즉, 주관성은 한편으로 측정, 다른 한편으로 지각의 결과이다-K). 정신이 언제나 주체인 것은 아니다. 내관 속에서 정신은 객체와 주체로 나뉜다. 질문이 생겨난다. 내관에서 현상과 존재는 일치하는가? 문제가 무엇인지 확인하려면, B. И. 레닌이 제공한 지식론적 유물론의 공식(Г. В. 플레하노프의 공식과 유사한)을 **심리학적 주체-객체에 적용하기**만 하면 된다. "… 물질의 유일한 '속성'-이에 대한 인식은 철학적 유물론과 결부되어 있다-은, 속성이 **객관적 현실이며**, 우리 의식의 외부에 존재한다는 것이다." … 물질 개념은 … 인간의 의식 및 그에 반영되는 것과 독립적으로 존재하는 객관적 현실 이외에 인식론적으로 다른 어떤 것도 의미하지 않는다"(B. И. 레닌, 1908,『유물론과 경험비판론』5장, 2절). 다른 곳에서 B. И. 레닌은 이것이 본질적으로 리얼리즘의 원리라고 말한다. 그러나 그 단어가 일관성 없는 사상가들(예컨대 신칸트주의자였던 헬름홀츠-K)에 의해 장악되었다는 이유로 그는 이 단어를 회피한다.

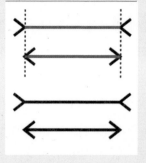

비고츠키는 레닌이 『유물론과 경험비판론』에서 주장한 것에 의미를 부여하려 노력하고 있다. 레닌은 칸트가 끝난 곳, 즉 의식 외부의 대상, 즉자적 대상(물자체)에서 시작한다. 그러고 나서 레닌은 칸트가 시작하는 곳, 즉 대자적 대상으로 주체에 '반영된' 객체에서 끝난다. 레닌은 의식이 현실에 대한 거울을 갖는다고 말한다.

그림의 뮐러-라이어 착시를 살펴보자. 비고츠키는 여기에 두 가지 객관적 과정이 있다고 주장한다. 하나는 선의 길이가 같다고 말하는 선의 길이 측정과 다른 하나는 선의 길이가 다르다고 말하는 선의 길이 지각이다. 두 과정 모두 객관적으로 연구될 수 있지만, 어느 과정도 주관적 내관으로 연구될 수는 없다.

거울 상象에 대한 후속 논의와 마찬가지로, 비고츠키는 기계적론 '반영' 이론이 과학적 의식 이론이 될 수 없다는 것을 이해한다. 기껏해야 '반영'은 우리에게 청소년이나 성인의 추상적, 일반적 개념이 아닌 어린이의 '시각-도식적' 생각만을 제공할 것이다.

교사와 심지어 부모에게도, 객체가 어린이 주체에게 자신을 드러내는 방식은 낱말 의미의 발달을 통해서이다. 사회발생적으로, 이것은 객체가 과학의 개념 체계 발달을 통해 사회에 자신을 드러낸다는 것을 의미한다. 개체발생적으로, 그것은 객체가 과학 개념에 대한 교육을 통해 어린이에게 자신을 드러낸다는 것을 의미한다.

이 두 과정은 중요한 면에서 다르지만, 근본적으로 같은 결과를 낳는다. 그 이유는 언어 공동체에 의한 언어 발달이 어린이의 언어 학습과 같은 결과를 낳는 것과 같다.

14-71] 따라서 이 공식은 의식도 우리 의식 외부에 존재해야 한다는 우리의 관점과 반대되는 **것처럼 보인다.** 의식은 우리 의식 외부에

존재할 수 없다. 그러나 플레하노프가 바르게 정의한 것처럼 자의식은 의식의 의식이다. 그리고 의식은 자의식 없이 존재할 **수 있다**. 무의식과 상대적 무의식은 우리가 이를 확신하게 한다. 나는 내가 본다는 것을 알지 못하면서도 볼 수 있다. 그러므로 주관적 현상속에서 살아가는 것이 가능하지만 이를 연구할 수는 없다고 말한 파블로프는 옳다.

14-72] 직접적인 경험과 지식이 분리되지 않고서는 **어떤 과학도 불가능하다.** 놀라운 사실은, 내관주의 심리학자만이 체험과 지식이 일치한다고 생각한다는 것이다. 만약 사물의 본질과 형태가 직접적으로 일치한다면 과학은 필요 없으리라고 마르크스는 언급한다. 심리학에서 현상과 존재가 동일하다면 모든 사람은 심리학자가 될 것이고 과학은 불가능할 것이다. 가능한 것은 목록 기재뿐이다. 그러나 파블로프가 말하듯, 삶과 체험은 연구와 **별개임**이 분명하다.

> 이상하게도 러시아 전자도서관 판본에서는 마르스크 인용 부분이 누락되어 있다. 비고츠키는 여러 저작(『역사와 발달 I』 3-29 또는 『흥미와 개념』 10-29-10 참조)에서 '잉여적인 과학'에 대해 마크르스를 인용한다. 이는 『자본론』 제48장 삼위일체 공식의 일부이다.
>
> "대상의 외양과 본질이 일치한다면 모든 과학은 잉여적일 것이다. 속류경제학은 토지-지대, 자본-이자, 노동-임금이라는 삼위일체가 분명 세 가지 불가능한 조합이라는 것에 조금도 의심을 품지 않는다.
>
> 이어서 마르크스는 지대는 사회적 관계인 반면 토지는 자연적 양상임을 지적한다. '이자'는 특정 금액의 화폐가 그 자체의 가치보다 더 높은 가치를 갖는다는 말에 의존하며, 임금은 '황색 대수', 즉 특정한 상품가격을 모든 가치의 일반 사회적 척도(노동)와 결합한 것이다. 세 용어 모두 외적 모습과 사물의 본질을 혼동하는 것에서 비롯한다.

14-73] 우리는 E. 티치너에게서 이에 대한 가장 흥미로운 예를 발

견한다. 이 일관된 내관주의자이자 평행론자는 정신적 현상은 기술될 수 있을 뿐 설명될 수는 없다는 결론에 도달한다. 그는 주장한다. "그러나 우리가 기술적이기만 한 심리학을 만들어 내고자 하면 우리는 거기에 마음에 대한 진정한 과학의 희망이 없다는 것을 발견할 것이다. 기술심리학이 과학적 심리학과 갖는 관계는 (…) 소년이 자신의 물리학 실험공간에서 얻은 것과 숙련된 물리학자의 관점이 갖는 관계와 매우 유사하다. 여기에는 통일성이나 일관성이 없을 것이다. (…) 심리학을 과학적으로 만들기 위해서 우리는 마음을 기술할 뿐 아니라 또한 설명해야 한다. 우리는 '왜'라는 질문에 답해야 한다. 그러나 여기에 난관이 있다. 우리가 하나의 정신적 과정을 다른 정신적 과정의 원인으로 간주할 수 없다는 것이 명백하다. (…) 다른 한편, 우리는 신경 과정을 정신적 과정의 원인으로 간주할 수도 없다. (…) 하나는 다른 것의 원인이 될 수 없다"(1914, pp. 38-39).

본문의 티치너 인용은 영어 원문을 번역하였다.

Titchener, E. B. (1910/1928). *A Textbook of Psychology*, pp. 38-39.

티치너의 주장은 이 문단에서 보이는 것처럼 단편적이거나 일관성을 결여하고 있지 않다. 그의 논지는 레닌이 『유물론과 경험비판론』에서 제시한 의식에 대한 관점과 매우 비슷하기에, 비고츠키의 비판은 그의 말마따나 지배적인 마르크스주의적 관점에 대한 비판이다. 따라서 전체 내용을 인용할 가치가 있을 것이다.

"환경 변화에 따라 완전히 새로운 의식이 형성될 수 있다는 이유만으로 하나의 정신적 과정을 다른 정신적 과정의 원인으로 간주할 수 없다는 것은 분명하다. 아테네나 로마를 처음 방문한다면, 나는 과거의 의식이 아니라 현재의 자극에 의한 경험을 하게 된다. 다른 한편, 우리는 신경 과정을 정신 과정의 원인으로 간주할 수도 없다. 심신평

E. L. 키르히너, 사람들 앞에서, 1905.

행론의 원리에 따르면 신경계의 과정과 정신적 과정이라는 두 집합의 사건은 진행 과정에서 나란히 진행되며, 정확히 상응하되 서로 간섭하지 않는다. 이들은 궁극적으로 동일한 경험의 두 가지 다른 측면이다. 어느 하나가 다른 하나의 원인이 될 수는 없다. 그럼에도 불구하고 우리가 정신적 현상을 설명하는 것은 신체, 신경계 및 거기에 연결된 기관을 참조함으로써이다."

티치너의 첫 번째 요점은 우리의 의식이 맥락과 지속적으로 연결되어 있다는 것이다. 루리야와 비고츠키의 마르크스주의 동료들이 주장하듯, 인간은 섬이 아니라 반도이기에 환경을 통해 자신에게 영향을 미침으로써 간접적으로만 행동을 통제할 수 있다. 일리 있는 말이지만 온전한 사실이 아니다. 사람들은 서로를 그리고 스스로를 통제한다. 우리는 타인의 행동을 통제하는 것과 같은 방식으로─말을 통해 혹은 말 없이도─ 자기 행동을 내면으로부터 통제할 수도 있다.

티치너의 두 번째 요점은 스피노자에 대한 오독이다. 스피노자는 한편으로는 (마음속) 관념의 질서가 (세계 속) 사물의 질서와 같다고 말하고, 다른 한편으로는 마음속 어떤 것도 세계 속 어떤 것을 결정할 수 없으며, 세계 속 어떤 것도 마음속 어떤 것을 결정하지 못한다고 말한다. 이는 일반적으로 마음의 세계가 사물의 세계와 평행하다는 의미, 즉 둘 다 무한하지만 어느 지점에서도 서로 교차하지 않는다는 뜻으로 읽힌다.

레닌은 적어도 그의 초기 저작에서는 우리에게 해답을 제시하지 못한다. 티치너와 마찬가지로 레닌은 물질의 규정적 특성은 그것이 의식의 외부에 있다는 것이라고 말한다. 이는 의식 자체가 물질이 될 수 없다는 의미이다. 따라서 존재론적 원리는 이원론이다. 티치너와 마찬가지로 레닌은 의식이 물질의 반영이라고 말한다. 반영은 물질을 변화시키지 않으며 심지어 물질과 상호작용하지도 않는다. 따라서 지식론적 원리는 평행론이다.

그렇다면 해결책은 무엇인가? 아마도 키르히너가 (말해 주지는 못하더라도) 우리에게 보여 줄 수 있을 것이다. 거울은 하나다. 춤은 둘이서 춘다. 내 신체적 경험(예: 춤)은 나에게 주관적(느낌)이지만 당신에게는 객관적(행동)이며, 그 반대인 경우도 마찬가지다. 내가 하는 말도 마찬가지여서 완전히 공유될 수 있다. 비고츠키는 그의 유작 『생각과 말』의 말미에 포이어바흐의 말을 인용한다. "말은 한 사람에게는 불가능하지만 두 사람에게는 피할 수 없는 현실이다."

14-74] 이것이 바로 기술심리학이 처한 실제 위치이다. 저자는 다음의 순수한 **언어적 책략**에서 출구를 발견한다. 정신적 현상을 설명하는 것은 신체와 관련해서만 가능하다. 티치너는 말한다. "신경계는 마음을 유발하지는 않지만 마음을 설명한다. 그것은 마치 한 나라의 지도가 우리가 그 나라를 여행하는 동안 스쳐보게 되는 언덕과 강, 마을의 단편적인 모습을 설명하듯이 마음을 설명한다. (…) 신체에 대한 참조는 심

리학의 데이터, 내관의 총합에 털끝만큼도 추가하지 않는다. 그것은 우리에게 심리학에 대한 설명 원리만 제공한다"(p. 39).

14-75] 이를 거부한다면 단편적인 심리적 삶을 파악하는 길은 오직 두 가지가 있다. 설명을 거부하는 순수하게 기술적인 길과 무의식의 존재를 인정하는 길이다. 두 길 모두 시도된 바 있다. 그러나 첫 번째에서 우리는 과학적 심리학에 전혀 다가서지 못하며, 두 번째에서 우리는 사실의 영역에서 허구의 영역으로 임의로 넘어간다. 이는 대체 과학이다. 이는 더없이 명백하다. 그러나 저자가 선택한 설명적 원칙을 가진 과학이 가능한가? 티치너의 예시에서 정신의 비교 대상이 된 **언덕, 강, 마을의 단편적 형태**에 대한 과학이 가능한가? 나아가 어떻게, 어째서 지도가 이 광경들을 설명하며, 나라 지도를 통해 그 부분이 설명되는가? 지도는 나라의 복제이며 그것은 그 안에 나라를 반영하는 만큼 설명한다. 즉 동질의 것이 동질의 것을 설명한다. 과학은 그러한 원칙에 입각해서는 불가능하다. 사실 저자는 모든 것을 **설명 원칙**으로 환원한다. 왜냐하면 그에게는 인과적 설명과 평행적 설명이 최근접 상황 혹은 기술되는 현상이 일어나는 조건으로 규정되기 때문이다. 그러나 결국 이 길은 과학으로 인도하지 않는다. 좋은 '근접 조건'은 지질학에서는 빙하 시대이고 물리학에서는 원자의 분해이며 천문학에서는 행성의 형성이고 생물학에서는 진화이다. 결국 물리학의 '근접 조건' 뒤에 다른 '근접 조건'이 이어지고 인과적 계열은 **원론적으로 무한하다**. 평행적 방식으로는 사태는 오직 **근접** 원인에 의해서만 희망없이 한정될 뿐이다. 저자가 자신의 설명을 물리학에서 이슬 응결 현상에 대한 설명과만 비교한 것에 그친 것은 우연이 아니다. 물리학이 근접원인에 대한 지적과, 유사한 설명 이상으로 나아가지 않더라도 좋을 것이다. 다만 그것은 과학으로 존재하기를 멈출 것이다.

티치너를 인용한 부분의 원문은 다음과 같다.

"신체에 대한 참조는 심리학의 데이터나 내관의 총합에 털끝만큼도 더하지 않는다. 그것은 심리학에 대한 설명 원칙을 제공하기는 한다. 그것은 우리의 내관 데이터를 체계화하도록 하지 않는다. 사실 우리가 마음을 신체로 설명하기를 거부한다면 우리는 똑같이 불만스러운 둘 중 하나를 선택해야 한다. 우리는 정신적 경험에 대한 단순 기술에 만족하고 말든지 의식에 일관성과 연속성을 제공하는 무의식을 발명해야 한다. 두 경로 모두 이미 시도된 바 있다. 그러나 우리가 첫 번째 경로를 택하면 우리는 심리학의 과학에 결코 이르지 못한다. 두 번째 경로를 택하면 우리는 기꺼이 사실의 영역을 벗어나 허구의 영역으로 들어서게 된다. 이들은 과학적 양자택일이다. 일반 상식 역시 나름의 방식으로 상황을 파악하고 나름의 길을 찾았다. 상식이 정신적인 것과 신체적인 것을 쉽게 오가면서 정신적인 것에서의 괴리를 신체적인 것에서 차용한 재료로 메워나가는 이종교배의 세계를 건설할 수 있었던 것은 바로 정신적 경험의 불완전성과 단절성 때문이었다."

"여기에서 사고의 혼란이 유래됨을 우리는 확인할 수 있을 것이다. 그러나 이 혼란의 기저에 놓인 진실은 심리학의 설명 원칙이 의존적 경험의 내부가 아닌 그것을 넘어선 곳에서 모색되어야 한다는 암묵적인 인정이다. 그렇다면 물리적 과학은 원인을 지정함으로써 설명한다. 정신적 과학은 관찰 중인 정신 과정에 상응하는 신경 과정을 참조함으로써 설명한다. 기술되고 있는 현상이 일어나는 근접 상황이나 조건을 진술하는 것으로 설명 자체를 규정한다면 우리는 이 두 설명 양식을 한데 가져올 수 있을 것이다. 이슬은 대기와 지면의 온도 차이가 생기는 조건 아래에서 형성된다. 관념은 신경체계 내에서 모종의 과정이 진행되는 조건 아래에서 형성된다. 근본적으로 설명의 대상과 방식은 두 경우에서 동일하다."

14-76] 이처럼 우리는 지식으로서의 심리학에는 두 가지 경로가 있

음을 알 수 있다. 이는 과학의 경로–이때는 심리학이 설명할 수 있어야 한다–이거나 단편적 모습의 지식의 경로–이때는 **과학**으로서 심리학이 불가능하다–이다. 결국, 기하학적 유추를 통한 작업은 우리를 잘못된 길로 인도한다. 기하학적 심리학은 절대적으로 불가능하다. 근본 특성, 즉 관념적 추상이 결여되어 있기 때문이다. 그것은 실제 대상과 연결된다. 동시에 우리는 무엇보다도 인류의 악덕과 어리석음을 기하학적인 방식으로 탐구하고, 인간의 행동과 성향을 선, 면, 입체의 문제인 경우와 같은 방식으로 고려하고자 했던 스피노자의 시도를 기억해야 한다. 이 경로는 기술심리학을 제외한 다른 어떤 것에도 적합하지 않다. 왜냐하면 그것은 기하학으로부터 언어적 형식과 증명의 논박 불가성이라는 외양만을 가져왔을 뿐 다른 모든 것–본질적인 것을 포함한–은 비과학적인 사고방식에서 나온 것이기 때문이다.

양자역학의 창시자인 N. 보어는 이 그림을 연구실에 걸어 두고 '하나의 대상이 단일한 기술記述을 거부하는 다양한 관점을 요구할 수 있음'을 설명하는 데 사용했다. 이는 양자 상보성의 핵심적 측면이다. J. 메챙제는 점, 선, 면, 기하학적 입체 및 빛과 그림자를 이용하여 (남편에게 소작인들의 세금을 낮추어 달라고 청원하기 위해 벗은 몸으로 말을 타고 마을을 한 바퀴 돈) 고다이바 부인의 몸과 마음을 나타낸다. 『비고츠키의 노트』에서 비고츠키는 스피노자의 진실은, 빛이 그 자체와 그림자를 모두 드러내듯, 진실과 그것의 오류를 모두 드러낸다고 쓴다(2018, p. 213).

비고츠키가 이 문단에서 논의하는 것은 무엇인가? 그는 스피노자의 『에티카』 3장의 서문을 인용하고 있다.

"왜냐하면 나는 지금 인간의 감정과 행동을 이해하기보다 오히려 저주하고 조소하기를 좋아하는 사람들에게 되돌아가고 싶기 때문이다. 그들에게는, 내가 인간의 결함이나 우행愚行을 기하학적 방식으로 다루려고 시도하는 것과, 그들이 이성에 반대되며 공허하고 부조리하고

J. 메챙제(Jean Metzinger), 말과 누드, 1912.

혐오스럽다고 선언한 것들을 논리적 추론으로 증명하고자 하는 일은, 확실히 이상하게 보일 것이다. 그러나 나의 논거는 이러하다. 자연 안에서는 자연의 결함 탓으로 여길 수 있는 어떠한 일도 일어나지 않는다. 왜냐하면 자연은 항상 한결같으며, 자연의 힘과 활동 능력은 어디서나 동일하기 때문이다. 즉 만물이 발생하여 한 형상에서 다른 형상으로 변화하게 하는 자연의 법칙과 규칙은 어디에서나 항상 동일하기 때문이다."

스피노자의 존재론, 즉 그의 자연주의는 진실이다. 하나의 세상만이 존재하며 이는 물질로 이루어져 있다. 그의 가치론, 그의 윤리학은 진실이다. 심리학의 목적은 조소하거나 애통해하는 것이 아니라 인간을 마음을 가진 신체로(신체화한 마음으로) 이해하는 것이다. 그러나 스피노자의 존재론과 가치론은 그의 인식론의 오류-에티카를 인간의 '결함과 우행'에 대한 일련의 공리, 명제, 증명으로 기술함으로써, 그리고 이 결함과 우행을 점, 선, 면으로 다룸으로써 심리학을 기하학으로 다루려는 시도-를 드러낸다. 순수한 정신적 대상에 대한 기하학적 기술은 고다이바 부인과 말 사이의 유사성도, 그 둘 사이의 핵심적인 차이점도 드러내지 못한다. 비고츠키에게 과학적 분석은 우리가 이해하고자 하는 현상을 무효화하거나 심지어 모호하게 해서도 안 된다. 과학적 분석은 연구 대상인 현상의 특성을 보존하는 최소한의 형태를 찾아서 현상을 단위(물리학의 분자, 생물학의 세포, 정치경제의 상품, 언어학의 낱말 의미)로 분석해야 한다.

메챙제의 작품은 실제 모델을 그리지도 않았고, 심지어 고다이바 부인이 남편의 결함과 우행을 막기 위해 행했던 전설을 묘사하고 있지도 않다. 대신 이 작품은 누드와 말이 쉬고 있는 순간을 보여 준다. 말 머리는 우측에 꼬리는 왼쪽 위에 나타난다. 여인은 말에게 과일을 먹이고 있는 것으로 보인다. 그러나 메챙제는 E. 마이브리지의 누드와 말의 움직임 분석에 많은 영향을 받았다. 마이브리지의 연구는 인간 신체의 움직임 연구를 위한 최초의 과학적 도구인 동영상 카메라를 이용하여 연구실에서의 직접 관찰과 귀납을 통해 이루어졌다.

14-77] E. 후설은 현상학과 수학의 차이를 단호하게 구별한다. 수학은 정밀한 과학이고 현상학은 기술적이다. 그 이상도 그 이하도 아니다. 현상학의 자명성을 위해 미흡한 한 가지 사소한 점은 정확성이다! 그러나 부정확한 수학을 상상해 보자. 우리는 기하학적 심리학을 얻을 것이다.

14-78] 궁극적으로 이 질문은 이미 말했듯이 존재론적 문제와 지

식론적 문제를 구분하는 것으로 귀결된다. 지식론적 수준에서 **외현**은 존재하나, 그것이 존재에 속한다고 주장하는 것은 거짓이다. 존재론적 차원에서는 **외현**은 절대 존재하지 않는다. 심리 현상은 존재하거나-그렇다면 그것은 물질적이면서 객관적이다- 존재하지 않는다- 그렇다면 그것은 **존재하지 않으면서** 연구할 수 없는 것이다-. 어떤 과학도 오직 주관적인 것, **외현**, 환영-존재하지 않는 것에 얽매일 **수 없다**. 존재하지 않는 것은 **절대 존재하지 않는다**. 반#-비-존재나 반#-존재 같은 것은 존재하지 않는다. 이것을 이해해야 한다. "세상에는 실재하는 것과 **실재하지 않는 것**이 있다"라고 말할 수 없다. 비실재는 존재하지 않는다. 비실재는 두 실재 사이의 불일치, 일반적으로는 그들의 관계로서 설명되어야 하며, 주관적인 것은 두 객관적인 과정의 결과로서 설명되어야 한다. 주관적인 것은 외현이기에 존재하지 **않는다**.

14-79] L. 포이어바흐는 심리학에서 주관적인 것과 객관적인 것의 구별에 대해 다음과 같이 기록한다. "같은 방식으로, **나에게** 내 몸은 측정 불가의 범주에 속하고 무게가 없지만 그 자체로나 다른 사람에게는 무게를 가진 몸이다"(1955, p. 214).

14-80] 이로부터 그가 어떤 현실을 주관적인 것으로 돌렸는지 명백하다. 그는 직설적으로 말한다. "심리학에서는 구운 비둘기가 우리의 입 안으로 날아 들어온다. 우리의 의식과 느낌에 쏟아져 들어오는 것은 전제나 유기체의 과정들이 아니라 결론과 결과들뿐이다"(같은 책, p. 124). 그러나 전제 없는 결과에 관한 과학이 정말 가능한가?

> 정물을 뜻하는 프랑스어를 문자 그대로 번역하면 '죽은 자연'을 의미한다.
>
> 비고츠키는 이전 저작인 『생각과 말』(6-1-50)에서 사용했던 생생한 비유적 표현(구운 비둘기가 우리 입속으로 날아온다)을 사용하여 과학적 개념은 이미 완성된 상태로 손에 쥐어지는 열쇠가 아님을 지적한다.

P. 피카소(Pablo Picasso). 비둘기가 있는 정물, 1941.

즉, 어린이는 개념을 구축해 나가야 한다. 다만 그는 맨손으로 개념을 만드는 것이 아니다. 그에게는 자기 문화의 기호학적 재료가 주어진다. 홀은 『생각과 말』에서 이것을 "핫케이크처럼 떨어진 것"으로 번역했고, 포이어바흐 원작을 읽은 반 데 비어는 이것을 "신이 보내신 것"(즉, 신이 보낸 행운)으로 번역했다. 그러나 비고츠키가 말하는 것은 말 그대로 "이미 구워진 비둘기처럼 우리 입속으로 날아온다"는 의미이다. 완전히 익혔음에도 여전히 날아다니는 비둘기라는 역설을 비고츠키는 즐긴 것이다.

포이어바흐는 지각조차도 미리 만들어진 채로 뇌에 오지 않는다고 한다. 거울은 빛의 반사와 굴절을 생성할 뿐이며, 눈의 구조는 이미지를 생성한다. 각막은 망막에 이미지를 거꾸로 투사하고 뇌는 어떻게든 이미지를 반전시켜야 한다. 일상적인 개념이나 과학적 개념 모두 기성품으로 어린이에게 오지 않는다. 일상적 개념은 경험의 '반영'이고 과학적 개념은 낱말 의미의 '굴절'이다. 따라서 청소년들이 단순히 거울을 보는 것만으로 자신감을 잃고 K-뷰티 산업을 확장시키는 열등감을 강화하거나, 혹은 그들을 해방시켜 주면서 성인의 삶을 풍요롭게 해 줄 현실적인 자아 인식이나 진정한 아름다움에 대한 개념을 구축하게 되는 것은 아니다.

비고츠키는 이러한 최종 산물에만 기반을 둔 과학, 즉 내관과 '생각 그 자체'에 기반을 둔 심리학—지각, 자기 인식, 개념 형성의 실제 과정을 분석하지 않는 과학은 죽은 자연, 정물, 이미 구워진 비둘기의 과학이라고 본다.

14-81] 스턴이 G. T. 페히너를 따라 정신과 육체는 볼록하고 오목하며, 하나의 선으로 두 가지 모두를 나타낼 수 있다고 말한 것은 이를 아주 잘 표현한 것이다. 그러나 선 그 자체는 볼록하지도 오목하지도 않고 곡선일 뿐이고 이것이야말로, 그것이 어떻게 보이는지는 무관하게, 우리가 알고자 하는 것이다.

E. L. 키르히너, 팽이 돌리는 사람, 1934.

남자가 팽이를 돌리기 위해 사용하는 채찍의 곡선을 보자. 그것은 그 자체로는 볼록하지도 오목하지도 않다. 남자에게 그것은 오목하고 여자에게 그것은 볼록하다. 스턴은 정신-물리적 과정이 이와 같다고 말한다. 맥박과 호흡의 신체적 변화를 측정하고 EEG를 관찰하는 의사에게 그것은 오목하고 내부를 향한다. 불안과 분노를 경험하는 환자에게 그것은 볼록하고 외부를 향한다.

G. T. 페히너(Gustav Theodor Fechner, 1801~1887)는 스피노자에게 관심을 갖게 된 물리학자였다. 색안경을 통해 태양을 바라볼 때 생기는 잔상을 관찰하면서 그는 거의 실명에 이르렀고, 회복을 시도하던 중 물리적 자극과 정신적 반응 간의 관계를 수학화해 보자는 생각을 하게 되었다. 그는 그 관계가 선형적이지 않음을 이해하고, 그 관계가 로그적($S=c \log R$)이라고 (잘못) 가정했다. 여기서 S는 자극 단위를 나타내고, $\log R$은 반응의 로그이며, c는 실험에 따라 변하는 상수이다.

자극은 '기하적으로' 증가할 수 있고 감각은 '산술적으로'만 증가한다고 느낄 수 있지만, W. 제임스는 이것이 수학적으로 의미가 없다고 지적했다. 왜냐하면 물리적 자극은 단위로 나눌 수 있지만, 정신적 반응은 그렇지 않기 때문이다. 그 후 페히너는 페히너 디스크(흑백 회전 디스크의 색깔 생성)를 가지고 물리적 자극과 정신적 반응 간의 관계를 확립하려고 수년을 보냈다. 페히너 색상 착시는 (14-70에서 논의된 뮐러-라이어 착시와 같이) 아직 과학적으로 설명되지 않았다.

14-82] 회프딩은 이를 두 언어로 표현된- 공통의 조상 언어로 환원하지 못한- 동일한 내용에 비교한다. 그러나 우리는 내용이 표현된 **언어**가 아니라 **내용**을 알고 싶어 한다. 물리학에서 우리는 내용을 연구하기 위해 언어로부터 자유로워진다. 심리학에서도 같은 일을 해야

한다.

14-83] 흔히 사람들이 하는 것처럼 의식을 거울의 반영에 비교에 보자. 대상 A를 거울에 Aa로 비추어 보자. 물론 a가 A와 마찬가지로 실제라고 말하는 것은 그릇되겠지만, 그것은 그 자체로, **다르게** 실제적이다. 탁자와 거울 속 탁자는 동일하게 실제적이지는 않지만 서로 다르게 실제적이다. 반영으로서, 탁자의 상像으로서, 거울 속 제2의 탁자로서 반영은 비실제적이다. 이는 환영이다. 그러나 거울 표면 위 광선의 굴절로서의 탁자의 반영은 탁자와 마찬가지로 물질적이고 실제적인 대상이 아닌가? 그렇지 않다면 기적일 것이다. 그렇다면 우리는 다음과 같이 말했을 것이다. 사물(탁자)과 그것의 환영(반영)이 존재한다. 그러나 **오직** 대상(탁자)과 표면 위 빛의 반영만이 존재하되, 환영은 대상들 사이의 **외현상** 관계이다. 따라서 거울의 환영에 대한 그 어떤 과학도 불가능하다. 그러나 이것이 우리가 반영, 환영을 결코 설명할 수 없음을 의미하지는 않는다. 만일 **사물**과, **빛의 반영 법칙**을 안다면 우리는 언제나 환영을 설명, 예견하고 마음대로 소환하고 바꿀 수 있다. 이것은 사람들이 거울로 하는 일이다. 사람들은 거울의 반영이 아니라 광선의 운동을 연구하며 반영을 설명한다. 거울의 환영에 대한 과학은 불가능하지만 빛에 대한 학설, 빛이 투영되고 반영하는 대상에 대한 학설은 '환영'을 완전히 설명해 준다.

14-84] 심리학에서도 마찬가지다. 환영과 같은 주관적인 것은 **두 가지** 객관적인 과정의 결과, (하늘에서 우리 입으로 떨어지는-K) 구운 비둘기로 이해되어야 한다. 정신의 불가사의함은 거울의 불가사의함처럼, 환영을 연구하는 것이 아니라 일련의 두 객관적인 과정-환영은 이 둘의 상호작용으로부터 **하나가 다른 것의** 외현적 반영으로 나타나는 것이다-을 연구함으로써 풀릴 것이다. 외현 자체는 그 자체로 존재하지 않는다.

14-85] 다시 거울로 돌아가자. 탁자와 탁자의 거울 이미지인 A와 a를 동일시하는 것은 관념주의일 것이다. 일반적으로 a는 비물질적이고 A만이 물질적이며 그 물질성은, a와 무관하게, 그것의 존재와 동의어이다. 그러나 a를 거울 속에서 스스로 일어나는 과정인 X와 동일시하는 것도 마찬가지로 관념주의적일 것이다. 다음과 같이 말하는 것은 잘못일 것이다. 거울 **밖에서**, 자연에서는 존재와 생각이 일치하지 않는다 ─ 거기(자연-K)서는 A는 a가 아니며 A가 사물인 반면 a는 환영이지만 거울에서는 존재와 생각이 일치하여 여기(거울-K)서 a는 X이고 a와 X가 똑같이 환영이다. 탁자의 **반영**이 탁자라고 말해서도 안 되지만 탁자의 **반영**이 광선의 굴절이라고 말해서도 안 된다. a는 A도 아니고 X도 아니다. A와 X는 모두 실제 과정이지만 a는 이들에서 발생하는 외현적인, 즉 비실제적인 **결과**이다. 반영은 존재하지 않지만 탁자와 빛은 동등하게 존재한다. 탁자의 반영은 탁자 자체와도, 거울에서의 실제 빛의 과정과도 일치하지 않는다.

14-86] 그렇지 않으면 세계에는 사물과 유령이 모두 존재함을 인정해야 했을 것이라는 사실은 말할 것도 없고, 거울 자체도 **거울 밖의 사물과 동일한 자연의 일부**이며 자연의 모든 법칙을 따른다는 사실을 기억하자. 결국 유물론의 머릿돌은 의식과 뇌가 자연의 나머지 부분을 반영하는, 자연의 산물이자 일부라는 입장이다. 그리고 이는 a와 독립적인 X와 A의 객관적인 존재가 유물론적 심리학의 신조라는 것을 의미한다.

14-87] 이로써 긴 논증을 마치도록 하겠다. 우리는 게슈탈트 심리학과 인격주의의 세 번째 길은 모두 본질적으로 이미 우리에게 알려진 두 가지 길 중 하나라는 것을 보았다. 이제 우리는 세 번째 길인 소위 '마르크스주의 심리학'이라는 길이 두 길을 통합하려는 시도임을 본다. 이러한 시도는 하나의 동일한 과학 체계 내 새로운 분리를 초래한다. 뭔

스터베르크와 같이 이를 통합하려는 사람은 두 개의 분리된 길을 따라
간다.

14-88] 전설에서 꼭대기가 연결된 두 나무가 고대의 대공의 몸을
둘로 찢었듯이, 어떤 과학 체계도 두 개의 서로 다른 줄기에 묶여 있다
면 둘로 찢길 것이다. 마르크스주의 심리학은 자연과학일 수밖에 없지
만, 프랑크푸르트의 길은 그를 현상학으로 이끈다. 한 지점에서 그가 심
리학이 자연과학일 수 있다는 사실에 의식적으로 반대한 것(1926)은
사실이다. 그러나 첫째 그는 자연과학을 생물과학과 혼동하는데, 이는
옳지 않다. 심리학은 자연과학일 수 있으나, 생물과학은 아닐 수 있다.
둘째 그는 '자연적'이라는 개념을 원칙적으로 방법론적인 의미가 아니
라, 유기 자연과 무기 자연에 관한 과학을 가리키는 직접적이고 사실적
인 의미로 받아들인다.

F. 브루니(F. Bruni), 키예프 대공 이고르의 죽음, 1839.

비고츠키는 서기 945년 키예프 대공 이고르의 죽음을 언급하는 것
으로 보인다. 당시 기록에 따르면, 우크라이나인들은 자작나무를 땅

위에 구부린 후 두 나무 사이에 그의 사지를 묶고, 나무를 구부렸던 밧줄을 끊자 그의 사지는 찢어졌다. 당시 연대기는 그의 죽음이 자신의 탐욕 때문이라며 비난한다. 우크라이나인들은 과세에 반대하여 반란을 일으키고 그를 죽였다.

이 그림에서 한 나무는 다른 나무보다 훨씬 더 두껍다. 비고츠키에게 더 두꺼운 나무는 자연과학이다. 방법론적 해체를 피하기 위해, 프랑크푸르트는 스스로 자연과학에서 벗어나 현상학을 포용한다. 그러나 이는 유물론과 마르크스주의(사회학, 정치경제학)를 거부함은 물론, 지질학, 천문학, 화학, 그리고 심지어 생물학적 데이터에 의존하지는 않지만 자연과학 방법론(즉 분석과 귀납)에 의존하는 수학과 같은 과학조차 거부한다는 것을 의미한다.

14-89] B. H. 이바노프스키는 서양 과학에서 오랫동안 받아 들여온 이 용어의 용법(즉, 생물과학이라는 좁은 의미가 아니라, '자연과학'이라는 용어의 방법론적 사용-K)을 러시아 문헌에 도입했다. 그는 사물, '실재의' 대상과 과정을 다루는 과학, '실제로' 존재하는, **있는** 것을 다루는 과학은 수학이나 응용수리 과학과 엄격히 구분되어야 한다고 말한다. 따라서 이 과학은 (넓은 의미에서) **실재의** 또는 **자연**과학이라 불릴 수 있다. 우리는 '자연과학'이라는 용어를 보통 무기 자연과 유기 자연을 연구하는 학문만을 나타내고 사회적, 의식적 자연은 포괄하지 않는 더 좁은 의미로 사용한다. 이러한 단어의 용법으로 인해 이는 종종 '자연'과 구분되는 것-'반反자연적'은 아니라도, '비자연적'이거나 '초자연적'인 것-으로 나타난다(B.H.이바노프스키, 1923). "나는 '자연적'이라는 용어를 실재로 존재하는 모든 것에 확장하는 것이 충분히 합리적이라고 확신한다. '자연과학'은 가장 넓은 의미에서 자연에 관한 과학, 즉 무기적, 유기적, 의식적, 사회적 자연에 관한 과학이다"(pp. 182-183).

자베르쉬네바와 오시포프는 이 문단의 마지막 두 문장이 러시아어 선집에서 누구의 말인지 올바르게 표시되지 않았으며, 인용부호가 없어졌음을 지적한다. 이는 다음 책 제15장에서 인용한 것이다.

이바노프스키, B. H. (1923). 『과학과 철학의 방법론 개론 Методологи-ческое введение в науку и философию』, vol. 1. 민스크.

14-90] 과학으로서의 심리학의 가능성은 전형적인par excellence 방법론적 문제이다. 다른 어떤 과학에서도 심리학만큼 많은 어려움, 풀리지 않는 논쟁, 온갖 다양성의 한 지점에서의 조합이 존재하지 않는다. 심리학의 대상은 세상에 존재하는 모든 것 중에서 가장 어렵고 연구하기 가장 힘든 것이다. 그것을 알아가는 방법은, 우리가 기대하는 바를 산출하기 위해, 특별한 장치와 예방책으로 가득 차 있어야 한다.

14-91] 나는 항상 이 후자의 문제, 즉 실재에 대한 과학의 원칙에 대해 논하고 있다. 이런 의미에서 마르크스는, 그의 표현에 따르면, 경제 형성의 발전 과정을 **자연적·역사적 과정**으로 연구한다.

마르크스는 『자본론』 서문에서 경제적 발전과정을 자연적 역사의 과정으로 조망한다고 밝힌다.

"있을지도 모를 오해를 피하기 위해 한마디 하겠다. 자본가와 지주를 나는 결코 장밋빛으로 아름답게 그리지는 않는다. 그러나 여기서 개인들이 문제로 되는 것은 오직 그들이 경제적 범주의 인격화, 일정한 계급관계와 계급 이익의 담당자인 한에서다. 경제적 사회구성체의 발전을 자연적 역사의 과정으로 보는 내 관점에서는, 다른 관점과는 달리, 개인이 이런 관계들에 책임이 있다고 생각하지 않는다. 또한 개인은 주관적으로는 아무리 이런 관계들을 초월하고 있다고 하더라도, 사회적으로는 여전히 그것들의 산물이다."

마르크스, K. (1867). 『자본론: 정치경제학비판 I[상]』. 김수행 옮김 (2015). 비봉출판사.

14-92]　다른 어떤 과학에서도 우리 과학과 같이 다양하고 풍부한 방법론적 문제, 그처럼 단단히 지어진 매듭과 풀 수 없는 모순이 제기된 바 없다. 따라서 수천 번의 준비 계산과 예방책 없이는 여기서 한 걸음도 나아갈 수 없다.

14-93]　따라서 위기는 방법론의 창조로 이끌며, 투쟁은 일반 심리학을 위해 나아간다는 것을 모두가 인식하고 있다. 특정한 심리학적 과학을 즉시 구축하기 위해 이 문제를 건너뛰고 방법론을 건너뛰려고 하는 사람은 누구나 필연적으로 말에 올라타려고 하다가 말을 뛰어넘어 버린다. 이것은 게슈탈트 이론에서, 스턴에게서 일어났다. 이제 물리학과 심리학에 동일하게 적용되는 보편적인 원리를 바탕으로 할 뿐, 이 원리를 방법론으로 구체화하지 않고서는 특정 심리학 연구에 직접 접근하는 것은 불가능하다. 이것이 바로 이 심리학자들이, 전 세계에 동일하게 적용할 수 있는 하나의 술어만을 알고 있다고 비난받는 이유이다. 스턴이 했던 것처럼, 태양계, 나무, 사람을 동일하게 포괄하는 개념으로 사람들 사이의 심리적 차이를 연구하는 것은 불가능하다. 이를 위해서는 다른 기준, 다른 척도가 필요하다. 일반 과학과 특정 과학의 모든 문제는 한편으로는 방법론과 철학의 문제이고 다른 한편으로는 척도의 문제이다. 인간의 키를 베르스트 단위로 측정할 수 없으며 이를 위해서는 센티미터가 필요하다. 그리고 특정 과학이 스스로의 경계를 뛰어넘어 일반적인 척도, 더 큰 규모를 향해 나아가려는 경향이 있다는 것을 우리가 보았다면, 철학은 반대 경향을 체험한다. 과학에 더 가까워지기 위해서는 척도를 좁히고 축소해야 하며, 명제를 구체화해야 한다.

14-94]　두 경향-철학과 특정 과학-은 똑같이 방법론과 일반 과학으로 이어진다. 바로 이러한 규모 개념, 일반 과학 개념은 여전히 '마르크스주의 심리학'에 이질적이며, 그(마르크스주의 심리학-K) 약점이 여기에 있다. 그것은 심리학적 요소-반응-의 직접적 척도를 보편 원리,

즉 양에서 질로의 전환, 레만에 따르면 '회색 음영의 망각', 절약에서 인색으로의 이행의 법칙, 즉 헤겔의 삼단법과 프로이트의 정신분석 속에서 찾으려고 노력한다. 척도, 규모, 둘 사이의 중간 연결의 부재가 여기서 명백히 나타난다. 따라서 변증법적 방법은 숙명적 필연성을 가지고 실험, 비교 방법, 검사와 설문 방법과 **같은 대열**에 놓인다. 기술적技術的 연구 방식과 '역사와 생각의 본성'을 인식하는 방법 간에 차이나 위계의 느낌이 없다. 바로 이것이 특정한 사실적 진실과 보편적 원리의 직접적인 정면충돌이다. 즉 본능에 관한 바그너와 파블로프의 실무적 분쟁을 양-질에 대한 참조를 통해 해결하려는 시도, 변증법에서 설문으로의 한 걸음, 지식론적 관점에서 발광發光에 대한 비판, 센티미터가 필요가 곳에서 베르스트 사용, 헤겔의 높이에서 베흐테레프와 네밀로프에 대한 심판-참새를 잡고자 사용한 이 대포는 세 번째 방식에 대한 잘못된 개념으로 이어졌다. 변증법적 방법은 생물학, 역사, 심리학에서 전혀 단일하지 않다. 방법론, 즉 주어진 과학의 규모에 적용되는, 매개적, 구체적 개념의 체계가 필요하다.

다음 그림에서 사용된 기법은 무골법無骨法이라고 불린다. 새들은 윤곽선 없이 회색의 음영으로만 표현되었다. 선명한 붓선으로 표현된 것은 깃털, 부리, 눈(그리고 대나무)뿐이다. 목계는 선종의 '방법' 및 '방법론'과 함께 이 '기법, 기술'을 13세기에 일본에 소개했다.

일반적으로 비고츠키가 의미하는 방법론методология은 다양한 방법method에 대한 비교발생적 연구를 지칭한다. 방법метод은 실제 대상이나 현상을 연구하고 사실적 데이터를 해석하는 방법을 지칭한다. 그러나 여기서 기술된 변증법적 방법диалектический метод은 방법론보다 더욱 일반적이고 추상적인 것으로 보인다.

그렇지 않다. 엥겔스와 마르크스는 변증법적 방법-즉 헤겔의 논리를 구체적 데이터에서 발견하는 것-을 지칭할 때, 실제로 데이터를 조사하고 해석하는 방법을 의미한다. 그러나 변증법이 모종의 논리

작자 미상, 휘감긴 대나무 위 다섯 마리 제비[목계(牧溪) 화풍의 영향을 받음], 일본, 16세기 추정.

(비록 아리스토텔레스적인 혹은 형식 논리는 아니지만)를 함의하는 것은 사실이다.

예컨대 형식 논리에서 A=A(동일성의 법칙)이지만 변증법적 논리에서는 A≠A이다. 동일성의 조건이 변하고 발달했기 때문이다. 변증법적 논리는 어떤 과학영역을 연구하거나 데이터를 분석하는 마법 같은 단일 방법을 제공하지 않는다. 연구 대상과 분석 단위는 생물학(생명과 세포), 역사(사회발생과 계급), 심리학(영역과 분석 단위가 아직 규정되지 않음)에서 서로 다르다. 변증법적 방법은 각 영역에서 변증법적 논리를 발견하는 것을 포괄한다(14-97과 글상자 참조). 여기서 비고츠키는 변증법적 방법을 전혀 사용하지 않는 논리가 사용되는 사례를 보여 준다. 첫째, 회프딩은 '데자뷰' 경험(어떤 상황이 익숙하게 느껴지지만 그 이유나 방법을 설명할 수 없는 경우)은 (직관상적 심상과 같이) 매개되지 않은 지각이라고 믿었다.

레만은 이를 실험을 통해 반박하고자 했다. 그는 실험자들에게 검은 색과 흰색이 칠해진 원판을 돌려서 나타나는 회색을 여러 번 보여 주고 이것이 앞서 본 회색과 같은지의 여부를 물어보았다. 실험자들은 차이를 구분하지 못했다. 회프딩의 지적처럼 이는 실험 논리를 직접 적용한 것이었지만 연구하고자 하는 현상에 대한 해답을 얻는 길은 아니었다. 둘째, 비교동물학자인 바그너와 실험동물학자인 파블로프는 본능이 전체 유기체의 통합적 반응인지 아니면 '반응의 복잡한 연쇄'인지에 대해 의견을 달리했다. 여기서도 문제는 구체적 현상을 상황에 따라 분석할 것인지 아니면 논리를 적용할 것인지에 대한 것이었다. 셋째, '발광'은 우리가 밝은 빛의 주변에서 보는 후광이 실제 자연에 존재하는지 아니면 망막과 각막에서 만들어지는 것인지에 대한 오래된 논쟁을 지칭하는 것으로 보인다. 이 문제는 논리적으로 해결될 수 없고 실험적 방법을 필요로 한다. 이 모든 사례는 변증법적 방법의 사례가 아니라 변증법적 방법 없이 논리를 직접 적용한 사례이다. 마르크스는 『헤겔의 법철학 비판』에서 헤겔이 이러한 일을 하고 있다고 지적한다.

변증법적 방법은 '척도'를 포함한다. '척도'는 헤겔의 논리에서 질과 양의 통합을 지칭한다. 헤겔은, 순수한 존재(하이데거의 Sein)는 비매개적이고 무특징적이지만 '척도'는-양의 윤곽을 제공하고 질의 깃털, 눈, 발을 추가함으로써-그것을 매개하고 특징화할 수 있다고 본다. 생리학과 심리학의 차이는 예컨대 검소한 것과 인색한 것의 차이가 아니다. 이 차이는 주관적이 아니다. 우리는 (네밀로프가 한 것과 같이) 프로이트의 정신분석(에고, 이드, 수퍼에고)을 해석하는데 헤겔의 '삼단법(양, 질, 척도)'을 이용할 수도 없다. 비고츠키는 여기서 심리학의 연구 단위를 규정하는데 필요한 '사양계수'를 지칭하기 위해 '척도'를 사용하고 있다. 비고츠키는 일반 심리학을 생산할 수 있는 '직접적 척도'가 있다고 믿지 않는다. '반응'은 심리학을 생리학으로 환원할 뿐이다. 생리학과 심리학의 괴리는 목계의 방법과 같은 '회색 음영'으로 채워질 수 없다.

레만Lehmann은 A. G. L. 레만(Alfred Georg Ludvig Lehmann, 1858~1921)을 지칭하는 것으로 보인다. 그는 W. 분트의 제자였다. 레만

은 덴마크 최초의 심리학 연구실을 설립하여 반응 시간 측정 연구를 수행했다.

네밀로프(Антон Витальевич Немилов, 1879~1942)는 페트로그라드 대학교에서 생물조직학을 연구하고 교재를 저술했다. 그의 저서에는 후에 심한 비판의 대상이 된 프로이트적 아이디어들이 포함되어 있었다. 나치의 레닌그라드 공습 시 사망했다.

자베르쉬네바와 오시포프는 상트페테르부르크대학교 교수 A. V. 네밀로프(1879~1942)에 대한 언급이 I. P. 파블로프에 대한 언급으로 대체되었음을 지적한다. 인쇄 버전에는 "… 헤겔의 높이에서 베흐테레프와 파블로프에 대한 평결"이라 쓰여 있다.

14-95] L. 빈스방거(1922)는 놀라운 논리 기술技術−이것의 **한** 걸음은 과학에서의 1,000걸음을 낳는다−에 대한 브렌타노의 말을 회상한다. 바로 이것은 (아직-K) 우리가 알고 싶지 않은 논리의 힘이다. 훌륭한 표현에 따르면 방법론은 철학이 과학을 통제하는 지렛대이다. 방법론 없이 그러한 통제를 구현하려는 시도−헤겔로부터 (바로-K) E. 모이만으로− 지렛대 없이 힘을 작용점에 직접 적용하는 것은 과학이 불가능해진다는 사실로 이어진다.

14-96] 나는 다음과 같은 논제를 제시한다. 심리학의 위기와 구조에 대한 분석은 어떤 철학적 체계도 방법론의 도움 없이, 즉 일반 과학의 창조 없이는 직접적인 방식으로 심리학을 과학으로 숙달할 수 없다는 것을, 마르크스주의를 심리학에 정당하게 적용하는 유일한 방법은 일반 심리학의 창조일 것임을 의심의 여지 없이 보여 준다. 그(일반 심리학-K) 개념은 일반 변증법에 직접적으로 의존하여 공식화된다. 왜냐하면 그것은 심리학의 변증법이기 때문이다. 이 영역 밖에서 다른 방식으로 그리고 다른 지점에서 마르크스주의를 심리학에 적용하는 것이 스

콜라학파적인, 말뿐인 구성으로, 설문지와 검사 속에서 변증법의 해체로, 사물의 외적, 우연적, 이차적 특성에 의거한 판단으로, 객관적인 기준의 완전한 상실로, 심리학 발전의 모든 역사적 경향을 부정하려는 시도로, (단순한-K) 용어 혁명(즉, '마르크스주의적' 방식으로 사물을 다시 명명하는 것, 예를 들어 '반응response'을 '반작용reaction'으로 다시 명명하기-K)으로- 간단히 말해, 마르크스주의와 심리학의 총체적 왜곡으로 이끄는 것은 필연적이다. 이것이 첼파노프의 길이다.

14-97] 엥겔스의 공식-자연에 변증법적 원리를 부과하는 것이 아니라 그 안에서 그것을 찾는다-은 여기서 반대로 바뀐다. 즉 심리학에 변증법의 원리가 외부로부터 도입된다. 마르크스주의자들의 길은 달라야 한다. **변증법적 유물론** 이론을 역사나 사회학에 **매개되지 않은** 방식으로 적용하는 것이 **불가능**한 것처럼 이를 자연과학 문제, 특히 생물 과학군이나 심리학에 **직접** 적용하는 것은 **불가능**하다. 우리는 '심리학과 마르크스주의'의 문제는 마르크스주의에 상응하는 심리학을 창조하는 것에 국한된다고 생각하지만 실제로는 훨씬 더 복잡하다. 역사학과 마찬가지로 사회학은 변증법적 유물론의 **추상적** 법칙이 특정 현상 집단에 대해 갖는 **구체적인** 의미를 밝히는, 역사적 유물론을 매개하는 **고유한 이론**을 필요로 한다. 마찬가지로 우리는 아직 창조되지는 않았지만 필연적인 생물학적 유물론 이론, 심리학적 유물론이-주어진 현상 영역에 대한 변증법적 유물론의 추상적 명제의 구체적인 적용을 명확히 하는 매개적 과학으로서- 반드시 필요하다.

> 두 길이 있는 것으로 보인다. 하나는 자연에 부과된 길이고 또 하나는 자연에서 발견되는 길이다. 그러나 어느 것이 어느 것인가?
>
> 비고츠키는 엥겔스의 『자연변증법』(영어판 마르크스 엥겔스 선집, 제25권, p. 356, 변증법 장의 첫 페이지)을 언급한다.

E. L. 키르히너, 여름의 세르티히 길, 1923.

"그러므로 변증법의 법칙들은 자연과 인간 사회의 역사로부터 추출된다. 왜냐하면 그것들은 이러한 역사 발전의 두 단계는 물론 사고 자체의 가장 일반적인 법칙들에 지나지 않기 때문이다. 그리고 실제로 그것들은 대개 다음 세 가지로 환원될 수 있다. 양에서 질로, 그리고 질에서 양으로의 전환 법칙, 대립물의 상호침투의 법칙, 부정의 부정의 법칙."

"세 가지 모두는 헤겔에 의해 자신의 관념론적 방식으로 단지 사고의 법칙들로 개발되었다. 첫 번째는 그의 『논리학』의 첫 부분인 '존재의 교리Die Lehre vom Seyn'에 있다. 두 번째는 그의 『논리학』의 두 번째이자 단연코 가장 중요한 부분인 '본질의 교리Die Lehre vom Wesen' 전체를 채운다. 끝으로 세 번째는 전체 체계를 구성하는 근본 법칙으로 나타난다. 잘못은 이러한 법칙들이 자연과 역사로부터 연역되는 것이 아니라, 사고의 법칙으로 자연과 역사에 부과된다는 사실에 있다."

엥겔스는 변증법이 단지 자연과 인간 발달 모두에서 추출된 일반 법칙이라고 말한다. 그는 또한 변증법의 법칙들을 자연 속에서 발견하려고 노력하는 대신 자연에 강요한 사람이 헤겔이었다고 말한다. 비고츠키는 마르크스주의 심리학자들(코르닐로프, 프랑크푸르트, 루리야)이 '마르크스주의 과학'을 선험적으로 가정함으로써 변증법의 법칙들을 자연 속에서 발견하려고 노력하는 대신 자연에 부과하고 있다고 지적한다.

키르히너의 그림에서 위쪽 '길'은 울타리, 즉 두 집 사이의 땅을 나누기 위해 자연에 부과된 토지 경계선이다. 계곡을 따라 난 진정한 길은 발명된 것이 아니라 발견되었으며, 법률이나 소송이 아니라 걷기에 의해 창조되었다. 옆에 있는 강과 같이, 그 길은 단지 자연에서 나온 것이며, 어느 한 사람이 아니라 모든 사람에 속한다.

14-98] 변증법은 자연, 사상, 역사를 포괄한다. 변증법은 가장 일반적이고 극도로 보편적인 과학이다. 심리학적 유물론 이론 혹은 심리학의 변증법은 내가 일반 심리학이라고 부르는 것이다.

14-99] 이러한 매개적 이론(방법론, 일반 과학)을 만들려면 주어진 현상 영역의 **본질**, 그것의 변화 법칙, 질적 및 양적 특성, 인과성을 밝히고, 그에 고유한 범주와 개념을 만드는 것이 필요하다. 한마디로 **자신만의** 자본론을 만드는 것이 필요하다. 『자본론』을 건너뛰고 마르크스

주의적 과학을 직접 만들 수 있으리라는 기괴한 부조리를 확인하기 위해서는 마르크스가 가치, 계급, 상품, 자본, 지대, 생산력, 토대, 상부구조와 같은 추상적, 역사적 범주 없이 단지 질/양(양질전환-K), 삼단법(존재, 본질, 개념-K), 보편적 상호연결성(보편, 특수, 개별-K), 매듭(모순의 법칙-K), 도약 등과 같은 변증법 범주와 일반 원칙만을 조작하는 것을 상상하는 것으로 충분하다. 심리학에는 그 자체의 대상을 표현, 기술, 연구할 수 있게 하는 자신만의『자본론』-계급, 토대, 가치 등에 대한 자신만의 개념이 필요하다. **레만의 회색 음영 망각 통계에서** 도약의 법칙의 확증을 발견하는 것은 변증법이나 심리학을 티끌만큼도 바꾸지 않음을 의미한다. '매개하는' 이론이 필요하다는 이 생각, 이 이론 없이는 마르크스주의에 비추어 개별적인 특정 사실을 고찰하는 것이 불가능하다는 생각은 오랫동안 인식되어 왔으며 우리에게 남은 일은 오직 심리학에 대한 우리 분석의 결론이 이 생각과 일치한다는 점을 지적하는 것이다. 트로츠키는 묻는다 "순전히 프롤레타리아 과학의 형이상학자들은 상대성 이론에 대해 뭐라고 말할 것인가? 그것은 유물론과 화해할 수 있는가, 아닌가? 이 문제가 해결되었는가? 어디서, 언제, 누구에 의해? … 프로이트의 정신분석이론에 대해 뭐라고 말할 것인가? 예를 들어 라데크 동지가(나와 같이) 믿는 것처럼 그것은 유물론과 화해할 수 있는가, 아니면 그것에 적대적인가?" 그러나 이 모든 새로운 학설을 '방법론적으로 포괄'하고 이를 변증법적 유물론의 세계관의 맥락에-"신문이나 잡지 기사의 수준이 아니라『종의 기원』,『자본론』과 같은 과학적이고 철학적인 이정표의 수준으로"- 도입하는 것은 오늘도 아니고 내일도 아니다(p. 162).

자베르쉬네바와 오시포프는 비고츠키의 자필 원고(그림)에서 Л. 트로츠키(Лев Давидович Троцкий, 1879~1940)와 К. 라데크(Кáрл Бернгáрдович Рáдек, 1885~1939)의 이름이 누군가에 의해 볼펜으로 지워졌음을 보여 준다. 볼펜은 비고츠키 생전에는 발명되지 않았다.

비고츠키는 여기서 프로이트를 옹호한 트로츠키의 저서 『문학과 혁명』을 인용한다. 트로츠키는 1905년 러시아 혁명의 주역으로, 적어도 1917년 볼셰비키가 정권을 잡고 트로츠키가 볼셰비키당에 가입할 때까지 레닌보다 훨씬 더 유명했다. 그는 외무위원장이 되었고, 내전 동안 군의 수장으로 붉은 군대가 14개의 제국주의 군대와 구정권의 연합군에 대항하여 승리하도록 이끌었다.

그러나 트로츠키는 국제공산주의자였으며, 옛 러시아제국을 기반으로 한 단일국가에 '사회주의'를 건설할 수 있다는 스탈린의 견해에 반대했다. 라데크는 처음에는 트로츠키를 지지했다가 스탈린에게 항복했고 결국, 노동 수용소에서 사망했다. 트로츠키와 라데크는 프로이트에 관심이 컸고, 그의 이론을 유물론적으로 해석할 수 있다고 믿었다(그의 이론은 생물학적 욕구가 궁극적으로 무의식적 정신 활동에 책임이 있다는 의미였기 때문이다).

'도약'의 법칙은 트로츠키의 영구 혁명이론을 가리키는 것일 수 있다. 트로츠키는 이 이론으로 1905년 선진 독일보다 후진국인 러시아에 사회주의 혁명이 먼저 일어난 이유와 방법을 설명한다. 그의 이론은 마르크스가 1848년에 제시한, 독일에서 부르주아 혁명을 '뛰어' 넘기 위한 프로그램과 유사하다. 트로츠키는 제국주의가 러시아(이후 중국)를 불균등하고 복합적인 발달의 산물로 만들었다고 생각했다. 그는 노동자계급은 작고 약하지만 (더 작았던) 부르주아 계급이 봉건주의를 전복하는데 했던 역할을 할 수 있으리라고 생각했다. 이를 완수하면 러시아 노동자는 자본주의 러시아를 건설하는 대신 유럽에서 온 혁명가들의 도움으로 자본주의 단계를 뛰어넘어 혁명을 영구히 지속하면서 사회주의 세계를 건설하기 위해 나아갈 수 있을 것이었다. 트로츠키의 '도약의 법칙'은 혁명이 확산되지 않고 소련이 1990년에 붕괴되면서 그릇된 것으로 확인되었다.

변증법적 논리는 매우 다른 영역에서의 현상 사이에 모종의 관계를 연결할 수 있게 해 준다. 그러나 각 연구 영역에서 이 도약의 법칙은 구체적 사실에서 발견되어야지 사실에 법칙이 부과되어서는 안 된다. 예컨대 비고츠키는 유사한 도약의 법칙을 『성장과 분화』 제5장에서 밝힌다. 각 발달의 위기는 불균등하고 복합적인 발달의 산물이며, 사회적 상황의 외적 도움으로 극복되어야 하는 것이다.

여기서 비고츠키는 방법론, 일반 과학, '매개 이론'을 동일시하는데, 이는 모두 같으며, 또한 자료 수집 및 분석 '방법', '특수 과학', 제4장에서 살펴본 '설명적 아이디어'인 반사학, 정신분석, 게슈탈트 이론 및 인격주의와 모두 다르다. 이러한 설명적 아이디어들은 데이터 수집과 분석을 위한 방법이며, 특정 과학이 될지언정 일반 과학은 될 수 없으며, 연구 대상과 논리(형식 논리든, 변증법적 논리든) 사이를 매개할 수 없다(방법론과 방법, 기법, 기술의 구별에 대해서는 위의 **14-94**의 글상자를 참조).

비고츠키는 마르크스가 헤겔의 『논리학』이나 칸트의 『이성 비판』, 아리스토텔레스의 배제된 중간 법칙에서 발견할 수 있는 '질에서 양으로의 변환' 또는 테제定立, 안티테제反定立, 진테제綜合의 삼단논법, 개별, 특수, 보편 같은 논리 범주만 가지고 정치경제, 사회학, 역사학을 다루기로 했다면 어떻게 되었을지 묻고 있다. 비고츠키는 마르크스가 교환, 사용, 잉여가치(정치경제학), 프롤레타리아트와 부르주아지(역사학), 변인과 토대 및 상부구조(정치학) 같은 새로운 영역별 개념을 만들지 않았다면 어떻게 되었을지 묻는다.

오늘날 우리는 물어볼 필요가 없다. 많은 사회과학(자유주의, 포스트모더니즘, 심지어 프랑크푸르트, 스탈린, 마오, 김일성의 그늘에서 발전한 '마르크스주의' 사회과학)은 정확히 이런 방식으로 진행되어 왔다.

비고츠키는 심리학은 과학이지 단순히 응용 정치학, 응용 논리학 또는 응용 도덕론이 아니라고 주장한다. 과학에는 방법론(범주에 논리를 적용하는 방식), 방법(범주의 체계), 기법(원자료에 범주를 적용하는 방식)이 필요하다.

14-100] B. A. 비슈네프스키는 И. И. 스테파노프와의 논쟁에서 동일한 생각을 나타낸다(사적 유물론은 변증법적 유물론이 아니라 그것을 역사에 적용한 것임이 모두에게 명백했다. 따라서 엄밀히 말하면, 유물론의 역사에서 스스로의 일반 과학을 가지고 있는 사회과학만이 마르크스주의라고 불릴 수 있다. 다른 마르크스주의 과학은 아직 없다). **사적 유물론이 변증법적 유물론과 동일하지 않은 것처럼 후자는**, 이를테면, 이제 막 탄생한 **특정 자연과학 이론과 동일하지 않다**"(B. A. 비슈네프스키, 1925, p. 245). 반면 스테파노프는 자연에 대한 변증법적 유물론적 이해를 기계론적인 이해와 동일시하면서 그것이 자연과학의 기계론적 개념에 주어지며 이미 포함되어 있다고 믿는다. 그 예시로, 저자는 내관의 문제에 관한 심리학에서의 논쟁을 언급한다(1924).

이 문단에서의 논쟁은 1924~1925년 사이에 있었던 기계론과 변증론 사이의 논쟁을 의미한다. 여기서 비고츠키는 변증론자의 편에 서고 있다. 기계론자에는 당시 스탈린의 공식 이론가였던 니콜라이 부하린이 포함되어 있었다.

Вишневский B. A. (1925). В защиту материалистической диалектики(유물론적 변증법을 옹호하며)-*Под знаменем марксизма*, No. 8, 9.

14-101] 변증법적 유물론은 가장 추상적인 과학이다. 현재 진행되고 있는 것처럼, 변증법적 유물론을 생물학과 심리학에 직접 적용하는

것은 특정 현상의 일반적이고 추상적이고 **보편적인** 범주에 대한 형식-논리적, 스콜라학파적, 언어적 포섭에서 더 나아가지 못하며, 그 내적 의미와 관계는 알려지지 않는다. **기껏해야** 이는 **사례**와 예시의 축적으로 이어질 수 있을 뿐 그 이상은 아니다. **변증법적 유물론**의 관점에서 볼 때 물-증기-얼음과 자연경제-봉건제-자본주의는 동일한 것이며 동일한 과정이다. 그러나 **역사적 유물론**에서는 그러한 일반화로 인해 **질적인** 풍부함이 얼마나 손실되는가!

R. 살레스(Robert Salles), 장님과 지팡이, 1929.

『손상학의 기본 원리』에서, 비고츠키는 아들러의 보완 '변증법'의 부적절함을 지적한다. 장님이 한 명 있다. 그 사람은 지팡이를 사용함으로써 시각장애를 보완한다. 이 보완은 손상을 극복(지양, 제외)하고, 도구는 '내면화'된다.

그러나 '손상 그 자체'가 '타인에 의한 손상'(어린이의 자선이나 사회적 차별의 형태로, 또는 우리가 다소 거만하고 품위 없는 이 초상에서 볼 수 있듯이 종종 동시에)이 되는 일도 있을 수 있다. 그리고 이것은 아들러의 열등감 콤플렉스의 형태로 '자신이 느끼는 손상'이 된다. 생물학이나 심리학에 직접 적용된 변증법은 사람이 어떻게 그리고 왜 하나의 보완의 경로를 택하고 다른 경로는 택하지 않는지 설명할 수 없다.

인간 역사에 적용되더라도, 변증법은 다양한 매개 개념을 필요로 한다. 그렇지 않으면 '물-증기-얼음'과 '숲-농장-공장'의 삼단법은, '손상-보완-내면화'나 '즉자적 손상', '대타적 손상', '대자적 손상'처럼, 똑같은 '테제-반테제-진테제'이다. 비고츠키가 말하듯, 변증법을 방법이 아닌 논리로 적용하는 것은, 아리스토텔레스의 형식 논리, 아우구스티누스와 아퀴나스의 스콜라 논리, 선의를 가진 어린이들을 공허한 상투적 언어를 뛰어넘을 수 없다.

14-102] K. 마르크스는 『자본론』을 정치경제비판이라고 불렀다. 바로 그와 같은 심리학 비판을 오늘날 사람들은 건너뛰고 싶어 한다. '변증법적 유물론의 관점에서 제시된 심리학 **교과서**'는 본질적으로 '형식 논리학의 관점에서 제시된 광물학 교과서'와 동일한 말로 들려야 한다. 결국 이것은 자명한 일이다. 논리적으로 추론하는 것은 이 교과서만의 특징도 아니고 광물학 전체의 특징도 아니다. 결국, 변증법은 논리이며, 심지어 더 광범위하다. 이는 '역사적'이 아닌 '변증법적 유물론의 관점에서 본 사회학 교과서'와도 같다고 할 수 있다. 심리학적 유물론의 이론을 만드는 것이 필요하지만 변증법적 심리학의 교과서를 만드는 것은 불가능하다.

14-103] 그러나 비판적인 판단에서도 우리는 (단일기준을 고수함으로 인해-K) 주요 기준을 박탈당한다. 요즘 사람들이 하듯이, 어떤 학설이 마르크스주의와 일치하는지 여부의 결정은, 시금분석실에서와 마찬가지로 '논리적 중첩' 방법, 즉 형식 논리적 특징(일원론 등)의 일치 여부로 귀결된다. 우리는 마르크스주의에서 무엇을 찾을 수 있고 찾아야

하는지 알아야 한다. 사람이 안식일을 위해 있는 것이 아니라 안식일이
사람을 위해 있는 것이다. 우리는 정신을 이해하는 데 도움이 될 이론
을 찾아야 하는 것이지 결코 정신의 문제에 대한 해결책이나 과학적 진
리의 결과를 결론짓고 요약하는 공식을 찾아야 하는 것이 아니다. 이
것은 플레하노프의 인용문에는 존재하지 않기 때문에 찾을 수 없다.
그러한 진리는 마르크스도, 엥겔스도, 플레하노프도 갖고 있지 않았다.
이로부터 많은 공식의 '모순과 불안정성', 거친 성격, 문맥에 따라 엄밀
히 제한되는 의미가 유발된다. 일반적으로 그러한 공식은 정신에 대한
과학적 연구 이전에 미리 주어질 수 없고 수 세기에 걸친 과학적 연구
의 결과로 나타날 것이다. 우선, **마르크스주의 교사로부터는** 문제의 해
결책이나 작업 가설이 아니라 - 왜냐하면 이것들은 주어진 과학에 기
초하여 만들어지기 때문이다 - 이들(가설)을 구성하는 방법을 모색할
수 있을 것이다. 나는 몇 가지 인용문을 가져와서 정신이 무엇인지 힘
들이지 않고 알고자 하지 않는다. 나는 마르크스의 **전체** 방법을 배워
과학이 어떻게 구축되는지, 정신 연구에 어떻게 접근하는지를 알고자
한다.

> 마시스는 동전의 금속 순도를 감별하려는 환전상과 성경을 읽다
> 가 남편을 바라보는 아내 사이의 작은 거울에 자화상을 비춰 보여 준
> 다, 비고츠키는 어떤 명제나 제안 속에 포함된 '마르크스주의'의 함량
> 이 마치 동전의 금속 순도를 감별하는 분석소에서처럼 결정되고 있다
> 고 말한다. 마가복음 2장에서 그리스도는 고리대금업자, 세리들과 함
> 께 금식을 깨고 자신은 의인이 아니라 죄인을 가르치러 왔다고 말한
> 다. 예수는 안식일을 어긴다는 비난에 대해 안식일은 사람을 위해 만
> 들어진 것이지 사람이 안식일을 위해 만들어진 것이 아니라고 말한다.
> 마찬가지로 비고츠키는 마르크스를 단순히 경건한 텍스트로 인용하
> 는 것이 아니라 그가 정치경제를 비판하고 그것을 대체할 수 있는 과
> 학, 즉 '척도'를 세우려 사용한 방법을 이해해야 한다고 말한다.

Q. 마시스(Quentin Massys), 환전상과 그의 아내, 1514.

14-104] 그러므로 사람들은 마르크스주의를 잘못된 곳(일반 심리학이 아닌 교과서)에 적용할 뿐만 아니라 그로부터 잘못된 것도 취한다. 필요한 것은 임의적인 진술이 아니라 방법이며, 변증법적 유물론이 아니라 역사적 유물론이다. 우리는『자본론』으로부터 많은 것을 배워야 한다. 진정한 사회심리학은『자본론』**이후에** 시작되기 때문이고, 지금의 심리학은『자본론』**이전의** 심리학이기 때문이다. B. Я. 스트루민스키가 마르크스주의 심리학을 테제인 경험론과 반테제인 반사학의 진테제로 보는 관념을 스콜라학파적 구성이라고 칭한 것은 절대적으로 옳다. 진정한 경로가 발견되면 명확성을 위해 이 세 가지 관점을 개괄적으로 설명할 수 있지만 이 틀을 사용하여 진정한 경로를 찾는 것은 사변적 조합의 경로에 서서 변증법적 사실 즉 존재가 아닌 변증법적 관념에 참여하는 것을 의미한다. 심리학에는 독립적인 발전 경로가 없다. 심리학의

실제 역사적 과정을 형성하는 것은 심리학 이면에서 찾아야 한다. (심리학의-K) 현대적 조류에서 심리학 경로의 윤곽을 마르크스주의적으로 그리는 것이 **일반적으로** 불가능하다는 그의 주장만은 옳지 않다(B. Я. 스트루민스키, 1926).

B. Я. 스트루민스키(Василий Яковлевич Струминский, 1880~1967)는 카잔의 교육학 연구자였다. 그는 소련 초기에 '노동 학교'를 연구했다.

14-105] 그가 펼쳐 낸 것은 사실이지만 이것은 과학 발전의 방법론적 분석이 아니라 역사적 분석에만 관련된다. 방법론자는 심리학의 발전 과정에서 내일 **실제로** 무슨 일이 일어날지에는 관심이 없기 때문에 심리학 외부의 요인에는 눈길을 돌리지 않는다. 그러나 그는 심리학의 병폐, 과학이 되기 위해 무엇이 부족한지 등에는 관심이 있다. 결국 외부 요인은 심리학을 **그것의** 발전의 길로 밀어 넣을 뿐, 그 속의 수 세기에 걸친 연구를 무효화할 수도, 한 세기 앞으로 도약하도록 할 수도 없다. 지식의 논리적 구조의 유기적 성장은 잘 알려져 있다.

14-106] 새로운 심리학이 낡은 주관적 심리학의 입장을 사실상 솔직하게 인정하게 되었다는 스트루민스키의 지적도 옳다. 그러나 여기서 문제는 저자가 고려하고자 하는 과학 발달의 외적인 실제 요인에 대한 고려의 부족이 아니다. 문제는 위기의 방법론적 본성에 대해 고려하지 않는 것이다. 모든 과학의 발달 과정에는 **자신만의** 엄격한 순서가 있다. 외적 요인은 이 과정을 빠르게 하거나 늦출 수도 있고, 한쪽으로 빗나가게 할 수도 있으며, 결국 매 단계의 질적 본성을 결정할 수도 있지만, 단계의 순서를 바꾸는 것은 불가능하다. 관념론적이거나 유물론적인, 종교적이거나 실증적인, 개인주의적이거나 사회적인, 비관적이거나 낙관적인 단계의 성격을 외적 요인으로 설명할 수는 있지만, 어떤 외적 요인

도 원재료 수집 단계에 있는 과학이 곧바로 그 자체로부터 기술적 응용 학문을 추출하게 하거나, 1차 재료의 수집과 기술記述에 전념하면서, 발달된 이론과 가설, 발달된 기술技術과 실험을 가진 과학을 추출하도록 할 수는 없다.

14-107] 위기는 방법론의 창조를 통해 두 심리학의 분리를 수립하였다. 이 방법론이 어떤 것이 될지는 외부 요인에 따라 달라진다. **티치너**와 왓슨은 미국식에 따르되 사회적으로 다르게, 코프카와 스턴은 독일식에 따르되 다시 사회적으로 다르게, 베흐테레프와 코르닐로프는 러시아식에 따르되 역시 다른 방식으로, **같은 문제를 해결한다**. 이 방법론이 어떤 것이 될지, 그리고 그것이 곧 탄생할지는 알 수 없다. 하지만 심리학이 그 방법론을 만들어 내기 전까지는 진전이 없을 것이며, 그 방법론이 진전의 첫걸음이 될 것임에는 의심의 여지가 없다.

토마스 만의 『마법의 산』에서 주인공 한스 카스트호프는 정신병에 걸린 사촌을 보러 다보스에 온다. 그는 자연환경이 인간의 시간, 공간, 과학에 대한 모든 관념을 바꾸어 놓는다는 것을 발견한다. 키르히너 역시 빈스방거의 치료를 받으러 다보스에 방문한다. 그림에서 볼 수 있듯, 그도 다보스 마을이 자연의 일부임을 발견한다.

칼 포퍼나 토마스 쿤과 같은 과학철학자들에게 과학은 논리와 경험적 방법의 산맥에 의해 환경과 단절된 고립된 마을이다. 그러나 비고츠키는 과학은 사회적 환경에 의해 자연과 연결되어 있다고 본다. 과학이 위기를 맞은 까닭은 과학의 외부, 사회 시스템과 이러한 환경에서 형성되는 철학적 유산에 있다.

이런 이유로, 예를 들어 이 책의 마지막 장에서 비고츠키는 자신이 염두에 두고 있는 일반 과학을 위해 전前과학적 명칭인 '심리학(영혼의 과학)'을 버리지 않는다. 그러나 이 장에서 비고츠키는 여러 경쟁자가 심리학을 벗어난 특정 국가적 스타일을 가지고 있음을 인정한다. 어떤 심리학이 승리할 것인지는 단순한 사상의 문제가 아니며 사회 근본적인 시스템의 힘과 그 철학적 유산과도 관련이 있다.

E. L. 키르히너, 다보스, 1913.

대표자(심리학)	사회 체제	철학적 유산
왓슨(행동주의), 티치너(구조주의 심리학)	대영제국 / 미국 (제국주의자, 식민지 정착민)	경험주의 실용주의
코프카(형태주의 이론), 스턴(인격주의)	프로이센제국 / 독일 (반(半)봉건주의, 반(半)자본주의)	낭만주의, 관념주의
베흐테레프(반사학), 코르닐로프(반응학)	러시아제국 / 소련 (봉건, 후기자본주의)	러시아 정교회, 유물론

14-108] 본질적으로 머릿돌은 올바르게 놓였다. 수십 년 동안 일반적인 경로가 올바르게 배치되었다. 그 목표는 진실하며, 일반적인 계획은 옳다. 동시대적 경향의 실천적 지향 역시 옳은 것이다. 다만 그것만으로 충분하지 않다. 근접한 경로, 근접한 단계, 실무적 계획에는 단점이 있다. 이들 속에는 위기에 대한 분석과 방법론에 대한 올바른 입장이 없는 것이다. 코르닐로프의 저작은 이 방법론의 토대를 마련했으며 심리학과 마르크스주의 사상을 발전시키려는 사람은 누구나 그를 따르

고 그의 길을 이어나갈 수밖에 없다. 경로로서 유럽 방법론은 이를 능가할 수 없다. 그것이 비판과 논쟁에 휘둘리지 않으며 소책자 전쟁의 길을 택하지 않고 방법론으로 올라선다면, 그것이 기성의 답을 추구하지 않는다면, 그것이 현대 심리학의 과제를 이해한다면 그것은 심리학적 유물론의 창조로 이어질 것이다.

● 유물론적 심리학에서 존재론과 지식론

제11장 미주에서 언급했듯이, 대부분의 번역판에서 이 장은 제13장으로 번호가 매겨져 있다. 앞서 기술한 대로, 비고츠키가 유물론적 심리학의 기본 개념을 분명하게 제시하겠다고 했던 12장은 누락되었거나 전혀 기술되지 않았다. 따라서 우리는 그의 자필 원고에 따라 제14장으로 명명한다.

비고츠키는 깔끔하고 정돈된 접근을 피하고 복잡하고 어수선한 역사적 경로를 택한다. 이는 공식적 집단의 '변증법적 유물론'의 슬로건 대신 당시 심리학 경향에 대한 역사적 분석을 이용하는 지그재그, 오르막내리막의 경로로 인도한다. 첫 번째 절에서 비고츠키는 앞장에서 제시한 주요 주장, 즉 두 개의 심리학이 있다는 주장을 (반대 주장을 기각함으로써) 부정적으로 증명한다. 그는, 새로운 마르크스주의 심리학을 포함하는, 세 번째 길을 추구하는 경향들이 결국 관념론이나 유물론으로 귀결됨을 보여 준다. 두 번째 절에서 비고츠키는 자연과학의 분석(보일의 법칙이 단일 가스를 바탕으로 상정되는 방식과 유사한)이 자연과학적 심리학에 핵심적 방법을 제공한다고 주장한다. 그러나 그는 또한 이러한 형태의 분석이 수학적 분석이나 현상학적 분석과는 전혀 무관하다고 지적한다. L. 세브가 걸작이라고 칭한 세 번째 절에서 비고츠키는 후설의 현상학적 분석을 포이어바흐의 유물론과 대비시킨다. 비고츠키는 전자가 사유와 존재는 정신적 현상에서 분리되지 않지만 물질적 현상에서 분리된다는 착상에 토대하는 반면, 후자는 사유와 존재가 모든 자연 현상에서 분리된다는 착상에 토대한다고 말한다. 마지막 절에서 비고츠키는 새로운 마르크스주의 심리학에 대한 비판으로 결론을 맺는다. 그러나 그는 또한 미래를 향하는 시도 또한 여기서 이루어져야 함을 지적한다. 이곳에서만 사적유물론의 선례를 따라 심리학적 개념의 영역으로 나아갈 수 있기 때문이다.

제12장처럼 제15장은 누락되었거나 집필되지 않았다. 수기 원고에 따라 제16장이라 부르게 될 마지막 장에서 비고츠키는 한 번 더 혼란스러운 역사적 접근법을 이용하여 어째서 '새로운' 심리학이-그 이름을 포함하여- 낡은 심리학에서 성취된, 가능한 모든 성과 위에 건설되어야 하는지를 설명한다.

A. 비고츠키는 심리학의 위기를 자연적인 실험으로 간주하고, 11장에서 제시한 가설 즉, 심리학은 오직 두 가지뿐이라는 가설을 검증하기 시작한다(14-1~14-6). 이를 위해 비고츠키는 심리학이 명목상 내세우는 주장과 심리학이 과학적 과제를 수행하기 위해 제시하는 실제 개념 사이를 구별해야 한다(14-5). 비고츠키는 순전한 유물론적 심리학, 순전한 관념론적 심리학에 대한 고찰은 생략하고, 이 둘을 통

합하거나, 말과 기수처럼 하나를 다른 하나에 종속시키거나(14-4), 둘 다 거부하고 새롭게 시작하자고 주장하는 '제3의 길'을 주장하는 세 가지 심리학을 고려할 것이다(14-3).

i. 게슈탈트 이론은 유물론과 관념론을 통합하여 부분에서 일어나는 일은 그것이 부분인 전체에서 일어나는 일에 의해 전적으로 결정된다는 원칙을 주장한다. 이는 무용수의 동작과 감각뿐만 아니라 비유기적, 유기적, 인간적 본성에 대해서도 마찬가지다. 비고츠키는 의식의 과학이 이 원리가 어떻게 작동하는지에 대한 우리의 이해에 아무런 기여를 하지 않으므로 게슈탈트 이론은 '제3의' 것이 아니라 단순히 또 다른 유물론적 심리학이라고 결론짓는다(14-7~14-9).

ii. 인격주의는 게슈탈트 이론이 제시한 '춤추는 남자'의 예시와 같이 심리적이면서 육체적인 '중립적' 행위의 원리를 통해 관념론과 유물론을 통합한다고 주장한다. 차이점은 스턴과 인격주의자들에게 심리적인 것과 육체적인 것을 통합하는 것은 물리적 구조가 아니라 의도성이라는 것이다. 생리학은 '인격'이 어떻게 작동하는지에 대한 우리의 이해에 아무런 기여를 하지 않으므로 인격주의는 '제3의 것'이 아니라 또 다른 관념론적 심리학일 뿐이라고 비고츠키는 결론짓는다(14-10~14-11).

iii. 마르크스주의 심리학은 비고츠키가 깨트리기 더 어려운 호두이다. 방법론적 원리는 여전히 발전 중이고, 게슈탈트 이론과 인격주의가 그랬던 것처럼 방법론적 원리를 공식화하는 대신 마르크스와 엥겔스의 인용을 묶는 데 의존한다(14-12). 비고츠키는 '과학 자체 이전의 과학'을 요구하는 것은 마르크스와 심리학 모두를 왜곡할 뿐이라고 말한다(14-12~14-15).

   a. 마르크스와 엥겔스는 마음의 지식론을 제시한 바 없기 때문에, 이를 마르크스주의 심리학자들이 엉뚱한 곳에서 찾는 것이다(14-16~14-7).

   b. 그들은 어떤 존재론적 슬로건(예: '물질이 정신을 결정하고 그 반대가 아니다')을 추구하고 이를 복잡하게 만들 수 있는 사실을 탐구하기 때문에 잘못된 것을 찾고 있는 것이다(14-18).

   c. 그들은 방법론 대신 철학적 교리로 방법론을 뒷받침하려고 하기 때문에 잘못된 방향을 바라보고 있다(14-19). 비고츠키는 이 세 가지 결함은 모두 위기를 개념화하는 방식에서 비롯된 것이지 마르크스주의 체계 자체에서 비롯된 것이 아니라고 말한다(14-20). 게슈탈트 이론과 인격주의가 유물론과 관념론을 통합하려 했다면, 마르크스주의 심리학은 둘 중 하나를 다른 하나에 종속시키거나 둘 다 거부하고 새롭게 시작하려 한다.

   예를 들어 코르닐로프의 마르크스주의 심리학은 관념론적 내관을 유물론적 실험에 종속시킨다고 주장한다. 그러나 이는 몸과 마음을 기능적으로 분리하여 대상(환경)과 주체(반응)로 구분한다. 이것은 심리학의 통일성을 박탈하며, 코르닐로프는 내관을 기술적 장치가 아니라 마음을 탐구하는 유일한 방법으로 확립함으로써 심리학을 복원하려고 시도한다. 따라서 실

험실 실험은 그저 말일 뿐이고 내관은 기수라는 것이 밝혀졌다(14-22)
프랑크푸르트의 마르크스주의 심리학은 기하학과 같은 것에서 새롭게 시작
할 것을 제안한다. 플레하노프는 반짝임이 얼음의 속성 가운데 하나인 것
처럼, 마음을 물질의 일부가 아니라 물질의 한 속성으로 본다. 비고츠키는
어떻게 대상이 아닌 속성에 대한 과학, 예를 들어 얼음이 아닌 광택을 연구
하는 과학을 가질 수 있는가라고 묻는다(14-25). 플레하노프가 마음과 몸
사이에는 전혀 상호작용이 없다고 주장한다면, 프랑크푸르트는 오히려 두
개의 삼각형이 정사각형 안에서 상호작용하거나 사람들이 악수할 때 두 개
의 그림자가 상호작용하는 것처럼 '상호작용'한다고 주장한다(14-27). 여기
서는 인과관계(14-29)와 귀납(14-30)이 불가능하다. 이는 추상 기하학에서
인과관계와 귀납이 불가능한 것과 마찬가지다(14-28~14-32).

B. 여기서 비고츠키는 자신의 방법론적 지형도에 두 가지 다른 심리학을 구분하는
마지막 경계선을 추가한다(14-34). 각각의 실험이 작동하는 분석(구체적인 사실의
통제와 분리)인 것처럼 각각의 분석은 생각으로 하는 실험(개념의 통제와 분리)이라
고 비고츠키는 말한다. 비고츠키는 분석을 무시하고 원시적 귀납에 의존하는 것
이 분트와 경험적 심리학을 전반적으로 얼마나 방해했는지 지적한다(14-33, 37).
그는 우리가 단일 기체를 분석하여 보일의 법칙을 가정할 때 분석과 귀납을 결합
하고 있다는 첼파노프의 의견에 동의한다(14-39). 그러나 그는 귀납(복제)의 본질
자체가 부정되기 때문에 이런 일이 발생한다고 지적한다(14-40). 엥겔스는 귀납법
은 귀납법 자체를 설명할 수 없음을 상기시킨다(14-53). 비고츠키가 볼 때, 다양
한 종류의 분석이 있다. 예컨대 순수한 이미지로서의 현상학적 분석(기하학, 현상
학, 세잔이 풍경을 기하학적 형태로 분석한 것)과 자연과학적 분석(화학, 물리학, 파블로
프가 침을 자극, 무조건적 반응, 조건적 반응으로 분석한 것)이 있다. 그러나 이런 차이
는 단순히 예술과 과학의 차이가 아니다. 비고츠키는 문학에 대한 자신의 연구를
자연과학 분석의 한 사례로 논의하는데, 그 이유는 하나의 우화에 대한 분석으
로 모든 예술에 대한 일반 법칙을 제시했기 때문이다(14-45). 나아가 비고츠키는
기계, 일화, 시, 군대 명령도 자연과학 분석의 대상으로 간주한다(14-48). 전투적
인 마르크스주의 심리학은 예술이나 과학의 어떤 영역도 관념론자와 사변에 넘
겨주지 않을 것이다. 심리학에서 관념주의적 분석이 제거된 후에 그것은 개인을
분석하여 사회심리학의 인과적 설명을 모색할 것이다(14-36~14-37). 비록 비고츠
키는 실험에서 연구 대상 자체가 파괴되어서는 안 됨을 경고하지만(할리데이는 언
어가 이런 식으로 파괴하기 가장 쉬운 연구 대상 중 하나라고 지적했다) 역설적으로 그는
자연과학 분석과 실험이 자연스러워야 한다는 생각을 거부한다(14-50). 마르크스
가 『자본론』(14-53)에서 그랬던 것처럼, 분석은 환경의 세부 사항을 그대로 재현
하려고 하는 대신 결정적인 세부 사항만 골라내야 한다. 이런 자연과학적 분석은
기하학적 분석 및 후설의 현상학적 환원과 네 가지 점에서 차이가 있다.

ⅰ. 자연과학 분석의 목표는 귀납법과 동일하다. 즉, '현상'이 아닌 객관적 실재이며, 이 객관적 실재가 의식인 경우에도 마찬가지다.

ⅱ. 자연과학 분석의 사실은 관찰적이지 자명한 것이 아니다. 이는 우리가 관찰한 만큼만 알 수 있으며, 기하학적 진리나 현상학적 환원처럼 자명하지 않다.

ⅲ. 자연과학적 분석 방법은 사후적이며 사실 이후의 것이다. 이는 결과가 가정에 존재하는 기하학이나 현상학처럼 선험적 방법이 아니다.

ⅳ. 자연과학 분석의 일반적인 지식은 스스로의 사양 계수를 갖는다. 이는 본질에 대한 직관이 아니라 사례의 일반화에 의존하기 때문에 특정 매개 변수 내에서만 참이다.

C. 여기서 비고츠키는 자연과학적 분석과 현상학의 구분이 관념론자 후설과 유물론자 포이어바흐의 지식론적 차이에서 비롯된다고 설명한다.

ⅰ. 후설은 사유(의식)와 존재(대상)가 구분되지 않는 정신적 현상(나무를 생각하는 것은 나무에 대한 사유가 존재하는 것과 같다)과 사유와 존재가 구분되는 물질적 현상(쓰러지는 나무와 그 소리를 듣는 사람은 다르다)을 구분한다. 러시아 심리학자들은 사유와 존재를 동일시함으로써 마르크스주의 심리학이 아닌 마하주의의 심리학을 만들어 낸다(14-67).

ⅱ. 포이어바흐는 생각 자체와 생각에 대한 생각, 즉 의식과 자의식을 엄밀히 구분한다. 포이어바흐는 사유와 존재의 구분은 정신적 현상에서도 발견된다고 말한다. 의식과 자의식을 구분함으로써 포이어바흐는 정신 역시도 자연의 일부로 보는 것을 가능하게 한다.

비고츠키는 후설과 포이어바흐 사이를 엄밀히 구분한다. 유물론과 관념론 사이의 모든 지식론적 구분이 여기서 발견된다고 비고츠키는 말한다. 정신에 대한 지식을 획득하는 방법과 세계에 대한 지식을 획득하는 방법은 서로 완전히 다르거나(관념론) 혹은 완전히 같다(유물론). 바로 여기서 비고츠키는 마르크스주의 심리학에서 내관, 현상학, 마하주의를 도려내는 '피비린내 나는 수술'을 제안한다(14-67). 그러나 관념론과 유물론 사이에는 존재론적 구분도 있다. 관념의 존재와 관념의 대상의 존재는 동일한 것인가, 아닌가? 그러나 이는 지식의 내용에서의 구분이지 지식을 얻는 방법에 대한 구분이 아니다. 비록 특정한 경우에 심리학자들이 주관적인 것은 정신적이고 객관적인 것은 물질적이라고 규정한다 해도 이러한 구분 −관찰하는 주체와 관찰되는 객체 사이의 구분과, 정신적 과정과 물질적 과정의 구분− 은 심리학 연구의 과정에서 달라진다. 이는 관찰 대상이 정신이고 관찰 도구가 물질일 경우에 특히 그렇다. 마하주의에 대해 공격하며 레닌은(14-64에서 비고츠키는 외교적으로 단지 '러시아에서'라고 쓴다) 물질은 의식 외부에 독립적으로 존재해야 한다고 주장했다(14-70). 비고츠키는 이것이 사실이라면 정신적 현상은 결코 객관적이 될 수 없을 것이며 심리학은 유물론적이 될 수 없을 것이라고 말한다(14-64). 대신 비고츠키는 우리가 기쁨과 기쁨에 대한 이해를 구분하거나 혹은 포이어바흐의 표현을 빌자면 생각 자체와 생각에 대한 생각을 구분하기를 제안한다(14-68). 그러면 내관은 관찰하는 주체와 관찰되는 대상으로 나뉠 수 있다(14-70). 이러한 의식과 의식에 대한 의식의 구분으로부터 외현을 환상이 아닌, 모두 객관적인 두 의식 형태 사이의 불일치로 설명할 수 있게 된다. 예컨대 뮐러-라이어 착시는 의식적 지각과 자의식적 지식/측정 사이의 불일치로 설명될 수 있다(14-70). 이와 유사하게 거울에 맺힌 인물의 상을 실제 존재가 아니라 실제 지각과 이 지각에 대한 자의식의 불일치로 연구할 수 있다(14-83). 비고츠키는 모든 자연과학이 직접 경험과 과학적 지식 사이의 구분에 의존하며, 인간의 정신도 자연의 일부이자 자연의 의식이므로, 마음에 대한 자연과학 역시 다른 자연과학과 다를 이유가 없다고 지적한다(14-72).

D. 비고츠키는 요약한다. 게슈탈트 이론과 인격주의는 표면적으로는 유물론적, 관념론적 경로에 독립적인 제3의 길을 제시했지만, 결국 둘 중 하나에 이르게 되었다(14-88). 마르크스주의 심리학은 두 경로를 병합하려고 했다. 유일한 결과는 유물론과 관념론 간의 외적 분할이 내면화되어 내적 이원론이 된 것이었다. 심리학이 (이고르 왕자처럼) 찢기는 것을 막기 위해, 비고츠키는 심리학이 한편으로는 현상학의, 다른 한편으로는 생물학의 속박으로부터 해방되어야 한다고 주장한다. 그럼에도 비고츠키는, 경제 형성의 발달에 대한 마르크스의 연구와 같이, 심리학이 자연사적 과정이 될 것이라고 주장한다(14-91). 심리학 고유의 방법론과 심리학적 개념이 결핍된 게슈탈트 이론과 인격주의는 "자신들이 타고 싶었던 말을 뛰어넘어" 너무 많은 것을 포함하는 방법론을 만들어 냈다. 일반 과학을 창조하려면, 특수 과학이 확장되어야 할 뿐 아니라 철학은 축소되어야 한다(14-94~95). 필요한 것은 변증법 논리를 선험적 방식으로 사실에 부과하는 것이 아니라, 사실에 따라 사후적 방식으로 변증법 논리를 밝혀내는 것이다(14-96~97). 이는 마르크스가 경제 형성에 대한 자연사적 과학을 창조했듯이, 일련의 고유한 과학적 개념을 만들어낼 것을 심리학에 요구한다(14-98~99). 모든 요리에 변증법적 유물론을 얹는 스탈린주의적 유행에 반대하여, 비고츠키는 이러한 개념들을 포함하는 역사적 유물론과 이러한 개념들을 단순히 추상화하는 변증법적 유물론을 구분할 것을 주장한다(14-100~14-105). 비고츠키는 다시 한번 이것이 마르크스주의를 잘못된 장소(일반 심리학 대신 교과서)에서 잘못된 방식(방법론이 아닌 인용을 통해)으로 사용하는 것이라고 부른다. 끝으로, 비고츠키는 두 지점에서 스트루민스키에 동의하지만, 각각에 중요한 단서를 덧붙인다.

ⅰ. 스트루민스키가 테제로서의 경험심리학과 반테제로서의 반사학의 종합을 스콜라학파적 행위라 부른 것은 옳다. 그러나 마르크스주의가 우리가 유물론적 심리학을 발달시키는 길을 선택하는 데 결코 도움이 되지 않을 것이라고 결론을 내린 것은 틀렸다(14-104).

ⅱ. 스트루민스키가 낡은 주관적 심리학이 새로운 마르크스주의 심리학에 건재한다고 말하는 것은 옳다. 그러나 그 이유가 순전히 심리학 외부에 있다고 결론

을 내린 것은 틀렸다. 그것은 심리학 자체 내에서 관찰 가능하다(14-106).

아마도 미국인은 미국식으로, 러시아인은 러시아식으로, 그리고 독일인은 독일식으로 일할 것이다. 그러나 결국 해결책을 결정하는 것은 장소가 아니라 문제다(14-107). 따라서 그의 비판에도 불구하고, 비고츠키는 방법론의 기원과 일반 과학의 출발점을 우리에게 제공하는 사람은 자신의 상사이자 동료인 코르닐로프라고 결론 내린다. 왜냐하면 길을 선택할 때 마르크스주의를 고수하고 길을 떠날 때 심리학의 영역을 고수한 사람이 코르닐로프이기 때문이다(14-108).

참고 문헌

Marx, K. (1867/2005). *Capital*, vol. I, II, III. In *Marx and Engels Collected Works*, vol. 37-37. Lawrence and Wishart: Electronic Books.

Kohler, W. (1947). *Gestalt Psychology*. New York: Liveright.

Stern, W. (1919). *Die menschliche Persönlichkeit*. ("The human personality"). Leipzig: Johann Ambrosius Barth.

제16장
우리에게 없는 이름

E. L. 키르히너와 L. 구예르(Ernst Ludwig Kirchner & Lise Gujer), 인생의 타피스트리, 1927~1932.

이 직물 작품은 키르히너와 그의 친구인 L. 구예르가 리넨과 양모로 손수 짠 것이다. 특별히 이 작품에는 도시의 공장에서 만들어지는 리넨과 울의 재료인 시골에서 재배되는 농작물과 사육되는 가축이 수놓여 있다. 마찬가지로 의식은 삶을 반영할 뿐 아니라(즉, 레닌이 주장한 것처럼 삶을 재료로 산물을 산출한다), 삶에 대해서 반추하기도 한다(즉, 비고츠키가 심리학의 위기에서 그랬듯 삶을 의미화한다). 이것이 바로 유물론적 심리학을 가능하게 하는 것이라고 비고츠키는 앞 장에서 주장했다. 이 장에서 비고츠키는 일반 심리학에 완전히 새로운 이름(예컨대 '반사학'이나 '사회문화 이론' 같은)을 붙이는 것에 반대한다. 그러나 그는 또한 단순히 옛 이름에 형용사(예: '마르크스주의 심리학' 또는 '문화역사적 심리학')를 붙이는 것도 반대한다고 말한다. 키르히너와 구예르가 삶 전체를 예술적 주제(대상)라 주장하는 것처럼, 비고츠키는 전체 분야를 포괄하는-비록 유물론적 심리학이 영혼의 과학과 갖는 유사성이 이 직물 작품 속 짖어대는 동물들이 밤하늘 큰개자리와 작은개자리의 유사성에 비견된다 해도- '심리학'이라는 유서 깊은 이름을 주장한다.

16

16-1] 우리의 연구는 마무리되었다. 찾고자 한 것을 우리는 발견했는가? 어쨌든 배는 해안선에 다다르고 있다. 우리는 심리학 영역에서의 연구를 위한 기반을 다졌다. 우리는 스스로의 판단을 정당화하기 위해서 결론을 사실에 비추어 검토하고 일반 심리학의 개념틀을 세워야 한다. 그러나 그전에 나는 한 계기를 다루고자 한다. 이는 원칙이라기보다 사실은 문체의 문제이지만, 어떤 아이디어에 대한 문체적 완성이 그 완전한 표현과 전혀 무관한 것은 아니다.

16-2] 우리는 과제와 방법, 연구 분야와 과학의 원리를 나누었다. 이제는 그 명칭을 잘라내는 일만 남았다. 위기의 시기에 나타난 분리 과정은 과학이라는 명칭의 운명에도 영향을 끼쳤다. 각 체계는, 연구 분야 전체를 지칭하는 과거의 명칭을 사용함으로 인해 절반이 손상되었다. 옛 명칭은 행동주의를 때로는 행동에 대한 과학으로 지칭하고, 때로는 심리학의 경향 중 하나가 아닌 심리학 전체에 대한 동의어로 언급한다. 그것은 종종 정신분석학과 반응학에 대해서도 언급한다. 다른 체계는 과거 명칭에서 신화적 기원의 흔적을 봄으로써 과거 명칭과 완전히 결별한다. 바로 반사학이다. 반사학은 전통을 버리고 아무것도 없는 새 장소에 건립되었다는 점을 강조한다. 혁명의 와중에서조차 연속성과 전통의 역할을 무시하기 위해서는 과학을 매우 기계적이고 비역사적인 것

으로 보아야 하긴 하지만, 그런(반사학의-K) 견해에 일말의 진실이 있다는 점은 논쟁의 여지가 없다. 그러나 왓슨이 과거 심리학과의 근본적인 단절을 요구하고, 점성술과 연금술을 지적하며, 어중간한 심리학의 위험성을 지적한 것은 부분적으로 옳다.

16-3] 다른 체계는 현재 명칭이 지정되지 않은 상태로 남아 있다. 파블로프의 체계도 그중 하나이다. 때때로 그는 자신의 분야를 생리학이라고 부르지만, 그의 실험에 행동과 더 고등한 신경활동에 대한 연구라는 제목을 붙이면서, 명칭에 대한 문제는 열린 채로 두었다. 베흐테르프는 초기 연구부터 곧장 생리학과 경계를 그었다. 그에게 반사학은 생리학이 아니다. 파블로프의 제자들은 '행동과학'이라는 이름으로 그의 학설을 설명한다. 그리고 실제로, 매우 다른 두 과학은 두 가지 다른 명칭을 가져야 한다. 뮌스터베르크는 오래전에 이러한 생각을 표현했다. "내적 삶에 대한 의도적인 이해를 심리학이라고 불러야 하는지에 대한 여부는 논쟁의 여지가 있는 문제이다. 실제로, 심리학에서 정신적 체험과 내적 관계를 이해하는 과학을 제외시키고 **기술적이고 설명적인** 과학으로 심리학이라는 이름을 유지해야 한다고 주장하는 이가 많다"(1992, p. 9).

16-4] 그러나 그러한 지식은 심리학이라는 명칭 아래 존재한다. 그것이 순수하고 일관된 형태로 나타나는 경우는 드문 것이 사실이다(같은 책, p. 13). 그것은 대부분 인과심리학의 요소와 피상적으로 연관된다. 그러나 심리학의 혼란스러운 상태가 이 뒤섞임에서 비롯되었다는 동일한 저자의 의견을 아는 이상, 유일한 결론은 목적론적 심리학에 다른 이름을 붙이는 것이다. 이것은 부분적으로 일어나는 일이다. 현상학은 우리 눈앞에서 "어떤 논리적 목적에 필요한" 심리학을 만들어 내고 있으며(같은 책, p. 10), 엄청난 혼란을 야기할 수 있는 형용사로 두 과학을 구별하는 대신 다른 명사를 도입하기 시작한다. 첼파노프는 '분석

적'과 '현상학적'은 하나의 동일한 방법에 대한 두 가지 이름이며, 현상학은 부분적으로 분석심리학에 포함되고, 심리학의 현상학이 존재하는지의 여부 문제는 용어의 문제임을 확립한다. 여기에, 저자가 이 방법과 심리학의 이 부분을 근본적이라고 간주한다는 사실을 더한다면, 분석심리학을 '현상학'이라 부르는 것은 논리적일 것이다. 반면, 후설 자신은 자신의 과학의 순수성을 유지하기 위해 형용사로만 제한하는 것을 선호하며 '직관상적 심리학'에 관해 논한다. 그러나 빈스방거는 순수 현상학과 경험적 현상학('기술심리학')을 구분해야 한다고 분명히 주장하며(1922, p. 135), 후설이 직접 도입한 형용사 '순수한'에서 이에 대한 근거를 본다. 등호는 종이 위에 가장 수학적으로 그려졌다. 로체가 심리학을 응용 현상학으로 묘사했고, 베르그손이 경험적 형이상학과 심리학을 거의 동일하게 규정했으며, 후설이 순수 현상학에서 본질에 대한 형이상학적 교리를 보고자 했다는 것을 기억한다면(빈스방거, 1922), 우리는 관념주의 심리학 자체가 퇴락하고 오염된 단어를 버리는 전통과 경향을 갖고 있음을 이해할 수 있다. 그리고 딜타이는 설명 심리학은 볼프의 합리적 심리학으로 거슬러 올라가고, 기술記述 심리학은 경험적 심리학으로 거슬러 올라간다고 설명한다(1924).

이 신화적이지만 현대적으로 다루고 있는 작품에서 카노바는 에로스의 키스로 죽음에서 깨어난 프시케를 묘사한다. 브렌타노의 내포 심리학 역시 '프시케(영혼)'가 죽음 이후에도 존속하는가라는 신화적이고 형이상학적인 문제에 관심을 가졌다. 그에 반해 비고츠키가 관심을 둔 것은 죽기 전 정신(즉, 마음)이 어떻게 사는가에 대한 과학적, 물리적 문제이다.

16-2에서 비고츠키가 누락된 제15장의 내용에 대한 중요한 단서를 제공한다는 점에 주목하자. 제14장은 유물론적이고 설명적인 심리학의 과제와, 그것이 단순히 마음을 기술하거나 이해하는 것과 어떻게

A. 카노바(Antonio Canova), 프시케와 에로스, 1787.

달라야 하는지에 관한 것이었다. 그 과업에는 예를 들어, 심리학이 생
리학과 어떻게 연관되어 있는지를 보여 주는 것 등이 포함된다. 제15
장은 유물론적 설명심리학이 이러한 과제를 달성하기 위한 방법과, 이
러한 방법이 내관과 어떻게 달라야 하는지에 대한 설명인 것으로 보인
다. 여기에는, 『도구와 기호』 제5장의 증거에 따르면, 주관적이거나 '객
관적'이 아닌 '객관화'하는 방법, 예를 들어 기능적 이중 자극법이나 근
접발달영역 측정을 위해 사용된 기법 등이 포함될 수 있다.

반면 이 장에서는 이름에 대해 이야기한다. 이런 과업과 방법으로부
터 탄생한 심리학을 무엇이라고 불러야 할까? 현대적 용어로 말하자
면 '문화적-역사적 심리학'이라고 해야 할까, '사회문화이론'이라고 해
야 할까?

비고츠키는 동시대 사람들이 이 문제에 접근한 다양한 방식을 모

두 비판적으로 검토하여 심오한 역사적-즉, 논리적으로 변증법적이지만 동시에 사실적으로 구체적인- 의미를 지닌 해결책을 제시한다. 심리학을 형용사로 구분하는 대신(예: '설명적' 대 '내포적' 심리학 또는 '순수한' 대 '응용된' 심리학), 명사로 구분해야 한다(예: '심리학' 대 '생리학' 또는 '심리학' 대 '현상학'). 이 차이는 사소하지 않다. 이는 심리학에서 위기의 역사적 의미이다.

다른 형용사(예: '문화-역사적 심리학')는 같은 대상을 다른 방법으로 연구한다는 것을 함의한다. 후설은 자신의 현상학을 '직관상(적) 심리학'이라고 한다. 빈스방거, 베르그손, 딜타이도 형용사 단계('순수한' 대 '응용된' 또는 '합리적' 대 '경험적')에 있다.

다른 명사(예: '사회문화 이론')는 연구 대상까지도 다르다는 것을 함의할 수 있다. 16-3에서 비고츠키는 파블로프가 자신이 하는 일에 이름을 붙이지 않고 생리학이라고 부르며, 심지어 그의 연구 대상도 엄밀히 말해 물리적이지 않다고 지적한다. 반면, 베흐테레프는 그의 연구 대상을 반사 작용에 국한할 수 없음에도 불구하고 '반사학'이라는 전혀 새로운 이름을 생각해냈다. 뮌스터베르그는 새로운 이름이 필요한 것은 실제로 '내포' 심리학(즉, 브렌타노의 관심사였던, 우리가 어떻게 '무언가를 마음속에 가질 수 있는지에 대한 형이상학적인 심리학')이라고 제안한다. 브렌타노는 죽음 이후, 출생 전, 수면 중 어떤 정신 현상이 존재하는가 하는 질문에서 출발했다.

자베르쉬네바와 오시포프는 러시아어판에서 로체가 심리학을 '응용 수학'이라 불렀다고 기술한 것은 오류라고 지적한다. 비고츠키의 원고를 보면 비고츠키가 쓴 것은 '응용 형이상학'이었음을 알 수 있다. 비고츠키(그리고 레닌)는 종종 관념론자나 형이상학자들이 문제의 본질을 더 명확히 파악한다-비록 그런 후 그들은 잘못된 해답의 측면으로 돌아서더라도-고 지적한다. 관념론자들에게는 변하는 것은 단순히 연구 방법이 아니라 연구 대상 그 자체이다. 다음 단락에서 프랑크는 영혼에 대한 형이상학적 연구가 정신에 대한 새롭고 유물론적인 연구에게 이름을 완전히 빼앗겼다고 불평한다. 물론, 이것이 바로 비고츠키가 심리학에 대해 염두에 둔 것-살아 있고, 느끼고, 생각하고, 말하는 정신-이다.

카노바의 작품에서 에로스는 여전히 날개를 가진 신화적이고 형이상학적인 존재로 묘사되지만, 일반적으로 나비 날개를 가지는 프시케는 이미 실제 인간으로 그려져 있다. 카노바에게 프시케는 에로스(남편)와 성교 후 빠져든 잠에서 깨어난 아내일 뿐이다.

16-5]　일부 관념론자들이 자연과학 심리학에 이 명칭을 붙이는 것에 반대하는 것은 사실이다. S. L. 프랑크는 서로 다른 두 과학이 하나의 이름 밑에서 살고 있다고 날카롭게 지적하면서 다음과 같이 쓴다. "여기서 요점은 하나의 과학의 서로 다른 두 **방법**의 학식을 비교하는 것이 아니라 단순히 **한 과학을 완전히 다른 과학으로 대체**하는 데 있다. 그것은 앞의 과학과 희미한 유사성의 흔적을 유지함에도, 본질적으로 완전히 다른 주제를 갖는다… 현대 심리학은 스스로를 자연과학으로 인식한다. (…) 이는 소위 현대 심리학이 전혀 **심리-학**이 아니라 **생리-학**이라는 것을 의미한다. (…) '**심리학**'이라는 아름다운 명칭-영혼의 학설-은 쉽게 불법적으로 도난당하여 완전히 다른 과학 분야의 제목으로 사용되었다. 그것은 너무 철저히 도난당해서, 이제는 영혼의 본성에 대해 반추하는 것이… 이름 없이 남을 운명이거나 어떤 새로운 명칭을 고안해야 하는 문제에 관여하는 일이 된다"(1917, p. 3). 그러나 오늘날의 **왜곡된** 이름인 '심리학'조차 그 본질에 4분의 3에도 해당하지 않는다. 그것은 정신물리학과 정신생리학이다. 그리고 그는 "'심리학'이라는 명칭의 진정한 의미를 간접적으로나마 복원하고, 앞서 언급한 이미 즉각 회복할 수 없게 된 도난 후에 그것을 정당한 소유자에게 돌려주기"(같은 책, p. 19) 위해 새로운 과학을 철학적 심리학이라고 부르려고 한다.

16-6] 우리는 놀라운 사실을 본다. '연금술'과의 단절을 추구하는 반사학과, 낱말의 오래되고 문자 그대로 정확한 의미에서 **심리학**의 권리 회복에 기여하는 철학은 둘 다 새로운 명칭을 추구하며 여전히 무명으로 남아 있다. 더욱 놀라운 점은 그들의 동기가 같다는 것이다. 어떤 사람들은 이 명칭에 그것의 신화적 기원의 흔적이 남아 있는 것을 두려워하고, 다른 사람들은 그것이 오래되고 문자 그대로 정확한 의미를 잃어버린 것을 두려워한다. 현대 심리학의 이중성을 -문체적으로- 더 잘 표현한 것을 찾는 것이 가능한가? 그러나 프랑크는 그 이름이 자연과학적 심리학에 의해 돌이킬 수 없을 정도로 철저하게 도용되었다는 데에도 동의한다. 그리고 우리는 바로 유물론적 분야가 심리학이라고 불려야 한다고 믿는다. 두 가지 중요한 고려 사항은 이를 뒷받침하고 반사학의 급진주의에 반대한다. 첫째, 바로 그것이 우리 과학의 역사에서 제시된 모든 진정한 과학적 경향, 시대, 방향 및 저자의 정점이 될 것이다. 즉, 그것은 **실제로 본질적으로** 심리학이다. 둘째, 이 명칭을 받아들임으로써 새로운 심리학은 그것을 조금도 '도용'하지 않고, 그 의미를 왜곡하지 않으며, 그 안에 보존되어 있는 신화적 흔적에 얽매이지 않는다. 반대로 그것은 전체 경로에 대한 살아 있는 역사적 기억을 시작점부터 보존한다.

16-7] 두 번째부터 시작해 보자.

16-8] 프랑크의 의미, 즉 정확하고 오래된 의미에서 영혼의 과학으로서의 심리학은 없다. 그는 그러한 문헌이 거의 존재하지 않는다는 것을 확신하게 되었을 때 놀라움과 거의 절망에 빠져 이를 인정하지 않을 수 없었다. 또한 완전한 과학으로서의 경험심리학은 절대 존재하지 않는다. 그리고 본질적으로 지금 일어나고 있는 일은 혁명도 아니고 과학의 개혁도 아니고 다른 사람의 개혁을 종합하여 완성하는 것도 아니다. 이는 심리학의 구현이자, 과학에서 성장할 수 없는 것으로부터 성장

할 수 있는 것의 해방이다. 경험심리학 자체(덧붙여 말하자면, 이 명칭은 모든 학파가 자체 형용사를 추가함에 따라 전혀 사용되지 않은 지 거의 50년이 될 것이다)는 나비가 남겨둔 누에고치처럼 둥지를 떠난 어린 새가 버린 알처럼, 죽은 것이다. 제임스는 말한다. "그렇다면 우리가 '자연과학으로서의 심리학'을 논할 때 그것이 마침내 견고한 기반 위에 서는 일종의 심리학을 의미한다고 가정해서는 안 된다. 그것은 그 반대를 의미할 뿐이다. 그것은 특히 취약한 심리학, 형이상학적인 비판의 물이 구석구석까지 새어 들어가는 심리학을 의미하며, 그 모든 기본 가정과 데이터가 더 넓은 연결에 비추어 재고되고 우리의 용어로 번역되어야 하는 심리학을 의미한다. 요컨대 그것은 오만함이 아니라 소심함의 표현이다. 그리고 낱말이 포괄하는 진정한 요소와 힘에 대한 최소한의 명확한 통찰도 없는 상황에서 사람들이 '새로운 심리학'에 대해 이야기하고 '심리학의 역사'를 쓰는 것을 듣는 것은 참으로 이상한 일이다. 지금 이 순간 심리학은 무엇을 보여 주는가? 일련의 날것으로서의 사실들, 약간의 가십과 의견에 대한 논쟁, 단지 기술記述 수준에서 약간의 분류 및 일반화, 우리에게 마음의 상태가 있고 우리의 뇌가 그것을 조절한다는 강한 편견을 보여 준다. 그러나 그것은 물리학이 우리에게 법칙을 보여 준다는 의미에서의 단일한 법칙도 보여 주지 못하고, 인과적으로 결과를 추론할 수 있는 단일 명제도 보여 주지 못한다. 우리는 초보적인 심리적 법칙의 형태로―우리가 이 법칙을 획득한다면― 서로 간의 관계를 확립할 수 있는 요인들도 알지 못한다. 이것은 과학이 아니며 단지 과학의 희망일 뿐이다"(1911, p. 407).

16-9] 제임스는 우리가 심리학에서 물려받은 것의 훌륭한 목록, 즉 심리학의 재산과 지위 명세서를 제공한다. 그로부터 우리는 많은 원자재와 미래 과학이 될 것이라는 약속을 물려받았다.

16-10] 심리학이라는 이름으로 신화와 우리를 연결하는 것은 무엇

인가? 갈릴레오 이전의 물리학이나 라부아지에 이전의 화학처럼 심리학은 아직 미래 과학에 그 어떤 그림자라도 드리울 수 있는 과학이 아니다. 하지만 제임스가 이 글을 쓴 이후 상황은 크게 달라지지 않았을까? 1923년 제8차 실험심리학학회에서 C. 스피어만은 제임스의 정의를 반복하며 지금도 심리학은 과학이 아니라 과학을 향한 희망이라고 말했다. 첼파노프처럼 사태를 묘사하려면 니즈니노브고로드의 지방색을 꽤 지녀야 한다. 마치 수 세기에 걸쳐 검증되고 보편적으로 인정되며 흔들리지 않는 진실이 있는데, 이렇다 할 이유도 없이 파괴하려는 것처럼 말이다.

비고츠키는 그리보예도프의 1823년 희곡인 『지혜의 슬픔』을 인용하고 있다(상세 예시는 『생각과 말』 7-5-1, 7-6-8 참조). 주인공 차츠키는 외국 유학을 마치고 어린 시절 연인과 결혼하기 위해 귀국한다. 그는 전통적, 고루한 러시아 방식을 유럽인의 관점에서 비판하였고 이는 모스

크바 사람들에게 광기로 비친다. 그의 비판 중 하나는 프랑스어를 러시아 니즈니노브고로드 지역의 방언과 섞어 말하는 관습이었다.

차츠키: 그런데 요즘에도 회의나 모임, 무대에서 니즈니노브고로드 방언과 프랑스어를 섞어 말하나요?

소피아: 언어를 섞냐고요?

비고츠키는 신화와 형이상학을 제거하고자 한다. 이것이 위기의 의미이며 비판의 목적이다. 그러나 그는 전前과학적인 외국어 명칭을 그에 포함된 모든 유물론적 자질과 함께 보존하기도 원한다. 이것이 명칭의 의미이며 역사적 접근의 목적이기도 하다.

16-11] 또 다른 고려 사항(즉 전前과학적 심리학에서 지양된 과학적 사고의 잔재, **16-6** 참조-K)은 훨씬 더 심각하다. 결국 심리학에는 둘이 아닌 하나의 후계자가 있으며, 이름에 관한 논쟁이 진지하게 일어날 수는 없다는 것을 솔직하게 말할 필요가 있다. 두 번째 심리학은 과학으로서 불가능하다. 그리고 파블로프와 함께 우리는 과학적 관점에서 볼 때 이 심리학의 입장이 가망이 없다고 생각한다는 것을 말할 필요가 있다. 진정한 과학자로서 파블로프는 정신적 측면이 존재하는가라는 질문이 아니라, 그것은 어떻게 연구하는가라는 질문을 던진다. 그는 말한다. "생리학자는 정신 현상에 대해 무엇을 해야 하는가? **그것은 생리학적 현상과 밀접히 연결되어, 기관의 전체적 기능을 결정하기 때문에 무시되어서는 안 된다.** 생리학자가 그것을 연구하기로 결정하면, 그는 다음과 같은 질문에 직면하게 된다. 어떻게?"(1928, p. 77). 따라서 분열(전前과학적 심리학과 과학적 심리학 간의-K) 와중에 우리는 **어떤 현상도** 다른 측에 넘기지 않을 것이다. 우리의 여정에서 우리는 존재하는 모든 것을 연구하고 보이는 모든 것을 설명할 것이다. "수천 년간 인류는 심리학적 사실을 개척했다. (⋯) 수백만 페이지가 인간의 내면세계에 대한 묘사로

가득 차 있지만, 이 작업의 결과-인간의 정신적 삶의 법칙-를 우리는 지금껏 갖지 못하고 있다"(같은 책, p. 105).

16-12] 분열 이후 남은 것은 예술 분야로 들어갈 것이다. 소설가들이다. 이제 프랑크는 그들을 심리학 교사라고 부른다. 딜타이에게 심리학의 과업은 리어왕, 햄릿, 맥베스에 숨겨진 내용을 기술記述의 그물로 건져 올리는 것이다. 왜냐하면 그는 그 속에서 "모든 심리학 교과서를 합친 것보다 더 많은 심리학"을 보았기 때문이다(1924, p. 19). 스턴이 소설에서 파생된 이러한 심리학을 비웃은 것은 사실이다. 그는 소 그림에서는 젖을 짜낼 수 없다고 말한다. 그러나 그의 생각을 반박하고 딜타이의 생각을 실현하면서 실제로 기술심리학은 점차 소설 속으로 들어가고 있다. 바로 이 두 번째 심리학의 일부임을 자처하는 개인심리학의 첫 번째 학회에서, 셰익스피어가 심상으로 제공한 것을 개념의 그물로 포착한-바로 딜타이가 원했던 것이다- 오펜하임의 보고서는 큰 주목을 받았다. 두 번째 심리학은 형이상학으로-그것이 무엇이라고 불리든- 들어갈 것이다. 바로, 우리의 선택을 결정하는 지식이 **과학으로서** 불가능하다는 확신이다.

> 프랑크는 도스토옙스키, 톨스토이, 드 모파상, 입센, 플로베르, 칼라일을 나열하지만 현대 영문 소설가 중 가장 '심리학적'인 사람 중 한 명인 H. 제임스를 추가할 수도 있을 것이다. 그는 『여인의 초상』(청소년기에 관한), 『메이지가 아는 것』(어린 자녀와 이혼에 관한), 『보스턴 사람들』(여성 운동에 관한 풍자)을 집필했으며 심리학자인 윌리엄 제임스의 동생이다. 이로 인해 심리학자들은 헨리는 뛰어난 심리학자이지만 윌리엄은 소설 외에는 쓴 것이 없다는 농담을 하게 되었다. 르네 반 데비어는 딜타이가 실제로 '과학적' 교과서보다 소설에 더 많은 심리학이 있다고 믿는 사람들을 비판했기 때문에 비고츠키가 딜타이를 부당하게 비판한다고 지적한다. 그러나 윌리엄 제임스가 딜타이의 비판을 받는 사람 중 하나였을 수도 있다. 그의 동생 헨리는 인간 의식의 사회

J. S. 사전트(John Singer Sargent), 소설가 헨리 제임스의 초상, 1913.

적 본질에 대한 심오한 통찰을 제시했으며, 스스로도 심리학은 과학이
아니라 과학의 약속일 뿐이라고 말했다(16-8 참조).

D. E. 오펜하임(David Ernst Oppenheim, 1881~1943)은 프로이트의
초기 협력자였으며 그와 함께 민속학에서 꿈에 관한 논문을 공동 집
필하기도 했지만 이후 프로이트에 반대하며 아들러를 지지했고 서클
에서 추방되었다. 오펜하임은 유대인이었고, 테레지엔슈타트의 나치 강
제수용소에서 사망하게 된다. 비고츠키가 언급한 개인심리학 학회는
아들러가 주도한 것으로 1922년 뮌헨에서 열렸다. 르네 반 데 비어에

따르면 이 회의에서 오펜하임이 발표한 논문은, 셰익스피어를 읽으면 인간의 성격을 잘 판단할 수 있게 되는가에 대한 것이었다.

Oppenheim, D. E. (1923). Shakespeares Menschenkenntnis(인간 본성에 대한 셰익스피어의 지식). *Internationale Zeitschrif für Individualpsychologie*(국제 개인심리학회지), 1, pp. 37-39.

그러나 윌리엄과 헨리는 모두 예술과 과학의 자율성에 관한 비고츠키의 의견에 동의할 것이다. 그들은 동일한 연구 대상을 서로 다른 방법으로 다룬다는 사실로 특징지어진다. 비고츠키가 말하듯이, 유물론적 심리학은 정치 경제(이데올로기가 물질적 이익에 달려 있음을 보여 줌으로써)와 형법(범죄가 단지 '나쁜 성격'의 결과가 아니라는 것을 보여줌으로써)에 전복적인 영향을 미쳤다.

제임스의 이 초상화는 1914년 메리 우드의 공격을 받았다. 그녀는 육류용 칼로 초상화를 세 번 내리치며 "여성에게 투표하라!"고 외쳤고, 1920년 투표에서 여성이 승리했다.

16-13] 이처럼 우리 과학의 이름은 한 후계자만을 갖는다. 그러나 어쩌면 그는 상속을 거부해야 하는 것이 아닌가? 천만에. 우리는 변증법론자이다. 우리는 과학 발달 경로가 직선으로 나아간다고 전혀 생각하지 않으며, 거기에 지그재그, 복귀, 순환이 있다면, 우리는 그 역사적 의미를 이해하고 그것을 우리의 연쇄의 **필수적** 연결 고리, 즉 자본주의가 사회주의로 가는 불가피한 단계이듯 우리 경로의 불가피한 단계로 간주할 것이다. 우리는 우리 과학이 지금껏 지나온 **진실을 향한 모든 발걸음**을 존중했다. 우리는 우리 과학이 우리로부터 시작되었다고 생각하지 않는다. 우리는 아리스토텔레스의 연합 개념, 감각의 주관적 환상에 대한 그와 회의론자들의 학설, J. 밀의 인과성 개념, J. 밀의 심리적 화학 개념, 딜타이가 '견고한 토대가 아니라 위험'을 보았던(W. 딜타이,

1924) H. 스펜서의 '세련된 유물론'-한마디로, 관념론자들이 그토록 철저히 자신에게서 털어내고자 했던 심리학의 유물론 노선 전체-를 누구에게도 양도하지 않았다. 우리는 그들이 한 지점에서 옳다는 것을 알고 있다. "설명적 심리학의 숨겨진 유물론은 … 정치 경제, 형법, 국가에 대한 학설에 전복적 영향을 미쳤다"(같은 책, p. 45).

16-14] 헤르바르트의 역동적이고 수학적인 심리학에 대한 아이디어, 페히너와 헬름홀츠의 연구, 정신의 운동 본성에 대한 텐의 아이디어, 비네의 심리적 자세 또는 내적 모방에 대한 학설, 리보의 운동이론, 제임스-랑게의 주변적 정서 이론, 심지어 활동으로서의 사고와 주의에 관한 뷔르츠부르크 학파의 이론에 이르기까지-한마디로 우리 과학에서 진실을 향해 내디딘 모든 발걸음은 우리의 것이다. 결국 우리가 두 가지 길 중 하나를 선택한 것은 우리가 그것을 선호해서가 아니라 그것이 진실이라고 보기 때문이다.

16-15] 따라서 이 길에는 과학으로서의 심리학에 있었을 법한 모든 것이 완전히 포함된다. 정신에 **과학적**으로 접근하려는 시도 자체, 신화에 의해 아무리 모호해지고 마비되어도 정신을 숙달하려는 자유로운 생각의 노력, 즉 정신에 대한 **과학적** '지식'이라는 아이디어 자체는 심리학의 미래 경로 전체를 포함하고 있다(왜냐하면 과학은 오류를 거치더라도 진리에 이르는 길이기 때문이다). 그러나 바로 투쟁, 실수 극복, 믿을 수 없는 어려움, 천년 된 편견과의 비인간적 전투 속에서 우리 과학은 우리에게 소중해지게 된다. 우리는 친족 관계를 기억하지 못하는 이반이 되고자 하지 않는다. 우리는 역사가 우리로부터 시작된다고 생각하면서 과대망상에 빠지지 않는다. 우리는 역사에서 깨끗하고 평범한 명칭을 얻고자 하지 않는다. 우리는 수세기의 먼지가 쌓인 이름을 원한다. 여기에서 우리는 우리의 역사적 권리, 우리의 역사적 역할에 대한 지침, 과학으로서의 심리학을 구현하려는 우리의 주장을 본다. 우리는

과거와 관련하여 스스로를 고찰해야 한다. 우리는 그것을 부정할 때에도 그것에 의존한다.

16-16] 사람들은 이렇게 말할 수도 있다. 이 이름은 현재 우리 과학에 문자 그대로 적용할 수 없다, 그것은 각 시대에 따라 그 의미가 달라진다. 그러나 의미가 변경되지 않은 하나의 이름, 하나의 낱말이라도 제시하기 바란다. 우리가 '청색 잉크'나 '비행 기술'에 대해 말할 때, 논리적 오류를 범하고 있는 것이 아닌가? 그러나 우리는 또 다른 논리, 즉 언어의 논리에 충실하다. 오늘날 기하학자가 자신의 과학을 '토지 측량'을 의미하는 명칭으로 부른다면 심리학자는 한때 '영혼에 대한 연구'를 의미했던 이름으로 자신의 과학을 지칭할 수 있다. 오늘날 토지 측량의 개념은 기하학에 비해 협소하지만 한때 그것은 모든 과학이 존재할 수 있게 해 준 결정적인 진전이었다. 오늘날에는 영혼이라는 아이디어가 반동적이지만 그것은 한때 고대인의 최초의 과학적 가설이자 사상에 대한 거대한 정복이었으며 이 덕분에 오늘날 우리 과학이 존재하는 것이다. 아마도 동물에게는 영혼이라는 관념이 없으며 심리학도 없을 것이다. 우리는 과학으로서의 심리학이 영혼에 대한 관념에서 시작했어야 한다는 것을 역사적으로 이해하고 있다. 우리가 노예 제도를 나쁜 성격이 만들어 낸 결과로 여기지 않는 것처럼, 우리는 그것을 단순한 무지와 오류로 보지 않는다. 진리에 이르는 길인 과학에는 틀림없이 오해, 오류, 편견이 불가피한 계기로 포함된다는 것을 우리는 알고 있다. 과학에서 본질적인 것은 그것들이 존재한다는 사실이 아니라 이들이 비록 오류임에도 불구하고 진리로 인도하며, 이들이 극복된다는 것이다. 그러므로 우리는 수 세기에 걸친 오류의 모든 흔적이 담긴 우리 과학의 이름을 그것(오류-K)을 극복한 살아 있는 표시로, 전투에서 입은 부상의 흉터로, 거짓과의 엄청나게 어려운 투쟁에서 발생한 진실의 살아 있는 증거로 받아들인다.

비고츠키는 'синих чернилах(청색 잉크)'라는 용어를 사용한다. 이 러시아어를 문자 그대로 번역하면 '청색 흑색'을 의미한다(즉, 잉크라는 낱말 자체가 흑색에서 유래했기 때문이다). 또한 'летном искусстве'는 도선술, 즉 배를 항해하는 기술을 의미하지만 여기서는 비행기를 조종하는 것에 사용된다(이는 비행기 조종 기술의 많은 용어가 항해술에서 사용하던 용어를 차용했기 때문이다). 어원 연구를 통해 어떤 용어가 표준화된, 비은유적인 용어가 되기 전에 다른 용법에서 차용된 낱말을 은유적으로 사용했음을 알 수 있다. 이와 같이 '심리학'이라는 용어도 같은 방식으로 사용될 수 있다.

16-17] 실질적으로 모든 과학이 그렇다. 과연 미래 건설자들이 모든 것을 다시 시작하는가? 과연 이들은 인간 경험에서 모든 진리의 최종 완성자이자 계승자가 아니던가? 과연 그들에게는 과거의 동맹과 조상이 없는가? 문자 그대로의 의미로 적용할 수 있는 단어나 학명을 하나라도 우리에게 보이라. 혹은, 수학, 철학, 변증법, 형이상학은 여전히 예전과 같은 의미를 지니고 있는가? 하나의 대상에 관한 지식의 두 분야가 반드시 같은 이름을 지녀야 한다고 말하지 말라. 그들에게 논리학과 사고의 심리학을 떠올려 보게 하라. 과학은 그 연구 대상이 아니라 연구 원리와 목적에 따라 분류되고 명명된다.

16-18] 과연 마르크스주의는 철학에서 자신의 조상을 알고 싶어 하지 않는가? **오직 비역사적이고 비창조적인 정신만이 새로운 이름과 과학을 창안한다.** 그러한 생각은 마르크스주의에 어울리지 않는다. 첼파노프는 프랑스 혁명 시대에 '심리학'이라는 용어가 '이데올로기'라는 용어로 대체되었다는 사실을 인용한다. 왜냐하면 그 시대에서 심리학은 영혼의 과학이었던 반면 이데올로기는 동물학의 일부로 생리학적인 것과 합리적인 것으로 나뉘었기 때문이다. 이것은 사실이지만, 그러한

비역사적 낱말 사용으로 인해 얼마나 헤아릴 수 없는 피해가 발생하
는지는, 오늘날 마르크스의 글에서 이데올로기에 대한 개별 구절을 해
독하기가 종종 어려우며, 이 용어의 모호성으로 인해 첼파노프와 같은
'연구자'들이 마르크스에게 이데올로기는 심리학을 의미했다는 주장을
한 사실로 알 수 있다. 이러한 용어 개혁은 우리 과학의 역사에서 옛
심리학의 역할과 중요성이 과소평가되는 부분적 원인이다. 끝으로, 여기
에는 진정한 후손들과의 단절이 포함되어 있으며, 그것은 살아 있는 통
합의 선을 끊는다. 심리학은 생리학과 아무런 공통점이 없다고 선언했
던 첼파노프는 이제, 심리학은 항상 생리학적이었고 **"현대 과학 심리학
은 프랑스 혁명 심리학의 산물이다"**(Г. И. 첼파노프, 1924, p. 27)라고 대혁
명을 통해 주장한다. **무한한 무지**나 **타인의 무지**에 대한 의존만이 이러
한 노선을 강요할 수 있다. 누구의 **현대** 심리학인가? 밀, 스펜서, 베인,
리보의 심리학인가? 그렇다. 그러나 딜타이, 후설, 베르그손, 제임스, 뮌
스터베르크, 스타우트, 마이농, 립스, 프랑크, 첼파노프는 어떠한가? 이
보다 더 큰 거짓이 있을 수 있을까? 결국 이 새로운 심리학의 창시자들
은 모두 밀, 스펜서, 베인, 리보에 적대적인 다른 체계를 과학의 토대에
두었다. 그들은 첼파노프가 방패삼아 뒤로 숨은 것과 **동일한** 이름을
'죽은 개'처럼 경시했다. 그러나 첼파노프는 '현대 심리학'이라는 용어의
모호함을 이용하면서 자신에게 이질적이고 적대적인 이름 뒤에 숨는다.
그렇다, 현대 심리학에는 혁명 심리학의 산물이라고 생각할 수 있는 분
야가 있지만, 첼파노프가 평생 (그리고 지금) 한 일은 이 분야를 과학의
어두운 구석으로 몰아넣고 심리학과 분리하기 위해 노력한 것뿐이다.

> 프랑스 혁명은 낡은 종교적, 문화적, 그리고 과학적 사고방식과 결별
> 하려다 실패했다. 열두 달의 이름이 바뀌었듯 과학 자체의 이름도 바
> 뀌었다. '심리학Psychology'은 그리스 신화(프시케)나 '영혼의 연구'와 관
> 련이 있다고 여겨져 '이데올로기'(사상의 연구)로 이름이 바뀌었다. 비고

E. 들라크루아(Eugene Delacroix), 민중을 이끄는 자유의 여신, 1830.

츠키가 지적했듯 새로운 명칭은 낡은 심리학적 개념을 복원하고 재평
가하고 비판하는 것을 어렵게 만들었을 뿐, 이를 대체할 새로운 과학
을 실제로 만들어 내는 데는 아무 도움도 되지 못했다. 비고츠키는 단
어는 바꾸지 않고 단어의 의미만 바꾸려 했으나, 첼파노프는 정반대를
원했다.

　첼파노프는 '새로운 심리학'이 생리학의 한 분야일 것이라고 갑자기
결정하기 전까지는 유심론자였다. 그러나 첼파노프가 이 새로운 생리
학적 심리학의 창시자로 꼽은 이름에는 그의 옛 유심론의 스승들-후
설, 딜타이, 베르그손, 스타우트, 마이농, 프랑크 등-이 다수 포함되어
있다. 이들은 유물론적이고 자연과학적인 심리학자들(예: 파블로프)이
개(살아 있는 개와 죽은 개)를 가지고 과학을 구축했다고 생각했던 인물
들이다.

　들라크루아는 '자유'를 고대 그리스인의 모자를 쓰고 맨 가슴을 드
러낸 그리스 여신으로 그려냈다. 1830년경 낭만주의와 과거에 대한 향
수가 계몽주의의 성상파괴주의와 합리주의를 완전히 대체했고, 들라

크루아는 사실상 루이 필립의 복구된 왕정을 위해 이 작품을 그렸다.

비고츠키는 『생각과 말』 7-1-22에서 하이네를 인용한다.

"그들은 거사를 이루자 논공행상을 이어 갔고
새 왕의 즉위식에서 속삭이길
그놈이 그놈이잖아."

알퐁스 카가 말했듯 "더 많이 변할수록, 더 많이 그대로 남는다."-
이름이 바뀌면 바뀔수록 개념은 더더욱 그대로 남는다.

16-19] 다시 한번 말하지만, 이 공통의 이름은 얼마나 위험한가? 프랑스 심리학자들이 그것을 버리면서 얼마나 비역사적으로 행동했는가?

16-20] 이 이름은 마르부르크의 교수였던 고클레니우스가 1590년 과학에 처음으로 소개했고, 이를 채택한 이는 그의 제자 카스만(1594)이지, 18세기 중반 이후의 Ch(ristian-K) 볼프가 아니었으며 흔히들 생각하듯 멜란히톤이 처음 사용한 것이 아니다. 이바노프스키는 신체학과 함께 하나의 과학을 형성하는 인류학의 일부를 지칭하는 이름으로 이를 보고했다. 멜란히톤을 이 용어의 처음 사용자로 보는 것은 그의 선집 13권에 쓰인 발행인의 서문을 토대로 한 것이나 이 서문은 멜란히톤을 심리학이라는 용어의 최초 사용자로 잘못 언급하고 있다. 이 이름은 영혼 없는 심리학의 저자인 랑게에 의해 아주 정확하게 유지되었다. 그는 묻는다. "그런데 심리학은 영혼에 대한 연구라고 불리지 않는가?", "연구할 대상이 있는지 의심스러운 과학을 생각하는 것이 어떻게 가능한가?" 그러나 그는 과학의 대상이 바뀌었다고 해서 전통적인 이름을 버리는 것은 현학적이며 비실용적이라고 생각했으며, 영혼 없는 심리학을 주저 없이 받아들일 것을 촉구했다.

I. 메슈트로비치(Ivan Meštrović), 마르코 마룰리치 흉상, 2011.

'심리학'이라는 용어를 최초로 사용한 사람의 이름에 대한 비고츠키의 진술은 정확하지 않다. 그러나 그가 식별에 실패한 이유는 이 마지막 장의 문헌학적 주제가 얼마나 중요한지 보여 준다.

비고츠키가 늘어놓은 모든 이름은 유럽 토착어가 라틴어를 대체하고 귀족이 아닌 부르주아 과학자들이 성직자들을 대체하던 시기에 살았던 사람들이다.

*R. 고클레니우스(Rudolph Goclenius the Elder, 1547~1628)는 마녀 재판에서 고문 사용을 주장한 스콜라 철학자였다. 그는 라틴어로 글을 썼으며, 이후 그의 작품들은 무시되었다. 비고츠키의 말과 달리, 그는 '심리학'이라는 용어를 처음으로 사용한 사람이 아니었다. 오히려 그는 오늘날 크로아티아의 국민 시인으로 추앙받는 마르코 마룰리치(Marko Marulić, 1450~1524)로부터 심리학이라는 용어를 차용했다(또한 마룰리치는 『로미오와 줄리엣』에 영감을 제공했을 수도 있다. 그는 이탈리아 귀족 가문의 딸과 사랑에 빠졌는데, 그녀의 아버지는 결혼을 막기 위해 그녀를 산채로 매장했다). 그러나 그 또한 라틴어로 글을 썼으며, 그의 신조어는 이후에 고클레니우스를 제외한 모든 사람에게 외면당했다.

*O. 카스만(Otto Casmann, 1562~1607)은 최초의 '심리학적 인류학'을 집필하여 인간의 신체를 묘사하고 '인간 본성'을 신체로부터 분리할 수 없는 일부로 포함시켰다. 이 또한 라틴어 작품이었고, 그 결과 버려졌다.

*P. 멜란히톤(Philip Melanchthon, 1497~1560)은 토착 독일어 글쓰기를 고집한 마르틴 루터의 친구이자 협력자, 대중연설가였다.

*C. 볼프(Christian Wolff, 1679~1754)는 라이프니츠 학파의 철학자였다. 라이프니츠는 스피노자 연구의 관념론적 버전을 개발했다(스피노자를 방문했던 그는 스피노자의 이름을 밝히지 않고 그의 아이디어를 표절했다). 볼프는 라틴어가 아닌 독일어로 글을 썼으며, 그 결과 그의 작품들

은 살아남았고 그는 매우 부유하게 살다가 세상을 떠났다.

*F. A. 랑게(Friedrich Albert Lange, 1828~1875)는 C. 랑게Carl Lange나 N. 랑게Nikolai Lange와는 아무 관계가 없다. 그는 헤겔주의를 거부하고, 다윈주의의 사회주의적 버전을 만든 유물론적 철학자로, 라살, 마르크스, 엥겔스와 함께 제1인터내셔널의 지도자였다.

Д. И. 이바노프스키(Дмитрий Иосифович Ивановский, 1864~1920)에 대해서는『분열과 사랑』1-92 참조.

16-21] 심리학이라는 이름에 대해 끊임없이 논쟁이 이어지게 된 것은 랑게의 개혁 때부터이다. 그 자체로 취해진 이 이름은 더 이상 의미가 없다. 여기에는 '영혼이 배제된', '형이상학이 배제된', '경험에 기초한', '경험주의적 관점의' 등이 끝없이 매번 추가되어야 했다. 심리학은 **단순히** 존재하기를 멈추었다. 이것은 랑게의 실수였다. 그는 이전 이름을 채택하면서 그것을 **완전히**, 남김없이 소유하지 않았다. 그는 그것을 나누지도 않았고 전통과 분리하지도 않았다. 심리학에 영혼이 배제된다면, 영혼이 포함된 것은 더 이상 심리학이 아니라 다른 것이었다. 그러나 여기서 그에게 부족한 것은 선한 의지가 아니라 힘과 시간이었다. 분할의 때는 아직 무르익지 않았다.

16-22] 이 용어상의 문제는 여전히 우리 앞에 놓여 있으며, 두 과학의 분할이라는 주제에 포함되어 있다.

16-23] 자연과학적 심리학을 무엇이라고 부를 것인가? 그것은 오늘날 종종 객관적, 새로운, 마르크스주의적, 과학적, 행동 과학으로 불린다. 물론 우리는 그것에 심리학이라는 이름을 보존할 것이다. 그러나 어떠한 심리학인가? 우리는 동일한 이름을 사용하는 다른 지식 체계와 그것을 어떻게 구별할 수 있을까? 현재 심리학에 적용되는 정의 중 작은 부분만 헤아려보면 알 수 있다. 이러한 구분의 토대에는 논리적 통

일성이 없다. 형용사구는 때로는 행동주의 학파를, 때로는 게슈탈트 심리학을, 때로는 실험 심리학, 정신분석학의 방법을 의미한다. 때로는 구성 원리(아이데틱적, 분석적, 기술적, 경험적)를, 때로는 과학의 대상(기능적, 구조적, 실제적, 내포적)을, 그리고 때로는 연구 분야(개인심리학)을 나타내며, 때로는 세계관(인격주의, 마르크스주의, 유심론, 유물론)을, 때로는 다른 많은 것(주관적-객관적, 구성적-재구성적, 생리학적, 생물학적, 연합적, 역동적 등등)을 나타낸다. 그들은 또한 역사적, 이해적, 설명적, 직관적, 과학적(블론스키)인 것과 (관념론자들 사이에서 자연과학이라는 의미에서의) '과학적'인 것에 대해 말한다.

16-24] 이후에 '심리학'이라는 단어는 무엇을 뜻하는가? 스타우트는 말한다. "수학 일반에 관해 글을 쓴다는 생각을 할 수 없듯이 심리학 일반에 관한 책을 쓴다는 생각을 할 수 없는 때가 곧 올 것이다"(1923, p. 3). 모든 용어는 불안정하고, 논리적으로 서로를 배제하지 않으며, 용어가 정해지지 않고, 혼란스럽고, 어둡고, 모호하고, 이차적 특징을 지칭하므로 방향잡기를 용이하게 하는 게 아니라 오히려 방해한다. 분트는 자신의 심리학을 생리학적이라고 불렀으나 후에 동일한 연구를 실험적이라고 불러야 한다고 주장하며 이를 회개하고 실수로 간주했다. 다음은 이 모든 용어가 의미하는 바가 얼마나 적은지를 보여주는 가장 좋은 예이다. 어떤 사람들에게 '실험적'은 '과학적'과 동의어다. 다른 사람들에게 이는 단지 방법에 대한 지칭일 뿐이다. 우리는 마르크스주의적 관점에서 심리학에 적용되는, 가장 일반적으로 쓰이는 형용사만 지적할 것이다.

16-25] 나는 그것을 객관적이라 부르는 것이 부적절하다고 생각한다. 첼파노프는 심리학에서 이 용어가 외국 과학에서와 매우 다른 의미로 사용된다는 것을 정당하게 지적했다. 그리고 우리 사이에서 그것은 많은 모호함을 야기했고 영혼과 물질에 대한 지식론적 문제와 방법론

적 문제의 혼란을 부추겼다. 용어는 방법을 기술적 수단이나 인식 방식과 혼동하는 것을 도왔고, 그 결과 변증법적 방법이 설문지 방법과 나란히 똑같이 객관적인 것으로 해석되고, 자연과학에서 주관적 증거, 주관적 (기원상) 개념과 분할의 모든 사용이 제거되어야 한다는 확신이 생겼다. 그것은 종종 통속화되어 진실과 동일시된 반면, 주관적인 것은 거짓과 동일시되었다(일상적 단어 사용의 영향). 게다가 그것은 사태의 핵심을 전혀 표현하지 않는다. 그것은 조건적 의미에서 일부만 개혁의 본질을 표현할 뿐이다. 마지막으로 주관적인 것에 관한 학설이 되기를 바라거나 자신의 경로에서 주관적인 것을 설명하고자 하는 심리학은 거짓으로 자신을 객관적이라고 지칭해서는 안 된다.

16-26] 우리 과학을 행동심리학이라고 부르는 것은 잘못일 것이다. 앞서 제시한 형용사와 마찬가지로 이 새로운 것도 우리를 여러 경향성과 분리하지 않으므로 목표를 이루지 못한다는 사실이나, 새로운 심리학은 정신을 알고 싶어 하므로 그것이 거짓이라는 사실은 말할 것도 없이, 이 용어는 범속하고 일상적이라는 사실로 인해 미국인의 관심을 끌 수 있었다. J. 왓슨이 "행동과학과 상식에서 인격에 대한 표상"(1926, p. 355)이라고 말하고 이 둘을 동일시했을 때, '일반인'이 '행동과학에 접근하면서 방법의 변화나 대상에서의 어떤 변화를 느끼지 못하는' 과학-스스로의 문제 중 "왜 조지 스미스가 그의 아내를 떠났는가"를 다루는 과학, 일상적인 방법의 제시로 시작하며 그것과 과학적 방법과의 차이점을 공식화 할 수 없으며 전체 차이를 일상과 무관하고 상식에 관심이 없는 사례 연구에서 보는 과학-을 창조하는 과제를 스스로 설정할 때(1926: 9) 이때는 '행동'이라는 용어가 가장 적절하다. 그러나 우리가 아래에서 밝히다시피 이것이 논리적으로 지지될 수 없고, 어째서 장연동 운동, 소변 분비 및 염증이 과학에서 제외되어야 하는지 구별하게 하는 기준을 제공하지 않는다고 확신한다면, 그것이 다중적 의미가 있

고 비최종적이며 블론스키와 파블로프, 왓슨과 코프카에게 완전히 다른 것을 의미한다는 점을 확신한다면 우리는 주저하지 않고 그것을 폐기할 것이다.

16-27] 더 나아가 심리학을 마르크스주의로 정의하는 것은 잘못되었다고 생각한다. 나는 변증법적 유물론 관점의 교과서 집필에 대한 수용 불가성에 대해 이미 이야기했다(B. Я. 스트루민스키, 1923; K. H. 코르닐로프, 1925). 나는 라이스너가 제임슨의 소책자를 번역하며 제목을 단 '마르크스주의 심리학 개관'도 부적절한 단어 선택이라고 보며, 심지어는 생리학 내 각각의 실무적인 흐름을 논하면서 사용되는 '반사학과 마르크스주의' 같은 단어 조합 또한 부정확하고 위험하다고 본다. 그러한 평가가 가능한지 의심해서가 아니라, 그러한 평가를 가능하게 하는 유일한 매개적 성분이 누락되어, 같은 조건으로 측정할 수 없는 양을 취하기 때문이다. 척도는 소실되고 왜곡된다. 결국, 저자는 마르크스주의 **전체**의 관점이 아니라 마르크스주의 심리학자 집단의 개별 진술에 근거하여 반사학 **전체**를 판단한다. 예를 들어, 문제를 볼소비에트와 마르크스주의로 설정하는 것은 잘못일 것이다. 비록 마르크스주의 이론에 반사학 못지않게 볼소비에트 문제를 조명하는 데 필요한 자원이 있음에 의심의 여지가 없고, 비록 볼소비에트가 마르크스주의 사상과 직결되며 그 전체와 논리적으로 연결된다 하더라도 그렇다. 반면 우리는 매개적이고 더 구체적이며 덜 보편적인 개념을 사용하며 다른 척도를 이용한다. 우리는 소비에트 권력과 볼소비에트, 프롤레타리아 독재와 볼소비에트, 계급투쟁과 볼소비에트에 관하여 논한다. 마르크스주의 사상과 관련된 모든 것을 마르크스주의라 일컬어서는 안 된다. 종종 이는 두말할 나위가 없다. 여기에 마르크스주의 심리학자들이 일반적으로 변증법적 유물론, 즉 가장 보편적이고 일반화된 부분에 호소한다는 점을 덧붙인다면 척도의 불일치가 더욱 분명해질 것이다.

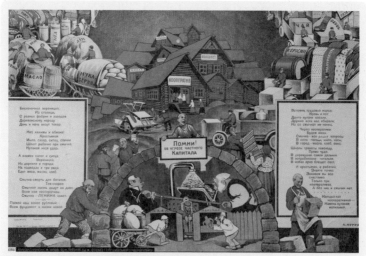
1920년대 농촌의 '볼소비에트' 포스터.

'볼소비에트'는 정치적, 경제적 권력을 모두 행사하는 선출직 마을 평의회였다. 여기에는 차, 등유, 공산품이 도착하고(오른쪽 위) 밀가루, 기름, 가죽이 도시로 출발하는(왼쪽 위) 협동조합과 학교가 포함된다. 교환은 직접(중앙 오른쪽) 또는 노동점수(중앙 왼쪽)를 통해 이루어지며, 신경제정책NEP에 의해 가능해진 화폐의 영향력과 자본의 위험은 이를 통해 차단된다(중앙 아래쪽). 어린 소년이 "민간 자본의 위험을 기억하라!"고 외치고 있다.

1923년 무렵에는 이것을 기억하는 것보다 외치는 게 더 쉽다는 것이 분명해졌다. 이전에는 정부의 개입 덕분에, 시골에서의 공산품 가격이 도시에서의 농산물 가격을 훨씬 능가했다. 이제 시장의 힘 때문에 같은 일이 일어나고 있었다. 도시는 식량이 필요했지만 교역할 만큼의 충분한 공산품을 생산할 수 없었다. 시골은 공산품이 필요했지만 식량을 먹기도 하고 교역도 할 만큼은 되지 않았다. 한 시골 신문에서 소비에트 시인은 이렇게 썼다.

네, 친애하는 형제들이여.
마르크스와 엥겔스ー좋아요.
하지만 우리는 바지도 필요해요.

두 다리를 위해서도 영혼을 위해서도.

비고츠키가 이 책을 쓰던 1927년 무렵, 스탈린과 부하린은 집단 농장화되어 화폐를 배제한 농촌 경제로의 갑작스러운 '도약'을 준비하고 있었다. 마르크스주의가 제안했듯이, 물건들은 "능력에 따라 각자로부터, 필요에 따라 각자에게" 간단히 분배될 것이었다. 그러나 스탈린의 해석에 따라, 도시는 농민은 굶어 죽게 남겨둔 채 필요한 것은 무엇이든 시골에서 간단히 수탈했다. 비고츠키는 마르크스주의 슬로건이 굶주린 농부들의 목소리를 잠재우는 데 사용될 수 없다는 것을 이해했다.

볼소비에트와 도시 간 갈등의 역할은 계급투쟁의 관점에서 이해되어야 했다. 거기에서 볼소비에트는 프롤레타리아 독재 하에서 정당한 농촌의 이익을 대표했다. 마찬가지로, 비고츠키는 마르크스주의가 심리학이나 심지어 마르크스주의 반사학을 생성하기 위해, 간단히 생리학에 기계적으로 적용될 수는 없다는 것을 이해했다. 제임슨의 소책자를 '마르크스주의 심리학 개요'로 재명명하려는 시도는 바로 이런 종류의 모험주의적 도약이었다(9-16 글상자 참조). 진정한 마르크스주의 심리학은 그저 과학적 심리학일 뿐이다. 도시와 시골 간 구분의 폐지와 마찬가지로, 그것은 현상을 당위로 재명명하는 문제가 아니라 미래의 과업으로 남아 있다.

*В. Я. 스트루민스키(Василий Яковлевич Струминский, 1880~1967)는 혁명 전에는 신학자였고 혁명 직후에는 마르크스주의 교육학 교수였다. 코르닐로프의 지도하에서, 그는 비고츠키가 비판하고 있는 마르크스주의 심리학 교과서 중 하나를 출판했다.

16-28] 마지막으로 마르크스주의를 새로운 영역에 적용하는 것에서의 특별한 어려움은 현재 이 이론이 처한 구체적인 상태이다. 이 용어를 사용하는 데 따르는 큰 책임과 이 용어에 대한 정치적, 이데올로기적 추측-이 모든 것이 지금 '마르크스주의 심리학'이라고 말하는 것을

좋은 취향이라고 허용하지 않는다. 우리가 그것을 마르크스주의라고 부르는 것보다 다른 사람들이 우리의 심리학을 마르크스주의라고 말하게 하는 것이 더 나을 것이다. 그것(우리의 심리학-K)을 실천에 옮기고 말을 기다려 보자. 결국 마르크스주의 심리학은 아직 존재하지 않는다. 그것은 주어진 것이 아니라 역사적 과제로 이해되어야 한다. 그리고 현재 상황을 고려할 때 이 이름에 대한 과학적 경박함이나 무책임의 인상을 제거하는 것은 어렵다.

16-29] 이에 반대하는 또 다른 정황은 심리학과 마르크스주의의 종합이 하나 이상의 학파에 의해 수행되어, 유럽에서는 이 이름이 쉽게 혼란의 근거를 제공한다는 것이다. 아들러의 개인심리학이 마르크스주의와 연결된다는 사실을 아는 사람은 많지 않다. 이것이 어떠한 심리학인지 이해하려면 그것의 방법론적 기초를 상기해야 한다. 그것(아들러 심리학-K)은 과학이 될 권리를 논증하면서, '심리학자'라는 단어가 자연과학자와 역사학자에게 적용될 때 두 가지 다른 의미를 지닌다고 말하면서 자연과학적 심리학과 역사적 심리학을 구별한 리케르트를 인용했다. 이러한 구분이 이루어지지 않으면 역사가와 시인의 심리학은 심리학이라고 부를 수 없다. 심리학과 공통점이 없기 때문이다. 그리고 새로운 학파의 이론가들은 리케르트의 역사 심리학과 개인심리학이 동일하다는 것을 인정했다(L. 빈스방거, 1922).

*A. 아들러(Alfred Adler, 1870~1937)는 프로이트의 초기 동료 중 한 사람이다. 그는 대학에서 러시아 출신이었던 라이사 엡스타인과 결혼했고 마르크스주의자가 되었다. 대학 졸업 후 가난한 지역에서 의사로 일했다(그의 최초 연구는 이 지역의 서커스 단원을 대상으로 시행되었다). 1902년에 아들러는 프로이트의 자택에서 열린 최초의 정

신분석학 모임인 수요저녁 모임에 참여했다. 그러나 1908년에 이르러 그는 무의식이 성과 공격성이라는 두 요인에 의해 설명될 수 있다는 생각을 독립적으로 발전시켰다. 프로이트는 아들러의 아이디어를 후에 비고츠키와 루리야가 러시아어로 번역하여 소개한 『쾌락원칙을 넘어 Jenseits des Lustprinzips』에서 인용 없이 사용했다.

이미 어린이의 성에 대한 프로이트의 생각과 그의 정치적 보수성에 대해 불편했던 아들러는 프로이트의 모임에서 탈퇴하였다. 그는 개인 간 차이(특히, 출생 순서)와 니체의 홀리즘Holism에 의거한 개인심리학을 성립했다. 비고츠키는 독일심리학 연구를 광범위하게 파악하고 있었고 스스로도 트로츠키의 영향을 받았으므로 아들러가 마르크스주의 및 트로츠키와 연결되어 있음을 1920년에 알았던 몇 안 되는 사람 중 하나였다. 개인심리학은 사회가 어린이에게 미치는 영향에 대한 관심을 정당화하기 위해 마르크스주의에 의지하였다.

그러나 비고츠키가 지적하듯 개인심리학은 과학적 주장을 정당화하기 위해 리케르트의 신칸트주의에도 의지하였다. H. 리케르트(Heinrich Rickert, 1863~1936)는 W. 빈델반트의 제자이자 M. 하이데거와 R. 카르납의 스승이었다. 리케르트는 신칸트주의자로서 자연적 과학과 역사적 과학이라는 딜타이의 구분을 받아들였고, 따라서 자연과학적, 설명적 심리학과 역사적, 이해적 심리학을 서로 구분했다. 비고츠키가 말하듯 이 두 과학은 명칭 이외에는 공통점이 없으며 러시아 심리학자들의 '새로운 학파'(마르크스 심리학을 성립 중이었던 코르닐로프와 같은)는 아들러의 개인심리학과 리케르트의 개인심리학을 뒤섞는 오류를 범했다.

16-30] 심리학은 둘로 나뉘었고 논쟁은 새로운 독립 분야의 이름과 이론적 가능성에 관해서만 이루어진다. 심리학은 자연과학으로서 불가

능하며, 개인적인 것은 어떤 법칙에도 종속될 수 없다. 그것은 설명하고자 하지 않고 이해하고자 한다(같은 책). 이 구분은 K. 야스퍼스에 의해 심리학에 도입되었지만 이해하는 심리학이라는 명칭하에 그가 염두에 둔 것은 후설의 현상학이었다. 모든 심리학의 기초로서 그것은 매우 중요하고 대체 불가능하기조차 하지만 그 자체는 개인심리학이 아니며 그렇게 되고자 하지도 않는다. 이해 심리학은 오직 목적론으로부터만 생겨날 수 있다. 스턴은 이러한 심리학을 입증했다. 인격주의는 이해 심리학의 또 다른 이름일 뿐이지만, 그는 차동 심리학의 자연과학인 실험심리학을 통해 인격을 연구하려고 시도한다. 설명과 이해 모두 불만족스럽게 남는다. 추론적-인과적 사고가 아닌 직관만이 목표를 달성할 수 있다. 그것은 '자아의 철학'이라는 제목을 명예롭게 생각한다. 그것은 전혀 심리학이 아니라 철학이며 바로 그렇게 되고자 한다. 바로 **그러한** 심리학-그 성질에 관해서는 의심의 여지가 없다-은 스스로의 구성에서, 예컨대 군중 심리학 이론에서 마르크스주의, 토대-상부구조 이론을 자신의 자연적 기초로 인용한다(W. 스턴, 1924). 그것은 사회심리학에 최고의, 그리고 지금껏 가장 흥미로운 프로젝트 즉, 계급투쟁 이론에서 마르크스주의와 개인심리학의 통합이라는 프로젝트를 제시했다. 마르크스주의와 개인심리학은 서로를 심화시키고 풍요롭게 해야 하며 그렇게 하기를 요구받는다. 헤겔의 삼단법은 경제뿐만 아니라 정신생활에도 적용된다(우리가 그랬듯이). 이 프로젝트는 흥미로운 논쟁을 불러일으켰는데, 이는 이 생각을 옹호하면서 건전하고 비판적이며 완전히 마르크스주의적인 접근방식을 여러 문제에서 보여 주었다. 마르크스가 계급투쟁의 경제적 기초를 이해하도록 가르쳐 주었다면, 아들러는 계급투쟁의 심리적 기초에 대해 똑같은 일을 했다.

16-31] 이것은 가장 의외적이고 역설적인 조합이 가능한 심리학의 현대 상황의 복잡성뿐 아니라 이 별칭의 위험도 보여 준다(그런데 또 다

른 역설은, 이 동일한 심리학이 상대성 이론에 대한 러시아 반사학의 권리에 대해 이의를 제기한다는 것이다). 제임슨의 절충주의적이고, 방종放縱하며, 가벼우면서도 반¾과학적인 이론을 마르크스주의 심리학이라고 한다면, 영향력 있는 대다수 게슈탈트심리학자가 과학 연구에서 자신을 마르크스주의자라고 생각한다면, 아직 '마르크스주의'에 대한 권리를 얻지 못한 초기 심리학파들은 이 이름으로 스스로를 정의定義할 수 없게 된다. 조용한 대화 중 이 사실을 알게 되었을 때 매우 놀랐던 기억이 난다. 나는 학식이 매우 풍부한 심리학자 중 한 명과 다음과 같은 대화를 나눴다. "러시아에서는 어떤 심리학을 하는가? 여러분이 마르크스주의자라는 사실은 여러분이 어떤 종류의 심리학자인지 어떤 말도 해주지 않는다. 러시아에서 프로이트의 인기를 알고는, 저는 먼저 아들러주의자들을 생각했다. 결국, 그들 또한 마르크스주의자이다. 그러나 어쩌면 여러분은 완전히 다른 심리학을 가지고 있지 않은가? 우리는 사회민주주의자이자 마르크스주의자이지만 다윈주의자이기도 하고 코페르니쿠스주의자이기도 하다." 그가 옳았다는 것을 내 생각에는 결정적인 한 가지 고려 사항으로 확신할 수 있다. 결국, 우리는 우리의 생물학을 '다윈주의'라고 부르지 않는다. 이것은 요컨대 과학의 개념 자체에 포함되어 있다. 그것은 가장 위대한 개념에 대한 인식을 포괄하고 있다. 마르크스주의 역사가라면 자신의 연구를 '마르크스주의 러시아사'라고 부르지 않을 것이다. 그는 사건 자체에서 이것이 분명하다고 믿을 것이다. '마르크스주의적'은 그에게 '참된, 과학적인'과 동의어이다. 그는 마르크스주의 이외의 어떤 역사도 인정하지 않는다. 그리고 우리의 상황은 다음과 같아야 한다. 우리의 과학은 참되고 과학적인 한 마르크스주의적이 될 것이다. 그리고 우리가 할 일은 그것을 마르크스의 이론과 조화시키는 것이 아니라 그것을 진실하게 만드는 것이다. 단어의 진정한 의미와 문제의 본질상 우리는 연합적, 실험적, 경험론적, 직관상적 심리학이라고 말하듯이 마르크스주의 심리학이라고 말할 수 없다. 마르크스주의 심리학은 학파 중의 한 학파가 아니라 과학으로서의 유일하고 진정한 심리학이며, 이것 이외에 다른 심리학은 존재할 수 없다. 그 반대의 경우도 마찬가지다. 진정한 과학적 심리학에 포함되어 있었고 현재 포함되어 있는 모든 것이 마르크스주의 심리학에 포함되어 있다. 이 개념은 학파나 경향의 개념보다 더 광범위하다. 이 개념은 어디서 누가 개발했는지에 관계 없이 일반적인 과학적 심리학의 개념과 일치한다.

16-32] 블론스키는 이런 의미에서 '과학적 심리학'이라는 용어를 사용한다. 그리고 그는 전적으로 옳다. 우리고 하고 싶었던 것, 우리 개혁의 의미, 경험주의자들과 우리의 불일치의 본질, 우리 과학의 기본 성격, 우리의 목적과 우리 과업의 범위, 그 내용과 구현 방법-이 모든 것을 이 형용사는 표현한다. ('과학적'이라는 말이-K) 필요했다면, 나는 그것에 완전히 만족했을 것이다. 가장 올바른 형태로 표현되었을 때 그것은 다음을 분명히 드러냈다. 그것은 낱말의 정의 자체에 포함된 것과 비교하여 그 어떤 것도 정확하게 표현할 수 없다. 결국 '심리학'은 극장의 연극이나 영화가 아니라 과학의 이름이기 때문이다. 그것은 과학적인 것일 수밖에 없다. 누구도 소설 속의 하늘에 대한 묘사를 천문학이라고 부를 생각을 하지는 않을 것이다. 마찬가지로 '심리학'이라는 이름은 라스콜리니코프의 생각과 맥베스 부인의 섬망을 묘사하는 데 부적합하다. 정신을 비과학적으로 묘사하는 것은 모두-광고, 비평, 연대기, 소설, 서정시, 철학, 속물근성, 잡담, 그리고 수천 가지 다른 것들, 무엇이든 다-심리학이 아니라 다른 어떤 것이다. 결국 '과학적'이라는 형용사는 블론스키의 글뿐만이 아니라, 뮐러의 기억 연구, 쾰러의 유인원 대상 실험, 베버-페히너의 역치에 대한 학설, 그로스의 놀이 이론, 손다이크의 훈련에 대한 학설, 아리스토텔레스의 연합 이론, 즉 역사와 현시대에서 과학에 속하는 모든 것에도 적용될 수 있다. 나는 명백하게 틀린,

논박된, 의심스러운 이론, 가설, 체계 또한 과학적일 수 있다고 주장하고자 한다. 과학성은 신뢰성과 일치하지 않기 때문이다. 극장표는 절대적으로 신뢰할 수 있으면서도 비과학적일 수 있다. 관념들 사이의 관계로서의 감정에 대한 헤르바르트의 이론은 확실히 틀렸지만, 같은 정도로 확실히 과학적이다. 목적과 수단은 어떤 이론의 과학성을 결정한다. 그것뿐이다. 따라서 '과학적 심리학'이라 말하는 것은—아무것도 말하지 않는 것과 같으며, 더 정확히 말하면, 그냥 '심리학'이라고 말하는 것과 같다.

16-33] 이 이름을 받아들이는 것은 우리의 몫이다. 그것은 우리가 원하는 것, 즉 우리 과업의 범위와 내용을 훌륭하게 강조할 것이다. 하지만 이 과업은 다른 학파 옆에 학파를 만드는 것이 아니다. 그것은 심리학의 다른 유사한 분야, 학파 등과 나란히 심리학의 어떤 부분이나 측면, 문제 또는 해석 방법을 다루지 않는다. 우리는 심리학 전체에 대해, **그 범위 전체**를 포괄하는, 다른 것은 전혀 허용하지 않는 오직 심리학에 대해서만 말하고 있다. 우리는 심리학을 과학으로 구현하는 것에 대해 논하고 있다.

16-34] 그러므로 우리는 단순히 심리학이라고 말할 것이다. 별칭의 사용을 통해서는, 다른 경향과 학파를 설명하고, 거기서 과학과 비과학을, 심리학과 경험주의, 신학, 에이도스(플라톤의 영원하며 변하지 않는 형태에 관한 이론, 아리스토텔레스의 추상적인 보편성-K)를 비롯하여—장거리 항해용 선박의 선체에 (해초나 따개비 등이 속도를 늦추며-K) 붙어 있듯—수 세기 동안 우리 과학에 붙어 있던 다른 모든 것을 구분하는 편이 나을 것이다.

16-35] 우리는 다른 것을 위해, 즉 심리학 내의 분야를 체계적이고 **일관되게 논리적이며, 방법론적으로 구분**하기 위해 형용사 별칭이 필요하다. 따라서 우리는 일반적, 아동의, 동물 및 병리 심리학, 차별적, 비

교적에 대해 논할 것이다. 심리학은 전체 과학 가족의 총칭이 될 것이다. 결국, 우리의 과업은 과거의 일반적 심리학 연구에서 우리 연구를 **떼어 내는** 것이 아니라 우리 연구와 심리학의 전체 과학적 연구를 어떤 새로운 기반 위에 하나의 전체로 **결합하는** 것이다. 우리는 우리 학파를 과학에서 떼어 내는 것이 아니라 과학을 비과학에서, 심리학을 비심리학에서 떼어 내고자 한다. 우리가 논의 중인 이 심리학은 아직 존재하지 않는다. 그것을 만드는 데에는 둘 이상의 학파가 필요하다. 제임스가 말했듯이 여러 세대의 심리학자들이 이를 위해 노력할 것이다. 심리학에는 천재와 평범한 연구자가 **있을** 것이다. 그러나 여러 세대의 천재와 평범한 과학 전문가의 공동 작업에서 나타나는 것은 바로 심리학이 될 것이다. 우리 과학은 바로 이 이름으로 새로운 사회-이 새로운 사회로의 문턱에서 과학이 형성되고 있다-로 들어설 것이다. 우리 과학은 기존의 사회에서는 발전할 수 없었고 발전할 수도 없다. 인류가 사회에 대한 진실과 사회 자체를 숙달하기 전에는 개인에 대한 진실과 개인 자체를 숙달하는 것은 불가능하다. 오히려 새로운 사회에서는 우리의 과학이 삶의 중심이 될 것이다. '필연의 왕국에서 자유의 왕국으로의 도약'은 필연적으로 우리 스스로의 존재를 정복하고 그것을 우리 자신에게 종속시키는 문제를 전면에 불러일으킨다. 이런 의미에서 파블로프가 우리 과학을 인간 자신에 관한 최후의 과학이라고 부른 것은 옳다. 그것은 과연 인류 역사시대나 인류 선사시대의 마지막 과학이 될 것이다. 새로운 사회는 새로운 사람을 창조할 것이다. 새로운 인류의 분명한 특징으로서 인간의 정련과 새로운 생물학적 유형의 인위적인 창조에 관해 이야기한다면, 이는 생물학에서 스스로를 창조할 유일한, 최초의 종이 될 것이다. (…)

16-36] 반대로 새로운 사회에서 우리 과학은 삶의 중심이 될 것이다. '필연의 왕국에서 자유의 왕국으로의 도약'은 불가피하게 우리 자

신의 존재의 숙달, 즉 그것을 스스로에게 복종시키는 문제를 차례로 제기한다. 파블로프가 우리의 과학을 인간 자신에 관한 최후의 과학이라 부른 것은 이런 의미에서 옳다. 그것은 실제로 인류의 역사적 시기 또는 인류의 선사적 시기의 최후의 과학일 것이다. 새로운 사회는 새로운 인간을 창조할 것이다…

16-37】 여기가 심리학을 초인의 과학으로 정의한 역설적인 심리학자의 말이 들어맞는 유일한 사례이다. 미래의 사회에서 심리학은 실제로 초인에 대한 과학이 될 것이다. 이것 없이는 마르크스주의의 전망과 과학의 역사는 불완전했을 것이다. 그러나 초인에 관한 이 과학도 여전히 심리학일 것이다. 우리는 지금 거기서 나온 실을 우리 손에 잡고 있다. 스피노자가 말했듯 큰개자리가 짖는 동물인 개와 닮은 점이 없는 만큼, 이 심리학이 현재의 심리학과 유사성이 거의 없다고 해도 별 상관없다.

자베르쉬네바와 오시포프는 비고츠키의 결론이 트로츠키의 '프롤레타리아 문학과 프롤레타리아 예술'에 밀접하게 기초한 것이며, 이 때문에 마지막 부분이 삭제되고 심하게 편집되었을 것이라고 쓴다. '역설적인 심리학자'였던 트로츠키는 프롤레타리아 예술은 결코 존재하지 않을 것이라고 주장했다. 왜냐하면 프롤레타리아의 임무는 새로운 계급 예술을 창조하는 것이 아니라 모든 계급 구별을 폐지하는 것이기 때문이다. 비고츠키는 이 생각을 과학으로 확장한다. 어떤 '마르크스주의' 과학이나 '프롤레타리아' 과학도 결코 존재하지 않을 것이다. 왜냐하면 프롤레타리아의 임무는 계급 과학을 창조하는 것이 아니라 어떤 계급 구별도 없는 인간 과학, 즉 초超과학을 창조하는 것이기 때문이다.

그렇다면 인간 생각의 과학은 (인간이 물리적, 사회적 환경을 통제하는 법을 배운 것과 같은 방식으로 자신의 몸과 마음을 통제하는) 초인 uberMensch의 사고 과학이 될 것이다. '초인'의 심리학은 비고츠키 시대의 심리학이나 우리 시대의 심리학과는 다를 것이다. 계급 구분이 없

개 드로잉, 키르히너(왼쪽)와 큰개자리 도식.

다면 일상 개념과 과학 개념 사이의 구분은 (일상 경험의 부분이 아닌 과학 분야에서 이미 이 구분이 사라지기 시작했듯이) 사라질 것이고 여기에는 심리학도 포함될 것이다. 초인 심리학과 우리 심리학의 관계는 과학적 천문학과 중세 점성술의 관계와 같을 것이다.

비고츠키는 스피노자의 『에티카』(117s)를 인용하면서 마무리한다. 스피노자는 여러 곳에서 플라톤의 정의와 아리스토텔레스의 정의를 언급했다. 플라톤은 존재를 정의하기 위해 형태를 사용한 반면, 아리스토텔레스는 기능을 사용했다. 그래서 플라톤은 개를 털이 난 네 발 동물로, 인간을 깃털 없는 두 발 동물로 언급했지만(1-14 참조), 아리스토텔레스는 개를 짖는 존재로 인간을 생각하는 존재로 정의했다. 신이 생각과 의지를 지니고 있는가 하는 질문에서 논의하면서 스피노자는 다음과 같이 논한다. "신의 본질을 구성하는 지성과 의지는 인간의 지성 및 의지와 크게 다를 것이며, 이는 이름 외에는 일치하는 것이 없을 것이다. 그들은 별자리의 개와 짖는 개만큼 유사하지 않다." 이 정도 동의라면 비고츠키에게는 충분하다. 이는 우리를 과학 이전의 오랜 과거와 훨씬 더 긴 초과학적인 미래로 연결해 주는 실이기 때문이다.

● 우리에게 없는 이름

이 원고가 쓰이고 나서 얼마 후인 1929년, 비고츠키는 짧은 메모를 작성한다. 비고츠키의 공책 속 이 메모는 '우리에게 없는 이름'이라는 제목으로 실려 있다(2018: 121). 비고츠키는 긴 형용사 목록(도구적, 상징적, 구성적, 문화적 등)을 하나씩 기각하면서 시작한다. 그는 '문화적'이라는 형용사의 범위 역시 너무 넓거나 좁다고 생각한다. 한편으로 그가 원하는 이론은 문화의 일부 요소만을 선택해야 하며, 다른 한편으로 고등정신기능은 때로는(계통발생에서) 문화의 결과이고 때로는(개체발생에서) 그 원인이다. 그는 자신의 기법에 붙일 이름(이중자극법)을 선택했고, 자신의 이론에 '고등정신기능의 역사적 이론'이라는 명칭을 붙여 설명대상이 되는 중심개념은 고등정신이며 설명 원칙은 역사적 발달임을 강조했다. 그러나 그는 일반 과학이 아니라 특정 이론을 염두에 두었음도 강조한다. 그는 그것이 "고등기능에 대한 장이며 전체 심리학에 대한 장이 아니다"라고 말한다(2018: 122).

그렇다면 전체 심리학을 지칭하는 '우리에게 없는 이름'은 어떻게 할 것인가? 비고츠키는 두 개의 심리학을 주장해 왔으나(제11장) 두 개의 이름은 거부한다. 심리학이라는 이름과 그 속의 모든 과학적 내용은 앞으로는 오직 유물론적 경향에만 속한다. 비고츠키는 심리학의 이름과 역사를 모두 부정하려는 이들 또한 거부한다. 그는 이 책의 시작에서 추적했던 방향의 변화는 영광스러운 전투를 수행한 훌륭한 군인의 부상과 상처와 같다고 본다. 비고츠키는 '마르스크주의적'이라는 명칭조차도 심리학 앞에 붙이면 안 된다고 주장한다. 이는 (특히 현재 상황에서는) 성급한 동시에 주제넘은 일이다. '심리학'이라는 이름으로 충분하다.

비고츠키는 자신이 유명하게 될 수 있는 좁은 영역을 모색하면서 '사회-문화 이론'이나 '문화 역사적 심리학'과 같은 명칭에 관심을 보이지 않았음이 분명하다. 그의 꿈은 매우 컸고, 바로 그 이유로 개인적인 동기는 배제되었다. 그의 비전은 최초로 인간과 동물을 구분하게 한 개념인 영혼에 이르기까지 과거로 거슬러 올라가며 일반 과학과 오늘날 그 특수 분파로 퍼져 나가고, 인류가 계급 구분이 없는 사회와 감정과 이성의 구분으로부터 자유로운 문화, 그리고 몸과 마음의 나눔이 없는 심리학을 만들 수 있는 먼 미래에까지 침투한다. 물론 이 심리학은 (천문학이 점성술과, 화학이 연금술과, 큰개자리가 파블로프의 개와 다른 것 같이) 과거의, 심지어는 오늘날의 심리학과도 같지 않다.

A. 비고츠키는 지난 장에서 "구분하고 또 끝까지 구분하는 것"을 말했다(14-66). 비고츠키는 설명 원리(제3장), 방법(제8장), 연구 대상(제11장), 그리고 과업(제14장)을

통해 유물론적 심리학과 관념론적 심리학을 가르는 구분선을 추적했다. 이름만이 온전히 남아 있다(16-2). 비고츠키는 어떤 체계(예컨대 파블로프의)는 여전히 이름이 붙지 않았고(16-3), 어떤 체계(예컨대 베흐테레프의)는 그들이 하는 일에 '반사학'처럼 완전히 새로운 이름을 부여하고(16-4), 어떤 체계(예컨대 프랑크의)는 자연과학에 '심리학'이라는 이름을 취하는 것에 반대하지만(16-5) 그들이 그것을 받아들이든 받아들이지 않든 이런 일이 일어난다는 것을 마지못해 인정한다(16-6)고 지적한다. 비고츠키는 두 가지 이유로 받아들일 것을 완전히 승인한다.

i. 비고츠키는 심리학의 오랜 역사에서 정말 과학적인 것은 모두 유물론적 경향에서 나온 것이라고 주장한다. 심리학의 유산은 다른 과학을 위해 남겨질 수 없다(16-11). 분할 후에 남은 것은 과학이 아니라 예술로 갈 것이기 때문이다. 스턴은 문학에 대한 심리학 연구는 페인트칠한 소의 젖을 짜는 것과 같다며 비웃지만, 비고츠키는 예술조차 형이상학자에게 맡기기에는 너무 중요하다는 딜타이와 오펜하임의 의견에 동의한다(16-12).

ii. 비고츠키는 이름을 이어받는 것이 그것을 훔치는 것도, 프시케의 신화를 받아들이는 것도 아니며, 과학 전체의 끊어지지 않는 역사적 연속성을 받아들인다는 의미라고 주장한다. 오래된 심리학은 그것을 사용하지 않는다. 그것은 출판을 거의 중단했기에 존재하지 않는다. 각 학파는 '실증적 심리학'에 자신의 형용사를 추가하여 작은 연못의 큰 물고기가 된다(16-8). 그 결과는 부동산 목록, 자산에 대한 은행 명세서이지만 이는 과학의 약속 어음에 불과하다(16-9).

B. 비고츠키는 그의 심리학이 과학적 심리학이라는 이유로 '수백 년의 먼지가 쌓인 이름'을 원한다(16-15). 모든 과학은, 그리고 사실상 모든 이름은 이런 식으로 지속된다. 환경에 대한 반응으로 나타나는 내용은 변하되 이름은 변하지 않는다(16-16~16-17). 비고츠키는 오직 창의성이 없는 사상가들만이 새 명칭을 가진 옛 과학을 원하며, 비역사적 사상가들만이 자신의 조상을 알고자 하지 않는다고 말한다(16-18). 이 중에는 첼파노프가 있다. 그는 현대 심리학이 '이데올로기'-프랑스 혁명이 심리학에 부여한 명칭-의 후손이라고 보며, 마르크스 자신도 이 명칭을 채택했다고 본다. 비고츠키는 반대한다. 그는 오직 연합적, 기계적 심리학만이 프랑스 혁명 시대 이래 유래했으며 첼파노프 자신이 속한 관념론적 심리학은 훨씬 더 오래되었다고 말한다(16-18~16-19). 이제 비고츠키는 심리학이라는 이름의 오래된 기원을 찾아 16세기 말로 거슬러 올라간다(16-20). 그러나 심리학을 무엇이라고 부를지에 대한 논쟁은 위기와 함께 찾아왔으며 그와 분명 연관이 있다. 영혼이 없는, 형이상학이 없는 심리학이나 심지어 실험과 경험론적 관점에 기반한 심리학은 모두 본질적으로 부정적인 공식화이다(16-21).

C. 이제 비고츠키는 긍정적인 공식화로 넘어간다. 그는 일부 형용사는 학파(게슈탈트)와, 때로는 방법(정신분석적)과, 때로는 구성원칙(경험주의적) 그리고 때로는 연구

대상(구조적)과 관련이 있음을 지적한다. 그는 '심리학'이라는 이름이 이 모든 개별의 명명법을 통합해야 한다면 그 속에 포함하는 내용이 거의 없을 것이라고 걱정한다(16-23). 아이러니하게도 '객관적 심리학'은 객관적 의미를 결여한다. 이 명칭은 너무 많은 상이한 의미로 사용되었다(16-25). 미국인들이 사용한 '행동의 심리학' 역시 마찬가지다. 비고츠키는 이것이 일상용어로써, 의학적 조건에 전혀 적용되지 않는다고 말한다(16-26).

D. 마지막으로, 비고츠키는 '마르크스주의' 심리학을 향한다. 비고츠키는 우리에게 '변증법적인 유물론' 교과서에 대한 자신의 반대를 상기시킨다. 교과서는 단순히 논리적 형식이 아니라 정확히 매개적 개념과 관련이 있다(16-27). 비고츠키는 이것이 실제로 연구자 자신들이 결정할 수 있는 것이 아니라고 덧붙인다. 특정 심리학이 그들의 마르크스주의와 양립할 수 있는지의 여부는 다른 사람들이 결정하게 하자(16-28). 더구나 이미 유럽에는 많은 마르크스주의 학파가 존재하며(16-29), 또 선포하는 것은 주제넘고 시기상조로 보인다. 비고츠키는 그것을 우리 심리학의 과학적 본성 내에 암시적으로 남겨 두는 것이 더 좋다고 말한다(16-30~32). 그러나 '과학적 심리학'이라는 명칭은 불필요한 부연이다. 심리학은 당연히 과학적이기 때문이다. '과학적'이라는 용어는 비과학적 심리학도 존재해야 함을 암시한다(16-33). 결론적으로 비고츠키는 '심리학'이라는 일반 용어를 받아들일 것이라 말한다(16-33~34). 특정 과학에는 다양한 종류의 형용사 별칭이 필요할 테지만, 인간이 필연의 왕국에서 자유의 왕국으로 나아가는데 필요한 것은 사회학, 경제학 및 기타 과학들과 관련된 일반 심리학이다. 한편으로 이 심리학은 마르크스주의를 포함한 과학을 완성하는 데 필요할 것이다. 다른 한편으로 그것은 최초로 초인들이 '스스로 마음을 창조하고 마음을 정하는' 것을 허용할 것이다(16-35~36).

Binswanger L. *Einfuhrung in die Probleme der allgemeinen Psychologie*. Berlin, 1922.

Biihler K- *Die Krise der Psychologie*.- Jena, 1927.

Dumas J. *Traite de Psychologie*. Paris, 1923-1924, vol. 1-2.

Kohler W. *Intelligenzpriifungen an Anthropoiden*. Leipzig, 1917.

Kohler W. *Gestalt Psychology*. N. Y., 1924.

Kohler W. *Die physischen Gestalten in Ruhe und im stationaren Zustand*. Braunschweig, 1920.

Kohler W. *Intelligenzpriifungen an Menschenaffen*. Berlin, 1921.

Kohler W. Aus Psychologie des Schimpanzen.- *Psychologische Forschung*, 1921, Bd. I.

Koffka.K. Introspection and the Method of Psychology. *British Journal of Psychology*, 1924, v. 15.

Koffka K. *Die Grundlagen der psychischen Entwicklung. Osterwieck am Harz*, 1925.

Lalande A. *Les theories de Γ induction et de l'experimentation*. Paris, 1929.

Pillsbury W. B. *The Fundamentals of Psychology*. N. Y., 1917.

Stern W. *Methodensammlungzur Intelligentpriifung von Kinder und Jugendlichen*. Leipzig, 1924.

Thorndike E. L. *Animal Intelligence*. N. Y., 1911.

Thorndike E. L. *The Elements of Psychology*. N. Y., 1920.

Wertheimer M. *Drei Abhandlungen zur Gestalttheorie*. Erlangen, 1925.

Маркс К., Энгельс Ф. Соч.-2-е изд., т. 20, 23, 25, ч. II, 46, ч. II, Ленин В. И.П *оли. собр. соч.*, т. 18, 29.

Бергсон А. *Материя и память*.СПб., 1911.

Бехтерев В. М. *Коллективная рефлексология*.Пг., 1921.

Бехтерев В. М. *Общие основы рефлексологии человека*.М.; Пг., 1923.

Бехтерев В. М. *Работа головного мозга*.Л., 1926.

Блонский П. П. *Очерк научной психологии*.М., 1921.

Блонский П. П. *Педология*.М., 1925.

Блонский П. П. *Психология как наука о поведении*.- Вкн.: Психология и ма рксизм.М.; Л., 1925а .

Боровский В. М. *Введение в сравнительную психологию*.М., 1927.

Бюлер К.*Очерк духовного развития ребенка*. М. 1930.

Бэкон Ф. *Соч.*, в 2-х т. М., 1978, т. 2.

Вагнер В.А. *Биопсихология и смежные науки*. Пг., 1923.

Вагнер В.А.*Возникновение и развитие психических способностей*. Л., 1928.

Введенский А.П. *Психология без всякой метафизики*. Пг., 1917.

Вишневский В. А.*Взащиту материалистической диалектики.*– Под знамене
м марксизма, 1925, No. 8, 9.

Выготский Л.С. Предисловие к кн.: Лазурский А.Ф.*Психология обшая и э
кспериментальная*. М., 1925.

Выготский Л.С. Генетические корни мышления и речи.– *Естествознание и
марксизм*, 1929, No. 1. С. 106–133.

Выготский Л.С.*Избранные психологические исследования*. М., 1956.

Выготский Л.С.*Развитие высших психических функций*. М., 1960.

Выготский Л.С.*Сознание как проблема психологии.*– В кн.: Психология и
марксизм. М; Л., 1925а.

Выготский Л.С.Лурия А. Р. Предисловие к кн.: Фрейд З. *По ту сторону пр
инципа удовольствия*. М., 1925.

Геффдинг Г.*Очерки психологии,основанной на опыте*. СПб., 1908.

Гроос К.*Душевная жизнь ребенка*. СПб., 1906.

Гуссерль Э. *Философия как строгая наука*. М., 1911.

Деборин А. М. *Введение в философию диалектического материализма*. М.,
1923.

Деборин А.М. *Диалектика и естествознание*. М.; Л., 1929.

Дессуар М. *История психологии*. СПб., 1912.

Джемс В. *Психология в беседах с учителями*. М., 1905.

Джемс В. *Психология*. СПб., 1911.

Джемс В.Существует ли сознание? – В кн.: *Новые идеи в философии*. СПб.,
1913, вып. 4.

Джемсон Л. *Очерк марксистской психологии*. М., 1925.

Дильтей В.*Описательная психология*. М., 1924.

Дюгем П.*Физическая теория: Ее цель и строение*. СПб., 1910.

Залкинд А.Б.*Очерки культуры революционного времени*. М., 1924.

Занков Л.В.*Память*. М., 1949.

Зеленый Г. П. Оритмических мышечных движениях.– *Русский физиологиче
ский журнал*, 1923, т. 6, вып. 1–3.

Ивановский В.И.*Методологическое введение в науку и философию*. Минск,
1923.

Келер В.*Исследование интеллекта человекоподобных обезьян*.М., 1930.

Корнилов К.И.*Учение о реакциях человека*.М., 1922.

Корнилов К.Н.Психология и марксизм.- Вкн.: *Психология и марксизм*, М.; Л., 1925.

Коффка К.*Против механицизма и витализма в современной психологии*.П сихология, 1932.

Коффка К.Самонаблюдение и метод психологии.- Всб.: *Проблемы современ ной психологии*.Л., 1926.

Кравков С.В.*Самонаблюдение*.М., 1922.

Кречмер Э. *Строение тела и характер*.М.; Пг., 1924.

Кроль М.Б. *Мышление и речь.- Труды Белорусского государственного ун иверситета*.Минск, 1922, т.И, No. 1.

Кюльпе О.*Современная психология мышления.- Новые идеи в философии*.Пг., 1916, вып. 16.

Лаэурский А.Ф.*Психология общая и экспериментальная*.М., 1925.

Ланге Н.Н.*Психология*.М., 1914.

Леви-Брюль Л.*Первобытное мышление*.М., 1930.

Лейбниц Г.В.*Избранные философские сочинения*.М., 1908.

Ленц А.Г. *Об основах физиологической теории человеческого поведения*. Природа, 1922, No. 6, 7.

Леонтьев А.Н.*Развитие памяти*.М., 1931.

Лурия А.Р. Психоанализ как система монистической психологии.- Вкн.: *Пс ихология и марксизм*.М.; Л., 1925.

Лурия А.Р.Сопряженная моторная методика в исследовании аффективных реакций.- *Труды Государственного института Экспериментальной пси хологии*.М., 1928, т. 3.

Мюнстерберг Г.*Основы психотехники*.М., 1922, ч. I.

Мюнстерберг Г.*Психология и экономическая жизнь*.М., 1914.

Наторп П.*Логика*.СПб., 1909.

Новые *идеи в медицине*.М., 1924, вып. 4.

Новые *идеи в философии*.СПб., 1914, сб. 15.

Павлов И.П.XX-летний опыт объективного изучения высшей нервной дея тельности (поведения)животных.- *Поли.собр.соч*.М.; Л., 1950, т.III, кн.1.

Павлов И.П.*Лекции о работе главных пищеварительных желез.- Поли, собр. соч*.М.; Л., 1951, т.III, кн.2.

Пиаже Ж. *Речь и мышление ребенка*.М., 1932.

Пирсон К. *Грамматика науки*.СПб., 1911.

Планк М. *Отношение новейшей физики к механическому мировоззоению.* С Пб., 1911.

Плеханов Г. В. *Избранные философские произведения*; В 5-ти т. М., 1956, т. I.

Плеханов Г. В. *Искусство: Сб.статей.* М., 1922.

Плеханов Г. В. *Основные вопросы марксизма.* М., 1922а.

Португалов Ю. В. Как исследовать психику.– В сб.: *Детская психология и антропология.* Самара, 1925, вып. I.

Протопопов В. П. Методы рефлексологического исследования человека. *Журнал психологии, неврологии и психиатрии*, 1923, т. 3, вып. 1-2.

Пфендер А. *Введение в психологию.* М., 1909.

Рубакин И. А. *Психология читателя и книги.* М., 1929.

Северцов А. Н. *Эволюция и психика.* М., 1922.

Спиноза Б. *Трактат об очищении интеллекта.* М., 1914.

Спиноза Б. *Этика.* М., 1911.

Стаут Д. Ф. *Аналитическая психология.* Пг., 1923, т. I.

Степанов И. И. *Исторический материализм и современное естествознание.* М., 1924.

Струминский В. Я. Марксизм в современной психологии.– *Под знаменем марксизма*, 1926, No. 3, 4, 5.

Струминский В. Я. *Психология.* Оренбург, 1923.

Титченер Э. *Учебник психологии.* М., 1914, ч. 1, 2.

Торндайк Э. *Принципы обучения, основанные на психологии.* М., 1925.

Уотсон Дж. *Психология как наука о поведении.* М., 1926.

Ухтомский А. А. Доминанта как рабочий принцип нервных центров.– *Русский физиологический журнал*, 1923, т. 6, вып. 1-3.

Фейербах Л. Против дуализма души и тела, плоти и духа.– *Избранные философские произведения.* М., 1955, т. I.

Франк С. Л. *Душа человека.* М., 1917.

Франкфурт-О. В. Г. В. Плеханов о психофизиологической проблеме.– *Под знаменем марксизма*, 1926, No. 6.

Фрейд З. *Лекции по введению в психоанализ.* М., 1923. вып. 1, 2.

Фрейд З. *По ту сторону принципа удовольствия.* М., 1925.

Фрейд З. *Очерки по теории сексуальности.* М.; Пг, 1924.

Фрейд З. *Я и оно.* Л., 1924.

Фридман Б. Д. Основные психологические воззрения Фрейда и теория исторического материализма.– В кн.: *Психология и марксизм.* М.; Л., 1925.

Челпанов Г. И. *Объективная психология в России и Америке.* М., 1925.

Челпанов Г. И. *Психология и марксизм*. М., 1924.

Челпанов Г. И. *Социальная психология или условные рефлексы?* М. J Л., 1926.

Шеррингтон Ч. Ассоциация спинномозговых рефлексов и принцип общего поля.- Всб.: *Успехи современной биологии*. Одесса, 1912.

Штерн В. Психология раннего детства до шестилетнего возраста. М., 1922.

Шелованов Н. М. Методика генетической рефлексологии.- Всб.: *Новое в ре флексологии и физиологии*. М.; Л., 1929.

Щербина А. М. Возможна ли психология без самонаблюдения? – *Вопросы ф илософии и психологии*, 1908, кн. 4 (94).

Эббингауз Г. *Основы психологии*. СПб., 1912, т. I, вып. 2.

Эвергетов И. *После эмпиризма*. Л., 1924.

비고츠키 연구회(http://cafe.daum.net/vygotskyans)

교육의 본질을 고민하고 진정한 교육적 혁신을 위해 비고츠키를 연구하는 모임, 비고츠키 원전을 번역하고 현장 연구를 통한 논문을 지속적으로 발표해 오고 있다. 진지하고 성실한 학문적 접근을 통해 비고츠키 사상을 이해하고자 하는 이라면 누구나 함께할 수 있다. 『심리학 위기의 역사적 의미』의 본문 번역에 참여한 회원은 다음과 같다.

데이비드 켈로그David Kellogg
1997년 대구의 중학교에서 학생들을 가르치면서 한국 생활을 시작했습니다. 서울교육대학교, 한국외국어대학교, 상명대학교에서 학생들을 지도했습니다. 2024년 정년퇴임하기 전까지 한국과 중국에서 쓰기, 언어학 등 여러 과목을 지도했습니다. 70여 편의 논문과 25권의 저서를 출간했으며 이 중 대부분은 비고츠키 심리학과 할리데이 언어학의 연계가 주제입니다.

김용호
서울교육대학교와 교육대학원을 졸업하고 한국교원대학교에서 교육학 박사학위를 받았습니다. 서울북한산초등학교에서 근무하고 있습니다. 켈로그 교수님과 함께 외국어 학습과 어린이 발달 일반의 관계를 공부해 왔습니다.

위하나
캐나다 University of Guelph-Humber 졸업 후 캐나다 유치원, 건국대학교 언어교육원 원어 강사, 서울 자유 발도르프 영어 교사로 재직했습니다. 한국외국어대학교 TESOL대학원을 졸업하고 현재 University of Regina 유아교육과 박사과정 수료 후 연구조교 및 비고츠키 유아교육으로 논문을 쓰고 있습니다. 한국외국어대학교에서 켈로그 교수님과 인연이 닿아서 비고츠키 연구회에 참여하여 비고츠키를 연구하게 되었습니다.

이두표

서울에 있는 개봉중학교 과학 교사로 서울대학교 물리교육과와 대학원 과학교육과를 졸업하였습니다. 2010년 여름 비고츠키를 처음 만난 후 그 매력에 푹 빠져 꾸준히 비고 츠키를 공부하고 있습니다.

이한길

진주교육대학교 졸업 후 경남, 충북, 경북에서 교사 생활을 했고, 현재 포항제철초등학교 교사로 있습니다. 한동대학교 교육대학원에서 일반사회교육 석사 학위를 받고, 파리 8대학(IED)에서 교육철학을, 한국교원대학교에서 문화콘텐츠교육을 배웠습니다. 어린 이의 성장을 깊이 이해하고자 비고츠키를 공부 중입니다.

한희정

청주교육대학교를 졸업하고 한국교원대학교에서 석사 학위를, 경희대학교에서 비고츠키 아동학에 근거한 이행적 쓰기 실행연구로 박사 학위를 받았습니다. 2011년 '초등교육과 정연구모임'에서 비고츠키와 켈로그 교수님을 만난 후 비고츠키 연구회와 함께 하고 있습니다. 현재는 서울항동초등학교 교장으로 재직 중이며, 비고츠키 아동학을 교실에서 실천했던 내용을 바탕으로 교육 관련 저서를 집필하고 있습니다.

＊원고 검토에 애써 주신 김여선 선생님께 감사드립니다.

＊비고츠키 연구회와 함께 번역, 연구 작업에 동참하고 싶으신 분들은 iron_lung@hanmail.net으로 문의해 주시기 바랍니다.

삶의 행복을 꿈꾸는 교육은
어디에서 오는가?

● **교육혁명을 앞당기는 배움책 이야기** 혁신교육의 철학과 잉걸진 미래를 만나다!

● **경쟁과 차별을 넘어 평등과 협력으로 미래를 열어가는 교육 대전환!** 혁신교육 현장 필독서

참된 삶과 교육에 관한
생각 줍기